AF399298

MenschenZoos

Schaufenster der Unmenschlichkeit

Pascal BLANCHARD, Nicolas BANCEL, Gilles BOËTSCH
Éric DEROO und Sandrine LEMAIRE

Aus dem Französischen
von
Susanne Buchner-Sabathy

Les éditions du
CRIEUR PUBLIC

Deutsche Erstausgabe Mai 2012
© der deutschsprachigen Ausgabe:
Les éditions du Crieur Public GmbH, Hamburg
www.crieur-public.com
© des Originalwerkes:
Forschergruppe Achac / La Découverte, 2001, 2004, 2008 & 2011
Titel des Originalwerkes: Zoos humains
Übersetzt aus dem Französischen von Dr. Susanne Buchner-Sabathy
Titelbild: © Sammlung Les éditions du Crieur Public GmbH
Titelseitendesign: Jean-Christophe Courte, www.barbary-courte.com
Satz: Julia Dogan und Laurent Tournier
Herstellung und Auslieferung: BOD GmbH, Hamburg

ISBN: 978-3-9815062-0-4 (Paperback)
        978-3-948325-04-6 (Hardcover)
        978-3-948325-03-9 (E-Book)

Dieses Buch erscheint im Rahmen des Förderprogramms
des französischen Außenministeriums,
vertreten durch die Kulturabteilung der französischen Botschaft in Berlin

Inhaltsverzeichnis

Einleitung

Menschenzoos:
Schaustellungen „exotischer" Menschen im Westen

Pascal Blanchard, Nicolas Bancel, Gilles Boëtsch,
Éric Deroo und Sandrine Lemaire

Sehen heißt wissen![1]

Im Konzept des „Menschenzoos" verbinden sich in außergewöhnlicher Weise die Funktionen von Schaustellung, Vorführung, Bildung und Herrschaft. Die wissenschaftliche Beschäftigung mit diesem Phänomen muss die engen Grenzen einzelner Fachdisziplinen sprengen, da historische, anthropologische und soziologische Aspekte zu berücksichtigen sind. Die Soziologie der Massenkultur ist ebenso von Relevanz wie die Kolonialgeschichte.[2] Zunächst muss untersucht werden, wie sich dieses Phänomen in eine weiter gefasste Geschichte ähnlicher Erscheinungen einfügt. Die Praxis, „exotische" menschliche Wesen auszustellen, die offenbar mit unterschiedlichen Formen der Schaustellung und mit unterschiedlichen Wissensgebieten in Verbindung steht, siedelt sich ganz klar im Bereich der Wissensproduktion an.

Dieser Ausstellungstyp entwickelte sich im 19. Jahrhundert aus dem Zusammenwirken unterschiedlicher politischer, gesellschaftlicher und wirtschaftlicher Faktoren. Er entstand also zu einer Zeit, in der allgemein ein großes Interesse für ferne Länder, für Entdeckungsreisen ins Unbekannte und in die Fremde herrschte. Diese Vorliebe für weit entfernte Orte, für das Exotische und Andersartige ist von grundlegender Bedeutung für unseren Versuch, die Verbindungen zwischen Menschenzoos und älteren Schaustellungsphänomenen zu verstehen. Unter letzteren wären die am Ende des 16. Jahrhunderts an den großen europäischen Fürstenhöfen eingerichteten Wunderkammern[3] zu nennen sowie die Kuriositätenkabinette, deren Zahl im 17. und

---

1 Motto des Anthropologischen Pavillons bei der Weltausstellung – der *World's Columbian Exposition* – in Chicago 1893.

2 Die vorliegende Forschungsarbeit ist die Fortsetzung eines im Jahr 2000 begonnenen und von mehreren akademischen Forschungsgruppen in Europa und Amerika durchgeführten Programms. Im Rahmen dieses Forschungsprogramms wurde im Juni 2001 unter der wissenschaftlichen Leitung der Forschungsgruppe 2322 (*Anthropologie des représentations du corps* [Anthropologie der Körpervorstellungen]) des CNRS (Centre National de la Recherche Scientifique [Nationales Zentrum für wissenschaftliche Forschung]) und des Forschungsteams der ACHAC (Association Connaissance de l'Histoire de l'Afrique Contemporaine [Vereinigung für die Erforschung der Geschichte des heutigen Afrika]) eine erste internationale Tagung zu diesem Thema an der Université de Marseille 2 abgehalten.

3 Siehe zu diesem Thema Falguières (2003).

18. Jahrhundert deutlich zunahm. Dort wurden völlig wahllos seltene oder seltsame Objekte tierischer, pflanzlicher, mineralischer und menschlicher Herkunft gesammelt. Zu den Vorläufern des Phänomens „Menschenzoo" zählen auch Menagerien, Tiergärten und Zirkusse.

In dieser langen Entwicklungslinie waren die Kuriositätenkabinette von besonderer Bedeutung. Zunächst deshalb, weil sich diese Einrichtungen, die in ihrer Form ebenso unterschiedlich waren wie in den von ihnen beherbergten Sammlungen, ab dem Ende der Renaissance in ganz Europa größter Beliebtheit erfreuten. Dann auch deshalb, weil diese eklektischen Sammlungen – in denen die unwahrscheinlichsten Objekte in ungebremster Neugier angehäuft wurden – erstmals den Wunsch nach besserem Verständnis des Gesammelten, nach Klassifikation, nach Hierarchisierung erweckten, und dies machte sie zu Vorläufern des modernen Museums.[4] Schließlich auch deshalb, weil der unwiderstehliche Reiz des Wunderbaren und die faszinierende Verlockung des Seltsamen, die sich in diesen Kuriositätenkabinetten niederschlugen, die Entstehung und auch den Erfolg des Phänomens der Menschenzoos teilweise erklären.

Auch die frühen Menagerien — diese Sammlungen verschiedener Tiere, die anfänglich der Belustigung der westlichen Aristokratie vorbehalten waren — tragen zu unserem Verständnis der Menschenausstellungen innerhalb der zoologischen Gärten bei. Die Französische Revolution stellte in der Geschichte dieser Menagerien einen Bruch dar, der in ganz Europa Auswirkungen zeigte. In Frankreich selbst wurden die Tiere der königlichen Menagerie in Versailles in den botanischen Garten überführt, und zwar in der Absicht, die Volksbildung zu fördern und mit fürstlichen Privilegien zu brechen. Im Laufe des 19. und 20. Jahrhunderts schlossen sich London und andere europäische Großstädte nach und nach diesem Vorgehen an und eröffneten Zoos für ein großes Publikum. Diese Zoos waren entweder gratis oder zu einem geringen Eintrittspreis zugänglich.

Ein weiterer Faktor, der zur zunehmenden Anzahl zoologischer Gärten in den Großstädten beitrug, lag in der urbanen Entwicklung während der ersten industriellen Revolution. In den städtischen Zoos sammelte man Kombinationen von Tieren, die in freier Natur nicht denselben Lebensraum teilen. Man ordnete die Natur nach den Vorstellungen der Naturforscher des 18. Jahrhunderts neu. Diese Natur-Rekonstruktion entsprach einem tiefen gesellschaftlichen Bedürfnis. Die Millionen von Landbewohnern, die auf der Suche nach Arbeit in die großen Städte gezogen waren, empfanden ein tiefes Gefühl von Entwurzelung. Der zoologische Garten bot sich hier als

---

4   Siehe Impey und MacGregor (2001); und Martin & Moncond'Huy (2004).

Fluchtpunkt an: er stillte das Heimweh nach der verlorenen Natur. Er schuf aber auch ein „Anderswo", das als das unglaubwürdige Abbild eines verlorenen Paradieses gelten konnte, als neue, aufgeklärte Arche Noah, in der immer mehr verschiedene Tierarten in exotischem Dekor Platz fanden. Diese Vielfalt ergab sich eher aus dem Wunsch, dem verschwenderischen Wesen der Natur Ausdruck zu verleihen, als aus dem Bemühen, den natürlichen Lebensraum der gezeigten Tiere nachzubilden. So war der Zoo zugleich ein Ort der Neugier und der Vorstellungskraft, ein Ort schweifender Phantasie. Er bot einen unterteilten und etikettierten Raum, in dem das Publikum Fortschritte in den Naturkenntnissen und in der Zähmung verschiedener Tiergattungen verfolgen konnte. Und genau an diesem Kreuzungspunkt von Exotik und Wissen, von Phantasie und Rationalität entstand der „Menschenzoo".

Man machte die Zoos Wissenschaftlern zugänglich, damit sie dort seltsame oder wilde Tiere beobachten und untersuchen und bestehende Theorien zur Organisation der Lebewesen bestätigen oder widerlegen konnten. Aber bald öffnete man sie auch einem breiteren Publikum, das sich dort unterhalten und bilden sollte.[5] Nun, wo die Welt der Pflanzen- und Tiere Gelehrten und Laien immer besser bekannt war, gab es auch ein gesteigertes Interesse an der Mannigfaltigkeit der menschlichen Morphologie, das durch die Entdeckung neuer Weltgegenden und die kolonialen Eroberungen weiter angestachelt wurde. Doch musste die menschliche Morphologie auch in die Erklärungsmodelle der Welt passen und so versuchten die Vertreter der physischen Anthropologie im 19. Jahrhundert, sie wissenschaftlich zu erklären. Der Mensch wurde zu einem zentralen Untersuchungsgegenstand, wobei zunächst Skelette und Kulturartefakte, später rekonstruierte, durch Trockenheit oder Mumifizierung konservierte Körper und schließlich „lebendige Exemplare" untersucht wurden. Diese „Exemplare" wurden zuerst in ihren „natürlichen" Lebensräumen studiert und dann nach Amerika oder Westeuropa „transportiert" und dort ausgestellt.

In Amerika – wo zwei Gruppen „exotischer" Einwohner ansässig waren, nämlich die afro-amerikanischen Nachkommen der Sklaven und die amerikanischen Ureinwohner – lief dieser Prozess anders ab. Hier wurde exotische Ferne gegen 1850 in Wanderzirkussen inszeniert. Diese Zirkusse setzten die europäische Tradition fort, Tiere auf Jahrmärkten zur Schau zu stellen, allerdings ohne wissenschaftliche oder pädagogische Absichten. In Nordamerika trafen Völkerschauen und Freak-Shows aufeinander, befruchteten einander und verschmolzen. Wenn man die europäischen

---

5 Wie der Direktor des Marseiller Zoologischen Gartens im Jahr 1861 anmerkte, waren solche Zoos „für die Besucher gemacht und nicht für die Tiere" (Siépi (1937), S. 7; Reiss (2002), S. 32). Vgl. auch Blunt (1976); Baratay & Hardouin-Fugier (1998); Baratay (1999); Baratay (2002).

Kuriositätenkabinette und einige für die Aristokratie bestimmte Ausstellungen außer Acht lässt, wurden hier erstmals in systematischer Form und für ein breites Publikum Unterschiede zwischen verschiedenen Menschengruppen zur Schau gestellt. Die Nähe zwischen Völkerschauen und Freak-Shows verdeutlicht zudem, wie eng der visuelle Genuss bei Betrachtung des „Exotischen" und/oder Seltsamen mit einer – zumindest oberflächlichen – pädagogischen Absicht verbunden war.

Hier muss auf die Aktivitäten des Phineas Taylor Barnum verwiesen werden, der dem Typus der „anthropo-zoologischen" Ausstellungen seinen Namen gab. Aber auch Buffalo Bill's Wild West Show, die zu weltweiter Berühmtheit gelangte, sollte erwähnt werden.[6] Diese nordamerikanischen Profis in der Inszenierung der Differenz organisierten internationale Tourneen und entwickelten auf Reisen durch Europas Großstädte ein neues Konzept der Massenkultur. Sie stellten die „wildesten" oder „bizarrsten" Wesen aus, Wesen, die halb dem Reich der Menschen, halb dem der Tiere anzugehören schienen, und so ein noch recht naives Publikum faszinierten. Die Wild-West-Show transformierte dieses Modell, indem sie es mit dem technologischen Fortschritt der industrialisierten Welt und mit der Idee der amerikanischen Nation in Verbindung brachte, und einen Gegensatz zwischen dem „modernen" Amerika und der „Wildheit" der Indianer postulierte.

Auf beiden Seiten des Atlantiks bildeten sich also fast gleichzeitig, aber in unterschiedlichen und jeweils kulturspezifischen Kontexten, die Grundprinzipien eines modernen Typs von ethnografischen Ausstellungen heraus, und all diese Schauen verbreiteten eine ganz bestimmte Botschaft über „exotische" Menschen.

Die Wurzeln des Phänomens

Bekanntlich wurde das Fremde und Andersartige immer schon zur Schau gestellt und inszeniert. Bereits im alten Ägypten stellte man „schwarze Zwerge" aus dem Gebiet des Sudan aus, ganz so, wie man während des römischen Reichs besiegte „Barbaren" und „Wilde" im Triumphzug durch die Straßen der Hauptstadt führte, um die eigene Überlegenheit hervorzuheben und um die römische Hegemonie gebührend in Szene zu setzen. Im Laufe der darauf folgenden Jahrhunderte, in denen man die Welt erforschte und eroberte, brachten Reisende und Gelehrte „Menschenexemplare" – tot oder lebendig – an die europäischen Fürstenhöfe. Dem Fremden, dem Andersartigen und vermeintlich Missgestalteten wurde also von jeher lebhafte Neugier entgegengebracht.

---

6 Vgl. Brown R. D. (1976).

Die ersten „exotischen" Menschen, die an den großen europäischen Fürstenhöfen präsentiert wurden, erfuhren – in Anlehnung an die damals so beliebten Kuriositäten-kabinette – sehr unterschiedliche Behandlung.[7] Gezeigt wurden an den europäischen Höfen unter anderen die Tupi-Indianer, die Hernán Cortés nach Europa gebracht und im Jahr 1550 dem französischen König präsentiert hatte, die vom Herzog Wilhelm V von Bayern gegen 1580 gesammelten „Wilden", die gemeinsam mit einer erstaunlichen Anzahl von „Zwergen" und „Krüppeln" ausgestellt wurden, sowie der Tahitianer, den Bougainville im Jahr 1769 nach Frankreich gebracht hatte.[8] Weiter wurde im Jahr 1784 in der Nähe von Frankfurt auf Initiative des Landgrafen Friedrich II von Hessen-Kassel eine „Afrikaner-Truppe" angesiedelt, um ihre Sitten und auch ihre Körperbildung zu beobachten. Samuel Thomas Sömmering untersuchte einige dieser Afrikaner.[9] In all diesen Fällen lässt sich ein bestimmtes Muster beobachten, das sich im Westen lang-sam, aber unerbittlich verfestigte.

Schließlich widmeten sich auch Kunst und Wissenschaft der Erforschung der Menschheit. So klagten Künstler – wie Charles Le Brun – darüber, wie schwierig es für sie sei, sich einen Überblick über die ganze Vielfalt auf der Erde anzutreffender menschlicher Gestalten und ganz besonders über die verschiedenen „Rassen" zu ver-schaffen. Sie wollten die Beziehungen zwischen Körper und Seele verstehen. Nach An-sicht der Gelehrten und der Künstler jener Zeit besaßen die Europäer die „höchsten" Gesichtswinkel, was als Beweis ihrer intellektuellen Überlegenheit über andere Völker gewertet wurde.[10] Aber derartige Hypothesen mussten durch Vergleiche bestätigt wer-den, was Referenzsammlungen erforderlich machte. Am stärksten empfand der Natur-forscher Johann Friedrich Blumenbach die Notwendigkeit, eine umfangreiche anthro-pologische Sammlung zu schaffen. Seine Sammlung umfasste Portraits von Individuen „unterschiedlicher Rassen" und als Glanzstück 82 Schädel. In Frankreich beeilten sich die Professoren des naturkundlichen Museums [Musée national d'histoire naturelle], nun auch ihrerseits eine anthropologische Sammlung zu begründen. So bauten Geor-ges Cuvier, Etienne-Antoine Serres und später Jean Louis Armand de Quatrefages eine

---

7   Das älteste englische Kuriositätenkabinett war die zu Beginn des 17. Jahrhunderts gegründete Sammlung Tradescant, genannt *The Ark* [Die Arche], die später den Kernbestand des Oxforder Ashmolean Museum bildete.

8   Siehe Boëtsch & Ardagna in diesem Band; siehe auch Bambridge (2002), S. 151-153. Auch nach Großbritannien wurde ein Tahitianer gebracht, und zwar im Jahr 1774. Er hieß Ornai, blieb zwei Jahre und wurde König George III und der Universität von Cambridge vorgestellt.

9   Vgl. Blanckaert (2002), S. 229. Einige Mitglieder dieser Gruppe erfroren, andere starben an Tuberkulose und wiederum andere begingen Selbstmord.

10   Vgl. Baridon & Guédron (1999).

der berühmtesten anthropologischen Sammlungen der Welt auf.[11] Zu einer Zeit, in der Gelehrte versuchten, menschliche Hierarchien aufzustellen und zu verstehen, wurde die Erforschung „fremder" Völker mittels solcher Sammlungen menschlicher Skelette gängige Praxis der Wissenschaft..

Zu diesem Zweck benötigten die Gelehrten anthropologische und ethnografische Sammlungen, doch mussten sie auch lebendige Menschen betrachten, berühren, abmessen, untersuchen können. Für dieses Problem gab es nur zwei Lösungen: entweder musste man „im Feld" forschen, was lange, mühselige und kostspielige Expeditionen erforderlich machte, die sich nur Wohlhabende leisten konnten, oder man musste die Untersuchungsobjekte zu den Gelehrten bringen. So wurde der Wunsch, die unterschiedlichen „Rassen" zu „sammeln" und „auszustellen", zu Beginn des 19. Jahrhunderts immer stärker. Dies demonstriert ein früher Plan für einen ethnografischen Park, über den der französische Architekt Edme Verniquet[12] im Jahr 1802 berichtete. Jeder Mensch werde dort „nach der Sitte seines Landes gekleidet und in einer seinem Lebensstil angemessenen Umgebung untergebracht."[13] Auch in Schweden wurde ein ethnologisches Museum der „skandinavischen Völker" begründet und in der ersten Hälfte des 19. Jahrhunderts entstanden in Europa und in den Vereinigten Staaten verschiedene Projekte von „Sammlungen" lebender oder toter Menschen. Keines dieser Projekte war so erfolgreich wie das im Jahr 1841 in New York von Phineas Taylor Barnum begründete Museum, aber der Prozess war nun nicht mehr aufzuhalten.

Von zentraler Bedeutung für diese Entwicklung war das amerikanische Modell. In New York wurde das von Barnum 1841 gegründete und mitten in Manhattan gelegene American Museum zur beliebtesten Attraktion des Landes.[14] Dreh- und Angelpunkt des dort Gebotenen waren „Freaks".[15] Barnums Erfindung bestand darin, an einer Stätte der Zerstreuung „Ungeheuer" auszustellen, wobei er seinem Publikum gleichzeitig auch „wissenschaftliche" Vorträge, Zaubertricks, Tänze und schauspielerische Rekonstruktionen bot. Es handelte sich hier um eine neue Form städtischer Unter-

---

11   Vgl. Quatrefages (1867). Im Jahr 1854 enthielt die Sammlung des Musée national d'histoire naturelle 865 Schädel. Die größte bekannte anthropologische Sammlung jener Zeit war die des amerikanischen Anthropologen und Rassentheoretikers Samuel Morton, die mehr als tausend Stücke enthielt, vgl. Meigs (1857). Im Jahr 1867 enthielt die französische Sammlung jedoch bereits 1.500 Schädel.

12   Vgl. Verniquet (1802), S. 23.

13   Baratay (2002), S. 36-37. Ungefähr zur selben Zeit wurde auch der Chinese Tchong-A-Sam nach Europa gebracht und von vielen Gelehrtengesellschaften untersucht.

14   Vgl. Harris (1973); Lindfors (1983a).

15   Vgl. Garland-Thomson (1996).

haltung[16], die sehr rasch von Wanderzirkussen übernommen wurde. Diese bereisten die Vereinigten Staaten und ganz Europa. Im Jahr 1884 eröffnete Barnum – sozusagen als ideologische Krönung dieser ersten, kommerziell ausgerichteten Ausstellungen – den Grand Congress of Nations, der „fremde und wilde Stämme" als eigene Nationen präsentierte. In diesem Rahmen zeigte er die australischen Aborigines des amerikanischen Schaustellers R.A. Cunningham[17], „wilde Zulus", Sioux-Indianer, einen „wilden Muslim" aus „Nubien" und einige andere „exotische" Individuen.

In Europa hatte ein ähnlicher Prozess bereits zu Beginn des 19. Jahrhunderts mit der Ausstellung der „Hottentottischen Venus" in London und Paris (1810-1815) eingesetzt. Der Körper dieser Frau wurde zum Gegenstand wissenschaftlicher Untersuchung.[18] London galt bald als Hauptstadt derartiger Schaustellungen „exotischer" Menschen.[19] Im Jahr 1817 wurden dort Indianer[20] (amerikanische Ureinwohner) ausgestellt, im Jahr 1822 Lappen (Samen), im Jahr 1824 Eskimos (Inuit), im Jahr 1829 Feuerländer, im Jahr 1839 Guyaner und im Jahr 1847 „Buschmänner". Zudem wurden mehrere Gruppen von Zulus zur Schau gestellt, unter anderem in der großen Ausstellung von 1853, die durch ganz Europa tourte.[21] Diese Tournee beeindruckte Charles Dickens so sehr, dass er durch sie zu einem Pamphlet gegen den Mythos des „edlen Wilden" angeregt wurde.

Im 19. Jahrhundert wurden in der Alten und in der Neuen Welt Paradigmen für eine Normierung der Natur entwickelt. Die Phänomene der sichtbaren Welt wandelten sich hierin zur Publikumsbelustigung und zur wissenschaftlichen Lektion, die die Entstehung von Gelehrtengesellschaften nach sich zog.[22] Die Funktion der Schaustellungen

---

16   Siehe Bogdan in diesem Band.

17   Siehe Poignant in diesem Band.

18   Siehe Fauvelle-Aymar (2002b); siehe auch Boëtsch & Blanchard in diesem Band.

19   Vgl. Durbach in diesem Band; siehe auch Altick (1978).

20   Angeblich wurden Mitglieder des Cherokee-Stammes bereits im Jahr 1762 in London ausgestellt, vgl. Fox, Porter & Wokler (1995).

21   Vgl. Lindfors (1999a), S. 205; siehe auch Lindfors in diesem Band. Der 2005 produzierte Film des französischen Regisseurs Régis Wargnier *Man to Man* ist eine halbdokumentarische Darstellung dieser Ereignisse aus dem Jahr 1859.

22   Im Jahr 1800 wurde in Frankreich die erste anthropologische Gelehrtengesellschaft gegründet. Sie trug den Namen Société des Observateurs de l'Homme [Gesellschaft der Menschenbeobachter]. Wegen mangelnder Aktivität löste sie sich jedoch drei Jahre später wieder auf. Im Jahr 1829 veröffentlichte Dr. W. F. Edwards *The Physiological Characters of the Races of Mankind*, ein Werk, in dem das Thema aus historischer Perspektive betrachtet wurde und das großen Einfluss auf wissenschaftliche Kreise ausübte. Dieses Buch regte im Jahr 1839 die Gründung der auch durch Kontakte mit englischen Wissenschaftlern inspirierten Société d'Ethnographie [Ethnographische Gesellschaft] an. im Jahr zuvor war in London eine Society for

war es nun, ganz explizit die Berechtigung bestehender kolonialer Hierarchien und sozialer Unterschiede zu veranschaulichen. Obwohl die westlichen Gesellschaften sich allmählich von der Sklaverei abwandten, begann nun die Zeit der großen Kolonialreiche und die Weltordnung unterschied zwischen den ausgestellten Völkern einerseits und den Ausstellungsbesuchern und Zuschauern andererseits. Anlässlich der Londoner Weltausstellung von 1851 – der ersten ihrer Art – überraschten die dem Nahen und Fernen Osten gewidmeten Pavillons ihre Besucher durch die Qualität der dort ausgestellten künstlerischen Erzeugnisse. Der ägyptische Pavillon dagegen distanzierte sich vom technischen Fortschritt der europäischen Industrie. Zwar präsentierte man dort einige in Europa bereits bekannte antike Schätze, aber Furore machte dieser Pavillon vor allem mit der Nachbildung einer Straße des Kairoer Bazars mit einer Moschee, mit Läden, Tänzerinnen und Cafés – ein Erfolgsmodell, das von nun an bei jeder Weltausstellung wieder auftauchen sollte. Bei den Ausstellungen in Paris, Chicago, San Francisco, Berlin und Mailand lockte die gefällige Exotik dieser „Kairoer Straße" hunderttausende Besucher an[23] und verstärkte den Trend exotischer Rekonstruktionen, der alle Weltausstellungen im Westen prägte.

Die Entfaltung des Paradigmas

Um die Mitte des 19. Jahrhunderts war das Muster dieser Schaustellungen allerdings noch ein Phänomen von sehr eingeschränkter Wirkung, auch wenn sich in der Zulu-Tournee von 1859 ein neuer Ausstellungsmodus ankündigte. Noch hatten sich diese Schaustellungen nicht zu einem richtigen Wirtschaftszweig mit eigenen Regeln und eigenen Profis entwickelt, der bei großen Kolonialausstellungen eine wesentliche Rolle spielte. Noch war es eine spielerische Inszenierung von Kraft, Fremdheit, Neugier oder Grausamkeit. In der zweiten Hälfte des 19. Jahrhunderts bildete sich jedoch ein Muster heraus, das das Modell der Menschenzoos als „rassisch" gefärbte Schaustellungen „exotischer" Menschen voll zur Entfaltung brachte. Diese Schaustellungen – von „Völkerschauen" bis zu „Eingeborenen-Dörfern" – standen entweder für sich allein oder waren Teil größerer Veranstaltungen wie etwa Welt- oder Kolonialausstellungen.

Die erste Truppe dieser Art wurde von Carl Hagenbeck im Jahr 1874 in Hamburg gezeigt, also genau in jenem Jahr, in dem Barnum nach Europa kam. Das Jahr 1874 stellte daher einen tiefen Einschnitt in der Entwicklung von Menschenausstellungen

the Protection of Aborigines [Gesellschaft für den Schutz der Ureinwohner] gegründet worden. Die französische Gesellschaft löste sich im Jahr 1848 auf, hatte zuvor aber zur Abschaffung der Sklaverei in Frankreich beigetragen.

23   Vgl. Aimone & Olmo (1993).

dar. Hagenbecks Truppe bestand aus einer Familie von sechs Lappen (Samen), die von etwa dreißig Rentieren begleitet wurde. Aufgrund des großen Erfolgs exportierte Hagenbeck seine Ausstellungen ins Ausland – im Jahr 1877 auch in den Pariser Zoologischen Garten[24] – und betrieb sie professionell unter der Bezeichnung „anthropologisch-zoologische Ausstellungen".[25] Beinah gleichzeitig – nämlich im Jahr 1876 – organisierte Charles Rau von der Smithsonian Institution in Philadelphia im Rahmen der *Philadelphia Centennial Exhibition* mehrere Darbietungen, die das „extrem niedrige Niveau unserer fernen Ahnen" demonstrieren und den Entwicklungsstand westlicher Gesellschaften im Vergleich mit „primitiven Gesellschaften" besser einschätzbar machen sollten.[26]

Zur gleichen Zeit wie der Deutsche Hagenbeck und der Amerikaner Barnum wurden nach und nach viele weitere Impresarios aktiv und stellten eigene Unternehmen auf die Beine. Darunter gab es auch Schausteller, die – wie John Tevi oder C. Nayo Bruce – aus den Kolonien stammten.[27] Von da an verbreitete sich der Menschenzoo sehr rasch und wurde binnen wenig mehr als einem Jahrzehnt zu einem kulturhistorisch bedeutsamen Paradigma. Die große Neuerung im Vergleich zum 18. Jahrhundert und zur ersten Hälfte des 19. Jahrhunderts bestand darin, dass das Publikum sich nicht länger mit Reiseberichten oder mit Stichen zufrieden geben musste. Stattdessen wurde eine Form der Präsentation entwickelt, die Wissenschaft und theatralische Darstellung miteinander verband und bei der man auf privatem oder öffentlichem Gelände Menschen zur Schau stellte, die „fremd" und „anders" waren.

Hier erfuhr der Status der Differenz, des Andersseins eine entscheidende Verwandlung. Mittels einer wissenschaftlich erstellten (oder in Ausarbeitung begriffenen) Rassentypologie wurde er rationalisiert und rationalisierbar. Maßstab dieser Typologie blieb der westliche Typus, speziell der Kaukasier, an dem der französische Naturforscher Georges-Louis Leclerc, Graf von Buffon eine besondere körperliche Harmonie

---

24 Siehe Coutancier & Barthe (2002); Schneider in diesem Band.
25 Siehe Thode-Arora in diesem Band.
26 Siehe Rydell (1984).
27 Zu jener Zeit war eine Autobiographie von John Tevi auf dem Markt. Tevi war einer der bemerkenswertesten Schausteller, der zu einem Spezialisten in diesem Bereich wurde, nachdem er selbst ausgestellt worden war und an den wichtigsten internationalen Ausstellungen, an *Buffalo Bill's Wild West Show*, an *Pawnee Bill's Wild West Show* und *Pawnee Bill's Great Far East Show* teilgenommen hatte. Sein Buch wurde unter dem Titel *A Tour Around the World and the Adventures of Dahomey Village* veröffentlicht. (Zu dieser Veröffentlichung siehe Rydell in diesem Band.) Der aus Togo stammende Nayo Bruce leitete mehr als zwanzig Jahre lang eine Wandertruppe und wechselte je nach Land und herrschender Mode Namen und Angebot. Er starb im Jahr 1919.

wahrnahm und bewunderte. Nun wurde die „Rassenlehre" aber vom zivilisatorischen Fortschritt und von internationalen strategischen Interessen eingeholt. So hatte sich Japan als aufstrebende moderne Macht seit der Weltausstellung von Chicago im Jahr 1893 an das vorherrschende Modell angepasst.[28] Diejenigen auszustellen, die „anders" waren als man selbst, wurde zu einem sichtbaren und einfachen Zeichen für Modernität und nationale Größe. Umgekehrt untersagte Russland seinen Bürgern, an solchen Völkerschauen teilzunehmen, da man hierdurch eine Minderung ihres Status' befürchtete. Die wissenschaftliche Rationalisierung der Differenz führte damals zu einer Rassenhierarchie, die in Völkerschauen sichtbar gemacht und verbreitet wurde und deren Merkmale man aus imaginären Konstrukten von „Exotik" und „Wildheit" gewonnen hatte.[29]

Die Zurschaustellung „exotischer" Völker legte auch nahe, dass diese einen geringeren Status als die Europäer besäßen und daher kolonisiert werden könnten. Allerdings herrschte bei einigen Gelehrten Zweifel darüber, ob diese Völker tatsächlich „zurückgeblieben" seien. Abel Hovelacque, ein französischer Anthropologe, untersuchte die Frage, ob bestimmte Bevölkerungsgruppen „die letzten – oder die ersten – Stufen menschlicher Entwicklung" darstellten.[30] In seiner Arbeit bezog er sich auf Australier, Veddas, „Buschmänner" und brasilianische Botokuden, deren materielle Kultur sich seiner Ansicht nach kaum über das Reich der Tiere erhebe:

> „Ist es nicht deutlich, ist es nicht offenkundig, dass die vollkommensten Wohnstätten des Australiers, des Buschmanns, des Andamanen in Architektur und Bequemlichkeit den Nestern von Menschenaffen kaum überlegen sind?"[31]

Die Entstehung und die äußerst rasche Verbreitung von Menschenzoos war eng mit anderen zeitgenössischen Phänomenen verknüpft, zum Beispiel mit der Identitätssuche, die in Europa in Zusammenhang mit der Entwicklung der Nationalstaaten stattfand, mit der Behauptung einer „amerikanischen Sonderstellung" nach dem Ende

---

28 Bei der Weltausstellung in Chicago wurde Japan der gleiche Rang wie den Westmächten eingeräumt und der Japanische Pavillon stand im selben Sektor des Ausstellungsgeländes wie die Pavillons Frankreichs, Englands, Belgiens, Österreichs und der Vereinigten Staaten. Zudem enthielt dieser Pavillon auch eine anthropologische Abteilung und ein Ainu-Dorf.

29 Vgl. Courcelles (1997). Im Jahr 1995 wurde im Rahmen einer von der ACHAC-Forschungsgruppe in Marseille organisierten internationalen Konferenz mit dem Titel *Scenes and Types* eine erste Untersuchung der Schaustellung „fremdartiger" Menschen und der Entstehung rassisch und kolonial geprägter Vorstellungskonstrukte organisiert. Die damaligen Vorträge finden sich in Blanchard, Blanchoin, Bancel, Boëtsch & Gerbeau (Hg.) (1995).

30 Hovelacque (1882), S. ii.

31 Hovelacque (1882), S. 266.

des Sezessionskriegs oder mit dem Konzept der Meiji-Zeit in Japan nach 1878. Diese ethnozentrischen Sichtweisen entstanden zu einer Zeit, die ebenso von verblüffenden wissenschaftlichen Fortschritten wie von massivem sozialen Wandel geprägt war. Beides ließ viele Ängste entstehen. Das neue Paradigma machte jegliche Orientierung zunichte: Raumkonzepte wurden durch den Bruch zwischen Stadt und Land und durch die Entwicklung des Verkehrswesens verändert. Zeitkonzepte wurden durch die beispiellose Reisegeschwindigkeit, durch die Eroberung von Kolonialgebieten und die Beschleunigung des Arbeitsrhythmus in den Städten verändert. Gesellschaftskonzepte wurden verändert durch die Entstehung einer Klasse von Fabrikarbeitern und durch den Verfall kommunaler und manchmal auch familiärer Bindungen. Kulturelle Konzepte verschoben sich, wenn die lokalen Traditionen einzelner Länder durch eine neu geschaffene politische Transzendenz ersetzt wurden, welche zentral war für die Entstehung von Nationalstaaten. Diese Veränderungen, die sich während nur zweier Generationen vollzogen, waren von unglaublicher Durchschlagskraft. Die zunehmende Verbreitung von Positivismus und Wissenschaftsgläubigkeit lässt sich nur vor dem Hintergrund tiefgreifender anthropologischer Besorgnisse verstehen, die das Sozialgefüge durchdrangen, die kollektive Psyche aufwühlten und die Zukunft verdunkelten. Die Menschenzoos waren also Teil eines breiter angelegten Versuchs, sich wieder der eigenen Identität zu versichern.

Im Falle der sowohl imperial als auch kolonial geprägten Vereinigten Staaten mit ihrer bedeutenden afro-amerikanischen Minderheit und ihren eigenen „Wilden" – den amerikanischen Ureinwohnern –, musste die Grundidentität der Nation und des Staatsvolkes bestimmt und dabei ein rassisches Modell bestätigt werden, das in vielerlei Hinsicht auf Eugenik beruhte. In Japan finden wir einen doppelten Ansatz. Zunächst musste ein japanisches Rassenmodell entwickelt werden, in dem den Japanern deutliche Überlegenheit über die „zurückgebliebenen" Völker der Nachbarländer bestätigt wurde. Dann sollten jene Völker zur Schau gestellt werden, die die neue Machtelite möglicherweise kolonisieren konnte, ganz besonders jene, deren Länder in geografischer Nähe zu Japan lagen, wie Koreaner, Taiwanesen, Okinawesen und Chinesen.

Die Erste Nationale Industrieausstellung in Japan fand 1877 in Tokyo statt, doch nach dem Ersten Japanisch-Chinesischen Krieg (1894-1895) wurden Ausstellungen häufiger und es gab erste „Kolonialausstellungen". Entsprechend gab es im Jahr 1895 auf der Ausstellung in Okazaki (Kyoto) einen Pavillon mit „Exemplaren aus den auswärtigen Kolonien" und erstmals auch einen Taiwan-Pavillon. Dies war nur ein Jahr nach der Ausstellung in Chicago, wo der Japanische Pavillon die Besucher so sehr beeindruckt und sogar die internationale Haltung zu Japan beeinflusst hatte. Dieses Muster wurde auch im Jahr 1903 bei der Fünften Nationalen Industrieausstellung in Osaka weiterentwickelt, wo die japanische Öffentlichkeit im anthropologischen Pavillon erstmals eine Ausstellung von „Eingeborenen" und „exotischen" Völkern aus den Kolonialgebieten zu sehen bekam. Die Aufsicht über den Pavillon – sowie über den taiwanesischen Pavillon und den Pavillon der „Kolonialexemplare" – führte die Tokioter Gesellschaft für Anthropologie.[32] In diesem Pavillon konnte das Publikum Chinesen betrachten, Ainu, Taiwanesen, Okinawesen, Koreaner, Malaien, Inder, einen Javaner, einen Angehörigen eines Turkvolkes und sogar einen Mann aus Sansibar.

In Europa legitimierten die Großmächte ihre kolonialen Entscheidungen mit Ausstellungen. Großbritannien zeigte seine Verbindung zu Indien, Frankreich tat dasselbe mit Algerien, Indochina und dem Afrika südlich der Sahara, Holland mit Niederländisch-Indien, und später Belgien mit dem Kongo, Deutschland mit Togo und Kamerun, Italien mit Nordost-Afrika und Portugal mit Ostafrika. Mittlerweile war Europa bestrebt, seine globale Dominanz auszubauen, indem es die Oberhoheit über andere „Rassen" beanspruchte, die ihrerseits vor einer ganz einfachen Entscheidung standen: Entweder sie wurden in ein Kolonialreich eingegliedert oder sie wurden ausgerottet. Jedes der großen Zentren westlichen Imperialismus nutzte diese Chance einer augenfällig gemachten Differenz in der Absicht, das eigene Verhalten in Übersee zu rechtfertigen.

Das fremde Fremde…

Im Verlauf des 19. Jahrhunderts kam es zu einer immer stärkeren Rationalisierung und Kommerzialisierung in der Schaustellung der Differenz. Zirkusse, Jahrmärkte, Ausstellungen und Volksfeste florierten in der gesamten westlichen Welt und ganz besonders in Amerika und verschafften ihren zahlreichen Besuchern immer größeres Vergnügen und ihren Veranstaltern immer größeren Profit. Diese Begeisterung der Volksmassen für „Monströses" lässt sich nicht vom Umstand trennen, dass man auf gesellschaftlicher Ebene immer mehr von unterschiedlichen Formen des Andersseins abrückte. Meisterhaft wird diese Entwicklung eines neuen Schaustellertypus' von Guillermo Farini illustriert.[33] Er erlangte als Seiltänzer und als Erfinder der „menschlichen Kanonenkugel" Berühmtheit und positionierte sich später ganz neu als Schausteller des Abnormen und des Exotischen. Im Jahr 1879 stellte er zum Beispiel in London eine Truppe von „Zulu-Kriegern" aus, bevor er sich dann auf das Zurschaustellen von „Buschmännern" spezialisierte, die er höchstpersönlich aus der Kalahari holte.

---

32   Die Ausstellung in Osaka hatte mehr als vier Millionen Besucher.
33   Vgl. Peacock (1995); Peacock (2008).

Nach einem weiteren Kurswechsel leitete er eine Truppe schwarzgesichtiger *Minstrels* – weißer Sänger mit dunklem Make-up – die die ganze englischsprechende Welt bereisten, inklusive Südafrika. Farinis persönliche Entwicklung – vom Zirkus über Völkerschauen bis zu den Minstrel-Shows – bildete im Kleinen die Entwicklung ab, die das ganze Genre um die Wende vom 19. zum 20. Jahrhundert nahm.

Das Konzept der „Abnormität" änderte sich mit der Entstehung der Völkerschauen.[34] Natürlich war das Zurschaustellen des Abnormen spätestens seit dem 16. Jahrhundert Teil der Populärkultur gewesen, doch kam es in der ersten Hälfte des 19. Jahrhunderts, wie wir bereits betonten, zu einer neuen Blüte.[35] So wurden die Merkmale des radikal Andersartigen durch die Völkerschauen auf größere Bevölkerungsgruppen ausgedehnt und wurden nun nicht mehr nur „missgestalteten"[36], sondern auch „exotischen" Menschen zugeschrieben.

In einem dialektischen Prozess wurde die Distanzierung vom „Anormalen" am Ende des 18. Jahrhunderts dadurch gesteigert, dass die Normabweichung anhand von „Freaks" und „Abnormitäten" verstärkt sichtbar gemacht wurde.[37] Siamesische Zwillinge[38], die „Letzten Azteken"[39], die beiden „Wilden aus Borneo"[40], der „Menschenfressende Krieger aus Dahomey"[41] und Truppen von „Albino-Afrikanern" stellten eine Verbindung zwischen der Welt der „Freaks" und der Welt der fremden Völker dar. Diese Attraktionen wurden durch Barnum[42] und andere Impresarios mittels passender Kostümierung und passendem Bühnenbild sorgfältig in Szene gesetzt, so dass die Zugehörigkeit der

---

34   Vgl. Twitchell (1990).

35   David Lynchs Film *Elephant Man* illustriert dies in relativ realistischer Weise.

36   Vgl. Hevey (1992), S. 53.

37   Vgl. Truzzi (1979); McNamara (1974).

38   Siamesische Zwillinge, diese Wunderwesen, bildeten, beginnend mit den von Barnum in New York ausgestellten chinesischen Zwillingen, eine der Hauptattraktionen bei Freak-Shows, vgl. Monestier (2007). Später erlebten die thailändischen Brüder Chang und Heng, die im Jahr 1829 nach Boston kamen, ein Schicksal, wie es in einem von der Unterhaltungsindustrie und der Wissenschaft bestimmten Kontext typisch war. Es war nämlich Professor John Warren von der Harvard Medical School, der die Grundlagen für diese Ausstellung und die im Jahr 1830 daran anschließende Europa-Tournee lieferte. Im Jahr 1835 schlossen sich die Brüder Barnum an, wurden dann ihre eigenen Manager und stellten sich in den Vereinigten Staaten bis 1869 zur Schau.

39   In Wirklichkeit handelte es sich um keine „Azteken", sondern um geistig behinderte Menschen.

40   Übrigens stammten die beiden Brüder aus Ohio. Sie traten zwischen 1852 und 1905 in unterschiedlichen Shows auf.

41   Dies war ein Afro-Amerikaner namens Henry Moos. Er wurde in Philadelphia ausgestellt und war für seine gesprenkelte Haut berühmt.

42   Barnum zeigte einen Afro-Amerikaner namens „Vitiligo", der ein Albino und zudem kleinköpfig war. Er präsentierte ihn als Missing Link zwischen Menschen und Affen.

zur Schau gestellten Individuen zu „unzivilisierten Kulturen" mehr oder minder implizit kommuniziert wurde.[43] Hierdurch öffneten sich neue Räume für die Ordnung der Welt.

Obwohl die formalisierte Andersartigkeit in den Völkerschauen als anthropologische Notwendigkeit gesehen werden kann, ermöglichte sie auch die Entwicklung von Stereotypen. Diese Ausdehnung und Neudefinition radikaler Differenz verstärkte sich ihrer Natur nach selbst immer mehr. Völkerschauen waren ja als neue Räume zur Schaustellung der Differenz die jüngsten Produkte eines langen Prozesses, der im 18. Jahrhundert begonnen und dazu geführt hatte, dass geistig und körperlich behinderte Menschen aus der Gesellschaft ausgeschlossen und in Asylen weggesperrt wurden.[44] Diese Abspaltung veränderte ganz tiefgreifend das Gesicht ländlicher und städtischer Gesellschaften, in denen solche Individuen zuvor eine zwar minoritäre, aber doch gesellschaftlich legitime Stellung als Vermittler zwischen irdischer und göttlicher Welt innegehabt hatten. Der Umstand, dass die Normabweichung aus dem Zentrum der Gesellschaft verschwand, steigerte aber noch die Notwendigkeit, eine neue Form des Andersseins zu zeigen. Das Anderssein war nicht einfach ein Zustand. Es war ja gerade dieses Fremde, das der Assimilierung widerstand und das die Herausbildung einer sozialen, kulturellen und physischen Identität ermöglichte.

So erweckte um die Mitte des 19. Jahrhunderts die Ausstellung eines „Menschenfressers aus Ozeanien" in London oder der „Affen-Frau" im Pariser Luna Park einen ebenso großen – wenn nicht noch größeren – Nervenkitzel wie der „Rüssel-Mann", der „Liliputaner" oder die „Schweine-Frau", denn diese Darbietungen legten nahe, dass ein ganzes Volk diese physischen, kulturellen oder geistigen Merkmale teilte. Die Völkerschauen nahmen Abstand von der Zurschaustellung von Ausnahmen oder Fehlern der Natur, stattdessen zeigten sie die außergewöhnlichen Normen der nicht-westlichen Welten, jener Welten, die bald beherrscht, kolonisiert und verändert werden mussten.

Der Kolonialismus war ein Teil dieses Strebens nach Uniformität, dessen Ziel es war, die Welt nach dem Abbild des Westens neu zu schaffen und den „Wilden" ebenso verschwinden zu lassen, wie der „Krüppel" und die „Missgestalt" bereits verschwunden waren. Dieses Projekt basierte auf westlicher Vernunft und auf der Utopie wissenschaftlicher Transparenz, die verleugnet, dass es ein Anderes geben muss, das in dem, was wir nicht sind, das bezeugt, was wir sind.

Heute kann man sich schwer vorstellen, welche Sogwirkung die Inszenierung von Jahrmarktsattraktionen in der visuellen Kultur der zweiten Hälfte des 19. Jahrhunderts

---

43   Vgl. Barnum (1872); Saxon (1980); Reiss (2001). Siehe auch Reiss in diesem Band.
44   Vgl. Foucault (1961).

ausgeübt hat. Zwar können wir, wie Gilles Boëtsch in diesem Band betont, kaum wissen, wie die große Mehrheit der Besucher auf diese Ausstellungen reagierte, da diese Publikumsreaktionen ja in keinerlei Form festgehalten wurden, aber dennoch verfügen wir über drei wertvolle Indikatoren. An erster Stelle sind hier die eindrucksvollen (und profitablen) Verkäufe von Postkarten zu nennen, die die ausgestellten Personen an den Ausstellungsstätten zeigten. Dann gab es in der nationalen und lokalen Presse eine gleichbleibend hohe Anzahl von Artikeln über solche Ausstellungen. Und schließlich wurden alle Arten von Veranstaltungsstätten – behelfsmäßige Bühnen für eine Wandertruppe ebenso wie Theater oder offizielle Ausstellungsareale – von einer konstant hohen Anzahl von Besuchern aufgesucht.

Ein Beitrag zur Massenkultur

Solch quantifizierbare Informationen zeigen deutlich, wie populär diese Shows waren[45], auch in kleineren Städten[46], und der finanzielle Profit, den sie ihren vielen Veranstaltern brachten, ist offensichtlich. Die Quellen belegen, dass diese Ausstellungen bis zum Beginn des Ersten Weltkriegs immer höheren Profit abwarfen, und dass die zunehmende Anzahl von Truppen und von Weltausstellungen oder Internationalen Ausstellungen ab den 1880er-Jahren bewirkte, dass das Publikum zehnmal häufiger Gelegenheit hatte, „exotische" Menschen zu sehen.

Noch unbeantwortet ist jedoch die komplexe Frage, wie eben dieses Publikum über die Ausstellungen dachte. Wir verfügen ja über keinerlei Dokumente, die uns Anhaltspunkte hierüber geben könnten. Es scheint, dass nur eine sehr geringe Anzahl jener Menschen, die damals derartige Ausstellungen besuchten oder darüber schrieben, ihnen kritisch gegenüberstanden. Hier gab es jedoch einige wenige Ausnahmen: in Frankreich äußerten sich einzelne Intellektuelle und Kolonialbeamte kritisch, in den

---

45   Hagenbeck selbst zeigte sich in seiner Autobiographie überrascht von der großen Anzahl von Besuchern und beschrieb, wie ungeheuer fasziniert sie waren. Er erinnerte sich, dass in Berlin an einem einzigen Tag beinah 93.000 Menschen eine dieser Ausstellungen besuchten und Polizei zu Ross und zu Fuß nötig war, damit es zu keinen Tumulten kam. Vgl. Hagenbeck (1951), S. 78; siehe auch Deroo in diesem Band. Auch im Jahresbericht des Pariser Zoologischen Gartens für das Jahr 1883 wurden knapp eine Million zahlende Besucher und Besucher mit Freikarten verzeichnet. Die Pariser Weltausstellung des Jahres 1900 wurde von knapp 50 Millionen Zuschauern besucht. Bei der Pariser *Exposition Coloniale Internationale* des Jahres 1931 wurden mehr als 30 Millionen Eintrittskarten verkauft. Und die *British Empire Exhibition* 1924-1925 im Londoner Stadtteil Wembley wurde von knapp 25 Millionen Zuschauern besucht.
46   Zum Beispiel die französischen Städte Nancy 1909 (2,5 Millionen zahlende Besucher), Roubaix 1911 (1,7 Millionen Besucher) und Reims 1903 (300.000 zahlende Besucher und etwa 100.000 „Gäste"). Diese Städte hatten bei keiner früheren Gelegenheit Veranstaltungen mit derart hohen Besucherzahlen verzeichnet wie nun mit den „Eingeborenendörfern".

Vereinigten Staaten erhoben einige religiöse Gruppen Einwände und in Großbritannien gab es einzelne Gruppen, die sich gegen Sklaverei wandten. Zum Beispiel kritisierte Louis-Joseph Barot, ein französischer Autor, der viel über das Afrika südlich der Sahara und die französischen Kolonialaktivitäten schrieb und später Bürgermeister von Angers wurde, „ethnografische Ausstellungen", weil sie den Auftritt von Afrikanern als Maskerade inszenierten. Seiner Ansicht nach waren solche Ausstellungen nichts als „grobe Karikaturen", in denen „einzelne Exemplare der menschlichen Gattung neben Kunststückchen ausführenden Hunden und anatomischen Kuriositäten" zur Schau gestellt wurden.[47] Und im Jahr 1902 schrieb er, dass man

> „Schwarze nicht nach den Exemplaren beurteilen sollte, die in den Dahomey- und Senegal-Dörfern, deren Tourneen durch europäische Städte so heftig beworben werden, zu sehen sind."

Hinsichtlich der Rezeption durch das breite Publikum können wir – auch wenn wir anerkennen, dass derartige Quellen nur in gewissen Grenzen verwendet werden können – aus Zeitungsartikeln ein Spektrum von Meinungen rekonstruieren, das, wie verschiedene Beiträge in diesem Band zeigen, die Publikumsreaktionen offenbar gut widerspiegelt. Als erstes fällt auf, dass ein Widerstand gegen diese Art von Schaustellungen die Ausnahme gewesen sein dürfte und wenn es ihn gab, so nur unter besonderen Umständen, etwa wenn Männer oder Frauen ausgestellt wurden, die ganz offensichtlich krank waren, oder wenn sie infolge ihrer rauen Schaustellungsbedingungen starben. Die meisten Journalisten akzeptierten diese Ausstellungen und gaben ein nuanciertes Spektrum von Publikumsreaktionen – von offener Verachtung bis zu ernsthafter Bewunderung – wieder.[48]

---

47   Vgl. Bergougniou, Clignet & David (2001).

48   Ein wichtiges Hindernis für diese Forschungsarbeit stellt unsere Unkenntnis über die Reaktion der ausgestellten Individuen dar. Die Quellen sind lückenhaft und stammen, was noch schwerer wiegt, aus zweiter Hand. Wir können nicht, wie es manche Forscher erhoffen – siehe Bergougniou, Clignet und David (2001) – davon ausgehen, dass angebliche zeitgenössische Interviews mit den Darstellern verlässliche Belege darstellen. Mündlich übermittelte Erinnerungen dagegen sind eine wichtige Quelle bei der Einschätzung der Wirkung dieser Ausstellungen. Dies wird durch die Erinnerungen der Kanaken von 1931, die von Joël Dauphiné und Didier Daeninckx gesammelt wurden, deutlich. Daeninckx verarbeitete diese Erinnerungen in seinem Roman *Cannibale* [*Reise eines Menschenfressers nach Paris*, Berlin, 2001]. Ebenso interessant sind die von Gérard Collomb zur Schaustellung der Kaliña gesammelten mündlichen Berichte, die zeigen, wie Erinnerungen über mehrere Generationen hinweg übermittelt werden: „Sie waren eingeschlossen, damit die Weißen sie sehen konnten. Niemand durfte fortgehen. Tag für Tag versammelten sich die Weißen, um sie zu beobachten." [Malianas Bericht, zitiert in: Collomb (1992), S. 129.] Aber diese wenigen Aussagen reichen nicht aus für eine systematische Analyse der Reaktionen des Publikums oder der Ausgestellten.

Auch wenn diese Ausstellungen heute im Konzept und in der Ausführung schockierend erscheinen mögen, so spiegelten sie doch in großem Maße die damals aktuellen Vorstellungen wider. Jede Analyse der negativen Aspekte der in ihnen zum Ausdruck kommenden Einstellung gegenüber den Fremden sollte dies berücksichtigen. Auf praktischer Ebene gibt es viele Hinweise darauf, dass ausgestellte Personen gelegentlich grausam behandelt wurden. So stoßen wir – äußerst selten – auf den Gebrauch von Käfigen, häufiger auf den Gebrauch von Drahtzäunen, die Zuschauer und ausgestellte Personen trennen und schützen sollten, wir erfahren vom Tod ausgestellter Personen, von den dramatischen Bedingungen, unter denen manche der Truppen lebten, von Selbstmorden während der Tournee oder bei Rückkehr der zur Schau gestellten Individuen in ihre Heimat, sowie von schweren Traumen.[49] Wir hören von der Unterbringung direkt an der Ausstellungsstätte oder in Tiergehegen[50], von Gruppen, die gewaltsam gefangen genommen[51] und gegen ihren Willen abtransportiert wurden. (Letzteres waren Einzelfälle[52], die im 20. Jahrhundert nicht mehr vorkamen.) Wir hören, dass ganze Truppen durch einen Einzelagenten rekrutiert und unter einem einseitigen Gruppenvertrag engagiert wurden. Wir erfahren von Untersuchungen, die bei den Ausstellungen an lebenden oder toten Körpern vorgenommen wurden.[53] Wir erfahren, dass unter den Ausgestellten auch Kinder waren, und lesen Berichte über öffentliche Geburten bei den Völkerschauen. Wir erfahren von Frauen, die in den „Eingeborenen-Dörfern" absichtlich unbekleidet ausgestellt wurden. Obwohl die Todesfälle, die es 1897 in Tervuren, 1892 in Paris (unter den Kaliña) und 1896 in Barcelona gegeben hat, ebenso wie die Pockenepidemie in Chicago 1893 und die dramatischen Berichte über die „Hottentottische Venus"[54], über Ota Benga[55] und die 1883 am italienischen

---

49   Einzelne Anthropologen nahmen eine gegensätzliche Sichtweise ein – womit sie ihrerseits damals aktuelle Haltungen demonstrierten – und behaupteten, die ausgestellten Volksgruppen würden „während der Ausstellungen" zivilisiert. Im Jahr 1881 schrieb Paul Nicole über dieses Thema im *Bulletins de la Société d'Anthropologie* und meinte, dass ursprünglich „wilde" Zulus „schlau und gerissen" in ihre Heimatländer zurückkehrten (S. 775).

50   Robert Rydell erwähnt dies in Zusammenhang mit der *Pan-American Exposition*, Buffalo, New York im Jahr 1901, „Eingeborene" waren dort bis zur Fertigstellung ihres Dorfs in einem Tiergehege untergebracht, vgl. Rydell in diesem Band.

51   Australische Ureinwohner, Pygmäen und Hottentotten.

52   Zum Beispiel die im Pariser Zoologischen Garten ausgestellten Feuerländer und Galibi-Indianer.

53   Pariser und Londoner Anthropologen beklagten sich darüber, dass man es ihnen verwehre, die während der Ausstellung verstorbenen Darsteller zu sezieren, während der amerikanische Anthropologe Aleš Hrdlička in Saint Louis im Jahr 1904 die Gehirne einiger Filipinas entnehmen konnte, vgl. Rydell (1984), S. 164.

54   Vgl. Coleman (1964); Strother (1999).

55   Ota Benga war ein kongolesischer Pygmäe, der bei der *Louisiana Purchase Exposition* in Saint Louis, Missouri, im Jahr 1904 ausgestellt wurde und von verschiedenen protestantischen

Hof ausgestellten „Pygmäen"[56] bewiesene Tatsachen sind, sollten uns diese Beispiele doch nicht dazu verleiten, diese Todesfälle ausschließlich den grausamen Lebensbedingungen, die sich in ihnen widerspiegeln, zuzuschreiben.

Sehr bald wurden zwei Faktoren wirksam, die die Bedingungen, unter denen die „Darsteller" engagiert wurden, veränderten. Zunächst erkannten die Veranstalter, dass Kranke der finanziellen Prosperität ihrer Unternehmen noch abträglicher waren als Tote. Sie brachten die Ausstellung ins Gerede und lösten unter den ausgestellten Individuen Misstrauen, bisweilen auch Auflehnung, aus, ganz zu schweigen von der öffentlichen Unruhe wegen möglicher Ansteckungsgefahr und spontanen Mitleidsbezeugungen. So entwickelte sich ein selbstregulierendes System, das das Schlüsselkapital dieser Ausstellungen – die zur Schau gestellten Personen – schützte. Dies sehen wir an Hagenbecks Reaktion auf den Tod einer ganzen Truppe von Eskimos (Inuit) und vieler Feuerländer. Danach ließ er die von ihm zur Schau gestellten Personen impfen. Als er „Eingeborenen-Dörfer" auf eine Tournee durch Frankreich schickte, achtete er auch darauf, diese Impfungen unmittelbar nach der Ankunft der Truppe in jeder Stadt öffentlich bekannt zu machen. Dieses Publikmachen der Impfung sollte zeigen, unter welch guten Bedingungen die „Eingeborenen" lebten, sollte aber auch die Zuseher in Bezug auf ihre eigene Gesundheit beruhigen und vor allem gewährleisten, dass die Ausgestellten nicht Träger irgendwelcher infektiöser Krankheiten waren.

Der zweite Faktor, der die Bedingungen für die zur Schau gestellten Individuen verbesserte, war die wachsende praktische Erfahrung der Veranstalter im Umgang mit unzufriedenen Darstellern und in der Rekrutierung ganzer Familienverbände (samt Kindern). Man meinte ja, dass die Anwesenheit von Familienmitgliedern Rebellion verhindern und die Bindung an die Truppe stärken würde. Eine Folgewirkung hiervon war, dass die Ausstellungen für Zuschauer attraktiver wurden. Schließlich trafen auch einige Kolonialbehörden gesetzliche Vorkehrungen gegen die Rekrutierung von „Wilden". Dies geschah 1897 in Belgisch-Kongo, 1910 in den deutschen Kolonien und 1931 im französischen Kolonialreich. Andernorts wurden besondere Institutionen zur Überwachung der Organisation solcher Ausstellungen eingesetzt, etwa 1893 in den Vereinigten Staaten und 1906 in Frankreich.

Die Truppen wurden schnell professionell und ab den 1880er-Jahren schlossen sie Verträge mit den Rekruteuren ab, wobei die Darsteller häufig durch eine dritte Person

---

Gruppen und Missionen zum Verbleiben in den Vereinigten Staaten überredet wurde. Für einige Zeit wurde er im Tiergarten der Bronx im Orang-Utan-Käfig „untergebracht". Im Jahr 1916 nahm er sich das Leben. Vgl. Blume H. (1999), S. 197-201.

56   Vgl. Puccini (1999).

vertreten wurden. Der Einsatz von Verträgen macht deutlich, dass man jetzt von gemeinsamen Interessen ausging und dass es eine neue Beziehung zwischen Veranstaltern und den Personen auf der Bühne gab. Wenn diese Beziehungen auch ungleich und ausbeuterisch blieben, so gab es doch einige Truppen, die zusätzlich zu den ihnen vertraglich zugesicherten Löhnen noch besondere Arbeitsbedingungen verlangten: sie verweigerten den Auftritt bei Schlechtwetter, streikten, um höhere Bezahlung zu erlangen, verlangten eine Beaufsichtigung der Tiere an Ruhetagen und forderten die Zahlung von Prämien für alle zusätzlichen Auftritte. Impresarios konnten aufgrund unterschiedlicher gesetzlicher Bestimmungen strafrechtlich verfolgt werden.

So wurden wirtschaftliche Interessen – wenn auch ungleich – geteilt. Von nun an reisten die Truppen bereitwillig von Ort zu Ort, planten die unterschiedlichen Rollen, die ihnen zugeschrieben wurden – „Kannibalen" hier, „kriegerische Eingeborene" dort, oder parodistische Wilde auf einer Varieté-Bühne – und illustrierten so die Phantasien und Projektionen, die das westliche Denken jener Zeit um das Konzept des „Wilden" gesponnen hatte. Manche Truppen waren einige Jahre lang auf Tournee und „Häuptlinge" – wie zum Beispiel Mamdou Seck – standen reihum mehreren Dörfern vor, überquerten den Atlantik, reisten von einem Land ins nächste und gaben ihr Wissen an ihre Nachfolger weiter. Die Bezeichnung „Eingeborenen-Darsteller" wurde um die Wende vom 19. zum 20. Jahrhundert für einen Beruf verwendet, den pro Jahr durchschnittlich 2.000-3.000 Personen in etwa zwölf betroffenen Ländern ausübten.

Offenbar entwickelte sich ein echtes Wirtschaftssystem, an dem zahlreiche Personen beteiligt waren: in Afrika, Asien, Ozeanien und Südamerika waren Rekruteure und Transportunternehmer tätig, Vermittler traten mit den städtischen Behörden in Kontakt, Ausstellungsveranstalter stellten Truppen zusammen, jede mit einem eigenen „Häuptling" und mehreren „Dorfbewohnern" (jeweils mit Familie). Hinzu kamen noch lokale Wirtschaftreibende, die das Dorf bauten.

> „Die indigenen Einwohner der Kolonialgebiete, die neben allen Arten von Objekten und Produkten ausgestellt wurden, gehörten bald zum Kernbestand internationaler Ausstellungen. Sie sollten westlichen Bürgern zur Belehrung und Unterhaltung dienen."[57]

Alles in allem wurden während nur eines halben Jahrhunderts 20.000 – 25.000 Darsteller aus allen Teilen der Welt in dieser Form im Westen ausgestellt.

---

57   Corbey in diesem Band.

Die Ähnlichkeit zwischen den Ausstellungsmodellen und der schematischen Wahrnehmung der „Exotik", wie sie in der nördlichen Hemisphäre verfügbar war, verdeutlicht den im Westen ablaufenden Prozess kultureller Projektion und Homogenisierung. Die Beiträge in diesem Band zeigen, dass die Schaffung eines imaginären Konstrukts einer auf Differenz basierenden Fremdartigkeit die große Kolonialisierungsbewegung der europäischen Mächte sowie den japanischen und amerikanischen Imperialismus nicht nur begleitete, sondern diesen Entwicklungen bisweilen auch vorauseilte. Es lässt sich daher argumentieren, dass die Schaustellungen „exotischer" Völker nicht nur eine Folge des Imperialismus waren, sondern eher eine seiner kulturellen Vorbedingungen, da sie die Unterlegenheit bestimmter Menschengruppen augenfällig machten und auf diese Weise deren künftige Unterwerfung legitimierten.

Tatsächlich wird man beim Lesen der folgenden Kapitel feststellen, dass ab dem 19. Jahrhundert die wilden Tiere, die einigen Anspruch auf Exotik erheben konnten[58], und die wenigen Bewohner ferner Länder, die den westlichen Eliten zur Zerstreuung dargeboten worden waren, durch „Menschenexemplare" ersetzt wurden, die familien- oder gruppenweise eine Rasse (oder ein Volk) repräsentierten, meist in „authentischer" Umgebung oder Kulisse ausgestellt. Diese Praxis war in beinah zwölf Ländern Asiens und Europas sowie in den Vereinigten Staaten weit verbreitet und betraf ungefähr zwanzig weitere Länder in geringerem Maße, wie die wegbereitenden Forschungsarbeiten von Bernth Lindfors[59] und Raymond Corbey[60] zeigten und die Untersuchungen in diesem Band deutlich bestätigen. Diese Praxis war damals also durchaus keine Randerscheinung. Sie war Teil der Entwicklung der Massenkultur rund um die Ausweitung unterschiedlicher Kommunikationsformen wie Zeitschriften, Ausstellungen und

---

58 Dass der Baseler Zoo in den letzten Jahren des 19. Jahrhunderts, bevor er sich auf die Zurschaustellung von Menschen – vor allem „exotischer" – Menschen spezialisierte, mit seinen Sammlungen europäischer Tiere erfolglos blieb, macht deutlich, dass sich die Besucher jener Zeit für „exotische" Gattungen interessierten und das Publikum „fremde, unzivilisierte, wilde Bestien sehen wollte, die sich deutlich von europäischen Gattungen unterschieden, was es den Zuschauern ermöglichte, ihrer alltäglichen Umwelt zu entfliehen und von fernen Gefilden zu träumen" [Baratay (2002), S. 33].

59 In innovativer Weise schrieb Lindfors, Spezialist für afrikanische Literatur, zahlreiche Arbeiten über Afrikaner-Ausstellungen im Westen, von denen die meisten von der African Studies Association veröffentlicht wurden (Lindfors, 1999a). Ein Artikel von Lindfors über Dr. Kahns berühmte Niam-Niam ist in diesem Band enthalten.

60 Corbeys ursprünglicher Aufsatz „Ethnographie Showcases, 1870-1930"', der im Jahr 1993 in *Cultural Anthropology* erschien, wurde für diesen Band überarbeitet. Dieser Aufsatz war für die Herausgeber dieses Buchs der eigentliche Auslöser für ihre Forschungsarbeit zum Thema Menschenzoos, eine Forschungstätigkeit, die in Marseille mit der ACHAC-Forschungsgruppe begonnen hatte und in Zusammenarbeit mit der CNRS-Forschungsgruppe GDR 2322 ab 1999 fortgeführt wurde; siehe oben, Anmerkung 2.

Menschenausstellungen. Um die Wende vom 19. zum 20. Jahrhundert trugen ethnologische Ausstellungen ganz zentral zur Konstruktion eines imaginären Anderen bei. Diese Konstruktion speiste sich aus einer Verbindung von Exotismus und Rassismus und fand von Beginn an beinah allumfassende anthropologisch-wissenschaftliche Bestätigung[61], was ihr einen unerhörten exemplarischen Wert verlieh.

Ab Mitte des 19. Jahrhunderts hatten die meisten Europäer, Japaner und Amerikaner bereits einmal durch Drahtzäune, Gitterstäbe oder andere Barrieren gespäht, die sie von den „Wilden" trennten, und waren so erstmals mit exotischen Völkern , die bald mehrheitlich in westlichen Kolonien ansässig sein sollten, in Blickkontakt getreten. Der „Wilde", der bis dahin eine mythische Figur gewesen war, manifestierte sich nun leibhaftig vor den Augen der faszinierten oder erschauernden Westler und erkletterte in der ganzen nördlichen Hemisphäre – von Tokio bis Hamburg, von Zürich bis Paris und von London bis Chicago – in verschiedenen Verkleidungen den Gipfel seines Ruhms.

Zwischen Wissenschaft und Spektakel

Der Status der „Fremden" in diesen Ausstellungen veränderte sich ebenfalls nach und nach. Die „exotischen" Figuren, die man zunächst nur als „Wilde" konkretisiert hatte, wurden während der Periode der Kolonisierung nach und nach „gezähmt" und hierauf – um die Errungenschaften der kolonialen „Zivilisationsmission" zu verdeutlichen – auch „zivilisiert". Im Gegensatz dazu wurden jene Rassen, die in der zeitgenössischen Sichtweise in unwiderruflichem Abstieg begriffen waren, weiterhin als „Wilde" portraitiert, in Vorwegnahme ihres Verschwindens, das eine natürliche Folge ihres postulierten Unvermögens war, die Konfrontation mit einer sich als Leitkultur für die gesamte Menschheit verstehenden Zivilisation zu überstehen. Im 19. Jahrhundert versuchte der Westen, die Welt zu verstehen, im 20. Jahrhundert dagegen versuchte er eher, sie nach eigenen Modellen, Überzeugungen und Interessen umzubauen. Vor diesem Hintergrund passten sich Menschenzoos den Ansichten jener Zeit, den politischen Inhalten und den Erwartungen ihrer Besucher an.

Zu Beginn spielten Gelehrte eine ganz wesentliche Rolle bei der Legitimierung von Völkerschauen. Nach dem Besuch einiger französischer Gelehrter im Pariser Zoologischen Garten [Jardin d'Acclimatation] bot ihnen die Pariser Weltausstellung von 1878 eine breitere internationale Bühne und gab ihnen eine Stimme in der Presse:

> „Es wird für unser Land eine Ehre sein, zu zeigen, dass Frankreich die wichtigste Heimstätte der ‚Wissenschaft vom Menschen' ist."[62]

---

61   Vgl. Brace (1982).
62   Martin (1878), S. 8.

Gegenstände aus der Alt- und Jungsteinzeit sowie aus der Bronze-Zeit wurden ausgestellt. Neben diesen Relikten aus der Vergangenheit des Menschengeschlechts und Belegen für seine Entwicklungsgeschichte trafen die Besucher auch „vornehme Fremde" an, „einen Eingeborenen-Fürsten aus Java, Spahis, Turkmenen, und so weiter.[63] Darunter auch lebende Beispiele ferner Rassen."[64] Die Ausstellung hatte dieselbe Orientierung wie Ausstellungen in zoologischen Gärten, wo „exotische Rassen" definitionsgemäß großes Interesse erregten.

Tatsächlich waren seit Linnés und Buffons innovativen Arbeiten im 18. Jahrhundert menschliche Wesen zum Gegenstand wissenschaftlicher Untersuchung geworden und Anthropologen hatten begonnen, sowohl Gegenstände als auch Körper zu untersuchen.[65] In der zweiten Hälfte des 19. Jahrhunderts bestand das Hauptproblem für Wissenschaftler, die sich nicht länger mit den Berichten Reisender, mit ethnografischen Objekten oder Schädeln zufriedengeben wollten, in der Frage, wie man sich Zugang zu „lebendigen Subjekten" verschaffen könnte. So tauchten Menschenzoos zu einem Zeitpunkt der Wissenschaftsgeschichte auf, an dem die Anthropologie auf der Suche nach Beweisen war, und wurden von kommerziellen Jahrmarktspektakeln zu Gegenständen wissenschaftlicher Untersuchung umgewandelt. Die Untersuchung trat an die Stelle der Schaustellung, Belehrung an die der Zerstreuung – eine Verlagerung, die durch das Interesse mancher Anthropologen noch erleichtert wurde. So blieb es bis in die frühen Jahre des 20. Jahrhunderts.

Als man den Anthropologen den fruchtbaren Untersuchungsbereich solcher Ausstellungen öffnete, blieben sie nicht untätig und machten die Ausstellungsorte – zumindest in Paris – zu wahren Laboratorien. Dieses Vorgehen war in der französischen Hauptstadt ab 1877 üblich[66] und dank Ernest Chantre, der 1883 an fünf in Lyon angekommenen Zulus anthropometrische Vermessungen vornahm, bald auch andernorts.[67] Im Jahr 1885 lud der Direktor der Sudan-Ausstellung am Champs de Mars die Mitglieder der Anthropologischen Gesellschaft von Paris ein, die mehreren hundert

---

63　Vgl. Bordier (1878c).

64　Vgl. Mortillet (1878), S. 221.

65　Vgl. Blanckaert, Ducros, Hublin (1989).

66　Ein Blick in die damalige Wissenschaftspresse – *La Nature, Revue d'Anthropologie, Le Journal illustré, La Science illustrée* und die *Bulletins de la Société d'Anthropologie* – reicht aus, um darin die aus der Feder der wichtigsten zeitgenössischen Anthropologen stammenden Berichte über verschiedene Truppen zu finden, die in Paris ausgestellt wurden. Mehr als 80 Aufsätze erschienen bis 1909 in französischen Wissenschaftsjournalen allein über die Ausstellungen im Pariser Zoologischen Garten (vgl. Boëtsch & Ardagna in diesem Band).

67　Vgl. Chantre (1884).

dort ausgestellten „Neger" anzusehen.[68] Paradoxerweise stammten die meisten der im Pariser Zoologischen Garten ausgestellten und untersuchten „Rassen" nicht aus den französischen Kolonien. Zu jener Zeit besaß Seltenheit einen besonderen Wert, ganz besonders bei der Suche nach dem Missing Link, um das das evolutionistische Denken jener Periode kreiste.

Doch die meisten Anthropologen nahmen recht rasch Abstand davon, mit solchen Ausstellungen in Verbindung gebracht zu werden, ganz besonders in Hinblick auf deren kommerzielle Aspekte.[69] Diese Entwicklung vollzog sich in Westeuropa zwischen 1885 und 1890[70] und in Japan[71] und den Vereinigten Staaten[72] etwas später. Anthropologen klagten auch darüber, dass die gezeigten „Exemplare" nicht „authentisch" genug seien[73], was ganz besonders Paul Nicole an den Feuerländern bemängelte[74] und was 1882 auch der französische Anthropologe Léonce Manouvrier kritisierte. So konzentrierte man sich vor allem auf die „Qualität" der ausgestellten „Exemplare". Entsprechend kommentierte Gilles Boëtsch[75] die Debatten, die unter den Mitgliedern der Anthropologischen Gesellschaft von Paris in Bezug auf die ethnografischen Ausstellungen der Jahre 1882 und 1883 wüteten. Im Jahr 1886 weigerten sich die Mitglieder der Gesellschaft, die Ausstellung über Ceylon (Sri Lanka) zu besuchen, nicht aus irgendwel-

---

68   Vgl. Sap (1895), S. 479.

69   Vgl. Copans & Jamin (1978). Die Mitglieder der Société d'Anthropologie de Paris unterschieden sehr rasch zwischen „guten anthropologischen" und anderen Attraktionen, wie Bordier im Jahr 1877 im Vereinsorgan schrieb. „Die Überlegenheit dieser wissenschaftlichen Ausstellungen über jene, die einfach Schaustellungen im Barnum'schen Sinne sind, sollte hier angestrebt werden, und damit ist weder eine Durchschnitts-Schaustellung gemeint noch das falsche Lokalkolorit der Lehnstuhlreisenden, sondern die reine und nackte Wahrheit" [Bordier (1877a)].

70   In Deutschland zum Beispiel erreichte die Verbindung von Spektakel und Wissenschaft im Jahr 1889 ihren Höhepunkt. In diesem Jahr fand die *Völkerausstellung* in München statt. Dies war eine Art internationale Menschen-Galerie, in der neben anderen „exotischen" Wesen der mumifizierte Körper der „Gorilla-Frau" Juliana Pastrana ausgestellt wurde. Die 1832 in Mexiko geborene Frau wurde von manchen für das Missing Link zwischen Menschen und Affen gehalten.

71   In Japan wurde die Tokioter Anthropologische Gesellschaft erst 1884 gegründet, sie spielte aber bei den verschiedenen ethnographischen Ausstellungen des Archipels eine wichtige Rolle, vgl. Nanta (2003).

72   In den Vereinigten Staaten ging der Impuls ganz deutlich von der Chicagoer Weltausstellung (*World's Columbian Exposition*, 1893) aus.

73   Während die Anthropologen jener Zeit oft weite Strecken zurücklegten, um ihre Präparate zu sammeln, wurde der Quellendokumentation und der Dokumentation des Fundorts weniger Aufmerksamkeit geschenkt, sei es aus Nachlässigkeit oder deshalb, weil die geheime Natur mancher ihrer Sammelmethoden diese Art von Information verdunkelte. Vgl. Langaney (2002), S. 376.

74   Im *Bulletins de la Société d'Anthropologie*, 1880.

75   Boëtsch (2003).

chen moralischen Gründen, sondern weil sie der Ansicht waren, sie ähnle mehr einem Zirkus als einer ethnografischen Ausstellung. Abschließend betont Boëtsch, dass die Anthropologen zwischen 1880 und 1900, also in knapp zwanzig Jahren, eine Sicht auf die Welt und die Menschheit entwickelten, die entscheidend zur Herausbildung der wichtigsten Mechanismen der Kolonialkultur beitrug. Aus diesem Grunde hatte der Anthropologische Pavillon der Pariser Weltausstellung von 1889 im Denken der Gelehrten eine neue Bedeutung angenommen.

Im Jahr 1889 ging es den Anthropologen nicht mehr darum, die messbare und in Zahlen fassbare Evolution des Menschen aufzuzeigen, wie es noch 1878 der Fall gewesen war. Stattdessen sollte, wie Georges Berger in seinem Motivbericht schrieb, „die retrospektive Ausstellung der Arbeit [...] die unterschiedlichen Stadien der menschlichen Erfindungsgabe [...] nachzeichnen."[76] Daraus können wir ableiten, dass Anthropologen ihre Arbeit innerhalb der Moderne ansiedeln wollten, selbst wenn einzelne unter ihnen weiterhin „145 Individuen aus vielen unterschiedlichen Rassen"[77] vermaßen, allerdings ohne hierbei irgendwelche klaren wissenschaftlichen Ziele definiert zu haben.

Diese „gelehrten" Interessen trafen sich mit denen der Nationalstaaten, die ihre Eroberungen rechtfertigen wollten. Rassenunterschiede waren in offiziellen Äußerungen zum Kolonialismus ein häufig verwendetes Schlüsselargument. In den Jahren zwischen 1880 und 1910 verbanden sich die Ziele der alten Kolonialmächte oder der Vereinigten Staaten, in denen der Unabhängigkeitskrieg weitergeführt und die Befriedung des Westens vollendet wurde, aktiv mit den Erfordernissen der Humanwissenschaften und den Interessen privater Veranstalter.

Henry de Valigny betonte in einem in *La Nature* publizierten Artikel über eine Wandertruppe bei der Weltausstellung von 1889:

> „Niemals zuvor waren Angehörige eines Naturvolks so sehr unter Druck gesetzt, manipuliert und untersucht worden und ich werde mich noch lang an die gierige Neugier erinnern, mit der einer der bekanntesten Wissenschaftler Wiens nach jedem Eingeborenen grapschte, der in seine Nähe kam, und mit seinem Schädel so verfuhr, als wolle er ihn zertrümmern."

---

76 Girard de Rialle (1890), S. 289.
77 Deniker & Laloy (1890), S. 257.

Die beteiligten Anthropologen – die ja durchaus nicht die Schausteller waren[78]– unterstützten und legitimierten solche Ausstellungen in Frankreich[79] und in Großbritannien bis 1885-1890, in Japan, Italien, Portugal, den Vereinigten Staaten und Deutschland ein bisschen länger, und dies, obwohl einige von ihnen die koloniale Eroberungspolitik missbilligten.[80] Zu Beginn des 20. Jahrhunderts übten Wissenschaftler immer heftigere Kritik an solchen Ausstellungen, aber es gelang ihnen nicht mehr, ihre immer weitere Verbreitung in irgendeiner Weise zu beeinflussen. Auch drückte Paul Topinard zu diesem Zeitpunkt ja noch immer seine Genugtuung über das allgemeine Publikumsinteresse an „Wilden" aus, die, wie er vermutete, bald verschwinden würden.

Auch wenn differentialistische Modelle nicht den Vertretern der physischen Anthropologie des späten 19. Jahrhunderts allein zur Last gelegt werden können[81] – sie zirkulierten seit Beginn des Jahrhunderts in Reiseberichten, in Berichten geografischer Gesellschaften und in volkstümlicher Literatur und hatten sich in kollektiven Vorstellungen bereits festgesetzt – so kann es doch keinen Zweifel daran geben, dass die physische Anthropologie das differentialistische Konzept in den wissenschaftlichen Diskurs eingeführt hat. Zur damaligen Zeit wurden sowohl biologische als auch kulturelle Hierarchien mit einer Reihe von experimentellen Techniken der Anthropometrie in Verbindung gebracht, die Äußerungen über Rassen ein neues Gewicht gaben und sie

---

78   In einer Besprechung des französischen Originals dieses Buchs meint der französische Wissenschaftshistoriker Claude Blanckaert, dass das Buch nicht mehr sei als eine Reihe von Aufsätzen, die „Seite für Seite schlichte, langatmige Wiederholungen über die ‚Schaustellung' von ‚fremdartigen' Menschen" enthielten. Seiner Ansicht nach behauptet das Buch, „die Logik der Exklusion zu untersuchen, die von den Anthropologen am Ende des 19. Jahrhunderts sorgfältig inszeniert worden sei". Vgl. Blanckaert (2002). Abgesehen davon, dass diese Kritik die Vielfalt der in diesem Band gebotenen Inhalte verschleiert, missversteht sie etwas, was in beinah allen Beiträgen erklärt wird. Tatsächlich „inszenierten" Anthropologen solche Ausstellungen nicht, sie maßen ihnen jedoch einen wissenschaftlichen Wert bei, zunächst in opportunistischer Weise, weil sie sich für die ausgestellten „Exemplare" interessierten und weil sie erhofften, dass derartige Darbietungen das für politische Entscheidungen bedeutsame breite Publikum der wissenschaftlichen Forschung gewogen machen würden.

79   Vgl. Osborne (1994).

80   Auch in diesem Punkte scheint uns Blanckaerts Besprechung nicht berechtigt. Darin heißt es, dass viele Anthropologen der Kolonisierung gegenüber kritisch eingestellt gewesen seien – weil sie meinten, jede „Rasse" sollte in ihrer eigenen, ihr zuträglichen Umwelt leben. Vgl. Blanckaert (2002). Der Autor tut hier so, als verstünde er nicht, dass die Meinung dieser Wissenschaftler und die Nuancen ihres individuellen Urteils tatsächlich wenig Bedeutung hatten. Was für die Welt der Unterhaltung zählte, war, dass diese Wissenschaftler das für diese Darbietungen bestimmende Prinzip der Rassenhierarchie unterstützten, und genau dieses Prinzip wurde von den Theoretikern und Praktikern kolonialer Eroberungen gebetmühlenartig wiederholt.

81   Vgl. Affergan (1987).

in den Rang objektiver Wahrheiten erhoben. Und all dies geschah zu einer Zeit, in der sich anthropologische Ausstellungen immer weiter verbreiteten.

Für einen Vertreter der physischen Anthropologie waren kulturelle Erscheinungen eine unmittelbare Folge der Biologie. Dementsprechend finden wir auf den ersten Seiten einer soziologischen Arbeit von Charles Letourneux[82] eine Liste der menschlichen „Rassen" und Beobachtungen über ihre geografische Verteilung. In Letourneux' Erklärung des Unterschieds zwischen Menschenrassen werden intellektuelle und künstlerische Fähigkeiten, politische Organisation und technischer Fortschritt mit der spezifischen Physiologie und Morphologie der einzelnen Rassen in Verbindung gebracht. So meint Letourneux, dass

> „nur die weißen Rassen die urzeitliche Wildheit wirklich abgelegt haben, zumindest auf gesamtgesellschaftlicher Ebene. Die Rasse beeinflusst die soziologische Entwicklung stärker, als es die Umwelt tut."[83]

In diesem Kontext dienten solche Schaustellungen dazu, „Andersartige" in eine logische Ordnung – die Ordnung der Vernunft und der Rationalität – einzufügen. Man wies ihnen einen objektiv bestimmbaren Platz innerhalb einer Hierarchie zu: zunächst als Abweichungen, als Entartungen oder als Verrückte, später als Vertreter „niedrigerer Rassen", als „Primitive" oder „Wilde". Gleichzeitig fügte man diese „Fremden" in den subjektiven Rahmen populärer Vorstellungen über das Andere und das Anderswo ein und schuf ein theoretisches System, das die Verbindungen zwischen wissenschaftlichem Diskurs und allgemein verbreiteten Stereotypen abbildete. Genau deshalb war es so wichtig, diese „andersartigen" Menschen auszustellen. Wenn man dies tat, erkannte man einerseits ihren individuellen Status und ihr individuelles Interesse an, legitimierte, bewies und unterstützte zugleich aber auch bestehende Vorurteile, indem man den unermesslichen Unterschied zwischen „ihnen" und „uns" effektvoll in Szene setzte.[84] Im ersten Teil des 19. Jahrhunderts waren die wichtigsten Elemente solcher Ausstellungen körperliche Missbildungen, von der Norm abweichende körperliche oder geistige Zustände, ungewöhnliche oder „exotische" physische Merkmale, Zeichen

---

82 Letourneau (1880b).

83 Letourneau (1880a), S. 25.

84 Die „Fremden" und die „fremdartigen" Körper wurden, da sie von westlichen Normen abwichen, zu kulturellen Konstrukten. Singleton schreibt zu solchen Konstruktionen: „Das Schwein, das wir objektiv als Tier klassifizieren zu können glauben, befindet sich in der Ontologie mancher Papua in derselben Kategorie wie Menschen; wohingegen manche Papua, die wir objektiv als Menschen klassifizieren zu können glauben, in der Ontologie der Asmat – einer anderen Papua-Ethnie – in die Kategorie der Lebensmittel fallen." [Singleton (2004), S. 9]

besonderer Biegsamkeit, Stärke und Geschicklichkeit oder fremdartiges Sozialverhalten wie Kannibalismus. Nun war die sowohl anziehende als auch abstoßende Andersartigkeit ein Gegenstand der Neugier.

So vermittelten Menschenzoos zwischen volkstümlichen Vorstellungen vom Anderssein und wissenschaftlichem Diskurs.[85] Sie trugen zu einer Verbreitung des hierarchischen Musters bei, das von den Anthropologen zunächst aktiv unterstützt worden war – ganz besonders in Paris, London, Rom, Berlin, Wien und den Vereinigten Staaten –, wobei man sich der bereits bestehenden Tropen der Exotik und der Wildheit bediente. Die Menschenzoos regten die Neugier der Besucher an, kitzelten ihr ästhetisches Empfinden, lösten auch Überraschung aus und illustrierten indessen die Rassenhierarchie.[86]

Bevor die Ausstellungsformen komplexer wurden, bedurfte die dem Menschenzoo zugrunde liegende Erzählstruktur keiner weiteren Erklärung. Die Schaustellung sprach für sich und vermittelte das Prinzip der Differenz, auf dem sie basierte, wirksamer als es Worte vermocht hätten. Aber wissenschaftliches Interesse, die damals aktuelle Kolonialsituation und der politische Wille reichten nicht aus, um das Publikum anzulocken. Dies zeigt das geringe Besucherinteresse, das den Ausstellungen der Bellacoola-Indianer in Deutschland, der Kalmücken in Frankreich, der Eskimos (Inuit) in Großbritannien und der ägyptischen Karawanen in den Vereinigten Staaten entgegengebracht wurde. Keine dieser Veranstaltungen verfügte in der allgemeinen Publikumsmeinung über genügend „Exotik", Nervenkitzel oder Originalität.

Ab den 1890er-Jahren wurden Menschenzoos immer mehr zu Spektakeln. Ständig musste es neue Attraktionen geben, neue Truppen mussten gefunden, die Kulissen umgestaltet, Geschichten rund um die Ausgestellten erfunden werden. Sehr beliebt waren zum Beispiel die Darstellung religiöser Zeremonien oder öffentliche Geburten. Völkerschauen und „Eingeborenen-Dörfer" wurden bei internationalen Ausstellungen und Weltausstellungen immer häufiger – wie auf Jahrmärkten – als Attraktionen angekündigt und wurden nicht mehr als streng zoologische Ausstellungen präsentiert. Auch wenn wir diese gemeinsamen Merkmale herausarbeiten können, sollten wir unser Interesse doch nicht nur auf die Entwicklung der Menschenzoos allein beschränken. Wie die Beiträge zu diesem Band beweisen, lässt sich die Schaustellung der „Anderen"

85　Vgl. Blanckaert (2002).

86　Hilke Thode-Arora liefert im vorliegenden Band eine hervorragende Erklärung des ursprünglichen Schemas dieser Ausstellungen und nennt die drei wichtigsten Auswahlkriterien für eine Gruppe, nämlich Fremdheit, besondere Merkmale und pittoreske Kostüme.

nicht nur auf eine einfache Demonstration der Rassenhierarchie zurückführen. Sie ist Teil eines weit komplexeren Prozesses.

Es ist eine Tatsache, dass manche Ausstellungen Faszination auslösten, ja sogar Ehrfurcht und Bewunderung. Am Ende des 19. Jahrhunderts betonten viele Veranstalter die Schönheit und Erotik der zur Schau gestellten Körper[87], die bewunderungswürdige Vollkommenheit der ausgestellten kulturellen Artefakte oder die besonderen körperlichen Fähigkeiten der ausgestellten Individuen.[88] Hier war also eine Statusänderung zu beobachten: der „Fremde" – einst exotischer Gegenstand der Neugier – wurde nun allmählich in seiner exotischen Körperlichkeit wahrgenommen, auf die westliche Phantasien projiziert werden konnten. Dies zeigt sich im ungeheuren Reiz, den solche Themen auf das frühe Kino ausübten.[89] Die „Fremden" erweckten Verlangen.[90] In Reaktion auf diese vom „andersartigen" Körper ausgehende Verlockung wurde der „wilde" Körper in erotisierender Form zur Schau gestellt: er war nackt oder halbnackt und bewegte sich in „rituellen Tänzen" in einer Weise, die gegen alle Regeln westlichen Anstands verstieß. Um verstehen zu können, warum die Zuseher sich von Körpern angezogen fühlen konnten, die zuerst als exotisch gebrandmarkt und dann erotisch aufgeladen wurden – was ein sehr wichtiger Faktor in der Erschließung breiter Publikumsschichten war – müssen wir daran erinnern, dass sich in den westlichen Gesellschaften des 19. Jahrhunderts eine Körpernorm entwickelt hatte.

Obwohl man „exotischen" Menschen – aufgrund ihrer angeblich mangelnden geistigen Fähigkeiten – jegliche Empfänglichkeit für den Fortschritt absprach, besaßen sie doch einen Körper, der in seiner Stärke, Widerstandskraft und Rhythmik verführerisch sein konnte. Die Armeen sahen im exotischen Körper einen für physische Aktivität und damit auch für den Kampf gut geeigneten Körpertypus. „Exotische" Frauen waren bereits berühmt für ihre Schönheit und Sinnlichkeit.[91] Auch schienen die „Wilden" in ihrer Körperlichkeit freier zu sein als ihre Betrachter es waren, was im Besucher dieser Darbietungen Verlangen auslösen musste. Zudem wurden den „Wilden" sexuelle Verstöße – Polygamie, übermäßiger sexueller Appetit und Inzest – zugeschrieben, was einerseits die Kluft zwischen ihnen und uns vertiefte, andererseits aber auch eine

---

87　Siehe Bancel & Sirost (2002).

88　Vgl. Bal (1996).

89　Siehe die von ARTE im Dezember 2002 gesendete 52-minütige Fernsehdokumentation von Blanchard und Deroo, *Zoos humains*, die Filmmaterial aus den Archiven enthält. Der Film erhielt eine Auszeichnung beim *Festival du Film Ethnographique de Paris*, das im Jahr 2003 vom Musée de l'Homme organisiert wurde.

90　Vgl. Gidley (1992).

91　Vgl. Yee (2000).

ungezwungenere Sexualität ins Spiel brachte, die während des ganzen 19. Jahrhunderts eine Quelle von Phantasien war.[92] Daher sollten wir unterscheiden zwischen offen stigmatisierenden Shows mit starken rassischen Konnotationen und jenen Shows, die Teil einer zivilisationsbringenden Kolonial-Logik waren, ganz zu schweigen von anderen, noch ambivalenteren Ansätzen, die eine Veranschaulichung des „Rasse-Begriffs" mit nicht-abwertenden Formen der Wahrnehmung von Andersartigkeit vermischten.

Das Wesen der Menschenzoos

Einen Sonderfall der mit dem Bild des Exotischen spielenden Menschenzoos stellten die sogenannten „Eingeborenen-Dörfer" dar. Wir wollen hier daran erinnern, dass es parallel zu diesen „Eingeborenen-Dörfern" in Westeuropa auch noch andere Formen „ethnischer Dörfer" gab: Bretonische Dörfer, Alpendörfer, Flämische Dörfer, Sizilianische Dörfer und Japanische Dörfer[93], Irische Dörfer, Elsässische Dörfer und Schweizer Dörfer[94], Schottische Dörfer und Korsische Dörfer. Dieses Phänomen entsprang einem komplexen Muster von Einstellungen. Ein Interesse an ethnografischer Konservierung[95] verband sich mit der nostalgischen Hinwendung zum „Leben auf dem Lande" und zu regionalem Kulturgut. Diese Form des Heimwehs beruhte auch darauf, dass die seit Mitte des 19. Jahrhunderts vorherrschende positivistische Ideologie die Regionalkulturen als den Fortschritten urbaner Modernität unterlegen betrachtete und sie zugunsten einer nationalen Identität abwertete.

Trotz der zeitlichen Parallelität zwischen diesen Ausstellungen, die im Kontext der Landflucht aus den Regionen Westeuropas entstanden sind, und den Ausstellungen, um die es in diesem Buch geht, gibt es unserer Ansicht nach mehrere wesentliche Unterschiede zwischen beiden Ausstellungstypen. Zunächst wurde im Menschenzoo ganz explizit eine Rassendifferenz propagiert. Während des ersten Jahrzehnts der Völkerschauen wurde das zur Schau gestellte exotische Individuum noch in gewissem Maße als es selbst betrachtet, ohne Rückgriff auf eine andere Geschichte oder Inszenierung als die Kulisse, die den „natürlichen" Lebensraum dieses Individuums nachbilden sollte. Hier ging es ganz zentral um die Darstellung körperlicher Andersartigkeit.[96] Zweitens wurde die Präsentationsform der „regionalen Dörfer" nie – auch nicht in ihrem Frühstadium – von der Wissenschaft gebilligt. Ganz im Gegensatz zu den auf biologischen Rassenhierarchien beruhenden Menschenzoos. In ihrer spezifischen und

92   Vgl. Le Breton (2001); McClintock (1994).
93   Vgl. Hotta-Lister (1999).
94   Vgl. Minder (2002).
95   Vgl. Clifford (1996).
96   Vgl. Hartog (2001).

radikalen Form von „Andersartigkeit" boten Menschenzoos offenbar eine neue Möglichkeit, Differenz darzustellen.

Das Ausstellen europäischer Minderheiten machte deutlich, wie sicher sich die Mehrheitsbevölkerung in den geeinten Nationalstaaten fühlte. Diese Staaten vertrauten ihrer Hegemonialmacht so sehr, dass sie die Randschichten ihrer Bevölkerung als Zeugen der Vergangenheit, als letzte Symbole der alten Welt präsentieren konnten. In gewisser Weise zeigt das „exotische Dorf" – neben seiner zunehmenden Anpassung an die Kolonialideologie – auch, dass sich in diesen letzten Jahren des 19. Jahrhunderts die „Fremde" verlagert hatte. Sie wurde nun nicht mehr dem europäischen nicht-städtischen Raum zugeordnet, sondern auf entferntere Kolonialgebiete verschoben. Diese Verlagerung nahm einen zukünftigen Normierungsprozess vorweg und projizierte ein Ideal der Kolonisierung und Vereinheitlichung in die Zukunft.

Daher ist es zwar notwendig, zwischen anthropologischen Ausstellungen[97], Kolonialpavillons auf Weltausstellungen, Wandertruppen bei Jahrmärkten und Zirkussen und „exotischen Dörfern" formal und inhaltlich zu unterscheiden, aber dennoch sind all diese unterschiedlichen Phänomene doch durch ihre implizite oder explizite Zielsetzung miteinander verbunden, und diese bestand darin, die Überlegenheit der weißen Rasse und/oder der westlichen Zivilisation unter Beweis zu stellen. Wenn wir also die breite Palette solcher Ausstellungen betrachten, so sollten wir – auch wenn in ihnen mitunter Bewunderung für bestimmte Zivilisationen und Ehrfurcht vor der Schönheit mancher Völker zum Ausdruck kam – immer auch die Absichten berücksichtigen, die mit diesen Ausstellungen verfolgt wurden. Gleichzeitig sollten wir aber auch bedenken, dass es die Funktion solcher Ausstellungen war, auf Archetypen der westlichen Kultur beruhende Mythen und Phantasien zu schaffen, die über deren hegemoniale Rolle hinauswiesen.[98] In diesem Sinne war der „Wilde" nicht nur eine bedrohliche, beschränkte, kindische oder animalische Figur, er fungierte auch als jenes widerständische Element, das die Rigidität und die körperlichen Zwänge, die durch die Entstehung der Moderne geschaffen wurden, durchbrechen wollte.[99] So wurde der „Wilde" zu einer Metapher für verlorene Unschuld, für ein Anderswo, das der invasiven Rationalität der letzten Jahre des 19. Jahrhunderts Widerstand leistete.

Angesichts der vielfältigen Ausstellungsformen, die wir mit unserer Definition von Menschenzoos zusammenfassen, müssen auch die zeitlichen Grenzen des Phänomens

---

97 Vgl. De l'Estoile (2007).
98 Vgl. De l'Estoile (2007).
99 Vgl. Bancel & Sirost (2002).

betont werden. In der Erstausgabe dieses Buchs schrieben wir diesbezüglich, dass Menschenzoos in historischem und etymologischem Sinne nur in einer bestimmten Periode vorkamen, nämlich vom frühen 19. Jahrhundert bis in die 1930er-Jahre. Wenn wir nun eine breitere Definition des Phänomens der Menschenzoos akzeptieren und damit eine neue Debatte über dieses Konzept eröffnen, so müssen wir einräumen, dass das Problem ihrer Kategorisierung in der Erstausgabe dieses Buchs nicht vollständig gelöst wurde. Zudem war es – trotz unserer zur Vorsicht mahnenden Bemerkungen in der Einleitung – vielleicht verwirrend, die Menschenzoos in bewusst breiter historischer Perspektive mit unserer Aktualität in Verbindung zu bringen. Daher wollen wir hier erneut versuchen, eine Definition dieses Konzepts zu entwickeln.

Die zeitliche Eingrenzung und die Kategorisierung des Phänomens führten auf der im Juni 2001 in Frankreich abgehaltenen Konferenz zu Debatten und Einwänden. Die Breite unserer Definition wurde kritisiert, doch auch die Zuordnung zu „kolonialen Fakten".[100] Manche Wissenschaftler schlugen vor, die offiziellen Kolonialausstellungen der Zwischenkriegszeit auszunehmen, da sie in ihrem Charakter „humanistischer" gewesen seien.[101] Doch bereits im Laufe dieser Konferenz diskutierte Robert Rydell[102] – ebenso wie viele andere Konferenzteilnehmer – diese Punkte ausführlich und kritisierte die in letzter Zeit auftretenden wissenschaftlichen Tendenzen, die in den Weltausstellungen nichts anderes sehen als Spielstätten, wo professionelle Darsteller die Massen unterhalten. Bei einer solchen Sichtweise blieben die ideologischen Bedeutungen und Implikationen derartiger Darbietungen verborgen.[103] Die Schaustellungen „exotischer" Menschen – also Völkerschauen, „Eingeborenen-Dörfer" und schauspielerische Darbietungen innerhalb eines festgesetzten zeitlichen Rahmens – erscheinen uns als genuines historisches Muster. Doch natürlich ist es schwierig, dieses Phänomen mit absoluter Gewissheit von anderen abzugrenzen, da eine Schaustellung „exotischer" Menschen eigentlich eher ein Paradigma und ein Prozess ist als eine klar eingegrenzte Kategorie im engeren Sinne.

Sogar der Terminus „Menschenzoo", der durch Hagenbecks Bezeichnung „anthropologisch-zoologische Ausstellung" inspiriert ist, stieß auf Kritik. Auch wenn er wirklich nur einen damals üblichen Terminus neu fasst, erschien er manchen zu heftig oder eigentlich nur auf Ausstellungen im Rahmen von Tiergärten anwendbar. Wie wir 2002

---

100   Vgl. Liauzu (1992).
101   Vgl. De l'Estoile (2007); Blanckaert (2002); Bergougniou, Clignet & David (2001).
102   Siehe Rydell in diesem Band.
103   Zu betonen ist, dass sich diese Tendenzen auf wenige Forscher in Frankreich und Deutschland beschränken.

schrieben, sind wir aber der Ansicht, dass die präziseste Beschreibung dessen, was ein „Menschenzoo" ist, darin besteht,

> „einen Menschen in einen besonderen, rekonstruierten Raum zu stellen, um ihn der Betrachtung preiszugeben, und zwar nicht deshalb, weil er – zum Beispiel als Handwerker – etwas Bestimmtes ‚tut', sondern weil er — gesehen durch das Prisma einer echten oder imaginierten Andersartigkeit – etwas Bestimmtes, ist".[104]

In unserem Verständnis ist dieses Konzept Ausdruck einer Trennung,

> „einer Beziehung künstlich herbeigeführter Distanz und Außensicht, materialisiert durch Vorrichtungen, die physischen Abstand schaffen (Schranken, Zäune, Absperrungen, Trennwände)"[105]

und die uns dazu verleiten,

> „eine unsichtbare, aber fühlbare Grenzlinie zwischen „ihnen" und „uns" zu ziehen".[106]

Im Kontext dieser breiten Definition scheinen uns die genaue Bestimmung der „Exotik" der ausgestellten Volksgruppen und des zeitlichen Rahmens hinreichende Instrumente zu sein, um das Paradigma der Menschenzoos zu verdeutlichen.[107]

Benoit De l'Estoile[108] bezweifelte, dass ein einzelnes Konzept – das der Menschenzoos – so unterschiedliche Schaustellungsformen umfassen sollte. Dabei beschrieb er ein Spektrum, das von höchst rassistischen Ausstellungen bis zu jenen Ausstellungen reichte, die ihren Rekonstruktionen anderer Kulturen mit Respekt begegneten – wofür die französische Kolonialausstellung von 1931 in Paris ein Beispiel liefert.[109] Seine Kritik ist Teil einer Debatte, die derzeit von einer kleinen Zahl von Wissenschaftlern geführt wird und die wir aufgrund ihrer Aktualität hier ansprechen möchten. Ohne in Abrede zu stellen, dass die Ausstellungen zugegebenermaßen sehr unterschiedliche Formen annahmen, glauben wir, dass ein gewisses Maß rassistischer (oder humanistischer) Gefühle keine Voraussetzung für das Konzept der Menschenzoos darstellt.

---

104   Blanchard (2002), S. 419 (Hervorhebungen durch den Autor).
105   Blanchard (2002), S. 419.
106   Blanchard (2002), S. 420.
107   Dies wird durch das Verhalten der Kosaken in Paris und der Japaner in London im Jahr 1908 demonstriert. Sie bestanden darauf, nicht als „Wilde" oder „Andersartige" präsentiert zu werden.
108   De l'Estoile (2007).
109   Siehe auch De l'Estoile (2003). In diesem Aufsatz ist er in Bezug auf das Paradigma von Völker- und Kolonialschauen viel weniger kritisch.

Diese Einstellungen waren ja bei jeder einzelnen Ausstellung unterschiedlich ausgeprägt. Sehr wohl setzt dieses Konzept aber einen gemeinsamen Prozess und ähnliche Methoden voraus. Gerade darum finden wir im Mosaik der Menschenzoos ein Nebeneinander stark rassistisch orientierter Schaustellungen und Ausstellungen mit deutlicherem ethnografischem Charakter, die manchmal ein gewisses Maß an Bewunderung für die Zivilisation der ausgestellten Individuen zuließen.

Der den Menschenzoos gemeinsame Prozess ist in diesem Band durch Boëtsch und Ardagna gut dokumentiert. Die beiden Autoren zeigen, dass das Bestreben, ein offizielleres Bild der Kolonien zu vermitteln, das auch positiv gefärbte Darstellungen von „Typen" oder genauer gesagt „Rassen" umfasste, in Frankreich seit der *Exposition Coloniale* in Marseille 1906 nachgewiesen werden kann. Bei der Ausstellung des Jahres 1931 kam es, wie Lebovics und Lemaire zeigten, zu voller Entfaltung.[110] Dies ändert indessen nichts an der Tatsache, dass Menschenzoos in all ihren komplexen Äußerungsformen den Status jener Menschen, die „anders" sind als „wir", neu definierten, indem sie die Menschheit in zwei klar geschiedene Teile trennten.[111]

Belustigung, Information, Bildung

Das Spektakel „rassischer" Vielfalt in Form ethnografischer Szenen verfolgte drei unterschiedliche Funktionen, nämlich die der Belustigung, der Information und der Bildung. In unterschiedlichen Konfigurationen tauchen diese drei Funktionen in verschiedenen Ausstellungstypen auf. So konnte dieselbe Truppe vom zoologischen Garten ins Varieté wechseln[112], vom wissenschaftlichen Labor in ein auf einer Weltausstellung präsentiertes „Eingeborenen-Dorf", oder von einer kolonialen Rekonstruktion zu einem Zirkusakt. Die Grenzen verschwammen, die Genres waren durchmischt und die Interessen wechselten. Zum Zwecke der Analyse müssen wir jedoch die verworrenen Fäden dieser Geschichte entwirren. Denn zu Beginn des 20. Jahrhunderts bot ein Besuch im Zoologischen Garten, im Zirkus oder in einem „Eingeborenen-Dorf" nicht nur die Möglichkeit, die Vielfalt der Menschheit zu Gesicht zu bekommen, dem Besucher wurde auch vermittelt, welcher Platz demjenigen, der „anders" war, in der Welt zukam – und welcher ihm selbst.[113]

Die Besucher solcher Ausstellungen waren nicht besonders gebildet. Sie verfügten über eine allgemeine Vorstellung von einer europäischen physiologischen Norm und

---

110   Lebovics in diesem Band; Lemaire (2002b).
111   Vgl. Blanchard, Blanchoin, Bancel, Boëtsch & Gerbeau (Hg.) (1995).
112   Vgl. Chalaye (1998); Chalaye (2002).
113   Vgl. Barthe & Coutancier (1995).

standen unter dem Einfluss einer neuen Industrie- und Kolonialkultur. Man ermunterte sie dazu, das Gezeigte als Verdeutlichung des Fortschritts zu interpretieren, den die Menschheit auf ihrem Weg von der Wildheit zur Zivilisation erzielt hatte. Die Integration der Unzivilisiertheit in die Welt der Unterhaltung hatte neue Horizonte eröffnet.[114] Nicht länger waren die Ausstellungen passiv, wie sie es in den zoologischen Gärten gewesen waren. Sie wurden aktiv.[115] Der Unterhaltungswert des"Wilden" wurde noch erhöht durch die Vorführung von Tänzen, Musik, Spielen und traditionellen körperlichen Ertüchtigungen – lauter Betätigungen, die ihrer Natur nach als primitiv galten und deren Kernelement der Körper des „Wilden" war. Dieser Körper wurde als Widerspiegelung eines naturnahen Universums präsentiert, das dem technischen Fortschritt des Westens fern stand und in dem das Überleben des Menschen von seinen körperlichen Fähigkeiten abhing.

Differenz an sich ist zwar bereits ein altes Konzept, doch das Konzept des Exotismus ist deutlich jünger. Es ist Teil eines europäischen Vorstellungsmusters, das wiederholt Booms um ferne Länder und Völker auslöste. So waren im 17. Jahrhundert Persien, China und das Osmanische Reich in Mode und galten als mysteriös und faszinierend. Lang bevor fremde Ethnien leibhaftig ausgestellt wurden, erweckten schon ihre Metallarbeiten, ihre Gewänder und Stoffe Neugier, wurden bald zu gesuchten Luxusgütern und beeinflussten das künstlerische Schaffen des Westens. In der Kolonialperiode wurde allmählich eine neue Art von „Unterschiedlichkeit" konstruiert, die, da sie Teil einer von den Weißen dominierten Kolonial- und Rassenhierarchie sein musste, ihrer Natur nach alltäglicher und weniger fremdartig war. Dieses Konstrukt wurde voll und ganz ins westliche Denken integriert, durchdrang die landläufigen Vorstellungen jener Zeit und wurde als ein legitimes Objekt wissenschaftlicher Untersuchung wahrgenommen.

Die anatomischen Kriterien für die Definition unterschiedlicher Menschenkategorien waren in der physischen Anthropologie dieselben wie in der figurativen Kunst: beide Bereiche basierten auf dem äußerem Erscheinungsbild. Die morphologische Analyse ermöglichte die Aufgliederung des menschlichen Körpers in eine gewisse Zahl sichtbarer Merkmale. Um dieses Beobachtungsvorhaben, dessen Ziel darin bestand, die biologischen Charakteristika jedes einzelnen Menschentyps zu bestimmen, erfolgreich durchführen zu können, schufen die Vertreter der physischen Anthropologie ein wissenschaftliches Klassifikationssystem, in dem Haut- und Augenfarben auf

---

114	In ihrer besonderen Art war es die große Europa-Tournee der drei Giraffen des Ägyptischen Paschas in den Jahren 1827-1828, die diesen Prozess einleitete. Sie verankerte die „Exotik" in der Welt westlicher Unterhaltung.
115	Vgl. Bogdan (1988).

chromatischen Skalen kategorisiert und Körper mit Messapparaten, Maßbändern und Messschiebern vermessen wurden.

Der Blick veränderte sich ganz wesentlich mit der Erfindung und Ausbreitung des fotografischen Mediums, das bald auch im Kinematograph Anwendung fand. Das fotografische Abbild befriedigte das Bedürfnis, die „wirklichen" Formen von Menschen und Gegenständen einzufangen, zu inventarisieren, zu reproduzieren, zu untersuchen und zu verbreiten. Hiervon hatten die Neugierigen, die im 19. Jahrhundert bereits die Konzepte des Universalismus und des Rationalismus verinnerlicht hatten, geträumt. Der aufgeklärte Amateur, der halb Wissenschaftler und halb Künstler war – der Status des ersteren war immer noch nicht ganz geklärt – stellte dem vorherrschenden westlichen Diskurs durch Fotografie, Photogravüre und später auch durch den Kinematographen ein außergewöhnliches Instrument zur Verfügung. Die Praktiker wandten sich an ein schlichtes Publikum und bedienten sich eines ikonografischen Stils, der ganz unmittelbar verständlich war. Fotografien und später Filme lieferten als vorgeblich wahre Abbilder, die rasch in den unterschiedlichsten Formen verbreitet werden konnten, eine endgültige Bestätigung für eine bestimmte Vorstellung der Welt, mit all ihren menschlichen Hierarchien, ihren szenographischen Vorrichtungen und ihrer moralischen Dramaturgie. Diese bei Weltausstellungen – ganz besonders von den Brüdern Lumière bei der Weltausstellung in Frankreich 1896 – erfolgreich erprobten Mechanismen wurden später zu einer wichtigen Quelle für jede Art von Diskurs, Kommunikation und Identität.

Schritt für Schritt verringerten die vergleichende Anatomie und die naturwissenschaftliche Forschung die Bedeutung, die der Phantasie in der westlichen Weltsicht und im westlichen Verständnis „fremdartiger" Körper zukam. Doch um die vielfältige Gestalt der Menschheit zu erfassen und abzubilden, musste noch immer eine Grenze zwischen der Welt der Menschen und der der Tiere gezogen werden. Jene Individuen, die man auf den untersten Stufen der Menschheit angesiedelt sah, erschwerten den Wissenschaftlern, deren Verständnis der Anthropologie auf dem europäischen Körper beruhte, weiterhin die Klassifikation.

Im Bereich künstlerischer Darstellung führte dies zu Problemen in der Konstruktion normativer menschlicher Figuren, die die Morphotypen jeder „Rasse" illustrieren sollten. Es wurde ja angenommen, dass alle Individuen einer menschlichen Gruppe auf Veränderungen in ihrer Umgebung oder in sozialen Verhaltensweisen in gleicher Weise reagieren würden. In der Kunst sollte die Darstellung des menschlichen Körpers den bestehenden Kanons entsprechen. Dies machte die Abbildung von Andersartigkeit unterschiedlichen Typs problematisch, egal, ob diese nun auf Verunstaltung,

Entstellung oder Unzivilisiertheit beruhte. Tatsächlich konnte Kunst in einer Ästhetik, die im menschlichen Körper ein Werk der Götter oder ein Werk Gottes sah, nur Vollkommenheit anstreben und entsprechend bestanden die künstlerischen Kanons aus Darstellungen der Vollkommenheit und ließen anderen Formen keinen Raum.

Das gemeinsame Interesse von Künstlern und Naturwissenschaftlern am menschlichen Körper hatte die beiden Gruppen dazu gebracht, parallele Wege zu gehen. Zumindest taten sie dies bis zum Beginn des 19. Jahrhunderts, bis zu jener Zeit also, in der man das Wissen rationalisierte und im wissenschaftlichen Bereich qualitative Ansätze zugunsten quantitativer Methoden aufgab. Danach zog sich die Anthropologie auf ein Klassifikationsschema zurück, das auf einem typologischen Paradigma basierte. Mittels Vermessung wurde damals nicht – wie heute –, das Spektrum der biologischen Vielfalt des Menschen analysiert. Vielmehr stellte man Degenerationsprozesse – Hybridisierungsprozesse – „reinen Typen“ gegenüber.

In diesem Kontext wurden kolonisierte Völker eines zweiten Blicks würdig. Sie konnten ja, um nicht die zentralen Prinzipien der Kolonialmission Lügen zu strafen, nicht allzu lange in der Kategorie der „Wilden“ oder der „Barbaren“ verharren.[116] Nach und nach wurden sie zu Untertanen der Kolonialmächte und verwandelten sich in „Eingeborene“. Doch durch eine allzu starke Konzentration auf den Akt der Kolonisierung im engsten Sinne vernachlässigten manche Forscher – ganz besonders in Frankreich – den Umstand, dass sich in den Mutterländern eine Kolonialkultur entwickelte, die den Status der „Rassen“ und der „Eingeborenen“ festlegte und diese Statusbestimmung mithilfe von Bildern verbreitete. Lebovics schreibt hierzu:

> „Wir, die wir in postkolonialer Zeit leben, unterschätzen oft die bisweilen herkulischen Anstrengungen, die von den Propagandisten des Imperialismus unternommen wurden, um die Bevölkerung an die Eroberung und Verwaltung eines Kolonialreichs zu binden und sie dazu zu bewegen, ihr Los als imperiales Volk zu akzeptieren.“[117]

Entwicklungslinien

Wir betrachten die Darstellung „fremdartiger“ Individuen und Gruppen also in chronologischer Perspektive. Dies dient einem der wichtigsten Ziele unseres Ansatzes, nämlich zu verstehen, in welcher Beziehung unterschiedliche Formen des Menschenzoos zum Diskurs des Rassismus und/oder der Eugenik sowie zu

---

116 Vgl. August (1979).
117 Lebovics in diesem Band.

kolonialistischen und nationalistischen Argumentationslinien stehen. Dieser Ansatz eröffnet in der Untersuchung neuen Materials auch ein neues Analysespektrum und ermöglicht uns dadurch eine Neudefinition und ein besseres Verständnis des gesamten kolonialen Bereichs.

Um dem Leser und der Leserin das schrittweise Verstehen dieses Prozesses zu erleichtern, unterteilten wir diesen Band entlang chronologisch-thematischen Achsen in drei Hauptteile. Zu Beginn des ersten Teils stellen wir die wesentlichen Merkmale unseres Kernkonzepts vor. Sie finden sich in einer breiten Palette kultureller Formen[118], ganz besonders aber in Freak-Shows, in Zirkussen und auf Jahrmärkten[119], aber auch bei den Schaustellungen „exotischer" Menschen an europäischen Fürstenhöfen. All dies sind Praktiken, die in Verschmelzung mit dem Tierzoo die Menschenzoos entstehen ließen. Drei Ereignisse – zwei davon in Europa und eins in den Vereinigten Staaten – dürften Wendepunkte in diesem Prozess dargestellt haben: einerseits die Ausstellung der „Hottentottischen Venus"[120] in Großbritannien und Frankreich zwischen 1810 und 1815, andererseits das Zusammentreffen von Barnum und Joice Heth[121] im Jahr 1837, in dessen Folge sich in den Vereinigten Staaten ein eigenes Ausstellungsmodell entwickelte und im Deutschland der frühen 1870er-Jahre durch Carl Hagenbeck eine Professionalisierung des Phänomens der Menschen-Ausstellungen stattfand.[122]

Diese Ausstellungen basierten nicht auf denselben Konstruktionsprinzipien und fielen auch nicht exakt in dieselbe Zeit. Sie wurden beeinflusst durch lokale Erwartungen, durch den Typus der ausgestellten Volksgruppen – Schwarzafrikaner machten dabei allerdings mehr als die Hälfte der ausgestellten Truppen oder Individuen aus – und durch die räumlichen Kontexte, in denen sie dem Publikum präsentiert wurden (Dorfrekonstruktionen, Wandertruppen, Ausstellungspavillons, Zirkusse). Dies zeigen die Beiträge, die sich im zweiten Teil dieses Bandes finden. In diesem breiten Panorama stoßen wir auf formale Anpassungen des Modells des Menschenzoos, die lokalen Anforderungen und Kontexten entsprachen. Hierzu gehörten Buffalo Bill's Indianer in seinen Wild-West-Shows[123], die Völkerschauen in Deutschland im letzten Teil des 19. Jahrhunderts[124], regelmäßige

---

118   Siehe die Arbeiten von Bogdan, Corbey und Garland-Thomson in diesem Band.

119   Siehe auch Bogdan (1988) und Corbey (1993). Der letztgenannte Artikel stellt eine frühere Version von Corbey in diesem Band dar.

120   Siehe Boëtsch & Blanchard in diesem Band sowie Fauvelle-Aymar (2002b); Badou (2000a); Lindfors (1983a).

121   Siehe Reiss in diesem Band.

122   Siehe Thode-Arora in diesem Band.

123   Siehe Maddra (2008); siehe auch Moses (1996).

124   Siehe Ames (2008).

Schaustellungen an bestimmten Orten, zum Beispiel im Zoologischen Garten von Paris, wo ab 1877-1878 mehr als dreißig Völkerschauen organisiert wurden[125], Ausstellungen in Zürich und in Basel[126], die Völkerschauen in White City in London[127] und natürlich die vielen Truppen und „Eingeborenen-Dörfer", die Hagenbeck von 1874 bis zur Mitte der Zwischenkriegszeit durch ganz Europa und die Vereinigten Staaten touren ließ.[128]

Es gab auch Darbietungen in anderem Stil. In ganz Europa wurden Aborigines, Kanaken und Dahomey ausgestellt, in den Niederlanden auch Ona[129] und in Frankreich Kaliña-Indianer.[130] Es gab anthropologische Erfindungen wie Dr. Kahns Niam-Niam[131] und die besondere Position indischer (oder singhalesischer) Truppen im Westen.[132] All dies waren Reaktionen auf Erwartungshaltungen bestimmter Publikumssegmente.[133] Abgesehen von diesen verschiedenen Modellen wies auch die chronologische

---

125   Siehe Schneider in diesem Band; siehe auch Gala (1980). Einzelne Wissenschaftler – wie etwa Osborne (1994) – nahmen ein wenig zögerlich und auf Basis einer einzigen Untersuchung an, dass die Ausstellungen im Pariser Zoologischen Garten kommerzielle Misserfolge waren und schlussfolgerten daraus voreilig, dass solche Ausstellungen in Frankreich ohne Konsequenzen geblieben waren. Zwar erzielte der Zoologische Garten in den ersten beiden Jahren keine bedeutenden Einnahmen, doch dies war nur deshalb der Fall, weil diese neue Art von Ausstellungen noch in den Kinderschuhen steckte und bedeutende Investitionen nötig waren, um die fremden Truppen aus Deutschland herbeizubringen. Später traten dort beinah 60 Jahre lang regelmäßig „Eingeborenen"-Truppen auf und diese Zusatzaktivität ermöglichte es dem Zoologischen Garten, sein Jahresbudget auszugleichen, seine Einrichtung zu renovieren, seine Schulden zu bezahlen und nach der Krise des Deutsch-Französischen Kriegs 1870 einen Wiederaufbau in Angriff zu nehmen; vgl. Gala (1980). Bezüglich des Jahres 1883, in dem das Jahresprogramm etwa vier Truppen umfasst und eine mehr als positive Bilanz gebracht hatte, konnte der Direktor, Geoffroy Sainte-Hilaire, seinem Aufsichtsrat berichten, dass „die Geschäfte vom rein finanziellen wie auch vom wissenschaftlichen Standpunkt aus gewinnbringend waren." Dieser Beleg kann leicht eingesehen werden, da er sich in Schneiders Beitrag in diesem Band befindet.

126   Obwohl die Schweiz keine Kolonien hatte, war sie doch ein wichtiges Zentrum von Völkerschauen, und zwar sowohl an verschiedenen regulären Ausstellungsstätten, wo Dutzende Truppen auftraten, wie im Kontext offizieller Nationalausstellungen. Vgl. Debrunner (1979); Brändle (1992); Brändle (1995); Brändle (2002); Staehelin (1993). Die Untersuchung des gesamten Schaustellungsprozesses in der Schweiz ist noch lückenhaft. Vgl. Minder in diesem Band; siehe auch Brändle (2002); Arlettaz, Barilier, Crettaz, Kreis, Levy, Pauchard, Pavillon, Reszler, Toppi & Zimmermann (1991); El-Wakil & Vaisse (2000).

127   Siehe Mackenzie in diesem Band; siehe auch Shylon (1977).

128   Siehe Thode-Arora in diesem Band.

129   Siehe Mason in diesem Band.

130   Vgl. Collomb (1992); Collomb (1995).

131   Siehe Lindfors in diesem Band.

132   Vgl. Assayag (1999).

133   Die Dahomeyaner erzielten einen phänomenalen Erfolg. Die Dahomey-Ausstellung im Jahr 1893 in Paris lockte mehr als 2,5 Millionen Besucher an. Vgl. Blier in diesem Band und Poignant in diesem Band; siehe auch Bullard & Dauphiné (2002); Bullard (1997); Bullard (2000).

Entwicklung des Prozesses spezifische nationalstaatliche Merkmale auf. Mit der Ausbreitung der unterschiedlichen Modelle wurde die Inszenierung des „Anderen" und des „Exotischen" in allen Bereichen der Populärkultur variiert. Von der Fotografie bis zum Kino[134], von der Postkarte bis zu Museen – die Palette der Medien, in denen sich diese Variation vollzog, reichte weit über einfache Ausstellungen hinaus und betraf um die Wende vom 19. zum 20. Jahrhundert alle kulturellen Bereiche.

Im dritten und letzten Teil dieses Bandes werden nationale Identitäten in ihrer Beziehung zu lokalen Identitäten und Ausstellungsmodellen näher untersucht. Angesichts der breiten Palette von Formen ist es nicht möglich, eine vom Ende des 19. Jahrhunderts bis heute reichende Abfolge von Typen zu ermitteln. Einzelne jüngere Hybridformen aber lassen vermuten, dass das dem jeweiligen Kontext angepasste Rassen-Modell fortbestand. Mehr als drei Viertel der Ausstellungen fand auf dem europäischen Kontinent statt und die meisten dieser europäischen Ausstellungen hatten ihren Standort in vier Ländern: in der Schweiz, in Großbritannien[135], in Frankreich[136] und in Deutschland.[137] Außerhalb von Europa gab es in Japan[138] und in den Vereinigten Staaten[139] vergleichbare Ausstellungen, aber für kürzere Zeiträume – im Falle der Vereinigten Staaten bis zum Ersten Weltkrieg und im japanischen Kaiserreich bis zum Zweiten Weltkrieg.

Zum Schluss wird noch eine letzte Gruppe von Ländern präsentiert, die eher marginal mit dem Phänomen der Menschenzoos zu tun hatten, darunter Belgien[140], Spanien[141]

---

134 Vgl. die Arbeiten von Edwards und Deroo in diesem Band; siehe auch Banta & Hinsley (1986).

135 Siehe die Aufsätze von MacKenzie und Servan-Schreiber in diesem Band. Die Dauerausstellung Empire and Us im British Empire and Common Wealth Museum in Bristol dokumentiert die Kolonialperiode, die Weltausstellungen und die Kolonialpropaganda und endet mit Postkolonialismus und Immigration. Ein Wandbild fasst diese Entwicklung zusammen und macht deutlich, dass das imperialistische Erbe in unserer multikulturellen Gesellschaft weiterlebt. (Zusätzlich zu den Kapiteln in diesem Band siehe auch Walthew (1981); Woodham (1989); Hoffenberg (2001).

136 Siehe Lebovics in diesem Band, Boëtsch & Blanchard in diesem Band, Blanchard, Bancel & Lemaire in diesem Band, und Schneider in diesem Band. Unter den vielen Arbeiten zu diesem Thema siehe auch, Lusebrinck (1995); Leprun (1987); Lemaire (2002b); Ruscio (2002). Für weitere Referenzen siehe die allgemeine Bibliographie in diesem Band.

137 Siehe Thode-Arora in diesem Band und Ames (2008); siehe auch Eissenberger (1996) sowie ältere Arbeiten in der allgemeinen Bibliographie in diesem Band.

138 Siehe Nanta in diesem Band.

139 Wir sollten darauf hinweisen, dass viele Schaustellungen „exotischer" Menschen in den Vereinigten Staaten in kommerzieller Weise von der International Anthropological Exhibit Company organisiert wurden. Vgl. Maddra (2008), Emin (2002), Rydell (2002), Delsahut (2008), Arnoldi (2008); Bigham (2000).

140 Siehe Jacquemin in diesem Band.

141 Siehe Moyano in diesem Band.

und Italien.[142] In andere Länder kamen nur gelegentlich – vielleicht während einer großen Europa-Tournee – Wandertruppen und es wurden dort nur wenige Weltausstellungen ausgerichtet. Beispiele für solche Länder sind die Österreichisch-Ungarische
Monarchie, Polen, Portugal, Russland, nordeuropäische Länder, Australien, Neuseeland,
Argentinien, Kanada, Indien, Algerien (1930), Südafrika (1936) und sogar das ehemalige Französisch-Indochina (Hanoi 1901) und Obervolta (jetzt Burkina Faso, 1934).

Nationale Varianten

Die Mode der Kolonialausstellungen verbreitete sich zunehmend, „Eingeborenen-Dörfer" unternahmen Tourneen – auch durch die Vereinigten Staaten[143] –
und unter dem Blick der Zuschauer wandelte sich der „Wilde" allmählich zum „Eingeborenen". In Europa hatte man diese Ausstellungen konzipiert, um die Errungenschaften
und Vorhaben der Kolonialmächte zu glorifizieren. Dies galt ganz besonders für Frankreich[144], Italien[145], Großbritannien[146] und Belgien.[147] Auch bei den in Japan ausgestellten
Koreanern und den in den Vereinigten Staaten ausgestellten Filipinos ging es um diese
Form von Verklärung und Rechtfertigung. Lebensstil, Kleidung, Tänze und Handwerks-
techniken waren in ihrer Funktion zwar ambivalent – einerseits stießen gewisse kulturelle Aspekte der kolonisierten Völker auf Anerkennung, andererseits stellte man diese
im Vergleich mit der westlichen Moderne als recht archaisch dar –, doch wurden die
Schattierungen der Hautfarbe (oder die Rassenunterschiede) doch als Sinnbild der Differenz aufrechterhalten. In der nuancenreichen Farbskala, die für die Bestimmung der
„Rasse" ausschlaggebend war, gab es Abstufungen von der dunkelsten bis zur hellsten

---

142   Zu Spanien und Italien siehe Abbattista und Labanca in diesem Band sowie Delgado, Lozano
& Chiarelli (2002). Das Phänomen der Menschenzoos nahm in Italien – in Verbindung mit dem
Missionsdiskurs – eine besondere Form an. In Zusammenhang mit den von Mussolini zwischen 1934
und 1940 gemachten Eroberungen in Äthiopien und der damit einhergehenden Propaganda erstreckte
es sich auch über einen längeren Zeitraum als in anderen europäischen Ländern. Jedenfalls gab es, wie
Chiarelli in dem eben genannten Werk betont, bei beinah allen internationalen Kolonialausstellungen
in Italien „Eingeborenendörfer". So wurden in Turin 1884 Nubier und Äthiopier, in Palermo 1894
und in Turin 1928 Abessinier ausgestellt. In Neapel 1940 war – wie bereits in den Jahren 1934 und
1935 – ein Somali-Dorf an der Reihe, wohingegen es in den Jahren 1892 und 1913 in Genua und
im Jahr 1931 in Rom Afrikanische Dörfer gab. Bei der Ausstellung in Turin 1898 wurde schließlich
die ganze Menschheit ausgestellt, mit Indianern, Chinesen, Libyern, Nubiern, Brasilianern, Eritreern,
Äthiopiern und Bolivianern. Vgl. Castelli (1998); Labanca (1992).
143   Rydel (1999).
144   Vgl. Bancel, Blanchard & Lemaire (2000).
145   Vgl. Abbattista & Labanca in diesem Band sowie Labanca (1992); Palma (1999).
146   Vgl. MacKenzie (1984).
147   Vgl. Jacquemin (1985); Jacquemin (1991).

Tönung. Je schwärzer ein Individuum war – oder als je schwärzer es wahrgenommen wurde –, desto mehr wurde ihm jegliche Entwicklungsfähigkeit abgesprochen.

Die Art und Weise, in der man die „Anderen" inszenierte, war durchaus unterschiedlich und variierte in Zeit und Raum. In Frankreich gab es bei der *Exposition Coloniale* in Marseille im Jahr 1922 eine deutliche Veränderung in der Präsentation kolonisierter Völker: dort wurde die rassische Stigmatisierung weitgehend bemäntelt durch ein Preislied auf die „zivilisierten Nationen". Dies setzte sich im Jahr 1925 in Paris bei der *Exposition Internationale des Arts Décoratifs et Industriels Modernes* [Internationale Ausstellung des modernen Kunstgewerbes und Industriedesigns] fort und auch bei der *Exposition Coloniale Internationale* [Internationalen Kolonialausstellung] im Bois de Vincennes – einem Pariser Landschaftspark – im Jahr 1931. Beim *Salon de la France d'Outre-mer* [Ausstellung der französischen Überseegebiete] in Paris im Jahr 1935 wurde diese Tendenz sogar noch deutlicher und sie erreichte ihren Höhepunkt bei der *Exposition Internationale des Arts et Techniques dans la Vie Moderne* [Internationale Ausstellung der Künste und Techniken im Modernen Leben] 1937 in Paris. 1940 gab es überhaupt keine „Eingeborenenausstellungen" mehr. Von nun an konzentrierte man sich ganz auf das ökonomische Interesse.

Natürlich machten „Eingeborenen-Dörfer" Tourneen durch Frankreich, aber das Land hatte sich vor allem auf Weltausstellungen und internationale Ausstellungen[148] sowie auf große Kolonialausstellungen[149] spezialisiert. Auch in Deutschland und in der Schweiz gab es zahlreiche Völkerschauen, während Großbritannien ein Hybridgenre zwischen Weltausstellung und Völkerschau entwickelte. Wie John MacKenzie in diesem Band ausführt, wurden die *Great Exhibitions* – die britischen Industrieausstellungen– immer stärker durch die Propaganda für das britische Weltreich bestimmt und verbanden „in bisher ungekanntem Maße Aspekte der Unterhaltung, der Volksbildung und der kommerziellen Präsentation miteinander".[150] Derartige Ausstellungen wurden in Großbritannien selbst organisiert: zu nennen wären hier die Ausstellungen von 1886, 1888, 1901, 1907 und 1938 in Glasgow[151], die *Greater Britain Exhibition* 1899 in London, die *Franco-British Exhibition*[152] 1908, die *Imperial International Exhibition* 1909, die *Coronation Exhibition* 1911, die *Anglo-American Exhibition* 1914 und die *British Empire Exhibition* 1924-1925

148	Derartige Ausstellungen fanden in den Jahren 1855, 1867, 1878, 1900, 1925 und 1937 statt.

149	Kolonialausstellungen gab es in Frankreich in den Jahren 1894, 1895, 1901-1902, 1906 (2), 1907, 1909, 1911, 1914, 1922, 1923, 1924, 1927, 1930, 1931, 1935 und 1940.

150	MacKenzie in diesem Band

151	Die *Empire Exhibition* in Glasgow 1938 lockte trotz des schwindenden Interesses an Kolonialausstellungen immer noch 12 Millionen Besucher an.

152	Zur *Franco-British Exhibition* in London 1908 siehe Greenhalgh (1985).

in Wembley. Die genannten Ausstellungen hatten insgesamt 25 Millionen Besucher. Daneben fand sich dieser Veranstaltungstypus aber auch im ganzen britischen Weltreich: drei derartige Ausstellungen gab es in Neuseeland, eine in Jamaica[153], mehrere in Australien und Tasmanien[154] und jeweils zwei in Südafrika[155] und Indien.[156]

Eine entscheidende Veränderung erfuhren diese Ausstellungen im britischen Empire zwischen der *Colonial and Indian Exhibition* von 1886 und der *Greater Britain Exhibition* in London 1899. Die vom Meister dieses Genres, Imre Kiralfy, entworfene Hauptattraktion der letzteren war der „Kaffern-Kral". Er zeigte „wilde" Südafrikaner, die vom weißen Mann gezähmt worden waren. Dieser Kral war so erfolgreich, dass er im folgenden Jahr in Paris bei der Weltausstellung an der Porte Maillot unter dem Titel *Wildes Afrika* wieder aufgebaut wurde. Im Jahr 1911 erlebten die Besucher des *Festival of Empire Exhibition* im Crystal Palace in London eine weitere bedeutsame Neuerung: sie wurden auf eine Reise durch alle Dominions geschickt und hatten Gelegenheit, den Reichtum, die Landschaft und die Völker jeder einzelnen Kolonie zu betrachten. Nach dem Ersten Weltkrieg bildete die *British Empire Exhibition* von 1924-1925 in Wembley einen Wendepunkt im Charakter der Kolonialausstellungen. Wie in Frankreich traten „Eingeborenen-Dörfer" auch dort in den folgenden Jahrzehnten immer mehr in den Hintergrund und wichen einer imperialen Inszenierung, die den wirtschaftlichen Fortschritt und die Macht des britischen Empire feierte.

In den Vereinigten Staaten war der Prozess komplexer. Der entscheidende Wandel in der Zurschaustellung „exotischer" Menschen lässt sich allerdings – mit Vorbehalten – in der 1915 in San Francisco abgehaltenen *Panama-Pacific International Exhibition* lokalisieren.[157] Danach gewann die Schaustellung von Minderheiten und von „exotischen" Völkern eine neue Qualität, bevor sie schließlich in ihrer Rolle als zentrales Thema der amerikanischen Großausstellungen durch die Darstellung der Moderne verdrängt wurde. Vor allem in der Welt des Theaters, des Zirkus und des Kinos bestand die unsichtbare Trennlinie zwischen „den Anderen" und „uns" weiter. Es gab noch immer Ägyptische Pavillons und „Darbietungen von Rothäuten", doch die Phantasie der Kinobesucher wurde nun von den Reisen in ferne Länder beherrscht, von denen zu träumen das Hollywood-Kino seine Zuschauer einlud.

---

153   1891.
154   1879, 1888, 1891, 1894 und 1897.
155   1877 und 1936.
156   1883 und 1910.
157   Vgl. Benedict (1983).

In Japan waren koloniale und ethnografische Pavillons zwischen 1914 und dem Zweiten Weltkrieg auf Ausstellungen üblich.[158] Bei der Tokio-Taisho-Ausstellung im Jahr 1914 gab es Pavillons zu Taiwan, zu Karafuto (Insel Sachalin), zur Mandschurei und zu Korea – und einen „Entwicklungspavillon". Die genannten Regionen sollten bald Teil des japanischen Reichs werden. Bei der Ausstellung von 1922 waren auch die neuen Pavillons zu den Südseegebieten (Nanyo) und zu Sibirien ethnografisch geprägt.

In diesen unterschiedlichen Kontexten war das „Eingeborenen-Dorf" das wichtigste Medium für die Darstellung „exotischer" Menschen. Es war die einfachste Form, die sowohl bei Ausstellungen auf nationaler Ebene wie auch bei lokalen Veranstaltungen errichtet werden konnte. Bereits bei der Pariser Weltausstellung von 1878 galten „Eingeborene" als fester Bestandteil dessen, was in Kolonialpavillons geboten wurde, und in diesem Zusammenhang gab es auch Pläne für ethnografische Rekonstruktionen.[159] Aber damals gab es noch keinerlei Verbindung zwischen privaten Veranstaltern wie Hagenbeck und den öffentlichen Organisatoren solcher Ausstellungen.

Im offiziellen Kontext der Kolonialstaaten tauchten „Eingeborenen-Dörfer" erstmals Im Jahr 1883 auf, als bei der Weltausstellung in Amsterdam – der *Internationale Coloniale en Uitvoerhandel Tentoonstelling* – Individuen aus Niederländisch-Ostindien ausgestellt wurden, und dann erneut im Jahr 1886, bei der *Indian and Colonial Exhibition* in Großbritannien, die von mehr als fünf Millionen Menschen besucht wurde. In Frankreich gab es die ersten derartigen Dörfer bei der Pariser Weltausstellung 1889 am Champs de Mars. Hier ist vor allem das Kanaken-Dorf[160] zu nennen sowie das Javanische Dorf[161] mit seinen Tänzern. Vier Jahre später gab es bei der Weltausstellung in Chicago (1893) auch in den Vereinigten Staaten diesen Typus von „Eingeborenen-Dorf".[162]

---

158 Siehe Nanta in diesem Band.

159 Blanckaert (2005) schreibt, dass viele französische Wissenschaftler, darunter Armand de Quatrefages, der Pariser Weltausstellung des Jahres 1867 höchstes Interesse entgegenbrachten, weil dort Exemplare von „Rassen der ganzen Erde" präsentiert werden sollten. Der Plan wurde offenbar von der französischen Kaiserin verhindert, die eine solche Schaustellung für moralisch nicht akzeptabel hielt. (Dennoch wurden im Chinesischen Pavillon Chinesen ausgestellt.) Im Jahr 1878 schlug der Entdeckungsreisende Joseph Bonnat die Ausstellung einer Truppe von Afrikanern vor, aber dieser Vorschlag wurde von den Ausstellungsveranstaltern nicht berücksichtigt, ein Umstand, der von den Reportern des *Petit Journal*, der ältesten französischen Tageszeitung, am 30. Juli 1878 lebhaft beklagt wurde. Bei derselben Ausstellung begrüßten allerdings algerische Soldaten das Publikum im Algerischen Pavillon.

160 Vgl. Bullard & Dauphiné (2002).

161 Siehe Labrousse (2002), S. 171-172. Die *Pall Mall Gazette* beschrieb diese Ausstellung als „Kolonien von Wilden", die die Franzosen zu „zivilisieren" versuchten. Zu jener Zeit war die Hauptattraktion auf den Bühnen der Pariser Varietés der „Burmesische Zottelmann".

162 Vgl. Bergougniou, Clignet & David (2001); Gilbert (1993); Rydell (1993); Scott (1991). Es sollte festgehalten werden, dass die Weltausstellung in Chicago 1893 nicht nur einen wesentlichen

Schließlich wurde im darauf folgenden Jahr (1894) in Lyon gegenüber einem offenbar alten und wilden „Neger-Dorf" mit „hundertzehn Eingeborenen" ein organisiertes und strukturiertes Indochina-Dorf eingerichtet.[163]

In einem einzigen Jahrzehnt verbreitete sich so das Dorf-Modell nicht nur weltweit bei offiziellen Ausstellungen, sondern gelangte durch etwa dreißig private Impresarios – der Großteil von ihnen Deutsche, Franzosen oder Schweizer – auch in die meisten europäischen und amerikanischen Großstädte. Das so eingeführte Muster der „Eingeborenen-Dörfer" fand sich später bei allen Weltausstellungen, nationalen Ausstellungen und Kolonialausstellungen. Dies lässt vermuten, dass der Kontext solcher Dörfer austauschbar war. Dies war zweifellos deshalb möglich, weil diese Darbietungen zu jener Zeit bereits ein internationales, dem amerikanischen und dem europäischen Publikum gleichermaßen vertrautes Produkt waren. Zweifellos auch deshalb, weil diese Darbietungsform sehr publikumswirksam war und Kodes verwendete, die bereits im privaten Sektor erprobt und für gut befunden waren. Solche Dörfer waren eine weiterentwickelte Form einer Miniaturwelt, die man besuchen konnte, ohne die Stadt, in der man lebte, verlassen zu müssen. Die Ausstellungen waren ihrem Publikum räumlich entgegengekommen. Wie die Zirkusse und die kleinen Wandertruppen, die ihnen im vorangegangenen Jahrzehnt den Boden bereitet hatten, kamen nun auch „Eingeborenen-Dörfer" in kleine Provinzstädte und fachten dort die weitverbreitete Exotik-Begeisterung weiter an.

Dieser Ausstellungstyp findet sich in ganz Europa und Nordamerika. Zuerst tauchte er auf in Basel, Berlin[164], Hamburg, Zürich, Antwerpen, Paris, Brüssel, Lyon, Dresden, Frankfurt, Marseille, Straßburg, London und Turin. Allein in diesen Städten waren – in Einzelausstellungen und Gesamtschauen – mehrere hundert „Eingeborenen-Dörfer" oder als „Dörfer" präsentierte „exotische" Truppen zu sehen. Auch in anderen europäischen und amerikanischen Städten unterschiedlicher Größe gab es Großveranstaltungen dieser Art, zum Beispiel in Barcelona, Budapest, Dublin, Düsseldorf, Gent, Sankt

---

Meilenstein in der Entwicklung des Konzepts der Menschenzoos darstellte, sondern dass die dort präsentierten ethnographischen Sammlungen später auch den Grundbestand des Field Museum bildeten, das ethnographische Studien fortführte und im Jahr 1937 eine ständige Galerie der „Menschenrassen" begründete.

163   Vgl. Bancel, Bencharif & Blanchard (2007).

164   Seinen Höhepunkt fand der deutsche Kolonialismus zweifellos in der *Berliner Gewerbeausstellung* des Jahres 1896, wo „Exemplare" aus dem ganzen Deutschen Reich in ihrer „natürlichen Umgebung" gezeigt wurden.

Petersburg[165], Lyon, Freiburg, Genf, Glasgow, Göteborg, Wien, Hannover, Köln, Lausanne, Leipzig, Lüttich, Mailand, Brest, München, Oslo, Moskau, Warschau, Neapel, Kopenhagen, Palermo, Prag, Rotterdam, Stockholm, Chicago, Bordeaux, Rouen, Saint Louis[166], San Francisco und Buffalo.[167] Wir sollten dieser Aufzählung noch die Weltausstellungen des japanischen Kaiserreichs und des Britischen Reichs – zum Beispiel die *Empire Exhibition* in Johannesburg (1936)[168] – hinzufügen. Auch dort wurden „Eingeborenen-Dörfer" ausgestellt.

Die Besucher wollten in diesen Dörfern nicht nur etwas lernen, sie kamen auch, um die dort Ausgestellten, die so „anders" waren als sie selbst, anzugaffen und ihnen zu „begegnen". Wie die *New York Times* über ein Senegalesisches Dorf bei der *Pan-American Exposition* in Buffalo 1901 schrieb, hatte man bisher nichts gesehen, was einen derart guten Eindruck roher Wildheit vermittelte. Neben den üblichen Attraktionen und Zerstreuungen waren ein Hauch von Exotik, merkwürdige Beispiele des „lokaltypischen", in Wirklichkeit jedoch für Touristen bestimmten Kunsthandwerks und ein paar Versatzstücke, die die Botschaft einer fortschreitenden Zivilisierungsmission unterstreichen sollten, die wesentlichen Komponenten dieser Dörfer. All diese Schaustellungen folgten einem recht ähnlichen Modell: es gab Tänze und Prozessionen mit Musikbegleitung. Die Kostüme waren pittoresk und die Namen der Truppen austauschbar. Man stellte Schlachten nach, zeigte Menschen gemeinsam mit Tieren in exotischer Umgebung, bot kulturelle oder kultische Attraktionen. Man produzierte kunsthandwerkliche Souvenirs oder stellte Schulen nach, in denen Kinder das Alphabet zu lernen versuchten. Kinder sprangen in ein Becken, um nach Münzen zu tauchen, Frauen bereiteten Mahlzeiten zu, und natürlich gab es auch „Geburtsvorführungen". Die Ausstellungen passten sich unterschiedlichen Orten, Kulturen, aktuellen Ereignissen und Publikumswünschen an. Ähnlich wie bei den Wanderausstellungen konnte ein und dieselbe Truppe zum Beispiel in Frankreich angeblich aus Dahomey und in Deutschland aus Togo sein.

---

165   Blier erinnert uns in diesem Band an die Vertraulichkeiten, zu denen es in Sankt Petersburg und in Hamburg zwischen dem Publikum und den „Amazonen" kam.

166   Siehe Delsahut (2008) und Corbey in diesem Band. Die *Louisiana Purchase Exposition* des Jahres 1904 wurde in Saint Louis, Missouri, zeitgleich mit den Olympischen Spielen veranstaltet. Bei der besonders reich mit „Eingeborenen" ausgestatteten Schau konnte das Publikum Igorot von den Philippinen beim Verzehr von Hundefleisch und afrikanische Pygmäen bei simulierten Enthauptungen beobachten, wie Corbey in diesem Band schildert.

167   Vgl. Leary & Shones (1998).

168   Bei der *Empire Exhibition* in Johannesburg 1936 gab es ein Dorflager von „Buschmännern", das von 600.000 Menschen besucht wurde. Sein vorrangiges Ziel bestand darin, den Plan für die Schaffung eines Reservats für die „prähistorischen" Stämme der Kalahari zu rechtfertigen.

Dies war eine euphemisierte Form der anthropo-zoologischen Ausstellung, die neuen Regeln folgte. Doch im Grunde wurde – trotz der Behauptungen einzelner Wissenschaftler[169] – mit der früheren Periode nicht gebrochen und das „Eingeborenen-Dorf"ganz besonders die ethnischen Dörfer bei den Großausstellungen– hatten weiterhin eine unleugbar ideologische Funktion: sie sollten deutlich machen, wer bereits zivilisiert war und wer diesen Prozess noch vor sich hatte. Natürlich konnten sich die Besucher manchmal mit den ausgestellten Individuen unterhalten, Handwerker konnten ihre Arbeit erklären, „Eingeborene" konnten mit ihren Erkennungsmarken weggehen oder die Stadt besichtigen, wobei diese Besichtigung dann selbst eine in der Presse beworbene Attraktion darstellte. Aber all dies beseitigte keine Schranken, es reduzierte nur die Distanz zwischen den Beobachtern und den Ausgestellten. Auch wurde das rassenbezogene Element abgemildert, als sich das Interesse immer stärker auf kulturelle Artefakte – Gegenstände, Architektur, Kleidung und so weiter – richtete und als in den Produktionen immer öfter Geschichten inszeniert wurden. Dies erklärt auch, warum diese Dörfer in den Erinnerungsbüchlein und in den anderen offiziellen Ausstellungsführern meist als Attraktionen geschildert wurden. Genau so sollten sie von den Besuchern wahrgenommen und rezipiert werden.[170] Der Erste Weltkrieg scheint ein Wendepunkt in der Entwicklung von Völkerschauen gewesen zu sein, und zwar sowohl in den Vereinigten Staaten und in Japan wie auch in Europa. Dennoch sollten wir daran erinnern, dass Völkerschauen in Zirkussen auch nach dem Ersten Weltkrieg noch mit nur geringen formalen Abänderungen weiterbestanden.[171] Als Soldaten aus französischen oder britischen Kolonialgebieten, Angehörige amerikanischer Minderheiten und Gastarbeiter aus Ländern wie China in der Öffentlichkeit auffälliger wurden, nahm der Diskurs über die „Fremden" neue Formen an und bediente sich neuer Medien. Überall passten sich die Ausstellungen dabei aber dem lokalen kulturellen Kontext an.[172]

---

169 Siehe De L'Estoile (2007).

170 Für verschiedene spezifisch französische Fallstudien empfehlen wir eine Reihe von Arbeiten, die eine bedeutende Menge von Bildmaterial enthalten, vor allem Bancel, Bencharif & Blanchard (2007), Blanchard, Deroo & Manceron (2001), Blanchard P. (2006).

171 Hier können wir das Beispiel von Klikko, einem jungen Khoisan, nennen, der in Europa und in Kuba ausgestellt wurde. Er war im Jahr 1913 der Star der *Wild Dancing Bushman Show*, bevor er sich dem Unternehmen Barnum & Bailey anschloss. Er starb als halbverrückter Alkoholiker im Jahr 1940 in New York. Vgl. Parsons (1988). Ein weiteres Beispiel ist der Afro-Amerikaner Joseph Lee, der den „afrikanischen Wilden" aus Dahomey mimte und in den Vereinigten Staaten ein richtiger Star wurde.

172 Vgl. Benedict (1991).

Der Niedergang der Menschenzoos

Tatsächlich nutzten alle Staaten jeden einzelnen dieser Ausstellungstypen – internationale Ausstellungen, Kolonialausstellungen oder nationale Ausstellungen – als Medium, um ihre eigenen sozialen – und manchmal auch „rassischen" oder eugenischen – Projekte vorzustellen[173], ihre eigene Weltsicht zu präsentieren und ihre überseeischen Strategien oder aber die von ihnen vorgenommene Rassentrennung zu legitimieren. Das Vorgehen in den Vereinigten Staaten unterschied sich deutlich von dem in anderen Ländern.[174] Diese Unterschiede ergaben sich aus dem Vorhandensein ethnischer Minderheiten innerhalb des eigenen Landes. Unbestreitbar ist, dass verschiedene Ausstellungsformen zur Herausbildung der amerikanischen Nation beitrugen: es gibt Verbindungen zwischen den Freak-Shows und der Eugenik[175], zwischen Völkerschauen und Rassentrennung. Diese verschiedenen Etappen, die zusammen das amerikanische Modell der Schaustellung „andersartiger" Menschen bilden, spiegeln den Status von Minderheiten in der amerikanischen Gesellschaft wieder. In Japan gab es – ebenso wie in Frankreich, Großbritannien, Belgien und Italien – eine deutliche Verbindung zwischen dem nationalen Kolonisierungspotential und der Bestimmung kolonisierter oder „kolonisierbarer" Völker. Im Falle von Frankreich und Großbritannien lässt sich die Entwicklung des Kolonialismus – die Phasen kolonialer Eroberungen und kolonialer Ereignisse zwischen 1880 und 1910 – mittels der ausgestellten Völker verfolgen.[176] So entstanden auf unterschiedlichem Wege – aber zur selben Zeit – in

---

173 Vgl. Çelik & Kinney (1990).

174 Vgl. Sears (1997).

175 Zwischen 1910 und 1935 war der Besuch von Freak-Shows und Schaustellungen „exotischer" Menschen ein Fixpunkt in den Aktivitäten des Eugenics Record Office (ERO) in den Vereinigten Staaten. Die Aktivitäten dieser Einrichtung sollten zur Definition der „notwendigen Homogenität" der amerikanischen Nation beitragen. Siehe Emin in diesem Band sowie Wiebe (1967) und Haller (1984). Nach einer Forschungsperiode zwischen 1910 und 1920 wurde die „weiße Identität" in nationalen Eugenik-Kampagnen stark beworben. Darin wurden einerseits die Gefahren einer zur Vererbung von Geisteskrankheiten führenden Degeneration angeprangert, andererseits die Gefahren von „Mischehen" und „schwarzen Erbanteilen", etwa mit dem Film *The Black Stork* (1917). Konferenzen, Ausstellungen, Filme, Datenbanken und Untersuchungen zu Einwanderern oder „gesunden Familien" folgten. Zahllose Fotos „exotischer" Individuen aus den ERO-Sammlungen wurden in Zirkussen oder in Shows gezeigt, nicht zuletzt auch im Vergnügungspark auf Coney Island, das nur wenige Minuten vom Sitz der ERO entfernt war. Ab 1935 nahm der Einfluss der amerikanischen Eugeniker aus verschiedenen Gründen ab. Sie verfügten nur über sehr begrenzte Geldmittel und konnten der amerikanischen Öffentlichkeit und den Bundesbehörden nur wenige konkrete Ergebnisse bieten. Ihre Stellung zur Einwanderungspolitik auf nationaler Ebene war unklar und die Verbindung zwischen ihren Argumenten und den eugenischen Theorien der international immer stärker wahrgenommenen Nazis wurden immer deutlicher.

176 Zum Beispiel wurden die Dahomeyaner nach der Niederlage des dahomeyanischen Königs Behanzin zwischen 1891 und 1894 in mehreren Ausstellungen und Shows zur Schau gestellt. Eine

unterschiedlichen nationalen Kontexten Menschenzoos und trugen zur Ausbildung nationaler Identitäten bei.

Um ein möglichst breites Publikum zu erreichen, wurden Menschenzoos nun überall organisiert und bedienten sich einer breiten Palette von Werbemitteln: Plakate, Fotos, Postkarten, Filme, Werbebroschüren, Berichte in nationalen Zeitungen und Artikel in wissenschaftlichen Zeitschriften. Die Zehntausenden Postkarten, die produziert wurden, machen deutlich, wie sehr diese Darbietungen in den Medien beworben wurden, nehmen aber auch bereits ihren Niedergang vorweg. Letztlich war es aber das Kino, das das Schicksal der Live-Shows besiegelte. Mit ihrer Anpassung an nationale Gegebenheiten unterzogen sich die Schaustellungen also auch einer tiefgreifenden Verschiebung im Bereich der Medien. Die Live-Darbietungen der Ausstellungen wandelten sich über die Zwischenformen des Diorama und der ethnografischen Skulptur zu den „lebenden Bildern" des Kinos. Der importierte „Fremde" – das ausgestellte Individuum – wurde zum vervielfältigbaren „Fremden" der fixierten Bilder. Dies brachte sowohl einen Wandel in der Reichweite wie auch eine neue Dimension des Fremd- und Andersseins mit sich.[177]

Ab den frühen 1930er-Jahren können wir – mit einigen nationalen Varianten – einen allmählichen und stetigen Verfall der Menschenzoos beobachten. Zum Beispiel organisierte Portugal 1934 für die *Exposiçao Colonial Portuguesa* [Portugiesische Kolonialausstellung] und 1940 für die *Exposiçao do Mundo Portugués* [Portugiesische Weltausstellung] etwas verspätet den Besuch mehrerer Truppen von „Eingeborenen", die die portugiesischen Kolonialstrategien legitimieren und bewerben sollten. In ähnlicher Weise behielt Italien, das gerade koloniale Eroberungen in Äthiopien machte, bei seinen Großausstellungen die Afrika-Dörfer bei, deren letztes das Ostafrikanische Dorf bei der Ausstellung in Neapel 1940 war. In Deutschland[178] und in der Schweiz[179] gab es noch immer ein Publikum für traditionelle Völkerschauen und so gab es auch weiterhin – aber mit abnehmender Frequenz – Menschenzoos.

Die Zeit der großen Kolonialausstellungen war jedoch überall vorbei und in Großbritannien und Frankreich trat das Zur-Schau-Stellen von „Eingeborenen" in den Hintergrund. In Frankreich zum Beispiel entschloss man sich – unter Marschall Lyauteys

---

Truppe wurde nach Chicago zur Weltausstellung 1893 geschickt, nachdem sie im Pariser Casino aufgetreten war. Eine Gruppe von Madagassen wurde nach der Eroberung ihrer Insel ausgestellt und Tuareg traten nach der französischen Besetzung Timbuktus in Paris und an anderen Orten auf.

177   Vgl. Baudrillard (1987).

178   *Deutsche Africa-Schau*, siehe Forgey (1994).

179   Siehe Minder in diesem Band.

Druck[180] –, alle „Völkerschauen" von der *Exposition Coloniale Internationale* in Paris 1931 auszuschließen. Dies betraf die „Negerinnen mit Lippenteller" ebenso wie – in Reaktion auf eine direkte Forderung der Liga für Menschenrechte – die indonesischen Rikscha-Fahrer und die „Kanaken-Kannibalen".[181] Der Verzicht auf diese Attraktionen sollte die Humanität der Kolonialherren unterstreichen. Die Präsentationsbedingungen hatten sich für die zweitausend „Eingeborenen" bei der Pariser Ausstellung – darunter viele Soldaten –, zwar geändert[182], aber immer noch waren sie Schauspieler in einer Bühnendarbietung und führten eine von weißen Produzenten erdachte Kolonial-Show auf. Tatsächlich war, wie Lebovics schreibt, „diese Ausstellung, wie alle Kolonial-ausstellungen, einer jener Menschenzoos [...], in dem die seltsamen ‚Tiere' der Kolonien – die seltsamen ‚Tiere' Frankreichs! – bestaunt werden konnten."[183]

Obwohl sich die Präsentation verändert hat und nun statt der rassischen Unterlegenheit die drolligen Angewohnheiten der „Eingeborenen" ins Zentrum gerückt wurden, war das allgemeine Ziel der Demonstration immer noch die Verklärung der „Zivilisationsmission".[184] Es ist jedoch nicht zu bestreiten, dass Lyautey auch den Kulturen

---

180   Marschall Lyautey, der Militärgouverneur in Marokko gewesen war, wurde von der französischen Regierung im Jahr 1828 zum Generalkommissionär der für 1931 geplanten Kolonialausstellung ernannt.

181   Vgl. Hodeir & Pierre (1991) sowie Blanchard & Lemaire (2003). De l'Estoile (2001) meint, die Kanaken seien 1931 privat nach Paris gebracht worden, mit der ursprünglichen Absicht, sie bei der Ausstellung auftreten zu lassen. Tatsächlich war, wie Dauphiné (1998) ausführlich darlegt, ihre Ankunft in Paris recht kompliziert. Sie wurden von einer Vereinigung ehemaliger Kolonialbeamter mit der Einwilligung der neukaledonischen Kolonialbehörden rekrutiert. Erst später, nach den dramatischen Ereignissen, die die Ausstellung eines Teils ihrer Truppe in Deutschland begleiteten, verboten die Behörden die Rekrutierung neukaledonischer Ureinwohner (Rundschreiben vom 27. Juli 1931). Diese Entscheidung folgte der Stellungnahme des Ministers für koloniale Angelegenheiten, Paul Reynaud, der die Schaustellung „unterlegener Menschentypen" kritisierte und die Verwaltung aufforderte, dem, was er als Beförderung „ungesunder Neugier" beschrieb, nicht Folge zu leisten [Hale (2002), S. 317]. In Paris wurden die Kanaken – mit einer erklärenden Broschüre – im Bois de Boulogne gezeigt, und zwar in einer Show mit dem jeden Zweifel ausschließenden Titel *Kannibalen*. Und doch traten sie vom September 1931 an jeden Nachmittag, zu besonderen Gelegenheiten und bei Abendveranstaltungen auch bei der Ausstellung im Bois de Vincennes auf, um ihre Insel in unterschiedlichen Darbietungen zu repräsentieren; vgl. Bullard & Dauphiné (2002), S. 125. Die Darsteller hatten einfach verschiedene Rollen, vormittags waren sie im Bois de Boulogne „wilde Kannibalen", nachmittags waren sie im Bois de Vincennes die „pittoresken Vertreter" Neu-Kaledoniens.

182   Vgl. De L'Estoile (2007), S. 61.

183   Lebovics in diesem Band.

184   Siehe zu diesem Thema die von der Stadt Paris zusammen mit der ACHAC-Forschungsgruppe organisierte retrospektive Ausstellung im Bois de Vincennes in Paris (Dezember 2006 bis Februar 2007). Informationen zu diesem Projekt – darunter auch die dafür entworfenen 30 doppelgesichtigen Totems – finden sich auf http://www.achac.com.

der Ureinwohner huldigen wollte[185], freilich ohne in irgendeiner Weise die Legitimität der Kolonialregierung in Frage zu stellen. So hatte die *Exposition Coloniale Internationale* im Bois de Vincennes zahlreiche unterschiedliche Facetten: sie war propagandistisch, sie präsentierte andere Kulturen als putzig, sie war bildend – tausende Fotos, hunderte Filme und eine Vielzahl ethnografischer Objekte wurden in den unterschiedlichen Pavillons gezeigt –, doch sie erweckte auch Bewunderung für bestimmte andere Kulturen.

Einzelne Wissenschaftler – wie zum Beispiel Henri Vallois – sehnten sich trotz der auf den Seen schwimmenden Einbäume noch immer nach den altmodischen „Eingeborenen-Dörfern" zurück und beklagten den Umstand, dass das Organisationskomitee Wissenschaftlern die Untersuchung von „Eingeborenen" nicht gestattete und auf diese Weise die Fortführung der „schönen Studien von Deniker und Laloy, die an den Subjekten der Ausstellung von 1889 durchgeführt worden waren", verhinderte.[186] Bereits im Jahr 1929 hatte André Bonamy in einem Vorbericht über die Togo- und Kamerun-Pavillons gewarnt, dass Schaustellungen bei der Ausstellung von 1931 verboten sein würden, damit eine „modernere" Botschaft über die französischen kolonialen Bestrebungen vermittelt und der zivilisierende Einfluss Frankreichs betont werden könnte. Der Vulgarität, die man nun in der durch solche Darbietungen erzeugten Kultur des Angaffens erblickte, setzte man das Konzept der Moderne entgegen.

Uns ist klar, dass wir es hier mit einem Mischgenre zu tun haben. Wissenschaftliche Ambitionen vermengten sich mit den kommerziellen Strategien privater Schausteller und mit offizieller Rekonstruktion. Die Zeit der alten Völkerschauen war vorüber. De L'Estoile[187] merkt in diesem Zusammenhang an, dass das „Eingeborenen-Dorf" ab 1931 als „überholte Präsentationsform" galt und sieht in der Ausstellung im Bois de Vincennes „einen Wandel in der Inszenierung der Kolonisierten". Er argumentiert damit, dass sich der Darsteller nun zu einem „Künstler" gewandelt habe, der in der Ausstellung eine bestimmte Rolle spielen musste. Die statische Schaustellung von „Eingeborenen" gebe es seither nicht mehr – wenn es sie denn je wirklich gegeben habe – und

---

185　Lyautey war eine singuläre Gestalt in der Welt der Kolonialarmee. Er hatte sich immer dafür ausgesprochen, die Kulturen der kolonisierten Völker zu bewahren – und das zu einer Zeit, in der viele deren Verschwinden voraussagten – und hatte eine sehr moderne Form indirekter Herrschaft in Marokko eingeführt, die in vielerlei Hinsicht die Veränderungen in der Kolonialstrategie vorwegnahm, wie sie – außer in Algerien und Indochina – während der 1950er-Jahre stattgefunden haben.

186　Dies beklagte Vallois (1932). Auch er stand aber den tänzerischen Darbietungen der Kanaken, deren mangelnde Authentizität er beklagte, und der allgemeinen Tendenz, indigene Kulturen als Aufputz für das Werbematerial der Ausstellung zu nutzen, äußerst kritisch gegenüber.

187　De L'Estoile (2007).

Darsteller würden „in aktiven Rollen gezeigt, die ihre künstlerischen Fähigkeiten zur Geltung brachten". Für De L'Estoile macht diese Entwicklung deutlich, dass man sich hier nicht mehr im Bedeutungszusammenhang des Zoos, sondern eher in dem des „Musik- und Folklore-Festivals" bewegte.

Unserer Ansicht nach ist es dennoch notwendig, diese Veränderungen nuancierter zu analysieren. Wir können in der Ausstellung von 1931 nicht einfach ein Musik-Festival sehen und sie als erkenntnistheoretischen Bruch mit dem Konzept der Menschenzoos interpretieren. Wenn wir stattdessen fragen, inwiefern diese Ausstellung Merkmale dieses Konzepts aufwies, so erkennen wir, dass jede Ära eigene Formen solcher Ausstellungen entwickelte. Tatsächlich sollten wir, wie Lebovics[188] meint, die Ausstellung von 1931 wohl als „Zeremonie imperialistischer Selbstbestätigung" sehen, als „einen Ritus, der die französischen Besucher in die neue Spektakelgesellschaft einführte". Um dies zu erreichen, musste das Genre neu belebt und vor allem betont werden, dass sich „eingeborene Völke" – dank der Franzosen – auf dem Wege zu „kolonialem Fortschritt" befänden. Die Organisatoren wünschten, dass

> „dass die Simulationen des Bois de Vincennes für die Völker des Kolonialreichs zur Wirklichkeit würden: zu einer Wirklichkeit, deren Zentrum das französische Mutterland sein sollte."[189]

Dass man fremden Kulturen huldigte, kann daher nur im Kontext der unausgesprochenen Absicht verstanden werden, eine – durch die immanente Überlegenheit der westlichen Zivilisation legitimierte – politische Vorherrschaft zu erringen, indem man die kolonisierten Völker in einer „gemeinsamen Zukunft" unverbrüchlich an Frankreich band.[190] Die Verlagerung von der altmodischen Einverleibung der ersten Menschenzoos hin zu einer moderneren Präsentationsform war letztlich eine Möglichkeit, „die Vorteile kolonialer Modernisierung" für den Besucher greifbar zu machen. Der passive „Wilde" wandelte sich dabei – in der Ausstellung wie in der Kolonie – zu einem tätigen Kunsthandwerker. Diese Tendenz war bereits in der Ausstellung in Marseille 1922 zu beobachten und sie erreichte in Frankreich mit der Ausstellung von 1931 ihren Höhepunkt. Man konnte nicht länger einen „Wilden" zur Schau stellen. Er musste unter dem Einfluss der westlichen Zivilisation ja schon verschwunden sein, denn die primitiven Völker früherer Zeiten waren nun unter dem Einfluss der Missionare „gute Christen" und „gute Soldaten" geworden, die, wie sie es auch bei den kolonialen

---

188   Lebovics in diesem Band.
189   Lebovics in diesem Band.
190   Siehe Lebovics in diesem Band.

Eroberungszügen getan hatten, ihren kriegerischen Wert unter Beweis stellten. Frauen, die einst in „primitiver" Nacktheit gezeigt worden waren, waren nun bekleidet und durchdrungen von den moralischen Werten der westlichen Gesellschaften.[191] Die beiden mächtigen, in diesen Prozess involvierten Interessensgruppen – die Kirche und die Armee – erwarteten, dass man den kolonisierten Völkern eine gewisse Würde zuschrieb und sie dadurch für die Zukunft zu einem wertvollen Wirtschaftsfaktor machte. Die Präsentation durch die Veranstalter war von diesen Faktoren beeinflusst.

Als Ergebnis können wir, obwohl wir uns von der Vorstellung eines radikalen Bruchs in der Wahrnehmung des „Eingeborenen" befreien sollten, eine Veränderung in den Zielen der Kolonialpropaganda bemerken. Nun sollte demonstriert werden, dass der „Eingeborene" in einem Zivilisationsprozess begriffen war[192], wofür kolonialpolitisch engagierte militärische und religiöse Organisationen den Beweis erbrachten. Die neue Präsentationsform des Jahrs 1931 entsprach diesen Zielen und dem erwünschten Bild einer *Pax Colonica*. Der neue „Humanismus", der in diesem Wandel zu erkennen ist, lässt sich vom Paradigma der Kolonialherrschaft nicht trennen. In diesem besonderen Falle bedient sich das Herrschaftsparadigma der Schaustellung von „Fremden", um das neue Bild zu verbreiten, das die Kolonisatoren von ihren Beziehungen zu den kolonisierten Völkern zeichnen wollten.

Sechs Jahre später, bei der *Exposition Internationale des Arts et Techniques dans la Vie Moderne* des Jahres 1937 in Paris, glichen die zur Schau gestellten „exotischen" Individuen eher einer Handwerkerkolonie, die von einer Schauspieltruppe begleitet wurde[193], als einer Völkerschau[194], doch diese Veränderungen sind im Grunde eher Teil eines Wandels in den kolonialen Beziehungen als Ausdruck einer von den französischen Kolonialbehörden unterstützten Form von „kolonialem Humanismus". Zwischen diesen Ausstellungen von 1931 und von 1937 wurden Menschenzoos offenbar aus dem Programm französischer Ausstellungen verdrängt:

> „Eingeborene, die in der Periode kolonialer Eroberungen einst symbolische Trophäen der Kolonialisierung dargestellt hatten, wurden nun zu Trophäen

---

191 Vgl. Boëtsch und Savarèse (1999).

192 Siehe Lemaire (2002b).

193 Die wenigen Handwerker aus dem Senegal wurden sogar von *Le Périscope Africain* dafür kritisiert, dass ihre Darbietung in keinerlei Verbindung zur wirtschaftlichen Realität des Landes oder zur tatsächlichen Arbeit der dort ansässigen Juweliere und Schuhmacher stehe. Die Zeitschrift Paris-Dakar verglich diesen neuen Stil im August 1937 mit dem der Vergangenheit: „Keine obszönen Tänze, keine englischen Missionare im Kochtopf, keine Menschenfresser hinter Gitterstäben, keine Totentänze, kein Negerkönig auf einem Schädelthron." [vgl. Lüsebrink (2002), S. 265]

194 Vgl. Lüsebrink (2002), S. 260-261.

der Zivilisation und man präsentierte sie als sichtbare Beweise der berechtigten Aktivitäten in den Kolonien. Ja, sie waren weiterhin ‚unterlegen', aber sie wurden gezähmt, domestiziert und bewegten sich in Richtung Fortschritt."[195]

Um die neue Zeit noch augenfälliger zu machen, stellte man koloniale Errungenschaften und die Entwicklung von Ureinwohnern unter dem zivilisatorischen Einfluss einer Kolonisierungsmission zur Schau, etwa die bei der Christianisierung und der Alphabetisierung erzielten Fortschritte. Doch zeigte man auch die Rolle dieser Völker in der Erfüllung der Mission. Diese Rolle war natürlich eine bescheidene – repräsentiert in Kunsthandwerk, Tänzen und Mitwirkung in der Armee –, doch war sie auch sehr rührend, da sie erkennen ließ, wie begeistert diese Völker an der Festschreibung ihres Status' als Beherrschte mitarbeiteten.

Die Nachwirkungen

Die letzte Manifestation des geschilderten Prozesses war die *Expo 58*, die große Belgische Weltausstellung des Jahres 1958. Hier wurden zu einem Zeitpunkt, da die Kolonialreiche bereits in Auflösung begriffen waren, indigene Darsteller zum letzten Mal aufgefordert, an der umfassenden Präsentation einer Kolonialmacht teilzunehmen. Wie wir gesehen haben, war das breite Publikum seit den 1930er-Jahren der Menschenzoos überdrüssig geworden und so konnten diese mit den gesellschaftlichen Bedürfnissen immer weniger Schritt halten. Vor allem das Scheitern der beiden letzten Truppen, die Hagenbeck für Tourneen durch Deutschland engagiert hatte – einer Kanaken-Truppe aus Frankreich im Jahr 1931 und einer Truppe tscherkessischer Reiter im Jahr 1932 – bildete das traurige Ende einer Geschichte von mehr als siebzig Völkerschauen.[196] Die letzten Tourneen, die Völkerschauen durch Europa machten, lockten weder in Basel noch in Stockholm, weder in Köln – wo eine Truppe von „Sara-Kaba-Negerinnen mit Lippentellern" auftrat – noch in Mailand so viele Besucher an wie in den vorangegangenen Jahrzehnten.

In den Vereinigten Staaten war die Situation vergleichbar. Das bei der Chicagoer Weltausstellung (*World's Columbian Exposition*) im Jahr 1893 eingeführte Modell[197] hatte sich gewandelt und hatte seine Wirkung eingebüßt. Bei dieser Ausstellung im Vergnügungspark White City wies man allen Menschen ihren Platz auf dieser Welt zu. Die Dörfer und die exotischen Pavillons standen im Zentrum des Ausstellungsgeländes

---

195 Lemaire (2002b), S. 278.

196 Wie Thode-Arora in diesem Band anmerkt, hatten Hagenbecks Darbietungen versuchsweise in den 1920er-Jahren erneut begonnen, aber nie mehr ihre vorherige Komplexität und Beliebtheit erreicht.

197 Siehe Rydell in diesem Band.

und ihre Gestaltung unterstrich die Metapher eines wirksamen zivilisatorischen Fortschritts. So gab es neben vielen Attraktionen aus Hagenbecks Menagerie und etwa sechzig männlichen und weiblichen Ureinwohnern Dahomeys, die die Bezähmung des schwärzesten Schwarzafrikas durch den kolonisierenden Westen symbolisierten, auch die Sioux-Häuptlinge, deren letzter Widerstand 1890 am Wounded Knee so brutal gebrochen worden war.[198]

Die Welt der Schaustellung war untergegangen. Herrschaft wurde nun subtiler präsentiert. Die „Anderen" waren nun nicht länger besiegte „Halbwilde", sondern „befriedete Eingeborene", die unter der Führung ihrer Wohltäter auf dem ihnen bereiteten Pfad voll Begeisterung in Richtung „Fortschritt" stapften. Diese Interpretation tauchte, wie wir betonten, bei der Pariser *Exposition Internationale des Arts et Techniques dans la Vie Moderne* des Jahres 1937, bei der *Johannesburg Empire Exhibition* des Jahres 1936, bei der Ausstellung in Neapel 1940, bei der *Glasgow Empire Exhibition* des Jahres 1938[199] und bei der *Deutschen Kolonialausstellung* 1939 auf. Jetzt schien der brutale Ton der Völkerschauen für die Darstellung überseeischer Aktivitäten nicht mehr angebracht. Völkerschauen waren nun zu einem Teil der Geschichte geworden – sowohl für die westlichen Gesellschaften wie auch für die ehemaligen Kolonien: Ihre Zeit war vorbei.[200]

Eine Geschichte der Menschenzoos kann jedoch die Art und Weise nicht unberücksichtigt lassen, in der Aspekte dieses Phänomens in unserer Kultur bis heute weiterwirken. Gewiss wäre es allzu simpel, eine kontinuierliche Linie von den Völkerschauen zu modernen Formen der Darbietung und Wahrnehmung von „Fremden" und „Andersartigen" vorzuschlagen.[201] Doch lässt sich immer noch die Hypothese aufstellen, dass es in der Darstellung der „Fremd- und Andersartigen" thematische Zusammenhänge gibt, die sich über einen Zeitraum von mehr als einem Jahrhundert erstrecken.[202] Infolgedessen sollten alle zeitgenössischen Darstellungen von Menschen, die „irgendwie

---

198   Siehe Blier in diesem Band und auch Rydell, 1993.

199   Das dort gezeigte Schottische Hochland-Dorf, der Indische Tempel und das Zulu-Dorf stellten eine „handwerklichere" Form der Schaustellung dar als es die Dörfer in Wembley gewesen waren, die nur fünfzehn Jahre zuvor die Unzivilisiertheit und Ursprünglichkeit der Stämme in den Kolonien vor Augen geführt hatten. Doch der auffälligste Unterschied zwischen den beiden Ausstellungen lag in der Gewichtung. In Wembley waren Völkerschauen und ethnische Dörfer die zentralen Elemente der Präsentation gewesen, während sie in Glasgow zu Nebenattraktionen geworden waren. Siehe MacKenzie in diesem Band.

200   Eine im November 2002 erschienene Sondernummer der französischen Zeitschrift *Sciences humaines* trägt den Titel *L'abécédaire des sciences humaines, d'Aborigène à Zoos humains* [Das ABC der Humanwissenschaften, von den Aborigines bis zu den Menschenzoos].

201   Vgl. Moussa (2002).

202   Vgl. Alloula (1986); Blanchard (2002).

anders" sind als „wir" – Darstellungen im Kino, in Live-Darbietungen, in der Werbung, in der Tourismusindustrie[203], im Sport, in medial vermittelten Bildern, in ethnografischen Ausstellungen[204] und in kulturgeschichtlichen Museen – einer langfristigen empirischen Analyse unterzogen werden.[205] Nur so könnten wir verstehen, woher sich diese modernen Formen hergeleitet und wie sie sich gewandelt haben.[206]

Obwohl das Phänomen der Menschenzoos eine notwendige kulturelle Vorbedingung für das Wachstum der Kolonialreiche war, bringt die Kolonialgeschichte, die Geschichte der Massenkulturen und die Geschichte der Stereotype nicht nur diesem Massenphänomen an sich, sondern auch seinem weiterhin wirksamen Einfluss erstaunlich geringes Interesse entgegen. Es sieht so aus, als würden die Beziehungen zwischen Gemeinschaften in westlichen Gesellschaften als diachroner Prozess (neu) betrachtet werden müssen und jede derartige Untersuchung sollte Ausstellungen berücksichtigen, die ein wesentliches Element jenes Prozesses darstellen, der sich um die Wende vom 19. zum 20. Jahrhundert vollzog.[207] Die Stereotype, die bis zur Zeit der Dekolonisation die Bilder von den „Anderen" schufen, trugen wesentlich zur Konstruktion der kollektiven Vorstellungswelt bei und legitimierten das Vorgehen der Kolonialmacht in den Augen der Öffentlichkeit.

Menschenzoos sind in Zusammenhang mit Inszenierungen und der Entstehung einer Populärkultur zu untersuchen, aber auch in Zusammenhang mit einer Form von rassistischem Denken, die sich in nur drei Generationen in der ganzen Welt verbreitet hat – von Tokio nach Hamburg, von London nach Chicago. Wir müssen daher die Grundpfeiler untersuchen, auf denen unsere gesellschaftlichen Konstruktionen beruhen, oder anders gesagt die Archetypen, die die kollektive Welt unserer Vorstellungen bilden: jene Vorstellungen, die uns von anderen verschieden machen und die es uns dadurch ermöglichen, uns in der Welt zu erkennen und uns zu positionieren. Letztlich sind Menschenzoos die Kristallisationspunkte einer sich verschiebenden Grenzlinie zwischen dem „Zivilisierten" und dem „Wilden", dem „Modernen" und dem „Archaischen". Und diese Grenzziehung prägt unsere Welt noch immer.

---

203   Vgl. Deroo & Lemaire (2006).
204   Vgl. Barlet & Blanchard (2005).
205   Vgl. Gosden & Knowles (2001).
206   Vgl. Mason (1998).
207   Vgl. Boêtsch & Villain-Gandossi (2001).

I. Teil

Charakteristiken des Menschenzoos – Geschichten und Definitionen

Vom Wunder zum Defekt:
Außergewöhnliche Körper von der Antike bis heute

Rosemarie Garland-Thomson

Wie „exotische" Tiere erregten auch auffällig aussehende menschliche Individuen seit jeher die Phantasie. Jene von uns, die man als „Monster", „Ungeheuer", „Abnormitäten" oder „Freaks" bezeichnete, sprachen seit jeher dem gewohnten Hohn, verspotteten das Vorhersehbare, versetzten ihre durchschnittlicheren Artgenossen in Furcht und Schrecken und gaben ihnen Anlass zu allerlei Spekulationen. Der außerordentliche Körper ist ein Grundelement der Mythen, durch die wir uns und unserer Welt Sinn verleihen. Ein Körper, der nicht den Erwartungen entspricht, löst Phantasien und Verhaltensweisen aus, die uns bis an die Grenzen dessen bringen, was wir als menschlich betrachten. Manche steinzeitliche Felsmalereien stellen „Missgeburten" dar und prähistorische Grabstätten bezeugen komplexe rituelle Opferungen missgebildeter Körper. Auf Tontäfelchen aus der alten assyrischen Hauptstadt Ninive finden sich detailreiche Beschreibungen von 62 Arten angeborener Missbildungen – ergänzt durch ihre jeweilige prophetische Bedeutung. Aristoteles, Cicero, Plinius, Augustinus, Bacon und Montaigne versuchten, in ihren Interpretationssystemen diese Störungen der scheinbar natürlichen Ordnung der Welt zu erklären. Diese Gelehrten, die das westliche Denken grundlegend prägten, sahen in einem auffällig geformten Körper meist ein Zeichen göttlichen Willens oder göttlichen Zorns, oder auch einen Beweis für die unendliche Vielfalt der Natur. Immer aber verstanden sie den außergewöhnlichen Körper als interpretationsbedürftig.

Dieser Körper, der in seiner Einzigartigkeit der Träger einer besonderen Bedeutung war, wurde beneidet, gefürchtet und verehrt. Wesen mit außergewöhnlichem Äußerem wurden, weil sie so selten und besonders waren, von jenen, die sich ihrer bemächtigen konnten, immer instrumentalisiert und gewinnträchtig vermarktet. Ägyptische Pharaonen, römische Adelige und europäische Fürsten hielten sich bis ins 18. Jahrhundert „Zwerge" und „Krüppel" wie unterhaltsame Haustiere. Im England der Renaissance listeten die sehr populären *Monster Ballads* die Besonderheiten anormaler Körper auf und enthüllten ihre verborgenen Lehren: ein Wolfsrachen warnte vor laszivem Geschwätz, fehlende Finger mahnten, sich nicht dem Müßiggang hinzugeben. Im Jahr 1534 beschloss das ängstliche England sogar, Sodomie in Zukunft mit dem Tod zu bestrafen, damit seltene, aber beunruhigende Formen von angeborenen Missbildungen, die für halb tierische, halb menschliche Wesen gehalten wurden, sich nicht unkontrollierbar verbreiten und eine bedrohliche Verwandtschaft zwischen Tier und Mensch bezeugen könnten.[1]

Die Matthias Buchinger[2] dargebrachten Huldigungen machen deutlich, wie sehr dieser Mann das Europa des 18. Jahrhunderts mit seinen Taschenspielertricks, seinem kalligrafischem und musikalischem Talent und seinem geschickten Umgang mit der Pistole verblüffte.[3] Am Beginn dieses Jahrhunderts der Aufklärung sammelten gebildete Adelige in ihren Kuriositätenkabinetten neben Haifischzähnen, Fossilien und fein ziselierten Kirschkernen auch die Reliquien von missgestalteten Körpern, die immer stärker säkularisiert wurden.[4]

Wissenschaftliche Untersuchungen begannen, die religiösen Deutungen zu verdrängen. Die innere Anatomie außerordentlicher Körper wurde in Seziersälen erforscht und in den ersten medizinischen Abhandlungen dargestellt. Das Kuriositätenkabinett wurde zu einer kommerziellen Einrichtung. In populären Kuriositätenmuseen – etwa in P. T. Barnums berühmtem American Museum – wurden massenweise „Abnormitäten" ausgestellt.[5] Während von der Norm abweichende Körper früher in Schenken oder an Straßenecken zur Schau gestellt worden waren, institutionalisierte sich diese alte Praxis im Laufe des 19. Jahrhunderts und verlagerte sich in die *sideshows* amerikanischer Jahrmärkte und Zirkusse oder in die Londoner Bartholemew Fair. Dort versuchten immer mehr Veranstalter und Schausteller, aus dem offensichtlich unersättlichen Verlangen des Publikums, solch wunderbare Geschöpfe zu begaffen, Profit zu ziehen.[6] Nun brach die Wissenschaft des 19. Jahrhunderts endgültig mit der Populärkultur und schuf eine eigene Disziplin zur Untersuchung, Klassifizierung und Behandlung missgebildeter Körper: die Teratologie. Während wissenschaftliche Erklärungen das religiöse Geheimnis verblassen ließen und so den kulturellen Diskurs der Moderne maßgeblich prägten, wurde der außergewöhnliche Körper immer häufiger in klinischen Begrifflichkeiten – und zwar als pathologische Erscheinung – beschrieben. Statt auf dem Podium der Jahrmarktsbuden stand der missgebildete Körper nun also auf der Bühne der Medizin. So hat sich zwar der Blick auf von der Norm abweichende Körper im Laufe der Zeit immer wieder gewandelt und entsprechend wandelte sich auch der gesellschaftliche Umgang mit derartigen Körpern, doch nie erlahmte der beklommene Wunsch, jene

---

1　Vgl. Thomas (1983), S. 135.
2　Matthias Buchinger hatte praktisch keine Arme und Beine, puderte sich aber das Gesicht und trug eine Perücke.
3　Vgl. Jay (1986).
4　Vgl. Impey & Macgregor (1985).
5　Vgl. Harris (1973); Saxon (1980).
6　Vgl. Altick (1978).

Erscheinungsformen des menschlichen Körpers, die unseren Erwartungen am drastischsten widersprechen, geistig zu erfassen, sie zu begreifen und zu erklären.

Außergewöhnliche Körper in der Moderne

Seitdem sich die gesellschaftliche Reflexion über kulturelle Werte, kulturelle Identität und kulturelle Orientierung – auf individueller wie nationaler Ebene – in der Auseinandersetzung mit außergewöhnlichen Körpern niederschlug, spielten diese Körper eine Rolle im politischen Diskurs. Unter dem extremen Druck der Moderne veränderten sich die ihnen zugeschriebenen Bedeutungen: außergewöhnliche Körper wurden nun nicht mehr als etwas Wunderbares betrachtet, sondern als objektiv feststellbare Abweichung von der Norm. Mit der Zunehmenden Verankerung der Moderne in der westlichen Kultur veränderte sich auch die Art und Weise, in der „Abnormitäten" wahrgenommen wurden: das Wunderwesen wurde zu einem pathologischen Phänomen. Was einst ein Zeichen göttlicher Offenbarung gewesen war, diente nun der öffentlichen Belustigung. Was früher respektvolle Furcht eingeflößt hatte, löste nun Entsetzen aus. Was bis dahin als Omen gegolten hatte, wurde in den Dienst des Fortschritts gestellt. Das Wunder war nun ein Defekt.

Der außerordentliche Körper galt immer als Träger mannigfacher Bedeutungen und wurde nie unabhängig von diesen betrachtet. Sein besonderer Charakter weist über sich selbst hinaus, offenbart etwas, speist kulturelle Mythen und ist sozial im Reich der Hyper-Repräsentation angesiedelt. Das Wort „Monster" – das vielleicht der erste und dauerhafteste Begriff war, mit dem ein einzigartiger Körper bezeichnet wurde – leitet sich vom lateinischen Verb *monstrare* her, das „auf etwas hinweisen", „auf etwas hindeuten" oder „etwas zeigen" bedeutet, und auf das auch das moderne Wort „demonstrieren" zurückgeht. Seit der Antike und bis zu dem Zeitpunkt, an dem sich die Welt dem göttlichen Griff zu entwinden begann, betrachtete man „Monster" als Demonstration göttlichen Willens. Doch sobald die Götter verstummten, wurden diese Monster zu „Launen der Natur" (*freaks of nature*) oder – wie Genetik und Embryologie heute meinen – zu Informationsmustern, die zur Entschlüsselung biologischer Mechanismen beitragen können. Als Omen gehörten missgestaltete Körper zu den vielen erstaunlichen Naturerscheinungen, die man Mirakel oder Wunder nannte. Wie viele andere wunderbare Zeichen – Kometen, Erdbeben, sechsbeinige Kälber und einäugige Schweine – bestätigten, wiederlegten oder veränderten menschliche Missbildungen das, was nach damaliger Auffassung die natürliche Ordnung der Dinge darstellte. Abnorme Körper stellten die Grenzen zwischen Mensch und Tier ebenso in Frage wie die Kohärenz der als natürlich betrachteten Welt. Diese erhabenen Phänomene waren ebenso entsetzlich wie wunderbar, ebenso anziehend wie abstoßend. Ob das Monströse nun Furcht, Entzücken oder Entsetzen auslöst – immer entsteht es aus kulturellen Erwartungen – Erwartungen, die es gleichzeitig auch als gegenstandslos entlarvt.

Der französische Chirurg Ambroise Paré vereinte im Jahr 1573 in seiner illustrierten Abhandlung *Des monstres et prodiges* [Von Monstern und Wundern] ganz verschiedenartige Phänomene: solche, die wir heute als normal klassifizieren würden, solche, die von der Norm abweichen, und reine Phantasiegebilde. Unterschiedslos berichtete er von siamesischen Zwillingen, Giraffen, Hermaphroditen, Seeungeheuern, Elefanten, Einhörnern, Kometen, Inkuben und ägyptischen Sirenen.[7] Paré bewegte sich zwischen Mirakel und Defekt, zwischen Wundererzählung und medizinischer Erörterung. Ohne die traditionellen göttlichen Erklärungen aufzugeben, entwickelte er in der Betrachtung abnormer Körper auch einen weltlichen und klinischen Ansatz. Dieser stand künftig mit den religiösen Deutungen im Wettstreit, bis er sie zu Beginn des 20. Jahrhunderts schließlich völlig verdrängte.

Die neue wissenschaftliche Perspektive basierte auf der Vorstellung einer objektivierbaren Wahrnehmung und richtete sich erkenntnistheoretisch grundsätzlich eher an der Regel als an der Ausnahme aus. Sie unterzog den Mythos des Wunderbaren, der den Umgang mit von der Norm abweichenden Körpern bis dahin geprägt hatte, einer empirischen Prüfung. Ab dem 17. Jahrhundert durchsetzte dieser neue humanistische und wissenschaftliche Diskurs, dessen Gegenstand Berechenbares und Messbares war, die Vorstellung religiös begründeter Wunder. Außerordentliche Körper wurden als gutmütige Späße der Natur dargestellt, deren Zweck es war, die Menschen zu ergötzen und ihnen respektvolle Furcht einzuflößen. Allerdings ging es hier nicht mehr um die Furcht vor einer göttlichen Warnung, sondern um einen impliziten Hinweis darauf, dass das, was auf der Erde geschah, sich nun nicht mehr zur höheren Ehre Gottes ereignete, sondern zur Befriedigung des Menschen, der sich die Erde untertan machen sollte.

In immer geringerem Maße wurden einzigartige Körper als Wunderwesen betrachtet. Stattdessen sah man in ihnen die Wirkung eines lusus naturae, eines „Naturspiels", dem „Launen der Natur" (freaks of nature) entsprangen. Was zuvor ein bedrohliches Wunder gewesen war, wurde nun zu einer willkürlichen Anomalie, und Ungeheuer wurden zu Kuriositäten. Dieser neue Status hatte Rückwirkungen auf den gesellschaftlichen Umgang mit außerordentlichen Körpern. Nun räumte man nicht mehr Gott ein besonderes Anrecht auf diese Körper ein, sondern den Gelehrten, deren Wunderkammern und Kuriositätenkabinette Vorläufer der modernen Museen waren. Zugleich mit

---

7   Vgl. Pare (1982).

dem Säkularismus, der angesichts dieser Launen der Natur in Verzückung geriet, entstand auch der Empirismus, der jenes Wissen generierte, das die Phantasie aus der Welt verbannte.

Abnormitäten in Wissenschaft und Unterhaltung

Die Logik der Aufklärung schuf also genau zu jener Zeit, in der sich „Monster" von göttlichen Vorzeichen zu Launen der Natur wandelten, die Teratologie, die Wissenschaft von der Missgestalt. Ziel der jungen Disziplin, deren theoretische Grundlagen der französische Arzt Isidore Geoffroy Saint-Hilaire im Jahr 1832 gelegt hatte, war es, die Wundererscheinung zu zähmen und der Vernunft zu unterwerfen. Sie entzog dem abnormen Körper seine Extravaganz und machte aus ihm ganz einfach ein pathologisches Exemplar seiner Gattung, Die Moderne unterwarf sich den auf wunderbare Weise einzigartigen Körper, dessen furchteinflößende Existenz Epen wie die Genesis oder die Odyssee inspiriert hatte, und entkleidete ihn seines Heiligenscheins. Sie zwang ihn ins Labor und zähmte ihn in wissenschaftlichen Handbüchern. So wurde das, was zuvor ein Wundergeschöpf, eine Phantasiegestalt, eine fremdartige und komplizierte Merkwürdigkeit der Natur gewesen war, zu einem Gebilde, das nicht normal und daher nicht tolerierbar war.

Als Reaktion auf die Spannungen der Moderne verlagerte sich die frühere Deutung des außergewöhnlichen Körpers nicht nur ins Säkulare und Rationale, sondern institutionalisierte sich auch in Form von Schaustellungen auf Jahrmärkten und erlebte so im kommerziellen Bereich eine nie gekannte Blüte. Ganz besonders im viktorianischen Amerika wurde die Ausstellung von Freaks[8] zu einem bedeutenden öffentlichen Ritual, das eine heterogene Nation im kollektiven Akt des Schauens einte. In einer von gesellschaftlichen Veränderungen und materiellem Wandel geprägten Zeit weckte das Spektakel des außergewöhnlichen Körpers Neugier, ermunterte zu Spekulationen, kitzelte die Phantasie, sorgte für neue Eindrücke, füllte die Kassen, bekräftigte die Normalität und bestätigte die nationale Identität.

Von den 1830er-Jahren unter Präsident Andrew Jackson bis zur progressiven Reform-Ära zu Beginn des 20. Jahrhunderts strömten die Amerikaner in großer Zahl in diese Freak-Shows.[9] Die zweite Hälfte des 19. Jahrhunderts bildete in Bezug auf zeremonielle Schaustellungen von Freaks eine Übergangszeit: in dieser Periode wirkte das Wunderbare in der kulturellen Haltung zu außerordentlichen Körpern zwar noch

---

8　Der Begriff „Freaks" wird hier in der oben diskutierten Bedeutung *freaks of nature* verwendet, nicht in der Bedeutung, die dieses Wort im heutigen Deutsch angenommen hat. (Anm. d. Übers.)

9　Zur Entwicklung in den Vereinigten Staaten siehe Bogdan im vorliegenden Band.

nach, aber eine neue Sichtweise, die solche Erscheinungen nur als Fehlbildungen wahrnahm, übte immer größere Faszination aus. Die Schaustellungen menschlicher Kuriositäten in Schenken und die kaum respektableren Darbietungen in gemieteten Sälen wandelten sich Mitte des 19. Jahrhunderts zu dauerhaften und institutionalisierten Freak-Shows in den billigen Kuriositätenmuseen *(dime museums)*, in Zirkusbuden, auf Jahrmärkten und in Vergnügungsparks.

Das erste dieser Kuriositätenmuseen – Vorläufer und Vorbild für viele andere – war das 1841 von P. T. Barnum übernommene American Museum. Bis zur Jahrhundertwende wurde eine Unzahl solcher Kuriositätenmuseen eröffnet. Mit sehr niedrigen Eintrittspreisen wollten sie möglichst viele Besucher anlocken und ihre Attraktionen präsentierten sie stolz als moralische Erbauung für amerikanische Bürger aller Schichten. Freaks waren in Barnums Unternehmen und in allen ihm nacheifernden *dime museums* die Hauptattraktionen. In den Kuriositäten- und Vortragssälen dieser Museen versammelte sich – ebenso wie in den *sideshows* der Zirkusse und auf den Podien der Jahrmarktsbuden – ein unglaubliches Sammelsurium von Wundergestalten: „Wilde aus Borneo", *„Fat Ladies"* [fettleibige Frauen], Hungerkünstler, Fidschi-Prinzen, Albinos, bärtige Frauen, siamesische Zwillinge, tätowierte Tscherkessen, Wunderwesen ohne Arme und Beine, chinesische Riesen, Kannibalen, zwergwüchsige Drillinge, Hermaphroditen, junge Männer mit getüpfelter Haut und vieles mehr.

Vom Prince of Wales und Henry James bis zu Arbeiterfamilien und bettelarmen Einwanderern strömten die Amerikaner – genau wie ihre britischen Zeitgenossen – in diese für die Entwicklung der Demokratie bedeutsamen Einrichtungen. Dort starrten sie fasziniert diese unfassbare Andersartigkeit an, die der marktschreierische Diskurs der Freak-Shows entstehen ließ und nährte.[10]

Die auf Superlative und Sensationslüsternheit ausgerichtete Präsentation der Freaks in diesen Shows bestimmte nun auch die Art und Weise, in der man über auffällig aussehende Körper sprach – über Körper also, denen wir heute entweder eine „körperliche Behinderung" oder ein „exotisches Äußeres" zuschreiben würden. Hierbei wurde ganz besonders das in Szene gesetzt, was die Ausgestellten von den Betrachtern unterschied. Letztere empfanden nach dieser Konfrontation ein tröstliches Gefühl ihrer eigenen Durchschnittlichkeit und Normalität. Die Präsentationsform der Freak-Shows strukturierte ein bestimmtes kulturelles Ritual. Dieses bemächtigte sich jeglicher von der Norm abweichenden äußeren Erscheinung, behübschte und betonte sie, und erzeugte so ein menschliches Objekt, das die Schaulust der faszinierten Betrachter

---

10   Vgl. McNamara (1974); Truzzi (1979).

befriedigte, weil jedes somatische Merkmal mit Bedeutung aufgeladen wurde. Ein übergeworfenes Tierfell, eine Lanze und ein wenig Gegrunze machten zum Beispiel aus einem etwas „zurückgebliebenen" Schwarzen das Missing Link der Menschheitsgeschichte. Eine mittels Lendenschurz und Palmwedel ins rechte Licht gerückte unregelmäßige Hautpigmentation schufen einen perfekten „Leopardenjungen". Ein paar Federn, Decken, und ein schwerer Hammer machten aus einem „gewöhnlichen Neger" den „Prinzen mit dem Eisenschädel".[11] Kahlrasierte Köpfe, ein Federschmuck und grellbunte Tuniken machten aus zwei kleinköpfigen Menschen „Aztekenkinder". Angeborene Anomalien, Erbkrankheiten oder progressive Krankheiten brachten mannigfache Missbildungen hervor, die ihre Träger zu halb menschlichen, halb tierischen Wesen zu machen schienen, zu Wesen, die an die Satyren, Kentauren und Minotauren der klassischen Mythologie erinnerten.[12] Die Präsentationsform der Freak-Shows zielte genau auf diesen zugleich bedrohlichen und verführerischen kulturellen Raum scheinbar grenzenloser Freiheit ab. Sie erweiterte ihn und grenzte ihn gleichzeitig ein.

Auch wenn alle Formen der kulturellen Auseinandersetzung mit dem Phänomen der Freaks von kommerzieller Übertreibung gekennzeichnet waren, variierten die verwendeten Textgenres. Märchenhaftes durchdrang wissenschaftliche Erörterungen; Leichtgläubigkeit grenzte an kritische Betrachtungen; das Banale streifte das Sonderbare. Man zeigte tätowierte Weiße, die vorgeblich von Kannibalen gefangen und gemartert worden waren. In den tiefsten Urwäldern Schwarzafrikas entdeckte man Missing Links. Menschen ohne Arme und Beine taten auf der Bühne mit ihren verkümmerten Gliedmaßen ganz gewöhnliche Dinge – sie spielten Geige, übten Schönschrift, machten Handarbeiten oder tranken Tee. Das wurde dann in schwülstigen Wendungen in aller Ausführlichkeit beschrieben und so zu etwas Bemerkenswertem gemacht, das zugleich Mitleid und Bewunderung erregte. Auf den in den Ateliers der Museen aufgenommenen Erinnerungsbildchen und auf den damals sehr beliebten Visitenkarten wurden die Freaks mit Requisiten und Dekorationen umgeben, die ihre Wirkung noch verstärkten. Sie wurden zum Beispiel vor einem Dschungel-Hintergrund abgelichtet oder man stellte einen Riesen neben einen Zwerg, einen extrem dicken Menschen neben einen Hungerkünstler. Diese Kontraste hoben die körperliche Andersartigkeit der Freaks besonders hervor.[13] Die Kostümierung betonte die außergewöhnliche Gestalt des Freaks und die dramatische Inszenierung stellte eine Distanz und eine im

---

11   Fitzgerald (1897), S. 409.

12   So gab es den Schildkröten-Jungen, die Maultier-Frau, die Schlangen-Frau, die Kamel-Frau, den Jungen mit dem Hundekopf, die Bären-Frau, den Hummer-Jungen, die Löwen-Frau, den Krokodil-Mann und den Robben-Mann.

13   Vgl. Mitchell M. (1979).

eigentlichen Sinne physische Hierarchie zwischen der Gruppe der Betrachter und der Einsamkeit des auf erhöhtem Podium oder in einem Graben ausgestellten Freaks dar. Hungerkünstler trugen knappe Trikots; „Fat Ladies" und bärtige Frauen prunkten mit Rüschen und Schmuck; Hermaphroditen trugen halb-weibliche, halb-männliche Kleidung; Zulu-Krieger wurden, um noch exotischer zu wirken, mit Tierfellen und Lanzen ausstaffiert und mussten „urwaldliche" Schreie ausstoßen. In ihrer Gesamtheit beförderte diese Form der Vermittlung sowie die kulturelle Prämisse der Freak-Show – nämlich eine als nicht aufhebbar angesehene körperliche Andersartigkeit – jenen Prozess, den David Hevey als *enfreakment* bezeichnete.[14] Dieser Begriff verdeutlicht, dass Freaks durch gesellschaftliche Zuschreibungen konstruiert werden.

Die Freak-Shows deuteten den Freak als Ikone personifizierter Normabweichung und formten zugleich auch andere Merkmale – Geschlechts- und Rassenzugehörigkeit, sexuelle Abweichungen, ethnische Zugehörigkeit und körperliche Behinderungen – zu diskriminierenden Systemen, deren Legitimation in der Andersartigkeit lag, die sich in der einzigartigen, vieldeutigen Gestalt des Freaks verkörperte. Das, was wir als Laune der Natur betrachten, ist in Wirklichkeit also eine Laune der Kultur.[15]

Freaks und amerikanische Identität

Aber die Freak-Shows produzierten nicht nur Freaks. Hier wurde auch das autonome und vermasste Subjekt der Demokratie geformt und damit das kulturelle Selbst Amerikas. Der institutionalisierte, soziale Prozess, mit dem von der Norm abweichende Individuen zu Freaks gemacht wurden, und dessen Ziel ebenso die Unterhaltung wie die Belehrung des Publikums war, einte die ungleichartige Masse der Zuschauer und bestätigte sie in ihrer Einheitlichkeit. Die kulturelle Leistung der Freak-Show bestand darin, die körperliche Besonderheit des Freaks so stark hervortreten zu lassen, dass der merkmallose Körper des Betrachters vor diesem Hintergrund verblasste und zu einem scheinbar neutralen, gefügigen und unverwundbaren Instrument des autonomen Willens wurde, das den Bedürfnissen einer einheitlichen und abstrakten Bürgerschaft entsprach, wie sie die junge Demokratie erforderte. Und doch ließ die Beliebtheit der Freaks – und die seltsame Mischung aus Ehrerbietung, und Herablassung, mit der man ihnen begegnete – eine gewisse Ambivalenz in Bezug auf den Verlust physischer Unterscheidbarkeit erkennen, die in traditionellen Gesellschaften ja hohes Ansehen mit sich bringt.

Die kulturelle Leistung der Freak-Shows vollzog sich im produktiven Kontext der raschen und chaotischen Modernisierung Amerikas im 19. Jahrhundert. In diesem

---

14   Hevey (1992), S. 5.
15   Vgl. Stewart (1984), S. 109.

mannigfaltigen kulturellen Umfeld gelangte der archaische Brauch, außerordentliche Körper und fremde Kulturen zur Schau zu stellen und einer Deutung zu unterziehen, in Form der Freak Show zu neuer Blüte. Doch gerade diese spezielle Verkettung kultureller Bedingungen, die die Freak-Shows so erfolgreich machte, führte auch zu ihrem Niedergang. Paradoxerweise verlor die Freak-Show gerade in der Periode ihrer größten Popularität ihre gesellschaftliche Bedeutung. Nach einem kometenhaften Aufstieg, der in die Zeit der raschen und sozial folgenreichen Modernisierung zwischen den 1840er- und den 1940er-Jahren fiel, verschwand das Phänomen der Freak-Show, um in beinah unkenntlicher Form am Ende des 20. Jahrhunderts neu zu erstehen.[16] Die sozioökonomischen Bedingungen, die die alte und fast anachronistische Praxis der Schaustellung wiederbelebten, bildeten ganz unmittelbar auch den Kontext, der sie wieder außer Mode brachte und die Freak Show zu einem Synonym für schlechten Geschmack machte – ganz so, wie auch öffentliche Exekutionen außer Mode kamen und geächtet wurden.

Die Moderne formte den menschlichen Körper neu. Freak-Shows wurden zu einem rituellen Ort, an dem ein verblüfftes Publikum die neuen, im Zuge der kulturellen Veränderungen entstandenen Parameter der Körperlichkeit bestaunen konnte. Die Umwälzungen in Produktion, Arbeitswelt, Technologie und Marktbeziehungen, die wir zusammenfassend als Industrialisierung bezeichnen, stellten den Körper in einen neuen Rahmen und gaben ihm buchstäblich eine neue Gestalt. Im Zuge dessen erregte der außerordentliche Körper vielleicht in höherem Maße das Interesse der amerikanischen Öffentlichkeit, hoffte man doch, in ihm eine Erklärung, eine Bestätigung oder ganz einfach einen Trost zu finden. Die maschinelle Kultur schuf neue somatische Geografien. Der Niedergang eines Ausbildungssystems, das auf der persönlichen Beziehung zwischen Lehrling und Lehrherrn beruhte, und die zunehmende Bedeutung von Maschinen, Fabrik und Lohnarbeit zwangen den Körper zum Beispiel dazu, sich einer willkürlichen Zeiteinteilung zu unterwerfen, statt seinem natürlichen Rhythmus zu folgen.

Während Maschinen in traditionellen Kulturen als Prothesen des menschlichen Körpers dienten, erschien der menschliche Körper in der industriellen Ära zunehmend als Erweiterung der Maschine. Letztere drohte den arbeitenden Körper zu ersetzen oder gestaltete zumindest seine Beziehung zur Arbeit neu. Effizienz – ein eigentlich in der Mechanik verankertes Konzept – wurde allmählich zum entscheidenden Faktor bei der Bestimmung des Werts eines Körpers. Mechanisierte Vorgehensweisen wie Standardisierung, Massenproduktion und die Austauschbarkeit von Einzelteilen machten nach und nach Formgleichheit zu einem kulturellen Wert und ließen Einzigartigkeit auf Produktebene wie auf körperlicher Ebene als Abweichung erscheinen.

16　Vgl. Brown R. D. (1976); Bogdan (1988).

Die Art und Weise, in der der Durchschnittsbürger Autonomie und Herrschaft über den eigenen – wie auch über fremde – Körper für normal hielt, wurde durch die Professionalisierung der obrigkeitlichen Gewalt, durch Lohnarbeit, die Abschaffung der Sklaverei und die Frauenrechtsbewegung ernstlich in Frage gestellt. Zudem veränderten Industrieunfälle ebenso wie der umfassende Technikeinsatz im Amerikanischen Bürgerkrieg die Gestalt des menschlichen Körpers tatsächlich in dramatischer Weise. Sentimentalismus und Realismus, die beiden in der Epoche der Freak-Shows vorherrschenden Darstellungsformen, waren jeweils Ausdruck einer Verunsicherung in Bezug auf Platz und Bedeutung des Körpers. Wenn dieser neue Körper dem Durchschnittsbürger fremd erschien, so vermochte der bizarre Körper des Freaks doch das Unbehagen des Betrachters zu besänftigen, indem er entweder als Prüfstein einer bänglichen Identifikation oder als Versicherung der regulierten Normalität diente.[17]

Die Modernisierung hatte dem menschlichen Körper nicht nur ein neues Bild und eine neue Form gegeben, sie wies ihm auch einen neuen Ort zu. Die neue Geografie der Arbeit veränderte die zwischen Körpern bestehenden physischen Beziehungen: buchstäblich trennte sie die Arbeitenden von den Besitzenden, Facharbeiter von ungelernten Arbeitern, Männer von Frauen und Kindern. Körperliche und geistige Arbeit wurden nun an unterschiedlichen Orten verrichtet. Die Verkehrssysteme und die neuen Arbeitsformen entfernten die Menschen von ihren Höfen und von ihren Familien und stellten sie in ein urbanes Umfeld und in anonyme gesellschaftliche und berufliche Hierarchien. Lohnarbeit und Verstädterung schufen unstrukturierte Freizeit und situationsgebundene, kurzlebige Beziehungen. Die raschen Veränderungen stachelten ein ständiges Verlangen nach neuen Reizen an. Zusätzlich zu den unablässigen physischen Wanderbewegungen verhießen die tiefgreifenden wirtschaftlichen Umwälzungen auch eine in unsicheren Einkommen begründete soziale Mobilität.

All diese Formen der Entwurzelung schufen Anonymität und zwangen die Menschen dazu, Identität und sozialen Status eher an äußerer Erscheinung als an Verwandtschaft oder lokaler Zugehörigkeit festzumachen.[18] Die Säkularisierung legte zudem immer weniger Nachdruck auf den Seelenzustand, während ein immer stärker marktorientiertes System zu einem ängstlichen Zur-Schau-Stellen von Status führte und Technologien wie die Portrait-Fotografie menschliche Identität in das äußere Abbild verlagerten. Soziale Bewegungen wie Immigration, Emanzipation und Feminismus basierten – ebenso wie ihre diskriminierenden Gegenbewegungen – Nativismus[19], Segregation und Eugenik – in

---

17　Vgl. Laqueur (1990); Stone (1984); Seltzer (1992); Landes (1983); Sennett (1974).
18　Vgl. Halttunen (1982).
19　Der Nativismus war eine Bewegung, die sich im 19. Jahrhundert in Amerika für die Rechte der Indianer und gegen jene der neuen Einwanderer einsetzte.

Kohärenz und Anwendung auf einem sichtbaren körperlichen Unterschied. Da lokale Kontexte zunehmend an Bedeutung verloren, Unterstützungsnetzwerke sich auflösten und die Mobilität das soziale Leben immer stärker bestimmte, wurden Aussehen und Funktionieren des eigenen Körpers zum wichtigsten sozialen Kapital des Individuums.

In diesem Sinne führte die Modernisierung zu einer Standardisierung des Alltagslebens, die alle sozialen Beziehungen durchdrang und dabei das Konzept eines merkmallosen, normierten und nivellierten Körpers als beherrschendes Subjekt der Demokratie erzeugte und stützte. Wecker, Kaufhäuser, Konfektionskleidung, Kataloge, Werbung und Industrieware vereinheitlichten die Normalität nach und nach, während der Rückgang des Analphabetismus und die Massenwirkung des aufstrebenden Zeitungswesens diese allgemeine Bewegung hin zur Konformität noch verstärkten. Mit seiner Abhängigkeit vom Berechenbaren schuf auch der wissenschaftliche Diskurs ein neues Körperbild, das Besonderheiten gering und Uniformität hoch bewertete. Statistiken quantifizierten den Körper; die Evolutionslehre verschuf ihm ein neues Erbe; die Eugenik und die Teratologie wachten über seine Statthaftigkeit; Prothesen normierten ihn und Normabweichungen konnten in Asylen weggesperrt werden. Zudem verstärkte die allopathische und professionalisierte Medizin ihre Vorherrschaft und brandmarkte jegliche Abweichung von einem Standardkörper als pathologisch. Schließlich fand dieses neue Bild eines formbaren und regulierbaren Körpers im Fortschrittsbegriff und in der Ideologie ständiger Weiterentwicklung – die angesichts der Launen des Zufalls immer ein trügerischer Trost gewesen war – Unterstützung und Verbreitung, bis es zu einer individuellen und nationalen Verpflichtung wurde.[20]

Eine Tendenz zur Kategorisierung und Hierarchisierung begleitete diese zunehmende Standardisierung von Leben und Körper in der Moderne. Je dynamischer und komplexer die moderne Kultur wurde, desto stärker spalteten sich breit angelegte Diskurse in viele einzelne, weniger anspruchsvolle Diskurssysteme auf, die von einem kunstvollen Geflecht sozialer Markierungen moduliert wurden. Diese Differenzierung schuf unter anderem eine Unzahl von Spezialdisziplinen und von Spezialaufgaben, die jeweils an einem ganz bestimmten Punkt der sozialen Statusskala angesiedelt wurden. In der amerikanischen Demokratie des 19. Jahrhunderts verfestigten sich Klassenunterschiede und damit spaltete sich der kulturelle Diskurs in „hohe" und „niedrige" Diskurse.[21] Der Diskurs der Freak-Shows war ja bereits in vormoderner Zeit vor allem ikonografisch – also, ob religiös oder weltlich, immer ein Schau-Diskurs – gewesen. Nun wurde er, wie geschildert, vom Wissenschaftsdiskurs durchsetzt und zerfiel in eine ganze Reihe von Einzeldiskursen, von

---

20 Vgl. Starr (1982); Rothman (1971).
21 Vgl. Levine (1988); Blumin (1989).

denen einige im Bereich der Populärkultur, andere im Bereich der Elitenkultur anzusiedeln sind. Mit dieser Aufspaltung in einzelne, spezialisierte Diskursstränge schwand in der viktorianischen Mittelschicht die Akzeptanz für die als allzu gewöhnlich geltenden Freak-Shows zunehmend. Gleichzeitig wandelte der Sentimentalismus die ängstliche Bewunderung, die man den Freaks entgegengebracht hatte, in Mitleid. Auch erlebten andere Formen szenischer Unterhaltung – wie das Theater und später das Kino – einen deutlichen Aufschwung. So fiel die Freak-Show selbst – die trotz ihrer demokratischen Natur immer anstößig gewesen war – auf die niedrigste Stufe der Kultur zurück.[22]

Bevor jedoch die Freak-Show um die Wende vom 19. zum 20. Jahrhundert bei der „anständigen" Gesellschaft in Ungnade fiel, war sie ein zentrales Element im kollektiven Kulturprojekt der Körperdarstellung gewesen. Mit dem Verschwinden der Freak-Shows hatte man nicht aufgehört, sich auf kollektiver Ebene mit „Freaks" zu beschäftigen. Der breite, kulturelle Diskurs spaltete sich jedoch in eine Reihe von Einzeldiskursen auf, die allerdings immer noch auf die kulturelle Prämisse der Freak-Show verwiesen. Um 1930 jedoch war die Ausstellung von Freaks unentwirrbar mit einer Reihe von jetzt getrennten Diskursen vermengt, die sich damals erst voneinander zu lösen begannen. Genetik, Embryologie, Anatomie, Teratologie und plastische Chirurgie – hochwissenschaftliche Diskurse, die den außergewöhnlichen Körper pathologisieren – waren einst eng mit der Art und Weise verbunden, in der Freaks von Schaustellern präsentiert wurden. Die elitären Diskurse der Anthropologie und der Ethnologie waren, ebenso wie die Museumskultur und die Taxidermie, untrennbar mit der Zurschaustellung von Freaks im 19. Jahrhundert verbunden.

Die der Unterhaltungskultur zugehörigen Diskurse des Lustspiels, des Zirkus, des Schönheitswettbewerbs, des Zoos, des Horrorfilms, des Starkults und des Epcot-Vergnügungsparks[23] sind lauter Abkömmlinge der Freak-Show, die einst all diese Diskurse in sich vereinte. Selbst wenn der ursprüngliche Diskurs der Freak-Show – diese ein wenig widersprüchliche Verschränkung von alten Wundererzählungen, marktschreierischen Anpreisungen und klinischem Wissenschaftsdiskurs – heute scheinbar verschwunden und für Auge und Ohr der Zuschauer nicht mehr vernehmbar ist, so hat er sich in Wirklichkeit doch nur gewandelt und lebt in seinen Abkömmlingen fort.

---

22 Vgl. McConachie (1993).
23 Ein Walt-Disney-Themenpark, in dem in Vitrinen perspektivierte Ansichten, futuristische Entwürfe und andere „Neuheiten" zu sehen sind.

Die „Hottentottische Venus": A Freak is born

Gilles Boëtsch und Pascal Blanchard

Mit der Ankunft der „Hottentottischen Venus" in Europa trat die Schaustellung „fremdartiger" Menschen zu Beginn des 19. Jahrhunderts in eine neue Phase. Zwar hatte man in Europa bereits zahlreiche „Wilde" und viele „exotische" Individuen ausgestellt – größte Berühmtheit hatten die im Jahr 1492 von Christoph Columbus an den Hof der Königin Isabella gebrachten Arawak-Indianer erlangt –, aber diese junge Frau war doch etwas Besonderes. Sie war ein Gegenstand der Zerstreuung, des Medieninteresses, der sexuellen Neugier, sie galt als Ungeheuer und erregte die Aufmerksamkeit der Wissenschaft.

Der „Hottentotten-Mythos" war zu Beginn des 19. Jahrhunderts allerdings nicht mehr neu. Die durch ihn symbolisierte Vorstellung, dass es eine zwischen Mensch und Tier angesiedelte „Übergangsrasse" gäbe, war in der in Entstehung begriffenen Welt der westlichen Wissenschaft bereits weit verbreitet, wie zahlreichen Reiseerzählungen zu entnehmen ist.[1] Dass diese Idee in Europa solchen Widerhall gefunden hat, war angesichts des historischen und soziologischen Kontexts nicht verwunderlich. Die „Hottentotten" waren faszinierend und ganz dazu angetan, sowohl als das Missing Link wie auch als Beweis für mögliche Degenerationen innerhalb der menschlichen Gattung zu dienen. Sie waren eine Art Überbleibsel aus prähistorischer Zeit, das man dem Publikum unbedingt zur näheren Betrachtung darbieten musste.

Die „Hottentottische Venus", die von Beginn an in ihrer Identität doppelt gekennzeichnet war – und zwar als Frau und als „Wilde" –, wurde am 24. Mai 1810 in Südafrika von einem Chirurgen der Royal Navy mit einem Vertrag an Bord eines britischen Schiffes gebracht.[2] Etwa am 5. September desselben Jahres erreichte sie nach einer mehrmonatigen Seereise London. Die Frau, die von ihren „Eigentümern" den Künstlernamen „Hottentottische Venus"[3] erhielt, hieß in Wirklichkeit Sawtche. Sie hatte einen

---

1 Vgl. Fauvelle-Aymar (2002b).

2 Bei einem Kolloquium im Jahr 2003 berichtete Marie-Claude Barbier, dass die „Hottentottische Venus" „am Ufer des Gamtoos-Flusses in der heutigen südafrikanischen Provinz Ostkap geboren wurde, und zwar zu einer Zeit, in der die autochthone Bevölkerung, die Khoikhoi und die San, bereits unter holländischer Kolonialherrschaft lebten, Die Khoikhoi waren Hirten und wurden von den Kolonialherren bald ‚Hottentotten' genannt. Die San waren Jäger und Sammler und wurden ‚Bosjesman' und später ‚Bushman' genannt." [Barbier (2003)]

3 François-Xavier Fauvelle-Aymar spricht von dieser „weitverbreiteten Faszination, die unter anderem wahrscheinlich darauf beruhte, dass es, wie in der Bezeichnung „Hottentottische Venus" angedeutet, zu einer Annäherung zwischen der Figur der käuflichen Frau und der Figur des Wilden

Vertrag mit Hendrik Caezar – dem Bruder ihres „Besitzers", bei dem sie als Hausangestellte arbeitete – und mit einem Seemann namens Alexander Dunlop. Mit Einverständnis des Bischofs von Chester wurde sie auf den Namen Saartjie Baartman getauft. Nachdem es ihren Impresarios nicht gelungen war, sie ans Liverpool Museum zu „verkaufen", tingelte sie unter der Bezeichnung „Hottentottische Venus" durch Jahrmarktsbuden und Zirkusse, durch Londoner Varietés und Arbeiterspelunken.[4] Als sie nach Europa kam, war sie ungefähr zwanzig Jahre alt, und ihre Odyssee sollte beinah zweitausend Tage dauern, bevor sie in Paris auf tragische Weise zu Ende ging.

Die Schaustellung der „Hottentottischen Venus" war eine der ersten Schaustellungen „exotischer" Individuen in den ersten Jahrzehnten des 19. Jahrhunderts. Hier lassen sich erstmals jene Mechanismen beobachten, die P.T. Barnum ab den 1850er-Jahren in den Vereinigten Staaten und Carl Hagenbeck zwanzig Jahre später in Europa entwickelte. Ausstellungen von „exotischen" Völkern, „Wilden" und „Eingeborenen" dienten zwischen 1874 und 1940 einem breiten Publikum in Europa zur Zerstreuung und Belehrung. Die Schaustellung der „Hottentottischen Venus" im Jahr 1810 ermöglichte es, einen ersten Blick auf fremde Völker zu werfen – ein Blick, der spätere Entwicklungen prägen sollte. Die „Hottentottische Venus" wurde zur Schau gestellt, weil sie „exotisch" war, und lockte in dieser Eigenschaft gleichermaßen Gelehrte wie ein breites Publikum an. Die einen kamen, um sie zu studieren, die anderen, um sie zu bestaunen. Man beobachtete sie aus unterschiedlichen Motiven – zur Zerstreuung, aus Neugier oder mit der Absicht, die eigenen Kenntnisse zu vergrößern –, immer jedoch wurde sie als „kuriose Bestie" angesehen, als Verkörperung eines Kontinents und einer „Rasse".

Saartjie Baartmans Geschichte

Saartjie Baartman wurde unmittelbar nach ihrer Ankunft in London, am 24. September 1810, im schicken Stadtteil Piccadilly ausgestellt. Ihre vielen Besucher betrachteten sie – wie einige populäre Lieder und zahlreiche Berichte in der Presse belegen – neugierig und fasziniert. Sie brachte die Phantasie zum Blühen. Ihr Erfolg war so überwältigend, dass die Polizei einschreiten musste, um die öffentliche Ordnung zu wahren und den Publikumszustrom zu regeln. Doch ein Teil des Publikums wurde rebellisch und die Mitglieder eines humanitären, gegen die Sklaverei gerichteten

---

gekommen war." Er fährt fort: „Die Tragikomik der Bezeichnung ‚Hottentottische Venus' wird noch verstärkt durch den Umstand, dass darin angedeutet wird, dass diese Frau nicht nur über das verfügte, was üblicherweise eine Venus Kallipygos oder ganz einfach eine Venus ausmacht, sondern dass sie außerdem noch etwas unsagbar ‚Hottentottisches' unterhalb ihrer Taille hatte." [Fauvelle-Aymar (2004)]

4   Vgl. Altick (1978).

Vereins setzten der „schändlichen Ausbeutung" der Saartjie Baartman ein Ende, indem sie Klage gegen die ihr zuteil gewordene schlechte Behandlung erhoben. Nun stand die junge Frau vor der Wahl: sollte sie mit der Gewissheit, wieder in höchst bescheidenen Verhältnissen zu leben, in ihr Land zurückkehren oder sollte sie in Europa bleiben? Sie entschied sich – wohl in der Hoffnung auf ein wenig Freiheit und ein wenig Geld – für letzteres. Wir wissen allerdings nicht genau, welche Argumente bei ihrer Entscheidung eine Rolle spielten oder ob ihre „Besitzer" Druck auf sie ausübten.[5]

Zwischen 1811 und 1814 verlor sich Saartjie Baartmans Spur auf britischem Boden. Kein Artikel, keine Chronik erwähnte sie in diesen Jahren. Vielleicht unternahm sie nach ihrem Aufenthalt in London Tourneen in die englischen oder holländischen Häfen. Man weiß nur, dass sie mit Hendrick Caezar reiste und sich am Ende dieser fünf Jahre, im Sommer 1814, nach Paris begab. Dort schloss sie einen Vertrag mit einem gewissen Henry Taylor ab und wurde ab 18. September 1814 von „elf Uhr morgens bis neun Uhr abends", wie eine Anzeige in der Zeitung *Le Journal de Paris* vom 18. September 1814 ankündigte, in der Rue Neuve des Petits Champs dem Publikum präsentiert. Offenbar verschwand nun ihr neuer Impresario seinerseits, nachdem er sie vertraglich unter die Kontrolle eines „Schaustellers von Tieren" namens Réaux gestellt hatte. Hierauf wurde sie inmitten anderer „Jahrmarktsbestien" in der Rue Saint-Honoré ausgestellt. Dies war ein seltsamer Ort, ein echter Wunderhof, wie ihn Victor Hugo in seinem Roman *Der Glöckner von Notre Dame* beschrieben hat. Seit der Revolution von 1789 war das Viertel rund um das Palais Royal ein Viertel, in dem es Prostitution gab, in dem man spielte, gaunerte, unanständige Bücher verlegte, ein Viertel, in das alteingesessene Bürger wie auch Neuzuzügler kamen, wenn sie von Abenteuerlust gepackt wurden. Alles in diesem Viertel war bunt, chaotisch, grell, ungehörig, verstörend. Und die dort zur Schau gestellten Körper gehörten in den Bereich der pathologischen Anatomie.[6] Es war also nicht erstaunlich, dass Saartjie Baartmans „neuer Besitzer" beschlossen hatte, sie gerade in diesem Viertel auszustellen.

Offenbar seit diesem Zeitpunkt wurde ihre Schaustellung mit der Bezeichnung „Hottentottische Venus" beworben. Auch eine luxuriöse Kurzwarenhandlung, die damals in Saint-Germain eröffnet wurde, hieß *Die Hottentottische Venus*. Am 24. Oktober 1814 wurde sogar ein etwas albernes Lustspiel der Autoren Théaulon de Lambert, Dartois und Brasier aufgeführt, das ebenfalls diesen Titel trug. Saartjie Baartman erfreute sich also wachsender Popularität. Eine gewisse Zeit lang war sie in Paris eine echte Attraktion und lockte viele Besucher aus allen gesellschaftlichen Schichten an. Einfache

---

5   Vgl. Holmes (2007).
6   Vgl. Baridon & Guédron (1999).

Leute kamen ebenso wie wohlsituierte Bürger oder königliche Kurtisanen.[7] Saartjie Baartman wurde sogar in bürgerlichen Salons ausgestellt, wie das *Journal des dames et des modes* vom 12. Februar 1815 berichtete. Auch dies ist ein Zeichen für ihre zunehmende Berühmtheit.

Saartjie Baartmans Gestalt war infolge ihrer Steatopygie – eines starken Fettansatzes an Hüfte und Steiß – sowie der übermäßigen Ausprägung ihrer inneren Schamlippen „spektakulär" und diese für außergewöhnlich gehaltene Gestalt machte sie für Wissenschaftler zu einem „Objekt" des Interesses und des Studiums. Und zwar zu ihren Lebzeiten ebenso wie nach ihrem Tod. So suchte Etienne Geoffroy Saint-Hilaire, Verwalter und Professor für Zoologie am naturkundlichen Museum in Paris [Muséum national d'histoire naturelle], kurz vor ihrem Tod im März 1815 um die offizielle Erlaubnis an, sie zu untersuchen. Hierfür führte man sie in den botanischen Garten, der dem Muséum angegliedert war. Etienne Geoffroy Saint-Hilaire kannte die Beschreibung, die Buffon in seiner berühmten *Histoire naturelle de l'Homme* [Naturgeschichte des Menschen] von der hottentottischen Bevölkerung geliefert hatte:

> „Die Hottentotten sind übrigens eine ganz besondere Art von Wilden. Vornämlich ist an ihren Weibern, die viel kleiner, als die Männer sind, der Fortsatz einer harten breiten Haut merkwürdig, der über das Schambein herunter wächst und in Form einer Schürze bis mitten auf die Oberschenkel herabhänget."[8]

Saint-Hilaire wollte diese so besondere Rasse genauer untersuchen und ihren Platz in der Evolution bestimmen.

Ein faszinierender „Gegenstand"

Saartjie Baartman wurde verschiedenen Wissenschaftlern – nach Georges Cuvier auch Henry de Blainville und Geoffroy Saint-Hilaire – und Künstlern – Nicolas Huet und Léon de Wailly – zum Zwecke genaueren Studiums vorgeführt. Dadurch sollten ihre anatomischen Merkmale bis in alle Details dokumentiert werden. Am 1. April 1815 verfasste Geoffroy Saint-Hilaire einen Bericht, in dem er ihr Gesicht mit dem eines Orang-Utans verglich und ihr Hinterteil mit dem eines Mandrill-Weibchens. Blainville dagegen präsentierte sie in seinem Bericht als Angehörige der „niedrigsten Rasse der menschlichen Art", einer Rasse, die zwischen Mensch und Affe stünde. Georges

---

7 Vgl. Badou (2000a).

8 Buffon (1785), S. 188. Nach Sarah Baartmans Tod äußerten sich andere Wissenschaftler, ausgehend von der Analyse ihres Leichnams und ihrer morphologischen Merkmale, folgendermaßen: „Die Hottentotten zeichnen sich aus durch eine kleine Körpergröße, eine schmutzig-gelbe Hautfarbe und ein abstoßendes Äußeres" [Brehm (o. J.), S. 113].

Cuvier stimmte dieser Sichtweise zu: er beteuerte in seiner Abhandlung, niemals „einen menschlichen Kopf gesehen zu haben, der so sehr dem eines Affen gliche wie der ihre."[9] Schon lange vor ihrem tragischen Tod wies der offizielle, wissenschaftliche Diskurs jener Zeit Saartjie Baartman auf apodiktische Weise einen Platz im Tierreich zu.[10] Nachdem sie zunächst ein Gegenstand der Unterhaltung gewesen war, wurde sie nun also auch zu einem Gegenstand der Wissenschaft. Allerdings wurde ihr hierbei die volle Zugehörigkeit zur menschlichen Gattung abgesprochen.

Zudem verlieh ihr die „Fremdartigkeit" ihres Körpers eine gewisse Ambiguität. Ihrer morphologischen Merkmale rückten sie einerseits in die Nähe von Kuriositätenkabinetten, andererseits übte sie aufgrund ihres Gesäßes, dem man mysteriöse Fähigkeiten zuschrieb[11] und das die Phantasie der Gelehrtengilde im frühen 19. Jahrhundert reizte, auch sexuelle Faszination aus. Infolge der an Saartjie Baartman vorgenommenen Untersuchungen wurden die Khoisan endgültig als Vertreter einer besonderen Menschengruppe klassifiziert. Eine „Rasse" auf Basis eines einzigen Individuums zu beschreiben, war typisch für die Irrwege, auf die die Wissenschaft, vor allem aber die Anthropologie durch die Menschenzoos geriet. In Saartjie Baartmans Fall lässt sich diese Beziehung im Übrigen nur dann wirklich verstehen, wenn man berücksichtigt, wie dringlich die Schausteller von den Anthropologen möglichst „erstaunliche" Erklärungen einforderten. François-Xavier Fauvelle-Aymar merkt in diesem Zusammenhang an: „Die ‚Hottentottische Venus' gehörte nun zum Pantheon der Anthropologie [und wurde] zur Muse der Naturforscher", wie sie auch

> „zum Liebling eines Publikums wurde, das nach Sensationen wie Eingeborenen-Kindern, Schwertschluckern, siamesischen Zwillingen, ‚Liliputanern', Bauchrednern und anderen Abnormitäten und exotischen Kuriositäten dürstete."[12]

Er schließt:

> „sie stand zwischen verschiedenen Klassifikationsmodellen der menschlichen Gattung – zwischen Mensch und Affe, zwischen einer schwachsinnigen Frau und einem vierjährigen Kind, zwischen Schwarz und Gelb – und in dieser besonderen Position löste sie erbitterte Debatten unter den Experten aus."[13]

---

9   Siehe Cuvier (1817).

10   Fünfzig Jahre später schrieb F. A. Zimmerman: „Ganz unten, nächst der Südspitze von Afrika, wohnen gleichfalls Schwarze, die Hottentotten, aber sie entbehren des Negertypus beinahe ganz und gar. In ihnen hat man in früheren Zeiten besonders die Übergänge gesucht, welche man, als von den Affen zum Menschen gehend, thörichterweise für nöthig hielt." [Zimmerman (1865), S. 247].

11   Vgl. Hobson (2005).

12   Fauvelle-Aymar (2002b).

13   Fauvelle-Aymar (2002b).

Das Referenzmodell

Vierundzwanzig Stunden nach Saartjie Baartmans Tod hatte Georges Cuvier[14] bereits damit begonnen, sie zu sezieren, doch erst mehrere Monate später, im Jahr 1817[15], trug er den Bericht über seine Arbeit vor der Académie nationale de Médecine vor. Darin bestätigte er die Eindrücke Geoffroy Saint-Hilaires und sah in diesem außerordentlichen Menschenexemplar eine weitere Bestätigung des „grausame[n] Gesetz[es]", das „Rassen mit gestauchtem und gequetschtem Schädel zu ewiger Unterlegenheit zu verurteilen scheint".[16] Die Gestalt dieser Venus – vor allem ihre Schürze – war, wie zahlreiche Wissenschaftler feststellten, für Georges Cuvier der Beweis für die primitive sexuelle Begierde der Afrikanerin.[17] Er entnahm ihrer Leiche die Sexualorgane und das After, um sie – ebenso wie andere Teile der Anatomie, etwa das Gehirn – in Einmachgläsern zu konservieren und damit die Regale seines Museums zu schmücken. Dreißig Jahre später untersuchte Pierre Gratiolet dieses Gehirn und veröffentlichte seine Schlussfolgerungen im Jahr 1854.[18] Hierdurch eröffnete sich für Saartjie Baartman eine weitere Dimension: die Wissenschaft sah nun ein Referenzexemplar in ihr.

Auch später tobten um die Venus noch wissenschaftliche Debatten, etwa die Auseinandersetzung um die Frage, ob die Anzahl ihrer Gehirnwindungen etwas über ihre Intelligenz aussage:

> „Die wenigen und einfachen Gehirnwindungen der Hottentottischen Venus können nun nicht mehr als Zeichen für Schwachsinn gelten, wie einige Anatomen meinten. Tatsächlich war diese Frau durchaus nicht schwachsinnig. Vielleicht würde man ja, wenn hier ein strenger Vergleich durchführbar wäre, feststellen, dass die Oberfläche ihrer Gehirnwindungen proportional zwar nicht der außergewöhnlichen Oberfläche von Cuviers Gehirn entsprach, aber doch zumindest jener eines durchschnittlichen weißen Gehirns."[19]

---

14 Sie starb am 29. Dezember 1815 an den Folgen einer Krankheit, die Cuvier am 1. Januar 1816 als „entzündlich und eruptiv" beschrieb.

15 Der Vortrag trug den Titel *Observations sur le cadavre d'une femme connue à Paris sous le nom de Vénus hottentotte* [Beobachtungen zum Leichnam einer in Paris unter dem Namen 'Hottentottische Venus' bekannten Frau]. Cuvier erklärte darin, er habe „die Ehre, der Académie die Genitalien dieser Frau zu präsentieren, deren Formung keinen Zweifel über die Natur ihrer Schürze zulässt." [Cuvier (1817)]

16 Vgl. Cuvier (1817) 273.

17 Vgl. Kirby (1953); Altick (1978); Lindfors (1983b); Lindfors (1999a); Gilman (1986).

18 Seine Schlussfolgerungen waren unwiderlegbar: Die Größe ihres Gehirns erkläre die Unterlegenheit „ihrer Rasse".

19 Quatrefages (1867).

Parallel zu diesen wissenschaftlichen Debatten gierten Schausteller nach „neuen" Khoisan, um die Erwartungshaltung des europäischen und amerikanischen Publikums zu befriedigen, das von Saartjie Baartman so begeistert gewesen war und nun neue Sensationen sehen wollte. Das Phänomen breitete sich immer weiter aus und die Wissenschaft folgte seinen Spuren. Im Jahr 1829 wurde eine weitere (wahre oder falsche?) „Venus" in Paris ausgestellt, im Jahr 1852 wurde eine Khoisan-Frau aus Port-Natal in London präsentiert[20], die nach ihrem Tod im Jahr 1864 im Londoner Royal College of Surgeons seziert wurde.[21] Zwischen 1847 und 1853 wurde eine „Buschmann-Truppe" in London und in Frankreich ausgestellt.[22] Jenseits des Atlantiks geschah Ähnliches. Im Jahr 1848 gab es in Philadelphia und im Jahr 1862 in Boston derartige Schaustellungen, bei denen die ausgestellten Individuen auch wissenschaftlich untersucht wurden. Im deutschen Ulm wurde im Jahr 1866 eine junge Frau nach ihrem plötzlichen Tod seziert und wurde zum Gegenstand zahlreicher Untersuchungen. Hier gab es, wie François-Xavier Fauvelle-Aymar schreibt,

> „ein geheimes Einverständnis zwischen der Welt des Zirkus und der des Labors, wie in so vielen anderen Fällen auch. Um sich gegen skrupellose Impresarios zu verteidigen, die dem Publikum falsche ‚afrikanische Wilde' vorsetzten, die in der schwarzen Bevölkerung amerikanischer Metropolen rekrutiert worden waren, traten manche ehrliche Veranstalter an Wissenschaftler mit der Bitte heran, ihnen Authentizitätszertifikate auszustellen. Die Wissenschaftler wiederum profitierten insofern, als sie an den ausgestellten Individuen eigene Beobachtungen vornehmen konnten. Dieses gemeinsame Interesse prägte den westlichen Blick auf ‚fremde Völker' ganz entscheidend, denn es führte ja dazu, dass die Individuen, auf denen die wissenschaftliche Literatur eines ganzen Jahrhunderts beruhte, von Profis des Entertainment ausgewählt und für besonders interessant gehalten worden waren. Daher bestätigten und verstärkten die wissenschaftlichen Urteile die in der Welt der Zerstreuung geltenden Authentizitätskriterien [...]."[23]

Sicher korrespondierten die Welt der Unterhaltung und die Welt der Gelehrten hier miteinander: erstere lieferte „Untersuchungsexemplare" und letztere versah die Schaustellungen dafür mit dem Gütesiegel der „Wissenschaftlichkeit", wodurch das

---

20   Wie die „Hottentottische Venus" sang und tanzte sie auf Londoner Cabaretbühnen.

21   Bei dieser Gelegenheit waren die Schlussfolgerungen der Wissenschaftler ein wenig nuancierter: Gewiss entstamme sie einer „unterlegenen Rasse", doch sei durch nichts gerechtfertigt, diese Rasse in die Nähe der Affen zu rücken.

22   Die allermeisten der „ausgestellten" Individuen starben in Europa und kehrten bis auf einige wenige Ausnahmen niemals in ihre Heimatländer zurück.

23   Fauvelle-Aymard (2003).

Publikum umso leichter zu täuschen war. Doch kann man die Sache auch so sehen, dass bei diesem Wechselspiel niemand der Verlierer war. Alle konnten beruhigt sein oder nur das sehen, was sie sehen wollten. Der „Wilde" war ein Kassenmagnet, auch dann, wenn er „wissenschaftlich bearbeitet" wurde, er faszinierte die Öffentlichkeit und interessierte die Behörden. Letztere strebten nach „wissenschaftlichen" Rechtfertigungen für ihre kolonialen Eroberungsgelüste.

So schienen alle auf ihre Kosten zu kommen und waren aufeinander angewiesen: das Publikum fand Zerstreuung in immer unglaublicheren Inszenierungen, die Kassen der Schausteller klingelten, die Gelehrten kamen billig zu Studienobjekten. Durch ihre Veröffentlichungen trugen sie zur Entwicklung der Wissenschaft bei – und konnten nebenbei noch von der großen Medienwirksamkeit solcher Veranstaltungen für ihre eigenen Projekte profitieren. Menschenschauen und Völkerschauen wurden in Europa im letzten Viertel des 19. Jahrhunderts – genau in jener Periode also, in der sich die Strategien kolonialer Eroberungen herausbildeten – immer populärer. Und in diesem Kontext tauchten die „Hottentotten" wieder auf. In den Jahren 1886[24] und 1888 war Paul Topinard fasziniert von einer „Hottentotten"-Ausstellung im Pariser Zoologischen Garten. Wie er im August 1888 in einem Artikel[25] in der Zeitschrift *La Nature* ausführte, handelte es sich um sechs Männer, fünf Frauen und zwei Kinder. Fünf Jahre zuvor war die Neugier anderer Gelehrter durch die Steatopygie in Paris ausgestellter[26] „hottentottischer Frauen" ebenfalls stark gereizt worden. Einige Jahre später, im Jahr 1916, war die Erinnerung an Sarah Baartman immer noch lebendig: so erschien in der Zeitschrift *L'Anthropologie* anlässlich ihres hundertsten Todestages ein Artikel.[27]

Jahr für Jahr, schreibt François-Xavier Fauvelle-Aymar,

> „pfropfte sich die wissenschaftliche Welt buchstäblich auf die Netzwerke der Unterhaltungsindustrie."[28]

---

24 Nach Ausstellungen in Deutschland – den Tourneen des berühmten Farini – wurde die Truppe in Paris unter der Bezeichnung „Afrikanische Pygmäen" ausgestellt, vor allem im Varieté-Theater Les Folies Bergères. Tatsächlich handelte es sich allerdings um „Buschmänner" aus Südafrika.

25 Diese Schlussfolgerungen wurden im darauffolgenden Jahr – im März 1889 – unter dem Titel „La Stéatopygie des Hottentots du Jardin d'acclimatation" in der *Revue d'Anthropologie* neuerlich veröffentlicht.

26 Siehe vor allem die Artikel von Raphaël Blanchard, doch auch jene von François Péron und Charles Le Sueur in *Le Bulletin de la Société zoologique de France* (1883).

27 Verneau (1916). Übrigens war es gerade dieser Autor, der – neben einigen anderen Hirngespinsten dieser Art – die Legende in die Welt setzte, dass Sarah Baartman sich in London wie auch in Paris prostituiert habe.

28 Fauvelle-Aymar (2004).

Sie legitimierte die Schaustellungen „exotischer" Menschen direkt und indirekt:

> „Da sie nur über lückenhafte Informationen von der Südspitze Afrikas verfügten und diese gewaltsam, durch so manche Laborbastelei, in ein Schema pressen wollten, das der wissenschaftlichen Ideologie jener Zeit entsprach, bastelten die Anthropologen sich ein Rassenuniversum, das mit der Realität der Khoisan absolut nichts zu tun hatte. Im 19. Jahrhundert waren in Südafrika nämlich weder anatomische Gruppen-Definitionen noch die Dichotomie von Hottentotten und Buschmännern vertraute Konzepte. Dies wurden sie erst dadurch, dass die Rassenideologie – die die Basis der Apartheid bildete – sich allmählich wieder die Aussagen der Anthropologie aneignete."[29]

Hier hätte nun die Geschichte der „Hottentottischen Venus" enden können. Doch Saartjie Baartmans Gipsabguss wurde zunächst im Muséum national de l'histoire naturelle und dann – von 1937 bis Mitte der 1970er-Jahre[30] – im neuen Musée de l'Homme ausgestellt. So wurde dieser Körperabguss zu einem die Jahrhunderte überdauernden[31] Symbol für die Faszination, die „fremde Rassen" auf Einwohner westlicher Staaten ausüben. Dann räumte man die „Hottentottische Venus" in die „Rumpelkammer der Geschichte" und in die Lagerräume des Musée de l'Homme, und stellte fest, dass ihr Schicksal den Humanwissenschaften nicht zu allzu großem Ruhm gereicht hatte. Eine Generation später stand sie jedoch erneut im Rampenlicht der Weltöffentlichkeit.

---

29   Fauvelle-Aymar (2004).

30   Bei der Senatssitzung vom 23. Januar 2002 brachte Philippe Richert in Zusammenhang mit dem Gesetzesvorschlag zur Restitution von Saartjie Baartmans sterblichen Überresten an Südafrika einen Bericht ein: „Warum hat man daher nicht im Jahr 1976 Saartjie Baartmans Skelett und den Gipsabguss ihres Körpers aus den für das Publikum geöffneten Sälen [des Musée de l'Homme] entfernt? Ich sehe darin eher die Folge von Schlamperei als das Zeichen eines gewissen Entgegenkommens gegenüber wissenschaftlichen Theorien, die zum Glück seit langer Zeit als überholt gelten. Was ist denn eigentlich mit den Einmachgläsern geschehen, die Saartjie Baartmans bei der Autopsie durch Cuvier entnommene Körperteile enthielten? Es scheint, dass sie ganz einfach verschwunden sind. In keinem Inventarverzeichnis tauchen sie auf. Als ich im Museum nachfragte, gab man mir recht vage Erklärungen: die Gläser seien zerbrochen, als das Regal, auf dem sie gelagert waren, einstürzte. Wann? Das wisse man nicht; 1983 oder 1984. Diese Antwort ist doch recht beunruhigend, wenn man bedenkt, dass es hier um Stücke aus staatlichen Sammlungen geht und zudem noch um menschliche Überreste." [Richert (2002)] In der Tat, eine solche Antwort ist wirklich „beunruhigend".

31   In Südafrika hatte man Sarah Baartman nicht vergessen. Dies beweist P. Kirbys Artikel „The Hottentot Venus", der im Juli 1954 im *South African Journal of Science* veröffentlicht wurde.

Ein außergewöhnliches Schicksal
Die Geschichte der „Hottentottischen Venus" war tatsächlich ein Meilenstein in der Herausbildung des Paradigmas der Menschenzoos und ganz zweifellos erklärt dies ihre Omnipräsenz in den sozialen Konzeptionen des Westens. Sie gibt Auskunft darüber, wie wir Wissenschaft betreiben, und auch darüber, wie wir die Identität anderer Menschengruppen konstruieren. Die „Hottentottische Venus" war weiblich, und dies erleichterte es ihren Zeitgenossen ungemein, sich recht radikal von ihr zu distanzieren. Als „Hottentottin" wurde sie zudem in unüberwindlicher räumlicher Distanz verortet. Da man sie für missgestaltet hielt, ordnete man sie auch der Welt der Freaks zu. Ihr Körper, dieses äußere Zeichen ihrer „Wildheit", wurde als „monströs", zumindest aber als außergewöhnlich empfunden. Dabei war er doch vor allem ein schwarzer, weiblicher, nackter Körper, dem – als Gegenbild zu den weißen, bekleideten Körpern europäischer Frauen – „Wildheit" und „Missgestaltetheit" zugeschrieben wurden. Aus diesem Grunde positionierte die Wissenschaft Saartjie Baartman auch außerhalb der Grenzen jener morphologischen Normen, die aus den westlichen Kanons entwickelt worden waren. Ähnlich „exotisch-monströse" Körper wurden in der Folge in Amerika von P. T. Barnum und auch von vielen europäischen Impresarios zur Schau gestellt, so dass Völkerschauen und Freak-Shows neben- und miteinander existierten und so eine Art Parallelwelt zur Welt der Normen bildeten.

Saartjie Baartmans Geschichte konnte nicht einfach auf den Regalen des Musée de l'Homme enden. Sie fand zu Beginn des 21. Jahrhunderts eine Fortsetzung.[32] Im April 2002 wurden, nach monatelangen Verhandlungen, in den Räumlichkeiten der südafrikanischen Botschaft in Paris – in Anwesenheit offizieller Vertreter Südafrikas und des französischen Wissenschaftsministers Roger-Gérard Schwartzenberg– Saartjie Baartmans „Überreste" dem südafrikanischen Botschafter übergeben.[33] In der gemeinsamen Erklärung heißt es:

---

32 Der letzte öffentliche „Auftritt" von Saartjie Baartmans Skelett fand im Jahr 1994 bei einer Ausstellung im Musée d'Orsay statt. „Heute verfaulen die Überreste dieser Frau in einer Lagerhalle des *Musée de l'Homme", schrieb* N. About, Senator des Département Yvelines und Verfasser des Gesetzesvorschlags zur Restitution ihres Körpers, von welchem in Wirklichkeit nur mehr wenig übrig war. Ebenfalls im Jahr 1994 drehte Zola Maseko für den Sender Channel 4 den Film *On l'appelait la Vénus Hottentote.* Dieser Film trug ganz entscheidend dazu bei, dass man diese Geschichte in Großbritannien und Frankreich, aber auch in Südafrika wiederentdeckte.

33 Marie-Claude Barbier schildert den Restitutionsprozess eingehender: „Mit dem Ende der Apartheid setzten in Südafrika zunächst politische und wirtschaftliche Veränderungen ein. Doch die neue Regierung wollte auch den ethnisch-kulturellen Reichtum des Landes, wie er sich in der Bezeichnung ‚Regenbogennation' widerspiegelt, würdigen und unterstützen. Bis dahin war die Geschichte mit den Augen der Weißen gesehen worden, vor allem mit den Augen der im Wesentlichen von den holländischen Kolonialherren abstammenden ‚Afrikaaner', der weißen Bevölkerung Südafrikas. Diese alte Geschichte beruhte auf einer gewissen Anzahl von Gründungsmythen, in denen

„Im Gesetz vom 6. März 2002 beschloss Frankreich, der Republik Südafrika die sterbliche Hülle von Saartjie Baartman, die im Dezember 1815 in Paris verstorben ist und deren sterbliche Überreste bis zum heutigen Tag im Muséum national d'histoire naturelle aufbewahrt wurden, zurückzuerstatten [...]. Diese Rückerstattung bezeugt den Wunsch Frankreichs und der Republik Südafrika, Saartjie Baartman ihre Würde zurückzugeben und dafür zu sorgen, dass ihre sterbliche Hülle in Südafrika in Frieden ruhen kann."[34]

Am 9. August 2002 wurde sie in Anwesenheit des südafrikanischen Präsidenten Mbeki[35] im Rahmen eines Staatsakts bestattet.[36]

Das Leben dieser jungen Frau war geprägt von einem historischen Paradigma unserer Gesellschaft, einem Paradigma, das an der Schnittstelle von Unterhaltung und Wissenschaft entstanden ist und das um die Wende vom 19. zum 20. Jahrhundert seine Hochblüte erlebte. Ihm zugeordnet war ein bestimmter wissenschaftlicher Ansatz, nämlich jener der physischen Anthropologie. Diese Wissenschaftsdisziplin war

---

die autochthonen Bevölkerungsgruppen nicht vorkamen. [...]. Das aus den Wahlen des Jahres 1994 erstandene, neue Südafrika brauchte auch neue Gründungsmythen, die eine Wiederaneignung der Vergangenheit ermöglichten und die Hoffnung auf eine bessere Zukunft gaben, die Hoffnung auf jene ‚brighter future', die der ANC in seiner Wahlkampagne versprochen hatte. [...] Im Jahr 1994 [als Zola Masekos Film im Fernsehen ausgestrahlt wurde] forderten die Nachfahren der zu den Khoisan gehörenden Volksgruppe der Griqua die Rückkehr von Saartjie Baartmans sterblichen Überresten in ihr Geburtsland, eine Forderung, die dem französischen Präsidenten Mitterrand bei seinem Staatsbesuch in Südafrika im Jahr 1994 übermittelt und zwei Jahre später von Ben Ngubane, dem südafrikanischen Minister für Kunst, Kultur, Wissenschaft und Technologie erneuert wurde. Es fanden Gespräche zwischen Professor Philip Tobias (Südafrika) und Professor de Lumley – dem Direktor des Pariser Museums – statt, doch führten sie zu keinerlei Ergebnissen. Im Oktober 2000 richtete Thuthukile Skweyiya, die neue südafrikanische Botschafterin in Paris, eine schriftliche Anfrage an den Generalsekretär des französischen Außenministeriums, der die französische Regierung Folge zu leisten versprach, da sie sie für legitim hielt. Aber in den darauffolgenden Monaten brach eine politische Polemik aus. Der französische Senator Nicolas About trat für die Restitution der sterblichen Überreste Saartjie Baartmans ein, weil er dies für „ein Symbol der wiedergewonnenen Würde eines Volks" hielt. Er stieß jedoch auf Widerstände seitens des Staatssekretärs für kulturelles Erbe und kulturelle Dezentralisierung, Michel Duffour, und zwar in juristischer, moralischer und wissenschaftlicher Hinsicht. [...] Schließlich konnten die Hindernisse überwunden werden und das Gesetz vom 6. März 2002 [sechs Monate nach Erscheinen von Zoos humains] ermöglichte die Restitution der sterblichen Überreste der jungen Frau." [Barbier (2003)]

34   Barbier (2003).

35   „Dies ist ein historischer Tag', versicherte der südafrikanische Präsident Mbeki zu Beginn der Zeremonie, [...] ‚dies ist die Geschichte vom Verlust unserer früheren Freiheit. Die Geschichte vom Verlust unseres Landes, die Geschichte unserer Reduktion zu Objekten, die man besitzen, benutzen und nach eigenem Gutdünken handhaben kann." [Barbier (2003)]

36   Dieses Ereignis ist in dem Ende 2002 von ARTE ausgestrahlten Film Zoos humains zu sehen.

bestrebt, eine auf morphologischen Merkmalen beruhende Rassenhierarchie zu konstruieren. Dies war damals ein Vorhaben von großer Dynamik. Im Kolonialdiskurs spielte die Frage, in welchem Maße verschiedene „Rassen" – vor allem jene in den Kolonialgebieten – für Zivilisation und Fortschritt empfänglich seien, eine zentrale Rolle.[37] Die hierbei in Betracht gezogenen morphologischen Merkmale waren äußerst reduziert, dafür aber leicht wahrnehmbar. Im Wesentlichen handelte es sich hierbei um Wuchs und Form des Schädels, um die Farbe der Haut und den Charakter der Haare.

In Wirklichkeit war es die Abweichung von der europäischen Körpernorm, die den Körper dieser „Fremden" ständig in Misskredit brachte und ihn tendenziell eher dem Reich der Tiere zuordnete. Die „Hottentotten" gehörten zu jenen „Rassen", die dazu verurteilt waren, hierfür den greifbarsten Beweis zu liefern. Selbst der Abguss der „Hottentottischen Venus" wurde zu einem Gegenstand zweifelhafter Wissenschaft:

> „Die Hottentotten, die Buschmänner sind neben den Australiern natürlich die niedrigsten Menschen, die es gibt [...]. Die Buschmann-Frauen bieten eine bemerkenswerte Besonderheit, die man bei Hottentotten selten sieht: das Gesäß ist übermäßig entwickelt; davon kann man sich überzeugen, wenn man im Muséum d'histoire naturelle den Gipsabdruck der sogenannten ,hottentottischen' Venus besichtigt, der sich in der anthropologischen Galerie befindet."[38]

Stephen Jay Gould erinnert in seinem Buch *Der falsch vermessene Mensch*[39] an die finstere Faszination, die von Saartjie Baartman ausging, und zwar nicht als fehlendes Glied in der menschlichen Evolution, sondern als Kreatur, die als halb tierisch, halb menschlich galt. Der morbide Blick auf ihren missgestalteten Körper, die ihr zugeschriebene tierische Wildheit und die Vorstellung einer übermäßigen sexuellen Begierde faszinierten die Männer. Die Fremdartigkeit dieses weiblichen Körpers bestätigte sie zugleich in ihrer Überlegenheit und trug dadurch stark zur Herausbildung eines rassistischen Blicks bei. Eine schwarze Frau, die im Frankreich jener Zeit auf diese Weise und in dieser Position dem männlichen Blick unterworfen war, stellt ganz sicher einen Meilenstein in der Geschichte der Konstruktion der „Differenz" im Westen dar. So festigten sich über diese Inszenierung des Weiblichen als zugleich exotisch und

---

37 Vgl. Bordier (1884).

38 Brongniart (o. J.), S. 247. Diese Behauptung wurde übrigens bereits im Jahr 1880 durch den deutschen Anthropologen Robert Hartmann Lügen gestraft: „Allein jene Steatopygie findet sich auch bei Frauen der A-Bantu, der nilotischen Nigritier, z. B. der Bongo, selbst der Berbern! Die Hottentottenschürze braucht man nicht blos in Südafrika zu suchen, man findet sie durch den ganzen Continent, sogar in Europa noch häufig genug" [Hartmann (1880), S. 96]

39 Gould (2002).

monströs drei wesentliche Demarkationslinien, die den Raum der Differenz im Westen begrenzten und das Normale vom Monströsen, das Männliche vom Weiblichen und die „überlegenen" von den „unterlegenen Menschenrassen" trennten. Letztere konnte man kolonisieren oder ausrotten. Zur damaligen Zeit stellte man die „Hottentotten", die „Buschmänner", die „Pygmäen", die Kariben und die australischen Ureinwohner auf die niedrigste Stufe der in der Anthropologie entwickelten „Rassenhierarchie" – kaum höher als die Schimpansen und die Orang-Utans.[40] Und diese rassistisch geprägte Weltsicht wurde im 20. Jahrhundert noch bestimmender.

Aus diesem für unveränderlich gehaltenen Geflecht von Beziehungen entwickelte sich auch ein erstarrtes Gefälle zwischen Nord und Süd. Zwischen der Schaustellung der „Hottentottischen Venus" im Jahr 1810 und den letzten großen Völkerschauen im Westen[41] verstrichen 125 Jahre. In dieser Zeitspanne zogen wir endgültig eine unsichtbare Linie zwischen „uns" und „den Anderen". In dieser Zeitspanne gerieten aber auch die Kolonialreiche ins Wanken. Unmittelbar nach dem Zweiten Weltkrieg setzte die Dekolonisierung ein. Letztlich war es die koloniale Expansion, die den Aufstieg der Menschenzoos bewirkte, und es war der Zerfall der Kolonialreiche, der ihnen ein Ende setzte.

---

40   Vgl. Gould (1985a).
41   Köln und Hamburg 1933, Brüssel 1935, Paris 1937 oder Porto 1940.

P. T. Barnum, Joice Heth und die
Anfänge der Völkerschauen in den Vereinigten Staaten

Benjamin Reiss

Am 25. Februar 1836 stieg P. T. Barnum ins Show-Business ein und lieferte den entstehenden Massenmedien eine der ersten großen Attraktionen. Die von ihm präsentierte Schaustellung war der Beginn eines Phänomens, das sich in den Vereinigten Staaten wie auch in Europa beinah ein Jahrhundert lang größter Beliebtheit erfreuen sollte.[1] Im Zentrum dieser Geschichte steht Joice Heth. Die Afro-Amerikanerin wurde von P. T. Barnum im gesamten Nord-Osten der Vereinigten Staaten ausgestellt. Beworben wurde sie mit ihrem hohen Alter von 161 Jahren und in ihrer Eigenschaft als George Washingtons Amme. Ihre Reise endete auf einem Operationstisch im City Saloon in New York, wo Dr. David L. Rogers den Leichnam der alten Frau vor einem faszinierten Publikum sezierte. Dr. Rogers kam dabei zu dem Schluss, dass es sich bei Joice Heth um einen Schwindel handelte, womit er – vor allem in der Boulevardpresse – eine hitzige Debatte auslöste. Die Diskussionen um den Fall Joice Heth boten Raum für erstaunlich viele Überlegungen zu Themen wie Identität, Authentizität und Ursprünglichkeit. In der Presse gab es unterschiedliche Meinungen. Man behauptete, Joice Heth sei noch am Leben, oder sie sei tot und gefälscht, oder aber sie sei zwar tot, aber echt. Für andere Journalisten blieb sie ein ewiges Geheimnis, war pure Zeitverschwendung oder befand sich eingeäschert in einer Urne auf dem Weg nach Europa. Seither löste jegliche wissenschaftliche Erforschung ihres Todes in den Vereinigten Staaten eine Debatte aus.

Wenn wir versuchen, Joice Heths Schaustellung – und ganz besonders deren entsetzliches und grausiges Nachspiel – über die Medienberichterstattung zu rekonstruieren, erhalten wir einen mikroskopischen Einblick in einige der kulturellen Umwälzungen des 19. Jahrhunderts. Diese Schaustellungen ereigneten sich im Kontext der damaligen Modernisierungstendenzen, die das Leben der Menschen, die Joice Heth begaffen wollten, manchmal ganz direkt beeinflussten. Zu diesen Entwicklungen zählten etwa ein neues Prestige der Wissenschaft, die Zerschlagung sozialer Netzwerke, die Entstehung einer kommerziell geprägten Massenkultur, die rasche Verstädterung und der Verlust von familiären oder schichtspezifischen Traditionen. Viele dieser Umwälzungen lösten Status-, Authentizitäts- und Identitätsängste aus. Joice Heths Autopsie fand zu einem Zeitpunkt statt, an dem die – in den Massenmedien popularisierte – Wissenschaft mit

---

1   Dieser Artikel ist eine Überarbeitung eines im März 1999 in *American Quarterly* veröffentlichten Aufsatzes. Eine genauere Untersuchung dieser Frage findet sich in Reiss (2001).

einer durch diesen Modernisierungsprozess ausgelöster Deutungs-, Authentizitäts- und Identifizierungskrise konfrontiert wurde.

Vor dem Sezessionskrieg veränderte sich im Norden der Vereinigten Staaten der Begriff der „Rasse" und genau dieser Begriff war grundlegend für derartige Schaustellungen. Tatsächlich wurde die Unterscheidung zwischen verschiedenen „Rassen" im frühen 19. Jahrhundert mittels eines losen Bündels recht inkonsistenter Diskurse, Praktiken und Vorstellungen vollzogen, die auf Basis juristischer, religiöser und wissenschaftlicher Argumente menschliche Gruppen identifizierten und hierarchisierten. Da es sich bei Joice Heths Wanderausstellung um eine improvisierte „Völkerschau" handelte, spiegelte ihre Schaustellung einzelne Aspekte dieser lockeren Struktur wider. Sie bot eine nach vielen Seiten hin offene Vorlage, der in der Lokalpresse mannigfaltige Deutungen gegeben wurden. Diese spiegelten unterschiedliche, regional, sozial oder ideologisch gefärbte Konzeptionen des Rassebegriffs wider. Doch die Frage, was Joice Heth für ihre Betrachter und Leser bedeutete, wurde nach ihrem Tod durch eine andere, wichtigere Frage verdrängt, nämlich durch die Frage, wer sie war oder eher, wer sich hinter ihr verbarg. Wie auch in anderen Fällen, bei denen der Rassebegriff in den Medien in spektakulärer Weise thematisiert wurde, inszenierte Joice Heths Autopsie einige neue Bedeutungen rassischer Identität und bot den Weißen Gelegenheit, beim Begaffen des Leichnams der alten Frau darüber zu diskutieren. So können wir anhand dieser Episode eine ethnografische Miniatur des weißen Nordamerika vor dem Sezessionskrieg entwerfen. Gerade zu diesem Zeitpunkt ging es ja darum, Aspekte rassischer Identität und Modernisierung mit Bedeutung zu erfüllen und in der Populärkultur und den frühen Massenmedien eine symbolische Lösung für diesbezügliche Konflikte zu suchen.

Freak-Shows, Geschichtsstunde oder Schmach: Joice Heth auf Tournee
Joice Heths Tournee mit P. T. Barnum fiel in eine Periode, in der die Unterhaltungsbranche von fahrenden Gauklern, Schauspieltruppen und wandernden Kuriositäten-Ausstellungen, wie es sie schon seit Ende des 18. Jahrhunderts gegeben hatte, zu den urbanen Belustigungen der zweiten Hälfte des 19. Jahrhunderts überging. Joice Heths erster Impresario war nicht Barnum gewesen, sondern R. W. Lindsay, ein unglückseliger Schausteller aus Kentucky, der die alte Frau in Städten und Dörfern in Ohio und im Süden der Vereinigten Staaten ausstellte. Wir wissen nur wenig über diese erste Tournee, aber als Lindsay mit ihr keinen Gewinn machte, verkaufte er Joice Heth an Barnum, der zu jener Zeit in einem New Yorker Modegeschäft arbeitete.

P. T. Barnum wurde so also zu Joice Heths virtuellem „Eigentümer" und mit Unterstützung eines guten Anwalts namens Levi Lyman stellte er sie sieben Monate lang – bis zu ihrem Tod – in Tavernen, Wirtshäusern, Museen, auf Bahnhöfen und in Konzertsälen im gesamten Nord-Osten der Vereinigten Staaten zur Schau. Nach einem langen Aufenthalt in New York reisten Joice Heth, P. T. Barnum und Levi Lyman nach Providence, Boston, Hingham, Lowell, Worcester, Springfield, Hartford, New Haven, Bridgeport, Newark, Patterson, Albany und in viele andere mittelgroße Städte, wobei sie häufig nach New York zurückkehrten. Wo immer sie auch hinkamen, überall berichteten die Zeitungen begierig von Heths Tun und Treiben und Menschenmassen strömten zusammen, um zu hören, wie sie von der Geburt des „lieben, kleinen George" erzählte, die sie miterlebt habe, und wie sie die erste gewesen sei, die ihn bekleidet, ihn gestillt und ihm erste Liedchen beigebracht habe. Manche Besucher stellten ihr Fragen zur frühen Kindheit dieses „Vaters der Nation". Andere kamen, um sich selbst ein Bild über die Glaubwürdigkeit ihrer Behauptungen zu machen. Diese wurde durch zahlreiche Dokumente – zum Beispiel ihre Geburtsurkunde oder eine alte Rechnung – belegt, aber auch durch körperliche Zeichen ihres hohen Alters abgesichert. Andere wieder grübelten über die Ursachen und Folgen ihrer außerordentlichen Langlebigkeit. Auch ihre Hinfälligkeit war für viele Amerikaner ein Anreiz, sie zu besuchen und ihren wundersam-uralten Körper zu bestaunen oder gar zu berühren.

In den Inseraten wurde Joice Heths extrem geringes Gewicht von nur 46 Pfund beworben. Sie war blind und zahnlos und ihre Haut war von tiefen Falten durchzogen. Ein Arm und beide Beine waren gelähmt und ihre Nägel waren – wie manche versicherten – gekrümmt wie Krallen. Die Zuschauer drückten ihr regelmäßig die Hand, untersuchten sie genau und fühlten ihr manchmal sogar den Puls. So schrieb ein Beobachter:

> „Tatsächlich ist sie nichts als Haut und Knochen und ihr Anblick erinnert stark an eine Mumie aus pharaonischen Zeiten, die man ägyptischen Katakomben entnommen hat."[2]

Die Ärzte und Naturforscher waren fasziniert. Lange vor Joice Heths Tod – genauer gesagt gerade zu einem Zeitpunkt, als manche meinten, dass sie nie sterben würde – wurde ihre Autopsie von Wissenschaftlern bereits dringlich erwartet und heiß diskutiert.

Während all ihrer Reisen mit Barnum und Lyman waren Joice Heths Schaustellungen eine seltsame, vielgestaltige Attraktion. Machte sie ihre körperliche Hinfälligkeit zu einer spektakulären menschlichen Abnormität? Sie traf auf ihren Reisen zahlreiche

---

2   In: *New York Baptist*, 1835.

andere Freaks, etwa die Chinesin mit den eingebundenen, „widerlich verunstalteten" Füßen, die Virginia-Zwerginnen und die siamesischen Zwillinge. War sie eine von ihnen? Oder rechtfertigte ihr wissenschaftlicher Wert als Verkörperung „rassenspezifischer" Alterungsprozesse ihre Schaustellung? War sie aufgrund ihres patriotischen Werts eine Attraktion, als lebendige Quelle der Erinnerung an eine ruhmreiche Vergangenheit oder alter religiöser Praktiken? Oder war sie ganz einfach eine gute Schauspielerin? Die Werbebotschaften rund um ihre Schaustellung sprachen all diese unterschiedlichen Sichtweisen an. Auch ist die facettenreiche Reaktion der Zuseher auf das ihnen gebotene Schauspiel von großer kultureller Bedeutung.

Tatsächlich sahen zunächst viele Zeitungen im Norden der Vereinigten Staaten in Joice Heths Schaustellung eine Art Freak-Show. Die Ausstellungen von Freaks – *freaks of nature / lusus naturae* – gehörten Ende des 18. und Anfang des 19. Jahrhunderts zu den beliebtesten Darbietungen fahrender Schausteller. Doch während die Schaustellung grotesker menschlicher Formen ab den 1830er-Jahren für die einen immer noch eine beliebte Jahrmarktsattraktion war, sahen andere darin schlicht eine Geschmacklosigkeit. Die widersprüchlichen Interpretationen von Joice Heths außerordentlichem Körper sind in Bezug auf regional und schichtspezifisch geprägte Rassenkonzeptionen äußerst aussagekräftig. Sie sind Teil eines umfassenden Kampfs um kulturelle Macht, wie er im Amerika der 1830er-Jahre geführt wurde.

In New York war Joice Heth der Liebling der Jackson-Presse, zu der der *Evening Star* sowie die drei führenden Boulevard-Zeitungen – *Sun*, *Transcript* und *Herald* – gehörten. Diese Zeitungen – die ersten rein kommerziellen Serienpublikationen in Amerika – waren wohl die herrischsten Stimmen des Jackson'schon Individualismus. Von der „vornehmeren" Presse unterschieden sie sich durch ihre unverschämt zur Schau getragene Feindseligkeit gegenüber der Kultur der gehobenen Klassen, ihre Sympathie für die Arbeiterklasse und die urbane Bevölkerung, ihre Ungebundenheit gegenüber jeglicher politischer Vereinnahmung und ihren wilden Egalitarismus zugunsten der Weißen, der sich mit einem offenkundigen, gegen die Schwarzen gerichteten Rassismus mischte. Meist kolportierte die Jackson-Presse Bilder von Joice Heths Hinfälligkeit, ihrem großen Appetit, ihrer Vorliebe für Tabak sowie ihrer grotesken Erscheinung. Doch auch wenn Joice Heth in manchen Artikeln ebenso positiv besprochen wurde wie in New York, mussten Barnum und Lyman auf eine Reihe beleidigender Berichte reagieren.

In Boston hatten viele Zeitungen die Werbung für Joice Heth negativ kommentiert, ganz besonders der *Courier*, der fürchtete, dass die Zuschauer durch die Darbietung moralisch korrumpiert werden könnten. Er warb bei seinen Lesern um Sympathie für Joice Heth:

„Jene, die glauben, sie könnten mit Vergnügen ein atmendes Skelett betrachten, das ebenso geknechtet ist wie ein niedriges Tier in einer Menagerie, das man dazu zwingt, zur Belustigung der Zuschauer unnatürliche Kunststückchen auszuführen, werden sich amüsieren, wenn sie Joice Heth besuchen. Doch die Menschheit ekelt sich vor diesem Schauspiel."[3]

Als Reaktion auf diese Angriffe entwickelten Barnum und Lyman bei ihrer Tournee durch Neuengland mit Umsicht eine Werbelinie, die eher Joice Heths Sauberkeit und Religiosität betonte als ihre spektakuläre „Abnormität". Laut einer Schlagzeile der *Hartford Times* konnte selbst die feinfühligsten Gemüter nichts an ihrer Erscheinung unangenehm berühren. Zudem druckten Barnum und Lyman sogar – wohl um jeder späteren Kritik zuvorzukommen – ein Flugblatt mit Heths Lebenslauf. Darin legten sie besonderes Gewicht auf ihren feinen Anstand, strichen aber auch die harte Behandlung hervor, die ihr während der Sklaverei zuteil geworden war, sowie auch die menschlichen Qualitäten ihrer derzeitigen Impresarios.

Die unterschiedlichen Repräsentationen Joice Heths in den Medien spiegelten die tiefgreifende Uneinigkeit über die Rolle des menschlichen Körpers in öffentlichen Schaustellungen wider und fügten sich damit in den Kontext einer umfassenderen Auseinandersetzung um die Kontrolle der Kultur ein. Die Herausgeber der Billigpresse sahen sich als Kulturpopulisten, die den Lesern gaben, was diese verlangten, und zwar zu einem möglichst günstigen Preis. Die Herausgeber der Qualitätspresse dagegen, die den Voyeurismus anprangerten, der durch Joice Heths Schaustellung befriedigt würde, sahen in dieser Schaustellung eine unverhüllte öffentliche Aggression gegen ihren moralischen Anspruch, als Hüter der Kultur zu fungieren.

Die Freak-Shows trugen, vielleicht mehr als jede andere massenkulturelle Praxis vor dem Sezessionskrieg, zu einem durch Rasse bestimmten Zusammengehörigkeitsgefühl bei. Sie vermittelten zwischen der wissenschaftlichen Erforschung dessen, was eine Rasse ausmacht, und dem populären Verlangen nach Bildern von der weißen Vorherrschaft. Typischerweise wurden an den ausgestellten menschlichen Objekten körperliche Anomalien, groteske Merkmale, extreme Behinderung oder exotische Andersartigkeit in rassischer oder kultureller Zuordnung betont und oft genug traten diese Besonderheiten in Kombination auf.

Zum Beispiel stellte sich gegen Ende des 18. Jahrhunderts Henry Moss selbst zur Schau, ein Schwarzer, dessen Haut aufgrund einer Krankheit gefleckt war. Er erregte großes Interesse, auch seitens Benjamin Rushs, der meinte, dass Moss gerade eine

---

3 In: *Boston Courier*, 1835

„Spontanheilung" von seiner Schwärze erlebe. Dieses populärwissenschaftliche Interesse wurde später von P. T. Barnum institutionalisiert. In seinem American Museum stellte er Afro-Amerikaner mit Vitiligo, Albinismus und Mikrozephalie aus und präsentierte diese als Missing Links in der von Schwarz zu Weiß und vom Affen zum Menschen verlaufenden Evolutionskette. Der Unterschied zwischen den ersten Ausstellungen und den späteren Ausstellungen ist ganz offenkundig. Moss selbst hatte die Kontrolle über seine Schaustellung in einer Großstadt. Dies wäre in späteren Jahrzehnten ganz undenkbar gewesen. Damals hatten sich rassistische Einstellungen im Norden der Vereinigten Staaten bereits verhärtet und Kulturveranstalter wie Barnum, Zirkusmanager und Besitzer von Kuriositätenmuseen (*dime museums*) eroberten den Markt für menschliche Kuriositäten. Man übte zunehmend Kontrolle über den Körper des Freaks aus und gleichzeitig fasste man die Abnormität zunehmend in jene Begriffe, die sich im Rahmen der Lehre von den „Rassen" herausbildeten.

Benjamin Rush war noch der Meinung, Henry Moss verwische die Unterschiede zwischen Weiß und Schwarz. In den späteren Ausstellungen wurden eben diese Unterschiede tendenziell eher betont und verstärkt: die Missing Links verdeutlichten die Folgewirkungen der neuen darwinistischen Theorien für die Rassenlehre. Benjamin Rushs Interesse an Henry Moss war letztlich nur eine von vielen Ansichten über die Natur „menschlicher Kuriositäten", in denen man damals häufig noch religiöse Wunder oder Jahrmarktsspektakel sah, wie es sie bereits im mittelalterlichen Europa gegeben hatte.

Zu Barnums Zeit übernahm, beginnend mit Joice Heths Autopsie, der wissenschaftliche Diskurs die Vorherrschaft in der Interpretation der Körper von Freaks. Es war also nicht überraschend, dass die Zeitungen, in denen Joice Heth als Freak dargestellt wurde, auch über ihren Wert für die Wissenschaft debattierten, und hier wiederum vor allem über ihr angeblich enormes Alter. Auch blieb Rassenzugehörigkeit im Strudel der durch Modernisierung und Urbanisierung ausgelösten Hoffnungen und Ängste, wie sie in diesen Zeitungsartikeln so hervorragend dokumentiert sind, eine letzte, unverrückbare Tatsache. Von nun an wurde es als Naturgesetz angesehen, dass jede Rasse für sich bleiben sollte, und diese Gesetzmäßigkeit ließ sich aus und mittels der körperlichen Erscheinung erkennen.

Tod, Autopsie und kulturelle Kommerzialisierung

Nach Joice Heths Tod warf die Anatomie jenen herrischen Blick auf ihren Leichnam, der in der rassetheoretischen Betrachtung eines Körpers Wissenschaft und Populärkultur miteinander in Berührung brachte. Dies war in den Vereinigten Staaten eines der ersten Beispiele für ein solches Vorgehen. Ähnliches war in Europa bereits im Jahr 1815 beim Tode der „Hottentottischen Venus" Sartje Baartman geschehen. Die Boulevardpresse kommentierte die Ergebnisse, zu denen die einzelnen Wissenschaftler gelangten, ausführlich. In der Folge beriefen sich die beliebtesten Impresarios – und Barnum an ihrer Spitze – häufig auf derartige wissenschaftliche Erkenntnisse, um die Echtheit ihrer Ausstellungen zu belegen. Und die Ausstellungen selbst führten häufig zu weiteren wissenschaftlichen Untersuchungen. Dieser Prozess nahm damals seinen Anfang und wurde dann zur wesentlichen Triebkraft der Ausstellungen am Ende des 19. Jahrhunderts.

Wie Barnum und die Herausgeber der Boulevardpresse vorausgesehen hatten, machten die auf Joice Heths Körper projizierten sozialen Bedeutungen aus ihm einen Gegenstand von beträchtlichem Wert. Seine Verbindung zu George Washington machte diesen Körper zu einem patriotischen Denkmal und aufgrund seiner Seltenheit und seiner Bedeutung in den hitzigen Debatten über Rasse, Biologie und Region war er auch wertvolles Material für die Wissenschaft. Dass Joice Heth eine Schwarze war, ersparte den für ihre Autopsie Verantwortlichen zudem die Proteste gegen die Obduktion von Menschen und machte sie zu Akteuren auf der Bühne der weißen Vorherrschaft. Das äußerst populäre Interesse für Rassenlehre verlieh dem wissenschaftlichen Wert von Joice Heths Körper schließlich auch eine kommerzielle Dimension. So schlug Barnum kurz nach Joice Heths Tod Dr. David L. Rogers vor, im City Saloon von New York eine Autopsie an ihr vorzunehmen. Er hatte die Ausstellungshalle gemietet und baute sie zu einem behelfsmäßigen Operationssaal um, der dem Publikum zugänglich war. Trotz des sehr hohen Eintrittspreises von 50 Cent wurde die Veranstaltung von 1500 Zuschauern gestürmt. Barnum erzielte damit hohen Profit und auch für die kommerzielle Presse war dieses anatomische Spektakel – das ein Vorläufer anatomischer Museen war – ein echter Leckerbissen.

Da Dr. Rogers aber festgestellt hatte, dass Joice Heth nicht älter als 80 Jahre sein konnte und dass die ganze Ausstellung ein Schwindel gewesen war, entschlossen sich Barnum und Lyman, James Gordon Bennet, den renommierten Herausgeber des *New York Herald*, einen Besuch abzustatten. Sie überzeugten ihn davon, dass Joice Heth in Wirklichkeit noch am Leben sei und dass der Körper am Seziertisch einer anderen betagten Schwarzen gehöre, die man „Aunt Nelly" genannt habe.

Ein dunkles Thema: die Phantasie von der weißen Vorherrschaft

Joice Heths Schaustellung wandelte sich von der Darbietung eines Wanderzirkus zu einer städtischen Belustigung, von der wundersamen Schaustellung eines Freaks zu einem medizinischen Schauspiel, von der Ausstellung einer historischen

Reliquie zum Feilbieten einer gefälschten Ware. Gleichzeitig durchreiste Joice Heth in geografischer wie in konzeptueller Hinsicht das in stürmischer Modernisierung begriffene Amerika vor dem Sezessionskrieg. Je nach regionalen und ideologischen Interessen ihrer Besucher hatte ihre Schaustellung zu ihren Lebzeiten eine Reihe von Interpretationen erfahren. Ihre Autopsie dagegen zeigte, wie groß die Übereinstimmungen von Massenmedien und Wissenschaft waren, wenn es um den schwarzen Körper ging. In diesem Sinne nahm Joice Heths Autopsie die Arbeit der Rassenanatomen vorweg, etwa die des Dr. Caldwell, dessen „persönliche Überprüfung der Sektion der gesamten Negeranatomie" ihn, wie er sagte, zu dem Schluss brachte, dass es einfacher sei, „das Skelett eines Afrikaners von dem eines Tscherkessen" zu unterscheiden als das eines Hundes von dem einer Hyäne oder das eines Tigers von dem eines Panthers.[4]

Diese Art wissenschaftlicher Betätigung stellte Rassenunterschiede als Bereiche streng geschiedener Wahrnehmbarkeit und unverrückbarer Grenzen dar. Wenn in der Boulevardpresse von dieser wesenhaften Starre berichtet wurde, so bildete sie ein dialektisches Gegengewicht zu der Faszination, die Fälschungen und aus Modernisierungsängsten entstandene Verschwörungstheorien auf breite Schichten der Bevölkerung ausübten. Joice Heths Autopsie ermöglicht uns auch, Verbindungen zwischen dem im Entstehen begriffenen rassischen Essenzialismus und dem grotesken, in der Populärkultur verankerten Essenzialismus der Freak-Shows und der *Minstrel-Shows* wahrzunehmen. Letztere Darbietungen wurden damals im Norden der Vereinigten Staaten – einem von rascher Modernisierung und Urbanisierung betroffenen Gebiet – zu den vorherrschenden Repräsentationen von Schwarzen in der Massenkultur. Wissenschaftliche Vorstellungen über die biologische Natur des Rassenunterschieds bildeten den konzeptuellen Rahmen für die populären Bilder der erniedrigten, verunstalteten, gedemütigten Schwarzen auf der Bühne.

P. T. Barnum selbst kam in seinen Schriften und während seiner gesamten Karriere häufig auf Joice Heths Schaustellung zurück. Tatsächlich hatte mit ihr ja die Serie von Völkerschauen und Freak-Shows begonnen, mit denen er berühmt wurde. In seiner Autobiografie aus dem Jahre 1855 verriet er schließlich, dass er sich Joice Heths Ausstellung nicht ausgedacht hatte. Vielmehr habe er sie in Philadelphia gesehen, als noch Lindsay ihr Impresario gewesen war, und da habe er beschlossen, sie zu kaufen, um mit ihr selbst auf Tournee zu gehen. Joice Heths Identität und Herkunft seien ihm unbekannt. Beides bleibt ein Rätsel. Im Jahr 1847, kurz nach Joice Heths Triumphzug durch Amerikas Nordosten, verlor Barnum sein ganzes Vermögen und tourte mehrere Jahre lang mit kleinen Zirkussen durch Amerika und Kanada, bevor er für die Zeitschrift

---

4 Caldwell (1830).

Atlas schrieb und eine Reihe autobiografischer Schriften veröffentlichte, die ihm erneute Berühmtheit einbrachten. Mit den neuen und noch populäreren „Attraktionen", die er sich dann ausdachte, begann eine neue Ausstellungsepoche in Amerika.[5]

Joice Heths Geschichte verdeutlicht, wie die Impresarios im Norden der Vereinigten Staaten vor dem Sezessionskrieg Bilder aus dem sklavenhaltenden Süden übernahmen, um daraus die Phantasie einer weißen Vorherrschaft im Norden zu spinnen, einer Phantasie, in der der Körper des schwarzen Sklaven den modernen wissenschaftlichen Disziplinen und der minutiösen Überprüfung durch die Massenkultur unterworfen war. Dieser Prozess bestimmte auf konzeptioneller Ebene einige Grundstrukturen des Rassismus, der die beiden folgenden Jahrhunderte prägen sollte.

---

5   Im Jahr 1874 gelangten Barnums Schaustellungen auch nach Europa.

London, Hauptstadt der Völkerschauen (1830-1860)

Nadja Durbach

Im Jahr 1855 schrieb John Conolly, der Präsident der Londoner Ethnologischen Gesellschaft [Ethnological Society of London] unter Bezugnahme auf die wachsende Anzahl der Völkerschauen in der britischen Hauptstadt:

> „Kaum ein Jahr vergeht, in dem wir unter den verschiedenen Attraktionen, die London zu bieten hat, nicht auch eine Ausstellung finden, die die Vielfalt des Menschengeschlechts illustriert."

Doch seien, so warnte er seine gebildete Leserschaft,

> „manche dieser Ausstellungen unbefriedigend, manche enttäuschend und alle beinah fruchtlos, weil sie nicht lehrreich für die Betrachter gestaltet sind."[1]

Wenn diese Darbietungen für Conolly und seine Kollegen auch unbefriedigend gewesen sein mögen – und viele waren ja tatsächlich enttäuschend – so waren sie doch ganz gewiss nicht fruchtlos. Tatsächlich waren Schaustellungen „exotischer" Völker zwischen 1830 und 1860 gerade deshalb so verbreitet, weil das Publikum lautstark nach Beispielen für „die Vielfalt des Menschengeschlechts" verlangte. Auch schätzte das Publikum diese Völkerschauen ein wenig anders ein als die zahllosen Schaustellungen von wilden Tieren, altägyptischen Mumien und Freaks, die man für einen sehr niedrigen Eintrittspreis in Kuriositätenmuseen oder Ausstellungshallen bestaunen konnte. In der frühen und mittleren viktorianischen Ära gab es zahlreiche derartige Einrichtungen in der britischen Hauptstadt.

Zwischen 1830 und 1860 war die Schaustellung „exotischer" Völker eine Form der Freak-Show – ein Ausstellungstypus, der sich in Großbritannien bis ins 16. Jahrhundert zurückverfolgen lässt – und erweiterte somit das Angebot an billiger Unterhaltung. In der ersten Hälfte des 19. Jahrhunderts entwickelten die Londoner einen ungeheuren Appetit auf „Monster", „menschliche Kuriositäten", *lusus naturae*, Wunderwesen, Sensationen und Freaks. All dies waren austauschbare Begriffe für jene Menschen, die ihre außergewöhnlichen Körper von neugierigen Zuschauern bestaunen ließen. Auch wenn Wissenschaftler häufig die Ansicht vertreten, dass Freak-Shows und Völkerschauen zwei verschiedene Traditionen von Menschenschauen darstellen und als solche getrennt behandelt werden sollten, bildeten kommerzielle Schaustellungen „exotischer Völker" keine völlig eigenständige Kategorie von Darbietungen. Seit den ersten Jahren des

---

1 Conolly (1855), S. 5.

19. Jahrhunderts hatten neben den Schaustellungen von wilden Tieren und menschlichen Kuriositäten auch „Menschenzoos" existiert.[2] Bei der Bartholomew Fair des Jahres 1834 wurden ein „schöner, gefleckter Junge", „echte siamesische Zwillinge", eine Albino-Frau und ein „wilder Indianer" Seite an Seite ausgestellt. Aber waren die zusammengewachsenen Zwillinge Chang und Eng, die oft in orientalischen Kostümen auftraten, nun Freaks oder „ethnografische Exemplare"? War der „gefleckte Junge" – ein afrikanischer Jugendlicher, der eine Pigmentanomalie der Haut aufwies – ein exotisches Individuum oder nur ein weiteres *lusus naturae*? In diesen Ausstellungen stellte man den nicht-weißen Körper neben Körpern mit angeborenen Anomalien. So wurde der Unterschied zwischen Angehörigen einer „exotischen Rasse" und „menschlichen Abnormitäten" verwischt. Auf diese Weise wurde rassische Differenz als die körperliche Andersartigkeit eines Freaks definiert, und der weiße Körper der Briten als naturgegebene Norm gesetzt. Conolly betrachtete die Ausstellungen nicht-weißer Völker zwar als wenig lehrreich und es wäre ihm lieber gewesen, wenn das Publikum über die „großartige Geschichte des Menschen auf unserer Erde" informiert worden wäre – und zwar am besten von Experten wie ihm selbst.[3] Tatsächlich besaßen diese Ausstellungen aber doch einen hohen Bildungswert, denn sie vermittelten ihren britischen Besuchern wichtige Informationen über ihren eigenen Platz innerhalb der Hierarchie der „Rassen" und Zivilisationen.

Bereits lang bevor „Eingeborenen-Dörfer" ab 1883 bei vielen internationalen Handelsmessen gezeigt wurden, stellte man in Europas Hauptstädten „exotische" Völker zur Schau. Im November 1853 erklärte das *Illustrated Magazine of Art*, dass man sich heutzutage nicht den Gefahren einer Reise zu Wasser und zu Lande aussetzen müsse, um sich mit der „Vielfalt der menschlichen Rasse" vertraut zu machen. Denn derzeit würden, so schrieb der Reporter, in London „unterschiedliche Mitglieder von Menschheitsfamilien ausgestellt, die uns bisher kaum bekannt waren." Zwischen 1830 und 1860 konnte die Londoner Bevölkerung unter anderem verschiedene nordamerikanische Ethnien sehen – darunter Anishinabe, Iowa und Wyandot –, drei verschiedene Gruppen von Khoisan, mehrere Zulu-Truppen, ein Trupp australischer Ureinwohner, einen Jugendlichen von Rarotonga, der größten der südpazifischen Cookinseln, eine Gruppe von Inuit vom Cumberland Sound, einige Bewohner der Fidschi-Inseln, einen Albino aus Barbados, einige Eingeborene von Inseln der Torres-Straße und eine „kleinfüßige Chinesin", deren eingebundene „Lotus-Füße" eine besondere Attraktion darstellten. Da die meisten Einwohner Londons wahrscheinlich nur in diesem Kontext mit nicht-weißen Menschen in Kontakt kamen, gab es kein besseres Medium als diese

---

2 Vgl. Qureshi (2004); Altick (1978).
3 Conolly (1855), S. 44.

kommerziellen Schaustellungen exotischer Völker, um das Massenpublikum über die Unterschiede innerhalb der „Vielfalt des Menschengeschlechts" zu belehren.

Conolly ermutigte seine Kollegen dazu, diese Darbietungen zu besuchen und darüber zu berichten. Auf diese Weise könne man das Publikum besser informieren und es davor bewahren, sich irreführende Meinungen über „die Rassen der Menschheit" anzueignen.[4] Die Ethnologen, die sich damals als Experten in Fragen der Rassenunterschiede zu profilieren begannen, misstrauten dem Inhalt dieser Schauen also, und zwar gerade deshalb, weil sie vermuteten, dass sie zur Herausbildung eines populären Rassebegriffs beitragen könnten. Vor allem ging es ihnen darum, authentische Schaustellungen von den zahllosen offenkundig gefälschten „ethnografischen Exemplaren" zu unterscheiden, die man zu jener Zeit zu sehen bekam. So engagierte der Maler George Catlin oft falsche „Indianer" für die Rituale, die er bei den Ausstellungen seiner Gemälde in den frühen 1840er-Jahren vorführen ließ. Ähnliche westliche Extravaganzen waren auch die angeblich traditionellen Eingeborenentänze und Wigwams, die in einem Londoner Kricket-Stadion aufgeschlagen wurden und allein in London mehr als 35.000 Besucher anlockten. Diese Veranstaltungen fanden mehr als 40 Jahre vor den von Buffalo Bill Cody organisierten – ebenfalls sehr erfolgreichen – Wild-West-Shows statt.[5] Im Jahr 1846 versuchte der zwergwüchsige Schauspieler Hervey Leech, aus diesem Interesse an nordamerikanischen Ureinwohnern Kapital zu schlagen, und spielte einen „Wilden aus der Prärie". Auf den Plakaten wurde er sowohl als Missing Link zwischen Mensch und Affe wie auch als „Wilder" aus Nordamerika angepriesen. Die Nummer stand allerdings nur kurze Zeit auf dem Spielplan, da Leech, eine kleine Berühmtheit mit ungewöhnlichem Äußeren, für das Publikum sofort kenntlich[6] war und seine missglückte Maskerade sich nicht kommerziell vermarkten ließ. Außerdem war allgemein bekannt, dass die meisten „Indianer", die im frühen 19. Jahrhundert ausgestellt wurden, in Wirklichkeit nur „Paddy-Murphy-Indianer" waren, also ganz gewöhnliche Iren.[7] Im Jahr 1835 schrieb eine Zeitung in einem Bericht über die Greenwich Fair, es gäbe dort die

> „übliche Anzahl von indianischen Kriegern – dicklippigen Iren aus St. Giles[8] mit Kriegsbemalung, deren Ohren und Nasen mit Ringen geschmückt sind – [...]".[9]

---

4 Conolly (1855), S. 11.

5 Siehe A Collection of Handbills, Newspaper Cuttings, and Other items, 1820-1896, Guildhall Library, G.R.2.5.7.

6 Siehe den Prospekt Egyptian Hall 1845-1873, London Theatre Museum.

7 Vgl. Riach (1973), S. 237.

8 St. Giles war ein Londoner Bezirk mit einem besonders hohen Anteil an mittelloser irischer Bevölkerung.

9 Zeitungsausschnitt zur Greenwich Fair, 1835, Noble Collection, Guildhall Library, C 26.5.

Wenn es Conolly für notwendig hielt, zwischen echt und falsch zu unterscheiden, so war die Authentizität dieser Zerstreuungen den meisten Besuchern kein allzu großes Anliegen. Tatsächlich waren unechte Indianer und Afrikaner manchmal ebenso beliebt wie die Originale. Dies lässt der finanzielle Erfolg der *Minstrel Shows* vermuten, in denen zu jener Zeit weiße Musiker mit schwarzer Schminke auftraten.[10] Mochte es auch einzelne Zuseher erzürnen, sich so übertölpelt zu sehen – viele Leute waren doch weiterhin bereit, auch dann Eintritt zu zahlen, wenn sie einen Betrug vermuteten. Und zwar deshalb, weil das, was mit diesen Darbietungen über den Unterschied zwischen Rassen und Kulturen gesagt wurde, für die weißen Zuschauer höchst erbaulich war. Nicht immer war die Authentizität der Schaustellung ausschlaggebend. Oft war eher der Umstand entscheidend, dass das Dargebotene die eigene Position so hervorragend absicherte.

Diese mit ehrlichen oder unehrlichen Mitteln arbeitenden Shows waren deshalb so erfolgreich, weil sie den für die Londoner Bevölkerung so schmeichelhaften Gegensatz von „Wildheit" und „Zivilisation" verstärkten. Sogar Angehörige der Arbeiterschicht wurden dazu ermutigt, sich als Teil einer Herrscherrasse wahrzunehmen. In den 1840er- und 1850er-Jahren wurden die zur Schau gestellten „exotischen" Individuen tendenziell als wild, aber zivilisierbar dargestellt. Als im Jahr 1843 „elf eingeborene kanadische nordamerikanische Indianer" in der Egyptian Hall in Piccadilly auftraten, wurden sie auf dem Handzettel zwar als „Kinder des Waldes" und somit als echte Urvölker angekündigt, zugleich aber auch als gute Untertanen des britischen Reichs bezeichnet. Es wurde sogar kundgetan, dass sie bereits lange Zeit den Wunsch gehegt hätten, das Land ihrer „Großen Mutter", der englischen Königin, zu besuchen, mit dem zweifachen Zweck, ihre Majestät und ihr großes Land zu sehen und ein wenig Geld zur Ausbildung der indianischen Jugend zu sammeln. Ähnliches geschah, als zwei Jahre später am selben Ort neun Anishinabe aus dem britischen Territorium Oberkanada auftraten. Zwar wurden sie als „wilde Indianer aus den Urwäldern Nordamerikas" bezeichnet, dieser Umstand wurde aber durch ihren offenkundigen Patriotismus abgemildert. Im Werbematerial wurde betont, dass diese Individuen einem der größten und mächtigsten Stämme angehörten, der der britischen Regierung „allzeit treu ergeben" gewesen sei.[11] Wilde und unzivilisierte Indianer konnten, so schienen diese Schaustellungen nahezulegen, doch erzogen und zu respektvollen und gebildeten Untertanen der Krone gemacht werden.

---

10   Vgl. Pickering (1991).

11   Siehe A Collection of Handbills, Newspaper Cuttings, and Other items, 1820-96, Guildhall Library, G.R.2.5.7, Programme 1840-1880

In den Schaustellungen von Khoisan-Völkern in den 1840er- und 1850er-Jahren legte man noch mehr Gewicht auf ihre offensichtliche Primitivität, wobei man sogar gelegentlich andeutete, dass die Güte der britischen Zivilisation diese archaischen Völker vor dem Aussterben bewahren könnte. Der Reiz dieser „Buschmänner" lag darin, dass sie lebende Beispiele von „Steinzeitvölkern" waren. Als „niedrigste Stufen" der Menschheit seien sie „auf der Skala des Menschengeschlechts herabgesunken bis zu den wilden Tieren des Urwalds" und aus all diesen Gründen dazu bestimmt, vom Antlitz der Erde zu verschwinden.[12] J. S. Tyler beharrte in einem Vortrag über die von ihm 1847 in ganz Großbritannien ausgestellte Khoisan-Truppe darauf, dass die Buschmänner unweigerlich bald „ausgerottet" würden. Bereits jetzt hätten London und Paris in ihren Museen „ausgestopfte Exemplare dieser Völker", erklärte er. „Binnen kurzem wird dies wohl das einzige sein, was von ihnen übrigbleibt."[13]

Noch bevor Darwin seine Theorie der natürlichen Auslese entwickelte, sah man die „Buschmänner" oft als zum baldigen Aussterben verurteilt. Nicht zuletzt deshalb glaubten viele, dass sie es „ihren beinah hilflosen und halbverhungerten Brüdern" schuldeten, sie „ins weite Gebiet der Zivilisation" zu holen.[14] Zwei Khoisan-Kinder, die im Jahr 1852 als Martinus (manchmal auch Martini) und Flora, die „Erdmenschen", ausgestellt wurden, dienten als perfekter Beweis für den Erfolg dieser Zivilisierungsmission. Die etwa einen Meter großen Kinder mit hell bronzefarbener Haut sangen und tanzten, angetan mit nichts anderem als Tierfellen, für ihre Besucher, berichtete das *Illustrated Magazine of Art* (1852). Ihr Repertoire umfasste die populären Minstrel-Songs *Buffalo Gals* und *I'm Going to Alabama*. Ironischerweise ahmten diese aus Afrika stammenden Künstler, die man wegen ihrer blassen Hautfarbe oft als „weiße Neger" bezeichnete, die Darbietung anderer „weißer Neger" nach, nämlich die weißer Engländer, die sich schwarz schminkten, um in *Minstrel Shows* dunkelhäutige Amerikaner zu mimen. Doch die „Erdmenschen" sangen auch *Rule Britannia* – dessen denkwürdige letzte Zeile lautet: „Nie sollen Briten Sklaven sein!" Auf diese Weise wurde der Unterschied zwischen dem freien weißen Engländer und dem erst kürzlich von der Sklaverei befreiten schwarzen Afrikaner betont. Andererseits machten die beiden Khoisan-Kinder aber auch deutlich, dass sich südafrikanische „Eingeborene" auch als britische Bürger verstehen konnten. Wie Bernth Lindfors zeigte, waren die „Erdmenschen" gerade deshalb

---

12   Siehe A Collection of Handbills, Newspaper Cuttings, and Other items, 1820-96, Guildhall Library, G.R.2.5.7, und Tyler (1847), S. 2.

13   Vgl. Tyler (1847), S. 6.

14   Vgl. „The Bosjesmans, or Bush People, From the Interior of South Africa. Now Exhibiting at the Egyptian Hall, *Piccadilly*" unveröffentlichtes Werbematerial, 1847; *The Erdemanne; or, Earthmen from the Orange River in South Africa,* London: John K. Chapman, 1853.

ein großer Erfolg, weil sie ihr Publikum faszinierten und weil sie zeigten, dass sie sich „die Grundlagen europäischer Zivilisation" aneignen konnten. Laut einem zeitgenössischen Bericht stünden sie sogar in direktem Widerspruch

> „zu der jüngst vorgebrachten Theorie, dass es unmöglich sei, den Wilden zu einem denkenden und fühlenden Wesen zu machen."[15]

Im Dezember 1854 kombinierte man die „Erdmenschen" mit den „letzten Azteken", einer Nummer, die erst seit einem Jahr in den Londoner Freak-Shows zu sehen war. Bis 1860 tourten sie gemeinsam durchs Land. Maximo und Bartola, „die letzten Azteken", waren ein glatter Betrug. Sie waren ganz einfach zwei kleinköpfige und zwergwüchsige Menschen gemischter Rasse, aber diese exotischen und fremdartigen Wesen gehörten zu den populärsten Freak-Show-Attraktionen der mittleren viktorianischen Ära.[16] Conolly[17] argumentierte, dass die gemeinsame Schaustellung dieser beiden Gruppen für keine von ihnen von Vorteil war. Die „Erdmenschen", die er bereits vor der Londoner Ethnologischen Gesellschaft ausgestellt gesehen hatte, seien „in ihrer Art perfekt" gewesen, lebendig, witzig und von sprühender Intelligenz, während die „Azteken", wie er erklärte, sowohl in ihrem geistigen wie in ihrem körperlichen Wachstum behindert waren. Sobald Martinus und Flora gemeinsam mit den „Azteken" ausgestellt wurden, verschwieg man in ihrem Werbematerial ihre lebhafte Intelligenz. Stattdessen hob man auf den als Souvenir gestalteten Eintrittskarten die Ähnlichkeiten zwischen diesen „zwei neuen Menschenrassen, die frühesten, die man je entdeckt hat", hervor.[18]

Diese neu entdeckten Völker waren, wie im Werbematerial behauptet wurde, äußerst primitiv. „Die Erdmenschen können", so stand auf der Souvenir-Eintrittskarte zu lesen, „ebenso wenig sprechen wie die Azteken." Sie bauten, so wurde berichtet, sich in Südafrika unter der Erde Wohnstätten und ernährten sich von Insekten und Reptilien. Tatsächlich wurden diese beiden Menschengruppen, noch bevor sie miteinander auf die Bühne gestellt wurden, als gleichermaßen primitive Völker gesehen, die beide im selben Maße unfähig seien, eine fortgeschrittene Stufe der Zivilisation zu erklimmen. Im September 1853 erklärte ein Mitarbeiter des *Blackwood's Magazine*, es erstaune ihn, dass Korallenpolypen unter Wasser großartige Strukturen bilden könnten. Ähnlich groß wäre die Überraschung, so fuhr er fort, wenn man zum Beispiel herausfände,

---

15 Lindfors (1996), S. 16.
16 Vgl. Aguirre (2005); Goodall (2002).
17 Vgl. Conolly (1855), S. 27.
18 Siehe die Souvenir-Eintrittskarte für „Aztecs and the Earthmen" in St. Martin's Scrapbook, Leicester Square, Band 1.2, City of Westminster Archives Centre.

> „dass die Pyramiden und die antiken Tempel nicht von Ägyptern und Römern,
> sondern von einer Rasse wie den afrikanischen Erdmenschen gebaut worden
> seien, oder auch von einer Gruppe von Zwergen wie den jetzt in London aus-
> gestellten Azteken.“[19]

So schwächte die gemeinsame Vermarktung dieser Schaustellungen den hoffnungs-
vollen Diskurs einer gütigen Zivilisationsmission ab, die sogar die primitivsten Völker
retten und erheben könnte. Stattdessen wurde in dieser Ausstellung ganz energisch
eine Grenzlinie gezogen zwischen den Völkern, die dem Niedergang preisgegeben waren, und jenen „bevorzugteren“ Rassen, die nicht nur überleben, sondern sogar zu höherer Blüte gelangen und die Erde beherrschen sollten.[20] Maximo und Bartola wurden
von ihren Schaustellern als degenerierte Angehörige des bereits ausgestorbenen Volks
der Azteken präsentiert. „Durch unantastbar heilige Gesetze von einer Eheschließung
mit irgendjemanden außerhalb ihrer eigenen Kaste abgehalten“, sei das Volk der Azteken, wie im Souvenir-Heftchen behauptet wurde,

> „im Laufe vieler Jahrhunderte bis auf wenige unbedeutende Individuen ge-
> schrumpft, klein von Statur und schwachsinnig in ihrem Denkvermögen.“[21]

Ein weiterer Beweis ihrer Degeneration und somit auch ihres zivilisatorischen Ab-
stiegs tauchte in der Debatte um die Frage auf, ob diese „letzten Azteken“ nun eigentlich
sprechen könnten, ja, ob sie überhaupt über etwas für menschliche Kultur so Zentrales
wie Sprache verfügten. In ihrem Werbematerial wurde dies in Abrede gestellt. Sowohl
Athenaeum (9. Juli 1853) als auch *Freeman's Journal* (4. Oktober 1853) behaupteten,
dass Maximo und Bartola keine Möglichkeit hätten, miteinander sprachlich zu kommunizieren. *The Standard* (12. Juli 1853) erklärte sogar, dass ihre einzige Lautäußerung in
einem „kurzen, unbestimmten Grunzen“ bestehe. Dies ließ vermuten, dass diese „letzten Azteken“ äußerst primitive Wesen seien, deren Zivilisation derart verkommen war,
dass sich sogar ihre Sprache aufgelöst hatte.

Die „letzten Azteken“ boten, ganz besonders in Kombination mit den „Erdmenschen“ die *The Times* am 7. Mai 1853 als „das letzte Glied in der Kette der Menschheit“
ankündigte, einen sichtbaren Beweis für das Schicksal primitiver Völker, die völlig in
der Vergangenheit befangen waren, sich nicht weiterentwickelten und daher als Zivilisation degenerierten und als Rasse ausstarben. So illustrierten Maximo und Bartola
zivilisatorischen Verfall und das Aussterben „niederer Rassen“. Zugleich jedoch warfen

---

19   In: Blackwood's Magazine, September 1853.
20   Vgl. Brantlinger (2003).
21   Illustrated Memoir (1853), S. 25.

sie ein grelles Schlaglicht auf all die vielen Gründe, warum es Großbritanniens Bestimmung war, sich als Inbegriff der modernen Zivilisation weiterzuentwickeln, sich auszudehnen und schließlich fortzudauern. Die Schaustellung der „letzten Azteken", die – im Gegensatz zu Conollys Behauptung – durchaus belehrend war, half den Briten dabei, sich gegenüber anderen Reichen, Völkern und Zivilisationen zu positionieren.

Dass man die „Buschmänner" wie auch die „letzten Azteken" als aussterbende Rassen inszenierte, war in Wirklichkeit eine Rechtfertigung für die gewaltsame Kolonisierung und die Ausrottung indigener Völker, die der weißen Besiedelung Südafrikas und Australiens bald folgte. Diese Präsentationsweise bediente sich des Topos der Wildheit. Afrikanische Völker wurden nun als kannibalistisch, tierisch und gewalttätig dargestellt. „Buschmänner" präsentierte man zwar selten anders denn als putzig-archaisches Volk, aber andere Afrikaner – und ganz besonders Zulus – wurden in diesen Shows regelmäßig als brutale Kerle inszeniert, die der Bändigung bedurften. Besessen von animalischen Leidenschaften, verfügten sie angeblich, ganz im Gegensatz zu den zivilisierten Engländern, über keinerlei Selbstkontrolle. Als der Vater des Zirkusdirektors „Lord" George Sanger im frühen 19. Jahrhundert versuchte, zwei Mulattenkinder als afrikanische „Pygmäen" zu präsentieren, setzte er dabei auf das Bild des „blutrünstigen Wilden". Diese „wilden Kannibalen-Pygmäen" seien, wie er beharrlich behauptete, von portugiesischen Händlern in der afrikanischen Wildnis gefangen worden, und zu normaler menschlicher Sprache nicht befähigt. Ihre Nahrung bestehe aus rohem Fleisch und wenn es ihnen gelänge, ein kleines Tier zu fangen, so rissen sie es mit ihren Zähnen lebendig in Stücke, verschlängen gierig sein Fleisch und tränken sein Blut.[22]

Wie dieses Beispiel zeigt, wurden Afrikaner oft als wild, gefährlich und verdorben beworben. Auch wenn, wie Michael Pickering schrieb, „ausgestellte ‚Wildheit' gebändigte und gezähmte ‚Wildheit'"[23] war, gehörte die demonstrative Disziplinierung des „wilden Mannes" zu den zentralen Elementen der Darbietung, weil gerade dadurch die Notwendigkeit der Unterjochung besonders betont werden konnte. Seile und Käfige wurden benutzt, um dem „Wilden" Einhalt zu gebieten, aber bedeutsamer noch war, ihn als jemanden zu präsentieren, den man aktiv bezähmen konnte. Sanger pflegte seine eigenen ganz offenkundig gefälschten „Wilden" auf dem Festplatz herumzuführen, ihnen Süßigkeiten zu kaufen und somit zu zeigen, dass sie von einem im Grunde gütigen Schausteller gebändigt und kontrolliert werden konnten. Diese Darstellungsweisen, die sich der Topoi der Wildheit, des Kannibalismus und einer daraus erwachsenden Notwendigkeit, die „Eingeborenen" gewaltsam zu unterwerfen, bedienten, wurden in

---

22 Vgl. Sanger (1908), S. 14.
23 Vgl. Pickering (2001), S. 60.

der zweiten Hälfte des 19. Jahrhunderts immer deutlicher ausgeprägt. Damals wurden Zulu-Krieger, die in Wirklichkeit in einer ganzen Reihe von Gefechten britische Soldaten besiegt hatten, zu den beliebtesten exotischen Schauobjekten. Die beschriebene Präsentationsform war aber bereits zwischen 1830 und 1860 von Schaustellern entwickelt worden und bereitete damals die unverhüllt imperialistischen Ausstellungen des späten 19. Jahrhunderts vor.

Diese Schaustellungen blieben nicht ohne Einfluss. Das britische Publikum versuchte damals die Bedeutung des Rassenunterschieds – und damit auch das Wesen der kolonialen Bestrebungen des britischen Königreichs – zu verstehen. Wie prägend Schaustellungen „exotischer" Individuen für diesen Prozess waren, verdeutlichte Charles Dickens. Der Besuch einer „Buschmann"-Schau und einer Schaustellung von „Zulu-Kaffern" an der Hyde Park Corner lösten in dem Schriftsteller Ekel und Widerwillen aus. Er nahm nur allzu bereitwillig die Kunde vom nahe bevorstehenden und unvermeidlichen Aussterben dessen auf, was er ironisch „den edlen Wilden" nannte. In einem sarkastischen Aufsatz, der am 11. Juni 1853 in *Household Words* veröffentlicht wurde, behauptete Dickens nicht nur, dass er den „heulenden, pfeifenden, sich duckenden, stampfenden, springenden, rasenden Wilden" „hasse, verabscheue, von sich weise und verfluche", er meinte auch, es sei für die „Wilden" selbst „höchst wünschenswert", „vom Antlitz der Erde wegzivilisiert zu werden".[24]

Zwischen 1830 und 1860 waren die Menschenzoos im Bereich der Massenunterhaltung also sehr bedeutsam. Es mag ja verlockend sein, sie als bloß voyeuristisch und geschmacklos abzutun, als etwas, was keiner historischen Analyse würdig ist. Tatsächlich spielten diese Shows aber eine entscheidende Rolle in der Herausbildung moderner imperialistischer Identitäten. Als eine der wenigen Formen der Unterhaltung, die unabhängig von der Klassenzugehörigkeit, von Geschlecht, Alter und Wohnort attraktiv waren, vermittelten Völkerschauen einer heterogenen Gruppe neugieriger Zuschauer ein Verständnis ihres eigenen Platzes in der „Vielfalt des Menschengeschlechts". Auf diese Weise bereiteten diese Schaustellungen das britische Publikum im Mutterland auf das Zeitalter des Imperialismus vor, für das, wie in jüngster Zeit etliche Historiker zeigten, die volle Kooperation aller Teile der britischen Gesellschaft nötig war.

---

24 Vgl. Lindfords (1999b).

Exotik als Attraktion

Robert Bogdan

Nicht immer verabscheute die gute amerikanische Gesellschaft Freak-Shows oder Schaustellungen von Abnormitäten und modernen „Monstern". Lange Zeit begeisterten sich angesehene Bürger für Individuen, deren Körper, Geist oder Verhalten – tatsächlich oder vermeintlich – eine Anomalie aufwies oder auch für „Eingeborene" aus exotischen Ländern. Zwischen 1840 und 1940 machten diese Spektakel in Zirkussen, auf Jahrmärkten, bei Karnevalsveranstaltungen, in Kuriositätenmuseen und in Vergnügungsparks Furore. Gegen 1850 richtete der berühmte Schausteller P. T. Barnum im Zentrum von Manhattan sein American Museum ein. Alles, was in New York Rang und Namen hatte – und auch die ganze restliche Einwohnerschaft – eilte dorthin, um Kuriositäten wie „die letzten Azteken" – ein geistig zurückgebliebenes Geschwisterpaar mit konischem Schädel –, „die bärtige Schweizerin", „echte Siamesische Zwillinge", eine afro-amerikanische Mutter mit ihren beiden Albino-Kindern sowie ein paar andere „Wilde" von nah und fern anzugaffen. Bis in die 1950er-Jahre bot auch der Ringling Bros. and Barnum & Bailey Circus, dessen Ankunft am Madison Square für die Amerikaner den Frühlingsbeginn markierte, eine beeindruckende Freak-Show.

Erst in der zweiten Hälfte des 20. Jahrhunderts wurden sich skrupulösere Eventveranstalter bewusst, dass diese Darbietungen, die „Abnormitäten" schamlos ausbeuteten, unanständig und grausam waren. Noch sah man bisweilen, bei Jahrmärkten oder auf Messen, Kuriositätenausstellungen, doch waren dies nur blässliche Spuren der einstigen faszinierenden Attraktionen. Wenn die große Tradition der Freak-Shows heute in Verruf geraten und praktisch erloschen ist, so ist die Schaustellung körperlicher Missbildungen durchaus nicht verschwunden. Vielmehr wurde sie von anderen Medien übernommen, und zwar in einer Art und Weise, die für ein ungeübtes Publikum weniger deutlich erkennbar ist. So findet man im Internet, im Kino, in den Talk-Shows und in Fernsehsendungen Nachfolger der alten Jahrmarktsattraktionen.

Die Freak-Shows

Charakteristisch für das Milieu der Freak-Shows war ein ausgeprägtes Zusammengehörigkeitsgefühl und eine ganz besondere Lebenssicht. Man unterschied scharf zwischen Leuten vom Fach – die, wie man zu sagen pflegte, „dazugehörten" – und anderen Leuten. Diese Solidarität fand ihren Ausdruck in einer stark von Gemeinschaftssinn geprägten Lebensweise, einem spezifischen Jargon, Berufsgeheimnissen und einer unverhohlen zur Schau getragenen Verachtung für all jene, die nicht diesem

Milieu angehörten. Diese „Trottel", „Dummköpfe", „Unschuldslämmer" und anderen „Naivlinge" wurden zur Zielscheibe von Täuschungsmanövern, Betrügereien, und systematischen Gaunereien. Die Freak-Shows, die als gesunde und lehrreiche Zerstreuungen von wissenschaftlichem Wert präsentiert wurden, waren in erster Linie gute Gelegenheiten zum Geldverdienen. Sie fügten sich zielstrebig in eine Unterhaltungskultur ein, in der alles erlaubt war. Hochstapelei und Betrug waren nichts Außergewöhnliches.

Die Freak-Shows waren sorgfältig inszenierte, choreografierte und geplante Produktionen, die mit einer auf die jeweiligen Attraktionen perfekt abgestimmten Reklame präsentiert wurden. Dabei folgte man, von den aufpeitschenden Anpreisungen des Ausschreiers, bis hin zu der besonderen Attraktion, die für ein paar Pfennig mehr eine ganz außerordentliche Überraschung versprach, im Wesentlichen immer demselben Schema. Das einheitliche Format dieser Präsentationsweise grenzte schon beinah an ein Ritual. Die zur Schau gestellten Riesen waren immer die größten der Welt, und die Zwerge waren immer die kleinsten Menschen, die je auf Erden lebten. Immer wies man Oberflächlichkeit und platten Voyeurismus weit von sich und immer brüstete man sich damit, dass die Darbietung lehrreich und somit höchst empfehlenswert sei.

Um den Marktwert ihrer Schaustellungen anzuheben, versahen die Impresarios ihre Darsteller mit einer fiktiven Identität und Vergangenheit oder sie schmückten ihren tatsächlichen Lebenslauf aus. Dies taten sie bisweilen mit dem geheimen Einverständnis der Betroffenen. Die „Davis Brothers" zum Beispiel – geistig zurückgebliebene Zwergwüchsige – waren in Wirklichkeit auf einer Farm in Ohio aufgewachsen. Doch zwischen 1852 und 1905 wurden sie als „Wilde aus Borneo" präsentiert, die nach einem blutigen Kampf von der Mannschaft eines Schiffs im fernen Pazifik gefangen genommen und dann gezähmt worden seien. Die Schausteller und Impresarios setzten also ganz bewusst sehr emotionale Bilder und Symbole ein, um die Freaks mit einer öffentlichen und sehr publikumswirksamen Identität auszustatten. Jeder Freak war im strengen Wortsinn ein Köder. Zwar wurden viele schwere Behinderungen gezeigt – oder, um hier den aktuellen, politisch korrekten Begriff zu verwenden: viele gravierende Beeinträchtigungen –, doch mit wenigen Ausnahmen wurden sie alle in betrügerischer Form präsentiert.

Gewiss gab es verschiedene Arten, Freaks zu präsentieren, sicher ist aber, dass der exotische Präsentationsmodus ganz besonders beliebt war. Unter „Präsentationsmodus" verstehe ich hier ein standardisiertes Repertoire von Techniken, Strategien und Stilen, derer sich die Schausteller zur Inszenierung der von ihnen ausgestellten

Individuen bedienten. Der exotische Modus bot sich für die Prospekte und die Werbeslogans ebenso an wie für die Gestaltung des Bühnenauftritts und andere Aspekte der Präsentation der Freaks.

Der exotische Präsentationsmodus reizte das Interesse des Publikums für das Ungewöhnliche, das „Primitive" und Bestialische. Wie bei den bereits erwähnten „Wilden aus Borneo" beteuerten die Schausteller immer, dass ihre wundersamen Geschöpfe aus einer geheimnisumwitterten, schwer zugänglichen Weltgegen kämen: aus dem tiefsten Afrika, aus dem Urwald von Borneo, aus einem türkischen Harem, aus einem alten aztekischen Königreich...

Der passend für seine Rolle kostümierte Darsteller beteiligte sich an der Hochstapelei. „Barbaren" und „Wilde" grunzten oder tobten schnaubend, murrend oder unter Kriegsgeheul über die Bühne. Mitunter bestand das Kostüm nur aus einem einfachen Lendenschurz und einer Knochenkette, und die Kulisse war in manchen Fällen mit Ketten geschmückt, die vorgeblich das Publikum vor den Tobsuchtsanfällen der „Bestie", die sich da auf dem Podium herumtrieb, schützen sollten. Wenn behauptet wurde, der Freak käme aus dem Nahen Osten oder aus Asien, waren Präsentation und Spektakel im allgemeinen nüchterner: in weite Gewänder gehüllt, geschmückt mit Turbanen und Seidentüchern, gaben die Darsteller durch eine hyperexpressive und stereotype Gestik die Manierismen und Gebräuche wieder, die man den von ihnen vertretenen Ländern zuschrieb.

Um das Interesse noch zu steigern, wurden auch Rahmenerzählungen für die Schaustellungen ersonnen. Manche Szenarien und Beschreibungen exotischer Freaks leiteten sich direkt aus den damals aktuellen Entdeckungsreisen und kolonialen Eroberungen her. So erfreute sich das Thema des „wilden Afrika" großer Beliebtheit, als Stanley und Livingstone am „schwarzen Kontinent" verschollen waren und das britische Imperium die kolonisierten Völker mit dem Schwert zu zähmen versuchte. Als um die Wende vom 19. zum 20. Jahrhundert die Philippinen – bis dahin eine spanische Kolonie – von den Vereinigten Staaten besetzt wurden und sich die indigenen Völker dort gegen die neuen Kolonisatoren zur Wehr setzten, wurden die Ausstellungen gern in einem philippinischen Rahmen angesiedelt.

Schulterschluss zwischen Wissenschaft und Unterhaltungsindustrie

Auch die Gutachten der Wissenschaftler lieferten den Schaustellern viele Argumente. Bereits vor Darwin hatte man darüber debattiert, welcher Platz dem Menschen in der Ordnung der Natur zukommt und welche Verbindungen es zwischen verschiedenen Menschentypen, Pavianen, Schimpansen und Gorillas gibt. In der zweiten

Hälfte des 19. Jahrhunderts lagen diese Themen förmlich in der Luft. Immer wieder bezogen Impresarios Ideen für Kulissen und Ausstattung sowie für die Einzelheiten ihre exotischen Geschichten aus wissenschaftlichen Werken über Teratologie, über die Typologie der „Menschenrassen" und über Theorien zum Missing Link. Wenn „exotische" Menschen auch in den meisten Fällen als Angehörige einer anderen Gattung präsentiert wurden, so entwickelte die Wissenschaft doch auch viele weitere Theorien, aus denen die Schausteller auswählen konnten.

Die Theorie der Hybridisierung[1] diente beispielsweise dazu, augenfällige „Andersartigkeiten" oder auch körperliche und geistige Behinderungen zu erklären. Die Parallelen, die die Schausteller mitunter zwischen den Missbildungen ihrer Freaks und bestimmten tierischen Merkmalen zogen – so zum Beispiel im Falle des „Jungen mit dem Schafskopf" - ließen auf eine biologische Verbindung zwischen Tier und Mensch schließen. Auch die Theorie des Atavismus oder der „Rezessivität", die perfekt zu manchen Schaustellungen „exotischer" Individuen zu passen schien, war äußerst beliebt. Die Ausgangshypothese bestand darin, dass Kinder Merkmale aufweisen könnten, welche auf frühere, „primitivere" Lebensformen zurückgingen, ja sogar auf weniger hoch entwickelte Menschenarten.[2]

Im Rahmen des exotischen Präsentationsmodus gab es auch plumpe Maskeraden, bei denen Amerikaner als „Exoten" ausgegeben wurden: so präsentierte man einen riesigen Schwarzen aus North Carolina als „Furcht erregenden Krieger" aus Dahomey. Die meisten der im exotischen Modus ausgestellten Individuen kamen allerdings tatsächlich aus einem fernen Land und manche stammten sogar aus dem Land, das sie dann auf der Bühne repräsentierten. Entstellung und Betrug bestanden dann in einer Übertreibung der kulturellen Züge, wobei seltsame, bizarre, erotische und wilde Merkmale besonders hervorgehoben wurden. Die beliebtesten Themen waren Menschenfresserei, Menschenopfer, Polygamie, Kopfjagd, einzigartige Gewänder und Ernährungsgewohnheiten, vor denen es den Amerikanern grauste, wie zum Beispiel der Verzehr von Hunden, Nagetieren, Insekten, Erde, usw.

Manche der zur Schau gestellten Individuen, die nicht aus westlichen Ländern stammten, unterschieden sich in auffallender Weise von ihren Betrachtern: sie waren Riesen, Zwerge, hatten keine Arme oder keine Beine, waren siamesische Zwillinge, usw. Im exotischen Präsentationsmodus wurden ihre körperlichen Anomalien ebenso

---

1 Diese Theorie schrieb gewisse Missbildungen einer Kreuzung zwischen Mensch und Tier zu.
2 Übrigens war es diese Theorie, die der Trisomie den heute unakzeptablen Namen „Mongolismus" gab.

sehr hervorgehoben wie die Fremdheit ihrer Gebräuche. Bereits vor Barnums Zeit und bis in die 1950er-Jahre war es üblich, dass ganz normale „exotische" Individuen vor den verblüfften Amerikanern auf den Jahrmarktstribünen auftraten. Sie waren in keiner Weise behindert, waren weder übermäßig groß noch übertrieben klein. Weder schluckten sie Feuer noch trieben sie Possen. Sie unterschieden sich nur durch ihre Zugehörigkeit zu einer fremden „Rasse" oder Kultur von ihren Betrachtern, und das genügte, um sie zu bemerkenswerten Kuriositäten zu machen.

> „Die Eingeborenen aus Borneo, die Kopfjäger, die Ubangi und Somali wurden als Kuriositäten klassifiziert. Aus der Sicht der Schausteller machte sie bereits der schlichte Umstand, dass sie sich [von den Betrachtern] unterschieden, zu menschlichen Sonderbarkeiten."[3]

Diese exotischen Individuen wurden ganz offen als Freaks behandelt und teilten sich die Bühne oft mit behinderten Menschen, aber was diese Menschen wirklich zu Freaks machte, war die rassistische Art und Weise, in der sie und ihre Kultur vom Impresario präsentiert wurde.

Menschen aus Ozeanien, Asien, Afrika, Australien, Südamerika und der Arktis – Menschen aus allen Teilen der nicht-westlichen Welt – wurden in die Vereinigten Staaten gebracht. Zusätzlich spielten Angehörige nordamerikanischer indigener Völker in den berühmten Wildwest-Shows mit. Diese Individuen wurden in den ersten Kuriositätenmuseen und in Zirkussen ausgestellt, später traten sie in Menschenzoos, bei Messen und Karnevalsveranstaltungen und in Vergnügungsparks auf. Große Truppen indigener Darsteller wurden engagiert, um die „Eingeborenen-Dörfer" der Jahrmärkte zu bevölkern. Andere Freaks wurden einzeln oder in kleinen Gruppen ausgestellt.

Truppen von weit her kommen zu lassen, um sie auszustellen, war aber ein ebenso kompliziertes wie kostspieliges Unterfangen, das von kleinen Veranstaltern nicht zu bewältigen war. Um die Kosten zu senken und die nötigen organisatorischen Schritte zu vereinfachen, rekrutierte man gern Afro-Amerikaner oder andere in Amerika ansässige ethnische Minderheiten, die dann in weiter Ferne lebende Völker repräsentieren sollten. Seltener kam es vor, dass man weiße Amerikaner mit Schuhwichse einschmierte, um sie bei Ausstellungen für Angehörige nicht-westlicher Völker auszugeben. Diese Schwindeleien sagen einerseits viel aus über die Leichtgläubigkeit des Publikums, andererseits verdeutlichen sie auch, wie geringschätzig die Schausteller über Authentizität dachten.

---

3   Fellow & Freeman (1936), S. 296.

Die Ausstellung von „Eingeborenen" passte perfekt in den Kontext des 19. Jahrhunderts. Damals betrachtete man Freak-Shows als wissenschaftliche Präsentationen. Die Forschungsreisenden ließen sich von Naturwissenschaftlern begleiten, deren Aufgabe es war, alle Tier- und Pflanzenarten zu erfassen. Angehörige indigener Völker galten schlicht als „lebende Menschen-Exemplare". Gegen 1850 hatte die Ethnologie – diese neue Disziplin und Vorläuferin der Kulturanthropologie - begonnen, sich der nicht-westlichen Völker zu bemächtigen. Die ersten Ethnologen waren mindestens ebenso „primitiv" wie ihre Untersuchungsgegenstände. Erst in den 1930er-Jahren begannen wissenschaftliche Kreise, angeregt von Franz Boas, das Prinzip des Kulturrelativismus anzuerkennen. Allmählich fand man sich bereit, eine Kultur nach Maßgabe ihrer eigenen Wertvorstellungen und nicht nach denen einer anderen Kultur zu beurteilen. Exotische Freaks kamen auch der Mentalität des frühen 20. Jahrhunderts entgegen. Die These der rassischen Unterlegenheit der nicht-westlichen Völker und der unbestrittenen Überlegenheit der westlichen Kultur war im amerikanischen Denken ja noch lang nach den 1930er-Jahren fest verankert. Und selbst jetzt ist sie noch nicht ganz verstummt.

Importiert in die Vereinigten Staaten

Der Import und die Schaustellung „exotischer Menschen-Exemplare" nahmen industrielle Ausmaße an. Die großen Zirkusse und die wichtigsten Ausstellungsstätten stellten Forscher in ihre Dienste, die nichts anderes zu tun hatten, als den Erdball nach kulturellen Kuriositäten abzusuchen. Die ganze Welt stand ihrem Jagdeifer offen und die damalige Öffentlichkeit stieß sich nicht an ausbeuterischen Praktiken. So verfügten sie über einen unerschöpflichen Vorrat an Darstellern, die zwangsweise einzufangen nichts und niemand sie hinderte. Wie war der juristische Status dieser in die Vereinigten Staaten verschleppten Menschen? Schwer zu sagen. Manche kamen mit Verträgen, die mit den Behörden ihrer Heimatländer abgeschlossen worden waren. Darin wurde manchmal auch die Vertragsdauer angegeben. Andere hatten keinerlei Einstellungsvereinbarung abgeschlossen und man hielt sie für das „Besitztum" ihrer Impresarios. Ihre Aufenthaltsdauer auf amerikanischem Staatsgebiet war unbegrenzt.

Die indigenen Darsteller passten sich in unterschiedlicher Weise der Welt des Spektakels und der Unterhaltung an. Für viele von ihnen stellten die Ausstellungen eine Quelle ungeheurer Leiden dar, aber einige fühlten sich bald in ihrem Element und wurden richtige Komödianten. Die anderen fristeten ein kümmerliches Dasein. Ihr Seelenzustand schien jedoch vor den 1940er-Jahren weder das amerikanische Publikum noch die Impresarios zu kümmern, waren die ausgestellten Individuen in ihren Augen doch nichts anderes als Menschenfresser, Wilde und Barbaren. Durch die Kostüme, die

Inszenierung und das Werbematerial sorgten die Veranstalter dafür, dass die „Eingeborenen" auf eine Weise wahrgenommen wurden, die genau der Vorstellung der Amerikaner entsprach und auf diese Weise gängige Stereotype verstärkte.

Um 1925 besuchte Jack Earle, ein außerordentlich großer junger Mann, der an der Universität von Texas studierte, den Ringling Brothers Circus. Der berühmte Zirkusdirektor Clyde Ingalls entdeckte ihn sofort unter den Zusehern und fragte ihn nach der Vorstellung, ob er nicht Lust hätte, bei ihm einen Riesen zu spielen. Diese kleine Anekdote verdeutlicht einen Umstand, der den Profis absolut klar war, den Greenhorns aber durchaus nicht. Sehr groß zu sein ist ein körperliches Merkmal. Ein Riese zu sein ist etwas ganz anderes. Ebenso war der Umstand, eine „exotische Kuriosität" zu sein, weder ein individuelles Attribut, noch eine Krankheit oder ein sozialer Status. Die Jahrmarktskuriosität ist nur auf ihrem Podium „kurios". Was ein Individuum zu einem Freak oder einer Kuriosität macht, ist eine bestimmte Einstellung, ein Komplex bestimmter Praktiken, eine bestimmte Art und Weise, Individuen zu sehen und zu zeigen, ist die Inszenierung einer Tradition, die bühnenwirksame Gestaltung eines sorgfältig geplanten Auftritts.

Die Freak-Shows sagen also weniger über die zur Schau gestellten Freaks als über ihre Betrachter. Die Art und Weise, in der wir Individuen wahrnehmen, die anders sind als wir, hängt weniger von deren körperlicher und ethnischer Identität ab als von unserer eigenen kulturellen Identität. Wie Jack Earles Beispiel zeigt, machte eine körperliche Auffälligkeit oder eine „exotische" Herkunft aus einem Individuum noch keinen Freak. So können uns Freak-Shows lehren, Individuen nicht mit den Rollen zu verwechseln, die diese freiwillig oder unfreiwillig spielen.

Ethnografische Schaukästen: multimediale Erzählmuster

Raymond Corbey

„Sehen heißt wissen"

Diese Devise schmückte den Eingang des Anthropologischen Pavillons bei der *Chicago World's Columbian Exposition* von 1893, eine der vielen Weltausstellungen in der Ära des Imperialismus und des Kolonialismus.[1] Bei diesen riesigen Ausstellungen in den kolonialen Metropolen war die ganze Welt stichprobenartig vertreten und zur Schau gestellt. Bald schon wurden Angehörige vieler verschiedener kolonisierter Völker zu einem der wichtigsten Bestandteile solcher Ausstellungen. Als „wild" oder „primitiv" bezeichnet wurden sie den prüfenden Blicken von Millionen Bürgern westlicher Länder preisgegeben – mitsamt ihren handwerklichen Erzeugnissen, ihren Häusern und mitunter sogar ganzen Dörfern. Auch in anderen Vergnügungsstätten – in Zoos, botanischen Gärten, Zirkussen, Missionsausstellungen kürzerer oder längerer Dauer, naturgeschichtlichen Museen – wurden Individuen, die anderen „Rassen" und/oder „Arten" angehörten, präsentiert.

Im vorliegenden Aufsatz[2] möchte ich diese ethnografischen Ausstellungen in den breiteren Kontext des Umgangs mit den kolonisierten Völkern während der Blütezeit des Kolonialismus stellen. Wie wurde das Fremdartige gesammelt, vermessen, klassifiziert, abgebildet, katalogisiert, vermittelt? Diese Aktivitäten im Rahmen der erfolgreichen imperialistischen Expansionspolitik westlicher Nationalstaaten im 19. Jahrhundert sind charakteristisch für eine enge Verstrickung zwischen Wissenschaft und Politik. Selbstverständlich will ich die historischen Veränderungen und die nationalen Unterschiede, die es bei den Ausstellungen jener Zeit gab – es geht hier um das Ende des 19. Jahrhunderts und den Anfang des 20. Jahrhunderts –, nicht verschweigen, aber ich halte die Gemeinsamkeiten für wichtiger. Ich werde zeigen, dass innerhalb einer breiten Palette von Formen der Auseinandersetzung mit dem Fremdartigen immer wieder ähnliche Grundstrukturen auftreten.

„Weltausstellungen" und „koloniale Ausstellungen" waren bedeutende Ereignisse, die Aspekte einer Handels- oder Industriemesse, eines Festivals, einer politischen Manifestation, eines Museums und einer Kunstgalerie in sich verbanden. Aber wie Walter Benjamin so pointiert formulierte, waren sie vor allem „Wallfahrtsstätten zum

---

1   Vgl. Rydell (1984), S. 44.
2   Eine frühe Version dieses Artikels wurde veröffentlicht unter dem Titel „Ethnographic Showcases, 1870-1930", in: Cultural Anthropology, Band 8, Nr. 1, Februar 1993, S. 338-369.

Fetisch Ware".[3] Die Grundidee bestand darin, die in allen Lebensbereichen erzielten Fortschritte zu präsentieren – nicht nur die Fortschritte in Industrie, Handel oder Verkehrswesen, sondern auch diejenigen in Kunst, Wissenschaft und Kultur. Armut, Krankheit oder Unterdrückung sowie soziale oder internationale Konflikte fanden in diesem Rahmen selbstverständlich keinen Platz.

Die zur Schau gestellten „Wilden"

Die indigenen Einwohner der Kolonialgebiete, die gemeinsam mit allen Arten von Objekten und Produkten ausgestellt wurden, gehörten bald zum Kernbestand internationaler Ausstellungen. Die „Eingeborenen" sollten den unvermeidlichen Triumph „höherer" über „niedrigere Rassen" zeigen im unaufhaltsamen zivilisatorischen Aufstieg des westlichen Bürgertums. Zwar waren die Ethnologen in Bezug auf die Interpretation anderer Kulturen häufig ihrer Zeit voraus, aber Charles Rau, der als Vertreter der Smithsonian Institution die Völkerschauen der *Philadelphia Centennial Exhibition* des Jahres 1876 organisierte, betonte, dass

> „das extrem niedrige Niveau unserer entfernten Vorfahren keine Quelle der Demütigung darstellen kann. Ganz im Gegenteil sollten wir es uns zum Ruhme anrechnen, dass wir uns so hoch über sie erhoben haben, und sollten die große Wahrheit anerkennen, dass der Fortschritt jenes Gesetz ist, das die Entwicklung der Menschheit bestimmt."[4]

Zwei Jahre später wurden bei der Pariser Weltausstellung von 1878 erstmals zahlreiche Individuen aus nicht-europäischen Kulturen in Pavillons und eigens für diese Gelegenheit errichteten „Eingeborenen-Dörfern" ausgestellt. Die Ausstellung von 400 „Ureinwohnern" aus den französischen Kolonien war ungeheuer erfolgreich, ebenso wie, zum Beispiel, die Schaustellungen von „Eingeborenen" aus Java, Samoa, Dahomey, Ägypten, und Nordamerika bei der Chicagoer Weltausstellung von 1893.

Ab 1878 gab es bei allen Ausstellungen „Eingeborenen-Dörfer". Ebenso beliebt waren die Rekonstruktionen von Straßenszenen, zum Beispiel die „Kairoer Straße". Rund um die Jahrhundertwende war es die International Anthropological Exhibit Company, die die Schaustellung nicht-westlicher Individuen in den Vereinigten Staaten in unterschiedlichen Kontexten, unter anderem auch bei internationalen Ausstellungen, vermarktete. Bei der im Jahr 1883 in Amsterdam präsentierten *Internationale Koloniale en Uitvoerhandel Tentoonstelling* wurden „Ureinwohner" der holländischen

---

3　Benjamin (1983), S. 50.
4　Rydell (1984), S. 24.

Kolonialgebiete in Ost- und Westindien ausgestellt. Bei der *Greater Britain Exhibition* von 1899 gab es einen „Kaffern-Kraal, eine packende Darstellung des Lebens in den wilden Gefilden des schwarzen Kontinents". Es handelte sich um eine Darbietung, bei der afrikanische Tiere sowie 174 „Eingeborene" verschiedener kurz zuvor unterworfener afrikanischer Völkerschaften gezeigt wurden. Verteilt auf vier „Eingeborenen-Dörfer", zeigten sie ihr Kunsthandwerk, vollführten „Kriegstänze" und ritten auf Ponys. Unter ihnen waren Khoisan aus der Kalahari Wüste, die charakteristischerweise gemeinsam mit Pavianen als Teil der afrikanischen Naturgeschichte ausgestellt wurden.[5] Die europäischen Impresarios reisten mit einer bestimmten Gruppe von Individuen – zum Beispiel mit den Senegalesen, die das berühmte Senegalesische Dorf bevölkerten – häufig von einer Ausstellung zur nächsten und präsentierten sie auch an anderen Orten und im Rahmen anderer Veranstaltungen.

Die vermeinte Zügellosigkeit der ausgestellten „Wilden" wurde mal als barbarisch und gefährlich, dann wieder als natürlich und spontan präsentiert. In ganz Europa zeigte man „Amazonen", die als ebenso barbarisch wie verführerisch und als wahrhafte Verkörperungen des schwarzen Kontinents galten. Als sie im Jahr 1899 im Moskauer Panoptikum in Frankfurt auftraten, kündigte man sie als „wilde Weiber" an. Frauen von den Samoa-Inseln wurden dagegen in der Presse und in den Broschüren als atemberaubend schön, immer fröhlich, müßiggängerisch und sexuell tolerant beschrieben, als Angehörige eines Volks, das auf einer paradiesischen Insel des pazifischen Ozeans lebte.[6] Die nordamerikanischen Indianer wurden ebenfalls in diesem romantisch-idealisierenden Licht präsentiert.

Bei der *Berliner Gewerbe-Ausstellung* von 1896, die zur Gründung des Deutschen Kolonialmuseums führte, präsentierte man mehr als hundert Ureinwohner aus deutschen Kolonialgebieten, wobei jede Gruppe in einer sorgfältig nachgebildeten Kulisse ihrer natürlichen und kulturellen Umwelt ausgestellt wurde. Auf ein gegebenes Zeichen hin mussten sie Kaiser und Reich mit einem „Hurra!" hochleben lassen.[7] Den Regierungen war durchaus bewusst, welche ungeheure Chance darin lag, ihre Kolonialpolitik breiten Bevölkerungskreisen zu vermitteln und die Einstellung des Publikums gegenüber den neu eroberten Gebieten zu formen. Deutsche Dörfer, Holländische Dörfer und Irische Dörfer wurden bei den internationalen Ausstellungen im Rahmen der Nationalausstellungen zwar ebenfalls (re)präsentiert, doch in diesem Fall wurde die Ausstellung von den zur Schau gestellten Völkern selbst organisiert und nicht von ihren Kolonisatoren.

5　Vgl. Mackenzie (1984), S. 104.
6　Vgl. Schmidt-Linsenhoff (1986), S. 257.
7　Vgl. Schneider (1982), S. 167.

Die Völkerschau

Individuen aus nicht-westlichen Kulturen wurden nicht nur bei Welt- oder Kolonialausstellungen gezeigt, sondern auch in eigenen ethnografischen Darbietungen, die man in Deutschland, wo diese Art von Veranstaltungen seit 1874 sehr populär war, Völkerschauen nannte. Furcht war nur eins der vielen widerstreitenden Gefühle, die die deutschen Bürger empfanden, wenn sie sich in diese ethnologischen Ausstellungen begaben. Sie waren auch fasziniert und wurden von sexueller Neugier geplagt, wie zeitgenössische Presseartikel und Plakate beweisen. Einerseits weckte die sexuelle Potenz, die man bei diesen kaum bekleideten „Primitiven" vermutete, Bewunderung, andererseits begegneten die westlichen Bürger dem ungezügelten Appetit auf Unzucht, den man den „Wilden" unterstellte, mit Verachtung.[8] Wenn diese Bürger nun vor pittoresken exotischen Szenen standen, waren sie hin- und hergerissen zwischen Ekel, überschwänglicher Hochachtung, Verwunderung und Entzücken.

Auch in den Niederlanden fanden Völkerschauen statt. Im Jahr 1900 zum Beispiel wurden die *Groote Achantees Karavanen* [Große Aschanti-Karawanen] in Amsterdam, Rotterdam, Den Haag, Utrecht und Nijmegen begeistert aufgenommen. Die Aschanti, die normalerweise im Zoologischen Garten von Paris gezeigt wurden, unternahmen eine Tournee durch ganz Westeuropa. In Holland beschrieb man sie auf einem Plakat als

> „ehemalige Eingeborene der afrikanischen Goldküste [...] Krieger, Hexer, Priester, Schlangenbeschwörer, Frauen, junge Mädchen und Kinder. Die einzigartigste Rasse, die je in Europa gezeigt wurde. Von allerhöchstem Interesse für das Publikum."[9]

Einige Jahre zuvor waren *De Boschmannen of wilden van Afrika* [„Die Buschmänner oder die Wilden aus Afrika"], wie sie der Titel ihrer Werbebroschüre nannte, auf Tournee. Ihr Verhalten mache sie, wie die Broschüre behauptete,

> „den Affen ähnlicher als den Menschen. Trotz ihrer Wildheit sind diese Buschmänner praktisch harmlos und selbst die schüchternste Person kann sich ihnen nähern und sie ohne Furcht berühren".[10]

Der Vorschlag, diese Khoisan Leute zu berühren, zeigt, wie sehr man sie in die Nähe von Tieren rückte. Dass die ausgestellten Individuen – in metonymischer und metaphorischer Hinsicht, in ihrem Äußeren wie in ihrem Verhalten – Tieren, und im

---

8   Vgl. Thode-Arora (1989), S. 115-119.
9   Aus dem Stadtarchiv Rotterdam.
10   Aus dem Stadtarchiv Rotterdam.

besonderen Affen, glichen, war eine weit verbreitete Ansicht, auch in wissenschaftlichen Theorien jener Zeit. Im Laufe der letzten Jahrzehnte spielten die Khoisan in der westlichen Phantasie übrigens wieder eine positive Rolle, ähnlich wie im 18. Jahrhundert, als sie als „edle Wilde" galten, die in Unschuld ein reines, natürliches und paradiesisches Dasein führten.

Die „Eingeborenen" verkörperten verschiedene Rollen. Die nordamerikanische Agentur William Foote & Co. African American Characters zeigte Individuen die nacheinander als „Wilde", Sklaven, Soldaten und Bürger auftraten.[11] Gezeigt wurden handwerkliche Tätigkeiten, Jagdtechniken, Rituale, Tänze und Lieder sowie stereotype Darstellungen von „Kriegsszenen", „Kannibalismus" und „Kopfjägerei". Bei der im Jahr 1904 in Saint Louis organisierten *Louisiana Purchase Exposition* konnte man philippinische Igorot dabei beobachten, wie sie Hundefleisch aßen – ein Nahrungsmittel, das im Westen tabu war. Afrikanische „Pygmäen" mimten derweil Enthauptungen und die bereits erwähnten „Amazonen" aus Dahomey, waren bis zu den Zähnen bewaffnet und taten so, als kämpften sie miteinander. Aborigines aus dem australischen Queensland, die als „Austral-Neger" präsentiert wurden und im Mai 1885 im Frankfurter Zoo und anderswo ausgestellt wurden, wurden auf den Plakaten als Menschenfresser und „wirklich blutrünstige Ungeheuer" angepriesen.

Ein anderes Plakat, das anlässlich ihrer Tournee durch England gedruckt wurde, fügte sich in eine in Europa seit dem späten 16. Jahrhundert – und De Brys *Grands voyages* – verbreitete ikonografische Tradition ein. Gezeigt wurde darauf ein wildes Kannibalenritual, begleitet von folgendem Text:

> „Australische Kannibalen und Kannibalinnen / Unter der Leitung von R. A. Cunningham / Die erste und einzige Kolonie dieser fremden, wilden, scheußlichen und brutalen Rasse, die je aus den fernen, unbekannten Weltgegenden gebracht wurde, wo sie sich ständig mit Kämpfen und blutigen Überfällen beschäftigen, um das Fleisch ihrer Feinde zu verschlingen / Die niedrigste Stufe der Menschheit und ganz gewiss diejenige, die zu beobachten von allergrößtem Interesse für das Publikum ist."[12]

Die Wissenschaft vom Wilden

Seit dem 18. Jahrhundert wurden auch Geisteskranke ausgestellt, im Allgemeinen in Käfigen, zu denen man nach Entrichtung einer Eintrittsgebühr Zutritt

---

11 Vgl. Thode-Arora (1989), S. 41.
12 Schmidt-Linsenhoff (1986), S. 228.

erhielt. Damals betrachtete man Geisteskrankheit oft als Rückschritt in einen Zustand der Wildheit und der chaotischen Tierhaftigkeit, den man traditionell mit allem verband, was als pervers und anormal galt.[13] Zugleich gab es eine ganze Reihe von Veröffentlichungen, in denen versucht wurde, die Ähnlichkeiten der äußeren Erscheinung zwischen einzelnen Typen von Wahnsinn und einzelnen Tierarten theoretisch zu fassen.

> „Im Gegensatz zur Masse der Ausgeschlossenen, die nicht selbst, sondern nur im Medium der imponierenden Anstaltsmauern den Bürgern sichtbar waren, erhielten die Irren eine Sonderstellung – und zwar gerade ihre gemeingefährlichste Spezies, nämlich die Tobenden, Rasenden und Bedrohlichen (d.h. die Manien). Diese wurden im buchstäblichen Sinne als „Monstren" in Käfigen gegen Entgelt dem bürgerlichen Publikum vorgeführt, das nirgends konkreter als hier Objekt der administrierenden Vernunft ist, Objekt ihrer erziehenden und ordnenden Absicht."[14]

Die Art und Weise, in der exotische Tiere noch immer bei Zirkusaufführungen gezeigt und manipuliert wurden – und noch immer werden –, klärt uns über Disziplinierungspraktiken und das begleitende Idiom von Wildheit und Bändigung auf, die es in weniger augenfälliger Weise auch bei zahlreichen Schaustellungen von Menschen gab. P. T. Barnum und später auch der einige Jahrzehnte lang aktive deutsche Zirkus Sarrasini boten unter ihren Darbietungen ethnologische Attraktionen, die häufig mit akrobatischen Nummern in Verbindung standen.

Im Laufe des 18. und 19. Jahrhunderts wurden die Schaustellungen lebender Menschen immer stärker von einem wissenschaftlichem Diskurs umrahmt, der in besonderem Maße auf der damaligen physischen Anthropologie beruhte. Diese menschlichen „Ausstellungsstücke" verdienten Neugier und boten Zerstreuung, daneben wurde aber auch ihr didaktischer Wert immer stärker betont. Hagenbeck kündigte seine Veranstaltungen zum Beispiel als „anthropologisch-Zoologische Ausstellungen" an. Die Asyle für Geisteskranke wurden damals gerade in den medizinischen Bereich eingegliedert. Das Monströse und Exotische war für die Wissenschaftler ebenso interessant wie es für ein breites Publikum schockierend oder faszinierend war. Anthropologen waren in den Komitees vertreten, die die anthropologischen Abteilungen der internationalen Ausstellungen leiteten und sie stritten sich häufig mit Kollegen, die sich mehr mit kommerziellen Zielen als mit dem wissenschaftlichen oder erzieherischen Interesse der Ausstellungen beschäftigten.

---

13 Vgl. Foucault (1961).
14 Dörner (1984), S. 22.

In den anthropologischen und psychometrischen Laboratorien, die bei den internationalen Ausstellungen eingerichtet wurden, konnten die Besucher der wissenschaftlichen Erforschung der Rassenmerkmale beiwohnen und sogar daran teilnehmen. Phrenologie, Schädelkunde, Physiognomie und Anthropometrie teilten die Überzeugung, dass sich in der äußeren Form und der physischen Erscheinung des Körpers das innere Wesen zeige – das Wesen der verschiedenen Rassen, aber auch das Wesen von Kriminellen, Prostituierten und Geisteskranken. So gingen Wissenschaft, Handel und Imperialismus Hand in Hand.

Multimediale Erzählmuster

Es ist leicht nachzuweisen, dass Erzählstrukturen in internationalen Ausstellungen, Museen oder Missionsausstellungen des 19. und des beginnenden 20. Jahrhunderts eine zentrale Rolle spielten. Wie die Titel vieler zeitgenössischer Werke anzeigen, wurde die Menschheitsgeschichte damals vor allem als heroischer Aufstieg zum naturgegebenen und höchsten Ziel kosmischer Entwicklung präsentiert: die industriellen Zivilisation, verkörpert von der weißen, europäischen Mittelschicht des 19. Jahrhunderts. Vor allem viele Ethnologen, unter Einfluss des seit dem 18. Jahrhunderts weit verbreiteten Fortschrittsglaubens, postulierten, dass andere „Rassen" zwar denselben Weg als Europäer verfolgten, dabei aber kulturell und physisch zurückblieben. Die europäische Hegemonie galt als eine natürliche und somit wünschenswerte Entwicklung, von einem unzivilisierten hin zu einem zivilisierten Zustand, von der Wildheit hin zu einem geordneten Sozialwesen. Diesen Übergang hätte die „kaukasische Rasse" aufgrund ihrer besonderen Fähigkeiten in heroischer Weise bewerkstelligt. Andere „Rassen" könnten ihn mithilfe der „kaukasischen Rasse" vollziehen, zumindest insoweit ihre physische Konstitution einen derartigen Fortschritt erlaubte. Der Weg von der Wildheit über die Barbarei zur Zivilisation wurde symbolhaft gestaltet, indem man die Objekte in den Museen oder Ausstellungen in evolutionärer Abfolge präsentierte.

Die Bedeutung, die Sekula[15] dem Geiste des optischen Empirismus und des Enzyklopädismus von Bildarchiven mit ihrem rein iterativen Charakter zuschreibt, ist heuristisch nützlich und bis zu einem gewissen Grad auch gerechtfertigt, aber in vielen Sammlungs-, Katalogisierungs- und Ausstellungskontexten zwang man den Daten eine Ordnung auf, die weit über bloße Iteration und Taxonomie hinausging. Oft waren alle wesentlichen Elemente eines bestimmten Erzähltypus vorhanden: ein Beginn, an dem ein begehrtes Gut fehlt, ein Ende, das durch diesen Beginn in gewisser Weise teleologisch impliziert wurde, handelnde

---

15   Vgl. Sekula (1986), S. 58.

Subjekte, Kämpfe und Konflikte, und verschiedene andere Handlungselemente. Die internationalen Ausstellungen und die Museen gaben sich nicht damit zufrieden, Völker, Rassen, Kulturen, Arten und Artefakte bloß taxonomisch zu kategorisieren, sie klassifizierten sie auch narrativ, schufen jene wohlbekannten Erzählmuster, in denen zivilisierte/christliche Weiße im Namen irgendeiner höheren Instanz den Wilden/Heiden die Erleuchtung bringen. Dasselbe galt auch für zahlreiche Fotografien, die in kolonialen Kontexten aufgenommen worden waren und bestimmte Momente aus den Erzählungen, durch welche sie inspiriert waren und die sie illustrierten, bildlich darstellten.[16] Diese allgemein bekannten Erzählmuster waren flexibel, konnten ungleichartige Elemente in sich fassen und sich über andere Lesarten hinwegsetzen.

Ein Aspekt dieser Darbietungen, Bilder und Erzählungen bestand darin, dass sie die kognitive Dissonanz und die Bedrohung der westlichen Mittelschicht-Identität abmilderten, die in der verblüffenden kulturellen „Fremdheit" der neuen Völker lag. Die Völker in den kolonisierten Gebieten, die so „anders" waren als die Kolonisatoren, wurden in eine Erzählstruktur eingefügt. Man wies ihnen eine Rolle in den Geschichten zu, die von den Museen, den Weltausstellungen und den kolonialen Postkarten erzählt wurden. Sie wurden als ferne Ahnen angesehen, die in der Gegenwart lebten, als Empfänger der wahren Zivilisation und der wahrhaften Religion. Die Erzählstruktur sollte den grundlegenden Widerspruch zwischen „Zivilisation" und „Wildheit" erträglich machen.

Hier schließe ich mich Claude Lévi-Strauss an, der den Mythos als Versuch Widersprüche oder Paradoxien zu bewältigen interpretierte, als narrative Vermittlung existentieller, sozialer und kognitiver Widersprüche.[17] Ähnlich betont Carol Breckenridge die Analogie zwischen der privaten Sammeltätigkeit von Kolonialbeamten und den staatlich initiierten Weltausstellungen. Erstere schuf die Illusion einer kognitiven Kontrolle über eine verstörend-chaotische Kolonialerfahrung, letztere machte die Ordnungsgewalt der Kolonialmacht fühlbar und verstärkte dadurch in der Zielgruppe der viktorianischen Ökumene das Bewusstsein, dass Interpretationsgewalt und Kontrolle vom Mutterland ausgingen.[18]

Um nun auf die zu Beginn zitierte Devise der Weltausstellung von 1893 in Chicago zurückzukommen – „Sehen heißt wissen" –, so ist ja ganz offensichtlich, dass wir nicht

---

16　Vgl. Corbey (1988); Corbey (1989); Corbey (1990).

17　Wir lassen uns hier auch, wie den Spezialisten klar geworden sein dürfte, von der strukturalistischen Erzähltheorie von A. J. Greimas und der Pariser Schule inspirieren, ohne jedoch alle ihre Annahmen zu unterschreiben. Für eine ebenso überzeugende, aber radikalere poststrukturalistische Analyse der Ausstellungspraktiken vgl. Bal (1996).

18　Vgl. Breckenridge (1989), S. 211.

in der Lage sind, etwas allein deshalb zu wissen und es zu kennen, weil wir es sehen. Das Auge ist nicht unvoreingenommen. Die Devise drückt in gedrängter Form eine Ideologie aus, auf der während des Kolonialismus einige scheinbar ganz unterschiedliche Praktiken basierten: Fotografie, Kolonialdiskurs, Missionsdiskurs, Anthropometrie, Sammlungs- und Ausstellungswesen, usw. Was die Leute sahen, war nicht die Realität, wie sie wirklich war, sondern weitestgehend die Realität, wie sie durch Bilder, Konzeptionen, Taxonomien, Erzählungen und Motivhaltungen wahrgenommen und im Geist des Zusehers aktiv konstruiert wurde. Die wahrgenommene Ordnung war eine aufgezwungene Ordnung. Der Blick der Bürger auf ein Individuum, das „anders" war als er selbst, war in beträchtlichem Maße bestimmt durch Erzählungen und Stereotypen, die ihnen mental bereits vertraut waren.

Die ausgestellten Individuen waren in ihrer Rolle gefangen und wurden in den von Museen, Weltausstellungen und imperialistischen Ideologien erzählten Geschichten zu zwar in der Gegenwart lebenden, aber zurückgebliebenen und anachronistischen Ahnen gemacht, zu Empfängern der wahren Zivilisation und der wahrhaften Religion. Sie wurden zu Figuren in Erzählungen, in der Selbst-Identität und Fremd-Identität konstruiert wurden. Ihre eigenen Stimmen und Meinungen – die paradoxerweise häufig ebenso ethnozentrisch und allwissend waren wie jene der westlichen Bürger – wurden ausgelöscht. Fremde Kulturen in narrative Handlungsverläufe einzufügen, war für die panoptische Sicht des Bürgers eine Art und Weise, sich mit ihrer phantastischen und verwirrenden Andersartigkeit zu konfrontieren, ohne diese völlig aus zu löschen. Diese Handlungsverläufe vermittelten die Illusion der panoptischen Position eines allwissenden Zuschauers und stellten somit eine weitere Machtstrategie dar, nämlich die Illusion, dass Sehen dasselbe sei wie Wissen.

Im Laufe der letzten Jahrhunderte wuchs die Gruppe des „Wir", der „ wahren" Menschen, beständig an. Immer mehr Kategorien von Menschen, die lange Zeit ausgeschlossen oder als nur bedingt zugehörig angesehen wurden, traten zum „ Wir" hinzu: Frauen, Sklaven, Bauern, Arme und nicht-westliche Völker. Jetzt ist die Grenze der menschlichen Art erreicht und wird, vor allem in Bezug auf ihre moralische Bedeutung, hinterfragt und sogar überschritten. Die Diskussion kreist nun um Zoos und Zirkusse, Bio-Industrie und Tierexperimente. Es scheint also, dass die vorhergehenden Beobachtungen zu den ethno- und eurozentristischen Völkerschauen während der Hochblüte des Kolonialismus, in verschiedene Hinsichten auch auf Anthropozentrismus und „Speziezismus", auf andere (als menschliche) Tiere als „wilde Andere" anwendbar sind.[19]

19　Auf den Begriff „Speziesismus" wird im Nachwort kurz Bezug genommen.

Menschenzoos: wissenschaftlicher Rassismus und populärer Rassismus im kolonialen Westen

Pascal Blanchard, Nicolas Bancel und Sandrine Lemaire

In einem ersten Übersichtsartikel über Menschenzoos, der im Sommer 2000 in *Le Monde diplomatique* und in einer Sondernummer der Zeitschrift *Manière de voir* über Polemiken zur Kolonialgeschichte veröffentlicht wurde, diskutierten wir über die Charakteristika dieses besonderen Ausstellungstypus und über seine Auswirkungen.[1] Wie beeinflussten diese Ausstellungen die Beziehungen zwischen Kolonisatoren und Kolonisierten? Welche Rolle spielten sie bei der Spaltung, die sich im 19. Jahrhundert zwischen dem Westen und dem „Rest der Welt" ereignete? Und wie prägten sie unsere Einstellung zu Menschen, die sich von uns unterscheiden? Das Phänomen, das wir im weitesten Sinn „Menschenzoos" nennen wollen, entstand um die Mitte des 19. Jahrhunderts in zoologischen Gärten. Es verbreitete sich in Freak-Shows und lässt sich bis zu den großen Welt- und Kolonialausstellungen im ersten Drittel des 20. Jahrhunderts verfolgen. In dem genannten Artikel versuchten wir zu zeigen, dass sich in einem knappen halben Jahrhundert durch dieses Phänomen ein zunächst ausschließlich wissenschaftlicher Rassismus im gesamten Westen verbreiten und in der öffentlichen Meinung verankern konnte. Die „anthropologisch-zoologischen Ausstellungen" stellten den ersten Massenkontakt zwischen sogenannten „exotischen" Weltgegenden und weiten Teilen der europäischen – und auch der amerikanischen – Öffentlichkeit her. Für mehrere Jahrzehnte wiesen sie Menschen, die „anders" waren, die Rolle von Objekten und Beherrschten zu. Dieser Prozess inszenierte einen scharfen Gegensatz zwischen „Zivilisierten" und „Wilden" und legitimierte auf diese Weise koloniale Bestrebungen und eine Feinseligkeit gegenüber anderen „Rassen".

Wir möchten dieses Thema hier nochmals aufnehmen und es in einen breiteren Kontext stellen. Auch wollen wir die Anregungen einarbeiten, die wir aus den lebhaften Diskussionen des im Juni 2001 in Marseille abgehaltenen Kolloquiums erhielten.[2]

Sammeln, untersuchen, messen. Wie man Differenz sichtbar macht

Entstehung und Erfolg der Menschenzoos wurzeln in der Verbindung von drei gleichzeitig ablaufenden Prozessen. Zunächst wurde eine soziale Vorstellung von den „Fremden" – seien sie nun kolonisiert oder nicht – konstruiert, dann wurde der Begriff der

---

1 Bancel, Blanchard & Lemaire (2000).

2 Dieses Kolloquium versammelte etwa 50 international anerkannte Spezialisten, die historische und geistesgeschichtliche Prozesse des Kolonialismus, das Bild der „Anderen" und die Geschichte der Humanwissenschaften erforschen.

„Rassenhierarchie" in eine wissenschaftliche Theorie gefasst, die sich den Argumenten der physischen Anthropologie anschloss, und schließlich wurde ein stark expandierendes Kolonialreich errichtet. In relativ kurzer Zeit – innerhalb von etwa fünf Jahrzehnten – formten diese drei Entwicklungstendenzen die Grundlagen eines Modells, das noch zu wenig untersucht ist und dessen Nachwirkungen unser Denken noch immer prägen.

Die Idee, exotische Bevölkerungsgruppen in einer zoologischen Darbietung zu zeigen, – eine Idee, deren Ursprünge bis zum Beginn des 19. Jahrhunderts zurückreichen –, tauchte in den 1870er-Jahren gleichzeitig in mehreren europäischen Ländern, aber auch in den Vereinigten Staaten auf.[3] Dort war es vor allem der berühmte P. T. Barnum, der als einer der ersten „lebende Museen" eingerichtet und beworben hatte. In Deutschland stellte Carl Hagenbeck, Tierhändler und später Direktor des wichtigsten europäischen Zoos, ab 1874 regelmäßig Menschen aus Lappland und von den Samoa-Inseln aus. Sie wurden den sensationslüsternen Zuschauern als „echte Naturvölker" präsentiert. Der Erfolg dieser ersten Ausstellungen veranlasste Hagenbeck bereits 1876 dazu, einen seiner Mitarbeiter in den ägyptischen Sudan zu senden, um von dort Tiere und „Nubier" zu holen, so dass für eine neue „Attraktion" gesorgt war. Die sogenannten „Nubier" wurden in verschiedenen europäischen Hauptstädten – Paris, London, Berlin – zur Schau gestellt und stießen, wie die meisten der von Hagenbeck ausgestellten Ethnien, auf größtes Publikumsinteresse.

Ein solcher Erfolg beeinflusste ganz gewiss Geoffroy Saint- Hilaire, den Direktor des Pariser Zoologischen Gartens, der auf der Suche nach neuen Attraktionen war, um die angeschlagene finanzielle Situation seines Unternehmens zu verbessern. Als er zu allem Überfluss auch noch bemerkte, dass „eingeborene" Kameltreiber, die eine in der französischen Hauptstadt zur Schau gestellte Kamelherde begleiteten, die Besucher viel mehr interessierten als ihre Tiere, beschloss er, im Jahr 1877 zwei „ethnologische Darbietungen" in seinem Zoo zu organisieren. Die Schaustellungen der „Nubier" und der Eskimos (Inuit) waren ein ungeheurer Erfolg. Die Besucherzahl verdoppelte sich und in diesem Jahr wurden eine Million Eintrittskarten verkauft. Alle wollten diesen „Haufen exotischer Tiere" bestaunen, die begleitet wurden von „einigen Individuen, die nicht weniger einzigartig sind" – so beschrieben die großen Zeitungen damals die

---

3   In ganz Europa, aber auch in den Vereinigten Staaten wurden ab dem Beginn des 19. Jahrhunderts Menschen einzeln, im Familienverband oder in kleinen Gruppen zur Schau gestellt. Dies geschah auf Jahrmärkten, in Zirkussen und in Zoos, die Truppen gingen aber auch auf Tournee, etwa nach Deutschland und in die Schweiz. Siehe die Arbeiten von Rea Brändle und die zahlreichen Diskussionsbeiträge zu diesem Thema beim Marseiller Kolloquium (Zoos Humains: Corps exotiques, corps enfermés, corps mesurés, Juni 2001). Diese Darbietungen standen damals noch nicht in Zusammenhang mit Kolonialismus und einem strukturierten Rassendiskurs, nahmen aber dennoch das Phänomen der Menschenzoos vorweg, das sich ab dem letzten Drittel des 19. Jahrhunderts allgemein verbreitete.

Attraktion. Von 1877 bis 1912 fanden mit gleichbleibendem Erfolg etwa dreißig „ethnologische Ausstellungen" dieser Art im Pariser Zoologischen Garten statt. Was die Anzahl der Besucher und der Ausstellungen betraf, war dieser Zoo die wichtigste Ausstellungsstätte in der Geschichte der französischen Menschenzoos.

Auch in anderen Kontexten wurden bald ähnliche Darbietungen organisiert und dabei politischen Zwecken angepasst. Dies geschah etwa bei den Pariser Weltausstellungen der Jahre 1878, 1889 – damals bildete ein „Neger-Dorf" mit 400 „Eingeborenen" eine der Hauptattraktionen – und 1900, als das berühmte „lebende Madagaskar-Diorama" fünfzig Millionen Besucher anlockte. Später gab es auch bei den Kolonialausstellungen ähnliche Attraktionen, etwa in Marseille 1906 und 1922 oder in Paris 1907 und 1931. Einzelne Veranstaltungsorte spezialisierten sich auf unterhaltsame Darbietungen dieser Art, etwa der für Ausstellungszwecke genutzte Park Champ de Mars, das Varietétheater Les Folies Bergère oder der Tanzsaal Magic City. Aber auch am Théâtre de la Porte Saint-Martin gab es derartige Darbietungen: dort wurde beispielsweise szenisch dargestellt, wie die französische Armee die Dahomey unter ihrem König Behanzin besiegt hatte. Aufgrund einer wachsenden Nachfrage im kommerzielleren Bereich und aus den Provinzen gab es solche Schaustellungen sehr bald auch auf Jahrmärkten und regionalen Messen. In dieser Dynamik entstanden auch schnell Wandertruppen, die von Ausstellung zu Ausstellung und von Messe zu Messe zogen. Die berühmten „Neger-Dörfer" oder Senegalesischen Dörfer wurden immer beliebter. Eins der ersten war bei der Lyoner Ausstellung des Jahres 1894 zu sehen. Und seither gab es keine Stadt und keine Ausstellung, bei der es nicht eine solche angeblich genaue Nachbildung dieser wilden Gefilde gegeben hätte. So war sichergestellt, dass auch wirklich alle Franzosen Gelegenheit hatten, zwischen Landwirtschaftswettbewerb, Sonntagsmesse und Spaziergang um den See die dort lebenden exotischen Menschen und Tiere zu begaffen. Von 1877 bis zum Beginn der 1930er-Jahre suchten Millionen von Franzosen in diesem Rahmen eine Begegnung mit diesen so „andersartigen" Menschen. Die Schaustellungen eines fremden Volks, das aus weiter Ferne nach Frankreich gekommen war, oder eines „Eingeborenen" aus den Kolonien –, waren für die allermeisten Franzosen im Mutterland der erste Kontakt zu Menschen, die „anders" waren als sie. Solche Darbietungen dürften auf die Konstruktion des sozialen Bilds „exotischer" Menschen eine enorme Wirkung gehabt haben. Ganz besonders deshalb, weil dieser Prozess damals in Wort und Bild von einer allgegenwärtigen Kolonialpropaganda begleitet wurde, die die Vorstellungswelt der Franzosen zutiefst prägte.

Mit der Einrichtung der Kolonialreiche beanspruchten die westlichen Staaten die Kontrolle über das soziale Bild „andersartiger" Menschen in einem neuen politischen Kontext und in einer historischen Expansionsbewegung von bis dahin ungekanntem Ausmaß. Die Kolonisierung erforderte die Unterwerfung und Zähmung des „Fremden"

– und die Gestaltung seines Abbilds. Darum stellte dieser Prozess einen so entscheidenden Wendepunkt dar. Ambivalente Bilder, die den „Wilden" zwar als defizitär, aber – in Reminiszenz an den von Rousseau genährten Mythos – auch als edel, charakterisierten, wurden überlagert von einer Sichtweise, in der „exotische" Völker ganz klar stigmatisiert wurden. Die bildhafte Abwertung des „Eingeborenen" nahm in dieser neuen Konfiguration Gestalt an und die Inszenierungen der Menschenzoos prägten die Wahrnehmung der kolonisierten Völker ganz gewiss.

Eine Ironie der Geschichte bestand darin, dass die „exotischen Truppen", die durch Europa – und sogar nach Amerika – reisten, ihren Heimatländern häufig zehn oder fünfzehn Jahre fern blieben und ihre eigene Schaustellung gegen gutes Geld akzeptierten. Hinter den Kulissen der „Wildheit" musste man die „Wilden" bezahlen.[4]

Die ethnologischen Schaustellungen des letzten Drittels des 19. Jahrhunderts fanden in einem besonderen Wissenschafts- und Medienkontext statt. In der allgemeinen Presse und in der öffentlichen Meinung entwickelte sich eine populäre Form des Rassismus, die den Hintergrund kolonialer Eroberungen bildete. Alle großen Medien, von den populärsten Illustrierten – wie *Le Petit Parisien* oder *Le Petit Journal – über Zeitschriften, die von Reisen und Entdeckungsfahrten berichteten – wie Le Tour du Monde* oder *Journal des Voyages –*, bis hin zu Publikationen mit wissenschaftlichem Anspruch – wie *La Nature* oder *La Science amusante* – präsentierten „exotische" Völker als Überbleibsel früher Stufen der Menschheitsgeschichte. Das Vokabular, mit dem „Wildheit" stigmatisiert wurde – „bestialisch", „blutrünstig", „fortschrittsfeindlicher Fetischismus", „rückständige Dummheit" – wurde von ikonografischen Darstellungen unerhörter Gewalttätigkeit verstärkt. Diese Bilder bestätigten die Vorstellung von abgestumpften Untermenschen, die an den fernen Grenzen des Kolonialreichs und an der Schwelle zwischen Tier und Mensch dahinvegetierten.[5] Die Kenntnis fremder Völker war damals ja noch beschränkt. Die Abwertung der „Exoten" wurde zudem noch durch die Dreiheit von Positivismus, Evolutionismus und Rassismus verstärkt. So besuchten Mitglieder der Pariser Anthropologischen Gesellschaft[6] mehrmals solche Völkerschauen, um ihre anthropologischen Forschungen durchzuführen. Die physische Anthropologie war von der Idee einer Rassenhierarchie

---

4   Nicht alle ethnischen Gruppen, die zu Schaustellungszwecken in den Westen reisten, hatten einen exklusiven und einzigartigen Status. Die Feuerländer zum Beispiel scheint man als zoologische Exemplare im eigentlichen Sinne „importiert" zu haben. Die Gauchos dagegen waren in gewisser Weise Artisten, traten unter Vertrag auf und waren sich über die Inszenierung, die sie dem Publikum boten, voll und ganz bewusst.

5   Vgl. Bancel, Blanchard, Gervereau (1993).

6   Die Société d'Anthropologie de Paris wurde 1859 gegründet – im selben Jahr wie der Pariser Zoologische Garten.

besessen und der Begriff der „Rasse" wurde ein zentrales Paradigma in den verschiedenen Erklärungsmustern für die vielfältigen Erscheinungsformen des Menschen. Die Menschenzoos bildeten die Klassifikation menschlicher „Rassen" ab und machten das Evolutionsmodell metaphorisch fassbar. Diese Klassifikation fand ihren Niederschlag in der Gestaltung der Menschenzoos in Paris und prägte ganz entscheidend die Ideologie derartiger Veranstaltungen. Als zum Beispiel die *„Kosaken"* in den Pariser Zoologischen Garten eingeladen wurden, bestand der russische Botschafter darauf, dass man sie nicht mit den afrikanischen „Negern" gleichsetze und als Buffalo Bill mit seiner Truppe eintraf, stand es wegen der amerikanischen Ureinwohner, die in seiner Show mitwirkten, ganz außer Frage, dass er im zoologischen Garten auftrat. Dieses auf der Annahme eines wesenhaften Unterschieds zwischen verschiedenen Menschengruppen basierende Muster wurde tief im allgemeinen Bewusstsein verankert. Häufig wurden auch „Freaks" ausgestellt: im zoologischen Garten zeigte man im Jahr 1909 „Zwerge" oder „Liliputaner", auf vielen Jahrmärkten gab es Bucklige oder Riesen, Menschen mit zu großen Köpfen oder „Neger"-Albinos wie in Paris 1912. Die unglaubliche Popularität dieser Schaustellungen ist äußerst bezeichnend und ist auch eine Vorbedingung für den kometenhaften Aufstieg der Menschenzoos. Eugenik, Sozialdarwinismus und Rassenhierarchie wirkten hier wohl in dialektischer Weise zusammen. Sie alle entsprangen der Furcht vor der Abweichung, einer Furcht, die damals in einer Ideologie, die „Rassen" ungleichen Wert zumaß und sowohl „Erbkranke" als auch „Eingeborene" stigmatisierte, ein Ventil fand.

Der sogenannte wissenschaftliche Diskurs war, weil er die Kolonialherrschaft durch das Postulat rassischer Ungleichheit legitimierte und dem Rassismus dadurch unerbittlich eine scheinbar rationale Begründung lieferte, das Medium einer wahrhaft schrecklichen Weltsicht. Die Völkerschauen lieferten eine zwar lückenhafte, aber doch ganz wesentliche, weil exklusive Erklärung für die Begegnung mit dem Andersartigen und Fremden, eine Erklärung, die evolutionistische Vorstellungen über „Rassen" in Umlauf brachte. Auf diese Weise zogen die vorgeblichen anthropologischen Entdeckungen ein breites Publikum in ihren Bann und stützten durch ihre hierarchische Botschaft ganz klar die westliche Hegemonie. Diese Ausstellungen gaben dem Axiom der Ungleichwertigkeit „menschlicher Rassen" eine allgemein verständliche Form, lieferten Beispiele für die Unterwerfung, die im Rahmen der französischen „Zivilisationsmission" von den Kolonisierten verlangt wurde, und rechtfertigten die kolonialen Bestrebungen dadurch auch zu einem gewissen Teil.

Ganz offensichtlich verbanden Menschenzoos vorgebliche wissenschaftliche Objektivität mit einer volkstümlichen Form des Rassismus. Beide Strömungen basierten auf kolonialer Expansion. Ein bemerkenswertes Indiz für dieses Zusammenwirken besteht darin, dass die Völkerschauen im Pariser Zoologischen Garten von der Pariser Anthropologischen Gesellschaft legitimiert wurden. Für die Anthropologen waren die Individuen unterschiedlicher ethnischer Herkunft, die man nach Frankreich gebracht hatte, „lebende Exemplare" der Spezies Mensch, die sie für ihre eigene Forschungstätigkeit verwenden konnten. Selbst wenn die Anthropologische Gesellschaft von Paris zwischen 1860 und 1900 deutlich größeren Wert auf den „wissenschaftlichen" Charakter derartiger Veranstaltungen legte, so freute sie sich doch darüber, dass da aus allen Weltgegenden Individuen unterschiedlicher ethnischer Herkunft herbeiströmten, die ihr eine weitere Erforschung dessen ermöglichten, was sie als „Artenvielfalt" betrachtete. Erst als die Schaustellungen immer bizarrer, derber und theatralischer wurden, entzogen die Anthropologen ihnen ihre Unterstützung.

Die Zähmung des „Wilden"

Diese Veranstaltungen waren – ebenso wie die Ausstellungen am Champ de Mars und in den Folies Bergère – mit einer immer komplexeren Inszenierung der „Wildheit" verbunden: barocke Ausstattung, rasende Tänze, Simulation „blutrünstiger Kämpfe" oder „kannibalischer Riten". In der Werbung wurde besonderes Gewicht auf die „Grausamkeit", die „Barbarei" und die „unmenschlichen Gebräuche" (Menschenopfer oder Skarifizierungen) gelegt. So war das Bild des „Wilden" zwischen 1890 und dem Ersten Weltkrieg ein besonders blutrünstiges. Ohne jegliche Rücksicht auf ethnologische Wahrheit konstruierten, verstärkten, entwickelten, aktualisierten und legitimierten Menschenzoos die krankhaftesten rassistischen Stereotype, die während der Periode des Kolonialismus das Bild der Völker in den eroberten Gebieten formten. Die „Lieferung" von „Eingeborenen" stand in enger Verbindung zu den überseeischen Eroberungen Frankreichs. Sie erfolgte mit Zustimmung – mitunter auch mit Unterstützung – der Kolonialverwaltung und trug so zum französischen Projekt des Kolonialismus bei. So wurden zum Beispiel die Tuareg im Jahr 1894 in Paris ausgestellt, unmittelbar nachdem Timbuktu durch die Franzosen erobert worden war. Ebenso traten die Madagassen ein Jahr nach der Besetzung Madagaskars durch die Franzosen in Paris auf. Der Erfolg der berühmten „Amazonen" aus dem Königreich Abomey schließlich folgte der Besiegung König Behanzins durch die französische Armee in Dahomey, einem Ereignis, das in den Medien größten Widerhall gefunden hatte. Das Bestreben, diese fremdartigen Völker abzuwerten und als Tiere darzustellen, wurde von der Presse voll und ganz unterstützt. Ganz wie der Wunsch, das koloniale Frankreich in einer ultra-nationalistischen Raserei zu verherrlichen, die nach der Niederlage gegen Preußen im Jahr 1870 ihren Höhepunkt erreichte. Den Kolonisatoren wurden „grausame, zügellose „Eingeborene" gegenübergestellt, die vom Fetischismus verblendet und von rasender Mordgier beherrscht waren. So wurden ganz unterschiedliche exotische

Völker in gleichen, wenig schmeichelhaftem Licht gezeigt.[7] In der verzerrten Darstellung erschienen alle „Rassen" einheitlich und beinah austauschbar. Zwischen „ihnen" und „uns" wurde jedoch eine unüberwindliche Grenze gezogen.

Interessant und verlockend waren die in den Westen gebrachten „Wilden" ganz gewiss, aber auch furchterregend. Ihre Handlungen und Bewegungen mussten streng überwacht werden. Sie wurden als Wesen präsentiert, die vollkommen „anders" waren, und die europäische Inszenierung zwang sie, sich auch entsprechend zu betragen. Es war ihnen untersagt, während der Zeit ihrer Schaustellung eine irgendwie geartete Anpassung an die westliche Kultur erkennen zu lassen. So wäre es um die Jahrhundertwende bei den allermeisten Veranstaltungen undenkbar gewesen, dass sich die Ausgestellten spontan unter die Besucher gemischt hätten und gewöhnlich wurde sehr wenig Gelegenheit für direkten Kontakt geboten. Die fremdartigen „Exoten" wurden gemäß den gängigen Stereotypen geschminkt und ihre Aufmachung war möglichst bizarr. Zudem mussten die zur Schau gestellten Individuen in einem genau bezeichneten Teil der Ausstellungsfläche bleiben. Taten sie dies nicht, wurde eine Geldstrafe von ihrem Lohn abgezogen. Auch dies verlieh der unsichtbaren Grenze zwischen ihrer Welt und der Welt der westlichen Bürger, die gekommen waren, um sie zu bestaunen, Realität. Man zog eine körperliche und geistige Grenzlinie zwischen Wildheit und Zivilisation, zwischen Natur und Kultur.

Das Erstaunlichste bei dieser brutalen und vertierenden Darstellung des Fremdartigen war die Reaktion des Publikums. Während der Jahre, in denen derartige Ausstellungen ganz alltäglich waren, beanstandeten nur sehr wenige Journalisten, Politiker oder Wissenschaftler die – häufig katastrophalen – sanitären Bedingungen und die menschenunwürdige Unterbringung der „Eingeborenen". Auch gab es zahlreiche Todesfälle unter den ausgestellten Individuen, die nicht an die hiesigen klimatischen Bedingungen gewöhnt waren, etwa bei der Schaustellung der Kaliña-Indianer im Jahr 1892 in Paris.[8] Dennoch ist in einigen Quellen davon die Rede, dass Besucher angesichts dieser Schaustellungen entsetzt gewesen seien und den Ausgestellten Nahrungsmittel oder andere Kleinigkeiten zugeworfen hätten. Ebenso wird aber berichtet, dass sie das Aussehen der Ausgestellten mit Primaten verglichen, womit sie auf einen Topos der physischen Anthropologie zurückgriffen. Die „affenähnlichen Züge" der „Eingeborenen" ausfindig zu machen, gehörte ja zu deren wesentlichen Anliegen. Auch bezeugen die Quellen, dass Besucher beim Anblick einer krank und zitternd in ihrer

---

7 Siehe zu diesem Punkt Blanchard, Blanchoin, Bancel, Boëtsch & Gerbeau (Hg.), 1995, ganz besonders die Aufsätze von Gilbert Beauge, Christine Barthe & Benoît Coutancier, Gérard Collomb, Joël Dauphine und Pascal Blanchard & Stéphane Blanchoin.

8 Vgl. Collomb (1995).

Hütte liegenden Afrikanerin ungeniert lachten. Diese Beschreibungen – so lückenhaft sie auch sein mögen – beweisen hinlänglich, dass der Rassismus auf das Wahrnehmen, Denken und Fühlen der westlichen Bürger jener Zeit immer größeren Einfluss gewonnen hat. In einem solchen Kontext konnte sich das Kolonialreich allerbesten Gewissens entfalten und auf juristischer, politischer und ökonomischer Ebene eine umfassende rassistische Ungleichheit zwischen Europäern und „Eingeborenen" verankern.

Selbstverständlich erfuhr man in Menschenzoos nichts über die dort ausgestellten „exotischen" Völker. Dafür sind diese Ausstellungen aber ein außerordentliches Instrument, um die Mentalitätsgeschichte zwischen dem ausgehenden 19. Jahrhundert und den 1930er-Jahren zu untersuchen und um zu analysieren, wie sich der Rassismus in volkstümlicher Form in praktisch allen westlichen Ländern verbreitet hat. Tatsächlich bestand die wesentliche Aufgabe von Zoos, Ausstellungen und Vergnügungsparks darin, das Seltene, Kuriose, Fremdartige zu zeigen, also alle Ausdrucksformen dessen, was im Gegensatz zu einer nach europäischen Normen funktionierenden, vernunftbetonten Weltsicht ungewöhnlich und andersartig war.[9] Berechtigterweise kann man sich nun fragen, was all diese rasenden Maskeraden eigentlich bedeuten sollten. Waren sie letztlich nicht einfach die Widerspiegelung der – höchst realen – Wildheit der kolonialen Eroberung selbst? Gab es nicht die – bewusste oder unbewusste – Absicht, die Brutalität der Eroberer zu rechtfertigen, indem die Eroberten als Tiere dargestellt wurden? Es ging gewiss ganz zentral darum, zwei klar voneinander getrennte Rassenuniversen zu errichten. Das der Kolonisatoren und das der „Eingeborenen", eine Zivilisation der Herrschenden und eine Welt der Beherrschten. In dieser Perspektive ist der Verweis auf Tabuverletzungen ein nützlicher Indikator und das in diesen Inszenierungen ständig wiederkehrende Thema der Anthropophagie ist in dieser Hinsicht sehr aufschlussreich. Während wir so gut wie nichts darüber wissen, wie es im subsaharischen Afrika am Ende des 19. Jahrhunderts um diese hochrituelle und jedenfalls äußerst eingeschränkte soziale Praxis der Anthropophagie tatsächlich bestellt war, gab es in allen Medien zahllose Bilder von „menschenfressenden Wilden". Bis zur *Exposition coloniale internationale* von 1931, bei der die Kanaken-Ausstellung nur mehr eine Randerscheinung war, gehörten diese Bilder zu den werbewirksamsten Verkaufsargumenten für Menschenzoos.

Bei der Weltausstellung des Jahres 1878 wurde eins der ersten „Neger-Dörfer" errichtet und der offizielle und institutionelle Rahmen der Veranstaltung legitimierte diesen Ausstellungstypus. Solche „Eingeborenen-Dörfer" wurden hierauf zu einem wesentlichen und notwendigen Bestandteil aller Kolonialausstellungen, internationalen Ausstellungen, Weltausstellungen oder regionalen Handelsmessen. Tatsächlich nahm

---

9   Vgl. McClintock (1994).

die Anzahl solcher Ausstellungen – ganz besonders der Kolonialausstellungen – von den 1890er-Jahren bis zum Ende der Zwischenkriegszeit beständig zu.

Bei praktisch allen derartigen Veranstaltungen sollte ein „Neger-Dorf", ein Indochina-Dorf, ein Arabisches Dorf oder ein Kanaken-Dorf die Neugier der Besucher befriedigen. Gleichzeitig wurden diese „Neger-Dörfer", die man später „Schwarze Dörfer" oder Senegalesische Dörfer nannte – was eine höchst interessante semantische Entwicklung nach dem Ersten Weltkrieg darstellt – zu eigenständigen Attraktionen. Sie machten Tourneen durch die französische Provinz, durch Europa und sogar in die Vereinigten Staaten. Es gab Jahr für Jahr Vorstellungen. Vier oder fünf Truppen bereisten jeweils die großen Ausstellungen in den französischen Regionen: Amiens, Angers, Nantes, Reims, Le Mans, Nizza, Clermont-Ferrand, Lyon, Lille, Nogent, Orléans, usw. Sie gaben aber auch Gastspiele in den Zoos europäischer Großstädte: Hamburg, Antwerpen, Barcelona, London, Berlin und Mailand. Überall besuchten zwei- bis dreihunderttausend Zuschauer diese Ausstellungen. Die Inszenierungen waren hier deutlich „ethnografischer" und die Dorf-Rekonstruktionen ähnelten Papiermaché-Kulissen, wie sie damals für Hollywood-Filme über das geheimnisvolle Afrika verwendet wurden. Diese Filme waren erste Vorläufer eines sehr reichen Filmschaffens, das in Europa und den Vereinigten Staaten zu diesem Thema entstehen sollte. Die phantastischen Rekonstruktionen von „Eingeborenen-Tänzen"[10] oder die berühmten historischen Episoden – wie die Gefangennahme des westafrikanischen Stammesführers Samory Touré durch die Franzosen, die damals eine große moralische Befriedigung dargestellt haben muss – wurden immer seltener.

Ganz offensichtlich zeichnete sich eine neue Situation ab: der „Wilde" wurde (wieder) friedlich, kooperativ, ganz so, wie er nach Vorstellung einer Kolonialmacht sein sollte, die ihr Reich in den Jahren vor dem Ersten Weltkrieg für endgültig befriedet halten wollte. Zu jener Zeit wurden die territorialen Grenzen des Kolonialreichs festgelegt. Der Expansion folgte nun die „Zivilisierungsmission", ein Ziel, für das sich die Kolonial-Ausstellungen leidenschaftlich einsetzten. Dem Soldaten folgte der Verwaltungsbeamte. Unter dem wohltuenden Einfluss der aufgeklärten und republikanischen Kolonialmacht Frankreich wurden die „Eingeborenen" zwar auf die unterste zivilisatorische Entwicklungsstufe gestellt, die eigentliche Rassenproblematik wurde dabei aber euphemistisch verschleiert.

Die „Neger-Dörfer" oder „Schwarzen Dörfer" waren desinfizierte Nachfolger der alten Menschenzoos. Da man das Bild der kolonisierten Völker der neuen Erwartungshaltung

---

10 Eine gewisse Vorstellung hiervon gewinnt man beim Betrachten des berühmten Filmdokuments, das die Brüder Lumières im Jahr 1893 in Lyon gedreht hatten. Der Film zeigt einen vor Zuschauern und Kameras nachgestellten Aschanti-Umzug.

des Publikums anpasste, ersetzte nun eine weniger brutale Darstellungsweise die gewaltsam erniedrigende Sichtweise der Menschenzoos. Gewiss war der „exotische Fremde" weiterhin unterlegen, doch war er gezähmt – hatte also einen ersten Schritt auf dem Wege der kolonialen Erlösung getan – und man entdeckte in ihm nun Entwicklungsmöglichkeiten, die koloniale Großmut rechtfertigten. Diese neue Wahrnehmung der nicht-europäischen Völker erreichte bei der *Exposition coloniale internationale*, die 1931 im Bois de Vincennes stattfand, ihren Höhepunkt. Auf hunderten Hektar wurde dort in Gestalt kolonialer Errungenschaften und republikanischer Sendung die sozusagen kultivierteste Form des Menschenzoos präsentiert.

Diese Untersuchung der komplexen Wechselbeziehungen zwischen kolonialen Bestrebungen, wissenschaftlichen Strömungen und visueller Aneignung „andersartiger" Kulturen im Kontext von ethnografischen Ausstellungen und „Eingeborenen-Dörfern" zeigt uns, wie sehr die Völker, die im Westen auf diese Weise präsentiert wurden, zu Objekten gemacht, aus ihrem historisch-kulturellen Kontext gerissen und in rassistischer Perspektive dargestellt wurden, befangen in einer uralten Zurückgebliebenheit, die die „Zivilisierungsmission" der Kolonialmacht rechtfertigte. So waren Menschenzoos ein – bisher völlig unbeachtetes – Phänomen von fundamentaler Bedeutung für die westliche Kultur. Zum einen hatten sie ungeheuer viele Besucher, zum anderen lassen sie erkennen, welche Haltung die Kolonialmacht Frankreich[11] und ganz Europa damals zu „Fremden" hatten. Lassen nicht viele der archetypischen Inszenierungen in Menschenzoos tiefe Bestrebungen eines kollektiven Unbewussten erahnen, eines Unbewussten, das im Laufe des 20. Jahrhunderts vielerlei Gestalt annehmen sollte und das wir heute entschlüsseln müssen?[12] Ein Jahrhundert später scheinen diese Muster in abgewandelter Form – im Kino, im Fernsehen, in der Presse und in Stereotypen über Menschen, die „anders" sind als wir – immer noch ihre Wirkung auszuüben.

Stellen Menschenzoos nicht letztlich die entscheidende Verbindung her zwischen einem 19. Jahrhundert, das Theorien über Rassenhierarchien entwickelte, und einem 20. Jahrhundert, das diese Theorien in die Praxis umsetzte, von der Hochblüte der Kolonialreiche bis zum sogenannten „Krieg der Zivilisationen", von dem heute die Rede ist? Dies zwingt uns dazu, uns nicht nur mit der Entwicklung des rassistischen Denkens und Sprechens im Westen zu beschäftigen, sondern auch mit den Modalitäten und Medien seiner Verbreitung. Genau dies scheint uns die bedeutsamste Dimension in der Erforschung der Menschenzoos zu sein: sie lassen erkennen, welche Stellung Fremde und Menschen, die „irgendwie anders" sind als wir, in unserem Denken und Handeln einnehmen.

---

11   Vgl. Bancel & Blanchard (2000).
12   Vgl. Blanchard & Bancel (1998a) und Blanchard & Bancel (1998b).

Menschenzoos: der „Wilde" und der Anthropologe

Gilles Boëtsch und Yann Ardagna

Welche Rolle spielten Wissenschaftler bei der Entwicklung der Menschenzoos? Oder anders formuliert: Wie beeinflusste die Welt der Wissenschaft die unterschiedlichen Formen der Schaustellung, die im Verlauf des 19. Jahrhunderts der Inszenierung nicht-europäischer Völker gedient hatten? Im Jahr 1817 veröffentlichte Baron Cuvier[1] im dritten Band des *Mémoires du Muséum* einen Artikel über die berühmte „Hottentottische Venus".[2] Saartjie (Sarah Baartman) war zwar nicht das erste menschliche Wesen, das zur Schau gestellt wurde – bereits die Konquistadoren brachten amerikanische „Wilde" nach Hause und Bougainville kam im Jahr 1769 mit einem Tahitianer zurück nach Frankreich –, aber sie war unter den ersten, deren Schaustellung sowohl der Zerstreuung als auch der wissenschaftlichen Forschung diente. So stand sie am Beginn jenes Prozesses, der am Ende des 19. Jahrhunderts zur vollen Entfaltung jenes Ausstellungstyps führte, den wir Menschenzoos nennen. Von nun an konnte die Wissenschaft ganz direkt „lebende Exemplare" beobachten und musste sich nicht mehr ausschließlich auf die mehr oder minder ernsthaften, mehr oder minder objektiven Berichte der Reisenden stützen. Noch vor Saartjie war der junge Chinese Tchong-A-Sam im Jahr 1800 von den Mitgliedern einer gelehrten Gesellschaft studiert worden. Diese Société des Observateurs de l'Homme [Gesellschaft der Menschenbeobachter] erklärte, sie habe nicht gleichgültig bleiben können, „als in der Öffentlichkeit das Gerücht umging, dass sich in Paris ein Chinese aufhalte. Natürlicherweise habe sie das Bedürfnis gehabt, bei einer solch günstigen Gelegenheit wertvolles Material zur Erforschung eines Volks zu sammeln, das sich so streng vom Rest der Welt abkapselte.[3]

Wenn der Westen auch nicht das Monopol auf die Schaustellung von Fremden hatte – dies geschah auch in Ägypten und in Japan –, so entsprach diese Praxis doch ganz dem Wunsch, ein universal gültiges – und zunächst naturgeschichtlich orientiertes – Wissen

---

1 Cuvier (1817).

2 Die Geschichte dieser Frau ist gut dokumentiert: Saartjie – später auf den Namen Sarah Baartman getauft – verließ Südafrika im Jahr 1810 und gelangte mit einem Schaustellungsvertrag nach London. Nachdem sie zwischen 1810 und 1814 in Nordengland umhergereist war und vielerlei erlebt hatte, kam sie nach Paris, wo sie öffentlich ausgestellt und Gelehrten vorgeführt wurde. Hier starb sie auch am 29. Dezember 1815. Vgl. Badou (2000a) und Badou (2000b). Ihr Leichnam wurde von Cuvier seziert, in Gips gegossen und im Musée de l'Homme ausgestellt. Siehe dazu Fauvelle-Aymar (2002a).

3 Vgl. Jauffret & Leblond (1978).

aufzubauen. Dieses Streben nach Wissen entstand in der Zeit der Aufklärung.[4] Nach Linnés Klassifikation der Arten bemühte sich die westliche Wissenschaft ab dem 18. Jahrhundert, in mühseliger Kleinarbeit die physische Mannigfaltigkeit der Völker der Erde zu erforschen. Dies war eine große Herausforderung, fiel es den europäischen Reisenden doch nicht leicht, die körperlichen Merkmale der Indianer so zu beschreiben, dass man sie von ihren europäischen Zeitgenossen unterscheiden konnte. Lestringant[5] zeigte, dass die ersten physischen oder kulturellen Darstellungen der Tupinamba – beispielsweise die von André Thevet (1557-1558) und Antoine Jacquard – zu einem Formalisierungsprozess gehörten, dessen Basis vom Modell der europäischen Antike inspirierte epistemologische und ästhetische Konstruktionen waren. Wenn die Reisenden und Künstler jener Zeit das Aussehen und die Körperhaltung der „Eingeborenen" damals unter Rückgriff auf antike Normen wiedergaben, wollten sie einen ursprünglichen Menschheitszustand zeigen, der jedoch bereits die spezifischen Merkmale dessen besaß, was – in den Augen eines Europäers jener Epoche – Menschen zu Menschen machte. Körper von Afrikanern dagegen wurden in der westlichen Kunst seit der ägyptischen und griechischen Antike durch die Verwendung schwarzer Farbe und übertriebener morphologischer Merkmale mit großer Leichtigkeit kenntlich gemacht.[6]

Buffon begründete in seiner *Histoire naturelle* (1749) auf Basis zahlreicher Reiseberichte eine recht systematische Beschreibung der Völker der Erde. Andere nach ihm gaben diese Art von Beschreibungen auf und arbeiteten immer komplexere und feinere Vermessungssysteme aus, die auf das „lebende Objekt" anwendbar waren. Wenn sich Guérando[7] noch mehr für die Gebräuche als für die morphologischen Aspekte interessierte, so schlug Cuvier vor, von den Expeditionen nach Übersee Portraits und anatomische Teile – vor allem den Kopf – mitzubringen. Zu diesem Zwecke gab er die nötige Konservierungstechnik weiter:

> „die Knochen in einer Natron- oder Ätzkali-Lösung zum Kochen bringen und vom Fleisch befreien. Das ist in wenigen Stunden getan. Die Matrosen werden sich vielleicht dagegen wehren, dass diese Handlungen, die ihnen barbarisch erscheinen mögen, auf ihrem Schiff durchgeführt werden. Aber bei einer Expedition, die den Fortschritt der Wissenschaften befördern soll, dürfen sich die Anführer nur durch die Vernunft leiten lassen."[8]

4　Vgl. Thomson A. (1987).
5　Vgl. Lestringant (1995).
6　Vgl. Vercoutter, Leclant, Snowden & Desanges (1976); Bucher (1977).
7　Vgl. Guérando (1978 [1800]).
8　Cuvier (1978 [o. J.]).

Dumoutier, der die wissenschaftliche Expedition der „Astrolabe" und der „La Zélée" begleitete, die Toulon unter der Führung von Jules Dumont d'Urville am 7. September 1837 in Richtung Südsee verließ, plante den Aufbau einer Sammlung „phrenologischer" Abgüsse, die den indigenen Völkern abgenommen werden sollten.[9] Dieses Vorhaben begeisterte die wissenschaftliche Welt, die auf diese Weise die alten Kuriositätenkabinette weiterzuführen und ins Zeitalter der Vernunft einzuführen hoffte.

Der Mensch als Gegenstand der Naturgeschichte

Diese neue wissenschaftliche Konzeption, die auf direkter Beobachtung der Sitten oder der Skelette beruhte, war Teil eines Prozesses, der dazu führte, dass der Mensch als Gegenstand der Naturgeschichte angesehen wurde. Aus theologischen Gründen hatte man Menschen bis dahin nicht mit den wissenschaftlichen Mitteln untersuchen dürfen, die zu jener Zeit bereits auf andere Lebewesen angewandt wurden. Hierzu gehörte beispielsweise die anatomische Sektion. Nun wurde der Mensch zu einem Gegenstand der Wissenschaft. Seit dem epistemologischen Bruch, den Linné eingeleitet hatte, indem er den Menschen in seine Klassifikation des Tierreichs eingliederte, erwarb die Anthropologie allmählich einen Status als eine wissenschaftliche Disziplin, deren wichtigster Untersuchungsgegenstand die alten und neuen „Menschenrassen" darstellten.

Zu Beginn des 19. Jahrhunderts setzte J. F. Blumenbach, dessen Museum die weltweit größte Sammlung „rassisch klassifizierter" Schädel enthielt, einen weiteren Meilenstein, indem er diese Sammlungstätigkeit in die Anthropologie einführte. Zusätzlich zu den Ergebnissen, die die Untersuchung dieser Präparate erbrachte, sammelte Blumenbach auch Schriften über „Menschenrassen". So konnte er innerhalb der menschlichen Art eine große Vielfalt beobachtbarer „Typen" feststellen. Das Prinzip der Klassifikation von Blumenbachs Präparaten beruhte zu allererst auf der Schädelform und dann auf der Farbe von Haar, Haut und Iris. Die Kraniologie wurde zur Kraniometrie – das Studium wurde zur Vermessung – und die Anthropologie wurde zur Zoologie des Menschen. Blumenbach empfahl in seiner Abhandlung *De generis humani varietate nativa*[10] die vertikale Regel, die, von oben gesehen, eine Messung des Schädeldurchmessers und der Gesichtswinkel ermöglichte.

Von da an erwarb die Anthropologie einen neuen Status und wurde zu einer Disziplin, die die Menschheit in klassifizierte Abteilungen (Taxa) unterteilte, die ihrerseits die Entwicklung von Untergruppen ermöglichten, aus denen neue Disziplinen

---

9   Vgl. Ackernecht (1956).
10   Blumenbach (1775).

entstanden. Buffons weltumspannende Anthropologie, die Sonini in seiner Einleitung zur neuen, 1801 erschienenen Werkausgabe als synthetisch bezeichnet hatte, machte einer analytischeren, aber auch bruchstückhafteren Anthropologie Platz. Mit der Entwicklung der Ansätze von Camper und Blumenbach – der Kraniometrie und der Kraniologie – brach ein neues wissenschaftliches Zeitalter an, in dem der Mensch nicht mehr in seiner Gesamtheit begriffen wurde, sondern zerlegt in eine Reihe morphologische Variablen. Die Anthropologie wandte sich den Fragestellungen und Methoden der damals in Entstehung begriffenen vergleichenden Anatomie zu, deren Tradition auf Tyson[11] zurückgeht. Sie verlieh einem damals zwar bereits existierenden, aber noch kulturell basierten rassistischen Ethnozentrismus neuen Aufschwung, indem sie ihm eine biologische Erklärung eröffnete. Anders – und damit minderwertig – zu sein, war nun nicht mehr die Widerspiegelung mehr oder minder schneller kultureller Entwicklungen, sondern beruhte auf biologischen Grundlagen, die Zeichen unüberwindlicher Differenz darstellten. Bereits Gould[12] hatte sich gefragt, ob es die Einführung deduktiver wissenschaftlicher Methoden war, die eine entstehende Rassenklassifikation rechtfertigte oder ob es ganz im Gegenteil das Klassifikationskonzept war, das „wissenschaftliche Fragen" so modellierte, dass sie eine vorab bestehende Schlussfolgerung verstärkten. Wenn sich Morton[13] auch eines Sammlungskonzepts bediente, das er vor allem in der Untersuchung des alten Ägypten zur Anwendung brachte, so führte seine Voreingenommenheit bezüglich der „Überlegenheit" der „weißen Rasse" doch nicht zu denselben Schlussfolgerungen wie bei Blumenbach und heizte die Auseinandersetzungen zwischen Monogenisten und Polygenisten an.

Im Rahmen der Kraniologie veröffentlichte das Muséum impérial d'histoire naturelle im Jahr 1862 die fünfte Auflage seiner *Hinweise für Reisende und Kolonialbeamte über die Sammlung, die Konservierung und den Versand von naturgeschichtlichen Objekten.* Im Kapitel über Anthropologie wurde den Lesern nahegelegt, möglichst Abgüsse von lebenden Menschen herzustellen und wenn dies nicht möglich sei, die Objekte zu fotografieren. Auf die Rolle der Fotografie hat bereits vor einigen Jahren Ernest Conducré in einem in *La Lumière* erschienenen Artikel hingewiesen. Darin betonte er die Bedeutung des Sammelns anthropologischer Fotos.[14] Die genannten *Hinweise für die Reisenden* standen in der Tradition der Anleitungen, die Guérando oder Cuvier zu Beginn des 19. Jahrhunderts gegeben hatten und die 1864 von Broca

---

11   Vgl. Tyson (1699).
12   Vgl. Gould (1985a).
13   Vgl. Morton S. (1844).
14   Vgl. Conducre (1858).

in seinen *Instructions générales pour les recherches anthropologiques à faire sur le vivant*[15] wieder aufgegriffen wurden.

Um die Morphologie der fremden Völker zu erforschen, waren also Reisen und Aufenthalte vor Ort nötig. Doch als der Chinese Tchong-A-Sam und vor allem die „Hottentottische Venus" nach Europa kamen, erschlossen sich unverhofft neue Informationsquellen, und eine neue Form, physische Anthropologie zu betreiben, wurde möglich. Hierfür war ein opportunistischer Ansatz nötig, der auf A. Comtes positivistischen Wissenschaftsentwurf beruhte. Man musste es ausnützen, dass „exotische" Individuen greifbar waren, um sie anthropologisch zu erforschen, wie Alphonse Bertillon in seinem Werk *Les Races sauvages*[16] nahelegte. Das Titelblatt seines Werks schmückte er mit einem Stich, der eine „Gruppe von Galibi-Indianern im Zoologischen Garten von Paris" zeigte.

Nach einem ersten Versuch, dem Publikum „Individuen als Typen" zu präsentieren – gemeint ist hier Fitz-Roys Schaustellung von vier Feuerländern in London zwischen 1829 und 1831[17] –, nahm die Anzahl ethnografischer Schaustellungen in Zoos, auf Messen, in Vergnügungsparks und Zirkussen ab der Mitte des 19. Jahrhunderts deutlich zu. Die Anthropologen nutzten diese Ausstellungen für ihre Studien. Sie richteten richtige Laboratorien ein, die dazu dienten, die unterschiedlichsten anthropologischen Beobachtungen vorzunehmen. Die erste wissenschaftliche Arbeit, die die Pariser Anthropologische Gesellschaft veröffentlichte, stammte von Clémence Royer[18] und es ging darin um einen zotteligen Russen, der gemeinsam mit seinem Sohn in Barnums Zirkus ausgestellt wurde. In späteren Forschungen wurden „Zwerge" und „Pygmäen" miteinander verglichen[19] oder über Tuareg[20] diskutiert. Differenz wurde hier also mit einer bestimmten Form von Andersartigkeit in Verbindung gebracht. Um für ein breites Publikum ein Gegenstand des Interesses und der Neugier sein zu können, mussten diese Fremden sich auch deutlich von ihren europäischen Betrachtern unterscheiden.[21] „Primitive" Völker durften – und mussten – furchteinflößende Gebräuche wie Kannibalismus pflegen oder über ein Äußeres verfügen, das in der romantischen Literatur eine so wichtige und missbräuchliche Rolle spielte.[22]

---

15 Broca (1879).
16 Bertillon (1882).
17 Vgl. Corra (1882).
18 Royer (1873).
19 Vgl. Bloch (1909).
20 Vgl. Atgier (1909).
21 Vgl. Blanchard R. (1909); Forbin (1909).
22 Vgl. Malchow (1993).

Im Jahr 1877 notierte Mazard, dass im Zoologischen Garten eine „Gruppe von Nubiern gemeinsam mit einer Gruppe von Tieren" angekommen sei. „Eine Kommission wurde bestimmt, um diese Individuen zu untersuchen. Ihr gehörten die Herren Bordier, Dally, Girard de Rialle und Mazard an."[23] Die Untersuchungskommission nahm Mitte Juli ihre Arbeit auf und beendete sie Mitte Oktober desselben Jahres.[24] Im selben Jahr interessierte sich eine aus Bordier, Broca, Dally, Girard de Rialle, Mazard und Topinard bestehende Kommission auch für die sechs im Zoologischen Garten ausgestellten Eskimos (Inuit).[25] Neben einer anthropometrischen Beschreibung der zur Schau gestellten Individuen und allgemeinen Überlegungen zu ihren Ernährungsgewohnheiten, wurde auch eine ergänzende Untersuchung der Muttermilch durchgeführt.[26] Im Jahr 1883 nutzte Ernest Chantre den Besuch von fünf Zulus in Lyon für anthropometrische Messungen. Er kaufte ihnen auch Waffen und verschiedene Gerätschaften ab, die er mit ähnlichen Objekten der Sambesi verglich.[27] Bei der Sudan-Ausstellung am Champ de Mars im Jahr 1895 lud Barbier, der Direktor der Ausstellung, die Mitglieder der Pariser Anthropologischen Gesellschaft ein, die 350 ausgestellten „Neger" in Augenschein zu nehmen, und bot jenen Mitgliedern der Gesellschaft, die Forschungen durchführen wollten, sogar drei Dauer-Eintrittskarten an.[28]

Diese anthropologischen und ethnografischen Beobachtungen wurden regelmäßig in den wissenschaftlichen Zeitschriften jener Zeit – *La Nature, Bulletins de la Société d'anthropologie de Paris, Revue d'anthropologie*, usw. – veröffentlicht. Insgesamt wurden auf Basis von Beobachtungen, die fast ausschließlich in Paris während der Völkerschauen zwischen 1873 und 1909 gemacht wurden, mehr als 80 Aufsätze verfasst. Paradoxerweise stammte nur ein kleiner Teil der „Rassen", die im Zoologischen Garten präsentiert und studiert wurden, aus dem französischen Kolonialreich.[29] Neben dem Spektakel, das diese Ausstellungen dem Publikum boten, waren die Anthropologen – zumindest zu Beginn – darauf bedacht, sie auch als Quellen der „Rassenanalyse" und als didaktisches Werkzeug für interessierte Laien zu nutzen. Topinard, der Generalsekretär der Pariser Anthropologischen Gesellschaft, stellte in einem 1888 in *La Nature* veröffentlichten Aufsatz über „Menschenrassen" fest, dass seit „etwa fünfzehn Jahren das breite Publikum an den Ausstellungen wilder Rassen Geschmack findet", vor allem

---

23   *Bulletins de la Société d'anthropologie de Paris*, 1877, S. 476.
24   *Bulletins de la Société d'anthropologie de Paris*, 1877, S. 520.
25   Vgl. Bordier (1877a) und Bordier (1877b).
26   Vgl. Coudereau (1877).
27   Vgl. Chantre (1884).
28   *Bulletins de la Société d'anthropologie de Paris* (1895), S. 479.
29   Über die Anfänge der Ausstellungen im Pariser Zoologischen Garten siehe Blanchard, Bancel & Lemaire in diesem Band sowie Schneider (2002).

an den „letzten Zeugen eines versinkenden Zeitalters"[30], die zu betrachten unseren Enkeln nicht mehr gegeben sein wird."[31] Topinards Aufsatz handelte von australischen Ureinwohnern, die der Direktor des Zoologischen Gartens, Geoffroy Saint-Hilaire, nach den Lappen (Sami), Feuerländern, Nubiern und anderen „exotischen" Völkern hatte kommen lassen. Topinard sah in diesen Schaustellungen nicht nur eine Gelegenheit für das unmittelbare Studium von „Menschenexemplaren". Vor allem begriff er sie als Möglichkeiten, wertvolle Daten über aussterbende „Rassen" zu sammeln und nahm auf diese Weise eine zoologische Perspektive ein. Ähnliches hatte er bereits in Zusammenhang mit den „Hottentotten" geäußert, als er erklärte, dass diese Art von Menschen – im Gegensatz zu den Europäern – nicht in der Lage sei, sich „den neuen Bedingungen, die ihnen unsere Zivilisation aufzwingt", anzupassen.[32] Schließlich sah Topinard im Wettstreit zwischen (archaischen und zivilisierten) „Gesellschaftstypen" keine Entwicklungsmöglichkeit für die Kulturformen der „rückständigsten" Völker. Vorstellbar war für ihn nur das radikale Verschwinden jener „Rassen", denen man jegliches Entwicklungspotential abgesprochen hatte. Nadaillac ging hier noch einen Schritt weiter und ließ Vorstellungen von Überlegenheit und Unterlegenheit einfließen: „Dass unterlegene Rassen verlöschen, wenn sie auf überlegene Rassen stoßen, ist eine historische Tatsache", schrieb er in Zusammenhang mit „indianischen Rothäuten".[33] Zum Beweis stellten Anthropologen, vor allem Ernest Hamy, bei der Weltausstellung von 1889 prähistorische Szenen nach, um anhand eines linearen Entwicklungsmodells die Distanz zwischen den frühesten Erscheinungsformen des Menschen und der Gegenwart aufzuzeigen. Die exotischen Völker der Gegenwart gehörten in ihrer Sichtweise letztlich derselben Entwicklungsstufe an wie unsere europäischen Vorfahren, deren „ganze Erscheinung [...] auf eine noch wilde und barbarische Rasse hindeutet".[34]

Die Beziehung zwischen Typus, Sammlung und Ausstellung wurde nicht nur in der Anthropologie entwickelt. Es handelt sich um ein Kernelement im westlichen Bestreben, natürliche Objekte zu klassifizieren. Durch die Klassifikation der Lebewesen versuchte man, der Natur Sinn zu geben und enthüllte so die Ordnung der Natur.

---

30   Darunter findet man die Galibis [Dally (1882); Capitan (1882); Girard de Rialle (1882); Manouvrier (1882)], die Kanaken [Moncelon (1885)], die Somali [Bonaparte (1890)], die Dahomeyaner [Foa (1891); Zaborowski (1893); Regnault (1893); Binet (1900)], die Karaïben [Coudereau (1892)], die Senegalesen [Regnault (1895); Collignon (1896b)], die Madegassen [Deniker (1896); Collignon (1896a); Deniker & Collignon (1897)] und schließlich noch die Tuareg [Deniker (1907); Atgier (1909)]. Dies sind nur achtzehn Aufsätze von insgesamt ungefähr achtzig Veröffentlichungen.

31   Topinard (1888b).

32   Vgl. Topinard (1888b).

33   Nadaillac (1891).

34   Nadaillac (1889).

Ausgehend von den Kuriositätenkabinetten, die die Gebildeten des 18. Jahrhunderts so sehr geschätzt hatten, erlaubte das Konzept der zoologischen Gärten, eine Auswahl aus der Vielfalt der Tierwelt zu zeigen. Wenn man nun „Exoten", „Wilde", „Menschenfresser", „Zwerge", „Ungeheuer" usw. zur Schau stellte, so bedeutete das vom anthropologischen Standpunkt aus auch, menschliche Abnormitäten zu zeigen, Freaks und jene Wesen, die dem Menschengeschlecht sozusagen nur ganz am Rande angehörten. All dies diente dazu, sich der eigenen Normalität zu versichern.

Ausstellungen von Wesen mit fremdartigen Körpern in rekonstruierten Szenen des „wilden Lebens" bildeten eine gute Illustration für die besondere Beziehung, die die Gesellschaft des Westens zur „restlichen Welt" aufgebaut hatte. Die zoologischen Gärten wollten, wie auch die Kolonialausstellungen, „Eingeborene" und ihre Lebensbedingungen möglichst getreu darstellen. Kolonialausstellungen wurden bald zu einer Stätte der Zerstreuung, wo Zuschauer einen archetypischen Zoo besuchten, in dem die „Eingeborenen" die Arten – die Biozönose – und die Pavillons die Lebensräume – die Biotope – darstellten.

Das Bild vom Anderen

In den Forschungsarbeiten der physischen Anthropologie verwendete man die Fotografie nicht systematisch, wie ein Maßband. Auch heute wird Fotografie nicht systematisch verwendet, zur großen Befriedigung zahlreicher Ethnologen, die darin eine Form der Verletzung des persönlichen Raums sehen.[35] Aber die Anthropologie nahm doch zur Fotografie Zuflucht, um das zu zeigen, was nicht messbar war: nicht nur expressive Mimik und Gesten, sondern auch das Unbeschreibliche und Unglaubliche, das noch weniger als alles andere auf statistische Angaben reduziert werden konnte. Diese fotografische Methode war aber am erfolgreichsten, wenn es darum ging, ethnologische Dokumente für das breite Publikum bildlich aufzubereiten. So zeigte die Fotografie, wie zuvor die Kupferstecherei, „Primitive" und „Wilde", die noch unbeleckt waren von den „Segnungen" der Zivilisation, in möglichst verschrobener oder seltsamer Weise. Fotografiert wurden natürlich die „Hottentottische Venus", aber auch Menschen mit absichtlich herbeigeführten körperlichen Missbildungen („Negerinnen mit Lippenplatte"), Menschen mit Körperschmuck (Skarifizierungen, Tätowierungen, usw.), blutrünstige Praktiken (Kannibalismus, rituelle Verbrechen, usw.), und körperliche Missbildungen, die von Krankheiten wie der Lepra oder Amöbenruhr hervorgerufen wurden. In diesem Bereich wollte die Ethnologie Ethnografie sein und die Fotografie sollte – in Nachfolge der Kupferstecherkunst – ein visuelles Inventar von

---

35   Vgl. Sontag (1993).

Objekten bereitstellen. Aber selbst in diesen Fällen triumphierten Dramatik, Sonderbarkeit und Primitivität über Banales und Lokales.[36] Wir gehen hier nicht näher auf die Rolle der Fotografie bei der Kategorienbildung ein, aber die fotografische Sammlung konnte durch ihre Anordnung selbst einen virtuellen Zoo bilden. In jedem Falle waren Völkerschauen und Kolonialausstellungen Orte, an denen „primitive Völker" besonders gern abgelichtet wurden[37], wie die Fotografien Pierre Petit, Gustave Le Bon oder des Prinzen Roland Bonaparte beweisen.

Die Vorstellung, die sich die Europäer – und ganz besonders die Franzosen – von der Bevölkerung des Kolonialreichs machten, veränderte sich durch die Ereignisse zwischen der Hochphase des Kolonialismus und dem Ersten Weltkrieg. Die von Oberst Mangins angeregte Bildung schwarzafrikanischer Truppenteile in der französischen Armee und deren Teilnahme an diversen Kampfhandlungen in den Kolonialgebieten sowie der Einsatz afrikanischer Truppen auf europäischem Boden während des Ersten Weltkriegs veränderten – für eine gewisse Zeit – die Sicht der Franzosen im Mutterland auf die Kolonialvölker. Die „Senegalesischen Schützen" [*tirailleurs sénégalais* und die „Algerischen Spahis" unterstützten so koloniale Bestrebungen und im Zuge dessen wurde die naturgeschichtliche Klassifikation der kolonisierten Völker durch eine weit pragmatischere Anordnung ersetzt. Die Kolonialausstellungen nach dem Ersten Weltkrieg boten eine neue Sichtweise auf die Bevölkerung des Kolonialreichs.[38]

So traten bei der Kolonialausstellung 1922 in Marseille die Soldaten des Kolonialreichs an die Stelle der „Rassen" des Kolonialreichs. Beauregard schrieb in seinem Text über das Kolonialministerium:

> „Als die Heimat bedroht war, kamen 800.000 farbige Franzosen aus ihren sonnigen Ländern, um mit uns im Schlamm der Somme und im Schlamm von Verdun zu bluten, zu leiden und zu sterben."[39]

Die aus dem vergossenen Blut erwachsende Brüderlichkeit ließ bei dieser Ausstellung und unter der Feder E. Bumands eine einzigartige Sammlung „ethnisch-militärischer" Typen entstehen: Artilleristen von der Insel Martinique, algerische Spahis, marokkanische Schützen, kabylische Entsatztruppen, tunesische Hilfstruppen, madagassische Schützen, usw. Weiterhin wurde also klassifiziert, nun aber in anderer Weise. Das System orientierte sich nun an einer Logik der Effizienz, nicht mehr an der der

---

36 Vgl. Boëtsch & Ferrié (1997).
37 Vgl. Dias (1994).
38 Zur Inszenierung der „Eingeborenen" siehe Lemaire (2002b).
39 Beauregard (1922).

Wissenschaft. In der Folge – und selbst noch unter dem Vichy-Regime[40] – wurden die Untertanen des Kolonialreichs nicht mehr als menschliches Bestiarium präsentiert, sondern als Soldaten oder Wirtschaftstreibende, die für die ökonomische und soziale Entwicklung allmählich unerlässlich wurden und auch so gezeigt werden durften.[41]

Zwar haben die Bewohner der westlichen Staaten kein Monopol darauf, aber der Wunsch, das Fremde zu erforschen, ist doch eine Besonderheit der westlichen Wissenschaft. Die Ausdehnung der Kolonialreiche war einer der entscheidenden Faktoren, die dazu führten, dass ethnografische Ausstellungen auf Tournee geschickt wurden. Der Erfolg, den diese Ausstellungen beim breiten Publikum erzielten, beförderte diesen Prozess[42], indem er die Stereotype über die Kolonisierten festigte. Dieser Wissensdurst und der Appetit auf Zerstreuung konnte nur durch die Reduktion des Unbekannten auf eine stereotype Form – zunächst als Naturprodukt, dann als Ausdruck einer anderen Kultur – gestillt werden. Der Körper der „Fremden" wurde studiert, indem er auf standardisierte Weise visualisiert wurde, und zwar durch so reduktionistische Methoden wie Vermessung oder Abbildung. Doch keine der beiden Methoden gibt uns tatsächlich Auskunft über ihn und diese von der westlichen Wissenschaft eingeführten Prozesse des Wissensaufbaus konnten uns die Komplexität der Differenz nicht erklären. Man lernt den „Fremden" nicht kennen, indem man ihn mit einer Reihe von Messwerten beschreibt oder indem man ihn auf einem Foto festhält. Dagegen sagt uns die Überzeugung, dies tun zu können, viel über uns selbst. Genau diese Vorgehensweise macht unsere Beziehung zur Welt aus.

Doch die Folgen dieser verschiedenen ethnografischen Schaustellungen – und anderer kolonialer Ausstellungen – wirkten sich nicht nur in erkenntnistheoretischen Fragestellungen aus. Die Bereitstellung formeller Rahmen, in denen nicht-europäische Menschen als Individuen zur Schau gestellt werden konnten – Veranstaltungen, die eher in den Bereich der Zoologie als in den der schlichten Unterhaltung gehörten, wie dies zum Beispiel bei den Kosaken[43] oder bei Menschen aus dem Fernen Osten[44] der Fall war – konnte nicht ohne negative Auswirkungen auf die Vorstellungswelt des breiten Publikums bleiben. Ganz gewiss ist es nicht harmlos, Menschen – gemeinsam mit Tieren oder später auch allein – an Orten auszustellen, die gewöhnlich Tieren vorbehalten sind, wie dies für zoologische Gärten gilt. Und diese Menschen als Exemplare

---

40   Vgl. Blanchard & Boëtsch (1994).
41   Vgl. Dehon (1945).
42   Vgl. Schneider (1977).
43   Vgl. Tissandier (1889).
44   Vgl. Laloy (1900).

von „Rassen" auf tiefstem Entwicklungsstand und ohne Bildungspotential zu präsentieren, ist eine Vorgangsweise, die ganz entscheidend die Grundlagen eines populären Rassismus geschaffen hat, dessen Verführungskraft auch heute kaum abzunehmen scheint.

Das Kino als Zoowärter

Éric Deroo

Man schrieb das Jahr 1840. Der Hamburger Fischhändler Hagenbeck sammelte aus Liebhaberei seltene Tiere: Papageien, Affen und Seehunde. Üblicherweise kaufte er sie den Matrosen und Fischern, mit denen er Geschäfte machte, ab. Seine Leidenschaft nahm allmählich immer mehr zu. Nach und nach richtete er Gebäude zur Unterbringung dieser Tiere ein. Regelmäßig gingen Bestellungen von Zoos und Zirkussen, von Wissenschaftlern und privaten Sammlern ein. Als sein Sohn Carl das Unternehmen übernahm, stellte er es auf eine professionelle und industrielle Basis.[1] Und ihm wurde klar, dass Menschen mehr Geld einbringen könnten als Tiere:

> „Gern gestehe ich dabei, daß die Idee nicht etwa, wie Athene aus dem Kopf des Zeus, fertig ins Leben hineingesprungen ist. Den ersten Anstoß dazu gab ein Brief, in dem ich 1874 meinem alten Freunde, dem Tiermaler Heinrich Leutemann, mitteilte, daß ich eine Renntierherde zu importieren gedächte. Der Künstler schrieb mir darauf, es müsse doch ein großes Interesse erregen, wenn ich die Rentiere von einer Lappländerfamilie begleiten lassen würde, die dann natürlich auch ihre Zelte, ihre Waffen, Schlitten und ihren gesamten Hausrat mitbringen müßte.[...] Glücklicherweise traf es sich so, daß der Agent, der die Rentiere zusammenbrachte, auch gleichzeitig eine Familie von Lappen zur Fahrt nach Hamburg veranlaßte. Gegen Mitte September des Jahres 1874 traf die kleine Expedition von Menschen und Tieren, geführt von dem deutsch sprechenden Agenten, einem norwegischen Photographen, in Hamburg ein. [...] Schon der erste Anblick war entscheidend für meine Ueberzeugung, dass das Unternehmen gelingen werde. Die Karawane bestand aus sechs Personen und machte einen höchst frappierenden Eindruck. [...] Meine Ueberzeugung hatte mich nicht getäuscht. Diese erste Völkerausstellung wurde zu einem großen Erfolg.“[2]

Hagenbeck hatte also sofort großen Erfolg und schickte seine Mitarbeiter bald durch die ganze Welt, um Dromedare und Beduinen, Elefanten und Singhalesen, Walrosse und Eskimos (Inuit) nach Hamburg zu schaffen.

> „Die Schwierigkeiten begannen schon in Kopenhagen; [...] wo man ablehnend den Kopf schüttelte und nichts mit diesem ‚Menschenhandel‘ zu tun haben

---

1 Siehe hierzu die Arbeiten von Hilke Thode-Arora und ihren Aufsatz in diesem Band.
2 Hagenbeck (1967), S. 44-46.

wollte. Erst als namhafte Persönlichkeiten, so u.a. Professor Rudolf Virchow in Berlin, garantierten, daß den Eskimos kein Leid geschehe, konnte Jacobsen mit der Brigg ‚Walfisken' nach Grönland segeln. In der Nähe von Jacobshavn gelang es ihm, eine Gruppe Eskimos, Männer, Frauen und Kinder, und eine hochinteressante ethnographische Sammlung an Bord zu bringen: Schlittenhunde, Hausrat, Zelte, zwei Kajaks [...]."[3]

Das Publikum war es müde geworden, die Jahrmarktsungeheuer anzugaffen und der pragmatische Regisseur Hagenbeck begriff, ähnlich wie Barnum, dass man, wenn man dieses Publikum begeistern wollte, auf den umzäunten Flächen der Zoos oder auf der Zirkusbühne Ausschnitte aus dem „exotischen" Leben nachstellen musste. In diesen „lebenden Bildern" spielten Tiere und Menschen vor einer wissensdurstigen Menge ihre Rolle als „Eingeborene".

Um die Flora zu symbolisieren genügten einige Sträucher, Palmen, Kakteen oder andere seltene Pflanzen. Zur Vergegenwärtigung des „primitiven" Lebens schienen ein Tümpel und einige Hütten geeignet, zwischen denen sich eine Familie, bestehend aus Männern, Frauen und Kindern tummelte. Um paradiesische Harmonie anzudeuten stolzierten einige rosa Flamingos umher und Bären, Tiger oder Löwen, die ganz in der Nähe an den Gitterstäben ihrer Käfige entlang strichen, vergegenwärtigten die Gefahren, die in den fernen Gefilden lauerten.

> „Vor einem nach Art der Theaterkulissen gestaffelten, aber plastisch aus Gips und Drahtgeflecht geschaffenen Hintergrund von über 2000 Fuß Breite war stilecht ein Somali-Dorf aufgebaut und mit Pflanzen, Palmen und Gerätschaften ausgestattet. [...] Da wurde nach heimischer Sitte das Mahl bereitet, wurde Hausrat angefertigt, wurden die Tiere gefüttert, und es wurde mehr oder weniger diskret ein Einblick in das afrikanische Familienleben gewährt. [...] So „überfielen" plötzlich zu Beginn des Spiels Sklavenhändler dieses friedliche Dorf."[4]

Alle Veranstaltungen Hagenbecks waren echte Publikumsmagneten.

> „Die Kalmükenschau wurde, um es kurz zu sagen, ein ungeheurer Erfolg und mußte 1884 wiederholt werden. War der Andrang in Paris schon bedeutend gewesen, so übertraf er in Berlin alles, was ich bisher bei Völkerschauen zu verzeichnen gehabt hatte. Ich entsinne mich noch mit Freuden des ersten Telegramms, das mich erreichte: „Bis jetzt Besuch etwa 80.000 Personen.

---

3   Hagenbeck (1967), S. 50.
4   Hagenbeck (1967), S. 61f.

Riesiger Andrang. Ordnung wird durch Polizei zu Pferde und zu Fuß aufrechterhalten." Diese Depesche war um vier Uhr nachmittags abgesandt. Bis zum
Abend war die Besucherzahl des Berliner Zoo sogar auf 93.000 gestiegen."[5]

Menschen sind rentabler als Tiere

Von nun an handelte Hagenbeck mit den größten Zoos und Zirkussen der
Welt. Von den Vereinigten Staaten bis Großbritannien, von Paris bis Berlin,
von Russland bis Italien vermietete er Truppen, die er unter hohem Kostenaufwand in
Asien, in Afrika oder am Nordpol hatte rekrutieren lassen und die bei jedem Auftritt
hunderttausende Besucher anlockten. Er veranstaltete Bankette für Künstler, Journalisten und Gelehrte, was sein außerordentliches kaufmännisches Geschick bestätigte
und in einer Zeit wachsender kolonialer Bestrebungen seine Fähigkeiten zu Vorspie-
gelung und Täuschung durch wissenschaftlichen und politischen Diskurs legitimierte.

> „Sonntags hatte die Schaustellung [einer Singhalesen-Truppe] bis über eine
> halbe Million Besucher angezogen. [...] Der Gelehrte [Geoffroy Saint- Hilaire,
> Direktor des Pariser Zoologischen Gartens], dessen Ehrlichkeit und Beschei-
> denheit seiner Bedeutung nicht nachstand, erwiderte, daß nicht ihm allein
> das Lob gebühre, sondern auch dem Tierhändler Carl Hagenbeck, der diese
> anthropologisch-zoologischen Schaustellungen zuerst zusammengestellt und
> in die Öffentlichkeit eingeführt habe."[6]

Die Wendung „anthropologisch-zoologisch" wurde, das sei jenen in Erinnerung ge-
rufen, die noch an diesem Begriff zweifelten, bei einem Bankett verwendet und sie
wurde von der Presse und in Hagenbecks Erinnerungen aufgenommen. Wie alle Europäer überzeugt von einer „zoologischen Konzeption der Menschheitsgeschichte, in der
sich der kulturelle Fortschritt unmittelbar aus den biologischen Fähigkeiten" ergibt[7],
schufen Carl Hagenbeck und seine Kunden Kulissen und Handlungsmuster für eine
Inszenierung fremder Völker. Diese Inszenierung prägte die Vorstellungen, die schrift-
lichen Äußerungen und auch die Bilder, die Fotografen und Filmschaffende mit immer
besseren Mitteln für ein ständig wachsendes Publikum produzierten.

Dies war die Geburtsstunde der Reality-Show. Aufgrund der westlichen Vorherrschaft ermöglichten die Handelsbeziehungen am Ende des 19. Jahrhunderts den „Ex-
port" von Lappen (Samen), „Nubiern", Eskimos (Inuit), Somali, Kalmücken, Hindus,
Singhalesen, „Hottentotten", Aschanti, Feuerländern, Sudanesen, Indern, Elefanten,

---

5   Hagenbeck (1967), S. 58.
6   Hagenbeck (1967), S. 44.
7   Vgl. Boëtsch & Savarèse (1999).

Tigern, Dromedaren und Zebras. Gleichzeitig entwickelte sich die rationalistische Ideologie des industriellen Zeitalters. Im Zentrum dieses normativen Konstrukts stand eine wunderbare Erfindung: die Fotografie. Als Subjekt und Objekt einer als wissenschaftlich aufgefassten Realität, behauptete sie sich als Reproduktionswerkzeug. Mit Postkarte und Film wurde das Bild zu einem idealen Instrument, um diese Ideologie unters Volk zu bringen. Jener überwiegende Teil der europäischen und amerikanischen Bevölkerung, der des Lesens und Schreibens kaum oder gar nicht mächtig war, entdeckte durch die Reproduktion von Bildern neue Welten. Diese Bilder ermöglichten zwar die Entdeckung des Anderen, in noch höherem Maße erlaubten sie aber den Lesern und Zuschauern, sich ihres eigenen Status' als Beobachter bewusst zu werden.

Geprägt durch eine Eroberungsideologie und durch technische Mittel, die diesem Ziel dienten, waren die Interpretationssysteme so reduziert und so sehr auf Reduktion ausgerichtet, dass sie von Anfang an falsch waren. Carl Hagenbeck und andere Schausteller stellten eine von Tieren umgebene „Eingeborenen-Familie" vor ein paar Palmen und Felsen. Auf diese Weise erfanden und definierten sie die Bedingungen figürlicher Darstellung, die vom Kino sofort übernommen wurden. Und es ergab sich ganz natürlich, dass sich Hagenbecks Unternehmen, das in den zoologischen Gärten begonnen hatte, nach dem Ersten Weltkrieg allmählich ins Kino verlagerte. Die Filme waren zunächst zwar Stummfilme, bedienten sich jedoch schon bald des Tons. Hagenbeck selbst erkannte, dass die Zeit der Zoos vorbei war und die des Kinos begann. Er gehörte zu jenen, die sich des neuen Mediums am aktivsten bedienten. Natürlich gab es Berührungspunkte zwischen der Entstehung der Völkerschauen und der Entwicklung des Kinos. Sie reagierten aufeinander, beeinflussten einander und verschmolzen schließlich in eins.

Das Kino im Zoo

Ein Beweis hierfür ist, dass viele der allerersten Kinofilme Schaustellungen von „Eingeborenen" zeigen. So drehte im Jahr 1894 W. K. L. Dickson in den Edison Studios, der Produktionsfirma des Erfinders des Kinetoskops, zwei Filme über Indianer.[8] Die beiden jeweils circa 30 Sekunden langen Filmdokumente – *Indian War Council* [Kriegsrat der Indianer], und *Sioux Ghosts Dance* [Geistertanz der Sioux] –wurden bei Shows des berühmten William F. Cody, genannt Buffalo Bill, gedreht. Cody, den man als den Vater des amerikanischen Western bezeichnet, machte damals mit seiner *Wild West Rocky Mountain and Prairie Exhibition* eine sehr erfolgreiche Tournee. Während eines Paris-Aufenthalts im Jahr 1894 kaufte Antoine Lumière ein Kinetoskop. Seine Söhne Auguste und Louis Lumière bemühten sich in ihrem Lyoner Atelier um

---

8   Vgl. Jordan (1992).

die technische Perfektionierung des Geräts. Zur selben Zeit verbesserte Étienne-Jules Marey seinen Chronophotograph und bei der Ausstellung am Champs de Mars im Jahr 1895 nahm der Arzt Félix L. Régnault, Mitglied der Pariser Gesellschaft für Anthropologie, im Studio eine Reihe „ethnischer Chronographien" auf. Ihre Titel lauteten: *Potière ouolove* ([Wolof-Töpferin], 2 Minuten), *Oulof* [Wolof] und *Peul* [Fulbe].

Am 28. Dezember 1895 fand in Paris die erste öffentliche Vorführung des Lumière-Kinematographen statt.[9] Die kommerzielle Nutzung des Apparats löste sehr rasch wahre Begeisterungsstürme aus. Die Brüder Lumière brachten diesen Rummel in Verbindung zum steten Erfolg der Ausstellungen des Zoologischen Gartens im Pariser Bois de Boulogne und machten einige ihrer allerersten Aufnahmen bei solchen Ausstellungen. Hierzu zählen *Baignade de nègres* [Neger-Bad] im Jahr 1896 und die Aufnahmen, die 1897 bei der Ausstellung in Lyon im Aschanti-Dorf gemacht wurden.

Von den 1.428 Filmen der Brüder Lumière wurden 1.408 gefunden und restauriert, 900 davon ausgehend von den originalen Nitrat-Negativen. Etwa dreißig der Filme widmen sich anthropologisch-zoologischen Ausstellungen in Europa. Knapp hundert weitere Filme wurden in französischen Kolonialgebieten gedreht: in Indochina, auf den Antillen, im Maghreb (mit Ausnahme Marokkos), allerdings nicht in Schwarzafrika. Ihre Themen sind vielfältig: offizielle Besuche, die Armee, Schiffe, Quais, Straßen. Und sobald es um Inhalte wie ein Annamiten-Dorf, Kämpfe, Begräbnisse, Feste, „verschiedene Szenen und Typen" geht, sind sie durchaus stereotyp. Dasselbe gilt für mehr als fünfzig „Genre-Szenen" – Tänze, Riten, Akrobatik, Kinder, usw. –, die in Japan, in Ägypten, in Nord- und Südamerika gefilmt wurden. Ein einzelner Film konnte unter verschiedenen Titeln und in verschiedenen, auf Basis derselben Aufnahmen produzierten Schnittfassungen kursieren. Die durchschnittliche Dauer eines Films betrug weniger als eine Minute. Es ist daher schwierig, eine genaue Bestandsaufnahme zu erstellen und vor allem lässt sich kaum feststellen, wie die Katalogkunden und ihre Zuseher auf diese Filmdokumente reagierten. Die Filme der Brüder Lumière wurden zunächst gemeinsam mit dem Vorführmaterial Lizenzinhabern zur Verfügung gestellt und wurden bis 1907 in mehrsprachigen Katalogen angeboten. Zu diesem Zeitpunkt entschloss sich die durch die Firmen Pathé und Gaumont, durch Projekte reicher Unternehmer wie Albert Kahn oder begeisterter Privatpersonen wie Eugène Piron hart bedrängte Société Lumière, sich von nun an ausschließlich der Filmfabrikation sowie der Erfindung und Verbesserung technischer Verfahren zu widmen.

---

9   Vgl. Aubert & Séguin (1996).

Baignade des nègres [Neger-Bad], in der alphabetischen Auflistung des Katalogs die Nummer 12 im Abschnitt „*Genre-Szenen – Verschiedene Ansichten*" – wird folgendermaßen beschrieben:

> „Mehrere Neger stürzen sich gleichzeitig ins Wasser, tauchen unter, kommen wieder an die Oberfläche, usw."

Der Film steht zwischen *Arrivée d'un train en gare* [Ankunft eines Zugs im Bahnhof] und *Balançoires* [Luftschaukeln]. Einige Zeilen später, nach *Déjeuner du chat* [Katzenmahl] kommen *Jongleurs Javanais* [Javanesische Jongleure] und *Petit frère et petite soeur* [Kleiner Bruder und kleine Schwester]. Unter der Gattungsbezeichnung *Nègres Aschantis* [Aschanti-Neger], gereiht an 441. Stelle, findet man: *Danse du Sabre I et II* [Säbeltanz I und II"], *Danses de jeunes filles* [Tänze der jungen Mädchen], *Danse de femmes* [Tanz der Frauen], *Danse du féticheur* [Tanz des Hexers], *Défilé de la tribu* [Aufmarsch des Stammes], *Repas des négrillons I et II* [Mahlzeit der Negerkinder I und II], *Toilette d'un négrillon I et II* [Toilette eines Negerkinds I und II], *Récréation des négrillons* [Spiel der Negerkinder], *Écoles des négrillons* [Die Schule der Negerkinder], *Danse d'hommes* [Tanz der Männer], *Leçon de danse* [Tanzstunde], *Baignade des négrillons* [Bad der Negerkinder]. In einem beigefügten Kommentar wird erklärt:

> „Diese Aufnahmen wurden in einem Aschanti-Dorf gemacht, das man in Lyon während der Ausstellung errichtet hatte. All diese Aufnahmen sind sehr interessant. Ihre Titel geben ausreichend Aufschluss über ihren Inhalt."

Mittlerweile wurden im August 1896 im Londoner Crystal Palace Javanesen gefilmt, die in Kontinentaleuropa als Singhalesen präsentiert wurden und in den Katalogen des englischsprachigen Verleihs als *Burmese Dance* [Burmesen-Tanz] später als *Japanese Dancers* [Japanische Tänzer], *Japanese Jugglers* [Japanische Jongleure] und *Japanese Wrestlers* [Japanische Ringer] angepriesen wurden. Das Fehlen einer genauen Identifikation und die territoriale Aneignung durch die Nationen, die die Darbietung – live oder als Film – sahen, bestimmten die Wahrnehmung der gezeigten Bevölkerungsgruppen. Das Kolonialreich wurde immer weiter ausgedehnt und der Kinematograph immer weiter entwickelt. Nun verließen die Kameraleute die Zoos und begaben sich „vor Ort".

Das Exotische

Diese Filme, die zwischen einer Erforschung und einer Ausbeutung der Kolonialgebiete anzusiedeln sind, ähnelten, ob man sie nun als Dokumentarfilme, erzählende Dokumentarfilme, später auch als Geschichten oder als Großreportagen bezeichnete[10], mit sehr wenigen Ausnahmen[11] in Aufbau und Grundannahmen den Schaustellungen auf Jahrmärkten und in Zoos. Dieses Regelwerk wurde von Pierre Leprohon – und vor ihm von zahlreichen Texten der Kolonialpropaganda – praktisch normiert. Das Kino war ein wesentliches Medium für die Begleitung und die Unterstützung der westlichen Zivilisationsmission. Es führte den Kolonialmächten die Auswirkungen dieser Mission, den Kolonisierten ihre Macht vor Augen.

> „Aus allen genannten Fakten und Ideen lässt sich eine präzise Schlussfolgerung ziehen: durch den Einsatz des kolonisatorischen Kinos wurde eine neue Methode der Kolonisation und der Kolonialpropaganda entwickelt."[12]

Trotz ihrer Kontrolliertheit erregte die Filmproduktion doch die Neugier des Publikums. Dabei vermied sie jedoch das Vulgäre:

> „Die Kinematographie ist dem Bereich der plastischen Künste zuzuordnen [...]. Sie geht von drei wichtigen künstlerischen Prinzipien aus: Milieu, Rasse und Moment."[13]

Diese drei Begriffe versucht Leprohon, im Gattungsbegriff des „exotischen Films" zusammenzufassen.

> „Sobald ein Regisseur nicht nur den Rahmen, sondern auch die Akteure für seinen Film aus einem weit entfernten Gebiet bezieht, könnte man sagen, dass sein Werk ein exotischer Film ist."[14]

Leprohon betont in diesem Zusammenhang eigens, dass „die Frage der Exotik" in Frankreich „eine koloniale Frage" ist.[15]

Leprohon entwickelte ein argumentatives System, das sich in einer Reihe von Aphorismen zusammenfassen lässt: Wenn die Exotik die Ferne ist, so ist diese für fremdartig – unbekannt und mysteriös, kaum entwicklungsfähig – gehaltene Ferne primitiv. Sie bewegt sich nicht. Ihr filmischer Ausdruck entwickelte sich rund um dieses Prinzip der Unbeweglichkeit. Abdelkader Benali liefert in seinem Buch *Le Cinéma colonial au Maghreb* eine sehr genaue Analyse dieser Mechanismen:

---

10   Vgl. Leprohon (1945).
11   Ein untypischer Regisseur war René Gillet, der in Angola Pulmann, einem in den 1930er-Jahren gedrehten Film, ein Afrika zu zeigen versuchte, das mit der kolonialen Moderne konfrontiert war. Der Film hatte keinerlei Erfolg und wurde von seinen Verleihern neu montiert.
12   Madieu (1916), S. 26.
13   Madieu (1916), S. 11.
14   Leprohon (1945), S. 268.
15   Vgl. Leprohon (1945), S. 114.

„Das Maß an Exotik wird durch das Fehlen jeder räumlichen oder zeitlichen Lokalisierung bestimmt. Ebenso wie der Raum völlig unbestimmt ist, wird seit unvordenklichen Zeiten Polygamie geübt und sind die gezeigten Menschen seit unvordenklichen Zeiten völlig primitiv."[16]

Ob man nun an die Austauschbarkeit der Truppen von Schwarzen oder Indianern denkt oder an die fehlende Identitätsbestimmung der „Eingeborenen" im Kino der 1930er-Jahre, „das Bild der Kolonien vermittelte den zeitungebundenen Begriff, den das 20. Jahrhundert – und sein Publikum – vom Kolonialen hatte."[17]

Fotografie und Kino setzten die Metamorphosen der westlichen Vorstellung, dass rational ist, was quantifizierbar ist und umgekehrt, im exotisch-kolonialen Bereich ein. Um interpretiert werden zu können, darf der „Primitive", geronnen in der Zeit, nur ein Minimum von sich zeigen: „die Essenz seines Eingeborenenlebens".[18] Hierzu zählen eine aufs Minimum reduzierte Kulisse, deren Leere Erwartung und Gefahr ausdrückt, und eine aufs Minimum reduzierte Bekleidung: in Afrika, Polynesien und Indochina nur ein Lendenschurz oder besser noch gar nichts.[19] Auch die Handlungsmuster müssen auf ein Minimum reduziert sein. Sie bilden nichts anderes ab als überlebenswichtige Beziehungen: das Stillen der Kinder, Mahlzeiten, Jagd, usw. Die Religiosität ist auf ein Minimum reduziert – sie besteht in Magie und Hexerei –, und selbst der Ausdruck von Emotionen ist auf seine Essenz reduziert: Freude drückt sich im Tanz aus, Schmerz wird beim plötzlichen, gewaltsamen Tod erkennbar. Jedem dieser Stereotype entsprachen besondere Kameraeinstellungen und Schärfentiefen: weit, mittel, eng, Wald, Gruppe, Füße, Pfoten, Gesichter, Schnauze, usw.[20] Der Menschenmenge – Dorf oder

---

16   Benali (1998), S. 137, in Bezug auf den Film Le Désir [Das Verlangen].

17   Gilbert Meynier, zitiert von Blanchard & Chatelier (1993).

18   „Das Pittoreske, Primitive, Grausame, Traditionelle, wird im Schutz des Urwaldes bewahrt, der zwischen den dort lebenden Stämmen und dem Rest der Welt eine beinah unüberwindliche Schranke zu errichten scheint." [Leprohon (1945), S. 218]

19   Der Kult des plastischen Körpers, den Hébert zu Beginn des Jahrhunderts entwickelt hatte, wurde vom fiktionalen Kino ebenso wie vom Dokumentarfilm aufgenommen. Siehe dazu Marc Allégrets Film *Voyage au Congo*" ([Reise in den Kongo], 1927) mit André Gide, zu dem Leprohon folgendes bemerkt: „Schöne Körperhaltungen, die prächtigen Körper der Schwarzen, bestimmte rhythmische Tänze, die mit der dieser Rasse innewohnenden Leidenschaft ausgeführt wurden." [Leprohon (1945), S. 216] Dieser Kult beschränkte die Darstellung des afrikanischen Körpers auf die des Sportlers, des Tänzers, des potenten Liebhabers. Und all diese Stereotype fanden ihren Niederschlag in einem Schönheitsideal, das sonnengebräunte Haut, Bodybuilding, silikongeschwellte Lippen und Busen propagiert.

20   Darauf weisen schon die Titel der Filme hin: *Au cœur de l'Afrique sauvage* [Im Herzen des wilden Afrika] (1922), *L'Australie inconnue et sauvage* [Wildes, unbekanntes Australien] (1923), *Le Continent mystérieux* [Der geheimnisvolle Kontinent] (1924), *La Magie noire* [Schwarze

Stamm – wurde eine schwer zu kontrollierende und daher bedrohliche, „wilde" Spontaneität zugeschrieben. Das Individuum erscheint darin nur als ein Teil des Ganzen: „er [der Maghrebiner] wird nicht präsentiert, er repräsentiert nur."[21]

Der „Eingeborene" – das Naturtalent

Ein Dokument, das das Unbewegliche einfangen kann, gewinnt jene „große, nützliche Wahrheit: die Ewigkeit". Je lebensnäher die Szene ist, desto naturalistischer ist sie auch: „Das Natürliche ist ein Ausdruck der Schönheit", schrieb Leprohon. Zur Verstärkung dieser Überzeugung diente ein anderer weit verbreiteter Gemeinplatz: der vom „Naturtalent" des „Eingeborenen" als Schauspieler. Auch Marcel Griaule äußerte sich in diesem Sinne. In einem Interview zum Film *Sous les masques noirs* [Unter schwarzen Masken] sagte er:

> „Wir haben das unmittelbare Geschehen gefilmt, wie in der Wochenschau. Man darf von den Eingeborenen nicht verlangen, dass sie etwas nachstellen oder auch nur wiederholen. Bei ihnen ist alles spontan, und wenn man sie mit Details behelligt, sind sie verloren."[22]

Vom natürlichen Spiel schloss man auf ein mangelndes Bewusstsein des eigenen Selbst und so entstand das in kolonialer Weltsicht so willkommene Klischee vom großen Kind und wackeren Schützen. Auf diese Weise führt Unbeweglichkeit in einer Endlosschleife zu Primitivität, Primitivität zu Kindlichkeit, und kindliche Unschuld wiederum zu Natur, Schönheit, Kunst[23] und schließlich zu Wahrheit. Um sich erneuern zu können, muss der Ausdruck unberührbarer Wahrheit unablässig Primitivität hervorbringen.[24]

Magie] (1926). *Amours exotiques* [Exotische Liebe] (1928), *Chez les mangeurs d'hommes* [Unter Menschenfressern] (1928), *Chez les buveurs de sang* [Unter Bluttrinkern] (1930), *L'Afrique indomptée* [Ungezähmtes Afrika] (1930), *Le Réveil d'une race* [Erwachen einer Rasse] (1930), *Symphonie exotique* [Exotische Symphonie], *Face aux fauves* [Im Angesicht der Raubtiere], *Chez les cannibales* [Unter Kannibalen], *Ramenez-les vivants* [Bringt uns die Überlebenden] (1930), *Mangez-les vivants* [Fresst die Überlebenden], *Trader Horn* (1930), *Le Village du péché* [Dorf der Sünde], *Le Démon des steppes* [Steppendämon], *L'île aux seins nus* [Insel der nackten Brüste] (1931), *La Danse des vierges* [Tanz der Jungfrauen], *Peaux noires* [Schwarzhäute], *Au pays des sorciers et de la mort* [Im Land der Hexer und des Todes] (1933), *L'île des démons* [Insel der Dämonen] (1933), *L'Enfer de la forèt vierge* [Urwaldhölle] (1935). *Sortilège exotique* [Exotischer Zauber] (1942), usw. Dies sind einige Beispiele aus einer langen Liste, die bruchlos bis zu den allerneuesten internationalen Produktionen führt.

21   Benali (1998), S. 183.
22   Leprohon (1945), S. 185.
23   Vgl. Wastiau (2000).
24   Diese Mechanismen wirken noch immer, ganz besonders in der Art und Weise, in der die Medien über aktuelle Ereignisse berichten.

Die Kamera, dieses Werkzeug der Modernität, beschleunigte das Verschwinden der „wilden Welten", indem sie in sie eindrang. Sie bannte sie auf Filmmaterial, archivierte sie, und bereitete damit ihre Zähmung vor. „Man muss einfangen, was verschwinden wird", wird in den kolonialen Handbüchern verkündet.

> „Die primitiven Völker bewahren eifersüchtigst ihre Gebräuche. Der Regisseur muss den Eingeborenen meist die Bilder rauben, die wir im Film sehen, er muss, nicht ohne Gefahr, das Misstrauen der Eingeborenen überlisten."[25]

Die Filmobjekte sind nicht in der Lage, sich zu verteidigen, sich zu schützen oder sich frei zu entwickeln, und werden, da sie ja bereits zum Aussterben verurteilt sind, sofort als unterlegen gesehen. Und die Arbeit des Kameramanns, dieses „Augenzeugen" eines gefährlichen oder unerforschlichen Geschehens, betont noch die Seltenheit der Szene. „Das Bild wird zu einem historischen Dokument"[26], denn es bezeugte einen bereits verlorenen Zustand. Dies war ein garantierter moralischer und finanzieller Erfolg für den, der die Aufnahmen machte, ein Erfolg, der unter Regisseuren, Wissenschaftlern und Zusehern jedoch auch das Verlangen schuf, ohne Unterlass und in immer weiteren Fernen neue „Menschen-Exemplare" zu finden, die eingefangen, aufgenommen, zu Gegenständen historischen Interesses gemacht werden sollten. Die Jagd nach immer neuen „Knüllern" hatte begonnen.

So erschloss diese filmische Erforschung der Fremde ebenso effizient wie koloniale Expeditionen physische und mentale Wege zur Aneignung des Anderen.[27] Die Filmproduktion schuf in den französischen Kolonialgebieten, aber auch im amerikanischen Wilden Westen und im britischen Indien einen Raum für Übergang und Experimente. Auf diese Weise trug sie einen grundlegenden Widerspruch in sich. Die Kamera zähmte, was sie filmte, raubte ihm die Unschuld und beweinte zugleich seine verlorene Unberührtheit. Ein Widerspruch, den die Filmwirtschaft sofort auch für Filmhandlungen nutzen wollte, die – wie Rousseaus Bild des „edlen Wilden" – die Zuseher auf eine Zeitreise schickten und so deren Sehnsucht nach dem verlorenen Paradies schürten.[28]

---

25 Leprohon (1945), S. 103.

26 Leprohon (1945), S. 97.

27 Nach der Zeit der „erfundenen Wildheit" [Blanchard, Deroo, Manceron (2001)] kam jene der geographischen Normierung und die des Tourismus. *A travers les Indes* [Quer durch Indien] (1922), *Traversée du Sahara* [Saharadurchquerung], *La Croisière noire* [Schwarze Kreuzfahrt] (1926), *Le Désert vaincu* [Besiegte Wüste] (1928), *En survolant l'Afrique* [Flug über Afrika] (1929), *Voyage en Afrique noire* [Reise durch Schwarzafrika], *Promenade en AEF* [Spaziergang in Französisch-Äquatorialafrika], *Symphonie de la forêt vierge* [Urwaldsymphonie] (1933), *Sahara, terre féconde* [Sahara, fruchtbares Land] (1933), *La Grande Caravane* [Die große Karawane], *Les Sentinelles de l'Empire* [Die Wachtposten des Reichs], und schließlich die völlige Absorption des Raums in *La France est un Empire* [Frankreich ist ein Reich] (1940).

28 Vgl. de Negroni (1992).

Auf der Suche nach dem verlorenen Paradies oder: Rousseau unter „edlen Wilden"

Das westliche Kino nahm Zuflucht zu den biblischen Quellen, um seine eigenen Unsicherheiten zu verdeutlichen. Es projizierte seine Angst vor dem Verschwinden, vor der Selbstzerstörung auf den stets erneuerten „Primitiven". Konfrontiert mit dem Unerklärlichen, pfropfte es eine realistische Welt auf das „exotische" Universum, das auf Basis einer Dramaturgie errichtet worden war, die großteils der Literatur des 18. und 19. Jahrhunderts entstammte.

> „Die vornehmste Kulisse ist die kargste [...] eine Landschaft wird unter dem Blickwinkel der Ästhetik betrachtet, ein Gesicht unter dem des Dramas, jedes Land zeigt seine Schönheit, jede Rasse ihren Charakter."[29]

So war der Mensch – hier der „primitive" Mensch – einem dramatischen Schicksal unterworfen. Er verschmutzt eine unschuldige Natur und muss sich aus ihr zurückziehen oder sich vor ihr neigen.[30]

Dieses Bild des Eindringlings ist in Wirklichkeit das des Weißen. Das Kino der 1930er-Jahre, in dem sich der Tonfilm gegen den Stummfilm durchsetzte, erfand, um seinen eigenen Zweifeln zu entkommen – die erst in den sogenannten ethnografischen und anthropologischen Filmen untersucht werden sollten – eine besondere Figur: die des europäischen Außenseiters.[31] Um die Wirkung der neuen Helden noch zu steigern, wurden die „Eingeborenen" in die Rollen von Nebenfiguren oder Feinden verbannt. Ob dieser Held nun ein spanischer Legionär ist – Jean Gabin in Julien Duviviers *La Bandera* (1935) – oder ein französischer Gangster – wiederum Jean Gabin in Julien Duviviers *Pépé le Moko* (1936) –, er verkörpert zugleich primitive Triebkräfte und die Kultur des weißen Außenseiters, der sein Heil zwischen Barbarei und Erlösung, Wildheit und Friedensmission sucht. Eine sogar noch mythenbeladenere und inspirierendere Filmfigur war Pater Charles de Foucault. Der verkommene Aristokrat reiste, nachdem er seine Laufbahn als Kavallerieoffizier unehrenhaft beenden musste, in Geheimmission durch Marokko und lebte schließlich als weiser und frommer Eremit in Tamanrasset, wo er im Jahr 1916 von aufständischen und von den „deutschen Brudermördern" gedungenen Tuareg ermordet wurde.

---

29 Leprohon (1945), S. 296.

30 Auch wenn Filme wie Nanouk, Moana, oder Tabou von R. Flaherty – letzterer 1930 gemeinsam mit Murnau – von der Kritik zu Kultfilmen gemacht wurden, müssten sie vielleicht einmal unter diesem Blickwinkel angesehen werden.

31 Schon vorher, seit den 1920er-Jahren, gab es die Serie von Tarzan und anderen „Herren des Dschungels".

So lief die Produktion des „Wilden" immer nach denselben Mechanismen ab, von den ersten Inszenierungen Barnums oder Hagenbecks bis hin zu höchst erfolgreichen Hollywood-Filmen. Man denke hier nur an das Vietnam in *Apocalypse now*, an *Rambo*, an den Osten in den *Indiana Jones*-Filmen, an den Golfkrieg, an Afghanistan und künftige Kriegsgebiete. Die Menschen aus dem Westen drückten einem großen Teil der Welt, und nicht zuletzt auch Afrika, „ein sozial-historisches Stereotyp" auf,

> „mittels dessen er [der Europäer] in seiner Phantasie eine Harmonie zwischen den Zwängen seiner sozialen Umgebung und seinen Triebforderungen herstellen kann, eine Harmonie, die zum Ausdruck einer wahren Freiheit wird, neue Mythen zu schaffen."[32]

Dies ist eine Vorstellungswelt, die sich zunehmend in ihren schlimmsten Szenarien ausdrückt. Wenn man für sich selbst kein Paradies gefunden hat, sichert man auch den anderen die Hölle zu und erzeugt bei allen Zuseher-Akteuren den Zwang, Bilder des „Wilden" zu schaffen und zu bekämpfen. Vorstellungen vom „Glanz des Großen Satan" über das „ungreifbare Böse" bis zum „wilden und unheilvollen Terrorismus" ist der Feind endlich identifiziert: aller Wahrscheinlichkeit nach der Teufel. Eine Rückkehr zum Unwandelbaren für viele künftige Zoos. Man kann sich darauf verlassen, dass das Kino auch hier Zoowärter sein wird.

---

32 Vgl. Boetsch & Savarèse (1999).

II. Teil

Modelle des Menschenzoos –
Der Blick auf die Anderen

Hagenbecks Europatourneen
und die Entwicklung der Völkerschauen

Hilke Thode-Arora

Im 19. Jahrhundert war die deutsche Hafenstadt Hamburg ein Ort, an dem mit allem gehandelt wurde, was Schiffe – oder Seeleute – aus fernen Ländern mitbrachten. In Hamburgs Vorstadt St. Pauli entwickelte sich ein reger Kleinhandel mit Kuriositäten sowie ein Amüsierviertel mit vielen kleinen Theatern, Panoptiken, Buden, Menagerien, Jahrmärkten, Panoramen und Varietés. Hier ließ auch der Fischhändler J. Hagenbeck im Jahr 1848 erstmals einige Robben gegen Geld sehen und erweiterte dieses Unternehmen nach und nach zu einer Menagerie nebst Tierhandel. Sein Sohn Carl Hagenbeck (1844-1913) übernahm mit 15 Jahren diesen Teil der väterlichen Firma. Unter seiner Leitung gingen die Geschäfte glänzend, aber die wirtschaftliche Depression und die politische Situation im Sudan nach dem Aufstieg des „Mahdi" führten im Jahr 1874 zu einer ernsten Krise. Durch den Abbruch der Handelsbeziehungen zur Haupttierfangregion Ostafrika war Carl Hagenbeck gezwungen, sich eine andere Einnahmequelle zu erschließen. Die Idee der Völkerschau war ihm zu diesem Zeitpunkt sicher nicht unbekannt. So gab es bereits im Jahr 1854 in St. Pauli eine Schaustellung von „Zulu-Kaffern" mit Extra-Vorstellungen für Schulklassen zu sehen, die er als Junge möglicherweise selbst besucht oder von der er vielleicht gehört hatte. Noch größeren Einfluss dürfte jedoch der geschäftliche Kontakt mit dem amerikanischen Zirkusunternehmer P. T. Barnum gehabt haben, dem er seit 1872 regelmäßig Tiere verkaufte: Barnum hatte zu jener Zeit schon mehrere Völkerschauen und Freak-Shows organisiert und auf Tournee geschickt. Abgesehen von diesen direkten Einflüssen auf Hagenbeck verfügte Europa ohnedies über eine lange Tradition in der Schaustellung außereuropäischer Menschen, die sich im Laufe des 19. Jahrhunderts zu einem weit verbreiteten Phänomen des Unterhaltungsgeschäftes entwickeln sollte.[1]

Hagenbecks erste Völkerschau – er hatte eine Gruppe von Sami aus Lappland anwerben lassen, um dem zahlenden Publikum die Arbeit mit Rentieren zu demonstrieren – wurde im Jahr 1875 eröffnet. Ihr ungeheurer Erfolg ermutigte ihn dazu, weiterzumachen: im Jahr 1876 und in der Saison 1877/1878 organisierte er Schaustellungen von „Nubiern" aus dem ägyptischen Sudan. Hier bestand sein erklärtes Ziel darin, den Zuschauern eine Vorstellung von den erfindungsreichen Methoden zu geben, welche die

---

1 Dieser Artikel stützt sich auf Thode-Arora (1989), Thode-Arora (1992), Thode-Arora (1997) und Thode-Arora (2002a). Für ausführliche bibliographische Hinweise und Quellenbelege siehe dort.

afrikanischen Jäger einsetzten, um die für Hagenbecks Menagerie bestimmten Tiere aufzuspüren, sich ihnen zu nähern und sie einzufangen. Während die Sami auf Tournee nach Berlin und Leipzig gingen, reisten die Afrikaner in den Zoologischen Garten von Paris und in den Alexandra Palace in London, wo sie Zehntausende von Besuchern anlockten. Durch den finanziellen Erfolg ermutigt, der es ihm ermöglichte, seine Verluste im Tierhandel abzudecken, engagierte Hagenbeck in den folgenden Jahren Inuit aus Grönland und Labrador, Inder und Singhalesen, Patagonier und Feuerländer, australische Aborigines, Kalmücken und Mongolen aus dem russischen Reich, Bella-Coola-Indianer von der amerikanischen Nordwestküste, Sioux, Somali, Massai und Duala. Zuweilen übernahm er die Schauen auch von anderen Impresarios. Der Tierhandel erholte sich Mitte der 1880erJahre, aber bereits in einem Brief aus den 1890erJahren beklagte sich Hagenbeck, dass es bei den Völkerschauen schon zu viel Konkurrenz gäbe, um noch einen annehmbaren Profit aus ihnen ziehen zu können. Andere Quellen bestätigen dies: allein in Hamburg – ganz zu schweigen von anderen Teilen Deutschlands – gab es zu dieser Zeit eine Vielzahl an Völkerschauen. Dennoch organisierte Hagenbeck noch einige Jahre lang solche Veranstaltungen – allerdings eher nebenher und nicht mehr als Teil seines Kerngeschäfts.

Im Jahr 1907 kam es zu einem bedeutenden Umschwung: Hagenbeck erfüllte sich mit der Eröffnung seines heute noch existierenden Tierparks in Stellingen den Traum einer permanenten Ausstellungsfläche. Dies eröffnete auch neue Möglichkeiten für die Völkerschauen: die Veranstalter waren nun nicht länger gezwungen, die Größe der Truppe den Beschränkungen der Bühnen und den Erfordernissen jedes einzelnen Gastspielortes anzupassen, sondern konnten die Shows während der ganzen Saison ohne räumliche Einschränkungen im Tierpark behalten. Entsprechend wuchs die Truppengröße bis auf mehrere hundert Personen an, Tourneen wurden seltener, und die Völkerschau-„Dörfer" in Größe und Details ihrer Inszenierung immer grandioser. Diese neue Blüte der Völkerschauen fand im Jahr 1914 mit Ausbruch des Ersten Weltkrieges ein abruptes Ende. Zwar organisierte die Firma Hagenbeck ab den 1920er-Jahren noch eine Reihe von Völkerschauen, konnte aber niemals mehr an deren alte Pracht und früheren Erfolg anknüpfen. Es gab nun einen neuen Mitbewerber um die Publikumsgunst: das Kino. Und das war in viel höherem Maße als selbst die bestausgestattete Völkerschau in der Lage, die Illusion einer exotischen Traumwelt zu schaffen. Ganz besonders fasziniert zeigte sich das Publikum von den opulenten Stummfilmen der 1920erJahre mit ihren exotischen Kulissen und Spielorten, beispielsweise Joe Mays Film *Das indische Grabmal* (1921). So groß war die allgemeine Begeisterung für das neue Medium, dass auch Carl Hagenbecks Erben und ihre Vettern Umlauff sich am

Filmgeschäft beteiligten und ihre Expertise in der Erzeugung von Exotik aus der Erfahrung mit den Völkerschauen nun in den Dienst des neuen Mediums stellten.

Hagenbeck veranstaltete seine letzte Völkerschau im Jahr 1932 mit einer Truppe tscherkessischer Reiter, deren Darbietung allerdings eher einer Zirkusnummer glich als der Inszenierung ethnischer Unterschiede. Die Neukaledonier aus der Südsee, die ein Jahr zuvor unter Vertrag standen, hatten bereits als zu akkulturiert gegolten, um exotische Fremde darstellen zu können: laut Hagenbeck-Überlieferung reisten sie schon wenig publikumswirksam in europäischer Kleidung an, so dass ihnen in aller Eile Südsee-Kostüme nach Vorbildern aus dem Völkerkundemuseum angefertigt werden mussten. Zu allem Überfluss kenterten die von ihnen vertragsgemäß geschnitzten Boote bereits beim Stapellauf. Während dem Publikum Südsee-Tänze gezeigt wurden, vergnügten sich die Neukaledonier abends in den Hamburger Tanzlokalen bei den Modetänzen Shimmy und Foxtrott. Die Völkerschauen hatten sich Anfang der 1930er Jahre weitgehend überlebt.

D as „Authentische" und das „Pittoreske": Kriterien und Methoden der Rekrutierung

Als Geschäftsmann war Hagenbeck an Profitmaximierung interessiert: die Organisation von Völkerschauen brachte beträchtliche Ausgaben mit sich; ein Brief aus dem Jahr 1910 nennt die Summe von mindestens 60.000 Reichsmark für eine Schaustellung ohne besondere Extras. Zudem mussten die Völkerschauen eine Zeitlang die Verluste aus dem Tierhandel kompensieren. Einen entsprechend hohen Stellenwert hatte daher die sorgsame Auswahl von ethnischen Gruppen und Individuen für die Schaustellungen.

Die Liste von etwa 70 Völkerschauen, die zwischen 1874 und 1932 von der Firma Hagenbeck organisiert wurden, zeigt, dass nur ein sehr geringer Prozentsatz der angeworbenen Personen aus deutschen Kolonialgebieten stammte. Die Rekrutierung folgte eher den bereits durch den Tierhandel etablierten Strukturen, denn Hagenbeck verfügte über so viele gute Kontakte, dass er meist in der Lage war, das koloniale Netzwerk zu umgehen. Viele seiner Rekrutierungsagenten waren denn auch Tierfänger oder -händler.

Bevor eine ethnische Gruppe zur Schaustellung ausgewählt werden konnte, musste eine Reihe von Restriktionen berücksichtigt werden. Wenn das Kolonialgebiet eines anderen Staates betroffen war, musste eine Erlaubnis der dortigen Kolonialverwaltung eingeholt und oft auch eine Kaution hinterlegt werden, um Gebühren und Reiseausgaben abzudecken. Ab 1901 war es in den deutschen Kolonien verboten, ohne

Sondererlaubnis Menschen für Völkerschauen zu rekrutieren. Während des Ersten Weltkriegs und einige Jahre danach wurde zudem eine Anwerbung auf dem Gebiet anderer Staaten unmöglich.

Zusätzlich zu diesen äußeren Beschränkungen lassen sich anhand der Quellen drei wesentliche Kriterien herausarbeiten, die bei der Auswahl einer ethnischen Gruppe zu Schaustellungszwecken Berücksichtigung fanden: ein aus europäischer Sicht gewisser Grad von „Fremdartigkeit", physische Besonderheiten und „pittoreske Bräuche". Zwar sollten die zur Schau gestellten Individuen dem Publikum einen Eindruck von exotischer Fremde vermitteln, aber es erwies sich als unpraktisch, wenn sie allzu „fremdartig" waren. Aus diesem Grund misslangen etwa die Versuche der Hagenbecks, Veddas aus Sri Lanka, Bewohner der Andamanen-Inseln oder Kwakiutl-Indianer von der amerikanischen Nordwestküste zu engagieren: diese Gruppen hatten zu wenig Kontakt mit Europäern und waren in ihrer Mehrzahl auch nicht mit einer europäischen Sprache vertraut, was für eine einfache Rekrutierung und eine reibungslose Abwicklung der Schaustellung unabdingbar war.

Ein wichtiger Aspekt der Auswahl waren körperliche Merkmale spektakulärer oder ästhetischer Art. Einige ethnische Gruppen verfügten in den Augen des europäischen Publikums über besondere Schönheit und Grazie. Dies ist einer der Gründe, warum es bei Hagenbeck über die Jahre so viele Schaustellungen von Singhalesen und Somali zu sehen gab. Ganz besonders die Ostafrikaner mit ihren europiden Gesichtszügen und ihren großen, schlanken Gestalten sorgten immer wieder für großen Publikumsandrang. Andererseits versprach auch das, was nach europäischen Standards als hässlich oder monströs galt, gute Einnahmen. Selbst wenn das bei Carl Hagenbecks Völkerschauen nicht oft geschah, da er ein Ideal „ethnografischer Authentizität" verfolgte, wurden für seine Shows manchmal Individuen oder Gruppen mit angeborenen oder durch bestimmte Kulturtechniken herbeigeführten Missbildungen in Betracht gezogen, wie zum Beispiel kleinwüchsige Singhalesen oder Indianerfrauen, deren Schädel im Säuglingsalter durch das Anbinden von Brettern künstlich in eine längliche Form gepresst worden waren. Hagenbeck weigerte sich jedoch, die als „Lippennegerinnen" angekündigten Sara-Kaba-Frauen mit ihren großen Lippenplatten oder die als „Giraffenhalsfrauen" beworbenen Burmesinnen mit ihren die Schultern deformierenden Halsringen unter Vertrag zu nehmen, weil er solche Schaustellungen für zu extrem hielt.

Das Konzept der „pittoresken Bräuche" konnte sich auf eine ganze Reihe von Praktiken beziehen. Carls Halbbruder John Hagenbeck, der nach Ceylon (heute Sri Lanka) ausgewandert war und für die Rekrutierung vieler Völkerschau-Truppen von dieser

Insel verantwortlich zeichnete, warb bevorzugt solche Inder und Singhalesen an, die auch in ihrem eigenen Land professionelle Unterhaltungskünstler waren. So engagierte er gern Truppen, die vor allem aus Schlangenbeschwörern, Bärendresseuren, Bambusartisten, Zauberkünstlern, Yogis und Tänzern bestanden, welche zusätzlich von einigen Kunsthandwerkern begleitet wurden. Andere Rekrutierungsagenten suchten, wenn sie eine ethnische Gruppe auswählten, nach dem Pittoresken in Hausformen, Kleidern oder Tänzen. Manchmal stützte sich die Auswahl auch auf Bräuche, die in Europa unbekannt waren. Beispiele hierfür sind eine Frauentruppe, die man als „Amazonen-Korps" aus Dahomey, oder Neukaledonier, die man als „Kannibalen der Südsee" präsentierte. Diese beiden weit von einem Ideal der „ethnografischen Authentizität" rekrutierten Truppen entsprachen jedoch nicht Carl Hagenbecks Standards: die „Amazonen" standen bei seinem Neffen Umlauff unter Vertrag und die Neukaledonier wurden lange nach seinem Tod von seinen Söhnen engagiert.

Ein weiterer Faktor bei der Auswahl ethnischer Gruppen zu Zwecken der Schaustellung waren Aspekte von Angebot und Nachfrage: Inder, Singhalesen und Somali wurden sehr häufig engagiert, weil sie große Publikumsmagneten waren. Im Gegensatz dazu wurden beispielsweise Bella-Coola-Indianer von der amerikanischen Nordwestküste und Kalmücken aus dem Russischen Reich nach dem finanziellen Misserfolg ihrer Schaustellungen kein zweites Mal unter Vertrag genommen.

Hatten die Veranstalter sich für eine ethnische Gruppe entschieden, galt auch der Auswahl der individuellen Darsteller besondere Sorgfalt. Der wichtigste Faktor war hier ebenfalls die körperliche Erscheinung: die rekrutierten Personen sollten von Körperbau und Gesichtszügen her möglichst dem anthropologischen Idealtypus ihrer Region entsprechen oder, wie die Veranstalter es nannten, „echte Typen" sein. Nach dem Tod aller Mitglieder einer Truppe von Inuit („Eskimo") und der Mehrzahl der Teilnehmer einer Truppe von Feuerländern achtete die Firma Hagenbeck des Weiteren streng darauf, dass alle in Frage kommenden Personen vor der Vertragsunterzeichnung ärztlich untersucht und geimpft wurden. In Hinblick auf den reibungslosen Ablauf der Veranstaltungen war es den Organisatoren außerdem lieb, dass die meisten Darsteller – mit Ausnahme einiger weniger Übersetzer – keine europäische Sprache beherrschten. Carl Hagenbeck befürchtete nämlich, dass zu enger Kontakt mit den Zuschauern Konflikte zwischen Truppen-Mitgliedern und Impresarios der Völkerschau begünstigte. Aus demselben Grund instruierte er einmal einen seiner Agenten, darauf zu achten, dass „keine Trinker und Krakeeler" unter den Personen seien, die unter Vertrag genommen werden sollten.

Rekruteure warben darüber hinaus wenn irgend möglich Personen verschiedenen Alters und Geschlechts an, denn sie waren der Meinung, dass die Anwesenheit von Frauen und Kindern eine Schau besonders attraktiv und „authentisch" machte. Viele Agenten überprüften auch die darstellerischen Qualitäten der Personen, die sie engagieren wollten, indem sie sie gegen Bezahlung in der Erfüllung bestimmter Aufgaben wetteifern ließen, bevor sie ihre Auswahl trafen. In den Jahren vor der Eröffnung des Stellinger Tierparks war die Anzahl der Personen in der Truppe ein weiterer wesentlicher Faktor bei der Anwerbung, da ja auf Tournee alle an verschiedenen Ausstellungsstätten oder auf kleineren Podien Platz haben mussten. Ein wichtiger Teil der Rekrutierungsreise bestand zudem im Erwerb von ethnografischen Objekten. Einige davon wurden als Requisiten für die Darbietungen verwendet, andere zur Belehrung des Publikums ausgestellt. Nach dem Ende der Show wurden alle weggegeben oder verkauft, oft an völkerkundliche Museen.

Ein detaillierter Vergleich der verschiedenen Rekrutierungsreisen für die Firma Hagenbeck belegt ein weites Spektrum hinsichtlich der strukturellen Ungleichheiten in kolonialen Settings sowie der damit verknüpften Handlungsspielräume der angeworbenen Individuen in jenen ethnischen Gruppen, aus denen Völkerschau-Teilnehmer angeworben wurden. Manche Darsteller, wie etwa die im Jahr 1880 rekrutierten Inuit aus Labrador, unterzeichneten zwar bereitwillig Verträge für ein- oder zweijährige Europa-Tourneen, besaßen aber kaum eine Vorstellung davon, was das für sie bedeutete. Andere, wie viele der 1910 angeworbenen Sioux-Indianer, waren schon vor Jahren semi-professionelle Darsteller in diversen Wild-West-Shows geworden und konnten gut einschätzen, was sie erwartete. Manche der Rekrutierten fristeten in ihrer Heimat ein kärgliches Dasein und unterschrieben die Verträge für die Völkerschau wohl hauptsächlich, um ihrer Armut oder ihren Schulden zu entkommen. Andere Angeworbene aus bestimmten ethnischen Gruppen, etwa die Sami, waren hingegen wohlhabend und konnten die Bedingungen ihres Vertrags diktierten: sie forderten sogar Sonderzahlungen, damit sie während ihrer Abwesenheit von Lappland für ihre Herden Hirten als Vertretung engagieren konnten. Alle Quellen deuten darauf hin, dass Geld das wichtigste Motiv für die Teilnahme an Völkerschauen war. Das Hauptziel der Veranstalter und der (freiwilligen) Darsteller war also im Grunde dasselbe.

Für 50 Pfennig um die Welt: die Organisation und die Darbietungen

Im Gegensatz zu manchen anderen Veranstaltern schloss die Firma Hagenbeck immer Verträge mit den Völkerschau-Darstellern ab. Diese Schriftstücke, von denen einige erhalten geblieben sind, regelten unter anderem Verpflegung und medizinische Versorgung, spezifizierten die geforderte Tätigkeit, die Arbeitszeit und die Höhe der Löhne. Aufzeichnungen der mitreisenden Impresarios belegen, dass die frühen Völkerschauen bis in die 1880er Jahre hinein von einer Haushälterin begleitet wurden, die für die Darsteller kochte und wusch. Später fand man es jedoch für alle Betroffenen praktischer, den Teilnehmern die Zutaten zur Verfügung zu stellen und sie für sich selbst kochen zu lassen. Dies ermöglichte die Respektierung traditioneller und religiöser Praktiken bei der Schlachtung von Tieren sowie bei der Zubereitung und dem Verzehr von Speisen. Die Veranstalter hielten es außerdem für eine zusätzliche Attraktion, wenn die Zuschauer die Darsteller dabei beobachten konnten, wie sie ihr Essen zubereiteten und verzehrten.

Wie Verträge und Plakate erkennen lassen, hatte der Arbeitstag für die Völkerschau-Teilnehmer acht bis zehn Stunden mit ebenso vielen Vorführungen, was vermuten lässt, dass eine Vorstellung etwa eine halbe Stunde dauerte. An Sonn- und Feiertagen wurde wegen der größeren Anzahl von Besuchern manchmal länger gearbeitet. Ein vergleichender Überblick mit etwa 50 Völkerschauen anderer Veranstalter zeigt, dass solche Arbeitszeiten in Deutschland in dieser Branche üblich waren.

Den Besuchern wurden zwei Arten von Attraktionen geboten: eigens inszenierte Aufführungen zu festgesetzten Zeiten und „Dörfer", die weitgehend frei durchlaufen werden konnten. Unabhängig davon, woher die Darsteller – angeblich oder tatsächlich – kamen, wiesen die Vorstellungen meist vier Hauptbestandteile auf: Musik, Tanz, Kämpfe und einen Umzug mit Tieren. Carl Hagenbeck war es ein Anliegen zu zeigen, wie Menschen verschiedenster ethnischer Gruppen auf der ganzen Welt mit ihren Tieren zusammenlebten und sie in ihre Arbeitsabläufe einbezogen – beispielsweise Rentiere bei den Sami in Lappland oder Arbeitselefanten in Indien und Ceylon. Darum sprach er auch nicht von „Völkerschauen", sondern von „anthropologisch-zoologischen" Ausstellungen.

Spätestens ab dem Jahr 1895 waren die Vorführungen nicht länger eine Abfolge unzusammenhängender Einzelteile, sondern hatten sich zu Schauspielen mit festem dramaturgischen Ablauf entwickelt. Sie begannen mit einer friedlichen Eröffnungsszene, bei der die Bewohner des gezeigten „Dorfes" ihren täglichen Arbeiten nachgingen, führten zu einem spannungsreichen Höhepunkt – beispielsweise einer Entführung oder einem Angriff auf das Dorf, begleitet von wilden Kampfszenen – und endeten mit einem glücklichen Ereignis – etwa einem Friedensvertrag oder einer Heiratszeremonie –, was Gelegenheit zu Gesang, Tanz und festlichen Umzügen mit Tieren bot.

Mit Eröffnung von Hagenbecks Tierpark im Jahr 1907 wurden die „Dörfer" zum wichtigsten Bestandteil der Völkerschauen. Von Anfang an war es Hagenbeck ein Anliegen gewesen, dass die Teilnehmer an seinen Völkerschauen in den für ihre Herkunftsregion typischen Häusern lebten und ihre Auftritte vor dieser Kulisse absolvierten. Wenn diese Behausungen nicht von vornherein transportable Zelte oder Jurten waren, importierte man die Baumaterialien und errichtete die Häuser direkt auf dem Ausstellungsgelände neu. Das weitläufige Gelände des permanenten Tierparks ermöglichte nun den Bau riesiger „Dörfer". Hagenbecks Neffe, Heinrich Umlauff, einer der wichtigsten Händler ethnografischer Objekte in Deutschland, schuf dafür gigantische Kulissen und Aufbauten, die bekannte Szenen oder Gebäude der dargestellten Region, etwa die Pyramiden oder indische Tempel, nachbildeten. Die zur Völkerschau verkauften Programmbroschüren boten wie in einer modernen Sight-Seeing-Tour Erklärungen für jede Einzelstation eines nummerierten Rundgangs, bei dem alle Attraktionen besucht wurden: etwa die berühmten Ruinen von … , die verschiedenen Haustypen, die Unterkunft des Häuptlings oder des Kriegers, der in der berühmten Schlacht von … gekämpft hat, der Bazar und die Werkstätten der Handwerker. Die Illusion einer Reise in ein fernes Land wurde auf diese Weise immer perfekter und sprach alle fünf Sinne an. Der Besucher konnte den Fremden beim Kochen und beim Essen über die Schulter schauen, sie bei der Arbeit mit Tieren und bei der Anfertigung von Kunsthandwerk beobachten, das im Anschluss zu erwerben war. Mutige konnten beim Nussröster, Zuckerbäcker oder in der Curry-Küche exotische Gerichte kosten oder sich beim arabischen Barbier Haare und Bart scheren lassen, auf einem Kamel reiten oder mit einer Rikscha fahren. Und diese „Weltreise" für 50 Pfennig Eintritt war sogar noch eindrucksvollerer, wenn es im Tierpark gleichzeitig mehrere Völkerschauen aus verschiedenen Weltgegenden zu besuchen gab. Mit der Idee einer Reise ohne die Gefahren und Strapazen einer echten Reise spielte dann auch ein typisches Werbe-Inserat:

> „Um Afrika zu sehen macht man keine lange Reise, sondern geht zu den 100 Somali im Somalidorf. Hagenbecks Tierpark"

Wissenschaftler, Journalisten, Zuschauer und Darsteller: Rezeption und Folgen der Völkerschauen

Beinahe alle Völkerschauen Hagenbecks machten Tourneen durch Deutschland, aber auch nach Frankreich, Österreich-Ungarn, in die Schweiz, nach England, Belgien, Schweden, Norwegen, Italien, Holland und sogar nach Argentinien. Besucherzahlen mancher Schauen gingen an einzelnen Wochenenden in die Zehntausende und erreichten über die Gesamtdauer an einem Tournee-Ort zuweilen über eine Million. Es ist anzunehmen , dass die Völkerschauen in dieser Hinsicht einflussreicher waren als die nicht-mobilen, auf einen Ort beschränkten großen Kolonialausstellungen, welche zuweilen in Berlin und anderen Städten gezeigt wurden und deutlich kolonialpropagandistischer und edukativer angelegt waren als die Hagenbeck'schen Unternehmungen, die trotz aller gegenteiligen werbeträchtigen Lippenbekenntnisse deutlich dem Unterhaltungsgenre zuzurechnen waren. Neben der Attraktion für ein Massenpublikum erfreuten sich die Völkerschauen auch bei den Wissenschaftlern jener Zeit großer Beliebtheit. Carl Hagenbeck wurde Mitglied der Berliner Gesellschaft für Anthropologie, Ethnologie und Urgeschichte, und er sorgte dafür, dass es bei jeder neuen Völkerschau eine Sondervorführung für die Mitglieder dieser wissenschaftlichen Gesellschaft gab. Danach konnten anthropometrische Messungen vorgenommen und ethnografische Interviews mit den Darstellern der Völkerschau durchgeführt werden. Diese Zusammenarbeit gereichte zu beidseitigem Vorteil. Für die Veranstalter war das Interesse der Akademiker eine gute Reklame, für die noch junge Wissenschaft der Ethnologie / Anthropologie erhofften sich die Forscher hingegen durch die Arbeit mit Völkerschau-Teilnehmern die Beantwortung ungeklärter Fragen. Manchmal erhielt Hagenbeck Anfragen mit der Bitte, dass man doch für zukünftige Schaustellungen in bestimmten, der anthropologischen Wissenschaft noch wenig erschlossenen Gebieten der Erde rekrutieren möge. Eine Reihe von Gelehrten behauptete später in ihren Schriften, ihre Hypothesen durch den Besuch von Völkerschauen bestätigt oder dort gesammeltes Material verwendet zu haben. Universitätsinstitute für nicht-europäische Sprachen und Musikwissenschaftler bedienten sich zuweilen der Völkerschau-Darsteller als Informanten. Bis in die 1950er-Jahre hinein fanden einzelne Abbildungen von Teilnehmern der Völkerschauen zudem Eingang in die „Rassetafeln" der bekannten Enzyklopädie Brockhaus und waren damit einem breiten Publikum als Darstellungen physischer Prototypen für bestimmte Populationen zugänglich. Hagenbecks Bella-Coola-Schau von 1885-1886 hatte darüber hinaus eine ganz besondere Wirkung: sie begeisterte den jungen Völkerkundler Franz Boas so sehr, dass er für den Rest seines Lebens unter Indianern der amerikanischen Nordwestküste forschte und den zuvor von Hagenbecks Rekrutierungsagenten engagierten einheimischen Dolmetscher zeitlebens als wichtigen Informanten nutzte. Boas emigrierte in die Vereinigten Staaten und wurde dort zu einem äußerst einflussreichen Wissenschaftler und Begründer der amerikanischen Anthropologie.

Museen profitierten in hohem Ausmaß von den Völkerschauen und erwarben zahlreiche ethnografische Objekte, über deren Gebrauch sie die Teilnehmer der Shows befragen konnten. Im Gegenzug lieferten sie zuweilen Informations- oder Lehrmaterial für die Schaustellungen. Heinrich Umlauff, Carl Hagenbecks Neffe, war einer der wichtigsten Vermittler zwischen Völkerschau-Geschäft und Museen. Sein Vater hatte eine Firma gegründet, die mit ausgestopften Tieren, Mineralien, Muscheln und ethnografischen Objekten handelte. Dies bedeutete, dass an einem Ort wie Hamburg praktisch alles, was ein Schiff oder ein Matrose nach Hause brachte, von der Familie Hagenbeck-Umlauff gekauft und gewinnträchtig eingesetzt werden konnte. Die Firma Hagenbeck kaufte lebende Tiere, die Firma Umlauff erwarb tote Tiere und ließ sie ausstopfen, kaufte Muscheln, Mineralien, Kuriositäten und Ethnografica. Und sogar mit Menschen, die von Seeleuten zur Mitreise überredet worden waren, konnte man im Rahmen von Völkerschauen Geschäfte machen. Mitte der 1880er-Jahre war der geschäftliche Erfolg der Firmen Hagenbeck und Umlauff so groß, dass ihnen eine ganze Häuserzeile in einer bestimmten Straße von St. Pauli gehörte. Die Familie, die sich geschickt zwischen dem akademischen Umfeld der Privatsammler und Museen sowie dem Schaustellungsgeschäft bewegte, besaß beträchtlichen Einfluss. Sie pflegte weltweit Kontakt zu Tierhändlern, Schaustellern, Museen und wohlhabenden Sammlern, unter denen sich auch viele Adlige und der damalige Dalai Lama befanden.

Eine systematische Überprüfung von 35 Hamburger Zeitungen über eine Periode von etwa 60 Jahren brachte keinen einzigen grundsätzlich kritischen Kommentar zur Schaustellung außereuropäischer Menschen zutage. Die Reaktion der deutschen Presse auf die Ausstellungen war freundlich. Kommentiert wurden vor allem Aspekte der Vorführungen oder die Darsteller. Viele der Artikel scheinen jedoch Teil der Werbekampagne für die Shows gewesen zu sein, so dass die darin geäußerten Ansichten nicht unbedingt als unvoreingenommen bezeichnet werden können. Nur ganz wenige Kirchen- und Missionszeitschriften hinterfragten in Deutschland das Prinzip der Schaustellung von Menschen.

Die Reaktionen der Zuschauer lassen veröffentlichten und unveröffentlichten Quellen zufolge ein überwältigendes Bedürfnis nach Kontaktaufnahme mit den Darstellern erkennen – sei es auf sprachlicher Ebene oder durch Berührung. Obwohl die Veranstalter sorgsam darauf achteten, dass nicht zu viele Völkerschau-Teilnehmer eine europäische Sprache beherrschten, versuchte das Publikum, immer wieder und auf verschiedenste Weise mit den Darstellern zu kommunizieren. Manche Quellen berichten, dass die Besuchermassen nicht weichen wollten, selbst wenn das Ausstellungsgelände abends geschlossen werden sollte. Laut anderen, von Impresarios verfassten und größtenteils unveröffentlichten Dokumenten ist der besondere Reiz der Völkerschauen auch durch erotische Aspekte erklärbar. Es kam immer wieder zu Flirts, sexuellen Kontakten, Liebesaffären und vereinzelt sogar Eheschließungen zwischen

Teilnehmern und Zuschauern. Wurden diese zwischen europäischen Männern und nicht-europäischen Frauen noch toleriert, empfand man sie in der Öffentlichkeit als weitaus skandalöser, wenn sie sich zwischen europäischen Frauen und nicht-europäischen Männern zutrugen. Über Beziehungen zwischen europäischen Mädchen und Männern aus Völkerschauen berichten bereits Quellen aus den 1870er Jahren.

Das deutsche Publikum scheint in Bezug auf Völkerschauen ganz bestimmte Erwartungen gehabt zu haben, denen einzelne Schaustellungen allerdings in höherem Maße entsprochen haben dürften als andere. Die Plains-Indianer zum Beispiel erfüllten mit ihren Federhauben, ihrer Lederkleidung und anderen Utensilien die Erwartungen des Publikums und machten die Sioux-Schau von 1910 zu einer der erfolgreichsten in Hagenbecks Tierpark. Den Bella Coola von der amerikanischen Nordwestküste mit ihren von den Wissenschaftlern als besonders authentisch gelobten Darbietungen von Maskentänzen gelang es hingegen nicht, die Massen zu begeistern, weil sie dem weit verbreiteten populären Indianerbild nicht entsprachen. Es scheint also, dass die ein Millionenpublikum erreichenden Hagenbeck'schen Völkerschauen Bilder von „fremden Völkern" nicht so sehr neu erschufen, sondern eher vorhandene Fremdbilder und Stereotypen bestätigten und perpetuierten, die bereits auf eine lange Tradition in der europäischen Geistesgeschichte zurückgriffen. Eine Reihe von Organisatoren im Umfeld der Hagenbeck'schen Schauen positionierte sich in einer Zeit technischen Wandels neu und stieg, beispielsweise als Produzenten oder Ausstatter, ins Filmgeschäft ein. Mit ihrer Expertise in der Erschaffung exotischer Welten sorgten sie zunächst in Stumm- und später in Tonfilmen für eine Kontinuität in der Art und Weise, in der „exotische Fremde" im neuen, populären Medium des Kinos konstruiert wurden. Klischees über bestimmte Weltgegenden und ethnische Gruppen wurden so von einem Medium des Unterhaltungsgeschäfts in ein anderes transportiert und wirken bis heute fort.

Die meisten Quellen zu Völkerschauen stammen von Europäern und lassen daher nur bedingt Rückschlüsse auf die Eindrücke der außereuropäischen Darsteller von den Schauen zu. Vergleicht man die Quellen, so zeigt sich, dass die Art der Behandlung seitens der Impresarios ein weites Spektrum zwischen Humanität und Brutalität umfasst. Die häufigste Haltung unter den Veranstaltern scheint eine paternalistische gewesen zu sein, welche sich in einem mehr oder weniger starken Maß von Kontrolle gegenüber den Völkerschau-Teilnehmern niederschlug. Das Tagebuch eines Inuit ist die einzige ausführliche Quelle zu einer Völkerschau aus Sicht eines Teilnehmers: Es erzählt von Heimweh und Langeweile, von der Monotonie ungewohnter Speisen, von der Panik angesichts großer Menschenmengen, doch auch vom Erstaunen und Vergnügen bei Ausflügen und angesichts europäischer Technik sowie von der Befriedigung über Perfektion der eigenen Leistung bei den Aufführungen.[2] Gelegentliche Bemerkungen von Darstellern – etwa nordamerikanischen Indianern – lassen vermuten, dass manche sich in Europa in einer Weise geachtet fühlten, wie sie es innerhalb ihrer unter Kolonialherrschaft stehenden Herkunftsgebiete bisher nicht erlebt hatten. Briefwechsel zeigen zudem, dass eine Reihe von Teilnehmer nach Auslaufen ihres Vertrags bei weiteren Hagenbeck'schen Ausstellungen teilzunehmen wünschte. Nur von wenigen Einzelpersonen existieren Informationen aus der Zeit nach ihrer Rückkehr. Auch hier gibt es ein weites Spektrum an Erfahrungen: Während einige depressiv wurden und mit dem Leben zu Hause nicht mehr zurechtkamen, gelang es anderen, ihren Status aufgrund ihrer Erfahrungen und Begegnungen oder – etwa dank mitgebrachter technischer Geräte – ihre sozio-ökonomische Lage nach der Völkerschau deutlich zu bessern.

---

2   Taylor J. G. (1981); Thode-Arora (2002a).

Tropenzauber um die Ecke: Völkerschauen bei Hagenbeck

Caroline Schmidt-Gross

Die Empörung über die Völkerschauen im Hamburger Zoo „Hagenbecks Tierpark" ist bei vielen groß, wenn sie hören, dass dort in den Jahren von 1874 bis 1931 neben Tieren auch Menschen ausgestellt wurden. Saßen etwa Affen und Afrikaner nebeneinander in Käfigen hinter Gittern?

Alltag und Inszenierung

Carl Hagenbeck war zwar der Begründer des Tierparks, aber keineswegs der Erfinder der Völkerschauen. Auch im Zirkus und auf Jahrmärkten wie dem Hamburger Dom wurden gegen Ende des 19. Jahrhunderts ‚exotische' Fremde als Attraktion angepriesen. Bemerkenswert ist, dass Hagenbeck maßgeblich zur Perfektionierung der Völkerschauen beigetragen hat.

Als erste Truppe ließ er 1874 eine sechsköpfige ‚Lappen'-Familie aus Norwegen nach Hamburg importieren. Die Saami – wie sie sich selber nennen – reisten in Begleitung von 30 Rentieren an. Schon kurz nach ihrer Ankunft auf dem ersten Gelände von Hagenbeck am Pferdemarkt (im Stadtteil St. Pauli), waren sie die Sensation. „Wie daheim brachen sie ihre Zelte ab und bauten sie aus Stangen und gegerbten Häuten wieder auf. [...] Aufsehen erregte geradezu die kleine Lappländerfrau, wenn sie in aller Natürlichkeit ihrem Säugling die Brust reichte"[1], schreibt Hagenbeck in seinen Memoiren. Die Zuschauermenge war so groß, dass sie von der Polizei in Schach gehalten werden musste. Zu Beginn der Völkerschauen reichte noch die schlichte Demonstration des Alltags der Fremden, um das Publikum zu begeistern.

Bumerang und Trommelsprache

Die Liste der rund 60 Völkerschauen ist lang, und die Palette der über 2000 Teilnehmer ist breit. Zu sehen waren die unterschiedlichsten Gruppen von Aborigines aus Australien (1883), die mit dem Bumerang warfen, bis zu den Duala aus Kamerun (1886), die sich in ihrer Trommelsprache unterhielten. Die Größe der Truppen variierte zwischen drei und 400 Personen.

Schon bald wurde die Präsentation der Fremden nicht mehr dem Zufall überlassen, sondern folgte festen Programmpunkten. Beispielhaft ist dafür die Somali-Schau im Jahr 1895, an der 67 Personen teilnahmen. Stolz berichtet Hagenbeck: „So ‚überfielen'

---

1   Hagenbeck (1929), S. 48.

plötzlich zu Beginn des Spiels Sklavenhändler dieses friedliche Dorf. Araber hoch zu Dromedar umritten mit Geschrei und Gewehrgeknatter die eben noch schmausenden Dorfbewohner. [...] Dann erschienen europäische Tierfänger, verjagten in einem Feuergefecht die räuberischen Beduinen, und anschließend gab es ein großes Friedensfest, bei dem unter heimischer Musikbegleitung getanzt und alle Riten eines echt sudanesischen Stammesfestes beobachtet wurden."[2]

Für derart spektakuläre Inszenierungen brauchte Hagenbeck mehr Platz. Im Jahr 1907 zog das Unternehmen von St. Pauli an den Stadtrand nach Stellingen. Hier boten groß angelegte Freigehege – statt sichtbarer Zäune gab es versteckte Wassergräben – die geeignete Kulisse. Um ein überzeugendes Ambiente für die Freilichtaufführungen zu schaffen, scheute Hagenbeck keine Mühen. Aus Gips, Draht und Pappe ließ er für die Beduinen-Schau im Jahr 1917 vor dem stilechten Panorama der Pyramiden von Gizeh einen Felsentempel naturgetreu nachbauen. Diese Kombination aus Kitsch, Klischees und Kultur fand ihren Höhepunkt mit den Oglala-Sioux aus der Pine Ridge Reservation in den USA. Ihre Show brachte 1910 den Rekord von über einer Million Besucher. Die 42 Indianer und zehn Cowboys waren im Gegensatz zur ersten ‚Lappen'-Familie Profis. Doch nicht der Spaß, sondern finanzielle Gründe zwangen sie dazu. Sie hatten Auftritte bei Völkerschauen zum Beruf gemacht, um ihre Familien in den Reservaten unterstützen zu können. Die Angehörigen erhielten dort lediglich wöchentlich zugeteilte Lebensmittelrationen.

Eine wichtige Information, die den Zuschauern vorenthalten wurde, hätte sie doch dem Image der „stolzen Indianer" schaden können. Viele Völkerschauen gingen auf Tournee. Sie gastierten unter anderem in Berlin, Leipzig sowie Dresden und feierten international Erfolge, in London und Paris oder in der Schweiz und Norwegen.

Anfang der 30er Jahre war die Hochphase der Völkerschauen vorbei. In Hamburg traten 1931 als eine der letzten Gruppen Melanesier auf. Schon die Ankunft entsetzte die Veranstalter, weil die Südsee-Insulaner in europäischen Anzügen erschienen. Schließlich half das Museum für Völkerkunde aus der Bredouille. Der Fundus musste herhalten, um nach Vorlagen Original-Kostüme anfertigen zu können. Das Resultat: Tagsüber tanzten die Völkerschau-Angestellten bei Hagenbeck gegen Lohn traditionellen Hula-Hula und abends in ihrer Freizeit in den Lokalen auf der Reeperbahn modernen Fox-Trott.

---

2 Ebd., S. 64.

Zeitzeugen und „Lippenneger"

Eine Beurteilung der Hagenbeckschen Völkerschauen ist aus heutiger Sicht schwierig. Viele Berichte basieren auf positiven, heroisch eingefärbten Anekdoten: „Wo seid ihr alle geblieben, ihr Afrikaner, Inder, ihr roten Söhne der Prärien, ihr Eskimos, ihr Patagonier aus der Gletscherwelt Feuerlands, die ihr euch meiner Führung in das Land der Weißen anvertrautet, die euch zu Millionen anstaunten, als wäret ihr Wundertiere. Alle seid ihr längst heimgekehrt in die Länder eurer Vorfahren, und die Reise in das Land des weißen Mannes, der euch mit reichen Schätzen heimsandte, ist zum großen und unvergesslichen Abenteuer eures Lebens geworden", erinnert sich wehmütig Carl Hagenbeck.[3]

Letzteres ist reine Spekulation und spiegelt die vermeintliche kulturelle Überlegenheit wider. Wie es den Fremden tatsächlich erging, war nicht von Interesse, obwohl Dolmetscher zur Verfügung standen. Schriftlich liegen lediglich die Erfahrungen eines einzigen Labrador-Inuit, dem ‚Eskimo' Abraham, vor. Er beklagt sich über die ungewohnte Ernährung, die ständigen Besucher, den Lärm der Fahrzeuge, die Eintönigkeit der Arbeit und leidet unter Heimweh. Seine Angehörigen sollte Abraham nie wieder sehen. 1880 starb er an den Pocken, wie alle Teilnehmer dieser Völkerschau. Man hatte vergessen, sie gegen diese Krankheit zu impfen.

Die Befragung von Zeitzeugen, sprich ehemaligen Besuchern, ist ebenfalls unergiebig. Kaum jemand kann sich noch an Einzelheiten erinnern, und die Faszination wird stets mit der damaligen persönlichen Unkenntnis entschuldigt. Viele Hamburger erzählen dafür von den „Lippennegern" (gemeint sind die afrikanischen Sara, die als Körperschmuck große runde Holzpflöcke in der Lippe trugen). Diese gastierten ab Ende der 20er Jahre auf dem Hamburger Winterdom und 1931 im Berliner Zoologischen Garten. Es gibt auch kuriose Berichte darüber, wie die Somali 1895 von der Bevölkerung mit Waschkörben voller belegter Brote versorgt wurden, nur Dokumente dieser Art eignen sich nicht für ernsthafte Interpretationen oder fundierte Analysen.

Darwinismus und Ethnologie

Die Völkerschaugruppen dienten nicht nur dem Amüsement, sondern auch der wissenschaftlichen Forschung. Sie waren willkommene Objekte für Mediziner, Zoologen, Anthropologen und Völkerkundler, die unter anderem in der „Berliner Gesellschaft für Anthropologie, Ethnologie und Urgeschichte" organisiert waren. In der damaligen Zeit nahm kaum jemand Anstoß an der Zur-Schaustellung von Primaten neben „edlen Wilden". Die Präsentation wurde sogar als wissenschaftlich angesehen, entsprach sie

---

3 Ebd., S. 65.

doch den gerade aktuellen Entwicklungstheorien von Darwin. Auf diese Weise wurden die „Entwicklungsstufen" von der Barbarei bis zur Zivilisation anschaulich dargestellt. Heute dagegen gelten diese Theorien als überholt und geradezu verwerflich.

Damals machte sich dagegen statt Abscheu Begeisterung über die „anthropologisch-zoologischen Veranstaltungen", wie Hagenbeck gerne seine Völkerschauen hochtrabend nannte, breit. Viele Gruppen, die angeheuert wurden, mussten, um möglichst authentisch auftreten zu können, ihre Kleidung, Fetische, Masken und typischen Hausrat mitbringen. Die meisten Stücke zieren noch heute die Vitrinen vieler Museen. Von einem der bekanntesten Anwerber für die Völkerschauen von Hagenbeck, Kapitän Adrian Jocobsen, bekam allein das Berliner Völkerkundemuseum über 14.000 „Stücke ethnographischen Geräts".

Die enge Zusammenarbeit zwischen den Organisatoren der Völkerschauen und der wissenschaftlichen Institute war für beide Seiten vorteilhaft. Das Interesse der Professoren lieferte den Veranstaltern eine willkommene Reklame. Dafür durften die Wissenschaftler Forschung betreiben. Sie führten aber keine Interviews durch, sondern nahmen lieber Vermessungen vor und stellten anatomische Gipsmasken her. Die angewandten Methoden versetzten die Fremden in Angst und Schrecken. Einige versuchten sich zu weigern. Über eine Frau der ,Eskimo'-Truppe von 1880 berichtet der berühmte Pathologe Rudolf Virchow: „Sie sprang von der einen Ecke nach der anderen und schrie dabei in heulender Weise; ihr hässliches Gesicht sah dunkelroth aus, die Augen leuchteten, es bildete sich etwas Schaum vor dem Munde, genug es war ein höchst widerwärtiger Anblick [...] Der Anfall dauerte wohl 8-10 Minuten."[4]

Die Wissenschaftler verteidigten vehement die Zur-Schaustellung ihrer Untersuchungsobjekte. So erwiderte Virchow in der Zeitschrift für Ethnologie 1880 auf einen kritischen Artikel, der leider nicht mehr einzusehen ist: „Deshalb will ich auch diese Gelegenheit nicht vorübergehen lassen, ohne Hrn. Hagenbeck unseren besonderen Dank öffentlich auszusprechen und ihn zu bitten, sich durch derartige Angriffe nicht abhalten zu lassen, in der Weise fortzufahren, wie er es bisher zum grössten Nutzen der anthropologischen Wissenschaft gethan hat."[5]

Und das obwohl sogar Carl Hagenbeck in seinen Erinnerungen grundsätzlich zugibt, dass es anfänglich „Misstrauen" gegenüber den Völkerschauen gegeben hätte und es einige Zeit dauerte, bis „das Eis gebrochen" war.

---

4 Thode-Arora (1989), S. 129.
5 Ebd., S. 136.

Kritik und Widerstand

Nicht nur in der heutigen, sondern auch in der damaligen Zeit wurden die Völkerschauen als eine Entwürdigung, Erniedrigung und Ausbeutung der Fremden kritisiert, soviel ist sicher, nur negative Äußerungen wurden wie im oben genannten Fall nicht oder selten archiviert. Sie jetzt noch aufzuspüren, ist ein akribisches Unterfangen und fast unmöglich. Einer der bekanntesten Gegner war der Hamburger Schriftsteller Hans Henny Jahnn, aufgewachsen in Stellingen. In seinem Roman „Fluß ohne Ufer" heißt es über die „[...] Menschenschau. Das bedeutete, eine Handelsagentur oder der Impresario für willenlose, halbverkaufte, halbbestochene Menschen vermittelte dem halbwissenschaftlichen Institut die Einwanderung einer Gruppe von Afrikanern, Indios, Südseeinsulanern oder Ceylonesen."[6] Auch die ablehnende Haltung eines Mitarbeiters der Deutschen Handels- und Plantagengesellschaft ist dokumentiert. „Für meine Frau und mich war es [...] keine reine Freude, das zu sehen. Wir hatten das Gefühl, hier sei ein Vertrauen getäuscht worden."[7]

Ebenso wehrten sich Teilnehmer der Völkerschauen gegen ihre Arbeitsbedingungen. Ein Nubier, der französisch sprach und offensichtlich eine westliche Bildung in seinem Heimatland genossen hatte, soll sich geweigert haben, die ihm aufgetragenen Tätigkeiten durchzuführen. Dieses Beispiel gibt ausgerechnet Carl Hagenbeck. Nach seiner Meinung sei sich der Mann nur zu schade für die Arbeit gewesen. Ob für den Protest nicht vielmehr kulturelle Gründe, der Status oder miserable Bezahlung und schlechte Behandlung verantwortlich waren, kann leider nicht mehr aufgedeckt werden. Klar ist jedoch, dass Hagenbeck und seine Angestellten mit Leuten, die Widerstand leisteten, nicht gerade zimperlich umgingen. Nach der freimütigen Schilderung von Hagenbeck bekam der aufständische Nubier die Faust zu spüren und wurde solange geschüttelt, „dass demselben Hören und Sehen verging". Dieser Versuch, sich gegen vertragliche Bedingungen zu wehren, zeigt, dass nur die wenigsten fernab in Afrika oder in der Südsee ahnen konnten, was in Hamburg auf sie zukommen würde. Die Völkerschauen gehorchten dem Gesetz der Nachfrage und sollten den Wünschen des Publikums entsprechen, noch einmal den „primitiven Wilden" zu sehen, der offensichtlich kurz vor dem Aussterben stand. Hatten sich doch die meisten Fremden in ihrem jeweiligen Herkunftsland schon längst der westlichen Zivilisation angepasst, als Folge der Kolonisation und Missionierung. Nur über ihren Kampf gegen die koloniale Unterdrückung, Zwangsarbeit oder Ausbeutung ihrer Ressourcen wurde bei den Völkerschauen niemals informiert. Die wissenschaftlich abgesegneten und angeblich die

---

6   Jahnn (1974), S. 362.
7   Thode-Arora (1989), S. 151.

Bildung und Aufklärung fördernden „anthropologisch-zoologischen Veranstaltungen" zeigten allenfalls einen kleinen Ausschnitt der Wirklichkeit.

Kolonialzeit und Verbot

Nur für wenige Völkerschauen wurden die Teilnehmer aus den deutschen Kolonien rekrutiert. Als einer der ersten traf Prinz Samson Dido of Didotown in Hamburg ein. Er gehörte zu den Duala und reiste 1886 aus Kamerun mit zwei Frauen, einem Kind und vier Gefolgsleuten an. Bereits zehn Jahre später war Hagenbeck mit einem Querschnitt seiner Völkerschauteilnehmer auf der Kolonialausstellung von 1896 in Berlin vertreten. Sie diente dem Zweck, durch die Präsentation kolonialer Produkte wie z.B. Elfenbein und die Zur-Schaustellung von insgesamt 103 Einheimischen aus den deutschen Schutzgebieten bei der bislang noch etwas skeptischen Bevölkerung für die Kolonialinteressen zu werben.

Bald darauf, im Jahr 1901, wurde die Anwerbung von Völkerschau-Truppen aus den deutschen Kolonien von dem Auswärtigen Amt verboten. Ein Motiv war die spärliche Bekleidung diverser Teilnehmer. Das hatte zwar auf einige Damen eine unerwartete erotische Anziehungskraft, aber bei sittenstrengen Bürgern erhebliches Missfallen erregt. Als die ersten deutschen Frauen Afrikaner heirateten, sah man sich gezwungen, gesetzliche Maßnahmen zu ergreifen. Ein anderer Grund war die Sorge, den Einfluss auf die indigenen Bewohner der Kolonien zu verlieren, wenn sie den Wohlstand in Deutschland kennengelernt hätten. Die bislang eingeschüchterten Einheimischen hätten womöglich Ansprüche an die Kolonialbeamten vor Ort stellen können.

Einschneidende wirtschaftliche Auswirkungen hatte das Verbot für Hagenbeck wohl nicht, da er auch aus den Gebieten anderer Kolonialmächte Völkerschauteilnehmer rekrutieren konnte. Sicher ist, dass Hagenbeck hervorragende Beziehungen zu den militärischen und politischen Vertretern der deutschen Kolonialmacht pflegte. 1905 wurde er beauftragt, tausend Dromedare für die deutsche Schutztruppe in Deutsch-Südwest zu beschaffen, um den zermürbenden Wüsten-Krieg im heutigen Namibia zu beenden und den Herero-Aufstand niederzuschlagen. Unumstritten ist, dass Hagenbeck ein typischer Vertreter der Kolonialzeit war und davon eindeutig profitierte, nicht zuletzt durch den Handel mit Tieren.

Folklore und Dschungelnacht

Das Ende der Völkerschauen kam aber nicht mit dem Niedergang der Kolonialzeit, sondern mit dem Aufkommen des Films. Die Völkerschau-Teilnehmer und Tiere von Hagenbeck konnten allenfalls noch als Statisten agieren. Als erster drehte Fritz Lang den Abenteuer-Stummfilm „Die Goldene Spinne". Ein Relikt der Völkerschauen ist noch heute in Hagenbecks Tierpark zu sehen. Die Tempelruine auf der Birma-Insel wurde 1913 von einheimischen Handwerkern originalgetreu erbaut, um die „Giraffenhals-Frauen" vorzuführen, deren Köpfe von einem spiralförmigen Halsschmuck gestützt wurden.

Einen Hauch der großen Völkerschauen aus Ceylon gegen Ende des 19. Jahrhunderts soll wohl heute die Dschungelnacht vermitteln. Bei dieser Sommer-Attraktion können sich die Zuschauer das dürftige Plagiat einer Vorführung von Arbeitselefanten anschauen. Fotos der aufwendigen Freilichtveranstaltungen von damals hängen versteckt in den Innenräumen der Vogelkäfige.

Die tiefe Sehnsucht nach dem „Eingeborenen, der noch im Einklang mit der Natur wie im Paradies lebt", macht bis heute das Publikum für Illusionen anfällig. Selbst in den 90er Jahren können sich in einem südafrikanischen Tierreservat staunende Touristen mit „ursprünglichen Buschmännern" treffen. Diese tragen Lendenschurze, schnitzen Perlenketten aus Knochen und rauchen Dagga (ähnlich Marihuana). Der bunte Reiseprospekt verheimlicht, dass die Koi-San-Familie sonst in westlichen Kleidern in einem keineswegs traditionellen Dorf lebt. Für ihre Auftritte erhalten sie Wohnrecht und einen kargen Lohn, von dem sie finanziell abhängig sind. Sonst bliebe ihnen nur die Verelendung in einem der vielen townships in Südafrika. Völkerschauen werden heute weltweit durch primitive Folkloreveranstaltungen in Hotelsälen ersetzt, wo barbusige Mädchen im Bastrock oder Männer in Kriegsbemalung vortanzen.

Bleibt die Feststellung, das Interesse am Fremden wird immer bleiben, und das ist auch legitim. Nur sollten sich speziell Touristen darüber klar werden, dass sie mit Fernreisen einen Industriezweig unterstützen, der oftmals zur Unterdrückung einzelner Völker beiträgt. Viele Menschen in der sogenannten Dritten Welt können nur durch die eigene Karikierung ihrer Kultur überleben. Es reicht nicht, traditionelle Lebensweisen im Museum auszustellen oder in der Heimat der Einheimischen zu vermitteln, sondern ein zentrales Thema muss zusätzlich der weit weniger exotische Alltag der Menschen in Asien oder Afrika sein, der oftmals vom Existenzkampfbestimmt wird.

Völkerschauen im Zoologischen Garten von Paris

William H. Schneider

Die beständige Suche nach publikumswirksamen Attraktionen ließ eine neue Art von Ausstellung entstehen, die erstmals im August 1877 im Zoologischen Garten von Paris [Jardin zoologique d'acclimatation de Paris] präsentiert wurde.[1] Dort gab es Tiere aus den am Horn von Afrika gelegenen Ländern Somalia und Sudan zu sehen: – Kamele, Giraffen, exotisches Vieh, Elefanten, Zwergnashörner und Strauße. Diese Tiere wurden von vierzehn Afrikanern – man nannte sie „Nubier" – begleitet. Die Idee, diese „Nubier" in die Ausstellung einzubeziehen, war ganz spontan entstanden. Ein Mitglied der Pariser Gesellschaft für Anthropologie [Société d'anthropologie de Paris] schrieb:

> „Der Sammeltransport gehörte einem ausländischen Händler, dessen Spezialität darin besteht, europäische Zoos mit Ausstellungsstücken zu beliefern. Zur Unterstützung seiner Geschäftstätigkeit engagiert er in den Ländern, aus denen er seine Tiere bezieht, einheimische Jäger. Diesmal wollte er diese, statt sie in Afrika zurückzulassen, nach Europa bringen und wenn wir den Gerüchten Glauben schenken, so kommt dies seinem Geldbeutel durchaus zugute."[2]

Die neue Attraktion hatte sofort großen Erfolg. „Massen strömen herbei; Tag für Tag kommen viele Besucher", schrieb *L'Illustration* am 4. August 1877. Das Ergebnis war so ermutigend, dass der Zoologische Garten noch im November desselben Jahres – zu einer Jahreszeit also, die normalerweise eine tote Saison darstellte – eine zweite Völkerschau mit sechs grönländischen Eskimos (Inuit) eröffnete, Die Anzahl der verkauften Eintrittskarten stieg in diesem Jahr spektakulär an: 830.711 Personen besuchten den Zoologischen Garten. Der bisherige Rekord lag bei 606.979 Besuchern im Jahr 1875. In dem Jahresbericht für die Aktionäre beschrieb der Direktor des Zoologischen Gartens, Albert Geoffroy Saint-Hilaire, die Ursachen für den Publikumserfolg folgendermaßen:

> „Einen sehr beträchtlichen Anteil dieses Anstiegs verdanken wir, das ist uns bewusst, den Nubiern und den Eskimos."[3]

Abzüglich der Spesen und Ausgaben wurde ein Gewinn von 57.963 Francs lukriert.

Auch im folgenden Jahr wurde ein ähnliches Ausstellungsprogramm angeboten: Im Winter stellte man eine Gruppe von Lappen (Samen) aus und im Sommer drei Monate

---

1   Dieser Aufsatz ist eine Überarbeitung des Kapitels „The Africans in Paris" aus Schneider (1982).

2   Girard de Rialle (1877b), S. 198.

3   *Bulletin de la Société d'acclimatation*, 3. Série, Nr. 5, 1878.

lang argentinische Gauchos. Da die Weltausstellung viele Menschen aus ganz Frankreich und aus dem Ausland nach Paris gelockt hatte, verzeichnete man im Zoologischen Garten einen Rekord-Ansturm von 985.000 Besuchern. Im Jahr 1879 präsentierte man neuerlich „Nubier". Danach wurden die ethnografischen Schaustellungen eine fast regelmäßige Attraktion des Zoologischen Gartens von Paris. In den drei Jahren, in denen es keine derartigen Ausstellungen gab – 1880, 1884 und 1885 – sank die Anzahl der verkauften Eintrittskarten signifikant ab. Während dieser ganzen Zeit machte der Verkauf von Eintrittskarten beinah zwei Drittel der finanziellen Einnahmen des Zoologischen Gartens aus. In den Jahren mit Ausstellungen lag dieser Prozentsatz bei 69%, in den anderen Jahren bei 61%.

Die Organisation dieser Völkerschauen trübte die Beziehungen zwischen dem Zoologischen Garten und der wissenschaftlichen Gemeinschaft Frankreichs zunächst in keiner Weise. Ganz im Gegenteil nahm die Pariser Gesellschaft für Anthropologie die ersten Ausstellungen dieser Art mit ebenso großer Begeisterung auf wie das breite Publikum. Über die erste „Nubier"-Ausstellung notierte ein Mitglied der Gesellschaft in seinem Bericht:

> „[Diese Ausstellung] erregt nicht nur das Interesse der ‚profanen' Leute. Auch die Männer der Wissenschaft, im Besonderen jene, die sich mit Anthropologie befassen, wollten eine so günstige Gelegenheit zum Studium einer Menschengruppe, die vom großen afrikanischen Kontinent stammt, nicht vorüber gehen lassen. Sobald sie diese Neuigkeit vernahm, ernannte die Société d'anthropologie eine Kommission unter Leitung ihres hervorragenden Generalsekretärs Dr. Broca. Ihre Aufgabe war es, die Eingeborenen, die da vor den Toren von Paris lagerten, genau zu untersuchen."[4]

Geoffroy Saint-Hilaire seinerseits ermunterte die Mitglieder der Anthropologischen Gesellschaft nachdrücklich zum Besuch der Ausstellungen, indem er ihnen Einladungen und Freikarten sandte und ihnen sogar Sonderführungen vor der offiziellen Eröffnung anbot. Der Umstand, dass die Anthropologen zumindest anfangs durchaus aufgeschlossen reagierten, ist vielleicht ein Hinweis auf den damaligen Zustand ihrer Disziplin. Die von der Gesellschaft eigens eingesetzten Komitees besuchten die ausgestellten Individuen nicht nur ein Mal, sondern mehrfach, und die Ergebnisse ihrer Beobachtungen waren Gegenstand langer Aufsätze im *Bulletins de la société d'anthropologie*. Die Debatten, die diese Aufsätze bei den Sitzungen der Gesellschaft auslösten, waren ebenso umfangreich wie die Berichte selbst.[5] Zu jener Zeit war in

---

4   Girard de Rialle (1877b).
5   Siehe zum Beispiel *Bulletins de la Société d'anthropologie*, 3. Série, Nr. 4, 1881, S. 602-643.

Frankreich die physische Anthropologie tonangebend. Man meinte, dass in den körperlichen Unterschieden der Schlüssel zur Klassifikation der „Menschenrassen" läge.

Die Mitglieder der Anthropologischen Gesellschaft interessierten sich nicht nur für Schädelmaße, sondern für alle Aspekte der menschlichen Anatomie. Man kann sich gut vorstellen, wie ausgezeichnete Vertreter der anthropologischen Zunft, ausgestattet mit Maßbändern, Greifzirkeln und Fotoapparaten, frühmorgens in den Zoo eilten, um die zuletzt eingetroffenen „Exemplare" in ihrem Freiluft-Labor zu vermessen. Sie arbeiteten peinlich genau, aber mitunter stießen sie an ihre Grenzen. Léonce Manouvrier, der im September 1881 fünf Mal die Ausstellung der Feuerländer besuchte, um ihre Maße zu ermitteln, berichtete vor der Anthropologischen Gesellschaft:

> „An jedem einzelnen von ihnen konnten wir etwa fünfzig Messungen vornehmen, im Großen und Ganzen also alle, die in den ‚Instructions'[6] der Anthropologischen Gesellschaft empfohlen werden. Das einzige, was uns nicht gelang, war die Untersuchung und Vermessung der Genitalien. Es war uns nicht möglich, tiefer zu blicken als bis zum unteren Rand des Schambeins."[7]

Nach den ersten positiven Reaktionen seitens der Anthropologischen Gesellschaft begannen einige ihrer Mitglieder, Zweifel am wissenschaftlichen Interesse der Völkerschauen zu äußern. Einer der Vorbehalte betraf die möglichen Unterschiede zwischen Individuen, die in ihrer natürlichen Umgebung leben, und den am Pariser Stadtrand untergebrachten Gruppen. Man fragte sich, inwieweit die bei diesen Ausstellungen gezeigten Individuen repräsentativ für ihre Artgenossen seien. Auch sorgte man sich um die Auswirkungen, die die lange Schiffsreise und die weite Entfernung von der Heimat auf diese Gruppen haben könnten. Bei einer im Jahr 1881 abgehaltenen Versammlung beklagte sich Paul Nicole, ein Mitglied der Anthropologischen Gesellschaft von Paris, darüber, dass die im Zoologischen Garten ausgestellten Feuerländer nicht der Beschreibung entsprächen, die man in Reiseberichten über die Bewohner der Insel Feuerland fände:

> „Sie wurden von einem Agenten entführt, der sie in Europa ausstellen wollte.
> Sie kamen nicht direkt nach Paris, sondern hatten zuvor bereits einen Monat
> in Europa verbracht."[8]

Damals gab es in mehreren europäischen Städten Völkerschauen. Finanzielle Überlegungen veranlassten die Veranstalter, die für die Rekrutierung einer Gruppe von

---

6   Gemeint sind hier die Anleitungen für Reisende, die die Pariser Anthropologische Gesellschaft herausgegeben hat.

7   *Bulletins de la Société d'anthropologie*, 3. Série, Nr. 4, 1881, S. 767.

8   *Bulletins de la Société d'anthropologie*, 3. Série, Nr. 2, 1880, S. 782.

„Eingeborenen" Zeit und Geld investiert hatten, sie in möglichst vielen Städten zu zeigen. Für die Anthropologen bedeutete dies, dass eine Gruppe umso wahrscheinlicher „kontaminierenden" Einflüssen ausgesetzt war, je länger sie sich in Europa aufgehalten hatte. Zu den meistausgestellten Individuen gehörte eine Gruppe von Zulus, die kurz nach ihrer Unterwerfung im Jahr 1879 nach Europa gebracht wurde.

Nicole merkte an, dass sie, als sie im Théâtre des Folies Bergère in Paris präsentiert wurden, vieles gelernt hatten, was ihnen in Afrika noch unbekannt gewesen war:

> „Als sie den Fuß auf unseren Kontinent setzten, waren sie Wilde. Als sie den europäischen Kontinent verließen, waren sie listige und verschmitzte Gesellen geworden."[9]

Eine andere Kritik, die Anthropologen und auch andere Kreise in Zusammenhang mit den Ausstellungen vorbrachten, betraf die Bedingungen, unter denen die „Eingeborenen" dem Publikum präsentiert wurden. In Widerspiegelung der ursprünglichen Bestimmung des Zoologischen Gartens waren die bei den Ausstellungen gezeigten Tiere ebenso wie die Nachbauten der Wohnstätten der Darsteller von einer Absperrung umgeben, die sie von den Zuschauern trennte. Dadurch wurden die ausgestellten Menschen konkret wie auch symbolisch auf dieselbe Art präsentiert wie die tierischen Attraktionen des Zoos. Letourneau schrieb, dass die 1879 ausgestellten „Nubier" „im Zoo ein wenig wie wilde Tiere untergebracht wurden." Obwohl die Anthropologen also zunehmende Zurückhaltung an den Tag legten, strömte das breite Publikum weiterhin in die Völkerschauen. Die Feuerland-Ausstellung lockte im August und September 1881 mehr als 400.000 Besucher an, 54.000 von ihnen sogar an einem einzigen Sonntag. Übrigens war auch Charles Darwin unter den Besuchern dieser Ausstellung.

Angesichts des finanziellen Profits, der aus dem ungeheuren Erfolg dieser Ausstellungen erwuchs, ist es nicht überraschend, dass die von französischen Wissenschaftlern vorgebrachten Beschuldigungen kaum ins Gewicht fielen. Praktisch jeder Agent, der mit einer Gruppe „exotischer" Individuen nach Paris kam, konnte darauf hoffen, sie im Zoologischen Garten zeigen zu können. Im Jahr 1882 lockte eine Gruppe von Galibi-Indianern aus Französisch-Guyana beinah 400.000 Besucher an, aber das glänzendste Ausstellungsjahr war das Jahr 1883, in dessen Verlauf im Zoologischen Garten nicht weniger als vier verschiedene Gruppen ausgestellt wurden.

So wurde im Juni eine Truppe von 18 Ceylonesen (Singhalesen) in Begleitung von zehn Elefanten gezeigt, während sich im Juli für kurze Zeit gleichzeitig zwei Araukaner-Familien aus den Anden im Zoologischen Garten aufhielten. Ab August schlugen

---

9   *Bulletins de la Société d'anthropologie*, 3. Série, Nr. 4, 1881, S. 775.

22 sibirische Kalmücken sechs Wochen lang ihr Lager auf und im Oktober und November ließen sich 15 „bereits ein wenig zivilisierte", aber in ihre traditionellen Gewänder gekleidete „Rothäute" aus Nebraska am Ausstellungsareal des Zoologischen Gartens nieder. Die Begeisterung des Publikums war eindrucksvoll: Insgesamt zählte man in diesem Jahr 917.501 Besucher. Seit der Weltausstellung von 1878 war der Publikumsandrang nicht mehr so groß gewesen. Geoffroy Saint-Hilaire war entzückt und rühmte sich vor der jährlichen Aktionärsversammlung damit, dass sein Vorgehen fruchtbar gewesen sei, und zwar „sowohl vom rein finanziellen wie auch vom wissenschaftlichen Standpunkt aus".

In letzterer Hinsicht bezog sich Geoffroy Saint-Hilaire auf seine Einladung der Anthropologischen Gesellschaft zum Besuch der Ausstellungen sowie auf die Berichte, die die Sonderkommissionen in den Versammlungen der Gesellschaft über ihre Besuche abgaben. Die Berichte und Debatten bei diesen Versammlungen waren aber doch auch ein Anzeichen dafür, dass die Ausstellungen zu bedeutenden Zerwürfnissen unter den Mitgliedern der Anthropologischen Gesellschaft führten.

Die im Jahr 1886 organisierte Ausstellung zu Ceylon (Sri Lanka) unterschied sich insofern von allen vorangegangenen Ausstellungen, als ihr wissenschaftlicher Anspruch deutlich geringer war. Ja, das Publikum sollte dort ausschließlich Unterhaltung finden. Im gedruckten Programm, das im Zoologischen Garten verkauft wurde, stand, dass die Ausstellung dazu einlade, „auf dem Rasen des Zoologischen Gartens in wenigen Stunden rund um die Welt zu reisen". Die zur Schau gestellte Karawane von 70 Personen, 13 Elefanten und 14 Rindern ähnelte zum Verwechseln einer Zirkustruppe. Jeden Tag um 14 Uhr gab es Elefanten-Vorführungen. Darauf folgten ein „Teufelstanz" und ein „Stocktanz", Auftritte von Schlangenbeschwörern, „Zwergen" und Clowns und Wettrennen mit von Rindern gezogenen Wagen. Zum Abschluss gab es schließlich um 18 Uhr eine Prozession, bei der die ganze Truppe defilierte und dabei zwei Mönche auf einem baldachinüberwölbten Thron mit sich trug. Die ganze Darbietung, so schloss das Programm, „versetzt die Phantasie in die verzauberten Länder des Fernen Ostens."[10]

Die Ausstellungen dieses neuen Typs setzten den Beziehungen zwischen dem Zoologischen Garten und der wissenschaftlichen Gemeinschaft Frankreichs ein rasches Ende. Die Ausstellung zu Ceylon (Sri Lanka) im Jahr 1886 war übrigens die erste, die von keinem Mitglied der Anthropologischen Gesellschaft besucht wurde, und keine der folgenden Ausstellungen war Gegenstand eines Besuchs oder eines Berichts. Die Westafrika-Schauen ließen die Folgen dieses Wandels erkennen.

10   Vgl. Fulbert-Dumonteil (1886).

Die Westafrika-Schauen

Die Aschanti-Ausstellung im Jahr 1887 war die erste Westafrika-Schau im Zoologischen Garten, und ihr Veranstaltungszeitpunkt war höchst bezeichnend. Tatsächlich wurden die Westafrikaner den Franzosen erst vorgeführt, nachdem die Völkerschauen sich von der Wissenschaft abgewandt hatten und zu reinen Zirkusattraktionen geworden waren. Dies hatte zur Folge, dass das Medium der Völkerschauen die Westafrikaner nun – wie es die illustrierten Zeitschriften taten – in spektakulärer und sensationeller Kulisse zeigen wollten. Besonderes Gewicht legte man bei der Vermarktung der Westafrikaner auf ihre bizarren Bräuche sowie die ihnen unterstellte Blutgier und Wildheit.[11]

Nach der Beschreibung eines Beobachters war diese Szene sehr weit entfernt von dem ethnografischen Freiluft-Labor, das Manouvrier so inspiriert hatte:

> „Ein Schauer ergreift Sie ganz zweifellos beim Anblick dieser phantastisch aussehenden schwarzen Männer, die wie in einem Hinterhalt am Boden kriechen und dann mit erstaunlicher Wendigkeit aufspringen, einen Kriegsschrei ausstoßen und mit atemberaubender Geschwindigkeit mit einer Art Säbel herumwirbeln.“[12]

Man sandte Agenten aus, um in entfernten Weltgegenden, über die erst vor kurzem in der Presse berichtet worden war – weil sie, wie Dahomey oder Madagaskar, dem französischen Kolonialreich unterworfen worden waren – in aller Eile Truppen zusammenzustellen. Die Ausstellungen wurden so beliebt, dass dafür nun auch andere Orte als der Zoologische Garten verwendet wurden. In Paris gab es im Jahr 1893 eine Dahomey-Ausstellung am Champs de Mars, 1895 eine Ausstellung zu Sudan und Senegal und im Jahr 1896 eine Madagaskar-Ausstellung. Das Casino de Paris präsentierte eine Truppe aus Dahomey, die in der Hauptstadt Zwischenstation machte, bevor sie zur Weltausstellung in Chicago (1893) reiste. Viele Impresarios ließen ihre Truppen sowohl durch französische Städte wie auch durch die wichtigsten europäischen Hauptstädte tingeln. So wurde eine Dahomey-Ausstellung, die im Frühling 1891 im Zoologischen Garten von Paris präsentiert worden war, im Oktober 1892 in Prag angekündigt.[13]

---

11 Die Zuschauer konnten Schlangenfetische sehen und Kriegstänzen beiwohnen. Diese mündeten in beeindruckender Weise in einer großen Kampfszene, die an den Krieg der Aschanti gegen die Engländer im Jahr 1873 erinnerte.

12 *Le Petit Journal*, 11. September 1887.

13 *Le Petit Parisien*, 1. Oktober 1892. In der französischen Presse wurde auch über ethnographische Ausstellungen berichtet, die in London, Brüssel, Berlin, Hamburg und Prag, sowie in großen französischen Städten stattgefunden haben.

Im Allgemeinen basierten diese Ausstellungen auf dem im Zoologischen Garten in den 1880er-Jahren entwickelten und perfektionierten Konzept. Durch ihren Präsentationskontext und durch ihre Themen wichen sie allerdings davon ab. Auch wenn man weiterhin Ausstellungen wie die über Ägypten oder Somalia nach Paris kommen ließ, weil sie gerade eine Tournee durch Europa machten, konzentrierten sich doch die meisten dieser Ausstellungen immer deutlicher auf das unmittelbare Zeitgeschehen. Tatsächlich versuchten ihre Veranstalter, aus dem Interesse des Publikums für die nach 1890 beschleunigten kolonialen Eroberungen Profit zu ziehen. So fanden die Dahomey-Ausstellungen 1891 und 1893 kurz nach den beiden Dahomey-Kriegen statt.

Die Bedeutung, die der politische Kontext und das Ausstellungsthema nun hatten, ließ die französische Regierung erkennen, wie wichtig diese Ausstellungen bei der gesellschaftlichen Vermarktung der kolonialen Bestrebungen Frankreichs waren. Die Weltausstellung von 1889 ist das deutlichste Beispiel hierfür: Die Regierung selbst übernahm die Rekrutierung der Truppe und die Organisation der Senegal-Ausstellung. Dies stellte eine große Veränderung im Vergleich zur Weltausstellung von 1878 dar, bei der der Vorschlag des Forschungsreisenden Joseph Bonnat, eine Truppe von Westafrikanern nach Paris kommen zu lassen, zugunsten einer traditionelleren Schau von lokalen Produkten und kunsthandwerklichen Gegenständen zurückgewiesen worden war.[14] Im Jahr 1889 wurde ein Dorf mit Tempel und Markt nicht nur für den Senegal nachgebaut, sondern auch für Indochina, Gabun und Tahiti.

Auch wenn die in den folgenden Jahren in Paris gezeigten Ausstellungen von Privatunternehmern organisiert wurden, konnte die Regierung sie durch offizielle Besuche von Regierungsverantwortlichen zur Bewerbung ihrer Kolonialpolitik verwenden. So besuchte der französische Präsident Sadi Carnot die Dahomey-Ausstellung im Jahr 1891, und im darauf folgenden Jahr begab er sich in Begleitung von Finanzminister Maurice Rouvier und Wirtschaftsminister Jules Roche zur Französisch-Guyana-Schau. Diese Regierungsbesuche verliehen den Ausstellungen zudem eine gewisse Legitimität. Dieser Zweck war zuvor durch die Besuche der Sonderkommissionen der Anthropologischen Gesellschaft erreicht worden. Doch angesichts des veränderten Charakters der Ausstellungen war es ganz natürlich, dass diese Rolle von nun an von den Regierungsautoritäten gespielt wurde.

Auch bei den Westafrika-Ausstellungen wurde den Zusehern jeden Tag eine Vorführung angeboten, aber ihr Inhalt spiegelte nun die Entwicklungen der Kolonialpolitik wider. Von besonderer Bedeutung war hier der Ausbruch von Kolonialkriegen.

---

14   *Le Petit Journal* 20. September 1877 und 30. Juli 1879.

Die Presse berichtete ausführlich über diese Konflikte und die nicht-europäischen Einwohner jener Länder galten nun nicht mehr bloß als lokale Kuriositäten, sondern wurden zu mächtigen militärischen Gegnern.

Und doch konnten selbst militärische Vorführungen schal werden. Die Veranstalter waren stets bestrebt, ihrem Publikum immer neue Attraktionen zu bieten. Beispielsweise gab es bei der Sudan-Ausstellung eine öffentliche Hochzeitszeremonie. Sie wurde im Vorfeld groß angekündigt und lockte eine große Zuschauermenge an. Die eigentliche Sensation war jedoch das große Wettrennen der Gepäcksträger, das im Jahr 1893 während der Dahomey-Ausstellung auf dem Champ de Mars ausgetragen wurde. Diese zweite Dahomey-Ausstellung in Paris war bei weitem das bedeutendste Unternehmen dieser Art seit Beginn der Völkerschauen. Frankreich hatte damals gerade eben einen langen Krieg in Dahomey siegreich beendet, und die Presse hatte ausführlich über diese Ereignisse berichtet.

Die Rezeption der Völkerschauen in der Öffentlichkeit

Wie beeinflussten die Völkerschauen nun das Bild von den Afrikanern, das sich in der französischen Öffentlichkeit herausbildete? In der vorangegangenen Analyse wurde darauf hingewiesen, dass die Westafrikaner bei Völkerschauen in dramatischer Kulisse gezeigt wurden und man ihr kriegerisches und wildes Wesen besonders betonte. Dies ergab sich einerseits aus dem gewandelten Charakter der Schaustellungen und andererseits aus kolonialpolitischen Entwicklungen in Westafrika. Wenn wir versuchen, zu einem tieferen Verständnis der Publikumsreaktionen zu gelangen, stoßen wir auf ein noch viel schwierigeres Problem.

Die überwältigende Mehrheit der Besucher solcher Ausstellungen ließ nämlich keine andere Spur ihrer Reaktionen zurück als ihre schlichte Anwesenheit, und selbst dieser Hinweis ist unvollständig. Beobachtungen der wissenschaftlichen Gemeinschaft liegen nur für die ersten Ausstellungen vor, und ihr Blickwinkel ist allzu eng für subjektive Hinweise. Die einzigen anderen Beschreibungen, die möglicherweise von irgendwelchem Wert sind, sind die Kommentare der von *Le Petit Journal*, *Le Petit Parisien* und anderen Zeitungen in die Ausstellungen entsandten Journalisten. Man kann annehmen, dass die Reaktionen, die sie beschreiben, nicht ungewöhnlich waren und auch von anderen Ausstellungsbesuchern geteilt wurden. Da zudem gewiss viel mehr Menschen diese Zeitungen gelesen als die Ausstellungen selbst besucht haben, konnten die Beobachtungen der Journalisten durchaus Einfluss auf die Rezeption der Ausstellungen in der breiteren Öffentlichkeit ausüben. Eine der häufigsten Reaktionen bezog sich auf die körperliche Erscheinung der Westafrikaner. Jeder Artikel, mochte er auch noch so wenig ins Detail gehen, enthielt zwar eine oberflächliche Beschreibung der Gebräuche und des Lands, aus dem die ausgestellten Individuen stammten, doch viel aufschlussreicher war oft die Beschreibung ihres Aussehens, die ja auf direkter Beobachtung beruhte.

Wenn sich auch in vielen dieser Artikel die traditionelle europäische Neigung, bei den Afrikanern tierhafte Aspekte festzustellen, niederschlug, so drückten einzelne Beobachter mitunter doch ein ästhetisches Gesamturteil aus, das einem – wenn auch widerwillig zugestandenem – Kompliment gleichkam. Die Frauen, die bei der Dahomey-Ausstellung des Jahres 1893 gezeigt wurden, wurden als „großteils jung und … in ihrer Art hübsch" beschrieben. Einem Krieger, der bei der Dahomey-Ausstellung des Jahres 1891 auftrat, gestand man zu, dass er „für einen Neger überhaupt nicht hässlich" sei. Und man notierte, dass die Pai-Bi-Bri-Frau „nicht einer gewissen Grazie ermangelte". Diese Beschreibungen des äußeren Eindrucks stellten in keiner Weise bombastische Bildnisse edler Wilder dar, sie waren aber ein – wenn auch indirekter – Hinweis darauf, dass den Franzosen allmählich bewusst wurde, dass es einen Unterschied zwischen den naiven Karikaturen der Afrikaner gab, wie man sie in der Boulevardpresse fand, und den Menschen aus Fleisch und Blut, die man bei den Ausstellungen sehen konnte.

Trotz dieses „positiven" Effekts der Völkerschauen entwickelte sich damals überraschend ein Zuschauerverhalten, das die Beobachter als erniedrigend für die ausgestellten Individuen betrachteten: Manche Zuschauer warfen ihnen nämlich Geld zu.[15] Es lässt sich schwer sagen, wann dies üblich wurde, doch scheint es seit den ersten Ausstellungen vorgekommen zu sein. Bei der Dahomey-Ausstellung im Jahr 1893 schloss ein Journalist von *Le Petit Journal* einen seiner Artikel folgendermaßen:

> „Ob es die Rothäute sind, Buffalo Bill, die Ceylonesen, die Hottentotten, die Galibi oder die Dahomey, allen scheint es vor allem um eine Kollekte zu gehen [...]. In einer minderwertigeren Form ist es auch hier der Wettlauf um das Geld, der uns alle anspornt, in Europa... und auch anderswo."[16]

Die äußere Gestaltung der Ausstellungsflächen trug viel dazu bei, dieses Verhalten zu verstärken. Die ausgestellten Personen waren von den Zuschauern physisch durch eine Absperrung oder später, als die Vorführungen immer weiträumiger wurden, durch eine Palisade getrennt. Wenn die Zuschauer nun von den Frauen und Kindern, die sich

---

15   Übrigens sieht man in dem berühmten Film, den die Brüder Lumière wahrscheinlich im Jahr 1896 im Zoologischen Garten gedreht haben, wie Zuschauer Geldstücke ins Wasser werfen, um die Kinder der Truppe dazu zu veranlassen, danach zu tauchen.

16   *Le Petit Journal*, 22. Mai 1893.

an diesen Schranken drängten, um ein wenig Geld gebeten wurden, warfen sie ihnen eben Geldstücke oder Geldscheine zu. Diese Geste unterschied sich nicht sehr von jener, mit der sie anderen Attraktionen im Zoo Erdnüsse oder trockenes Brot zuwarfen.

Das auf diese Weise gesammelte Geld stellte eine nicht zu vernachlässigende Prämie für die ausgestellten Individuen dar, die nach allen Zeugenaussagen in ihren Heimatländern zu einem festgesetzten Honorar engagiert wurden. Es hieß, dass der Sieger des Gepäcksträger-Wettlaufs, ein Mann namens Ashivi, in den drei Tagen nach seinem Sieg mehr als 500 Francs in 10- und 20-Francs-Stücken bekam: „ein hübsches Stückchen Geld für einen Dahomey-Krieger".[17] Die Völkerschauen waren ein Produkt der imperialistischen Ära. Am Ende der 1890er-Jahre wurde in den Kolonien eine wirksame Kontrolle auf Verwaltungsebene eingeführt und die Kolonialbehörden in Paris hatten ein Interesse daran, die positiven Aspekte des Kolonialismus zu betonen. Diese bereits bei der Weltausstellung in Paris im Jahr 1900 spürbare Veränderung wurde bei der ersten Kolonialausstellung, die im Jahr 1906 in Marseille veranstaltet wurde, noch deutlicher. Dort präsentierte man dem französischen Publikum ein offizielleres Bild der Kolonien.

---

17 *Le Petit Journal*, 28. Mai 1893.

Eine Ona-Truppe im Musée du Nord: Rekonstruktion einer verlorenen Akte der Brüsseler Fremdenpolizei

Peter Mason

Bei den Berichten der Brüsseler Fremdenpolizei gibt es eine Abteilung, die sich mit „Truppen von Fremden" befasst, die im Zeitraum von 1888 bis 1904 öffentlich zur Schau gestellt wurden. In dieser Abteilung stößt man auf ein höchst reizvolles Dokument: eine Akte, deren Umschlag die Aufschrift trägt: „Ona-Truppe, im Februar 1890 im Musée du Nord ausgestellt und nach England zurückgeschickt". Aber dieser Umschlag ist leer.[1]

Dank Informationen, die sich aus verschiedenen – bildlichen und textlichen – Puzzlesteinchen aus Brüssel, Paris und London sowie aus Argentinien und Chile zusammensetzen, ist es dennoch möglich, einige der Rätsel zu lösen, die sich aus dieser lakonischen Kurzfassung des Geschehenen ergeben. Wir können mehr über die Ona und das Musée du Nord erfahren, wir können herausfinden, was die Ona im Februar 1890 an diesem Ort taten, woher sie kamen und wohin sie – zumindest die Überlebenden – weiterfuhren. Wir untersuchen die Praktiken der Menschenausstellungen also anhand eines Einzelfalls. Der Vorteil einer solchen Annäherung besteht darin, dass dieser Einzelfall geografisch und historisch genauer verortet werden kann. Auf diese Weise können wir die Verallgemeinerungen vermeiden, die in Zusammenhang mit der Kolonialperiode so oft geäußert werden. Der vorliegende Artikel[2] möchte – ähnlich wie Felix Drivers Buch *Geography Militant*[3] – die vielfältigen kulturellen Praktiken untersuchen, die der Ausbeutung und dem Aufbau des Kolonialreichs dienten.

Menschentruppen und Menschengruppen

In den erhaltenen Akten findet man im Allgemeinen eine Rubrik „Beruf", in die ein Begriff eingetragen wurde, der ein Herkunftsland oder einen Herkunftsort bezeichnete: „Senegalese", „Samoaner", usw. Diese Beschreibung ist in verräterischer Weise treffend, denn der Beruf oder der Broterwerb dieser Gruppen von Nicht-Europäern bestand tatsächlich darin, als Schauspieltruppen aufzutreten und in ihren Vorführungen die angeblich typischen Gebräuche ihres Alltagslebens darzustellen. Ihre Arbeit bestand darin, Afrikaner, Samoaner und andere *zu sein* und das

---

exotische Leben als Schauspiel für ein europäisches Publikum zu präsentieren, für ein Publikum also, das in den traditionellen Bräuchen der Nicht-Europäer nur einen kulturellen Konsumgegenstand sehen konnte.

Ein Artikel aus dem *Journal de Bruxelles* vom 6. Februar 1890 klärt uns über die Umstände auf, unter denen die „Ona" ausgestellt wurden. Unter dem Titel „Eine Truppe von Menschenfressern im Gefängnis in der Rue des Petits Carmes'" ist da zu lesen:

> „Herr Le Jeune, der Justizminister, gab am Dienstag Anweisung, dass die Menschenfresser-Truppe, die im Musée Castan ausgestellt wurde, festgenommen werden soll. Derzeit sind die unglücklichen Ona – als auswärtige Staatsbürger ohne jegliche Unterstützung – im Gefängnis in der Rue des Petits Carmes inhaftiert. Der ehrenwerte Justizminister traf diese Entscheidung auf Ersuchen der englischen Regierung. Diese Indianer scheinen nämlich auf englischem Gebiet in Feuerland gefangen und unter Gewaltanwendung an Bord eines französischen Schiffs gebracht worden zu sein. Einer von ihnen soll beim Versuch, sich zur Wehr zu setzen, sogar getötet worden sein. Die Indianer wurden zunächst in London ausgestellt. Und die englische Polizei wollte sich gerade mit den Umständen befassen, die die Gefangennahme dieser armen Leute begleiteten, als sie nach Brüssel geschickt wurden."

Beginnen wir mit der räumlichen Verortung der fraglichen Ereignisse. Das Musée du Nord lag, ebenso wie das Musée Castan, in der Einkaufsgalerie Passage du Nord in Brüssel. Das 1877 eröffnete Musée du Nord bot eine breite Palette von Attraktionen: elektrische und mechanische Maschinen, ein Théâtre Bébé, in dem Kinder und Zwerge Possen und Pantomimen aufführten, und einen Festsaal, in dem man Varieté-Nummern sehen konnte. Das im Mai 1888 in der Passage du Nord eingerichtete Musée Castan war nach demselben Modell ausgestattet. Neben einer ständigen Wachsfigurenausstellung gab es im Festsaal Vorführungen eines Marionettentheaters, exotische Tänze, Illusionisten und verschiedene andere Kunststücke. Im Jahr 1890, dem Jahr, in dem dort auch die Ona ausgestellt wurden, umfassten die Attraktionen: „Die ‚Jewells Holden'-Marionetten, spanische Tänzerinnen, die schöne Fatma und ihre Mauren-Truppe, die Dahomey-Amazonen und die Azteken."[4] Und das *Journal de Bruxelles* vom 22. Februar 1890 lässt uns wissen, dass man auf der Bühne des Musée Castan zehn Samoaner männlichen Geschlechts beim Billardspielen, Singen und Tanzen beobachten könne.

Die für ein europäisches Publikum gedachten Schaustellungen „exotischer" Menschen entwickelten sich im Wesentlichen in drei Kontexten: zum einen auf Theater- und

---

4 Vgl. Renieu (1928), S. 877-887.

Varieté-Bühnen, zum anderen bei internationalen Ausstellungen. Darunter auch die allererste im Londoner Crystal Palace im Jahr 1891. Damals wurden an einem einzigen Ort neben Proben handwerklichen Geschicks und Naturprodukten aus den unterschiedlichsten Gegenden der (Kolonial-)Welt – die Hinsley die „Welt als Markt"[5] nannte – auch verschiedenste Völker gezeigt. Bei der Pariser Weltausstellung des Jahres 1889 spielten „Eingeborenen-Dörfer" zum ersten Mal eine entscheidende Rolle. Der Name, der einem in Zusammenhang mit Wandertruppen zur Schau gestellter „exotischer" Menschen einfällt, ist der von Phineas Bamum. Die Menschenschauen bei internationalen Messen dagegen dürften vorrangig mit dem Namen Carl Hagenbecks in Verbindung stehen. Wahrscheinlich war er sogar derjenige, der sie als erster in Europa anbot. Er organisierte seit 1874 „anthropologisch-zoologische" Ausstellungen im Hamburger Zoo. Was uns zum dritten Kontext führt, eben dem Zoo oder der Menagerie. Das berühmteste Beispiel hierfür ist der Zoologische Garten von Paris. In dieser isolierten Umgebung in der Tiere sich fortpflanzen und unter Anleitung von Fachleuten betrachtet werden können, wurde im August 1877 eine neue Art von Darbietung angeboten.

Zwischen diesen drei Kontexttypen gab es selbstverständlich sehr regen Austausch. Hier kann man das Beispiel der Mapuchen – oder genauer das der Araukaner Südchiles – nennen. Sie wurden im Sommer 1883 im Pariser Zoologischen Garten ausgestellt und erhielten dort regelmäßig Besuch von Achille Laviarde, einem Franzosen, der Ansprüche auf den araukanischen Thron erhob – als Achille I von Araukanien, 1878 – 1902. Dieser brachte die Truppe ins Chat Noir, damals eins der unter Intellektuellen beliebtesten Kabaretts, und führte sie dort Literaten und Politikern vor – übrigens nicht ohne Gewinn für seine politischen Ambitionen. Die Ona wurden, wie wir sehen werden, in allen drei Typen von Ausstellungsstätten ausgestellt.

Jeder dieser lokalen Typen hatte seine eigene Art, das „Exotische" darzustellen. Im Varieté musste man ihm einen monströsen Charakter verleihen, um dem Wunsch des dortigen Publikums nach starken Empfindungen entgegenzukommen. Bei den Weltausstellungen stellte man die wirtschaftlichen Vorteile der Kolonisierung in den Vordergrund. Dabei nutzte man die gleichzeitige Anwesenheit von Europäern und Nicht-Europäern in den Kolonialgebieten, um die Vorstellung einer Hierarchie zwischen diesen beiden Menschengruppen zu verstärken. Die Fotografien „exotischer" Bevölkerungsgruppen, die von ihren europäischen Herren in Schach gehalten werden, reproduzierten das von den Kolonialherren propagierte Modell kolonialer Beziehungen. Die Zoos und die Menagerien versuchten schließlich zu zeigen, dass es nur geringen – oder gar keinen – Abstand zwischen bestimmten nicht-europäischen Völkern und

---

5   Hinsley (1991).

der Tierwelt gäbe. Die „Eingeborenen" aus Feuerland spielten in dieser Hinsicht eine besondere Rolle. Charles Darwin, der mit vier von ihnen an Bord der Beagle persönlichen Kontakt hatte, gab folgendes Urteil über sie ab:

> „Diese unglückseligen Wilden sind von verkümmerter Größe, ihr Gesicht ist scheußlich, mit weißer Farbe bedeckt, die Haut ist schmutzig und fettig, ihr Haar wirr, ihre Stimme misstönend und ihre Gebärden heftig. Wenn man diese Wesen sieht, so kann man kaum glauben, dass es menschliche Kreaturen sind, die dieselbe Erde bewohnen wie wir."[6]

Die Einwohner Feuerlands waren von großer Bedeutung für die Entwicklung von Darwins Theorien und ihr Aufenthalt in Europa am Ende des 19. Jahrhunderts war notwendigerweise durch diesen kulturellen und emotionalen Hintergrund in höchstem Maße bestimmt.

Die Todesfälle

Wer waren nun diese Ona, die im Jahr 1890 im Musée Castan in Brüssel ausgestellt wurden? Die Ona – oder Selk'nam – stammten von der südlichsten Spitze Südamerikas, genauer von der Hauptinsel des Feuerland-Archipels. Sie bewohnten das Landesinnere ebenso wie die Nord- und Ostküste. Die Selk'nam und ihre Nachbarn, die Haush, wurden vor den 1880er-Jahren auf etwa 3.500 - 4.000 Menschen geschätzt. Doch ihre Zahl nahm während der beiden letzten Jahrzehnte des 19. Jahrhunderts, als weiße Siedler und Missionare sich auf ihrem Gebiet niederließen, dramatisch ab. Die Schaustellung in Brüssel fiel genau in die Mitte dieser Periode. Innerhalb von etwa zwanzig Jahren wurden die Selk'nam infolge eines absichtlichen Genozids und einer unabsichtlichen Ansteckung mit europäischen Krankheiten auf etwa 500 Personen reduziert. Lola Kiepja, die letzte Selk'nam, die noch mit der traditionellen Kultur ihres Volks aufgewachsen ist, starb im Jahr 1966.[7]

Im Jahr 1888 entführte ein belgischer Walfänger in der Magellan-Straße elf Selk'nam. Er brachte sie nach Europa, gefesselt „wie bengalische Tiger". Ein Impresario namens Maurice Maître zeigte sie, eingesperrt in einen Käfig, in einem jener Gebäude, die für die Weltausstellung von 1889 in unmittelbarer Nähe des Eiffelturms errichtet wurden. Anlässlich dieses Ereignisses, mit dem 100 Jahre Freiheit, Gleichheit und Brüderlichkeit gefeiert werden sollten, wurden die Selk'nam den Parisern und Pariserinnen als Kannibalen vorgeführt. Zu bestimmten Stunden warf man ihnen Stücke von rohem

---

6 Darwin (1839), S. 198-199.
7 Vgl. Chapman (1986).

Pferdefleisch zu, um sie zu ernähren. Eine Fotografie von Maurice Maître, die bei der Weltausstellung vor einem bemalten Hintergrund aufgenommen wurde, zeigt ihn mit „seiner" Selk'nam-Gruppe in der Pose eines Jägers mit Trophäe. Das Bild ähnelt anderen, die in ähnlichen Kontexten aufgenommen wurden, etwa jenem der Surinamesen, die 1883 bei der Weltausstellung von Amsterdam – gar nicht so weit entfernt von Brüssel – ausgestellt wurden.

Maîtres Fotografie hat eine weitere, noch düsterere Gemeinsamkeit mit anderen Menschen-Ausstellungen. Obwohl in den Quellen von der Entführung von elf Selk'nam die Rede ist, sind auf dem Foto nur neun von ihnen zu sehen. Die beiden anderen waren zu diesem Zeitpunkt vermutlich bereits tot. Die Sterblichkeitsrate unter diesen Nicht-Europäern, die man in Europa zur Schau stellen wollte, war ganz allgemein hoch. Bei einer anderen Schaustellung von Feuerländern – elf Angehörigen des Alakaluf-Stamms, der im westlichen Teil des Archipels lebte – starb ein junges Mädchen namens Petite-Mère 1883 in Paris. Auf der Reise in die Schweiz kam eine der Frauen um, und in Zürich starben vier weitere Mitglieder der Gruppe. Daraufhin beschloss man, die fünf Überlebenden nach Hause zu schicken. Einer von ihnen, Antonio, verschied während der Rückreise. So gelang es nur vier der ursprünglich elf Feuerländer, nach Punta Arenas zurückzukehren.[8]

Um auf Maurice Maître und „seine" Selk'nam zurückzukommen, so wurden die neun überlebenden Mitglieder der Gruppe von Paris nach London gebracht, um dort im Westminster Aquarium ausgestellt zu werden. Ihr Speiseplan bestand noch immer aus rohem Pferdefleisch und rohem Fisch. Die Zeitung *The Pall Mall Gazette* vom 23. Januar 1890 berichtete, dass „seit einiger Zeit die ganze Stadt von nichts anderem spricht als ihren wilden Sitten." Eine der Frauen erkrankte und Maître entließ sie. Sie wurde ins St.-George-Krankenhaus gebracht, wo sie am 21. Januar um vier Uhr morgens ihren letzten Atemzug tat. Die zuständige Krankenschwester beschrieb ihren Zustand folgendermaßen:

> „Als sie ins Spital gebracht wurde, war sie nur mit einer alten Decke bekleidet, die zu einem Umhang geknüpft war. Sie trug einen Strick um die Taille und Pantoffel aus geflochtenem Seil an den Füßen. Abgesehen davon besaß sie nicht das geringste Kleidungsstück. Sie war von abstoßender Unreinlichkeit. Sie war bedeckt von Schmutzschichten und sie wehrte sich mit allen ihr zu Gebote stehenden Lauten und Gebärden dagegen, gewaschen zu werden. Der Gestank ihres Körpers war entsetzlich."

---

8   Vgl. Brändle (1995), S. 7-21.

Der diensthabende Arzt, Doctor Webster, nahm mit einem Vertreter der South American Missionary Society Kontakt auf und berichtete ihm von dem Fall. Sein Kommentar lautete:

> „Meiner Ansicht nach ist es ein unglaublicher Skandal, dass man es zulässt, dass diese armen Kreaturen aus ihrer Heimat entführt und in dieses Land gebracht werden, wo sie beinah sicher erkranken."[9]

Vergebens appellierte die South American Missionary Society an die Direktion des Westminster Aquarium, an den Impresario Maître, an die Aborigines' Protection Society und an offizielle Vertreter Chiles in England. Maître rechtfertigte sich damit, dass die Selk'nam keine Engländer seien, dass sie nicht unter dem Schutz der South American Missionary Society stünden und dass sie ihm aus freien Stücken gefolgt seien. Der Innen- und der Außenminister, die zunächst zwar nur langsam reagiert hatten, begannen nun, sich für die Angelegenheit zu interessieren. Maître, der spürte, dass ihm der Boden unter den Füßen brannte, zog es vor, mit seinen restlichen Gefangenen nach Brüssel zu fliehen.

Ihre Schaustellung im Musée Castan muss von kurzer Dauer gewesen sein, da sie ja, wie wir sahen, am 6. Februar endgültig abgebrochen wurde und die Selk'nam ins Gefängnis geworfen wurden. Doch gab es auch weiterhin derartige Darbietungen: am 22. Februar standen zehn Samoaner auf dem Programm des Musée Castan. Die inhaftierten Selk'nam waren nun nur mehr zu siebt, also zwei weniger als auf dem in Paris aufgenommenen Foto und vier weniger, als ursprünglich auf Feuerland eingefangen worden waren. Es gab da einen Mann von etwa dreißig Jahren mit schütterem Bart, drei Frauen und drei Kinder, das älteste etwa vier Jahre alt. Sie hatten keinerlei Gerätschaften, sie besaßen keinerlei Ausrüstung, obwohl sie sich doch gewiss eines Bogens oder einer Lanze hätten bedienen können. Sie waren in Lumpen gehüllt und gingen barfuß im Schnee.[10] Maître wurde in Brüssel verhaftet und die Überlebenden seiner Truppe – wahrscheinlich nur vier Personen, wenn nicht noch weniger – wurden an Bord der Oruba gebracht, die sie über Dover und Liverpool nach Feuerland zurückbringen sollte.

Das Phänomen der Menschenausstellungen rief in Brüssel gemischte Reaktionen hervor. Die Brüsseler Gesellschaft für Anthropologie [Société d'anthropologie de Bruxelles] ließ ein lebhaftes Interesse für das erkennen, was sich in den Museen der belgischen Hauptstadt ereignete. In ihrem Bulletin des Jahrgangs 1888-1889 wurde ein Bericht von E. Houzé veröffentlicht, in dem von der Überführung von „Hottentotten" ans

---

9   *South American Missionary Magazine*, 1. Februar 1890. S. 29-30.
10   *Bulletin de la Société d'anthropologie de Bruxelles*, Bd. IX, 1890-1891, S. 45.

Musée du Nord die Rede war. Der Autor betonte jedoch, dass es sich um eine „gewöhnliche Zerstreuung ohne jeden wissenschaftlichen Wert" handle.[11] Trotz dieses fehlenden wissenschaftlichen Werts enthielt die nächste Ausgabe des Bulletins dennoch einen Aufsatz über einen Vortrag, den derselbe E. Houzé über die Samoaner-Gruppe gegeben hatte, die im Musée Castan ausgestellt wurde.[12] Aufgrund der Schnelligkeit, mit der der Selk'nam-Schau im selben Museum ein Ende gesetzt wurde, hatte die Anthropologische Gesellschaft keine Zeit, den Vorführungen vor der Verhaftung der Selk'nam beizuwohnen. Allerdings erhielten die verhafteten Selk'nam im Gefängnis Besuch von einem Mitglied der Anthropologischen Gesellschaft, V. Jacques, der, bevor er von ihrer Festnahme erfahren hatte, im Musée du Nord eine Sondervorführung für sich und seine Kollegen organisieren wollte. Die Bedingungen im Gefängnis hielten ihn jedoch davon ab, jene Vermessungen vorzunehmen, die der physischen Anthropologie jener Zeit so teuer waren. So hatte der Anthropologe Roland Bonaparte im Jahr 1883 die Schaustellung von Bewohnern Surinams bei der Weltausstellung von Amsterdam für seine systematische Arbeit im Bereich der physischen Anthropologie genutzt. Im folgenden Jahr veröffentlichte er ein Buch mit dem Titel *Les Habitants de Suriname, notes recueillies à l'Exposition coloniale d'Amsterdam en 1883* [Die Einwohner von Surinam. Erkundungen bei der Amsterdamer Kolonialausstellung 1883]. Der Abbruch der Selk'nam-Ausstellung löste große Unzufriedenheit aus. Die Schriftstücke der Brüsseler Fremdenpolizei enthalten auch Klagen, in denen versichert wird, dass, wenn solche Ereignisse in der belgischen Hauptstadt untersagt werden sollten, diese nicht mehr in der Lage sein werde, sich als Kulturmetropole neben anderen europäischen Hauptstädten zu behaupten.

Die Meinungsverschiedenheiten in Zusammenhang mit Menschenschauen bezogen sich nicht nur auf ethische Aspekte. Umstritten war auch ihr pädagogischer Wert. Wie wir sahen, erwartete man von den Nicht-Europäern, die auf dem alten Kontinent zur Schau gestellt wurden, das Schauspiel einer exotischen Andersartigkeit. Diese hatten sie jedoch aufgrund des simplen Umstands, dass man sie nach Europa gebracht hatte, bereits zum Teil eingebüßt. Nachdem im Jahr 1881 im Zoologischen Garten von Paris „wilde Feuerländer" zur Schau gestellt worden waren, hielt man die Ausstellung von 14 „Araukaniern"[13] aus dem südlichen Chile – Mapuche also –, die zwei Jahre später am selben Ort stattfand, für weniger spektakulär. Tatsächlich erklärte der Anthropologe Léonce Manœuvrier, das

---

11 *Bulletin de la Société d'anthropologie de Bruxelles*, Bd. VII, 1888-1889, S. 286.

12 *Bulletin de la Société d'anthropologie de Bruxelles*, Bd. VIII, 1889-1890, S. 241-255.

13 Der exakte Begriff zur Bezeichnung der Einwohner des alten Araukaniens ist der von uns weiter oben benutzte Begriff „Araukaner".

„mehrere der Männer und Frauen, die wir gesehen haben, abgesehen von ihrer Hautfarbe, durchaus als Eingeborene aus der Auvergne präsentiert werden könnten."

Während Manœuvrier sich an die mittelfranzösische Region Auvergne erinnert fühlte, sah Girard de Malle, der ebenfalls die Mapuche im Zoologischen Garten gesehen
hatte, in der Ausstellung die Gelegenheit zu einer Zeitreise:

„Ohne ihre Reittiere konnten die Araukanier des Zoologischen Gartens keine
Vorstellung von ihren gewöhnlichen Beschäftigungen geben. Der Bau ihrer
Strohhütte jedoch, die tausend kleinen Arbeiten jeder Stunde, oder gar das
Rezitativ, das einer von ihnen einem drei Meter langen Waldhorn entlockte, all
das versetzte Sie für einige Augenblicke in das ferne Land Araukanien, dessen
stolze Bewohner, großartige Landschaften und bewegende Szenen im 16. Jahrhundert den Dichter Ercilla zu einem Epos inspirierten, das immer noch zum
Schönsten gehört, was die spanische Literatur hervorgebracht hat."[14]

Die zur Schau gestellten Nicht-Europäer ließen den Geist ihrer Zuseher also ganz
bestimmt nicht unberührt. Sie sollten eine Reihe von Emotionen auslösen, die mit exotischen Stereotypen in Verbindung standen, und wenn ihnen dies nicht gelang oder
wenn irgendetwas von diesem romantischen Bild abwich, wandten sich die Besucher
enttäuscht ab.

Postskript

Eine anonyme Fotografie, die sich jetzt im argentinischen Nationalarchiv in Buenos Aires befindet, hat folgenden Begleittext: „José L. M. Calafacte, zehn Jahre danach in der Salesianermission von Rio Grande, im Jahr 1899, Feuerland." Dieses
wertvolle Beweisstück sagt uns, dass zumindest einer der Selk'nam, die in den Jahren
1889-1890 in Paris, London und Brüssel ausgestellt wurden, in sein Heimatland zurückgekehrt ist und dass er zehn Jahre später noch am Leben war. Der Missionar José
Marta Beauvoir hatte ihn in Montevideo getroffen und nach Feuerland zurückgebracht.
Calafacte wurde zur wichtigsten Informationsquelle für Beauvoir, als dieser sein Wörterbuch der Selk'nam-Sprache verfasste.[15]

Im selben Archiv gibt es eine anonyme Fotografie von zwei Kindern, die aufgrund
der Beschriftung als „die beiden feuerländischen Ona-Kinder J. Luis Calafacte und José
Fueguino bei der Ausstellung 1889 in Paris" identifiziert werden können. Man erkennt

---

14   Manouvrier (1883a), S. 728; Girard de Rialle (1883a), S. 154.
15   Vgl. Gusinde (1982), S. 152-153; Beauvoir (1977), S. 15.

darauf ganz deutlich zwei Jungen, die auch unter den Kindern auf jener Fotografie zu sehen sind, die Maître mit seinen menschlichen Trophäen[16] zeigt. Um die beiden kleinen Selk'nam in einer „natürlichen" Umgebung abzulichten, hatte man den Europäer mit seinem Stock jedoch durch einen Baum ersetzt und so die europäische Einmischung aus dem fotografischen Dokument getilgt.

---

16   Die Photographien von Calafacte und von Maître mit seinen menschlichen „Trophäen" werden in Mason P. (2002a) abgebildet.

Die Amazonen erobern den Westen

Suzanne Preston Blier

Unter den Kriegern, die die französischen Truppen bei ihrer Eroberung von Abomey, der Hauptstadt des Königreichs Dahomey, zurückzudrängen versuchten, gab es auch eine gewisse Anzahl bewaffneter Frauen. Diese Beobachtung ließ den Mythos der „Dahomey-Amazonen" entstehen. Bereits einige Monate vor der ersten Offensive vom 4. März 1890 befand sich eine Truppe solcher „Dahomey-Amazonen" auf dem Weg nach Hamburg, wo sie ab Juni jenes Jahres ausgestellt wurde. Kurz darauf traten diese angeblichen afrikanischen Kriegerinnen, gemeinsam mit anderen Freaks, eine Tournee durch große europäische und amerikanische Städte an, von Berlin über Frankfurt, Darmstadt, Zürich, Prag, Sankt Petersburg, Paris, Lyon, Brüssel, San Francisco, Atlanta, Buffalo und Saint Louis bis Chicago.

Von 1890 bis 1925 hatten derartige „Amazonen"-Schaustellungen beträchtlichen Einfluss auf das Denken von Millionen westlicher Zuschauer und trugen dazu bei, dass sich bereits bestehende Vorurteile in Bezug auf die Hierarchie von „Rasse" und Geschlecht sowie in Bezug auf nationale Identität weiter verfestigten. In Europa fanden viele dieser Ausstellungen an Orten statt, wo auch Tiere zu sehen waren. Zum Beispiel in Umlauff's Weltmuseum am Spielbudenplatz im Herzen von St. Pauli, einem Hamburger Hafenviertel, in dem es damals jede Art von zweifelhaften Läden, Bars und Vergnügungsetablissements gab. Das „Mädchen von St. Pauli" auf den Bieretiketten erinnert noch heute an die Atmosphäre jener Zeit. Umlauff's Weltmuseum war von J.F.G. Umlauff begründet worden, der mit einer Schwester des berühmten Tierhändlers Carl Hagenbeck verheiratet war. Er war zuerst zur See gefahren und hatte dann eine Hamburger Badeanstalt in eine Naturalienhandlung für exotische Gegenstände und tierische Kuriositäten umgewandelt. Diese „kuriosen" Tiere – von Insekten bis zu Elefanten – wurden ihm von seinen früheren Kollegen geliefert. Eröffnet im Jahr 1889 in den Räumen des früheren Hanseatischen Panoptikums, war das Umlauff'sche Weltmuseum ein seltsamer Ort zwischen Kuriositätenkabinett und exotischer Jahrmarktsbude.[1]

Die „Amazonen" kommen in Mode

Ein Plakat des Umlauff'schen Weltmuseums aus den Monaten Juni/Juli 1890 kündigt eine „Amazonen-Schau" an. Es war wohl die erste der vielen Völkerschauen im Weltmuseum und wahrscheinlich auch einer der ersten öffentlichen Auftritte der „Dahomey-Amazonen" überhaupt. Ein zeitgenössischer Journalist fasste

---

1   Vgl. Thinius (1975), S. 35.

diese Attraktion und den Eindruck, den sie aufs Publikum machte, folgendermaßen zusammen:

> „Von den Wänden grüßen afrikanische Landschaften. Palmen wiegen ihre Wipfel über trefflich ausgestopften Bewohnern der Wüste, der Urwälder und Sümpfe des dunklen Erdteils. Aber jetzt hat niemand Sinn und Augen für diese Sehenswürdigkeiten und Raritäten. Denn schon kündet ohrenzerreißendes Geheul, Stampfen von Füßen, Klirren der Schilder, das eintönige Bumbum einer Trommel an, dass die Vorstellung im Saal begonnen hat. Dicht an dicht steht die Menge vor einem malerisch dekorierten Riesenpodium, auf dem sich das Amazonenkorps, die Leibgarde des Königs von Dahomey, [...] zeigt."[2]

Ein Jahr später, im August 1891, traten die „Amazonen"-Truppen im Zoologischen Garten von Berlin und dann im Zoo von Frankfurt auf. Ebenso wie Umlauff's Weltmuseum waren dies eigentlich Orte, die für die Betrachtung und Beobachtung von Tieren bestimmt waren. Genau deshalb waren solche Tierparks damals ebenso beliebte Ziele für Familienspaziergänge, wie sie es heute noch sind. Wenn nun aber Gruppen von Menschen an solchen Orten zur Schau gestellt wurden, so verstärkte dies die Vorstellung, dass „Amazonen" – und Afrikaner ganz allgemein – eher unter Tieren als unter Menschen in ihrem Element seien. In weiterer Folge fanden die Darbietungen auch an anderen Ausstellungsstätten statt, etwa in Castans Panoptikum in Berlin, das in einem Gebäude ganz in der Nähe des Zoos untergebracht war. Das Panoptikum war 1873 vom Bildhauer Gustav Castan und seinem Bruder Louis nach dem Vorbild des sehr populären Pariser Wachsfigurenkabinetts eingerichtet worden und befand sich in der Kaiserpassage, die damals von der feinen Berliner Gesellschaft stark frequentiert wurde. Wie die früheren Schaustellungen in Tiergärten war auch die Ausstellung in dieser Institution durchaus nicht neutral. In dieser seltsamen Welt aus Wachs erweckten die ausgestellten „Amazonen" heftige Gefühle.

Die Dekoration des schummrigen Panoptikums voller wächserner Schatten verstärkte die sehr verbreitete Vorstellung, dass diese Frauen – und mit ihnen ganz Afrika – nicht nur pervers und gefährlich, sondern wahre Missgestalten der Schöpfung und des Geistes seien. Viele grelle Plakate bewarben diese Darbietungen, deren einprägsamste Szenen gern auch in anderen Medien geschildert wurden. Wie auch in Frankfurt und in Berlin, fanden die ersten „Amazonen"-Ausstellungen in Paris im Zoologischen Garten statt, der sich damals im Bois de Boulogne befand. Erste Völkerschauen hatte es 1877 im Pariser Zoologischen Garten gegeben. Sie machten ein breites Publikum mit der

---

2   Zitiert in Thinius (1975), S. 36.

damals ganz jungen „Wissenschaft" der Ethnografie bekannt.[3] Auch die zusätzlichen Attraktionen dienten kolonialen Interessen. Unter den Besuchern der „Amazonen"-Schau im Jahr 1891 war auch der französische Staatspräsident Sadi Carnot, der im Jahr 1890 die Militärexpedition gegen Dahomey überwacht hatte. Das französische Publikum – bereits sensibilisiert durch Frankreichs koloniale Bestrebungen und sicherlich beeinflusst durch den Umstand, dass die Darbietungen in einem Tierpark stattfanden – zeigte sich fasziniert von den lebenden Bildern, die ihm die Frauen aus Dahomey boten.

Im Jahr 1891 kamen insgesamt 959.430 Besucher in den zoologischen Garten. Etwa 800.000 von ihnen wollten die 50 Dahomey-Frauen oder eine andere – aus Ägypten stammende – Truppe sehen. Hinter einem Zaun, der einerseits die Truppen gefangen halten und andererseits die Pariser Besucher der Ausstellung vor ihnen „schützen" sollte, stellten die zur Schau gestellten „Eingeborenen" eine willkommene Ergänzung der im Zoo gezeigten Tier- und Pflanzenarten dar. In der zoologischen Klassifikation waren sie interessante Beispiele für „Menschenarten" einer exotischen, seltenen, erschreckenden und bizarren Fauna.

1893, das Jahr des Triumphs

Im Jahr 1893 wurde eine Truppe von 150 „Dahomey-Amazonen" vier Monate lang in Paris ausgestellt. Diese Ausstellung war noch erfolgreicher als die vorangegangene und lockte 2,7 Millionen Neugierige an, was für eine Völkerschau einen absoluten Rekord darstellte.[4] Der Ausstellungsort – das nach dem römischen Kriegsgott benannte Champ de Mars – verlieh ihr eine ganz besondere Bedeutung.

Dieser Ort gemahnte an die Eroberungen der Kolonialarmee in Dahomey – auch an die jüngsten Schlachten gegen angebliche Frauen-Heere – und punktete zugleich mit der damaligen Begeisterung für antike Mythologie. Bei der Weltausstellung des Jahrs 1889 hatte Präsident Carnot eine große Gruppe von Repräsentanten der Kolonialgebiete empfangen. Sie waren gemeinsam mit jenen Personen gekommen, die zur Schau gestellt werden sollten. Die Pavillons dieser Schaustellungen reihten sich auf dem Festplatz des Champ de Mars aneinander, zu Füßen des anlässlich dieser Weltausstellung erbauten Eiffelturms. Schon damals war diese Gegend ein Brennpunkt touristischen Interesses.

In Frankreich und in Deutschland wurde die dramatische Bedeutung des Gezeigten mittels großer Farblithografien vermittelt, die die Frauen auf dem Schlachtfeld zeigten. Auf französischen Plakaten sind entsetzliche, unheilvolle Amazonen zu sehen, die

---

3 Vgl. Schneider (1982), S. 132-135.
4 Vgl. Schneider (1982), S. 142.

bluttriefende Waffen und abgeschlagene Köpfe ihrer Feinde schwingen. Wenn man bedenkt, dass Frankreich Dahomey damals militärisch unterwarf, ist es wohl kaum erstaunlich, dass deutsche Plakate, die die „Oberkriegerin" Gumma abbilden, im Vergleich dazu relativ nüchtern erscheinen.

In England fand die Schaustellung der „Dahomey-Amazonen" in dem auf dem Sydenham Hill neu eröffneten Crystal Palace statt, den man nach 25-minütiger Zugfahrt von der Victoria Station aus erreichte. Der Park der einstigen Kleinstadt Sydenham, die zu einem Londoner Arbeiterbezirk geworden ist, hat sich die Atmosphäre der damaligen Zeit bewahrt: ein grünes, abschüssiges Gelände von 80 Hektar Größe, mit großartigen Ausblicken auf London, einer maßstäblichen Verkleinerung des Eiffelturms, Blumenbeeten, Bänken, Springbrunnen, angenehm schattigen Wegen und künstlichen Seen, die zum Kahnfahren einluden – und all das in unmittelbarer Nähe des Bahnhofs Gypsy Hill. Bei der Eröffnung des ersten Crystal Palace hatte Königin Victoria „ein vornehmes Denkmal des Genies, der Wissenschaft und des Unternehmergeists" begrüßt, in dem „die Schätze der Kunst und der Wissenschaft noch lange den Geist der Besucher aller Schichten erheben und belehren, entzücken und zerstreuen werden." Aber im Sommer 1893, als die „Dahomey-Amazonen" im neuen Crystal Palace auftraten, ging es ganz offensichtlich um die Zerstreuung und nicht um die Belehrung oder Erbauung des Publikums. Hierfür spricht zum Beispiel, dass es unter den Zusatzattraktionen auch eine Nummer mit Zirkuselefanten gab.

Zur selben Zeit überquerte eine andere Truppe von 67 Männern und Frauen aus Dahomey den Atlantik, um an der großen Ausstellung in Chicago teilzunehmen. Zwischen den Straußengehegen, dem Fesselballon, Hagenbecks Ausstellung wilder Tiere und dem Riesenrad des amerikanischen Ingenieurs G. W. G. Ferris[5], war der Dahomey-Pavillon postiert und stand – wie der ganze Jahrmarkt – in klarem Kontrast zu dem von Frederick Olmstead entworfenen Ausstellungsgelände, das von einigen Pavillons in jungfräulich-strahlendem Weiß beherrscht wurde. Später nannte man diese Gestaltungsweise übrigens ohne die geringste Ironie „die große weiße Stadt".

Dort forderten elegante und beeindruckende Gebäude, geweiht der Industrie, der Wissenschaft, der Kunst und dem Nationalstolz, selbstbewusst einen neuen internationalen Status für die Vereinigten Staaten ein. Der Vergnügungspark, eine phallische Fortsetzung der strahlend weißen Utopie, war ganz eindeutig nicht dem Fortschritt der Menschheit und der geistigen Erhebung geweiht, sondern der Zerstreuung und der Erregung. Wie Robert Rydell betont, wollte man mit der Platzierung der ethnografischen

---

5   Das Riesenrad war Ferris' Antwort auf den französischen Ingenieur G. Eiffel und dessen Turm.

Pavillons mitten im Ausstellungspark – einem Gelände, auf dem sich heute der Campus der Universität von Chicago befindet – an die „Kette des Fortschritts der Menschheit" erinnern, von ihren Ursprüngen bis zum modernen Industriezeitalter. Diese Konzeption fügte sich nahtlos in die Argumentationslinie der sozialen Evolutionstheorien jener Zeit ein. Der Dahomey-Pavillon war von einer hohen Palisade umgeben, die durchaus an die Gehege der frühen zoologischen Gärten Frankreichs erinnerte und auch an die Forts, die bei der erst jüngst erfolgten „Befriedung" der Indianerstämme im Westen Amerikas errichtet worden waren. Tatsächlich wurden auch die Häuptlinge der Sioux, die drei Jahre zuvor in Wounded Knee endgültig unterworfen und gedemütigt worden waren, auf dem Messegelände an prominenter Stelle zur Schau gestellt.

Die „Amazonen" als Spiegel des kolonialen Westens

Während in Europa die „Amazonen"-Ausstellungen ganz unmittelbar im Kontext des kolonialen Zeitgeschehens standen, verband das amerikanische Publikum diese Darbietungen eher mit seinen eigenen aktuellen politischen Themen: den Nachwirkungen der Sklaverei, der weiterbestehenden Rassendiskriminierung, und dem aggressiven Klima, das seit der Wiederherstellung der Union herrschte. In den Vereinigten Staaten wurden die Bewohner Dahomeys – die Archetypen des „wilden Afrika" – als ein Gegen-Modell präsentiert, dem die Afro-Amerikaner, wie man meinte, schon ihrer historischen Herkunft wegen entsprachen.

Zudem hatte die Faszination durch die „Amazonen" unbestreitbar auch mit der erotischen Aufladung ihrer Darbietung zu tun. Denn „den Körper – und gar den weiblichen Körper – in seiner Nacktheit zu sehen, stellte eine der größten Verlockungen dieser Veranstaltungen dar", schrieb Thomas Theye in Zusammenhang mit ethnografischen Schaustellungen ganz allgemein.

Bei der Schaustellung, die vom 16. –bis 23. Juli 1901 im Zürcher Panoptikum stattfand, wollte der Veranstalter genau hiermit punkten: „Das wilde Afrika: 27 schwarze Teufelinnen", verkündeten die Plakate.[6] Die Reaktionen von Boris Pasternak, dem Autor von „Doktor Schiwago", und den ersten deutschen Rezensenten nach den Vorstellungen in Sankt Petersburg und in Hamburg waren typisch für den diesen Veranstaltungen innewohnenden Voyeurismus: Die „Amazonen" auf der Bühne „lassen sich in der Hauptsache von dem herandrängenden Publikum, das sie betupft, streichelt, ihnen Naschereien, Zigarren zusteckt, mit sichtlichem Behagen bewundern", schrieb ein Journalist im Jahr 1890 über eine „Amazonen"-Ausstellung in Umlauff's Weltmuseum.[7]

---

6   Vgl. Brändle (1995).
7   Thinius (1975), S. 37.

Die Bühnenkostüme schürten noch die Geilheit. Wie manche Fotografien von „Amazonen"-Ausstelllungen in Deutschland und in anderen westlichen Ländern beweisen, kam es auch vor, dass die Frauen nackt posieren mussten, aber meist waren sie leicht bekleidet und trugen ein muschelgeschmücktes Bustier, eine Pumphose und einen kurzen Wickelrock aus Stoff – eine Ausstaffierung, die natürlich nichts gemein hatte mit der Kleidung der Frauen in Dahomey. Auch die Kleidung der Männer war sehr provozierend: zeitgenössische Fotografien zeigen sie mit nacktem Oberkörper, angetan mit einem äußerst knappen Slip aus Leopardenfell und prunkend mit hohen Federkronen, die eher an die Federbüsche von Paradepferden oder an die Federboas von Varieté-Tänzerinnen denken lassen. Armbinden, Gamaschen, Gürtel, Lederamulette und muschelgeschmückte Munitionstaschen vervollständigten das Bühnenhabit für Männer und Frauen. Ein interessantes Detail ist, dass die Kostüme bei den Auftritten in den Vereinigten Staaten ganz anders gestaltet waren. Dort trugen Frauen wie Männer knappe Höschen oder Strohröckchen und sehr tief ausgeschnittene, ärmellose Kittel aus einem afrikanischen Stoff mit blauen, gelben und weißen Streifen, was ein wenig an die Uniform der Dahomey-Soldaten erinnerte.

„Zivilisation", Achtbarkeit und Klasse waren damals eng mit Kleidungskonventionen (Mode), Etikette und normiertem Sexualverhalten – also einer von Frauen zur Schau gestellten Zurückhaltung – verbunden. Der Umstand, dass die „Dahomey-Kriegerinnen" sich ihrem Publikum nackt oder in knapper, aufreizender Kleidung präsentieren mussten, machte sie daher in den Augen der westlichen Zuseher zu Frauen, die gleichzeitig barbarisch und freizügig, unerreichbar und käuflich waren, die also lauter Merkmale in sich vereinten, die das Begehren zugleich abschnürten und verstärkten. Fragen der sexuellen Identität stellten sich auch in anderer Form, ganz besonders in der Geschlechterverschmelzung.

> „Diese außerordentlichen Frauen besitzen große Muskelkraft und sind extrem wendig, wie ihre Heldentaten beweisen. Sie sind offenbar ebenso glühende und wilde Patrioten wie die Männer und schöpfen sichtlich Kraft aus ihren kriegerischen Ritualen und Tänzen",

hieß es in der Werbebroschüre zur Ausstellung im Crystal Palace. In Europa und in den Vereinigten Staaten entfalteten sich diese mit weiblicher Sexualität in Zusammenhang stehenden Fragen im Kontext einer wissenschaftlichen, kulturellen und politischen Fortschrittsideologie. Im Besonderen ist hier die Frauenrechtsbewegung zu nennen, die damals immer mehr Anhängerinnen gewann. In seiner berühmten, 1861 veröffentlichten Evolutionstheorie behauptete Johann Jakob Bachofen, dass die Periode, die er „Amazonismus" nannte, von einer starken Degeneration der Menschen geprägt gewesen sei. Daher meinte er, dass die mächtigen Frauen aus Dahomey die Kultur ihres Volks auf die tiefste Stufe der sozialen Evolution gesenkt hätten, auf eine Stufe, die sogar weit unter derjenigen aller anderen afrikanischen Völker anzusiedeln sei.

Zu Beginn der 1890er-Jahre, als die Bewegung des Frauenwahlrechts in Europa immer mehr an Breite gewann, gab es viele, die in den Amazonen eine aussagekräftige Warnung sahen. Sie zeigten die Gefahren auf, die der Zugang zum Wahlrecht, zur Erwerbstätigkeit und zu öffentlichen Ämtern für Frauen auf gesellschaftlicher Ebene mit sich brachte. Zugleich aber erbrachten die „Amazonen" auch den unwiderlegbaren Beweis, dass Frauen vollkommen in der Lage waren, traditionelle Männerrollen zu übernehmen und insofern stellten sie auch ein ebenso überzeugendes wie revolutionäres Vorbild dar.

Indien und Ceylon bei Kolonial- und Weltausstellungen (1851-1931)

Catherine Servan-Schreiber

Schon ab 1838 brachte man Gruppen indischer Tänzer nach Europa, die vor Liebhabern exotischer Kunst auftraten.[1] Es handelte sich jedoch nur um wenige und schlecht organisierte Truppen und erst bei der Londoner *Great Exhibition* von 1851 hatte auch das breite Publikum in Europa Gelegenheit, Indiens große Reichtümer und die spektakulären Darbietungen seiner Völker zu sehen. Indien, das zum Erfolg dieser Ausstellung in besonderem Maße beitrug, war mit den Ansprüchen eines Publikums konfrontiert, das im Laufe des vorangegangenen Jahrhunderts viele Freaks gesehen hatte. Die Londoner und Londonerinnen waren verwöhnt durch eine Reihe von Schaustellungen – darunter Oronuto, der „wilde Äthiopier", „Albino-Negerinnen", eine junge Frau, die „ihre Zehen mit ihren Fingern verwechselte", sechs zum Kampf gerüstete Cherokee-Häuptlinge und der berühmte bengalische Tiger, der aussah „wie ein Mensch". Nun gierte man nach weiteren „wilden Bestien" und „Ungeheuern".[2]

Die Anfänge: Der Crystal Palace

Als Ausstellungsort diente der *Great Exhibition* von 1851 der Crystal Palace im Londoner Hyde Park. Die indische Abteilung nahm viel Fläche ein und erregte großes Aufsehen. Die ausgestellten Erzeugnisse waren großteils Leihgaben des Nawab von Bengalen. Darunter befand sich ein Thron auf blauseidenem Podium, der auf vier silbernen Säulen ruhte und dessen Sitz von purpurnem, mit Gold und Silber eingefasstem Samt bedeckt war.[3] Unter den anderen Schaustücken waren zwei Sänften, eine davon aus Elfenbein und Gold und von sechs Trägern getragen, ein mit einem Baldachin überdachter Sitz zum Reiten auf einem Elefanten, ein spektakulär mit Teppichen und Kissen ausgestattetes Zelt, schwere Seidenstoffe und Kattune, Umschlagtücher, Fächer, Mineralien, medizinische Substanzen, Färbemittel, Kautschuk, luxuriöse Möbel, wertvolle Steine, Juwelen, Keramiken, landwirtschaftliche Geräte, Lederarbeiten, Nahrungsmittel und traditionelle Boote. Ein Reporter der Zeitschrift *Times*, der von dieser Anhäufung von Reichtümern ganz besonders beeindruckt war, sah darin eine positive Widerspiegelung der britischen Kolonialherrschaft in Indien:

---

1 Christout (1990); Assayag (1999), S. 128-133.

2 Picard (2000), S. 251-253.

3 Am Tag der Eröffnungszeremonie saß Königin Victoria auf diesem Thron, und später versuchten auch andere Ausstellungsbesucherinnen, ihrem Beispiel zu folgen.

„Wir haben dieses Gebiet nicht nach der Art gewöhnlicher Eroberer geplündert, sondern würdigten Fleiß und Handelstätigkeit seiner Bewohner, verborgene Quellen, die letztlich einträglicher sind als Silber- und Goldminen."[4]

Die Verherrlichung des britischen Imperialismus war nicht auf diese Bereiche der Ausstellung begrenzt, sondern erstreckte sich auch auf künstlerische Arbeiten - wie etwa die von Lord Ellenborough[5] entworfene Statue. Ihr Mittelteil wurde von drei liegenden Elefanten gestützt und vor ihrem Sockel beaufsichtigte ein indischer Soldat der britisch-indischen Armee afrikanische und chinesische Gefangene. Über ihnen umarmte Britannia die Allegorie der Asia, die dafür Britannias Helm mit Lorbeer bekränzte.

Eine Stimme drang jedoch durch diese euphorische Raserei kolonialer Schaustellung, eine Stimme, die zuerst humorvoll war, deren Ton jedoch immer kritischer wurde. Dies war die Stimme des Dichters Theophile Gautier, der immer dann zur Stelle war, wenn es um Indien ging. Gautier hatte den Ärmelkanal überquert, um einen Tag bei der Ausstellung im Crystal Palace zu verbringen:

„Welch ein Glück für die Franzosen, die diese magische Reise nicht machen können! Die Engländer packten ganz Indien in große Koffer und brachten es in diese Ausstellung. Das riesige Reich, die Wiege der Menschheit, jetzt eine englische Provinz, wurde kunstvoll und methodisch in Schaukästen ausgebreitet und mit demselben Phlegma katalogisiert wie Besteck aus Sheffield oder Birmingham. Die East India Company lieferte nicht nur Pflanzen und Tiere, sondern stellte auch ein ganzes Dorf aus, so dass sich die Besucher ein umfassendes Bild vom östlichen Teil ihres Reichs machen können. Sie importierte auch die Bevölkerung in Form von kleinen Modellen aus bemaltem Ton, die die Bewohner selbst hergestellt hatten. Sie erlaubten uns, einen Eindruck vom Leben der verschiedenen Kasten in ihrem persönlichem Umfeld zu gewinnen."[6]

Doch wenn er sich auf seinem Weg durch die Hallen nicht dazu herabgelassen hatte, auch nur einen einzigen Blick auf die „Kupfer- und Eisenungeheuer" zu werfen, so stieß er zu seinem Entsetzen doch auf schreckliche Szenen. Bewegt von einem komplizierten System von Stangen, halb Zirkustrapez, halb schaukelnder Galgen, hingen Hindu-Büßer an gegabelten Zinken, die unter ihren Schulterblättern eingehakt waren, und drehten sich kreisförmig über den Köpfen der Zuschauer. Diese Praxis reuiger

---

4 Leapman (2001), S. 106.

5 Ellenborough war gerade infolge seiner repressiven Haltung gegenüber der indischen Bevölkerung von seinem Posten als Generalgouverneur Indiens entfernt und nach England zurückbeordert worden.

6 Gautier (1852), S. 249.

Selbsterniedrigung gab es in der indischen Tradition von Pilgerschaft und religiösen Gelübden zwar wirklich, aber nur unter einer Minderheit der Gläubigen und aus dem Kontext gerissen konnte solche Akrobatik den Besuchern nur grauenvoll und abstoßend erscheinen.

Eine weitere, aber andersgeartete Darbietung wurde von Indern bestritten, die angeblich der kriminellen Sekte der Thugs angehörten. Man hatte sie aus der Haft entlassen und ausgestellt. Nun „betätigten sie in emsigem Tun ihre Hände, die zuvor nur gelernt hatten, jammernde Kehlen zu würgen." Gautier war entrüstet über die Unmenschlichkeit dieses Schauspiels und konnte nachvollziehen, wie erniedrigt sich die Männer fühlen mussten, die vor den neugierigen Augen des Publikums „Arbeiten der Quäker oder der Böhmischen Brüder" ausführten.[7] Er schloss daraus, dass „die Barbaren über die Zivilisation triumphier[t]en" und „die Ausstellung ihnen in dieser Hinsicht zu einem vollständigen Sieg" verhelfe. Doch die Stimme des Dichters fand keinen Widerhall und die Begeisterung, die exotische und sensationslüsterne Darbietungen auslösten, nahm nur noch zu.

Die *Colonial and Indian Exhibition* von 1886 fand auf einem Gelände in der Nähe des South Kensington Museum (später Science Museum) statt und wurde von 5,5 Millionen Menschen besucht. In London lebende Inder halfen bei ihrer Organisation. Mancherjee Merwanjee Bhonaggree zum Beispiel wurde von der Königin hierfür zu einem „Companion of the Indian Empire" gemacht. Nur ein Jahrzehnt später bot Königin Viktorias 60-jähriges Thronjubiläum den Menschen im britischen Mutterland die Gelegenheit, sich mit den kolonisierten Völkern besser vertraut zu machen. Die Truppen, die die Umzüge exotischer Würdenträger begleiten sollten, wurden nun nicht mehr in Zoos eingesperrt oder auf Varieté-Bühnen gezeigt, sondern durften ihre Quartiere in Londoner Parks aufschlagen.

Ab dem Jahr 1900 gab es immer mehr Ausstellungen und Darbietungen, die ein breites Publikum unterhalten und über die Vorteile des Kolonialreichs belehren sollten. Im Jahr 1900 selbst gab es in London eine besonders breite Palette ethnischer Attraktionen. Jeden Abend konnte man in den Portobello Gardens sehen, wie „wilde" afrikanische „Buschmänner" (San) einen Löwen töteten, während Beduinen in Sanger's

---

7   In Indien selbst wurde die Idee, diese Schläger und ihre Kinder Teppiche weben zu lassen, von den britischen Kolonisatoren als Wiedergutmachungsakt präsentiert. Wir wollen festhalten, dass die Anwesenheit der Thugs bei der Ausstellung von 1852 kein Zufall war, sondern dass damit die zeitgenössische Phrenologie – also die Lehre von den Schädelformen und den dadurch angeblich bedingten geistig-seelischen Veranlagungen – bedient werden sollte. Zu diesem Einsatz der Thugs in den 1850er-Jahren siehe Woerkens (1995), S. 271.

Hippodrome and Circus auf ihren Pferden galoppierten. Man konnte auch ein Südafrikanisches Dorf in Earl's Court besuchen. Laut einem zeitgenössischen Beobachter war dies ein „echtes Dorf, das von wilden vom Schwarzen Kontinent bewohnt" wurde und in dem man diese „Wilden" bei der Herstellung von Armbändern beobachten konnte.

Eine der meistbesuchten Darbietungen war *Die Niederlage Prinz Lobengulas und seiner Truppen von 200 wilden Kriegern* im Empress Theatre (6.000 Sitzplätze). Die Show in der Royal Agricultural Hall in Islington, wo 70 Singhalesen und Tamilen auftraten, darunter auch junge Nautch-Tänzerinnen, Kämpfer, Zauberer, Schlangenbeschwörer und Affen-Dresseure, war ebenfalls ein großer Erfolg. Das Publikum war von Ceylon fasziniert und im Jahr 1908 lockte eine Folgeausstellung mehr als fünf Millionen Besucher an. In England wie auch in Frankreich wurde der pädagogische Wert dieser Zerstreuungen von allen Beteiligten hervorgehoben. Doch während die Umzüge, Paraden und Darbietungen, an denen sich exotische Würdenträger ebenso beteiligten wie „einfache Eingeborene", in England Teil einer imperialistischen Strategie waren, in deren Rahmen die Darsteller als Trophäen präsentiert wurden, erlangten indische und singhalesische Truppen in Frankreich als Teil der Theaterwelt beispiellose Reputation.

Indische Ausstellungen in Frankreich, 1878-1910

Ausstellungen indischer Kunst und indischen Handwerks waren, ebenso wie die pittoresken Vorführungen südindischer und singhalesischer Truppen, wichtige Bestandteile französischer Kolonial- und Weltausstellungen. Welche der genannten Darbietungen auf dem Programm standen, hing von den einzelnen Veranstaltungen und von ihren Sponsoren aus Wirtschaft und Kunst ab. Bei der Pariser Weltausstellung des Jahres 1878 gab es eine Schau zu Französisch-Indien in der Orient-Halle, bei der 134 Objekte ausgestellt wurden. Diese Sammlung von Teppichen, Waffen, Vasen, Sandelholzarbeiten sowie antiken und modernen persischen Malereien verstärkte noch die verbreitete Überzeugung, dass der Westen höher entwickelt sei:

> „Der Eindruck, den diese Sammlung, so bemerkenswert sie auch immer sein mag, bei Kunstliebhabern hinterließ, war, dass orientalische Kunst von einem Publikum, das nur wenig über sie weiß, weit überschätzt wird, und dass sie in Wirklichkeit in jeder Hinsicht der großen westlichen Kunst unterlegen ist."[8]

Überwältigender als die Abteilung für Französisch-Indien war die Abteilung, in der die indischen Kolonien Großbritanniens dargestellt wurden. Sie nahm den größten Raum in der Ausstellung ein. Laut dem 1878 von Lacroix veröffentlichten Bericht

---

8   Ernest (1998).

„bestand die Sammlung von indischen Erzeugnissen großteils aus Geschenken, die der Prince of Wales nach dem kürzlich erfolgten Besuch Seiner königlichen Hoheit in Indien erhalten hatte, aber die Organisatoren der Ausstellung erwarben auch andere Objekte, und der Maharadscha von Kaschmir machte einige großzügige Geschenke."[9]

Juwelenbesetzte Arbeiten und Ebenholzschnitzereien aus Bombay, Elfenbeinarbeiten und Hornschnitzereien, Sandelholzarbeiten, geschnittene Steine, künstlerische Einrichtungsgegenstände, Schmuck, Emaille-Arbeiten, Malereien auf Speckstein, Lackobjekte, Tonfiguren, Stickereien, Seidenstoffe, Kattune, Reitgeschirre und Schabracken, Töpferwaren und Teppiche wurden ausgestellt, gemeinsam mit einer Sammlung von Musikinstrumenten. Der Autor des Berichts war nicht nur überwältigt von der enormen Verfeinerung der Farben, sondern schloss aus seinen Entdeckungen auch, dass „der indische Handwerker ein echter Künstler ist" und dass

„wir gröblich fehlgingen, wenn wir glaubten, dass wir ein Volk, dass bereits im Besitz derart vollkommener Traditionen in den dekorativen Künsten ist, irgendetwas lehren könnten."[10]

Bei der Weltausstellung des Jahres 1889 wurde den Pariser Volksmassen dann am Champ de Mars entlang der gesamten Avenue de Suffren indische Architektur dargeboten. Die Firma ‚Tower Teas' baute dort einen Palast:

„Ein weitläufiges Gebäude, das von Herrn C. Purdon, dem Direktor der Indien-Sammlungen im Londoner South Kensington Museum entworfen wurde, und das eine getreue Nachbildung des 1338 in Agra errichteten Panch Mahal darstellt. [...] Eingeborene in blendend weißen Nationaltrachten die ihren bronzefarbenen Teint zur Geltung bringen, verkaufen Waren in den Geschäften und bedienen in den Teeräumen."[11]

Singhalesische Truppen waren die ersten Vertreter des Subkontinents, die – noch vor jenen aus Südindien – an den ethnografischen Ausstellungen im Pariser Zoologischen Garten teilnahmen. Wie die Historikerin Hilke Thode-Arora zeigt, machte die mütterlicherseits singhalesische Abstammung Carl Hagenbecks Neffen John Hagenbeck zu einem Impresario, der sich mit großem Feingefühl für das Wohlbefinden seiner Truppen einsetzte:

---

9   Exposition (1878).
10 Exposition (1878).
11 Champion (1991), S. 49.

> „Er war bekannt dafür, dass er Darsteller von indischen und singhalesischen Shows besonders einfühlsam behandelte und sich um ihre Nahrungsmitteleinkäufe und Speisetabus kümmerte, dass er Opium für einen opiumsüchtigen Yogi besorgte und die religiösen Zeremonien der Darsteller besuchte, wenn man ihn dazu einlud."[12]

Die Darbietungen sollten ethnografische Authentizität gewährleisten. Gezeigt wurden verschiedene traditionelle Aktivitäten, von denen man annahm, dass sie diesem Ziel dienen könnten: so gab es Gesänge, Tänze, Demonstrationen der traditionellen Kampfkunst, Schaustellungen von Menschen und Tieren, Prozessionen, archaische und pittoreske Transportmittel und Kunsthandwerk. Im Jahr 1883 bestand die Truppe von Singhalesen, die im Pariser Zoologischen Garten auftrat, aus 21 Individuen:

> „Dreizehn Männer im Alter zwischen 16 und 55 Jahren, fünf Frauen zwischen 20 und 40, Jahren und drei Kinder zwischen zwei Monaten und sieben Jahren, begleitet von zehn Elefanten und zehn Zebus. Die Hälfte kam aus Kandy, der einstigen Hauptstadt Ceylons, die andere Hälfte aus der jetzigen Hauptstadt Colombo."[13]

Auf einer nach ihrer Publikumswirkung gestuften „Rassen-Rangliste" wurde der Singhalesen-Show eine sehr genaue Position zugeschrieben:

> „Weniger ‚wild' als die Araukaner, die Feuerländer oder die Rothäute, gewiss, aber doch den Kalmücken unterlegen, denen die Anthropologen die höchste Intelligenz und die größte Neugier auf andere zugestanden und die vor allem als wissbegierigste aller ausgestellten Völker galten."[14]

Laut Girard de Rialle

> „war es für uns Pariser ein seltsames Schauspiel, die Araukaner zu sehen, jene beinah wilden Amerikaner, die einen so unbeugsamen Geist besitzen, nur wenige Schritte entfernt von den Singhalesen, die eine der ältesten Zivilisationen der Welt vertreten. Diese sanftmütigen und zerbrechlichen Einwohner Ceylons zeigten uns, wie der Mensch in Indien lernte, die Kraft der Elefanten zur Unterstützung seines Tuns zu nutzen. Die Singhalesen erwecken durch die Arbeit mit ihren Elefanten und durch die Wettläufe ihrer Zebus Interesse beim Publikum. Es ist sehenswert, wie die Elefanten, diese großen Tiere,

---

12   Thode-Arora (2002a), S. 6.
13   Gala (1980), S. 26.
14   Gala (1980), S. 26.

im Zoologischen Garten riesige Baumstämme mit wunderbarer Könnerschaft und Genauigkeit bewegen, transportieren und bearbeiten. Dieses Schauspiel und die Zebu-Rennen sind wirklich einen Besuch wert. In den letzten Tagen, an denen es sehr heiß war und die Sonne vom Himmel stach, konnte man sich mit geringer Mühe nach Ceylon versetzt fühlen."[15]

Die Singhalesen kehrten im Jahr 1886 in den Pariser Zoologischen Garten zurück, nahmen an Zebu-Mannschaftsrennen teil und demonstrierten ihr Elefantentraining durch Hochheben und Rollen von schweren Balken. Zu dieser Gelegenheit wurde als Zeichen ihres buddhistischen (und nicht hinduistischen) Glaubens ein skulpturengeschmückter buddhistischer Tempel auf dem ihnen zugewiesenen Stück Land errichtet.

Während der vielen Besuche von „Wilden im Zoologischen Garten von Paris"[16] wurden die Zuschauer von einer Reihe unterschiedlicher Gefühle bewegt: Überraschung, Neugier, Heiterkeit, Mitleid, Verachtung, Furcht, Mitgefühl und Großmut. Doch wie die kurzen Botschaften auf Postkarten jener Zeit zeigen, reagierten die Sender dieser Karten auf die Geschicklichkeit der indischen Jongleure, Akrobaten, Seiltänzer und Zauberkünstler mit höchster Überraschung und Bewunderung. Es gab drei Vorführungen in Paris – 1902, 1906 und 1907 – und danach Tourneen nach Südfrankreich, unter anderem im April 1908 nach Nizza (in den Parc Chambnin) und im September 1910 nach Marseille.

Ganz gewiss war es so, dass der Ruf der geschickten Fakire und Zauberer ihrer Ankunft in Frankreich vorausgeeilt war. Es gab damals bereits literarische Beschreibungen ihrer geheimnisvollen Fähigkeiten von Autoren wie Theophile Gautier (*Avatar*, 1856), Louis Rousselet (*L'Inde des Rajahs* [Das Indien der Radschas], 1871-1874), Gobineau (*L'Illustre Magicien* [Der berühmte Zauberer], 1876), Jacolliot (*Le Spiritisme dans le monde* [Der Spiritismus auf der Welt], 1880; *L'Illustration* [Die Veranschaulichung], 1894), und Paul d'Ivoi (*Le Docteur Mystère* [Doktor Geheimnis], 1900). Dank dieser Schriftsteller wusste das Publikum, dass Menschen aus Indien

„erstaunliche Leistungen vollbringen können, die unseren wissenschaftlichen Stolz verwirren und beschämen, wobei sie sogar neue, uns im Westen bisher unbekannte Gesetze enthüllen, die all unsere Vorstellungen, all unsere Theorien von Bewegung, Raum und Zeit über den Haufen werfen."

15　Girard de Rialle (1883b), S. 131-134.
16　Gala (1980).

Yogis, Fakiren und anderen indischen Zauberern traute man übernatürliche Kräfte wie Levitation und sogar die Missachtung der Gesetze der Schwerkraft zu.[17]

Zwar zauberten sie nicht ganz so eifrig, wie Abenteuererzählungen und französische Okkultisten erhoffen ließen, aber die Balanceakte der „Malabaren"[18] aus der Hindu-Karawane, die im Jahr 1902 im Zoologischen Garten gastierte, waren doch eine Glanzleistung. Manche von ihnen standen, ohne irgendwelche Absicherungen, in schwindelnden Höhen auf der Spitze hoher Stangen, auf einem Fuß, mit verschränkten Armen, und mit drei riesigen, tönernen Töpfen auf dem Kopf. Andere schienen über der Menge auf ihren Stangen zu schweben. Ebenfalls unter Einsatz von Stangen und nur an einem Fuß oder Bein hängend, bildeten die Mitglieder der Truppe riesige Menschenpyramiden. Schlangenbeschwörer ließen Frauen aus dem Weidenkörben ihrer Schlangen erscheinen. Im Jahr 1906 gab es eine neue Show, und eine Karawane von etwa 100 Personen – darunter auch ein Dutzend Kinder – ließ sich auf der großen Rasenfläche des Zoologischen Gartens nieder. Schlangenbeschwörer traten auf und dressierte Bären. Reich gekleidete Männer und Frauen, die tanzten und musizierten, wurden von einer Gruppe von geschminkten Schauspielern umringt, die einen wilden, aus Bast gefertigten Kopfschmuck trugen und die Affen im großen indischen Epos Ramayana darstellten.

Fakire saßen auf ihren Nagelbrettern und verrenkten ihre Gliedmaßen in aufsehenerregenden und gefährlichen Posen, was ihnen durch ihr Yoga-Training ermöglicht wurde. Doch das Publikum konnte auch Südinder sehen, die konventionelleren und häuslicheren Tätigkeiten nachgingen: dem Kochen, Schnitzen, Sticken und Zeichnen.

Im Jahr 1907 war die Hauptattraktion der großen Kolonialausstellung, die in der Gemeinde Nogent in unmittelbarer Nähe von Paris stattfand, die Truppe wilder Elefanten, die vom *Journal des Voyages* eingeladen worden war. Am Rande des Bois de Vincennes, in jenem Abschnitt, der zum Jardin Colonial[19] gehörte, wurde das Hindu-Dorf

---

17   Wir sollten daran erinnern, dass einige in der Kolonial- und Reiseliteratur beschriebene Kunststücke, auf die sich Paul d'ivoi hier bezieht, Berühmtheit erlangten: Stöcke, die sich in Schlangen verwandelten, Mango- und Feigenbäume, die zu großer Höhe wuchsen, eine Kalebasse, die zuerst unsichtbar und dann mit Wasser gefüllt wurde, eine Kokosnuss, die senkrecht in die Luft stieg, und ein toter Vogel, der wieder lebendig wurde. Das erstaunlichste Kunststück war jedoch ein Seil mit einem Knoten am Ende, das in die Luft geworfen wurde, und auf dem ein Mann auftauchte, der in der Luft balancierte.

18   Obwohl dies eigentlich der Name der Einwohner Malabars, der Küstenregion im Südwesten des Dekhan-Hochlands (einschließlich Keralas) ist, wurde er während der Kolonialperiode unterschiedslos für alle Südinder verwendet. In diesem besonderen Fall stammten die Darsteller aus Pondicherry, einem französischen Handelsstützpunkt im Südosten des Dekhan-hochlands.

19   Dieser Park gehörte dem 1899 geschaffenen Kolonialamt, das im Dienste des Kolonialministeriums Öffentlichkeitsarbeit betrieb. Vgl. Lemaire (2000).

gezeigt, mit seinen Hütten, Elefantenführern und Elefanten. Der Korrespondent des Journal des Voyages prahlte:

> „Die bewegenden Szenen der Gefangennahme und der Dressur sowie die Nachstellung von Elefantenjagden in dieser bezaubernden Kulisse sind von so hoher Qualität, wie man sich nur vorstellen kann, sowohl in Bezug auf ihre pittoreske Wirkung als auch in ihrem Realismus. Sie werden die Geschicklichkeit der Elefantenführer bewundern und die Intelligenz der zahmen Elefanten; die Arbeit und das Training mit diesen riesigen, starken und geschickten Dickhäutern wird Sie fesseln; Sie werden auch lernen – denn diese attraktive Darbietung ist auch ein höchst nützlicher Anschauungsunterricht –, wie wichtig die Elefantenzucht für unsere Kolonien ist. Dort kann dieses bewundernswerte Tier ja von höchstem Nutzen sein."[20]

Elefanten, Tiger und andere indische Großkatzen kamen auch bei Umzügen und Zirkusparaden, bei historischen Rekonstruktionen und Fürstenprozessionen zum Einsatz. Zu diesen Gelegenheiten wurden die indischen Darsteller, die üblicherweise in knappen Lendenschurzen auf den Rasenflächen des Jardin Colonial zur Schau gestellt wurden, in luxuriöse Kostüme gesteckt, um ihre Rolle zu spielen.[21] Der Ausbruch des Ersten Weltkriegs beendete diese Art von Schaustellungen. Die letzte Ausstellung war die indischer Tempeltänzerinnen im September 1910 in Marseille. Die „exotischen Rassen", die Europa so gut unterhalten hatten, wurden von Frankreich nun zur Einschüchterung Deutschlands und zur Verteidigung der eigenen Bürger eingesetzt.

Den indischen wie auch afrikanischen Infanteristen bescherte der Erste Weltkrieg die Gelegenheit zu einem Perspektivenwechsel. Mehr als eine Million indischer Soldaten verteidigten die Schützengräben, und vor dem Feind schienen sie unermüdlich, gelassen und sogar fröhlich zu sein., Die indische Armee wurde gegründet und ausgerüstet, um plündernde Grenzstämme – und gelegentlich auch die Russen – am Khaiberpass zu bekämpfen. Im Ersten Weltkrieg fand ihre Fähigkeit zu Selbstaufopferung – einer der meistgerühmten Werte ihrer Kultur – rasch Anerkennung:

> „Neuve-Chapelle, 1914, die Hindus aus den Divisionen Lahore und Meerut hielten die Schützengräben zwischen La Bassée und Estaires. Belutschen, Paschtunen, Sikhs und Gurkhas starben mitten in Flandern für eine halbe Rupie pro Tag und opferten sich im Krieg."[22]

---

20 Terrier (1907), S. 3.
21 Fox C. (1979).
22 Debroka (1929), S. 1.

1931: Französisch-Indien zu Gast in Paris

Frankreich hatte Indien zuerst über seine Kunst wahrgenommen, und nach dem Ersten Weltkrieg kehrten die Beziehungen der beiden Länder zu diesem Ausgangspunkt zurück. Die um die Wette rennenden Zebus und die frohgemuten Dickhäuter waren verschwunden, ebenso wie die Tänzerinnen und die Zauberer. Völkerschauen hatten an Beliebtheit eingebüßt. Aber die asiatische Kunst triumphierte. Es war die Ära der Sammlungen. Bei der *Exposition coloniale internationale* des Jahres 1931 dominierte ein schlichter und schmuckloser Stil. Der von Palmen umgebene und rund um einen Patio gebaute Französisch-Indien-Pavillon – dessen Kommissar Jo Ginestou war – präsentierte sich in größter Nüchternheit. Davon wichen nur die dekorativen Säulen und die beiden steinernen Elefantenskulpturen von Jean Magrou ab, die den Eingang bewachten. Im Organisationskomitee, das die Architekten Henri Gint und René Sors sowie den Maler Claude Salvy beauftragt hatte, befand sich kein einziger Inder. Ein Indologe, Professor Jouveau-Dubreuil, fungierte als Berater für die historische Einrichtung. Granatgeschmeide, Objekte aus Kupfer und Gold, Spitzen, Elfenbeinarbeiten, Silbergegenstände, landwirtschaftliche Produkte und Nahrungsmittel, Gemälde, Teppiche, Spazierstöcke und Wachsarbeiten, Geschirr aus gebranntem Ton, Lendenschurze, Umschlagtücher, Stoffe, Schlangenhäute, Arbeiten aus Schildpatt, Statuen und geschnitzte Möbelstücke – lauter Gegenstände aus Pondicherry – wurden ausgestellt, während die Wände mit Gemälden von Henri Montassier und Friesen von Edouard Poisson und J. P. Poittevin geschmückt waren. Zwanzig Jahre nach der letzten Völkerschau und dreizehn Jahre nach der Teilnahme indischer Regimenter am Weltkrieg, wurde das Leben in Indien neuerlich in orientalische Nebel gehüllt. Man vermengte dabei Elemente vieler Nationen. Auf den Friesen und Wandgemälden erinnerten Szenerie und Menschen eher an Ägypten, Algerien oder sogar Südost-Asien als an Indien. In diesem Französisch-Indien gewidmeten Pavillon gab nur die Statuensammlung, die dem chinesischen Kunstmäzen Ching-Tsai Loo[23] gehörte, einen authentischen Eindruck von indischer Kunst.

Die Besucher der Indischen Dörfer und der Hindu-Karawanen, hatten – ebenso wie Th. Gautier – vieles gelesen, was ihre Neugier geschürt hatte. Reisezeitschriften (wie *Le Tour du Monde*, *Le Journal des Voyages* und *L'Illustration*), Kolportage-Romane – wie Eugene Sues *Le Juif errant* ([Der Ewige Jude], 1844-1845) und René de Pont-Jests *Le Procès des Thugs* ([DerProzess der Thugs], 1878) sowie auch Kinderbücher[24] hatten

---

23 Ching-Tsai Loo hatte seit 1902 gesammelt und wollte, dass das Publikum echte asiatische Antiquitäten sähe statt der von den brüdern Goncourt beworbenen Chinoiserien. Ein Teil seiner indischen Sammlung wurde in der von ihm im Parc Monceau gebauten chinesischen Pagode gezeigt.

24 Siehe zum Beispiel *Le Tour du monde en 80 jours* [In 80 Tagen um die Welt] (1873) und *La Maison à vapeur* [Das Dampfhaus] (1880) von Jules Verne, *Le Charmeur de serpents* [Mali, der

Liebhaber von Abenteuerliteratur an das Bild eines romantischen, wilden und schönen Kontinents mit Tigerjagden im Dschungel, götzendienerischen Sekten, und fürstlichem Gepränge gewöhnt. Den Hindu brachte man mit der Wildnis des Urwalds und seinen Tieren in Verbindung und beneidete ihn

> „wegen seiner biegsamen Bewegungen, seiner Widerstandskraft gegen Ermattung, seiner stählernen Muskeln und seines freien und wilden Lebens. Er läuft durchs Unterholz und schleicht mit der geschmeidigen Raschheit der großen Raubtiere der Finsternis durch die Nacht.“[25]

Wir sollten uns hier an die Rolle erinnern, die die Philologie und die vergleichende Grammatik bei der Begründung einer wissenschaftlichen Basis für die Rassenanthropologie spielten. Die terminologischen Erfindungen und die Etikettierungen der Sprachwissenschaftler banden die indo-arischen (oder indo-europäischen) Sprachen – und sehr rasch auch die „indo-arischen Rassen“ – an die Frage eines europäischen Ursprungs.[26] Indien wurde seit den Arbeiten der frühen Sanskrit-Gelehrten als das erste Gebiet der Welt angesehen, in dem Menschen von einem Zustand der „Wildheit“ in den der „Zivilisation“ übergegangen waren und es wurde von jenen, die die neue Wissenschaft der Anthropologie betrieben, als ein einziges Laboratorium betrachtet, in dem sich das ganze Inventar der „Menschenrassen“ erstellen ließ. Illustrationen in den Arbeiten von A. Urbain (1840), Louis Enault (1861) und Louis Rousselet (1872-1874) hatten die Plastizität der Körper der Arier, deren Proportionen an antike Statuen erinnerten, und die spektakulären Praktiken der Selbsterniedrigung, denen sie sich unterwarfen, hervorgehoben. Später machte es die Fotografie möglich, das „Panorama der indischen Rassen“ in britischen Werken wie E. T. Daltons *Descriptive Ethnology of Bengal* (1872) und J. F. Watson und J. W. Kayes *The People of India* (das in acht Bänden zwischen 1868 und 1875 erschien) zu betrachten.[27] Von all diesen „Rassen“ lernten die Franzosen jedoch nur die „Malabaren“ und die „Singhalesen“ aus Kandy und Colombo kennen. Laut Organisatoren hatten die Veddas aus Ceylon und die Bewohner der Andamanen gewiss noch mehr pittoreske oder „primitive“ Beispiele ihrer Arbeit beigesteuert, aber die Veranstalter arbeiteten, wie Hilke Thode-Arora betont, in Hinblick auf einen reibungslosen Ablauf der Ausstellungen lieber mit ethnischen Gruppen, die bereits mit Europäern Kontakt hatten.[28]

Schlangenbändiger] (1910) von Louis Rousselet, *Le Charmeur de serpents* (1919) von Leon Ambry und *Le Tour du monde d'un boy-scout* (1932) von Arnould Galopin.

25   D'Ivoi P. (1900), *Le Docteur Mystère*, S. 29.

26   Zum „Traum des Philologen im 19. Jahrhunderts“ siehe Montaut (1990).

27   Zur Rolle dieser Arbeiten in der beziehung zwischen „Inventar und Kontrolle“ siehe Corbey (1997), S. 549-552.

28   Siehe Thode-Arora in diesem Band.

Dr. Heinrich Hensold, ein deutscher gelehrter, der in den 1880er-Jahren indische Zauberer beim Vorführen ihrer Kunststücke beobachtet hatte, versprach ihnen, dass,

> „wenn sie bereit wären, nach Europa oder Amerika zu kommen und dort ihre wunderbaren Fähigkeiten zu zeigen, ein rasch gewonnenes Vermögen auf sie warte."[29]

Im besten Falle gelänge es auch einigen der Maler und Kunsthandwerker, ihre Arbeiten an Zuschauer zu verkaufen. Die indischen Frauen wurden nicht gezwungen, sich nackt dem Publikum zu zeigen, wie es bei den Frauen aus Feuerland, aus Dahomey und Guinea in den Jahren 1881 und 1907 der Fall gewesen war. Die Postkarten, mit denen ihre Darbietungen beworben wurden, respektierten immer ihre Anstandsregeln.[30] Im Gegensatz zu den acht Todesfällen während der Deutschland-Tournee kam während der Schaustellung in Frankreich kein Truppenmitglied ums Leben. Dennoch gibt es in den Quellen unserer kolonialen Erinnerung keinen Hinweis auf das, was dieses „wunderbare Volk, das ganz Paris sehen wollte, von seinen europäischen Gastgebern dachte.

---

29 Varigny (1987), S. 82.
30 Zu den ersten indischen und singhalesischen Postkarten siehe Geary & Webb (1998).

Cooper-Welten:
Zur Rezeption der Indianer-Truppen in Deutschland[1]

Eric Ames

ls im späten 19. Jahrhundert Indianer-Truppen aus Nordamerika nach Deutschland kamen, traten sie zuerst unter dem Zeichen ethnografischer Authentizität in Erscheinung. In der 1893 erschienenen Ausgabe von *Meyers Konversations Lexikon* wurde „Buffalo Bill's Wild-West-Show" als der neueste Trend in „anthropologischen Ausstellungen" oder „Vorführungen von Repräsentanten fremder Völker zur Befriedigung der Schaulust und zur Verbreitung anthropologischer Kenntnisse" definiert. Gleichzeitig bot die Wild-West-Show eine aufregende (ja berauschende) Alternative zu den vertrauteren Erscheinungsformen des anthropologischen Spektakels. Und offensichtlich wurde damit ein Wunsch des Publikums erfüllt. Um 1890 reisten so viele Truppen durch Deutschland, dass „vielleicht eine Übersättigung" konstatiert werden konnte. Das bezog sich vor allem auf die Zahl der Truppen aus Afrika, die in den 1880er Jahren beträchtlich angewachsen war. Tatsächlich war es im kolonialen Deutschland schon so weit gekommen, dass Zurschaustellungen afrikanischer Menschen, die noch vor nicht allzu langer Zeit die Massen angezogen hätten, als fast schon langweilig betrachtet wurden. „Ja," schrieb ein Reporter in Berlin, „die schwarze Hautfarbe ist zu etwas Alltäglichem, Gewöhnlichem geworden und deshalb können irgendwelche noch so exotische, noch so dicklippige, noch so heidenmäßig uncultiviertes Futter verzehrende Neger-Rassen bei uns als Schaustücke kaum noch auf hervorragendes Interesse rechnen." Genau in diesem Moment, 1890, betraten Buffalo Bill und seine Wild-West-Show die Szene. Um denselben Reporter zu zitieren:

> „Etwas anderes ist es noch mit den Indianer-Rassen und allem, was mit dem Prairieleben Nordamerikas zu thun hat. Obwohl die heutzutage beliebten Schnelldampfer den Begriff ‚Nord-Amerika' bereits in die Interessensphäre der simpelsten Gewohnheitstouristen gerückt haben, obwohl also amerikanische Dinge uns gar nicht mehr so ‚entfernt', so exotisch, so fremdartig vorkommen, so übt doch das Indianerwesen und alles, was drum und dranhängt, eine ganz mächtige, unsagbare Anziehungskraft auf uns aus. Heute noch stehen wir, wie einst als Kinder, unter dem magischen Banne der Cooper'schen

---

1 Dieser Artikel ist zuerst erschienen im Jahr 2006 in dem Buch „I like America. Fiktionen des Wilden Westens". Wir danken dem Prestel Verlag, München, für die Erlaubnis den Text hier nachdrucken zu dürfen.

Lederstrumpf Erzählungen, und Häuptlings- oder Squaw-Namen wie ‚der flinke Hirsch', ‚die weiße Taube' und dergl. haben für uns einen von echter Urwaldpoesie verklärten Klang."[2]

Noch heute nehmen die nordamerikanischen Indianer in der deutschen Vorstellungswelt einen besonderen Platz ein. Das späte 19. Jahrhundert – und insbesondere der Siegeszug der Wild-West-Shows – markierten eine wichtige Phase in der historischen Entwicklung dieses Phänomens, das in der visuellen Kultur des deutschsprachigen Raumes unübersehbare Spuren hinterlassen hat.

Dieser Essay konzentriert sich auf die frühe Rezeption des „Wilden Westens" in Deutschland. Bei allen unterschiedlichen und manchmal widersprüchlichen Betrachtungsweisen gegen Ende des 19. und zu Beginn des 20. Jahrhunderts ragt ein Aspekt der deutschen Rezeption heraus: die Fiktionalisierung. Auch wenn Wissenschaftler und die Organisatoren anthropologischer Spektakel die Indianer als die letzten Repräsentanten untergehender Kulturen betrachteten, das breite Publikum sah in ihnen lebende Verkörperungen der Figuren aus den Romanen von James Fenimore Cooper oder Friedrich Gerstäcker. Die beherrschende Logik der deutschen Rezeption war die der Vivifikation. Es war nicht etwa ein naiver ontologischer Fehler, echte Cowboys und Indianer, die leibhaftig zu sehen waren, als fiktive Figuren wahrzunehmen. Für deutsche Zuschauer war der Rückgriff auf „Cooper" oder „Gerstäcker" eine Möglichkeit, sich die amerikanischen Darbietungen anzueignen, und zwar mittels ihrer Fantasie, die sie als Zuschauer in den Wilden Westen einbrachten. Um Missverständnisse von vornherein auszuschließen: Dieser Essay stellt weder eine literatur- noch eine kunstgeschichtliche Analyse dar oder eine Untersuchung visueller Stereotypen. Er dokumentiert eine kreative Reaktion von Seiten der Zuschauer auf die Indianer-Truppen, die durch Deutschland reisten.

Darüber hinaus gehe ich auch kurz auf die historischen Implikationen des Wilden Westens für die weitere Praxis der anthropologischen Ausstellungen in Deutschland ein. Der phänomenale Erfolg des Wilden Westens führte, so lautet meine These, etablierte Organisatoren von Völkerschauen wie Carl Hagenbeck in Hamburg dazu, den mythischen Aspekt des „Indianers" hervorzuheben und die Vorstellungs- und Identifikationskraft der Zuschauer auf eine Weise anzusprechen, die in früheren Jahren tabu gewesen war. Verschiedene Truppen sollten in diesem Zusammenhang erwähnt

---

2 „Wild-West in Berlin", in: *Lokal-Anzeiger* (Berlin), 24. Juli 1890, archiviert in: MS6, William F. Cody Collection, Series IX: Scrapbooks, ledgers, etc. Germany, 1890, microfilm roll 2, Buffalo Bill Historical Center, Cody (WY) (im Folgenden BBHC).

werden, doch die folgende Erörterung konzentriert sich auf vier exemplarische Fälle, die ein Vierteljahrhundert umspannen: Carl Hagenbecks Präsentation der Bella Coola (1885), „Buffalo Bill's Wild West" (1890), „Doc Carver's Wild America" (1890) und Carl Hagenbecks „Oglala-Sioux Völkerschau" (1910).

Carl Hagenbecks erste Indianerschau überhaupt, die Bella Coola Truppe von 1885, sollte sowohl das Massenpublikum als auch wissenschaftliche Experten ansprechen. Immerhin erfreute Hagenbeck sich einer beeindruckenden Erfolgsbilanz wie auch eines für einen Schausteller beneidenswert guten Rufes in der Öffentlichkeit. Seit 1874 hatte er bereits mehr als 20 Schautruppen zusammengestellt, die Völker aus aller Welt repräsentierten. Diese ethnografischen Unternehmungen entwickelten sich hauptsächlich im Zusammenhang mit dem weltweiten Handel mit exotischen Tieren, welcher der Hauptgeschäftszweig seiner Firma war und blieb. Vor Hagenbeck war der Tierhandel nur eine Randerscheinung im kolonialen Handelsverkehr gewesen. Er war es, der ihm zu einer großen kommerziellen Bedeutung verhalf, und er war es auch, der die Zurschaustellung von Menschen fremder Völker vom Jahrmarkt in den zoologischen Garten verlegte. Damit hatte er die „Völkerschau" für das denkbar breiteste Publikum, das die Mittelschichten einschloss (aber nicht auf sie beschränkt war), „respektabel" gemacht.

Als sie die Bella Coola Truppe zusammenstellten, leisteten Hagenbeck und sein Expeditionsreisender, der Norweger Johan Adrian Jacobsen, alle erforderlichen Vorbereitungsarbeiten – und mehr. Jacobsen hatte sich bereits eine Zeit lang in British Columbia aufgehalten und Objekte für das Königliche Museum für Völkerkunde in Berlin gesammelt, als er auf die Idee kam, eine Gruppe von „Langköpfen" oder Kwakiutl von Vancouver Island nach Deutschland zu bringen. Allein schon die körperliche Andersartigkeit versprach, wie Jacobsen glaubte, den Erfolg einer Präsentation dieser Indianer in Deutschland. Doch es waren insbesondere die Maskentänze der Kwakiutl, die Jacobsen dazu bewegten, Hagenbeck die Finanzierung einer solchen Truppe vorzuschlagen. In mehreren Briefen zeigte sich Hagenbeck begeistert von dieser Idee, und er überredete Adolf Bastian, den Direktor des Berliner Museums, Jacobsen von seinen Verpflichtungen zu entbinden. Bastian tat mehr als das: Er setzte sich persönlich (und erfolgreich) bei anderen Mitgliedern der renommierten Berliner Gesellschaft für Anthropologie, Ethnologie und Urgeschichte für die Unterstützung des Projektes ein. Hagenbeck konnte somit auf den Beistand des führenden Ethnologen Deutschlands (Bastian) bauen, auf einen erfahrenen und kundigen Sammler (Jacobsen) und auf seine eigenen, reichlich vorhandenen finanziellen Mittel. Er hatte allen Grund zu glauben, dass er und Jacobsen mit der Zurschaustellung von Menschen, die für das deutsche Publikum sowohl in körperlicher

(„Langköpfe") als auch in kultureller (Maskentänze) Hinsicht etwas völlig Neues waren,
„ein Riesengeschäft" machen konnten.[3]

Die Völkerschau setzte sich schließlich aus neun Bella Coola (ausschließlich Männern) und einer Sammlung von mehr als 1500 ethnografischen Artefakten zusammen.
Jacobsen stellte die Truppe nicht nur zusammen, er begleitete sie auch als Direktor der
Schau auf ihren Reisen. Von September 1885 bis Juli 1886 besuchten sie mehr als 20
große und kleine Städte, sie traten im Zoologischen Garten in Breslau ebenso auf wie in
den Kaisersälen in Erfurt, im Stadthaus am Markt in Weimar oder im Restaurant „Ba-
varia" in Aachen. Das Programm bestand fast vollständig aus musikalischen Darbietungen und zeremoniellen Tänzen; einige dieser Tänze wurden als Szenen aus einem
traditionellen „Potlatch" (ein Fest, bei dem der Gastgeber die Gäste beschenkt) vorgestellt. Die Tanzdarbietungen waren mit sportlichen Vorführungen und Zaubertricks
durchsetzt – dies alles stand unter dem ethnografischen Motto „Sitten und Gebräuche der Indianer". Im Laufe der Tournee wurde das Programm mehrmals modifiziert,
hauptsächlich um Zuschauer anzulocken, aber auch um die Protagonisten bei Laune
zu halten; Tänze wurden durch andere ersetzt, und verschiedene spektakulärere und
ausgesucht groteske Nummern wie etwa die „freiwillige Verbrennung eines Schamans
(Zauberers)" kamen hinzu.[4]

Für die Forschung stellten die Bella Coola eine Sensation dar, ein größeres Publikum
zog die Schau jedoch nicht an. Beim Fachpublikum hatte Bastians Unterstützung den
erwarteten Erfolg gezeitigt. In Halle gab die Truppe zum Beispiel eine Sondervorstel-
lung im Institut für Erdkunde, die von Gelehrten verschiedenster Fachrichtungen besucht wurde. Unter ihnen war auch der aufstrebende Experimentalpsychologe Carl
Stumpf. Er war von der Vorstellung derart fasziniert, dass er sich einige Wochen lang
von einem Mitglied der Truppe musikalische Privatvorführungen geben ließ. Die Ergebnisse seiner Untersuchungen, die er 1886 unter dem Titel „Lieder der Bellakula-
Indianer" veröffentlichte, wurden zu einem Grundpfeiler der Ethnomusikologie.[5] Bastians Assistent, der junge Franz Boas, veröffentlichte eine Studie über die Sprache
der Bella Coola, nachdem er die Truppe in Berlin erlebt hatte. Rudolf Virchow, der

---

3 Carl Hagenbeck, Brief an Johan Adrian Jacobsen vom 5. Januar 1882, Tierpark Hagenbeck,
Archiv (im Folgenden THA). Erst nach mehreren Jahren (und einigen fehlgeschlagenen Versuchen)
gelang es Jacobsen, tatsächlich eine Truppe aus British Columbia nach Deutschland zu bringen.
Vgl. Haberland (1988b), S. 3–65. *Zu Hagenbecks ethnografischen Unternehmungen im Allgemeinen*
vgl. Thode-Arora (1989). Siehe auch Dreesbach (2005).

4 Zum Ablauf und zu Programmdetails siehe Haberland (1988b), S. 15, 17–35.

5 Vgl. Stumpf (1886), S. 405–426. Zu einer Darstellung dieser Begegnung zwischen Wissenschaft
und Unterhaltung siehe Ames (2003), S. 297–325.

bekannte Pathologe und langjährige Präsident der Berliner Gesellschaft für Anthropologie, sagte über die Schau:

> „Die von dem Herrn Jacobsen nach Europa gebrachten Bella Coola-Indianer aus Britisch-Columbia sind von allen bis jetzt bei uns vorgeführten amerikanischen Wilden ganz verschieden. Durch die Deformation ihrer Köpfe, die besondere Bildung ihrer Gesichter, ihre ganz eigenartige Sprache, ihre hochentwickelte Kunstfertigkeit heben sie sich aus dem Gewirr der amerikanischen Naturvölker sofort bei der ersten Bekanntschaft hervor. Sie bieten somit der Betrachtung jedes denkenden Menschen eines der interessantesten Objecte."[6]

Das breite Publikum sah das jedoch nicht so. Die Annahme, intellektuelle Autoritäten könnten mit ihren Empfehlungen die Massen anlocken, hatte sich als falsch erwiesen. In seinem Tagebuch und seiner privaten Korrespondenz beklagte Jacobsen das schwache Publikumsinteresse. Und das war nicht zuletzt auf eine Konkurrenz der Indianertruppe zurückzuführen: „Die Sitting Bull Sioux-Indianer" des amerikanischen Schaustellers Frank Harvey. Die Truppe bestand aus 30 Männern, Frauen und Kindern, 16 Pferden und einem texanischen Scharfschützen namens Happy Jack Sutton.[7] (Sitting Bull, der Namensgeber der Truppe, war in Deutschland nicht beteiligt – er reiste damals mit Buffalo Bill durch die Vereinigten Staaten.) Als die Bella Coola Truppe nach Berlin kam, trat Harveys Truppe bereits in „Castans Panoptikum" auf, dem berühmten Wachsfigurenmuseum an der Friedrichstraße. Mit ihren Flinten, Pferden und ihrem Federkopfschmuck boten die Cowboys und Indianer ein lautes, pulsierendes und visuell bezwingendes Spektakel. Da das Publikum vom Wilden Westen fasziniert war und die Bella Coola links liegen ließ, beschloss Jacobsen, Berlin früher als geplant zu verlassen und mit seiner Truppe nach Breslau weiterzuziehen. In der Hoffnung, die Erinnerung an Harveys Truppe wäre inzwischen verblasst, kehrten die Bella Coola einige Monate später nach Berlin zurück. Diesmal traten auch sie in „Castans Panoptikum" auf – abermals ohne Erfolg. Ein Reporter gab potenziellen Zuschauern den Rat: „Falls Sie nicht enttäuscht werden wollen, müssen Sie alles aus dem Gedächtnis streichen, was Sie – vielleicht aus Cooper – über Indianer zu wissen glauben."[8] Und ein anderer klagte: „Nun, es sind nicht jene stolzen, rothhäutigen Gestalten mit kühn gebogener Adlernase, pechschwarzen, glänzenden Haarbüscheln und bunten Federn, von denen die in

---

6 Zit. nach Haberland (1988b), S. 38.

7 Vgl. „Die Sioux-Indianer", in: *Hamburger Fremdenblatt*, 20. November 1885. Harveys Wild-West-Show war nicht die erste, die in Deutschland gastierte. Eine Auflistung anderer Truppen findet sich in Kocks (2004), S. 86–89.

8 Zit. nach Douglas Cole (1985), S. 71.

Cooper und ‚Lederstrumpf' schwelgende Schuljugend träumt."[9] Während Hagenbeck und sein Impresario ihre Schau als „das Echte" anpriesen, vermissten die Zuschauer fiktionale Bezugspunkte. Das bedeutet weder, dass Harveys Schau „literarischer" als die Hagenbecks gewesen wäre (das war sie sicherlich nicht), noch, dass die Sioux mehr mit Cooper und seinen *Lederstrumpf Erzählungen* zu tun gehabt hätten als die Bella Coola (auch das war nicht der Fall). Hier geht es um eine Frage der Rezeption: Die Zuschauer stellten eine kreative Verbindung zwischen „Cooper" und der physischen Präsenz der Sioux her, nicht jedoch mit der der Bella Coola. Während die eine Show Vorlagen zur imaginativen Identifikation bot, fehlte in der anderen jeglicher fiktionale Bezugspunkt, darin lag der maßgebliche Unterschied.

Als der Wilden Westen in Deutschland Einzug hielt, eroberte er die Fantasie des Massenpublikums. Das Paradebeispiel ist natürlich William F. Cody („Buffalo Bill") mit seiner Truppe, die sich aus mehr als 200 Cowboys und Indianern zusammensetzte. „Buffalo Bill's Wild West" war eine bunte Mischung aus einem „typisch amerikanischen" Umzug (Cowboys, Indianer und Armeescouts), historischen Inszenierungen (Szenen aus den Indianerkriegen wie „Custer's Last Stand" [Custers letzte Stellung]), militärischen und sportlichen Darbietungen (Artillerieübungen, Kunstschießen und Pferderennen) sowie melodramatischen Episoden aus dem Leben im Wilden Westen. In ganz Europa folgte diese dreistündige Schau demselben Grundmuster: der Pony Express, der Angriff auf den Siedlertreck, eine Virginia Quadrille hoch zu Ross, „Zeitvertreib von Cowboys" (Reit- und Lassokünste), der Angriff auf die Postkutsche nach Deadwood, Indianertänze und die Büffeljagd.[10] Die Deutschlandtournee der Schau begann am 19. April 1890 in München. Auf offenen Zuschauertribünen auf der Theresienwiese fanden mehr als 5.000 Zuschauer Platz. Das Gastspiel war auf zehn Tage angesetzt, und an allen Tagen trat die Gruppe vor ausverkauften Rängen auf (selbst die „Logenplätze" zu vier Mark waren voll besetzt). König Ludwig von Bayern und sein Hofstaat waren Ehrengäste am Eröffnungstag. Hunderte von Menschen kampierten nachts vor der Kasse, um an Eintrittskarten zu kommen, Tausende von außerhalb gaben telegrafische Kartenbestellungen auf. Und Tag für Tag standen wiederum Tausende rings um die ganze Arena oder saßen auf den Dächern der Häuser der Umgebung, um gratis zuzuschauen. Die Nachfrage in München war so groß, dass das Gastspiel um weitere acht Tage verlängert wurde. Danach zog die Truppe weiter, nach Wien,

---

9   Zit. nach Thode-Arora (1993), S. 82.
10   Eine detaillierte Programmbeschreibung gibt Russell (1970), S. 33–35. Zu weiteren Informationen über Buffalo Bill und Wild-West-Shows im Allgemeinen siehe Russell (1960); Moses (1996); Reddin (1999); Kasson (2000), S. 41–55; Warren (2005).

Dresden, Leipzig, Magdeburg, Hannover, Braunschweig, Berlin, Hamburg, Bremen, Köln, Düsseldorf, Frankfurt am Main, Stuttgart, Cannstatt und Straßburg.[11]

Codys „Wild West" war nicht die einzige Show, die in Deutschland zu sehen war. „Doc Carver's Wild America" sprach dasselbe Publikum an. Als Cody 1883 seine „Wild West" Truppe gründete, hatte William F. „Doc" Carver zur ursprünglichen Besetzung gehört, doch inzwischen waren sie zu erbitterten Rivalen geworden. „Doc" Carver hatte sich schon vor Cody zweimal in Deutschland aufgehalten. Am 13. Juni 1880 hatte der selbst ernannte „Champion Scharfschütze der Welt" für Kaiser Wilhelm I., seinen Hof und 45.000 Soldaten eine „Schiess Probe" gegeben. Für das deutsche Publikum war Carver der Inbegriff des durch die Lande ziehenden „Kunstschützen".[12] Im Sommer 1889, als Cody auf der Weltausstellung in Paris auftrat, reiste Carver zum zweiten Mal durch Deutschland, diesmal mit einer Wild-West-Show. „Doc Carver's Wild America" lehnte sich eng an „Buffalo Bill's Wild West" an und wollte vom großen Erfolg dieser Schau profitieren. Auf seiner zweiten Deutschlandtournee hatte Carver seinem Biografen zufolge „den größten Zulauf seines Lebens". Am 4. Juli 1889 kamen 35.000 Besucher, um seine Show in Berlin zu sehen.[13] Als er im Jahr darauf nach Deutschland zurückkehrte, folgte er Buffalo Bill auf den Fersen, um mit ihm um Zuschauer zu wetteifern – manchmal unmittelbar. In Hamburg schlugen sie zum Beispiel auf gegenüberliegenden Seiten ein und derselben Straße ihre Lager auf. Carver war wenige Tage vor dem angesetzten Termin angereist und beanspruchte deshalb das Hauptgelände auf dem Heiligengeistfeld für sich. Außerdem sicherte er sich die einzige Beleuchtungsanlage, die es damals in der Stadt gab, um zusätzlich zu den üblichen Nachmittags- auch Abendvorstellungen anbieten zu können. Zumindest in Hamburg blieb Cody im Dunkeln. Nach der Premiere von „Buffalo Bill's Wild West" am 21. August 1890 sah das Ergebnis dieses Wettstreits denn auch so aus: „Carver gab zwei Vorstellungen und hatte 80.000 Besucher, während Cody nur eine gab, die von 7.000 Personen besucht wurde."[14] Für gewöhnlich jedoch konnte auch Cody sich über mangelnden Publikumszuspruch nicht beklagen. Beide setzten auf

---

11   1891 kehrte Buffalo Bills Truppe nach Deutschland zurück und trat in Karlsruhe, Mannheim, Mainz, Wiesbaden, Köln, Dortmund, Duisburg, Krefeld und Aachen auf. Zum Münchner Gastspiel siehe: *Münchner Fremdenblatt*, 20.-22., 25. April 1890 und *Münchener Bote*, 26. April 1890. 1906 gastierte Cody mit einer neuen Truppe in Wien. Zusätzlich zum „Wild West" beinhaltete diese Show einen separaten Bereich, in dem „Menschliche Kuriositäten" ausgestellt wurden, wie in der Programm-Broschüre Wien, 1906, deutlich wird.

12   Zur „Schiess-Probe" siehe Thorp (1957), S. 116, 119–122. Zu „Kunstschützen" siehe: Saltarino (1895), S. 89–92.

13   Thorp (1957), S. 180.

14   „Cowboys Painting Hamburg", in: *San Francisco Examiner*, 28. August 1890, archiviert in MS 6, William F. Cody Collection, Series VI: E,W.F. „Doc" Carver scrapbook, microfilm roll 1 (BBHC).

die anschauliche Vorführung der „Realität" des Wilden Westens, aber das Ausmaß des Erfolgs ihrer Shows in Deutschland wird sowohl für Carver wie auch für Cody überraschend gewesen sein.

Die überzeugendere Darstellung des „echten Lebens" im fernen Westen bot wohl Cody. Als Scout der US-Armee in den Indianerkriegen, als unerschrockener Reiter für den Pony Express und ebenso furchtloser Büffeljäger hatte er diese Realität jahrelang hautnah miterlebt. „Buffalo Bill" war natürlich eine Bühnen- und Medienfigur, die mithilfe professioneller Autoren und Publizisten erschaffen worden war, doch anders als die meisten seiner Konkurrenten verfügte Cody über die belegbaren Erfahrungen und die körperlichen Attribute, die diese Figur glaubwürdig machten. Codys spektakuläres Erscheinungsbild – seine beeindruckende Statur, die Lockenpracht und die reich geschmückten Kostüme – faszinierte das deutsche Publikum ebenso wie das amerikanische. Vor allem aber stellte Cody sich selbst als lebende Verkörperung der amerikanischen Geschichte dar. Schon seit den Ausstellungen George Catlins war historische „Authentizität" das Kapital der Wild-West-Shows.[15] Das Pendant dazu war die ethnografische Authentizität wie im Fall der Hagenbeckschen „Völkerschauen". Im Zeitalter des wissenschaftlichen Positivismus konnte der Prozess der Verifizierung und Identitätsbestätigung von entscheidender Bedeutung für den Erfolg einer ethnografischen Truppe sein: Die Teilnehmer wurden einer gründlichen körperlichen Untersuchung unterzogen, und prominente Anthropologen traten als selbst ernannte Gutachter auf. In der Wild-West-Show blieben sie außen vor.

Als Codys Truppe nach Berlin kam, stellte ein Reporter die Frage: „Wer wagt es noch an der Echtheit des Unternehmens zu zweifeln?"[16] Tatsächlich traten im Lauf der Jahre eine Reihe außergewöhnlicher Gestalten in seiner Truppe auf, darunter Sitting Bull, Black Elk, Wild Bill Hickok – und natürlich vor allem Cody alias „Buffalo Bill" selbst. Fast alle Historiker des Wilden Westens heben hervor, dass Buffalo Bill der wahrscheinlich berühmteste Amerikaner seiner Zeit war. Er wurde seiner Berühmtheit wegen berühmt; ein Prototyp des modernen Superstars.[17] In Deutschland wie in ganz Europa konnte die Truppe natürlich nicht mit dem Bekanntheitsgrad rechnen, den sie in den Vereinigten Staaten erlangt hatte. Doch hier wie dort wurde die Schau als eine „historische Sehenswürdigkeit" angekündigt, die nicht nur „grossartige Scenen und Bilder aus der Geschichte" versprach, sondern auch „Personen, die sie wirklich erlebt haben".

---

15   Zu Catlin als Vorläufer Buffalo Bills siehe Reddin (1999), S. 1-52.
16   „Wild-West", in: *Freisinnige Zeitung*, 24. Juli 1890.
17   Zu Buffalo Bills Berühmtheit siehe insb. Kasson (2000); vgl. auch ReddinMcMurtry (2005).

Die Behauptung der „historischen Authentizität", die den Wild-West-Show s zugrunde lag, macht ihre Rezeption in Deutschland umso interessanter: Denn was die Zuschauer hier besonders faszinierte, war gerade nicht dieser Realitätsanspruch, sondern die Vorstellung vom Wilden Westen in ihrer eigenen Fantasie. Und auf diese Erwartungshaltung mussten die amerikanischen Truppen sich einstellen. Wie die Historikerin Joy Kasson es formuliert: „In Europa musste die Wild-West-Show ihre eigene Exotik und die ihr zugrunde liegende Fiktionalität akzeptieren – und lernen, daraus Gewinn zu ziehen."[18] Nimmt man die historische Rezeption in Deutschland hinzu (ein Kontext, den Kasson nicht untersucht), gerät ein breiter kultureller Trend ins Blickfeld. In gewissem Sinne trat der Wilde Westen tatsächlich so in Erscheinung, wie das Publikum in den europäischen Ländern ihn sich vorstellte. Diese Cowboys und Indianer wurden über Tausende von Kilometern per Eisenbahn und Dampfschiff buchstäblich herangekarrt, um dem europäischen Publikum die Gelegenheit zu geben, sie in Fleisch und Blut zu sehen. Viele Zuschauer nahmen diese außergewöhnliche Gelegenheit jedoch nicht aus einem anthropologischen Interesse wahr, sondern schwelgten in dem Gefühl, dass Träume greifbar wurden.

Das beherrschende Prinzip der spezifisch deutschen Rezeption kann vielleicht am besten mit dem Terminus „Vivifikation" bezeichnet werden. Andere Autoren haben vor allem Begriffe wie Verlust, Untergang und Bewahrung verwendet, Begriffe, die die Shows zu den Museen dieser Zeit in Verbindung setzen und die heute gerade im Kontext der Ethnografie sehr gängig sind. Zweifellos erweckten die amerikanischen Schausteller den Eindruck, eine dem Untergang geweihte Welt zu präsentieren, um ihren Vorführungen Nachdruck zu verleihen, die Kritiker der deutschen Presse ließen sich über die romantische Vorstellung von den „verschwindenden Indianern" aus und Museumsdirektoren wie Bastian beklagten öffentlich den Verlust der materiellen Zeugnisse ihrer Kultur (und betonten damit natürlich die Bedeutung ihrer Sammlungstätigkeit). Ich möchte einen anderen, aber ebenfalls in dieser Zeit verwendeten Begriff hervorheben, welcher sich der „Lebendigkeit" der Vorstellungen gemäß mehr auf das Leben als auf den Tod ausrichtet, auch wenn er die Realität offen zugunsten der Fantasie umgeht. Das, was der Begriff „Vivfikation" bezeichnet, wurde von den Zuschauern als eine freudige, wundersame Überraschung wahrgenommen: „Dass diese unsere kindlichen Träume einst greifbare Gestalt annehmen könnten – wer hätte dies je erwartet?"

Die folgende Passage aus einer Besprechung der Hamburger Premiere von „Doc Carver's Wild America" steht beispielhaft für die deutsche Rezeption von Indianertruppen im späten 19. Jahrhundert:

---

18   Kasson (2000), S. 84. „Buffalo Bill's Wild West", in: *Münchener Tageblatt*, 21. April 1890.

„Die Erwartungen, welche das Publikum an diese Vorführungen gestellt hat, dürften nicht nur vollauf befriedigt, sondern vielfach übertroffen worden sein. Wer die Werke von Cooper, Gerstäcker und andern Schriftstellern, welche sich mit den Schilderungen des Indianerlebens und Treibens beschäftigen, gelesen, der findet jetzt auf dem Heiligengeistfelde alles das verkörpert, was ihm die rege Phantasie in den lebhaftesten Bildern vorgeführt hat. Kühnheit, Geschicklichkeit, urwüchsige Manneskraft und Wildheit zeigen sich dem Auge des Beschauers in so buntem Wechsel, daß man sich vom Beginn bis zum Ende der Vorstellung angenehm angeregt fühlt."[19]

Für viele deutsche Zuschauer schienen die Wild-West-Shows fiktive Figuren in lebende Wesen zu verwandeln. In ihren Augen „bewahrten" die Darsteller nicht, wie die ethnografischen Museen es für sich behaupteten, die Spuren indianischer Stämme, die vermutlich schon untergegangen waren oder am Rande des Untergangs standen, sondern sie gaben Figuren Leben, die es in der Realität nie gegeben hatte (wie zum Beispiel Coopers Natty Bumppo). In Deutschland bewirkten die Wild-West-Shows trotz aller Bekundungen, die historische Realität wiedergeben zu wollen, und ohne es beabsichtigt zu haben die Vivifikation eines fiktionalen Universums. Und es war nicht der so oft beschworene Realitäts- und Authentizitätsanspruch, sondern eben dieser fiktionale Aspekt des amerikanischen Spektakels, der eine so unwiderstehliche Faszination auf die Vorstellungskraft des deutschen Publikums ausübte, der für den künftigen Erfolg der Völkerschau Hagenbecks und seiner eigenen Wild-West-Show von Bedeutung war.[20]

Bevor ich jedoch zu Hagenbeck zurückkehre, möchte ich hervorheben, dass die auf die Rezeption zurückgehende Fantasiewelt manchmal durch unmittelbare Begegnungen zwischen Darstellern und Zuschauern durchbrochen wurde, Begegnungen, die

---

19   Dr. Carver's Wild-Amerika", in: *Hamburger Nachrichten*, 22. August 1890, 2. Beilage. Ähnliche Aussagen finden sich in „Dr. Carver's Wild-Amerika", in: *Hamburger Nachrichten*, 7. September 1890, Morgenausgabe; „Dr. Carver's Wild-Amerika", in: *Hamburger Fremdenblatt*, 25. August 1890, 1. Beilage; „Buffalo Bills Wild West Truppe", in: *Presse* (Hannover), 3. Juli 1890; „Wild-West' in Berlin", in: *Lokal-Anzeiger* (Berlin), 24. Juli 1890; unbetitelter Bericht über die Premiere der Show in Dresden, in: *Anzeiger und Tageblatt* (Freiberg), 1. Juni 1890; „Biographisches über Buffalo Bill", in: *Allgemeine Zeitung* (München), 15. April 1890; „Buffalo Bill und seine Karawane", in: *Münchener Tageblatt*, 17. April 1890; und insb. im unbetitelten Bericht über das Münchner Gastspiel in der *Augsburger Abendzeitung*, 27. April 1890.

20   Karl Markus Kreis zufolge gingen die in Deutschland weit verbreiteten Cowboy und Indianer-Rollenspiele vor allem auf die Wild-West-Show s zurück. Der Begriff der Vivifikation scheint diese Hypothese bekräftigen zu können. Vgl. Karl Markus Kreis (2002), S. 195–212. Zu historischen Quellen siehe „Indianer-Spielen", in: *Tageblatt* (Dresden), 4. Juni 1890, und „Die Wirkungen der Vorstellungen Buffalo Bill's", in: *Nachrichten* (Leipzig), 22. Juni 1890.

einen interkulturellen Dialog ermöglichten. Am 26. April 1890 nahmen zum Beispiel sieben Indianer aus Codys Truppe an einer Zusammenkunft in der „Anthropologischen Gesellschaft" in München teil. Der Lakota Darsteller Rocky Bear, der seit den 1880er Jahren das Indianerkontingent in Codys Truppe anführte, präsentierte sich dabei als eine Art politischer Wortführer. Ebenfalls anwesend waren der Dolmetscher der Truppe, ein Cowboy namens Broncho Bill (zusammen mit seiner Frau, einer Sioux, und ihrem gemeinsamen zweijährigen Sohn). Ein Mitglied der „Anthropologischen Gesellschaft" namens Dr. Donebrink übersetzte Bemerkungen und Fragen aus dem Deutschen ins Englische, und Broncho Bill übersetzte sie dann ins Lakota und umgekehrt. Mit einem Willkommensgruß, in dem er große Erwartungen zum Ausdruck brachte, eröffnete Professor Johannes Ranke, der Präsident der Gesellschaft, die Zusammenkunft, in den Worten eines Reporters „eine der merkwürdigsten, welche die Gesellschaft je vereinigte". Es war tatsächlich eine ungewöhnliche Versammlung. „Die Gäste nahmen an zwei reservierten Tischen Platz und fühlten sich in Kurzem äußerst wohl und behaglich. Mit bewundernswerther Ruhe bedienten sich dieselben der ihnen verabreichten Zigarren und Zigaretten, bliesen mit vergnügten Gesichtern und einer vornehmen Nonchalance die Rauchwolken in die Luft und sprachen auch dem Biere zu. Dabei verfolgten sie jedoch mit ihren durchbohrenden, geistreichen Augen alle Vorgänge auf das Aufmerksamste."[21]

Rocky Bear präsentierte sich mit der Würde eines „Elder Statesman". Sein Auftritt vor der „Anthropologischen Gesellschaft" war von anderer Art als der in der Wild-West-Show: Er hielt eine freie, stringente und offen politische Rede und unterstrich seine Argumentation mit Handbewegungen, die die deutschen Zuhörer faszinierten. Rocky Bear griff die Regierung der Vereinigten Staaten unverhohlen an, und zwar mit Worten, die bei einigen der älteren Herren unter seinen Zuhörern Resonanz gefunden haben dürften: „Mein Volk und ich haben für unser Recht gekämpft: für unsere Freiheit, unsere Heimat und unser Vaterland." Indem es die Indianer von ihrem Land vertrieb und ihnen ihr Recht auf Souveränität und Selbstverteidigung versagte, „[hat] das amerikanische Volk uns großes Unrecht zugefügt". Seine Teilnahme an der Wild-West-Show hatte auch, wie er sagte, eine politische Dimension: „Meine Stellung ist die eines Mittlers zwischen den weißen und den rothen Männern, und es ist eine schwere Stellung." Am Ende seiner Rede streckte Rocky Bear seine Hand nach den Zuhörern aus: „Schaut auf meine Hand! Sie ist schwarz, aber das Herz in meiner Brust schlägt wie

---

21   „Indianer Buffalo Bills in der anthropologischen Gesellschaft", in: Münchener Nachrichten, 27. April 1890. Beschrieben wird die Gruppe in: „Die Indianer in der Münchener Anthropologischen Gesellschaft", in: Münchener Fremdenblatt, 28. April 1890.

Euer Herz, in Gefühlen der Freundschaft, unsere Hautfarben sind verschieden, unsere Herzen sind eins."[22] In den Worten eines Reporters: „Man sah dem Sprechenden an, daß ihm alle Worte vom Herzen kamen." Es erhob sich kräftiger Applaus. „Nachdem die Gäste allen die Hand geschüttelt, wurden sie in Zweispännern in ihre Heimstätten auf der Theresienwiese verbracht. Die beabsichtigten Vorträge unterblieben, da der Vorsitzende mit Recht meinte, man solle den tiefen Eindruck, den der seltene Besuch gemacht, nicht durch akademische Erörterungen abschwächen."[23]

Zum einen sind diese aufrührerische Rede und ihre Transkription in der Presse als Dokumentation der Stimme eines indianischen Darstellers in Deutschland von Bedeutung, wie auch die Tatsache, dass sie einem Massenpublikum zugänglich gemacht wurde. Darüber hinaus aber spielte Rocky Bears Rede unbewusst auf bestimmte kulturell verankerte Fantasien an, die den deutschen Diskurs über Indianer bestimmten, und zwar indem er erstens betonte, wie stark er das Band der Freundschaft mit den Anwesenden empfand (im Gegensatz zum amerikanischen Volk, das er des vielfach begangenen Unrechts anklagte). Während er um ihre Unterstützung warb, bestätigte er im Grunde die Vorstellung von einer besonderen, auf gegenseitigem Respekt und Verständnis beruhenden Verbindung zwischen Deutschen und Indianern. Zweitens bekräftigte diese politische Argumentation den paternalistischen Gedanken, dass die Deutschen anderen Kolonisatoren irgendwie moralisch überlegen seien: Hätten die Deutschen den amerikanischen Westen besiedelt, dann hätten sie, so die These, sich als bessere Hüter der indianischen Kultur erwiesen als die Amerikaner, die sie schamlos ausmerzten. Diese beiden Fantasievorstellungen griff Karl May wieder auf, und durch ihn fanden sie noch weitere Verbreitung.[24] Es kann nicht verwundern, dass sie auch von Hagenbeck wahrgenommen wurden, um einen neuen Ansatz für die Zusammenstellung und Präsentation von Indianertruppen zu konzipieren.

Carl Hagenbecks „Oglala-Sioux Völkerschau" von 1910 zog mehr Zuschauer an als je eine andere von einem deutschen Schausteller zusammengestellte Truppe. Aus heutiger Sicht schien die Entscheidung für eine Sioux-Indianertruppe auf der Hand zu liegen, doch interessanterweise stand Hagenbeck dieser Idee anfänglich skeptisch gegenüber,

---

22 Ansprache des Rocky Bear", in: Münchener Nachrichten, 3. Mai 1890. *Cody wiederholte später diese Kritik an der US-Regierung, als er von Reportern in Berlin dazu gedrängt wurde,* s. Reddin (1999), S. 114. Bald darauf verbündeten sich Black Heart, Rocky Bear und andere Lakota-Mitglieder der Truppe – allesamt langjährige Mitarbeiter der Wild-West-Show mit Cody, um sich und ihre Arbeit gegen Angriffe so genannter Indianerreformer, Kongressabgeordneter und Bürokraten im US Indian Service zu verteidigen. Vgl. Warren (2005), S. 358–389.

23 „Indianer Buffalo Bills..." (wie vorherige Fußnote).

24 Zu einer kurzen Erörterung dieser Fantasien in Karl Mays Winnetou vgl. Zantop (1997), S. 3–5. Siehe auch Zantop (1999).

„weil er befürchtete, die Indianer seien zu schwer zu beaufsichtigen und könnten dank ihrer Englischkenntnisse in zu engen Kontakt mit dem Publikum treten".[25] Er musste sich von Jacobsen überreden lassen, der ihn 1909 zu einer Wild-West-Show in London einlud. Hagenbeck zeigte sich beeindruckt und schickte Jacobsen ins Pine Ridge Reservat in South Dakota. Es kostete einige Mühe und finanzielle Mittel, geeignete Darsteller anzuwerben: Wild-West-Shows waren für viele Sioux die wichtigste Einnahmequelle, und sie waren gefragte Leute – fünf weitere Agenten hielten sich zur selben Zeit wie Jacobsen in diesem Reservat auf, und Buffalo Bills Repräsentant war auf dem Weg dorthin.[26] Jacobsen gelang es, 42 Indianer und zehn Cowboys zu engagieren. Verschiedene Teilnehmer hatten bereits Erfahrungen in fahrenden Truppen sammeln können, so auch Thomas American Horse, Häuptling und Anführer des Indianerkontingents der Hagenbeckschen Truppe, dessen Vater bei Buffalo Bill aufgetreten war. Fünf Monate lang trat die Truppe in Hagenbecks neuem Tierpark in Stellingen vor den Toren Hamburgs auf, und sie zog in dieser Zeit mehr als 1,1 Millionen Besucher an. Wie ein Auszug aus dem Programmheft der Sioux Schau zeigt, präsentierte Hagenbeck mit seiner Wild-West-Show ein Indianerbild, das sich von dem der „Bella Coola Völkerschau" deutlich unterschied:

> „Die Vorführungen geben ein Bild von dem gefahrvollen Leben der Farmer und Trapper zur Zeit der ersten Ansiedlungen im fernen Westen. Den Rahmen derselben bildet ein wirklicher Vorfall, der sich zu Anfang der siebziger Jahre in den Blackhills ereignete, als die eindringenden Ansiedler mit den Sioux auf dem Kriegspfade lebten. Bei einer einsamen Farm erscheint eine Indianerbande und erkundet trotz freundlicher Aufnahme Gelegenheit zum Pferderaub. Der Dieb wird von den durch Schüsse herbeigerufenen Cowboys verfolgt und gefangen. Die Postkutsche passiert vorüber. Aus Rache über die Gefangennahme des Genossen überfallen die Indianer nachts die Postkutsche und die Farm und stecken das untere Blockhaus in Brand. Die Knechte verbrennen. Die Farmerfamilie aber flieht in der zur Umkehr gezwungenen Postkutsche, von den Cowboys eskortiert, ins nächste Fort unter stetem Kampf mit den Rothäuten."[27]

Die wichtigsten Elemente der Vorstellung – Cowboys und Indianer mit Federkopfschmuck, Pferdediebstähle, Hinterhalte der Siedler und der Pony Express, das

---

25   Thode-Arora (wie Anm. 2), S. 76.

26   Ein Bericht über die Anwerbung dieser Truppe findet sich bei Haberland (1988a), S. 11–15. Vgl. auch Thode-Arora (2002d), S. 69–73.

27   *Sioux-Indianer: Carl Hagenbeck's Tierpark*, Stellingen, 1910 (Kurzführer und Programmbroschüre mit einem Text von Johannes Flemming), Hamburg 1910, S. 5 (THA).

Rachemotiv und Rettungen in letzter Minute – waren auch in „Buffalo Bill's Wild West" zu finden.[28] Und indem „ein wirklicher Vorfall" aus den 1870er Jahren inszeniert wurde, kam im Gegensatz zur Bella Coola Schau auch ein historischer Aspekt hinzu. Die ausführliche Programmbeschreibung wurde ergänzt durch einen elfseitigen „historischen" Abschnitt mit kurzen Beiträgen über die Oglala, die Schlacht am Little Bighorn von 1876, das so genannte Reservationssystem, das Pine Ridge Reservat und den Häuptling Red Cloud, der 1909 gestorben war. Mit biografischen Angaben über einige der ältesten Mitglieder der Truppe – die an den Indianerkriegen beteiligt gewesen waren – wurde die historische Authentizität der Schau noch einmal hervorgehoben.

Unter dem Eindruck der Wild-West-Show wandelte sich auch der „ethnografische" Aspekt der Hagenbeckschen Völkerschau, was insbesondere in den Tänzen und Zeremonien zum Ausdruck kam, mit denen die verschiedenen Handlungssequenzen des Sioux Programms durchsetzt waren. Ein gutes Beispiel bietet der „Omaha Tanz". Während man beim so genannten Kannibalentanz der Bella Coola allein auf die Faszinationskraft des Grotesken gesetzt hatte, wurde der „Omaha Tanz" in die „exotisch" und pittoresk gestaltete Landschaft des Parks integriert. Der Tanz wurde auf dem einer *mesa* (Tafelberg) nachgebildeten „Felsenbau" in der Völkerschau Arena und um ihn herum aufgeführt. Zumindest was die Kulisse betraf, sicherte sich Hagenbeck mit dieser sorgfältig ausgestalteten Parklandschaft einen wichtigen Vorteil gegenüber Wandertruppen aus Amerika und anderen Konkurrenten. Aber das war noch nicht alles. Ironischerweise genossen die Indianer in Deutschland eine größere kulturelle und religiöse Freiheit als zu Hause. In einer Zeitung war zu lesen:

> „Am leidenschaftlichsten tanzen die Indianer den Omahatanz, so leidenschaftlich sogar, dass die Regierung der Vereinigten Staaten von Nordamerika [sic!] sich veranlasst sah, für diesen Tanz bestimmte Tage und Zeiten festzusetzen, da die Söhne der Prärie über dem Tanz die Arbeit vergaßen. Hier, wo kein obrigkeitliches Verbot die Rothäute hindert, hört man oft noch um Mitternacht aus den Zelten heraus den dumpfen Klang der Trommel und den eigenartigen Gesang, während die Tänzer sich dem Tanze oft bis zur Erschöpfung hingeben."[29]

In deutlichem Kontrast zu den Wild-West-Shows, die 1890 in Deutschland zu sehen gewesen waren, nahm Hagenbecks SiouxTruppe nun nicht nur Bezug auf den historischen Rahmen, sondern machte auch literarische Anspielungen. Hagenbeck gab seinem

---

28 Vgl. Thode-Arora (1989).

29 *Hamburger Nachrichten*, 2. Juni 1910. Der Historiker Warren machte erst 2005 eine ähnliche Bemerkung und fügte hinzu, dass die Wild-West-Shows einigen Teilnehmern auch die Möglichkeit gaben, sich den Stammestraditionen zu widersetzen (2005), S. 363.

Publikum sogar die fiktionalen Bezugspunkte an die Hand und drängte es so, Zusammenhänge zu erkennen, die die Zuschauer in früheren Jahren von sich aus hergestellt hatten:

> „Wenn man [...] von Indianern spricht, denkt niemand an die zahlreichen Stämme Brasiliens und des übrigen Südamerikas, noch an die Zentralamerikas oder Mexikos. Immer meint man die durch Sage und Geschichte berühmten Prärie-Indianer, die in zahllosen Romanen verherrlicht sind, und die eine ebenso umfangreiche Literatur hervorgerufen haben, wie das Rittertum. Ritter- und Indianergeschichten, die werden noch lange das Entzücken unserer Jugend bilden! Die Gestalten aus Lederstrumpf, Pfadfinder, Tecumseh usw. mit den scharfgeschnittenen markanten Gesichtern, den großen Adlernasen und dem charakteristischen Kopfputz aus Kriegsfedern führt uns nun unsere diesjährige Völkerschau in greifbaren Gestalten vor Augen."[30]

Noch zu Zeiten der „Bella Coola Völkerschau" wären solche Verweise auf fiktive Gestalten verpönt gewesen. In der Hamburger Presse wurde dieser Schritt jedoch keineswegs kritisiert, sondern vielmehr dankbar aufgegriffen:

> „Wundernd schreiten die Blaßgesichter an den Zelten vorüber, und wie Träume aus Kindheitstagen steigt es in ihren Seelen empor, Chingachcook, die große Schlange, der berühmte Häuptling der Mohikaner und Blutsfreund Lederstrumpfs, tauchen leibhaftig vor den Augen auf, auch der edle Uncas, der sich nach dem Skalp des schurkischen Irokesenhäuptlings sehnt. Und all dies ist keine Fantasie, denn die kupferfarbigen Krieger ‚Der kleine Wolf' und ‚Der gelbe Donner', ‚Das gefleckte Wiesel' und ‚Das amerikanische Pferd' und wie die Häuptlinge alle heißen, kommen wirklich aus jenem Lande, wo die Cooperschen Romane [...] sich abgespielt haben."[31]

Um ein Massenpublikum anzulocken, lehnte Hagenbeck sich an die amerikanischen Wild West Shows an und rief in den Zuschauern eindringliche Erinnerungen und kulturelle Assoziationen wach. Mithilfe kraftvoller Mythen und Legenden ermutigte er sein Publikum, sich des ihm gebotenen Spektakels so zu bemächtigen, wie es die Zuschauer in früheren Jahren mittels ihrer Imaginationskraft getan hatten. Diese Hinwendung zur Fantasie beförderte genau die Aspekte – das imaginative Rollenspiel, die leidenschaftliche Identifizierung und ethnische Personifizierung –, die die Faszinationskraft der Indianer für die Deutschen das ganze 20. Jahrhundert hindurch prägen sollten, und das macht sie so interessant.

---

30 *Sioux-Indianer: Carl Hagenbeck's Tierpark* (wie Anm. 27), S. 9.
31 *Hamburger Fremdenblatt*, 17. April 1910, zitiert in: Thode-Arora (1993), S. 85. Vgl. auch „Sioux-Indianer bei Hagenbeck", in: *Hamburgischer Correspondent*, 16. April 1910; „Wild-West bei Hagenbeck", in: *Hamburger Nachrichten*, 16. April 1910.

Die Aborigines: „professionelle Wilde" und Gefangene

Roslyn Poignant

Am 19. November 1885 traf Billy, ein australischer Aborigine, den französischen Wissenschaftler Paul Topinard. Das Treffen fand im anthropologischen Laboratorium in Paris statt. Als Topinard Billy zu seinem Zeitbegriff befragte, zählte dieser die Namen aller Orte auf, durch die seine Gefährten und er selbst gekommen waren, seitdem sie beinah drei Jahre zuvor ihre Heimat im nördlichen Queensland verlassen hatten. Der Schausteller R. A. Cunningham hatte sie nach Amerika und Europa gebracht, damit sie dort in Völkerschauen aufträten. Eine Frau namens Jenny und ihr kleiner Sohn, Toby, wohnten dieser Befragung bei. Die drei waren die einzigen Überlebenden einer Gruppe, die ursprünglich neun Personen umfasst hatte: sechs Männer, zwei Frauen und den kleinen Jungen. Jennys Mann, der der Vater ihres Kindes war und ebenfalls Toby geheißen hatte, starb etwa zehn Tage zuvor in einem Pariser Spital an Tuberkulose. Wie Topinard erklärte, war es ihm trotz all seines Bemühens nicht gelungen, den Leichnam in Brocas anthropologisches Laboratorium zu bringen, damit man ihn dort sezieren könne.

In seiner nüchternen Beschreibung entging Topinard doch ein großer Teil von Billys Leistung. Dieser rekonstruierte den Ablauf ihrer unglaublichen Reise, die sie von Australien über den pazifischen Ozean durch mehr als hundert Städte im nordwestlichen Amerika geführt hatte. Zunächst reisten sie mit Barnums Zirkus und gingen mit dem *dime museum*[1] auf Tournee, bevor Cunningham sie dann in den Trubel der Provinz- und Hauptstädte Europas brachte. Mit der Litanei der Namen, die Billy herunterbetete, um von ihrer Weltreise zu berichten, transformierte und entwickelte er die Art und Weise, in der Aborigines den Raum begrifflich fassbar machten. Hierzu wurden die Beschaffenheit des Geländes und die Etappen der Reise memoriert. Topinard beobachtete, dass Billy, wenn er unterbrochen wurde, seine Aufzählung „beginnend mit der vorangegangenen Stadt" wieder aufnahm. Denn die Ordnung war von Bedeutung. Billys unglaubliche Gedächtnisleistung war viel mehr als eine simple Erinnerungskrücke für den zurückgelegten Weg. Jeder Ortsname stand ja für eine ganze Geschichte. Aber der Anthropologe, behindert durch seine kulturellen Scheuklappen, bezeichnete Billys ans Wunderbare grenzende Gedächtnisleistung als rein „automatisch".[2]

---

1 Am Ende des 19. Jahrhunderts folgten auf die Kuriositätenmuseen die *dime museums*, deren Name sich auf den sehr niedrigen Eintrittspreis von etwa 10 Cent (= 1 *dime*) bezog. Diese Etablissements waren also für sehr breite Volksschichten erschwinglich und attraktiv.

2 Topinard (1885), S. 683-699.

Für Billy bot das Erinnern durch die Rekonstruktion ein System, das ihm erlaubte, ein seiner Welt entstammendes Wissen in sein gegenwärtiges Leben zu integrieren und zugleich von Erlebtem zu berichten. Vielleicht muss man darin auch ein Mittel sehen, den Rückweg zu entdecken oder sogar vorwegzunehmen. Hier wird Billys Abenteuer zu unserem eigenen: wir möchten verstehen, was seine Aufzählung zu bedeuten hat. In der kulturell markierten Version Topinards jedoch müssen wir uns mit Billys verstümmelter Erzählung zufriedengeben und haben keine Möglichkeit, seine eigene Fassung kennenzulernen. Die Aborigines waren insofern zweifach gefangen, als man ihnen jegliche Kontrolle über ihr eigenes Handeln entzogen und sie zudem in den Diskursen des ausgehenden 19. Jahrhunderts eingesperrt hatte. Demnach waren die kolonisierten Gebiete nicht von den großen amerikanischen und europäischen Städten zu trennen. Die Reichweite von Billys Verhalten entging Topinard deshalb, weil er sich nicht für Billy als Individuum interessierte, sondern nur als Vertreter eines Rassentypus. In seinem Bericht verglich er vor allem die körperlichen Merkmale Billys, Jennys und ihres Sohns Toby mit früheren Beschreibungen, die er in seinem Werk *Instructions sur les races indigènes d'Australie* ([Untersuchungen über die eingeborenen Rassen Australiens], 1872) veröffentlicht hatte. Dieses Werk basierte nicht auf direkter Beobachtung, sondern auf den Beschreibungen von Reisenden und auf der Untersuchung von Skeletten und den „elf Australier-Büsten", die sich im Pariser Muséum d'histoire naturelle befanden. In diesem absurden Kontext bescheinigte Topinard kraft seiner Autorität, dass die drei Besucher durchaus „echte" Aborigines seien und händigte Cunningham, ihrem Impresario, auch ein diesbezügliches Zertifikat aus. Gleichzeitig empfahl er in einem Brief vom 25. November 1885 lebhaft, „diese seltsamen Menschenproben zu besichtigen, denn ihre Rasse wird rasch verschwinden".[3] Derartiger Austausch zwischen Schaustellern und Wissenschaftlern war nichts Ungewöhnliches. Er bezeugt, wie sehr diese beiden Welten aufeinander angewiesen waren. Cunningham erhielt von herausragenden Universitätsprofessoren aus ganz Europa weitere Zertifikate, die die Echtheit der Aborigines belegten. Die meisten Anthropologen freuten sich über diese von Schaustellern organisierten „Eingeborenen"-Tourneen, die ihnen eine Ausweitung ihres Untersuchungsbereichs erlaubten und sich als äußerst lehrreich für ein breites Publikum erwiesen.

Topinard weigerte sich, Billys an Kälte grenzende Zurückhaltung und Jennys Gleichgültigkeit während der Befragung dem Trauma zuzuschreiben, das Tobys Tod ausgelöst hatte, auch wenn er notierte: „bei ihr so etwas wie Traurigkeit, die sich hierauf

---

3　Englische Übersetzung eines Briefs vom 25. November 1885 in *Galton Papers*; siehe Cunningham (1887).

beziehen könnte". In der Logik des von ihm vertretenen Klassifikationssystems, das Stephen J. Gould als „falsche Vermessung des Menschen" bezeichnete[4], spiegelt sich in seiner Haltung nur die damals verbreitete Überzeugung, dass die australischen Aborigines aufgrund ihrer körperlichen und geistigen Merkmale auf der untersten Stufe der Rassenhierarchie anzusiedeln seien. So führte Topinard – wie viele andere Wissenschaftler und Anhänger der neuen anthropologischen Lehre – die rasche Verringerung der Anzahl von Jägern und Sammlern in den kolonisierten Gebieten nicht auf eine Politik der Landenteignung, der Vertreibung und Unterwerfung zurück, sondern auf den Umstand, dass die natürliche Ordnung diese Bevölkerungsgruppen dem Aussterben preisgebe. Diese Idee war damals nicht neu. Es reichte, frühere Vorstellungen weiterzuentwickeln.

Die Welt der Antipoden

Ein Jahrhundert nachdem die Seefahrer der Renaissance Amerika ins Bewusstsein der Europäer gerückt hatten, wurde die *Terra australis incognita* für die Europäer zum Inbegriff dessen, was sich auf der entgegengesetzten Seite der Erde ereignen mochte. In einer Kartensammlung, die man *Harleianische Weltkarte* nennt – und die auf eine einzige Vorlage zurückgehen dürfte, nämlich auf ein verschwundenes portugiesisches Original (ca. 1530) – wurden erstmals die unvollständigen Konturen der australischen Küste skizziert. Die Autoren verzierten diesen hypothetischen Kontinent mit exotischen Darstellungen der dort lebenden Menschen und Tiere sowie ihrer Behausungen.[5] Doch als im frühen 17. Jahrhundert die Holländer zu den Küsten der Halbinseln Arnhemland und Kap York im Norden Australiens aufbrachen, erwarben sich die Aborigines durch ihren Widerstand gegen die weißen Eindringlinge den Ruf von Bösewichten und Barbaren.[6]

Am Ende des Jahrhunderts beschrieb der Engländer William Dampier die Einwohner Nord-West-Australiens als „das erbärmlichste Volk der Welt"[7] und diese Vorstellung fand weite Verbreitung. Im Jahr 1770 jedoch zeigte sich Kapitän Cook überzeugt davon, dass, wenn auch „die Eingeborenen Neu-Hollands" „zu den erbärmlichsten Völkern des Erdkreises gehören", sie „in Wahrheit [...] doch viel glücklicher sind als wir Europäer".[8] Trotz des Interesses der ethnologisch gebildeten reisenden des 18. Jahrhunderts für

---

4   Gould (2002 [1981]).
5   *The Dauphin Chart*, 1536.
6   Heeres (1899).
7   Dampier (1697). Es scheint allerdings, dass dieser Satz vom Herausgeber und nicht von William Dampier selbst stammt.
8   Beaglehole (1955).

den sogenannten Naturmenschen, hielt sich der schlechte Ruf der Aborigines als „erbärmliche Wesen" hartnäckig und nach der Einrichtung einer Strafkolonie in Botany Bay im Jahr 1788 stieß er auch auf keinerlei Widerspruch mehr.

Die Berichte von Reisenden, Missionaren und Kolonisatoren stellten, ganz wie die systematischeren Beobachtungen und Aufstellungen, die bei Forschungsreisen gemacht wurden, eine Quelle komparativer Daten dar, die die Theorien über Ursprung und Entwicklung des Menschen nährten, Theorien, die seit dem 18. Jahrhundert ihren Ausdruck im Konzept der „großen Kette der Wesen" fanden. Im Laufe des 19. Jahrhunderts strukturierte das Evolutionskonzept nach und nach die Vorstellungen von sozialer und kultureller Entwicklung, indem es die Rassenhierarchie zum zentralen Prinzip erhob. So wurde dieser Begriff zum Referenzmodell jeglicher Reflexion über die physische, soziale und kulturelle Vielfalt der Menschheit. Diese Ideen, formuliert von damals angesehenen Wissenschaftlern, stellten die europäischen Nationen auf den Gipfel der Zivilisation. Die Theorien unterschieden sich jedoch voneinander. Manche meinten, das Menschengeschlecht habe sich ausgehend von einem einzigen Ursprung entwickelt (Monogenese), während andere in der Vielfalt der Menschheit das Endergebnis getrennter Entwicklungslinien (Polygenese) und in den einzelnen „Rassen" sogar verschiedene Spezies sahen.

Charles Darwin nahm bei seiner Weltreise mit der HMS Beagle ethnografische Beobachtungen an den Feuerländern vor, die er in verdrießlichem Ton formulierte. Es sei schwer, so schrieb Darwin über diese „so niederträchtigen und erbärmlichen" Kreaturen, „in ihnen unseresgleichen zu sehen [...]" und so verbannte er sie auf die „niedrigste Stufe der Wildheit", an die Seite der „Australier", obwohl ihnen letztere in der Herstellung von Waffen überlegen seien.[9] Im Jahr 1864 trieb Alfred Russell Wallace diese Argumentation noch weiter. Er meinte, dass sich unterschiedliche Menschenrassen aufgrund natürlicher Auswahlprozeduren – zu denen er auch den Einfluss von Umweltfaktoren zählte – herausgebildet hätten. Diese „natürliche Selektion" gipfele in den „germanischen Rassen der gemäßigten Zonen", würde notwendigerweise aber auch die „unterlegenen und geistig unterentwickelten Völker", mit denen die Europäer nun in Kontakt getreten seien, aussterben lassen.[10] Ich interessiere mich im Rahmen dieses Aufsatzes jedoch weniger für den wissenschaftlichen Ausdruck dieser Ideen, als für die Art und Weise, in der sie – in populärer Ausprägung – von den Beziehungen zwischen Kolonisatoren und Kolonisierten geformt wurden und diese ihrerseits formten.

---

9   Darwin (1839), S. 209.
10 Stocking G. W. (1987), S. 148.

Gegen Mitte des 19. Jahrhunderts wurde die wachsende Verachtung für den „Wilden" durch Autoren wie Charles Dickens noch weiter verbreitet. Unter dem Titel „The Noble Savage" [Der edle Wilde] beschrieb der berühmte Schriftsteller die Ausstellung von „Pygmäen des Planeten Erde"[11] im Londoner Westminster Aquarium folgendermaßen:

> „Ich nenne eine Sache wild, deren Zivilisierung höchst wünschenswert wäre, um sie vom Antlitz der Erde zu tilgen."[12]

In ähnlicher Weise kritisierte auch der renommierte Autor Anthony Trollope in seinem Reisebericht *Australia and New Zealand* das christliche Missions- und Zivilisationsprojekt, dem er jegliche Wirksamkeit absprach.[13]

Die Besetzung des australischen Kontinents durch die Briten wurde damit gerechtfertigt, dass es sich um eine *terra nullius* – ein „Niemandsland" – handle. Dies war ein juristisches Konzept, das Grotius im 17. Jahrhundert formuliert hatte, um die Aneignung nicht-europäischer Gebiete durch Europäer zu legitimieren. In der Praxis rechtfertigten die weißen Siedler die Landenteignung lieber mit der Behauptung, die nomadischen Aborigines hätten ihre Rechte an dem Land verwirkt, weil sie es nicht produktiv nutzbar machten. Ihre Unfähigkeit, das Land zu bestellen, bescherte ihnen im Rahmen dieser Argumentation notwendigerweise eine unterlegene Stellung in der gesellschaftlichen Ordnung. Die Vorstellung, dass die Erde ganz natürlich dem zukam, der sie bebaute, war tief in der Philosophie der Aufklärung verwurzelt, ganz besonders bei John Locke. Das Argument war übrigens bereits in den britischen Kolonien in Amerika vorgebracht worden. Man behauptete dort, die Siedler nutzten das Land effizienter „zum öffentlichen Wohle". Wenn sich der „Wilde" auf den „Segen der Natur" verließe, um seinen Lebensunterhalt zu verdienen, so sah man darin ganz allgemein einen Beweis für seine „mangelnde Vernunft". In seinen *Two Treatises of Government* (1690) meinte Locke, dass alle, die sich dem Vernunftmenschen widersetzten, das Risiko eingingen, als „wilde Tiere" behandelt zu werden. Wie Peter Hulme anmerkt, ist dies genau die Sprache, mit der die Kolonialkriege gerechtfertigt wurden.[14]

Die Ereignisse, die Billy, Jenny, den kleinen Toby und ihre Gefährten auf die weltpolitische Bühne stießen, hatten in den Aborigines-Gebieten in North Queensland ihren Anfang genommen. Gegen 1860, als die Invasion dieser Region zu Lande und zu Wasser in vollem Gange war, war Toby, der älteste der Gruppe, etwa zwanzig Jahre alt, und

---

11   Es handelte sich um südafrikanische „San", auch „Buschmänner" genannt.
12   Dickens C.,„The Noble Savage", *Household Words,* 1853, S. 168.
13   Trollope A. (1873), *Australia and New Zealand*, Melbourne, S. 474-475.
14   Hulme (1990), S. 18-24.

das jüngste Gruppenmitglied, Sussy, die später Tambo heiratete, war noch ein Baby. Beide gehörten, ebenso wie Tobys Familie und ein junger Mann namens Jimmy zum Volk Manbarra, den Ureinwohnern von Palm Island. Die drei anderen Männer, Billy und seine beiden Biyargirri-Gefährten – Bob und ein Mann, dessen Name nicht bekannt ist – kamen von der Nachbarinsel Hinchinbrook Island.[15] Zu Beginn der 1870er-Jahre war Billy zu einem jungen Mann herangereift, die Mitglieder seines Biyargirri-Klans waren jedoch noch Kinder. Damals wurde ihr Volk zahlenmäßig stark reduziert durch eine Reihe von Strafaktionen auf Hinchinbrook Island und dem der Insel gegenüberliegenden Küstengebiet des australischen Festlands. Nur ganz wenige der dort ansässigen Aborigines überlebten. Diese Ereignisse an der Grenze des Kolonialreichs in North Queensland waren keine Einzelfälle. Es gab Vorläufer, nicht nur in Australien, sondern auch an anderen Schauplätzen der Kolonisierung. Angesichts der Ausrottung der Aborigines in der Kolonie Queensland verstünde man das Geheimnis von Tasmanien, New South Wales, Victoria und Western Australia, meinte ein Reisender.[16]

Die Zeitungen, Briefe und Berichte der Siedler, die sich in diesen Gebieten – und in den bereits zuvor eingerichteten Kolonien – niedergelassen hatten, lassen ganz deutlich Furcht vor den „Eingeborenen" erkennen. Diese hielten sich immer verborgen, seien hinterhältig und unberechenbar. Einer dieser Siedler schreib später:

> „In Melbourne betrachteten wir den Norden Queenslands als eine von wilden Kannibalen-Stämmen bewohnte ‚terra incognita'."[17]

In Wirklichkeit jedoch löste die Vorstellung, dass die Aborigines tückische Wesen seien – eine Vorstellung, die in vielen Grenzgebieten verbreitet war – noch heftigere Terrorakte aus und rechtfertigte diese auch.[18] Es kam zu einer Reihe von Vergeltungsakten, bei denen die den Aborigines zugeschriebene Wildheit als Vorwand für eine noch größere Wildheit der Zivilisation diente.[19]

Hier kam es zu einem Zirkelschluss. Denn die sprachlich und nicht-sprachlich vermittelte Vorstellung, dass die Aborigines tückische Wesen seien, war bereits zuvor in Grenzgebieten des Kolonialreichs entwickelt worden. Nun übertrug man sie auf North Queensland, wo man sie neuerlich verstärkte und in Augenzeugenberichte einfügte.[20]

---

15 Dixon (1983).
16 Carrington (1871), S. 144.
17 Rowe (1931).
18 Vgl. Morris (1992), S. 86; Lattas (1987); Taussig (1992).
19 *The Queenslander*, 1880.
20 Vgl. Eden (1872); Finch-Hatton (1885).

Diese Texte bildeten nun den Rahmen für die Wahrnehmung von Billy und seinen von Cunningham entführten Gefährten und für ihre Rezeption als „Wilde". Diese professionelle „Wilden" fanden nun wiederum Niederschlag in amerikanischen und europäischen Dokumenten – in Texten und Illustrationen, in der Populärkultur und in der Anthropologie, und auch auf den Fotografien des „australischen Typus".

Die Konstruktion professioneller „Wilder"

Die Tournee des Barnum, Bailey & Hutchinson Circus mit dem „größten Spektakel der Welt" hatte bereits begonnen, als Cunningham und seine Truppe sich ihr im Mai 1883 anschlossen. Das vor Aufführungsbeginn verteilte Programm präsentierte diese Truppe als „die letzten Kannibalen" und mahnte das Publikum:

> „Jetzt oder nie ist es Zeit, sie zu sehen! [...] Sie sind die ersten, aber auch die letzten ihrer Art, die die amerikanischen Bürger jemals mit eigenen Augen zu sehen bekommen werden."

Billy und seine Gefährten, die man zur Teilnahme an Phineas T. Barnums *Ethnological Congress of Strange and Savage Tribes* rekrutiert hatte, wurden nun Seite an Seite mit anderen „Eingeborenen" ausgestellt: mit dem „blutrünstigen Zulu", dem „wilden muslimischen Nubier", den „außerordentlichen Todars" und den „Sioux-Kriegern". Sie alle waren unter ähnlichen Umständen aus anderen Kolonien herbeigebracht worden.

Phineas T. Barnum hatte seit den 1870er-Jahren hierfür den Weg bereitet, indem er den Wanderzirkus als eine industrialisierte Form der Massenunterhaltung weiterentwickelte. Mit seinem Partner W. C. Coup nutzte er den Ausbau des Eisenbahnnetzes, um die wichtigsten und gewinnträchtigsten Städte der nordamerikanischen Ostküste und des Mittleren Westens zu erreichen. Zerlegbare Zirkuswagen erlaubten hohe Mobilität. Der Einsatz von zwei Zirkuszelten ermöglichte es, die spielfreie Zeit zwischen verschiedenen Auftrittsorten zu verringern. Um rentabel zu sein, musste eine solche Vorstellung die ganze Bevölkerung fesseln. Nicht selten traten an einem einzigen Tag hunderte Menschen auf und kamen zehntausende Besucher. Anzeigen in illustrierten Zeitschriften und andere Werbemittel – Programme, Plakate und Werbeschilder – lockten Menschenmassen von weit her an und Sonderzüge wurden gemietet. Bevor es das Kino gab, war der Zirkus sicherlich jenes Instrument der Populärkultur, das die öffentliche Meinung am stärksten beeinflusste. Die Truppe wurde als lebendes Abbild der Wildheit präsentiert, und zwar im Rahmen einer Erzählung, die vom Triumph der Zivilisation über die zum Aussterben verurteilten Wilden handelte. Die Werbe-, Präsentations- und Darstellungsprozeduren des Zirkus trugen dazu bei, diese Stereotype noch zu verfestigen.

In den 1880er-Jahren stand der Zirkus am Höhepunkt seiner Popularität und auch die Kuriositätenmuseen mit niedrigem Eintrittspreisen (*dime museums*) erfreuten sich in den nordamerikanischen Städten großer Beliebtheit.[21] Als die Barnum'sche Zirkustournee im Winter 1883/1884 zu Ende ging, reihten sich die australischen „Boomerang-Werfer" unter die übrigen „wunderbaren Attraktionen" bei der Tournee des *dime museum* ein. Dort wurden sie als Freaks präsentiert, Seite an Seite mit dem „Kautschuk-Mann", der „bärtigen Frau", Admiral Dot und anderen Abnormitäten. Geografisch marginalisierte Völker wurden nicht nur gemeinsam mit Menschen mit Behinderungen ausgestellt, Cunninghams „Wilde" wurden auch in diesen Kategorien körperlich-geistiger Beeinträchtigung beschrieben, als Wesen, die körperlich „missgestaltet" und „entstellt" seien und „vor sich hin brabbeln" – also so reden wie „Geisteskranke". Eine ganze Reihe von wissenschaftlichen und pseudo-wissenschaftlichen Debatten über den Ursprung des Menschen und über seinen Platz in der Natur spiegelten sich in populärer Form in den Dokumenten, die im Umkreis der Zirkusse und der *dime museums* entstand, und auch in den dort gezeigten Attraktionen.

Als die Tournee des *dime museum* zu Ende ging, starben Tambo und noch ein anderer junger Mann und diese traumatischen Ereignisse bewegten Cunningham offenbar zu einer Abänderung seiner Pläne.[22] Die Truppe sollte sich im Jahr 1884 Barnums *Ethnological Congress* anschließen, aber Cunningham beschloss, die sieben Überlebenden auf eine Tournee durch die europäischen Großstädte zu führen. Sie traten im Londoner Crystal Palace auf, in den Folies Bergère in Paris, in Castans Panoptikum in Berlin, im Arkadia in Sankt-Petersburg und in vielen Zoos und Varietés in europäischen Provinzstädten. Sie wurden auch von Anthropologen untersucht, vor allem von E. Houzé und V. Jacques in Brüssel und von R. Virchow in Berlin. Ein Gruppenmitglied nach dem anderen starb und als sie nach Paris kamen, waren nur mehr Billy, Jenny und der kleine Toby übrig. Cunningham behauptete, alle drei im Jahr 1888 nach North Queensland zurückgebracht zu haben, doch bleibt ihr Schicksal ungewiss. Da ich herausfinden wollte, was aus ihnen geworden ist, beschäftigte ich mich auch mit der Pariser Weltausstellung des Jahres 1889.

In einem eleganten Aufsatz schreibt Barthes über den Eiffelturm: „Objekt, [...] wird er seinerseits doch zum Blick, und macht nun jenes Paris, das vorhin ihn betrachtete, zu einem [...] Objekt"[23], macht es zu einer „neuen Natur, der des menschlichen

---

21 McNamara (1974).
22 Poignant (1997).
23 Barthes (1970), S. 28.

Raums"[24], zu einer „Vogelperspektive, die [...] die Welt zum *Lesen* und nicht nur zum Wahrnehmen dar[bietet]"[25] und die jeder Besucher schauend selbst entziffern müsse. Merkwürdigerweise erwähnt Barthes jedoch an keiner Stelle seiner Entzifferungsversuche die Schaustellungen, die anlässlich der Eröffnung des Eiffelturms im Jahr 1889 auf der Ausstellungsfläche zu Füßen des Turms stattfanden. Die dort in kommerzialisierter Form präsentierte Mischung von Völkern und Kulturen war ein Vorgeschmack auf soziale Entwicklungen des 20. Jahrhunderts. Die Symbolik dieser für die Pariser Ausstellung erbauten Welt war so dicht gesponnen, dass ihre Bedeutung auf verschiedenen Wegen entschlüsselt werden kann.

Wir wählen hier eine der Ausstellungshallen als Ausgangspunkt unserer Erkundungen: das Palais des Arts Libéraux. Es beherbergte vier Pavillons, die der Anthropologie und ihr nahe stehenden Disziplinen gewidmet waren. Rund um das Palais gab es Alleen mit den Pavillons verschiedener Nationen und Nachbildungen von Straßen verschiedener nordafrikanischer und fernöstlicher Städte. Weiters verhieß die Werbung:

> „In den kleinen Gässchen hinter der erhabenen Raffinesse der Pagoden und Paläste [...] haben die geistreichen Franzosen Kolonien von Wilden eingerichtet, die sie zu zivilisieren versuchen. Es handelt sich um echte Exemplare, die, dessen können Sie gewiss sein, genau so leben, arbeiten und sich vergnügen, wie sie es mit ihrer Familie in ihrem Heimatland tun."[26]

Die Anthropologie, die man als moderne französische Wissenschaft begrüßte, stand im Zentrum dieser durch Pläne und Fotografien perfekt dokumentierten Ausstellung.[27] Wenn man den anthropologischen Pavillon von der Seite der Seine her betrat, kam man zunächst zum Großen Buddha von Nara, der während der gesamten Ausstellung den Anthropologen als Treffpunkt diente. Links befanden sich die Gipsabgüsse zweier Buschmänner (San), die im Jahr 1884 in London und in anderen europäischen Städten lebend ausgestellt worden waren.

Im Innenhof des Palais des Arts Libéraux befanden sich auch große Abbildungen von Handwerkern, die Werkzeuge aus Stein fertigten, von Bauern, Maurern, Papiermachern, Schmieden, usw. und in ihrer Mitte ein Gemälde, auf dem „Samojeden" zu sehen waren. Diese bildlichen Darstellungen sollten das illustrieren, was man für den Siegeszug des Fortschritts und der Zivilisation hielt.

---

24 Barthes (1970), S. 38.
25 Barthes (1970), S. 43.
26 Exposition (1889a).
27 Exposition (1889b); Alphand (1892).

Jeder der acht Eingänge zu den Innenräumen war von zwei Schmucktafeln eingerahmt, die ausgewählte Rassetypen darstellten, darunter auch Portraits von „Esther, der Hottentottin" und „Billy, dem Australier" – letzteres nach einer Fotografie, die im Jahr 1885 von Roland Bonaparte aufgenommen worden war. Sobald man den Raum betreten hatte, traf man – wie auf einer zeitgenössischen Fotografie zu sehen ist – auf eine Tafel mit der Abbildung eines westlichen Mannes. Darauf waren seine Muskulatur und sein Nervensystem zu sehen. Daneben standen das Skelett eines Gorillas und das eines Orang-Utans. Dieses Arrangement sollte zeitgenössische Vorstellungen von der Entwicklung des Menschen visualisieren. Die genannten Tafeln sind offenbar verschwunden, nur eine vergilbte Fotografie erinnert uns an diese letzte in einer Reihe von Darstellungen, von denen jede noch ein bisschen lebloser war als die vorangegangene. Billy ist in diesen Bildern ebenso gefangen wie er es im anthropologischen Diskurs des Westens war. Billy ist verschwunden. Geblieben ist nur sein flüchtiges Bild.

Doktor Kahn und die Niam-Niam

Bernth Lindfors

Schon lange vor Darwin diskutierten die europäischen Wissenschaftler die Frage, in welcher Beziehung die Menschen zu anderen Lebewesen stehen. In der „großen Kette der Wesen", die, wie man glaubte, von allen Formen wahrnehmbaren Lebens gebildet wurde, platzierte man den Mensch auf halben Wege zwischen Affen und Engeln, an einer bevorzugten, aber etwas ambivalenten Position, die ihn gleichzeitig als Tier und als Geistwesen definierte. Doch wie es in der Welt der Tiere unterschiedliche Arten gab, die man hierarchisch in höhere und niedrigere ordnen konnte, so reihte man auch verschiedene menschliche Varietäten auf einer Skala angeborener Fähigkeiten. In der Tierwelt dominierte der Homo sapiens ganz klar alle anderen Arten, und innerhalb dieser Kategorie betrachtete man die Europäer – oder zumindest betrachteten sich die Europäer selbst – als Herren der gesamten irdischen Schöpfung. Vielleicht war es die taxonomische Manie der Wissenschaftler, die ganz logisch das Postulat entstehen ließ, dass es eine noch unentdeckte Übergangsform – ein „Missing Link" – geben müsse, das als direkte genetische Verbindung zwischen Mensch und Tier fungierte.

Einige Wissenschaftler weigerten sich jedoch offensichtlich, an ein solches fehlendes Bindeglied zu glauben. Unter Betonung der großen Ähnlichkeit zwischen „niedrigen Menschenrassen" und „höheren Affen" suchten sie zu beweisen, dass es in der „großen Kette" keine Lücke gab und dass sie an keiner Stelle unterbrochen sei. Um ihre Thesen über die nicht-westlichen Völker, besonders die Afrikaner, zu stützen, zitierten sie Beispiele widerlicher Kreaturen, die sich körperlich und geistig hinreichend von europäischen Völkern unterschieden, um einen eigenen, unterlegenen Zweig der Menschenfamilie zu bilden – wenn sie denn überhaupt verdienten, als menschliche Wesen eingestuft zu werden. Charles White schrieb in *An Account of the Regular Gradations in Man and in Different Animals and Vegetables* (1799):

> „Vor allem durch jene Züge, die ihn vom Europäer unterscheiden, steht der Afrikaner dem Affen nahe ... [und] die Merkmale, die den Afrikaner vom Europäer unterscheiden, sind eben dieselben – nur in unterschiedlicher Ausprägung – wie jene, die den Affen vom Europäer trennen."

Sir William Lawrence behauptete in seinen *Lectures on Physiology, Zoology and the Natural History of Man* (1819), dass

> „die Struktur des Negers ganz eindeutig jener des Affen gleicht. Sie weicht nicht nur ab vom kaukasischen Modell, sie unterscheidet sich von diesem in zweierlei Hinsicht: Die intellektuellen Merkmale sind herabgesetzt, die tierischen Merkmale dagegen sind ausgeprägt und betont. Diese Unterlegenheit auf organisatorischer Ebene hat entsprechend unterlegene Fähigkeiten zur Folge, was sich nicht so sehr durch die unglücklichen, in Sklaverei entwürdigten Individuen beweisen lässt, als durch jede Tatsache in der Vergangenheit und Gegenwart Afrikas."

Selbst Georges Baron de Cuvier, den viele für den größten Naturforscher seiner Zeit halten, glaubte, dass

> „die weiße Rasse ihren Herrschaftsbereich nicht ohne Grund auf die ganze Welt ausgedehnt und die größten Fortschritte im Bereich der Wissenschaft erzielt hat, während die ‚Neger' an Sklaverei und sinnliche Vergnügungen gefesselt blieben [...]. Ihre Schädelform macht sie den Tieren ein wenig ähnlicher, als unsere es tut."[1]

Ob die Afrikaner nun Affen mit menschlichem Charakter oder Menschen mit Affencharakter waren, sie standen jedenfalls auf der niedrigsten Stufe der Rangleiter, sie galten als schwächstes anthropomorphes Glied in der „großen Kette der Wesen".

Das Ende der Sklaverei und die ersten öffentlichen Völkerschauen

Diese rassistischen Theorien beruhten weniger auf direkter Beobachtung als auf von Vorurteilen geprägten Augenzeugenberichten. Reisende, Missionare, Sklavenhändler und Plantagenbesitzer hatten von ihren Begegnungen mit Afrikanern erzählt, und ihre Berichte, mitunter beträchtlich entstellt durch Stereotype, Gerüchte und reine Lügen, wurden für bare Münze genommen und in der wissenschaftlichen Literatur jener Zeit zitiert. Zum Beispiel stellte man Kannibalismus als ein in ganz Afrika verbreitetes Phänomen dar, selbst wenn es nur wenige vertrauenswürdige Europäer gab, die zu behaupten wagten, sie hätten mit eigenen Augen Afrikaner dabei beobachtet, wie sie Menschenfleisch aßen. Es erwies sich als durchaus praktisch, dass Gerüchte und Phantasie die unmittelbare Beobachtung ersetzten. So konnte man kühne Hypothesen vorbringen, ohne sich mit Fakten zu belasten.

---

1 Coleman (1964), S. 166.

Im Jahr 1833 – dem Jahr, in dem die Sklaverei in England offiziell abgeschafft wurde – gab es in London eine kleine, aber sehr präsente, schwarze Gemeinschaft. Ihre Mitglieder konnte man in vielen Stadtvierteln sehen, aber die meisten dieser Hausangestellten, Soldaten oder „Künstler" kamen aus Amerika und nicht direkt vom Schwarzen Kontinent. Noch war es schwierig, echte Afrikaner zu finden, und diejenigen, die in Varietés oder auf Jahrmärkten auftraten und dort als anthropologische Kuriositäten ausgestellt wurden, waren immer eine Sensation. Eine unter Steatopygie leidende San-Frau, die man unter dem allerlei Phantasien auslösenden Namen „Hottentottische Venus" bewarb, hatte ihren Agenten ein kleines Vermögen eingebracht. Sie wurde zwischen 1810 und 1815 an verschiedenen Orten zur Schau gestellt und starb dann in Paris, wo man ihren Leichnam den Anatomen überließ. Sie wurde vom berühmten Arzt Cuvier persönlich seziert und er studierte die Besonderheiten ihrer Anatomie mit großer Begeisterung.[2] In den 1840er-Jahren, kurz nach Tom Thumbs Siegeszug durch Europa, erzielte eine Familie von fünf winzigen „Buschmänner" (San) – zwei Männern, zwei Frauen und ein Kind – einen phänomenalen Erfolg beim britischen Publikum. Zu Beginn der 1850er-Jahre folgten ihnen zwei junge „Troglodyten" oder „Erdmenschen" (wahrscheinlich San). Sie sangen und tanzten an verschiedenen Orten in England, Schottland, Wales und Irland, manchmal begleitet von zwei „Liliputaner-Azteken", mit denen sie für kurze Zeit erfolgreich gemeinsam auftraten. Im Jahr 1853 feierte eine Truppe von 13 Zulus – elf Männer, eine Frau und ein Kind – vier Monate lang Triumphe in London, bevor sie zu einer Tournee durch französische, deutsche und preußische Städte aufbrach.[3]

All diese Darbietungen schürten die Neugier der Europäer, aber die ausgestellten Individuen konnten kaum als typische Afrikaner gelten. Tatsächlich stellte man sie ja gerade deshalb zur Schau, weil sie spektakuläre Anomalien aufwiesen: die „Hottentottische Venus" besaß ein riesiges Hinterteil, die Buschmänner (San) und die „Erdmenschen" waren anormal klein, und an den „blutrünstigen Zulu-Kriegern" war ihre kulturelle „Exotik" rühmenswert. Und doch wurden diese bizarren „Wilden" als durchschnittliche Einwohner Afrikas präsentiert. Man versicherte, dass diese „Ungeheuer" der Norm jenes fernen Kontinents entsprächen.

---

2   Die ausgestellten Individuen wurden beschrieben in: Lindfors (1999a).
3   Siehe Lindfors (1999a).

Rassenlogik

Natürlich stürzten sich die Wissenschaftler auf diese Veranstaltungen und vermaßen sorgfältig und gierig die Schädel der ausgestellten Personen. Immer, wenn eins der zur Schau gestellten Individuen starb, wurde sein Leichnam einer noch viel minutiöseren Prüfung unterworfen. Skelett, Schädel und andere dauerhafte Überreste wurden für die Nachwelt aufbewahrt. Im 19. Jahrhundert kamen Ethnografie und vergleichende Anatomie – zwei Disziplinen, die voneinander abhängig waren – zu Rang und Ansehen. Die öffentlich zur Schau gestellten Afrikaner und Afrikanerinnen lieferten, tot oder lebendig, Informationen, die von größter Wichtigkeit für die Ausarbeitung und die Überprüfung von Theorien über die menschliche Vielfalt waren. Lebhafte Debatten wurden über die Art und Weise geführt, in der man die Intelligenz messen, die kulturellen Unterschiede erklären, die verschiedenen Völker der Erde klassifizieren könnte. Viele Wissenschaftler jener Zeit stimmten mit dem berühmten Anatomen Robert Knox, dem Autor des Werks *The Races of Men* (1850), darin überein, dass „Rasse oder Erbgut alles erklären". Die afrikanischen „Menschen-Exemplare" lieferten ihnen den „objektiven" Beweis, dessen sie bedurften, um ihre subjektive Überzeugung von der rassischen Überlegenheit der Europäer aufrechterhalten zu können.

In Europa unternahm Doktor Kahn in seinem nahe dem Londoner Piccadilly Circus gelegenen Celebrated Anatomical Museum im Dezember 1854 einen der interessantesten Versuche, kommerzielle Schaustellungen mit ethnografischer Wissenschaft zu vereinen. Joseph Kahn, vorgeblich ein deutscher Doktor der Medizin, war ein erfolgreicher Unternehmer: er produzierte Wachsabgüsse anatomischer Kuriositäten, die er in verschiedenen kulturellen Zentren auf dem europäischen Festland ausstellte. Dann ließ er sich in London nieder, um dort das im viktorianischen England sehr ausgeprägte Interesse für den menschlichen Körper zu bedienen. Sein Museum enthielt hunderte natürliche und künstliche Objekte, die physiologische Phänomene darstellten. Illustriert wurde beispielsweise die Entstehung des menschlichen Embryos (durch ein Mikroskop gesehen), die Entwicklung des Fötus, der Mechanismus des Schluckens, die Struktur des Skeletts, die Muskeln, Arterien, Venen und Nerven, die Entwicklung des Gesichts und der Genitalorgane, die Missbildungen verschiedener Körperteile – es gab eine Sonderausstellung über die „furchtbaren Auswirkungen einer zu engen Einschnürung" – sowie Abnormitäten und andere Abirrungen. Für die „Mediziner" – also für all jene, die begierig waren, diese Geheimnisse sorgfältiger zu ergründen – bot das Etablissement auch einen speziell den Genitalorganen und der Geburt gewidmeten gynäkologischen Saal sowie einen Pathologie-Saal, der Geschlechtskrankheiten mit all ihren Geschwüren zeigte. Unter den bemerkenswertesten Stücken waren Objekte, die „das vom Brand befallene und absterbende Scrotum" zeigten, „die Elefantiasis weiblicher Sexualorgane", „das Ergebnis des Onanierens" und

> „die Darstellung eines Mannes, dem der Penis von einem Pferd ausgerissen wurde, was das beständige Tragen einer kleinen Silberröhre für die Entleerung des Urins erforderlich machte."[4]

Unnötig zu sagen, dass all dies eine Form von Sexualerziehung darstellte, und zwar in äußerst verführerischer Weise: reißerisch und aufschlussreich, ernsthaft und ein wenig pervers. Man musste besondere Zeiten für Damen einrichten, die diese Wunder betrachten wollten. Und als i-Tüpfelchen hielt sich Doktor Kahn persönlich in einem benachbarten Zimmer für all jene zur Verfügung, die die Ansicht eines Experten einholen oder sich über die Behandlung einer Geschlechtskrankheit informieren wollten. Zusätzlich verkaufte er auch Repliken seiner beliebtesten Wachsmodelle.

Doktor Kahn leistete seinen Beitrag zur Ethnologie in Form einer

> „Gallerie aller Nationen [mit] Figuren, die die verschiedenen Varietäten der menschlichen Art repräsentierten, und die, wie es sich gehörte, entsprechend ihrer geografischen Verteilung und ihrem geistigen Entwicklungsstand angeordnet waren. Stündlich veranstaltete man Führungen, wobei die Besonderheiten jeder Rasse betont und mit Anekdoten über ihre Sitten und Gebräuche ausgeschmückt wurden."[5]

Diese Vorträge hielt ein gewisser Dr. George Sexton, der schon bei anderen Gelegenheiten von Dokter Kahn engagiert worden war, um mit Autorität von so unterschiedlichen Themen wie Ernährung, Luft, Tabak, Milchsäure, Sehkraft, Krankheiten des Gehirns und Aufständen in Indien zu sprechen.[6] Einem so vielseitigen Experten durfte es keine Schwierigkeiten bereiten, sich auch im Bereich der Ethnologie kundig

---

4 Diese Einzelheiten wurden in einem Katalog von Doktor Kahns Museum für Anatomie verzeichnet: *Catalogue of D‍ʳ Kahn's Celebrated Anatomical Museum*, London. W. J. Galbourn, o. J. (ca. 1855), verfügbar in der Londoner Wellcome Library zur Medizingeschichte.

5 *Manchester Courier*, 13. Dezember 1851. Laut Museumskatalog des Jahres 1853 „findet man hier den anmutigen Tscherkessen, den kantigen Kopten, den aufrechten Europäer und den ungraziösen und täppischen Äthiopier versammelt; den behänden Araber, der so anders ist als der schmachtende und verweichlichte Hindu; man sieht Seite an Seite den riesigen Patagonier und den untersetzten, gleichmütigen Japaner; und den nordamerikanischen Eingeborenen, feurig und kriegerisch, neben dem unbeugsamen und friedliebenden Chinesen."

6 Altick (1978), S. 340-341 An dieser Stelle bezeichnet Altick Kahn als „den berühmtesten Vertreter anatomischer Schaustellungen seiner Zeit".

zu machen. Am 27. Dezember 1854 kündigte eine Werbebeilage zur Londoner Zeitung *Morning Herald* die Ankunft einer verblüffenden anatomischen Attraktion an:

> „Die Niam-Niam, oder die Familie der Schwanzmenschen (Mann, Frau und Kind) aus Zentralafrika, und jetzt erstmals in Europa in Dr. Kahns Museum zu sehen."

Beim Lesen dieser Anzeige mochten manche erwarten, dass sie diese seltsamen Kreaturen leibhaftig zu sehen bekommen würden, aber die Museumsbesucher mussten feststellen, dass die fraglichen Niam-Niam nur drei weitere Wachsfiguren in der Galerie der Nationen waren. Dennoch war nicht zu leugnen, dass diese Afrikaner ganz grundlegend anders waren als alle anderen ausgestellten Individuen, denn Mama, Papa und Kind Niam-Niam prunkten jeweils mit dem, was Doktor Sexton pompös als „Kaudalfortsatz, in geläufiger oder vulgärer Sprache auch Schwanz genannt" beschrieb.[7]

Der Glaube an die Existenz geschwänzter Völker geht sehr weit zurück, zumindest bis Ptolemaios, der im 2. Jahrhundert n. Chr. behauptete, dass zu seiner Zeit solche Völker auf bestimmten Inseln lebten. Im 12. Jahrhundert berichtete Marco Polo, dass derartige Völker das nahe Sumatra gelegene Königreich Lambri bewohnten, und später wollten Reisende Schwanzmenschen in Ägypten, in Tripolis, auf Borneo, auf Formosa oder auf den Philippinen gesehen haben. Tatsächlich billigte sogar Carl von Linné den Worten eines schwedischen Matrosen des 17. Jahrhunderts eine gewisse Glaubwürdigkeit zu. Dieser hatte von Kannibalen erzählt, „die einen Schwanz wie Katzen hatten" und auf einer der Nicobar-Inseln im Golf von Bengalen lebten. In den meisten dieser Berichte sind die geschwänzten Individuen Schwarze, doch wurde im 18. Jahrhundert auch vom Fall eines schottischen Mathematikprofessors berichtet, der „einen ungefähr 15 cm langen Schwanz besessen" habe, „den er Zeit seines Lebens sorgfältig verborgen hatte [...] nach seinem Tode wurde er aber entdeckt." Unter jenen, die zumindest von der theoretischen Möglichkeit einer „Steißbeinverlängerung" überzeugt waren, war James Bumett, bekannter unter dem Namen Lord Monboddo. Er erwähnte geschwänzte Menschen in seiner sechsbändigen Studie *On the Origin and Progress of Language* (1773-1792).[8] Seine Theorie wurde aber sofort als verschroben, irrational und frevelhaft eingestuft. James Boswell bezeichnete ihn als „grotesken Philosophen".[9]

Die Debatte über Kaudalfortsätze wurde Mitte des 19. Jahrhunderts von neuem angefacht, als französische Reisende berichteten, geschwänzte Anthropophagen gesehen

---

7   Sexton (1855), S. 6.

8   Alle hier berichteten historischen Informationen entstammen einem Nachdruck dieses Buchs (New York, AMS Press, 1973), Band 1, Buch 2, Kapitel 3, S. 257-269.

9   Cloyd (1972), S. 105.

zu haben, die man Niam-Niam nenne. Auch bei zahlreichen anderen afrikanischen Völkerschaften sowie unter Sklavenhändlern hätten sie über sie sprechen hören. Diese Reisenden waren keine einfachen Touristen, sondern Forschungsreisende, Mitglieder offizieller Expeditionen, die von der französischen Regierung finanziert wurden. Ihre Berichte wurden von der Akademie der Wissenschaften in Paris ernstgenommen, und Forscher, die „Beweise" für die Existenz geschwänzter Völker im selben Gebiet gesammelt hatten, präsentierten bei den Versammlungen der Société de Géographie und der Société de l'Orient in Paris Mitteilungen zu diesem Thema. Innerhalb weniger Jahre wollte man Niam-Niam nicht nur in ihrem Ursprungsgebiet entdeckt haben – das gewöhnlich irgendwo in Zentralafrika angesiedelt wurde, zwischen dem Golf von Benin und Abessinien, in einem weiten Gebiet unerforschten Lands also –, sondern auch in den Sklavenvierteln Mekkas und Konstantinopels.

Im Jahr 1854 erschienen ein Buch und eine kleine Schrift über die Niam-Niam[10] und das Thema wurde in den wissenschaftlichen Zeitschriften Frankreichs ausführlich behandelt. Du Courets Buch *Voyage au pays des Niam-Niams* wurde am 28. Oktober 1854 in der Londoner Zeitschrift *Literary Gazette and Journal of Science and Art* rezensiert. Eine Woche zuvor hatte eine angesehene französische Medizinzeitschrift eine ausführliche Zusammenfassung der neuesten Erkenntnisse zu Schwanzmenschen veröffentlicht, was ihr britisches Gegenstück *The Lancet* dazu veranlasste, sich in ihrer November-Ausgabe für diese seltsame Angelegenheit zu interessieren. Zwar dürfte Doktor Kahn die Kontroverse in Frankreich verfolgt haben, zu eigener Aktivität entschloss er sich offenbar aber erst, als die britische Medizinpresse über diese Angelegenheit berichtete. Doch sobald diese Entscheidung getroffen war, verlor er keine Zeit mehr: binnen eines Monats ließ er drei Niam-Niam gießen und montieren und veröffentlichte eine Broschüre über die Schwanzmenschen mit dem Titel *Men with Tails*.

Dieses zum Preis von sechs Pence am Ausstellungsort verkaufte Werk enthielt eine Einführung von Doktor Kahn, einen Aufsatz von Doktor Sexton, der eine anatomische Untersuchung der Frage versprach, einige Artikel aus *The Lancet* und *Literary Gazette*, sowie einen Stich, der eine Gruppe dieser außerordentlichen Wesen darstellte. In seiner Einleitung präzisierte Doktor Kahn, dass er, über die zitierten Quellen hinaus, selbst „vor einigen Wochen Post von einem sehr lieben Freund erhalten" habe.

> „[Dieser Freund] lebte mehrere Jahre in Afrika und wohnt derzeit in Konstantinopel, von wo er mir schrieb, dass er zwei oder drei Mal mit Niam-Niam in

---

10   Du Couret (1854); Castelnau (1851). Die Reaktionen in Frankreich werden beschrieben in: Penel (1982).

Kontakt gekommen sei und dass er einen von ihnen mit der Absicht bei sich behalten habe, ihn hierher zu bringen. Zu seinem großen Bedauern ist der Schwanzmensch aber einige Tage, bevor er mir diesen Brief schrieb, verstorben. Mein Freund verfügt jedoch immer noch über das Skelett - das für die Wissenschaft wahrscheinlich von ebenso großem Interesse sein wird wie der lebendige Mensch. Da ich also diese Informationen erhalten habe, sowie auch Zeichnungen, die eine Gruppe Individuen dieser erstaunlichen Varietät der menschlichen Art darstellen, ergriff ich sofort die Gelegenheit, meiner Sammlung weitere Modelle hinzuzufügen. Ich bin überzeugt davon, dass sie für all jene interessant und lehrreich sein werden, die sich für die Wissenschaft vom Menschen interessieren."

Hier übergibt Dr. Kahn das Wort an Dr. Sexton. Dessen „anatomische Sichtweise" besteht aus einem Vorwort, in dem der kontinuierliche Fortschritt der Wissenschaft lebhaft begrüßt wird, einer langen Liste rhetorischer Fragen zu Kaudalfortsätzen, gefolgt von Antworten, die allerdings auf falschen Hypothesen über die Wucherung der unteren Wirbel beruhen:

„Und was ist denn an geschwänzten Menschen überhaupt bemerkenswert? Welches Naturgesetz verletzt dieses Phänomen denn? Welches Axiom der Naturwissenschaften steht ihm entgegen? Welchen wohleingeführten Grundsätzen der Anatomie spricht es Hohn? Wir antworten: keinem. Ein Schwanz ist ganz einfach eine Verlängerung der Wirbelsäule. Worin unterscheidet sich dieser Körperteil bei Tieren, die einen Schwanz tragen, und bei Menschen, die durch einen solchen Fortsatz betrübt würden? Ganz einfach: bei geschwänzten Tieren sind die Steißwirbel zahlreicher. Und was spräche schließlich gegen die Existenz eines oder zweier zusätzlicher Wirbel bei einzelnen Menschenrassen? Gar nichts."

Um seine Worte zu stützen, konnte Sexton tatsächlich nur Vermutungen vorbringen, die allerdings auf mathematischen Theorien und einer beeindruckenden Tabelle aus dem Werk *Comparative Physiology* von Agassiz und Gould beruhten, in der die Zahl der Wirbel bei verschiedenen Säugetieren, Vögeln, Reptilien und Fischen zusammengefasst wurde. Die Artikel aus *The Lancet* und *Literary Gazette* zeigten sich hinsichtlich der Möglichkeit, zu einer endgültigen Schlussfolgerung zu gelangen, vorsichtiger, doch räumten sie den Berichten französischer Forschungsreisender großes Gewicht ein. Sie lieferten auch alle einschlägigen anatomischen Details, die in Paris bereits veröffentlicht worden waren. Einleitend stellte *The Lancet* seinerseits einige rhetorische Fragen:

„Sind wir tatsächlich weiterentwickelte Affen? Und wenn Lord Monboddo, über den sich viele so sarkastisch geäußert haben, nun doch recht hätte?" Aber die Zeitschrift versuchte in keiner Weise, diese Fragen zu beantworten. Eher gab sie zu verstehen, dass „unsere verwandtschaftlichen Bande zum Stamme der Affen" noch nicht unwiderlegbar bewiesen seien:

> „Ob die Niam-Niam nun eine Frucht orientalischer Phantasie sind, wie Kapitän Gullivers Yahoos, oder ein tatsächlich existierendes Volk, in jedem Falle ist es ein Thema, das unser Interesse verdient und das unsere ethnologischen Studien in Zentralafrika noch nicht berührt haben. Und wenn sich ein begeisterter Reisender zufällig dazu entschlösse, das Rätsel zu lösen, so rieten wir ihm, das schönste geschwänzte Exemplar, das er finden kann, mit nach Hause zu bringen."

Die *Literary Gazette* räumte der Frage mehr Raum ein, wobei sie ausführlich Passagen aus Du Courets Bericht zitierte, die das bestialische Aussehen und die kannibalistische Natur der Niam-Niam betonten. Hier einige aufschlussreiche Auszüge daraus:

> „[...] Das Volk der Ghilânes [oder Niam-Niam] trägt einen Namen, der ‚Menschenfresser' oder Anthropophagen bedeutet. Die Ghilânes bilden eine ganz besondere Menschenrasse, die viel Ähnlichkeit mit dem Affen aufweist. Kleiner als die anderen Neger, übersteigt ihre Körpergröße selten fünf Fuß. Gewöhnlich sind sie schlecht proportioniert; ihr Körper ist mager und scheint schwach; ihre Arme sind lang und dünn; ihre Füße und Hände länger und platter als die der anderen Menschenrassen; ihr Unterkiefer ist kräftig und sehr lang, die Wangenknochen vorspringend, die Stirn niedrig und stark nach hinten gekrümmt, die Ohren lang und missgestaltet, die Augen klein, glänzend und äußerst beweglich, die Nase grob und flach, der Mund groß, mit dicken Lippen und spitzen, kräftigen und äußerst weißen Zähnen, die sie regelmäßig nachschärfen."[11]

---

11 Der Autor fährt fort: „Ihre Haare kräuseln sich, sie sind aber spärlich, dünn und kurz. Was dieses Volk im Besonderen kennzeichnet, ist die Verlängerung der Wirbelsäule, die bei jedem Individuum, egal ob Mann oder Frau, einen Schwanz von zwei bis drei Zoll Länge bildet. Sie leben in großen Rotten, im Zustand völliger Wildheit, ohne irgendeine Bekleidung. Sie ernähren sich von dem, was sie erjagen oder fischen, von Wurzeln, Pflanzen und Früchten, die die gütige Vorsehung wachsen lässt und in ihre Reichweite bringt, ohne, dass sie damit die geringste Arbeit hätten. Sie sind mit kleinen Lanzen sowie Bogen und Pfeilen bewaffnet, deren Spitzen sie listig vergiften; auch mit Keulen aus sehr hartem Holz und Schilden aus der Haut von Elefanten, Rhinozerossen, Flusspferden und Krokodilen. Häufig suchen sie Streit mit benachbarten Negerstämmen, in der alleinigen Absicht, deren Frauen, nach denen sie sehr gieren, zu entführen, auch Kinder und andere Opfer, die sie ohne

Doktor Kahns Galerie

All dies wurde mit dem Fall eines Niam-Niam-Sklaven in mittlerem Alter illustriert, der in seiner Jugend gefangen und nach Mekka geschickt worden war, wo man ihn zum Islam bekehrte. Doch selbst als praktizierender Muslim und obwohl er bereits so lang in der Fremde lebte, dass er seine Muttersprache vergessen hatte, besaß er noch immer einen „furchtbaren Appetit" auf Menschenfleisch, den sein Herr von Zeit zu Zeit zu befriedigen suchte, indem er ihm große Brocken rohes Schaffleisch gab. Der Sklave selbst war wegen seiner seltsamen Gelüste beschämt und ernstlich besorgt, sagte aber, er sei trotz all seiner Anstrengungen nicht in der Lage, diese für ihn natürliche Neigung zu beherrschen. Anders ausgedrückt: einmal Niam-Niam, immer Niam-Niam. Seinesgleichen zu fressen läge nun mal in der Natur jedes Wesens, das mit einem Kaudalfortsatz ausstaffiert ist. Dies sei ein durch Vererbung erworbener Wesenszug und passe hervorragend zu einem zurückgebliebenen afrikanischen Stamm, der auf der niedrigsten Stufe der menschlichen Rangleiter stehe.

Doktor Kahn zog aus all diesen Details größten Profit. Die Figuren, die die Niam-Niam in seiner Galerie darstellen sollten, hatten nicht nur einen Schwanz, sondern wurden auch als Kannibalen dargestellt. Die Beschreibung, die die Darstellungen dieser „Wunderwesen" ergänzte, schöpfte ausschließlich aus Du Courets Werk und legte besonderes Gewicht auf die entsetzlichen Anzeichen für die Gefährlichkeit des Niam-Niam-Menschen, die sich an dessen Augen, Ohren und Nase ablesen ließen:

> „Der Mensch im Zustand der Rohheit und Wildheit: winzige Größe, schwarze Haut, große, platte Negerfüße, lange Arme, scheußliche Gestalt, vorspringendes Gebiss, riesiger Mund, hohe Wangenknochen, niedrige, fliehende Stirn, hängende Ohren, dicke Lippen, große und scharfe weiße Zähne, gekräuseltes Haar, die Wirbelsäule verlängert durch einen etwa 8 cm langen Schwanz, kurz, ein Körper, der dem der niedrigen Tiere ähnelt. Der Niam-Niam stützt sich auf eine seiner Kriegswaffen, lässt sein scharfes Auge über den Horizont schweifen, um seine (menschliche oder tierische) Beute zu erspähen, lauscht angestrengt, um das geringste Geräusch von Schritten zu vernehmen, wittert mit geblähten Nüstern – ja, selbst dieser Sinn ist der Suche nach Beute und dem Aufspüren von Gefahr optimal angepasst."

Mitleid verschlingen. Sie sind Götzendiener. Einst kauften die Araber welche den Sklavenhändlern (Djelabs) ab. Heutzutage wollen sie keine mehr, weil die Kinder dieser Rasse, die man ihnen verkauft hatte, sich im Heranwachsen durch die wilden Naturinstinkte ihrer Art beherrschen ließen und die Kinder ihrer Herren verschlangen."

Beinah vermeint man zu hören, wie sich die Niam-Niam die Lippen lecken und „mjam mjam" murmeln…

Wir wissen nicht genau, wie viele Besucher sich von Doktor Kahn und seiner außerordentlichen Ausstellung foppen ließen, doch von Beginn an scheint diese ganze Angelegenheit die wissenschaftliche Gemeinschaft in Großbritannien – wohl mit Ausnahme Doktor Sextons – mit Skepsis erfüllt zu haben. Die *Literary Gazette* weigerte sich, Stellung zu beziehen:

> „Denn wenn man einerseits kaum glauben mag, dass die Herren Du Couret, de Castelneau [sic] und andere hervorragende Wissenschaftler Opfer ihrer eigenen Leichtgläubigkeit geworden oder von Hochstaplern missbraucht worden sein könnten, ist es andererseits zumindest seltsam, dass über die Lage des Niam-Niam-Landes keinerlei genauere Angaben gemacht werden, und noch überraschender ist es, dass kein einziges Exemplar dieser schwanztragenden Art je nach Europa geschickt wurde, obwohl sie doch, wie das uns vorliegende Buch versichert, in Mekka, in den Küstenstädten des Roten Meers und auf arabischen Sklavenmärkten in rauen Mengen vorkommen."

John Conolly, Präsident der englischen Gesellschaft für Ethnologie, ließ sich von den Berichten der französischen Forschungsreisenden überhaupt nicht beeindrucken, weil viele von ihnen eher auf Gerüchten beruhten als auf unmittelbarer Beobachtung:

> „Es fällt schwer zu glauben, dass diese genauen Beschreibungen völlig falsch seien, das Ergebnis einer irrtümlichen Beobachtung oder aber in allen Teilen erfunden. Nichtsdestoweniger sind sie sehr weit davon entfernt, befriedigend oder gar glaubwürdig zu sein. Der Beweis für die Existenz von Schwanzmenschen bleibt tatsächlich ebenso wenig überzeugend wie jener, der vor langer Zeit hierfür durch Lord Monboddo angeführt wurde. Wir sind niemals bis zu jener Person vorgedrungen, die das Land der Schwanzmenschen selbst besucht hat."[12]

Laut Conolly war Doktor Kahns Ausstellung, die auf derart schwachen Beweisen beruhte, „allermindestens voreilig" und wahrscheinlich nichts anderes als eine mit Wachs erzählte Fabel.[13]

---

12   Conolly (1855), S. 37.

13   Immer mehr Geschichten dieser Art waren im Umlauf. Der Direktor des Al Barnes Circus erzählte in seiner Autobiographie *Master Showman* (1938) völlig ungeniert folgende Geschichte: „Ich hatte von einem Stamm von Menschen in einer bestimmten Gegend Afrikas erzählen hören, die einen

Aber vielleicht waren nicht alle Besucher von Doktor Kahns Celebrated Anatomical Museum ebenso misstrauisch. Viele von ihnen waren wahrscheinlich bereit, jede märchenhafte Geschichte zu glauben, die man ihnen über weit entfernte Landstriche erzählte, vor allem, wenn es dabei um Afrika ging. Für das breite Publikum war die Frage noch nicht wirklich geklärt, ob Afrikaner Menschen seien oder nicht, und Doktor Kahn spann diese Idee nur logisch weiter, wenn er aus der Neugier Profit zog, die Berichte über geschwänzte Kannibalen aus Zentralafrika ausgelöst hatten. Die Niam-Niam waren nichts anderes als ein absurdes Hirngespinst im Rahmen einer absurden Rassenlehre, aber in den Jahren 1854-1855 war das europäische Publikum solchen Hirngespinsten durchaus aufgeschlossen.

---

langen Schwanz haben. Ich dachte, ein solches Exemplar gäbe eine gute zusätzliche Attraktion ab und ich schickte einen Mann nach Afrika, um mir eins zu fangen. Nach vielen Bemühungen gelang es ihm schließlich, ein solches Exemplar in die Vereinigten Staaten zu bringen. Der Gefangene wurde auf der Insel Alcatraz in der San Francisco Bay unter Quarantäne gestellt und ich fuhr hin, um ihn in Augenschein zu nehmen. Der Schwanzmensch erwies sich als scheußlich aussehender Neger, der einen mehr als drei Meter langen Schwanz hatte. Ich meinte, dass er zu schrecklich für eine öffentliche Schaustellung sei, und ich befahl, ihn zurück nach Afrika zu schicken. Ganz gewiss hätte er eine wunderbare Attraktion abgegeben, doch war er so abstoßend anzusehen, dass ich ihn nicht um mich haben wollte. Manche Zuseher hätten das gar nicht nach ihrem Geschmack gefunden und ich machte es mir zur Pflicht, in meinem Zirkus niemals etwas zu zeigen, das irgendwie anstößig war."

Fotografie: die Konstruktion des Bildes vom Anderen

Elizabeth Edwards

Die Rolle der Fotografie bei der Konstruktion des Bilds vom Anderen war bereits Gegenstand zahlreicher Analysen, ebenso wie ihre komplexen Beziehungen zur Kolonialkultur, zur Anthropologie und zur Definition des Ichs.[1] Die meisten dieser Arbeiten befassten sich mit Bildern im engeren Sinne, also mit deren Ikonografie, Semiotik, assoziativen Ästhetik. Dies ist jedoch nur eine Seite der stereotypen Macht, die Fotografien ausüben. Das Bild des Anderen wird meiner Meinung nach eher in Abhängigkeit von der visuellen Gesamtökonomie der Fotos konstruiert und auch in Abhängigkeit von den besonderen Orten, an denen die Bilder konsumiert werden. Das Fotonegativ ist ja seinem Wesen nach ein Objekt, das zur Reproduktion und zu zeitlicher und räumlicher Verteilung bestimmt ist. Diese Fotos werden zudem durch die sozialen Mechanismen des Sammelns, des Besitzes und des Austauschs wertvoll. So wurden bestimmte Bilder, die die Anthropologie für sich requirierte, auf einen quasi wissenschaftlichen Rang gehoben. Auch inspirierte die fotografische Visualisierung von Wissenschaft die populäre Produktion von Foto-Portraits nicht-europäischer Völker und legitimierte deren Konsum in der allgemeinen visuellen Ökonomie.[2]

Diese symbiotische Beziehung entstand aus einer gemeinsamen konzeptuellen Basis von Wert- und Tauschsystemen. Die Bilder zirkulierten an Stätten anthropologischer und kolonialer Forschung, in den Bibliotheken, in den Salons und den Alben des europäischen und amerikanischen Bürgertums, in den Büros, Laboratorien und Museen der Gelehrten. All diese Kontexte waren aufeinander bezogen und bestätigten und legitimierten einander wechselseitig. Immer mehr Fotos wurden produziert und in Umlauf gebracht. Die Vermassung konzentrierte sich allerdings auf ganz bestimmte Typen von Bildern, denen man einen Wahrheitsgehalt zuschrieb.

Im 19. und zu Beginn des 20. Jahrhunderts war die Definition des Anderen in zwei ideologischen Kontexten verankert, die stark und eng miteinander verbunden waren: einerseits in den Rassetheorien und den moralischen Wertungen, die man unter Berufung auf die im Entstehen begriffene anthropologische Wissenschaft verschiedenen „Rassen" zuschrieb, und andererseits in der Aufrechterhaltung und Ausweitung der europäischen Kolonialmacht. Das Denken jener Epoche beruhte auf der Vorstellung, dass die Kultur biologisch determiniert sei, eine Vorstellung, die das dominierende

---

1 Darunter: Pinney (1992) und Lalvani (1996).
2 Poole (1997), S. 9-13.

evolutionistische oder zumindest progressistische Modell prägte. Diesem Modell entsprechend hielt man nicht-europäische Rassen für unterlegen. Die fremden Völker waren also nicht einfach nur von anderer Rasse, sie unterschieden sich auch in kultureller und moralischer Hinsicht. Die Fotografie ließ durch ihre wissenschaftlichen Ambitionen und ihren Anspruch auf Realismus ein Bildmodell entstehen, das Vorurteile über Rassen- und Kulturhierarchien mit der Furcht vor Kontamination und mit politischen Sachzwängen verband. Paradoxerweise verschwand in diesem Bildtypus auch die „Primitivität", jene erste Widerspiegelung der Selbstdefinition. Auf diese Weise erlangte die Fotografie als Stütze des Kolonialismus politische Relevanz.

Wenn diese Mechanismen auch nicht auf Fotografien beschränkt waren, wie im vorliegenden Band andere Autoren zeigen, so übte die Fotografie doch aufgrund ihrer Natur eine ganz und gar einzigartige Überzeugungskraft aus. Tatsächlich überträgt sie durch mechanische Mittel die physische Präsenz dessen, was sich vor dem Objektiv befindet, auf einen chemischen Film. Nun sind diese Realitäten, die sich als unmittelbare Realität ausgeben, im Grunde kulturelle Produktionen. Wir fotografieren nur, was wir bereits zu kennen glauben. Man braucht nur auf den Auslöser drücken, um dem phantasierten Anderen Gestalt zu verleihen. Zudem bildet jede Fotografie nur Teile des Ganzen ab und lenkt durch ihre Auswahl den Blick des Betrachters. Indem die Fotografie diese Bruchstücke als das Ganze präsentiert, als wesenhaften Ausdruck des Zustands, „etwas zu sein", unterbricht sie die Kontinuität zwischen dem Besonderen und dem Allgemeinen. Die Fotos fungierten also als symbolische und konkretisierende Konstruktionen, die beobachtete Realitäten mittels eines kulturellen Deutungsnetzes transponierten und transformierten. Angesichts des sowohl allegorischen wie auch realen Charakters von Fotografien sehen viele Autoren in diesen Bildern ein fetischistisches Verlangen und eine Reifikation von Attributen moralischer, physischer oder sexueller Unterschiedlichkeit und Gefahr, die auf den Körper des Anderen projiziert werden.

Die Art und Weise, in der Fotografie Zeit und Raum fragmentiert, ist für die spezifische Konstruktion des Bilds vom Anderen bedeutsam. Zeitlichkeit bildete das Zentrum des evolutionistischen Denkens, das „primitive Völker" in ferner Vergangenheit ansiedelte, während man der westlichen Zivilisation eine zeitliche Entwicklung zubilligte. Nun stehen Fotos in vielerlei Hinsicht außerhalb der Zeitlichkeit. Sie wandeln ihr „Dort und Damals" zu einem „Hier und Jetzt", das einerseits in Raum und Zeit des Betrachters gegenwärtig und andererseits unwiderruflich in der Vergangenheit erstarrt ist.[3] Auch exotische Fremde zeichnen sich vorrangig dadurch aus, dass sie nie hier sind,

---

3 Fabian (1983).

sich immer anderswo aufhalten und ein fernes Objekt bleiben.[4] Die räumlichen und zeitlichen Ambiguitäten des Fotos bestätigen den Raum des Anderen, indem sie ihn leugnen. So ermöglichten die Fotografien eine kontrollierte Zähmung: man konnte sie betrachten und besitzen, und dabei hielten sie doch die unerlässliche Distanz zwischen dem Selbst und dem Anderen aufrecht.

Parallel veränderten sich die fotografisch dargestellten Realitäten je nach der Umgebung, in der sie rezipiert wurden. Einer fixen Bedeutung werden veränderliche Bedeutungen zugeordnet, die von dynamischen, komplexen und historisch geprägten Vorstellungen gefiltert werden. Wie John Tagg betonte, hat die Fotografie in sich keinerlei Identität. Vielmehr bezieht sie – ebenso wie Chamäleons ihre Farbe je nach Umgebung wechseln können – ihre Bedeutung aus den Ideologien, die sich ihrer bedienen.[5] Das große Deutungsdilemma der Fotografie liegt letztlich darin begründet, dass die Bilder niemals so vollständige Aussagen sind, wie sie vielleicht zu sein scheinen.

Visuelle Ökonomie

Wenn Bilder in verschiedene fotografische und interpretative Kontexte gestellt werden, lässt erst die visuelle Ökonomie Bedeutung entstehen. Auch wenn sich die Fotografie auf frühere ikonografische Formen bezogen hat, war sie seit den 1850er-Jahren in technischer und sozialer Hinsicht enorm produktiv. Dies trug dazu bei, den Bereich der visuellen Ökonomie auszudehnen.[6] Seit den 1860er-Jahren zirkulierten auf der ganzen Welt sehr viele Bilder vom „exotischen Anderen". Wissenschaft und Populärkultur waren hier symbiotisch miteinander verbunden. Diese Tendenz verstärkte sich in den 1880er-Jaren noch deutlich, als qualitativ hochwertige Rasterdruckverfahren und Foto-Postkarten eingeführt wurden – zwei Neuerungen, die Fotos eine weite Verbreitung sicherten. Die Anthropometrie wollte durch die Vermessung von Körpern im Laboratorium eine rassische und somit auch kulturelle Unterscheidung zwischen Menschengruppen feststellen und bediente sich hierbei ganz unverhohlen verschiedener Praktiken, die den Anderen zu einem Objekt reduzierten. Indessen eignete sich das breite Publikum die wissenschaftlichen Rasse- und Kulturkonzepte durch das fotografische Bild an. Mehrere populäre und reichbebilderte Veröffentlichungen – etwa die alle zwei Monate erscheinende britische Zeitschrift *The Living Races of Mankind* (1902-1903) – bedienten sich zur Vermittlung der Konzepte von Exotik und Klassifikation der „realistischen Rhetorik" der Fotografie. Die in wissenschaftlichen Debatten legitimierten und allgemein verbreiteten Vorurteile über den Rassebegriff stützten Produktion

---

4 Mason (1998), S. 1-15.
5 Tagg (1988), S. 63.
6 Poole (1997), S. 9-13.

und Konsum repetitiver Tropen kultureller Bilder, die durch die realistische Wirkung der Fotografie ins Denken eingemeindet wurden.

Bevor wir untersuchen, wie das Bild vom Anderen im Rahmen der visuellen Ökonomie konstruiert wird, wollen wir betonen, dass die Fotos, von denen hier die Rede ist, weltweite Verbreitung gefunden haben. Es gab einzelne Bilder in den Kolonialgebieten – das Studio der Brüder Dufty auf Fidschi stellte zum Beispiel für Passanten in Schaukästen Portrait-Fotos von Inselbewohnern aus – und auch in den Städten des Mutterlands fanden sich Bilder aus den Kolonien. So verfügte das Studio Bonfils in Beirut im Jahr 1870 über einen Bestand von 10.000 Fotografien – Landschaften des Mittleren Ostens und lokale Typen –, die man sich auch bei Agenten in Paris beschaffen konnte. Diese Art von Fotos war übrigens auch bei den großen Ausstellungen präsent. Zum Beispiel wurden Bilder des deutschen Fotografen A. Frisch – er war einer der ersten, die die Ureinwohner Amazoniens fotografiert hatte – im Jahr 1867 in Paris gezeigt, und Abzüge davon wurden bei Leuzinger & Co. in Rio de Janeiro verkauft. Die berühmten Portraits von den „letzten Aborigines Tasmaniens" machte C. Woolley speziell für die Kolonialausstellung des Jahres 1866 in Melbourne. Und doch zirkulierten sie jahrelang in ganz unterschiedlichen Kontexten: in anthropologischen Archiven, in Museumssammlungen, und auch in Reisealben. In London boten die Fotohändler Marion & Co. Indien-Fotos von Boume & Shepherd an, während Mansell Aufnahmen der Südsee sowie Portraits von „orientalischen" und marokkanischen „Eingeborenen" präsentierte und zudem behauptete, er könne Fotos „aus jedem beliebigen Fotostudio der Welt" liefern.

Auch die großen Agenturen im Mutterland schickten Fotos in alle Welt und verkauften ihre Fotos in europäischen und nordamerikanischen Städten weiter. Diese Bilder wurden in Schaukästen ausgestellt und somit einer breiten Öffentlichkeit dargeboten – auch jenen Menschen, die nicht unbedingt über die finanziellen Mittel verfügten, um sie zu erwerben. Portrait-Fotos von „Eingeborenen" stellten nur ein relativ beschränktes Segment des Markts im Mutterland dar, der von Landschaftsaufnahmen und Fotos berühmter Personen beherrscht wurde. In gewissen Fällen wurde der „exotische Andere" jedoch quasi als Erweiterung der natürlichen Landschaft dargestellt. So fügte der neuseeländische Fotograf Josiah Martin Portraits von Maori-Häuptlingen und Szenen aus dem Alltagsleben der Maori in einen Katalog ein, der den Titel *Landschaften Neuseelands* trug. Die Verbreitung dieser Fotografien durchdrang so das visuelle Bewusstsein jener Zeit. Wenn wir auf die exotisierende Rhetorik zurückkommen, die bei den Schaustellungen von „Wilden" in Varietés, Zirkussen und bei Ausstellungen überall in Europa und Nordamerika zur Anwendung kam, so waren diese Schaustellungen eng mit einem kolonialen Bewusstsein verbunden, denn in rassischer und kultureller Andersartigkeit wurde politische Hegemonie erkennbar.

Das Bild stellt jedoch für sich allein noch nicht die visuelle Ökonomie dar. Die physische Form der Fotografien hatte zumindest eine ebenso starke Wirkung wie die Ikonografie im engeren Sinne. Die materielle Gestalt und die Präsentation eines Gegenstands haben unmittelbare Aussagekraft für den sozialen, ökonomischen und politischen Diskurs. Natürlich legte jedes Format eine besondere Komposition nahe, aber abgesehen von dieser Art bildlicher Inszenierung konstruierte auch die Art und Weise, in der Fotografien angeordnet, in Umlauf gebracht, entwickelt oder betrachtet wurden – in einem Album, einer magischen Laterne, auf einer Visitenkarte oder eingerahmt – den Blick des Betrachters und strukturierte damit visuelles Wissen. Das Trägermedium hat also größte Bedeutung für die Bildwahrnehmung. So war der Abzug auf albuminiertem – oder, wie Thomas Andrews es für seine samoanischen „Typen" machte, – auf satiniertem Papier eine technische Entscheidung, die eine radikal neue emotionale Gestimmtheit ausdrückte und damit eine andere Rezeption der Fotos verlangte. Die gewählten Bildformate und Papiertexturen stellten bewusste Entscheidungen dar, die auf bestimmte Wirkungen abzielten. Die visuelle Ökonomie und die von ihr geschaffenen Bedeutungen beruhten auf materiellen Trägermedien, die ein immer größeres Publikum in die Lage versetzten, Bilder exotischer Fremder zu konsumieren. Zusammen mit diesen Bildern wurden auch die Werte des Kolonialismus in Umlauf gebracht.

Dennoch darf man die Bedeutungen, die diesen Bildern vom Anderen zugeschrieben werden, weder in eine Systematik pressen noch vereinheitlichen. Viele Analysen der kolonialen Bilderwelt tappen in die Falle der Verallgemeinerung und wecken die Vermutung, dass alle Mitglieder einer bestimmten Gesellschaft auf dieselbe Weise dächten und einheitlich auf Bilder reagierten. Michel Foucaults Theorien über Disziplin und Überwachung beeinflussten tiefgreifend die Untersuchung der fotografischen Konstruktion der Anderen im kolonialen Kontext. Aber die Anwendungen dieser Theorie[7] ließen vermuten, dass alle Bilder ein und derselben kolonialen Stereotypisierung des Anderen unterworfen gewesen seien. Diese Sicht verschweigt jedoch die manchmal widersprüchlichen Bedeutungen der Fotografien. Wie wir sahen, wurden die Bilder nicht im selben Kontext produziert und konsumiert, und gerade der Umstand, dass sie ständig in Umlauf waren und von verschiedenen Gruppen konsumiert wurden, sorgte für feine Abstufungen in dem ihnen zugeschriebenen Wahrheits- und Zeugnisgehalt. So muss man jene Bilder, die rassische Andersartigkeit auf wissenschaftlicher Basis etablierten, von denen unterscheiden, die davon lebten, dass sie in unbestimmtere

---

7 Beispielsweise durch Tagg (1988) und Sekula (1989).

Weise eine vage „exotische" Fremdheit hervorriefen. Der im wissenschaftlichen Labor geschaffene „Andere" stand ganz gewiss in Verbindung mit jenem „Anderen", der in der kollektiven Bilderwelt der Völkerschauen zur Schau gestellt wurde, aber er war nicht derselbe. Um wirklich zu verstehen, wie die Fotografie das Bild vom Anderen konstruierte, müssen die Unterschiede und die Ähnlichkeiten in den Funktionen dieser Bilder gleichermaßen berücksichtigt werden. Wenn man die Reaktionen auf die Fotografien nicht auf eine ursächliche, unmittelbar wirksame Verbindung zwischen einer Ideologie und einem bestimmten Bild reduzieren kann, lässt uns die visuelle Ökonomie die konzeptuelle Basis für das Entstehen solcher Bilder erkennen.

Selbst wenn die Verbindung zwischen Kolonialismus und Fotografie in notwendigerweise ungleichen Kraftbeziehungen wurzelt, ist auch sie durchaus keine monolithische Gegebenheit, sondern viel eher etwas Komplexes, Nuancenreiches, Widersprüchliches, Gebrochenes und Zusammengesetztes. Kolonialismus „war das Ergebnis einer großen Zahl kleiner Prozesse, die globale Rückwirkungen hatten".[8] Die Fotografien wirkten genau nach demselben Prinzip. Tatsächlich reicht es nicht aus, die „Bedeutung" einzelner Bilder zu erkennen oder eine besondere Semiotik zu entschlüsseln, wie man es bei einem Werbeplakat tun kann. Man muss auch aufzeigen, wodurch die Bilder im Rahmen bestimmter historischer Ereignisse Gehalt und Bedeutung erlangen. Die Schichten und Facetten der Bildinszenierung sind für die Konstruktion eines monolithischen Anderen nicht aussagekräftig. Sehr wohl sagen sie aber etwas aus über die Konstruktion einer sich in der Komplexität der kolonialen Bilderwelt ständig verändernden Vielfalt von Andersartigkeit.

Ikonografische Missverständnisse

Wenn Fotografien in der visuellen Ökonomie in einander überdeckenden Räumen wirken, so überschneiden sich auch Ikonografie und Bilderwelt. Wie zahlreiche Dokumente beweisen, bezog die fotografische Bilderwelt, in der die Fremden dargestellt wurden, ihre visuellen Varietäten aus dem Vokabular der Exotik und der Wissenschaft. Beide bedienten sich stilistischer Vorgehensweisen, die in der westlichen Kultur seit Jahrhunderten wirksam waren.[9] Die ikonografischen Formen der Umrahmung und der Frontal- und Profilsichten, wie sie die von Broca, Topinard und Huxley befürwortete anthropometrische Fotografie prägten, entstammten unmittelbar den Konventionen der anatomischen Zeichnung und der anatomischen Beschreibung des 17. Jahrhunderts. Diese Darstellungen sättigten die Bild- und Textsprache der Wissenschaft,

---

8   Gosden & Knowles (2001), S. XIX.
9   Edwards (1992).

indem sie objektive, „typische" Exemplare in einem taxonomischen Spektrum schufen.
Die Sprache der Wissenschaft findet in der populären Sprache sehr klaren Ausdruck,
und zwar im Begriff des „Typs", der, indem er das Subjekt seiner Individualität entklei-
det und einer Verallgemeinerung unterwirft, den Andern zum Objekt macht. Die stilis-
tischen Einflüsse dieser Vorstellung beherrschten die Legitimierung und dem Konsum
anderer Bilder. So lieferten die frontale Haltung, die Verbindung von Frontal- und Pro-
filansicht, der Gebrauch des Wortes „Typ" in den Legenden nicht nur einen Rahmen für
die den Anderen zum Objekt reduzierende Rezeption der Bilder, sondern legitimierte
auch den Konsum von Fotografien, die tausend Meilen entfernt vom wissenschaftlichen Labor aufgenommen wurden.[10]

Andere Formen bildlicher Vorstellungen fanden ihren Ursprung ebenfalls in Darstellungsweisen, die bis in die Zeit vor die Erfindung der Fotografie zurückreichen. Sie
reproduzierten eine etablierte Art des Sehens und Wissens, die vom fotografischen
Realismus noch verstärkt wurde. Die behandelten Themen schöpften eher aus litera-
rischen und philosophischen Prozeduren, denn aus beobachteter Realität. Doch verbunden mit dem fotografischen Realismus und den zum Objekt reduzierenden Tendenzen des wissenschaftlichen Denkens und des populären Konsums, wurden diese
Konventionen zu mächtigen Stereotypen. So lässt sich das Thema des edlen Kriegers in
Gemälden von Jacques-Louis David wiederfinden, in den Illustrationen zu den großen
Entdeckungsreisen des ausgehenden 17. Jahrhunderts – etwa in Parkinsons Stichen zu
Cooks Reisen – und es wirkt fort bis in Fotografien von Im Thurn, die Macusi-Ringer
aus Guyana als „edle Wilde" darstellen. Die Fotografie reproduziert die Odaliske der
orientalischen Bilderwelt als eine Trope der Andersartigkeit, die unterschiedslos auf
Frauen von Tahiti und Togo angewandt wurde. In all diesen Fällen zeigt die Ikonografie
den intellektuellen Wirkungsraum dieser Fotografien an, was zu ihrer rhetorischen
Kraft beiträgt.

Solche Fotografien nahmen jedoch – egal, ob es sich um „anthropologische" oder
„ethnologische" Bilder handelte – wissenschaftlichen Wert an und als solche wurden
sie von den gelehrten Gesellschaften und den Universitäten gesammelt. Die Abschät-
zung ihres wissenschaftlichen Werts gründete sich auf der Einordnung des Subjekts,
und nicht auf irgendeine wissenschaftliche Methode. Häufig verriet der fotografische
Rahmen die kulturelle Prägung des Stereotyps, die noch durch eine die Distanzierung
bekräftigende Gattungsbezeichnung bestätigt wurde: der „afrikanische Krieger" hatte
immer eine Lanze, der „jagende Aborigine" einen Bumerang, das „Dorfmädchen" einen
Wasserkrug, die „Schöne aus Tahiti" trug Blumen im Haar. Diese Art, dem Inhalt den

---

10   Edwards (2001), S. 141-144.

Vorzug vor der Form zu geben, stellte eine ethnografische Vereinfachung in der Darstellung der Völker dar, und zwar ganz unabhängig vom fotografischen Diskurs, dem sie entstammten. Die kommerziellen Bilder der Fotostudios, die sich überall auf der Welt mit wissenschaftlicher Kultur vollgesogen hatten, wurden aufgrund ihres „anthropologischen Interesses" wieder in dieses Beziehungsgeflecht eingespeist. Wir wollen darauf hinweisen, dass ein großer Teil der Wissenschaftler des 19. Jahrhunderts sich gegen ein solches Vorgehen wandte. Dies zeigt, dass man sich der intellektuellen Verwerfungen und der Fallen – vielleicht sogar auch der politischen Auswirkungen – der Darstellung sehr wohl bewusst war.

Dennoch sind diese Bilder sehr doppeldeutig. Im Jahr 1883 fotografierte Roland Bonaparte Omaha-Darsteller, die ihre Kultur für das Publikum des Pariser Zoologischen Gartens „in Szene setzten". Diese Fotos sind insofern von besonderem Interesse, als in ihnen Rasse- und Kulturbegriff, fotografische Einbettung und fotografischer Stil zusammentreffen. Bonaparte war in den 1870er-Jahren von Paul Broca, dem Begründer der physischen Anthropologie, ausgebildet worden und seine Arbeiten wurden stark von der Visualisierungsrhetorik dieser Schule geprägt.[11] Alle Portraits – jeweils frontal und im Profil – weisen, wie in verschiedenen Aufsätzen dieses Bands betont wird, deutliche wissenschaftliche Bezüge auf. Die „andere" Kultur jedoch wird durch die sorgfältige Darstellung der „Festtracht" der abgebildeten Personen wiedergegeben: Kleidung aus Wildleder, geschmückt mit Perlen, Federn und Muscheln. Bestimmte Merkmale „französischer" Fotografie – ein eleganter Gartensessel, ein zappelndes Kind – schleichen sich in diese streng kontrollierten Bilder ein, destabilisieren dadurch den wissenschaftlichen Anspruch und lassen die Individualität der Modelle hervortreten.

Die Portraits der Indianerhäuptlinge, die zu Beginn der 1880er-Jahre von Charles Milton Bell für das Bureau of American Ethnology in Washington aufgenommen wurden, weisen eine weitere, ganz anders gelagerte Form von Doppeldeutigkeit auf. Einzeln aufgenommen, scheint jedes Foto den Regeln der westlichen Kunst des fotografischen Portraits zu entsprechen: gute Umrahmung, Betonung der Individualität des Abgebildeten. Doch kaum fügt man sie in die Portrait-Serie ein, verblasst die Individualität des Modells. Der fotografische Stil findet in der harten, frontalen Pose des Modells seinen Ausdruck, in der Nüchternheit des Hintergrunds, der flachen Bildebene, dem unverfälschten Licht. Er unterstreicht die objektivierenden Eigenschaften des Bildes, indem das Modell auf einen Typus reduziert wird, der ein Labor-Exemplar oder ein für den Konsum durch die breite Masse gedachtes Stereotyp verkörpern soll. Wichtig sind hier die vereinheitlichende Wirkung, die immer wiederkehrende fotogene Pose und

---

11   Dias (1997).

der ikonografische Prozess. Gemeinsam schaffen diese Elemente eine Stiläquivalenz, indem sie den Inhalt in spezifische Wertesysteme einfügen, die wiederum den „Anderen" entstehen lassen. Im Gegensatz zu Bonapartes Fotografien destabilisierte hier die Wissenschaft durch ihre ethnografische Vereinfachung die fotografische Ästhetik. Durch die visuellen Varietäten des wissenschaftlichen Bezugs, denen sich die Veränderlichkeit des Bildes überlagert, wird das Subjekt zum Objekt.

Der in unserem Titel verwendete Begriff der Konstruktion ist in verschiedenen Dimensionen aktiv: in der Ikonografie, in der Reproduktion, in der Verbreitung, im Konsum und in der Archivierung, All dies sind Ebenen, auf denen das Bild vom Anderen in der visuellen Ökonomie konstruiert wird, doch muss man dabei verschiedene Grade von Intentionalität und verschiedene Rezeptionskontexte unterscheiden – auch wenn sie sich beinah alle überschneiden. Fotografien tragen vielfache Bedeutungen und so finden sich die Fotos der wissenschaftlichen Archive auch in den Alben der Touristen, der Reisenden und der Kolonialbeamten. Wir versuchten hier die veränderlichen und bisweilen mehrdeutigen Modalitäten herauszuarbeiten, derer sich die Fotografie bei der Konstruktion des Bilds vom Anderen bedient, die Beziehungen zwischen Allgemeinem und Besonderem, zwischen Wissenschaft und Populärkultur, und schließlich auch den unterschiedlichen Wahrheitsgehalt, den die Fotografien in einer auf Vereinheitlichung zielenden visuellen Ökonomie transportiert.

Teil III

Bilddokumente
Menschenzoos & Völkerschauen

MenschenZoos & Völkerschauen

Völkerschauen wurden vorzugsweise mit Kinofilmen, Fotografien, Werbeplakaten und insbesondere mit den damals äußerst beliebten Postkarten beworben. Diese Massenmedien konzentrierten sich auf einprägsame Bilder, erforderten keinerlei Lesefähigkeiten, und waren damit ideal geeignet, um Stereotypen über die Völkerschauen & Menschenzoos in breiten Bevölkerungsschichten zu verbreiten.

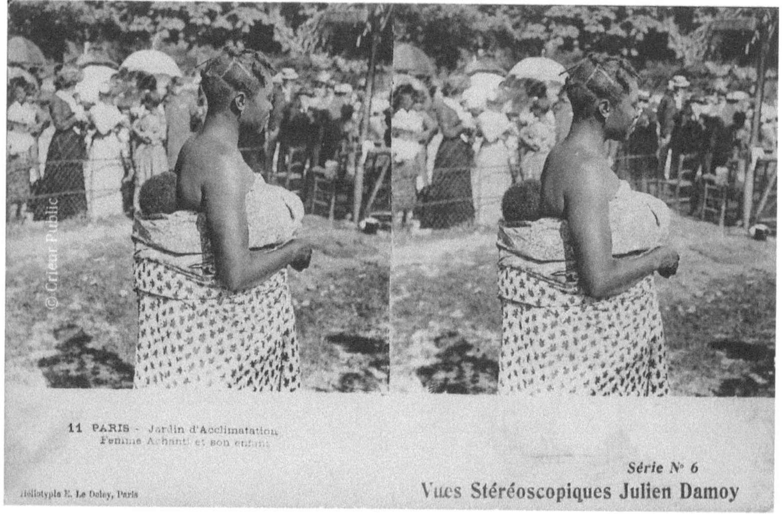

„Ashantee-Frau mit ihrem Kind", Jardin d'Acclimatation, Paris, Frankreich, 1903. Postkarte, Héliotypie E. Le Deley, Paris, Série N°6 ,Bild 11, stereoskopische Ansichten Julien Damoy (Sammlung Crieur Public).

Die Postkarten erzielten sehr hohe Auflagen und wurden häufig als Souvenir erworben. Wenn sie von Privatpersonen an Freunde und Bekannte verschickt wurden, wirkten sie auch als individuelle Werbeträger.

Die Motive legten Zeugnis ab vom Herrschaftsanspruch der ausstellenden Nationen. Sie stigmatisierten die zur Schau gestellten Personen als Angehörige unterlegener Völker und „Rassen".

Betont wurde die Exotik der „Anderen", deren angebliche Wildheit, Primitivität oder Unterlegenheit. Auf manchen Bildern sind im Vordergrund ausgestellte Personen zu sehen, halbnackt oder aber „merkwürdig" gekleidet bzw. in ihrer vorgeblich „natürlichen Umgebung". Im Hintergrund kann man die Ausstellungsbesucher erkennen: Kinder und Erwachsene, die von den Ausgestellten durch Zäune, Barrieren oder sonstige Hindernisse getrennt waren. Indem man dem Betrachter der Fotografien die „Wilden" und die „Zivilisierten" zugleich vor Augen stellte, etablierte man eine eindeutige Hierarchie.

Die Barrieren zwischen Ausgestellten und Betrachtern und der Abstand, der zwischen diesen Gruppen hergestellt wurde, waren starke Symbole. Sie wiesen dem Andersartigen, dem Fremden, dem „Wilden" einen Platz in der Hierarchie zu. Viele Motive zeigen, dass Menschen ähnlich wie Tiere ausgestellt wurden, daher der Begriff MenschenZoos. Diese Form der Ausstellung rückte die zur Schau gestellten Personen in die Nähe von Tieren, so wurden Ängste geschürt, Stereotypen geprägt und Vorurteile verbreitet. Die Menschheit wurde in zwei Menschheiten geteilt, eine wertige und eine weniger wertige.

„Unser Kronprinzenpaar, während der Rundfahrt durch die Armee-, Marine- u. Kolonial-Ausstellung", Berlin, Deutschland, 1907. Postkarte, Dannenberg & Co. Phot. N° 1682, Verlag von Gustav Liersch & Co. Berlin, S.W. (Sammlung Martin Spruijt).

„Berliner Gewerbeausstellung", Berlin, Deutschland, 1897. Postkarte, Lithografie, Druck & Verlag Louis Glaser, Leipzig (Sammlung Peter Weiss).

„Sara-Kaba – Lippen–Negerin spricht ins Mikrophon", Deutschland, um 1930. Postkarte, Verlag F.W. Siebold, Oberneuland, Bez. Bremen (Sammlung Crieur Public).

„Zu den Artikeln des General-Anzeigers und der Neuen Hamburger Zeitung, betreffend Annäherungsversuche weißer Damen an die Beduinen bei Hagenbeck, liefert uns unser Zeichner umstehende humor. Skizze: Komm in meine Bretterbude in mein Paradies...! Kein Rassenhass bei Hagenbeck", Hamburg, Deutschland, zw. 1905 u. 1920. Postkarte, Lichtdruck, P. Lehmann. Druck u. Verlag W. Nöting, Hamburg (Sammlung Crieur Public).

„J. & G. Hagenbecks Schaustellung „Indien",
Deutschland, 1906. Postkarte, Verlag Wilhelm
Hoffmann A.-G., Dresden (Sammlung Martin
Spruijt).

„Gruss aus dem Ashanti-Dorf", Leipzig,
Deutschland, 1899. Postkarte, Verlag v. Victor
Bamberger, Wien (Sammlung Crieur Public).

„Ausstellung Nantes 1904 - schwarzes Dorf,
senegalesischer Kampf", Nantes, Frankreich,
1904. Postkarte, Cliché Guibert. Verlag J. Nozais,
Nantes, Héliotypie Dugas, Nantes (Sammlung
Crieur Public).

„Völkerschau der Lippen-Negerinnen. Lippen-Negerin mit Ihrem Kind. In Europa geboren", Deutschland, um 1930. Postkarte, Verlag F.W. Siebold, Oberneuland, Bez. Bremen (Sammlung Crieur Public).

„Franco-Britische Ausstellung, Hagenbecks ceylonesisches Dorf und indische Arena", London, Großbritannien, 1908. Postkarte, Druck in Sachsen (Sammlung Crieur Public).

„Besuch von König Eduard VII. und dem französischen Präsidenten Fallières bei der Franco-Britischen Ausstellung", London, Großbritannien, 1908. Postkarte (Sammlung Crieur Public).

„Franco-Britische Ausstellung, König Edward VII.", London, Großbritannien, 1908. Postkarte, Druck Verlag Valentine & Sons Ltd Dundce, London & New York (Sammlung Crieur Public).

„Franco-Britische Ausstellung, Präsident Fallières", London, Großbritannien, 1908. Postkarte, Druck Verlag Valentine & Sons Ltd Dundce, London & New York (Sammlung Crieur Public).

„Eröffnung der Internationalen Ausstellung am 26. Juni 1904, Nantes, N° 49. Die offizielle Prozession zum schwarzen Dorf. Die Ankunft des Generals", Nantes, Frankreich, 1904. Postkarte, Cliché Guibert. Verlag J. Nozais, Nantes, Héliotypie Dugas, Nantes (Sammlung Crieur Public).

„Die Ashantees - Die Mahlzeit", Jardin d'Acclimatation, Paris, Frankreich, 1903. Postkarte, Héliotypie, E. Le Deley, Paris, Série N°6, Bild 19, stereoskopische Ansichten, Julien Damoy (Sammlung Crieur Public).

„Gruppe junger Ashantees", Jardin d'Acclimatation, Paris, Frankreich, 1903. Postkarte, Héliotypie, E. Le Deley, Paris. Série N°6, Bild 6, stereoskopische Ansichten, Julien Damoy (Sammlung Crieur Public).

„Aschantee-Frauen", Jardin d'Acclimatation, Paris, Frankreich, 1903. Postkarte, Héliotypie, E. Le Deley, Paris. Série N°6, Bild 12, stereoskopische Ansichten, Julien Damoy. (Sammlung Crieur Public).

„Hamburg-Stellingen, Eingang zu Hagenbeck's Tierpark", Hamburg, Deutschland, ca. 1907. Echte Fotografie als Postkarte (Sammlung Crieur Public).

„Guyaratis ind. Zigeuner, Acrobaten. J. & G. Hagenbeck's Malabarentruppe", Deutschland, 1902. Postkarte, Verlag Wilhelm Hoffmann A.-G., Dresden (Sammlung Crieur Public).

„Nubisches Dorf", Düsseldorf, Deutschland, 1902. Postkarte, Nr. 66, Auto Chrom, Louis Glaser, Leipzig. Alleinvertrieb: Schmitz & Olbertz, Düsseldorf. Industrie- & Gewerbe-Ausstellung. (Sammlung Martin Spruijt).

„Berliner Gewerbeausstellung 1896", Berlin, Deutschland, 1896. Postkarte, Lithografie, Verlag v. J. Goldiner, Berlin (Sammlung Crieur Public).

„Ausstellung München 1908 – Das Beduinendorf: Eselreiter und Kindergruppe", München, Deutschland, 1908. Amtliche Ausstellungs Postkarte Nr. 47. Rep. F. Bruckmann A-G., München. Künstler-Karten-Herst. u. Vertr.-Ges. m. b. H., München (Sammlung Crieur Public).

„Ausstellung – Mannheim: Abessyner Dorf – Mutterfreude", Mannheim, Deutschland, um 1907. Postkarte (Sammlung Crieur Public).

„Ausstellung in Nantes 1904, N°20 - Das schwarze Dorf, Gebet in der Moschee", Nantes, Frankreich, 1904. Postkarte, Cliché Guibert. Verlag J. Nozais, Nantes, Héliotypie Dugas, Nantes (Sammlung Crieur Public).

„Gustav Hagenbeck's größte indische Völkerschau der Welt", Deutschland, um 1906. Postkarte (Sammlung Crieur Public).

„Carl Hagenbeck's Tierpark, Völkerschau Abessinien", Hamburg, Deutschland, um 1910. Postkarte, Carl Hagenbeck Verlag (Sammlung Martin Spruijt).

278

„*Völkerschau Nubien Schilluks vor ihren Hütten*", Hagenbecks Tierpark, Hamburg, Deutschland, um 1922. Postkarte, Carl Hagenbeck Verlag (Sammlung Forschergruppe Achac / Priv. Sammlung).

„*Zum Andenken an Prinzess Gooma*", Deutschland, 1905. Postkarte, Paul Schaerf Verlag (Sammlung Forschergruppe Achac / Priv. Sammlung).

„*Aus der Völkerschau der Kannibalen von den Südsee-Inseln*", Köln, Deutschland, 1931. Postkarte, F. W. Siebold Verlag (Sammlung Forschergruppe Achac / Priv. Sammlung).

„*Internationale Hygiene-Ausstellung. Ostasiatische Ecke, Indischer Zauberer*" Dresden, Deutschland, 1911. Postkarte (Sammlung Forschergruppe Achac / Pascal Blanchard).

„Sam Emanuel's Negertruppe", Deutschland, 1906. Postkarte, Paul Schaerf Verlag (Sammlung Forschergruppe Achac / Pascal Blanchard).

„Das afrikanische Geschwisterpaar", Deutschland, 1912. Postkarte, F. Kemnitz Verlag (Sammlung Forschergruppe Achac / Pascal Blanchard).

„Gustav Hagenbeck's größte indische Völkerschau der Welt", Zürich, Schweiz, 1905. Postkarte (Sammlung Forschergruppe Achac / Nicolas Bancel).

„Völkerschau. Kolonial Ausstellung", Stuttgart, Deutschland, 1928. Plakat, Herdtle. Sammlung (Forschergruppe Achac / Pascal Blanchard).

„Kolonialausstellung Ausstellung Marseille, Dorf der Annamiten", Marseille, Frankreich, 1906. Postkarte, Lévy et Neurdein réunis, Paris (Sammlung Crieur Public).

„Kolonialausstellung Ausstellung Marseille, Musik Annamit", Marseille, Frankreich, 1922. Postkarte, Ateliers de photographie Guende, Marseille (Sammlung Crieur Public).

„Die weiße Negerin inmitten Ihrer schwarzen Familie", Deutschland, 1912. Postkarte, F. Kemnitz Verlag (Sammlung Forschergruppe Achac / Priv. Sammlung).

„Andenken an die Togomandingo-Truppe aus West-Afrika", Deutschland, 1905. Postkarte, F. Kemnitz Verlag (Sammlung Forschergruppe Achac / Priv. Sammlung).

„Aborigines-Truppe", Österreich, 1890. Postkarte (Sammlung Forschergruppe Achac / Pascal Blanchard).

„Völkerschau der Lippen-Negerinnen. Die begleitenden Pygmäen (Zwergvolk)", Deutschland, um 1891. Postkarte (Sammlung Martin Spruijt).

„Völkerschau: Beduinen, Scheyb Reed, Carl Hagenbeck's Tierpark, Stellingen", Hamburg, Deutschland, 1919. Postkarte, Verlag Carl Hagenbeck (Sammlung Martin Spruijt).

„Deutsche Armee-, Marine u. Kolonial-Ausstellung, Berlin 1907. Officielle Austellungs-Postkarte", Berlin, Deutschland, 1907. Postkarte, Verlag Schöneberger, Berlin (Sammlung Martin Spruijt).

„Deutsche Armee-, Marine- u. Kolonialausstellung", Berlin, Deutschland, 1907. Programmkarte im Format einer Postkarte, A. Molling & Comp, comm. Ges. Hannover (Sammlung Peter Weiss).

„Die gesamten Bewohner des nubischen Dorfes", Düsseldorf, Deutschland, 1902. Postkarte, Autochrom, Verlag Louis Glaser, Alleinvertrieb Schmitz & Olbertz, Düsseldorf (Sammlung Peter Weiss).

„Zu den Artikeln des „General-Anzeigers" und der „Neuen Hamburger Zeitung", betreffend Annäherungsversuche weißer Damen an die Beduinen bei Hagenbeck, liefert uns unser Zeichner umstehende humor. Skizze. Knusper, Knusper, knäuschen, wer knuspert an mein Häuschen?", Deutschland, zwischen 1905 u. 1920. Postkarte, Lichtdruck, P. Lehmann, Druck u. Verlag W. öting Hamburg (Sammlung Peter Weiss).

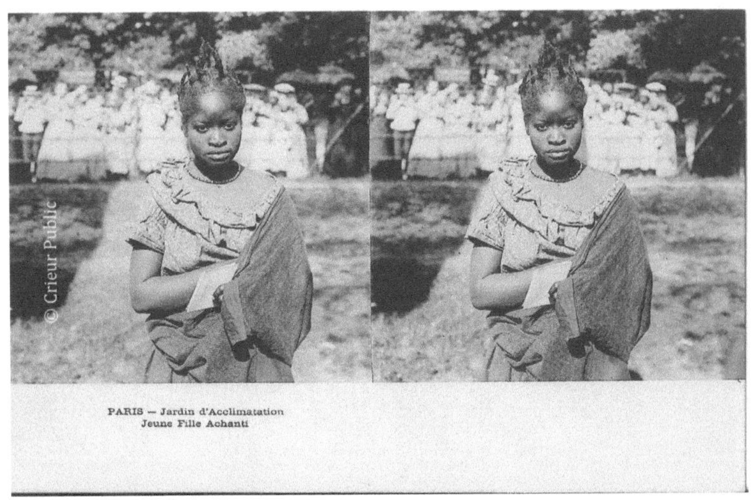

„Junges Ashantee-Mädchen" Jardin d'Acclimatation, Paris, Frankreich, um 1903. Postkarte (Sammlung Crieur Public).

„Erste Internationale Jagdausstellung Wien 1910 , Afrikanisches Jägerdorf (Äthiopien)", Wien, Österreich, 1910. Postkarte, Lichtdruck (Sammlung Peter Weiss).

„Colonel Harrison afrikanische Pygmäen" aus dem Kongolesischen Regenwald auf einem Schiff, um 1907. Postkarte, Scott Series n°747 (Sammlung Crieur Public).

„Kolonial Ausstellung Stuttgart 1928, Völkerschau, Großmutter der Völkerschau, 75 Jahre alt", Stuttgart, Deutschland, 1928. Postkarte (Sammlung Peter Weiss).

„Weltausstellung Antwerpen 1894, Kongolesisches Dorf", Antwerpen, Belgien, 1894. Postkarte, Lithografie, Verlag Schmidt & Co Anvers mit einer Reklamemarke (Sammlung Peter Weiss).

„Äthiopien – Habr Auel - Häuptling mit Familie, Carl Hagenbeck's Tierpark", Hamburg, Deutschland, 1909. Postkarte (Sammlung Crieur Public).

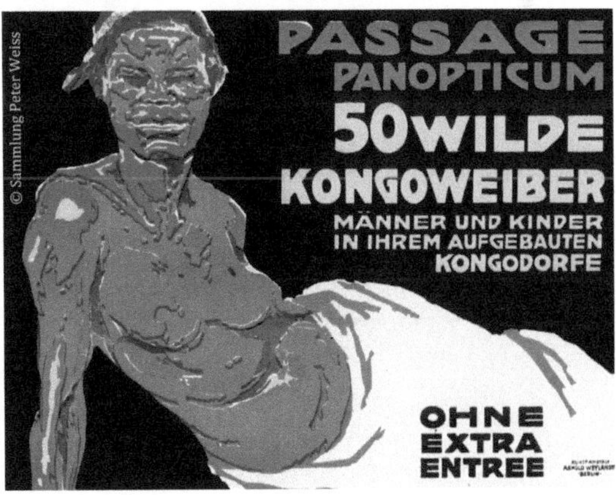

„Passage Ponopticum, 50 Wilde Kongoweiber, Männer und Kinder in Ihrem Aufgebauten Kongodorfe", Berlin, Deutschland, 1913. Plakat, Lithografie, Jo Steiner, Kunstanstalt A. Weylandt, Berlin (Sammlung Peter Weiss).

„Die Auracanier im Jardin d'Acclimatation", Paris, Frankreich, 1883. Stich nach einer Fotografie von M. Panajou, Bordeaux, veröffentlicht in L'Illustration, Nr. 2109 v. 28. Juli 1883 (Sammlung Crieur Public).

„Sächsisch-Thüringische Ausstellung Leipzig, Gruss aus Ostafrika", Leipzig, Deutschland, um 1900. Postkarte, Lithografie, Arthur Thiele, Verlag Lit. Kunstanstalt Carl Garte (Sammlung Peter Weiss).

Karikatur, Deutschland, um 1900. Postkarte, Lithografie, Arthur Thiele, Leipzig, Verlag Ottmar Zieher, München (Sammlung Peter Weiss).

„Ausstellung Nantes 1904, schwarzes Dorf, senegalesischer Champion", Nantes, Frankreich, 1904. Postkarte, Cliché Guibert, Verlag J. Nozais, Nantes, Héliotypie Dugas, Nantes (Sammlung Crieur Public).

„Ausstellung Nantes 1904. Schwarzes Dorf, Sudanese. Rasse Toucouleur, ein Schneider", Nantes, Frankreich, 1904. Postkarte, Cliché Guibert, Verlag J. Nozais, Nantes, Héliotypie Dugas, Nantes (Sammlung Crieur Public).

Eulalia was machst Du da! Du liebst einen Schwarzen? Er paßt zu Deinen Warzen! (Es sollen übrigens viele unserer weißen Mädchen derlei Braten lieben), Deutschland, um 1900. Postkarte, Lithografie (Sammlung Peter Weiss).

„Der Menschenfresser – Auffressen eines lebenden Menschen – Jeder Besucher aus dem kann sich dazu aus dem Publikum melden", Deutschland, 1906. Postkarte, Lithografie (Sammlung Peter Weiss).

„Bei den Somalis.
Dame: Wo kann ich Sie heut abend um 11 Uhr treffen, Jumbo?
Neger: Bei Ihr Freilein Schwester!",
Deutschland, 1911. Titelseite der Zeitschrift Lustige Blätter, Ausgabe Nr. XXV,
1911, Rasterdruck, koloriert (Sammlung Peter Weiss).

„Völkertypen Congoneger- Familie und. deren Wohnung", Luxemburg, um 1900. Postkarte, Lichtdruck, Verlag Charles Bernhoeft, Luxemburg (Sammlung Peter Weiss).

„Fürst Tamasese mit Gemahlin Vaaiga und Familie. Die Samoaner." Deutschland, 1905 (Sammlung Forschergruppe Achac / Priv. Sammlung).

„Selknam Feuerländer-Gruppe, 1889 nach Europa gebracht", Europa, 1899. Fotografie aus Martin Gusinde, Die Feuerland Indianer. Band I: Die Selk'nam. Mödling, 1931 (Priv. Sammlung).

„*Prinz Samson Dido aus Didotwon (Camerun) nebst Familie. Radierung nach einer fotografischen Aufnahme"*, *Europa, 1886. Druck nach einem Holzstich von 1886 (Sammlung Crieur Public).*

Teil IV

Nationale Identitäten –
Der Menschenzoo im lokalen Kontext

Prinz Dido aus Kamerun im wilhelminischen Deutschland Ausgestellt und vom künftigen Kaiser Wilhelm II empfangen[1]

Albert Gouaffo

Im Auftrag Carl Hagenbecks machte 1885 der Kaufmann Fritz Angerer, der vorher vier Jahre an der Goldküste in verschiedenen Faktoreien zugebracht hatte, eine Kamerun-Expedition, um Kameruner anzuwerben und ethnographische Gegenstände für Schauzwecke der Firma Hagenbeck anzusammeln. Die Hagenbecksche Expedition nach Kamerun wurde im September 1885 ausgerüstet und Fritz Angerer damit beauftragt. Er konnte am 24. April 1886 in Duala einen Reisevertrag mit dem Prinzen Samson Dido von Didotown unterzeichnen, der im Auftrag des deutschen Gouverneurs amtlich bescheinigt wurde. In dem Vertrag heißt es:

Folgender Vertrag wurde zwischen Carl Hagenbeck in Hamburg, durch dessen Vertreter Fritz Angerer und Samson Dido, Didotown, in Kamerun abgeschlossen. 1) Carl Hagenbeck engagiert Samson Dido mit Familie im Ganzen acht Personen nach Deutschland zu reisen den Leuten ihre Sitten und Gebräuche von Kamerun zu zeigen. 2) Carl Hagenbeck verspricht Samson Dido mit Familie freie Reise und Verpflegung hin und zurück und während ihres Aufenthaltes in Deutschland ferner ein festes Salair von MK 400.00 (vierhundert Mark) monatlich.[2]

Unter Sitten und Gebräuchen wird das schon erwähnte Programm verstanden: Vorführung von lebhaften Tänzen, vom Trommelkonzert, vom Gefechtsübungen, von Kanufahrten und von der Trommelsprache. Fritz Angerer hatte unter äußerst schwierigen Bedingungen neun Monate (von der Abfahrt von Hamburg im 1. Oktober 1885 bis zur Rückkehr mit einer fertigen Kameruner Truppe am 27. Juni 1886) gebraucht, um Prinz Dido mit Gefolge zu Schauzwecken nach Deutschland zu bringen. Die Truppe gab Gastspiele in Hamburg, Berlin, Leipzig und Dresden. Die Initiative war nach Ansicht der Veranstalter ein Erfolg.[3] Wenn die hohen Reise-, Träger- und Verpflegungskosten in Kamerun sowie die Kosten für die Schaustellungen in Deutschland zusammengerechnet werden, und wenn man davon ausgeht, dass die Eintrittspreise für Gastspiele

---

1   Der Artikel beruht auf dem stark gekürzten Vortrag von Albert Gouaffo am 3.10.2005 in Withmann College Walla Walla (Washington).

2   Der Vertrag befindet sich im Hagenbeck-Archiv im Tierpark in Hamburg.

3   John Hagenbeck macht sich aus dem Erfolg der Kameruner Truppe unter der Leitung des Prinzen Dido keinen Hehl: „Nach Beendigung unserer erfolgreichen Tournee ist mir Prinz Dido bald aus den Augen entschwunden, ich habe nie wieder von Ihm gehört. Was mag aus ihm geworden sein? Ob er noch lebt und in seiner heißen Heimat wehmütig der schönen entschwundenen Zeiten gedenkt?", vgl. Ottmann (1922), S. 12.

zwischen 25 und 50 Pfennig lagen, dann kann sich jeder ein Bild der Besucherzahl dieser Kameruner Schaustellung von Carl Hagenbeck machen.

Völkerschauen als interaktive Veranstaltungen stehen an der Schnittstelle zwischen Theater und medienwirksamen Shows im freien oder in geschlossenem Raum wie Spielen, Festen, Zeremonien, Tänzen, politischen Veranstaltungen usw. Völkerschauen finden im Zirkus, in Vergnügungsstätten, auf Welt- und Kolonialausstellungen, im Theater, in den zoologischen Gärten u. a. statt. Kultur erscheint im Medium der Völkerschauen als Aufführung. Theatralität meint, – um mit Erika Fischer-Lichte zu sprechen – den Aufführungscharakter kultureller Handlungen. Aufführung als leibliche Ko-Präsenz von Akteuren und Zuschauern, die sich zu einer bestimmten Zeit, an einem bestimmten Ort versammeln und eine Spanne Lebenszeit miteinander teilen, ist unmittelbar mit Begriffen der Inszenierung, Körperlichkeit und Wahrnehmung verbunden.[4]

Inszenierung ist von Aufführung zu trennen. Inszenierung ist als intentionaler Prozess zu denken, in dem mit unterschiedlichsten Verfahren ermittelt wird, welche Elemente in der Aufführung erscheinen sollen. Die Auswahl der Elemente kann durchaus nach dem Gesichtspunkt erfolgen, ob sie dem Inszenierenden als geeignet erscheinen, als Zeichen für bestimmte Bedeutungen zu fungieren. Inszenierung lässt sich entsprechend als Vorgang der Planung, Erprobung und Festlegung von Strategien bestimmen, nach denen die Materialität der Aufführung performativ hervorgebracht werden soll. Körperlichkeit spielt bei der Aufführung eine entscheidende Rolle. Der Körper auf der Bühne als ein an den Zuschauer gerichteter Text lässt sich in zweierleiweise lesen: einmal als symbolischer, bzw. semiotischer Körper, also als der Körper an und mit dem individuelle Bedeutungen ausgedrückt und übermittelt werden können, einmal als Einschreibefläche kultureller Muster.[5] Völkerschauen als Aufführung außereuropäischer Kulturen operieren durchgehend nach dem Modell des Theatralen, das Erika Fischer-Lichte beschreibt. Die Funktion des Regisseurs bzw. des Inszenierenden wird bei den Völkerschauen vom Impresario übernommen. Die Wahrnehmung der Zuschauer von Völkerschauen wird wesentlich von dieser inszenierenden Instanz vorgesteuert. Als massenwirksames kommerzielles oder politisch-orientiertes Spektakel, das auf der Sehenswürdigkeit des außereuropäischen Fremden, vor allem auf dessen kultureller und somatischer Fremdartigkeit fußt, sollen Völkerschauen den Wünschen und Erwartungen der Zuschauer Gestalt verleihen.[6] Den Körper als Bedeutungsträger

---

4   Erika Fischer-Lichte (2004), S. 7-26, hier S. 11.
5   Ebd., S. 14-16.
6   Hier soll erwähnt werden, dass die Art der Inszenierung auch die Funktion der Schaustellung mitbestimmt. So versuchen die Organisatoren der Kolonialausstellungen, sich von den Privatun-

einzusetzen, bedeutet, aus ihm Zeichen zu machen, ihm seine Leiblichkeit zu nehmen. Hier entpuppt sich der Machtcharakter körperlicher Darstellung. Der Körper ist Darstellungsmittel in ein instrumentelles Verhältnis zum Selbst gesetzt. Er wird ein Ausstellungsstück, eine Körperhülle, da er als Darstellungsstück keine Eigeninitiative mehr besitzt. Der Inszenierende verfügt über ihn als Bedeutungsträger und nutzt ihn zur Gestaltung des eigenen Selbst.[7]

Bei den Völkerschauen erfüllt der Körper verschiedene Funktionen, sei es in Vergnügungsstätten, in zoologischen Gärten oder an anderen Orten. Als Objekt, also theatralisches Zeichen hat er vor den Zuschauern die Funktion eines Exponats in einem Museum. Der Beschauer gibt seinen Sinnen freien Lauf, bewundert die Formen des Schaustücks, dessen Schönheit und misst ihm Bedeutungen bei. Das Schaustück selbst strahlt eigene vom Inszenierenden aufbereitete Bedeutungen aus. Der Beschauer nimmt den Körper als Text wahr, der eine eigene Grammatik und Syntax hat.

Ein Modell des Körpers als Exponat bietet uns ein Bild aus der Schaustellung des Prinzen Samson Dido aus Didotown.

Aus John Hagenbeck, Fünfundzwanzig Jahre Ceylon, 1922

Ein Afrikaner sitzt barfüßig in ruhiger Haltung auf einem europäischen Stuhl, der Blick ist wahrscheinlich auf den Fotografen gerichtet. Um die Hüften ist ein Samttuch geschlungen. Er trägt an jedem Handgelenk eine breite Elfenbeinmanschette und dazu noch ein geringeltes kragenloses Hemd und ein westliches Jackett mit weißem Einstecktuch. Das Ganze krönt der Zylinderhut. Hinter dem Stuhl steht eine körperlich viel kleinere Frau, die dem Mann mit einem gewaltigen Sonnenschirm Schatten spendet. Obwohl sie auch barfüßig ist, trägt sie europäische Kleidung. Der Hintergrund des Bildes zeigt eine europäische Landschaft mit Laubbäumen – das Bild wurde in der Flora in Berlin

---

ternehmen zu distanzieren. Die letztgenannten erheben die Sehenswürdigkeit der außereuropäischen Fremde zum Geschäftsbrauch.

7   Vgl. Klein (2005) S. 40.

Charlottenburg, einem damaligen großen Vergnügungsetablissement mit Palmengarten, im Jahr 1884 aufgenommen. Zwischen den Bäumen und den ausgestellten Personen steht unübersehbar ein kräftiger Holzzaun. Bezogen auf die Diskurse der Völkerschauen des 19. Jahrhunderts haben wir es in dem beschriebenen Bild mit zwei Formen von Fremdheit zu tun, nämlich einer körperlichen und einer kulturellen.

Körperlich zeichnet sich der Prinz Dido von Kamerun durch seinen wohlproportionierten Körperbau aus. Er wirkt fremdartig durch seine Bekleidung. Die kleine Dame neben ihm mit dem schweren Sonnenschirm, die jüngste von seinen sechs Frauen (13 Jahre alt), verstärkt noch die Fremdheit des Prinzen. Es wird hier die rassische Differenz inszeniert, die wohl auf die Faszination des Körpers konzentriert ist.

Auch wenn Prinz Dido im Bild durch seine herrschaftliche Pose seinen Anstand und Stolz markiert, wird – mit Blick auf das Publikum – doch besonders sein ‚halbwilder‘ Charakter und die ‚Komik‘ seines Auftritts betont. Der Erinnerung des Malers Heinrich Leutemann, des Freundes von Carl Hagenbeck, der ihm die Idee der anthropo-zoologischen Ausstellungen gegeben hat, ist noch ein Jahr nach dem Gastspiel von Prinz Dido in Leipzig (August 1886) das Image des halbwilden Kameruners zu entnehmen:

> Mit Frauen und Kindern dagegen, wenn auch ohne Thiere, aber auch mit einer sehr anziehenden Sammlung afrikanischer Erzeugnisse, kam 1886 auf H's Veranlassung der „Prinz Dido von Didotauwn" [sic A. G.] nebst einigen andern Schwarzen aus Kamerun, der seit 1885 überall in Deutschland genannten deutsch-afrikanischen Colonialerwerbung, nach Deutschland. Schöne, theilweise herkulische Gestalten von tadelloser Schwärze, konnten sie nicht verfehlen, ebenfalls aufsehen zu machen, insbesondere auch als Beweis, welche Erscheinung diese bloss [sic A. G.] noch Halbwilden bieten. Jedenfalls war der Herr „Prinz" mit seinem Cylinderhut, seinem europäischen Rock und dem Lendenschurz um die im Uebrigen nackten Beine ein sehr spaßhaftes Bild des halbwilden Negers, mochte [sic A. G] dies auch zuletzt selbst einsehen, denn in Leipzig zog er schließlich Hosen an.[8]

Wie könnte es anders sein, wenn die Schaustellung des anders Aussehenden im imperialen Europa einen herabwürdigenden Beigeschmack beinhalten sollte, um die Schaulust des Publikums zu stimulieren, wenn es darum ging, die Ungleichheit zwischen den Rassen zu zeigen.[9] Die indirekte Infragestellung des Titels „Prinz" im Falle der kamerunischen Schaustellung versteht sich von selbst. Die Figur Samson Dido

---

8 Leutemann (1887), S. 67-68 (Hervorhebungen sind alle vom Autor).
9 Bancel, Blanchard (2004), S. 5-18, hier S. 9.

aus Didotown konnte ein Prinz sein, aber Prinz für afrikanische Verhältnisse. Dass der Kameruner Prinz vom Kronprinzen Friedrich Wilhelm, dem nachmaligen Kaiser Friedrich im Muschelsaal des Potsdamer Schlosses empfangen wurde, zeigt den widersprüchlichen Charakter von Völkerschauen und vor allem ihre offiziellen und offiziösen Aspekte.[10] Völkerschauen scheinen ein Volksbetrug zu sein, denn im Gegensatz zum Theater, dessen Inszenierungscharakter dem Zuschauer bewusst ist, operieren Völkerschauen mit einem Authentizitätsmythos.[11] Der zur Schau Gestellte hatte daher einen Vertrag mit festen Richtlinien unterschrieben und wusste genau, welche Rolle er vor dem Publikum zu spielen hatte. Der Metallzaun war eine zusätzliche Sicherheit für die Veranstalter, damit das Geheimnis nicht gelüftet wurde, wenn die ‚Exponate' Kontakte mit den Besuchern aufnahmen.

Wenn aber Prinz Dido außerhalb der Bühne betrachtet wird, bekommt der Leser ein ganz anderes Bild von ihm.

Er wurde in Leipzig wie ein ‚Staatsmann', also als Botschafter der neu erworbenen Kolonie, nach seinem königlichen Stande empfangen. Das *Leipziger Tageblatt* berichtet:

> Prinz Dido von Kamerun kam ½ 6 Uhr mittels der Berliner Bahn hier (in Leipzig, A. G.) an und wurde vom Direktor des zoologischen Gartens, Herrn Prinkert, empfangen. In vierspännigem Galawagen mit Vorreiter nahm der braunfarbige Prinz nebst seinen zwei Frauen und seinem Sohne Platz, begleitet von Herrn Prinkert; in den zwei folgenden Equipagen saßen das Gefolge, sowie die Vertreter Hagenbeck's und der afrikanische Agent. [...] Die Fahrt bis nach dem zoologischen Garten war selbstredend der Gegenstand großer Aufmerksamkeit des Publikums.[12]

Es herrscht in der Schilderung des Ansehens des Prinzen Dido eine Mischung aus Anerkennung durch die Gastgeber und aus exotischer Faszination der Leipziger Bewohner, die in den Werbeanzeigen der Presse schon von der Ankunft des Prinzen

---

10   Vgl. Ottmann (1922), S. 11.

11   Philippe Liotard geht auf diesen Aspekt der Völkerschauen, indem er sie mit der Inszenierung von Körpern im Fußballspiel in Beziehung bringt: *„Ansi, l'invention de cet espace propre [Es geht hier um Fußballstadien als Bühne] au spectacle de l'affrontement corporel qu'est le stade génère, tout comme les zoos humains, une visibilité nouvelle. Les exhibitions, qu'elles soient ethnographiques ou sportives, créent un lieu où se déplacent un public venu observer une mise en scène, qui s'appuie sur une stricte spatialisation des corps. Cependant, contrairement aux spectacles proposés par les arts de la scène (Théâtre ou danse), le public de ces exhibitions n'a pas nécessairement conscience de la mise en scène et de ses effets."*, Philippe Liotard in: Bancel, Blanchard, u.a. (2004), S. 410-427, hier S. 413.

12   *Leipziger Tageblatt*, Nr. 229, Dienstag, 17. August 1886, S. 4547.

vorweg unterrichtet waren. Auf der einen Seite ist der feierliche Empfang durch den Direktor des Leipziger zoologischen Gartens als Werbestrategie anzusehen, durch die der Karawane von Prinz Dido und Gefolge mehr Aufmerksamkeit geschenkt wird. Auf der anderen Seite hat dieser Empfang des Ehrengastes mit Werbung nicht zu tun, auch wenn in seiner Präsentation in der Zeitung seine Hautfarbe ein exotisches Unterscheidungsmerkmal ist (der „braunfarbige Prinz"). Die Tatsache, dass er vom Direktor des zoologischen Garten selbst abgeholt wurde und dass er vorne im Galawagen mit seiner Familie saß, während sein Gefolge und sein Anwerber Fritz Angerer hinterher im separaten Wagen kamen, könnte auch die Anerkennung seiner Würde bedeuten:

> Noch am gestrigen Abend bezogen die Afrikanischen Gäste die für sie im Skating Rink des zoologischen Gartens bereiteten Gemächer, welche durch die Kunst des Dekorateurs in einer deren Rang entsprechenden Weise hergestellt worden sind. Außer den Wohn- und Schlafräumen ist unter Anderem dem braunfarbigen Prinzen aus dem Kamerunlande und seinen Angehörigen ein prächtig ausgestatteter Empfangssalon zur Verfügung gestellt, in welchem er schon heute einige Besuche entgegennahm.[13]

Die Redaktion des *Leipziger Tageblatt* insistiert auf dem Rang und der besonderen Stellung des Prinzen. Wie jede respektierte Autorität wird der Prinz in einem ordentlichen Gemach untergebracht. Es mag sein, dass der Skating Rink für die Unterbringung eines solchen Gastes nicht angebracht ist, aber aus praktischen Gründen – der Prinz sollte täglich und dies zwei Wochen lang Schaustellungen im zoologischen Garten anbieten – wurde die ihm angemessene Unterkunft aufgebaut. Wie jede hohe Persönlichkeit hatte er einen Empfangssalon zur Verfügung, in dem er Besuche entgegennahm.

Am Rande von Schaustellungen wird der „Halbzivilisierte" aber auch zum Mittelsmann für Handel in der Kolonie. Geschäftleute liefen ihm nach, und boten ihm persönliche Führungen in ihren Betrieben an. Die Geschäftskreise sehen im Kameruner Prinzen einen ‚Multiplikator' des ‚Deutschtums' in Übersee und geizen nicht mit Fertigprodukten aus ihren Industrien, die dem Prinzen als Andenken geschenkt werden:

> Der braunfarbige Prinz Dido von Didotown besuchte am Montagvormittag die Hutfabrik des Herrn Hoflieferant Haugl in der Rosenthalgasse hier. Herr Haugl, welcher persönlich die Führung des Prinzen in seinem Etablissement übernahm, erklärte demselben in eingehendster Weise die Hutfabrikation. Großes Interesse erweckte bei dem Häuptling aus Kamerun die Fabrikation

---

13 *Leipziger Tageblatt*, Nr. 230, Mittwoch, 18. August 1886, S. 4664.

eines Stücks Filzes. Herr Haugl ließ in die Maschine auf der einen Seite ein Packet Wolle einlegen, welches auf der anderen Seite als ein Stück Filz herauskam, auch die Walkerei und und Appreturwerkstatt fanden lebhafte Aufmerksamkeit des Prinzen. Herr Haugl, verehrte seinem Besucher zum Andenken einen Klapphut, welche Art von Kopfbedeckung bis jetzt in Kamerun noch nicht eingeführt sein soll; für diese freundliche Aufnahme von Seiten des Herrn Haugl ließ der Prinz seinen Dolmetscher danken und unter freudigen Zurufen des inzwischen vor dem Geschäftslocal angesammelten Publicums [sic a. G.] fuhr der Prinz zur Besichtigung einer größeren hiesigen Druckerei.[14]

Im welchen Sinne der Prinz Dido die Erfahrungen seines Deutschlandsaufenthaltes nach seiner Rückkehr in Kamerun verwerten könnte, steht noch nicht fest. Als Lieferant des Rohstoffs Baumwolle, die dem Betrieb von Herrn Haugl zugute kommen könnte, müsste der Prinz im Kontext einer Realpolitik des Betriebs im Auge behalten werden. Vorab war das gegenseitige Kennenlernen am Wichtigsten.

Die defizitäre und zugleich bedrohliche Fremdheit des Prinzen Dido im Zoo tritt in den Hintergrund und er wird jetzt nur noch als Partner bzw. Kulturvermittler zwischen der Kolonie und der Metropole im Interesse des vaterländischen Wohlergehens behandelt:

> Morgen, Montag gegen Abend, hält in unserer Stadt ein seltsamer Gast seinen festlichen Einzug, nämlich Prinz Dido aus dem Kameruner Lande mit seinen zwei Frauen und seinem ganzen Gefolge. Wir haben es hier, wie gleich von vornherein bemerkt sei, nicht mit einem jener exotischen Gäste zu thun, die sich von Zeit zu Zeit zu uns verirren, um hier besehen zu werden, nein, die Herkunft des Prinzen Dido ist eine ganz unzweifelhafte, er ist in der That ein Fürst in dem neuen deutschen Reichslande und steht mit dem hier wie überall in Deutschland populär gewordenen King Bell in naher Blutsverwandtschaft. Dieser Douallafürst ist zu uns gekommen, um das Land kennen zu lernen, von dessen Größe und Macht jetzt soviel erzählt wird in dem schwarzen Erdtheile, er will mit den Leuten in Beziehung treten, die man nicht mit Unrecht seine Reichsbrüder nennt, und er wird zurückgekehrt nach seiner Heimath, viel zu erzählen haben von dem, was er in Deutschland gesehen und erlebt hat. Insofern hat Prinz Dido eine Culturmission zu erfüllen, deren Bedeutung und

---

14   *Leipziger Tageblatt*, Nr. 236, 24. August 1886, S. 4773. „Prinz Dido, der gegenwärtig hier anwesende Vertreter unserer deutschen Colonie in Kamerun, ist lebhaft bemüht, die deutsche Industrie kennen zu lernen", vgl. *Leipziger Tageblatt*, Nr. 239, Freitag, 27. August 1886, S. 4829.

Tragweite namentlich in Berlin auch anerkannt wurde, denn hier wurde dieser exotische Gast von dem Kronprinzen des deutschen Reiches und von der Kronprinzessin feierlich empfangen und begrüßt.[15]

Prinz Dido wird mit dem regierenden „Oberhäuptling" der Dualla, Rudolf Dualla Manga Bell, in Beziehung gesetzt. Er ist mehrmals mit ihm verschwägert. Obwohl sein exotischer Charakter nicht bezweifelt wird, steht dieser aber nicht im Vordergrund. Der „exotische Gast" ist ein Fürst und konnte unter Umständen auch König werden. Er ist ein Vertreter des „neuen deutschen Reichslandes". Von der „Größe" und „Macht" Deutschlands wird er während seines viermonatigen Aufenthaltes in Deutschland genug Beweismaterial sammeln, obwohl er, wie es im Zitat heißt, mit Recht kein „Reichsbruder" ist. Prinz Dido ist ein Bindeglied zwischen Imperium und Kolonie. Die hierarchische Beziehung, die ihn mit seinen „Reichsbrüdern" verbindet, ist charakteristisch für die koloniale Begegnung.

Abschließend lässt sich feststellen, dass Völkerschauen als kulturelle Erwerbsbranche mit der Neugier und den Wünschen der Besucher operiert. Völkerschauen behaupten, ihre Besucher zu belehren, ihr Wissen über die Fremde zu erweitern. Sie operieren mit der Vielfalt der Menschenspezies, aber wie der Vergleich von Programmen verschiedener Veranstalter gezeigt hat, geht es im Grunde nur um einen Betrug, d. h. um die Gleichschaltung aller Afrikaner als Wilde oder Halbwilde. Der Völkerschaubesucher bekommt das serviert, wovon er schon zu Hause geträumt hat und dialogisiert im Kontakt mit den so genannten wilden Fremden mit sich selbst. Es geht um ein trompe l'oeil entertainement, das mit Originalitäts- und Authentizitätseffekten spielt. Zu Einzelfällen – wie im Fall des Prinzen Dido – treten konkrete geschäftliche und diplomatische Interessen neben die angebliche Belehrungsabsicht. Die Inszenierungsmodi der Völkerschauen scheuen nicht im Übrigen vor Aufwand ergänzender Dokumentation zurück. Die zur Schaugestellten werden durch Vertrag, aber auch durch Gitter oder sonstige Barrieren daran gehindert, ihre eigene Innensicht der Dinge zu geben. Der Körper wird zum Exponat und zur Widerspiegelung exotischer Sehnsüchte oder zur Projektionsfläche negativer Fremdbilder der Zuschauer. Dies kommt besonders bei der Zelebrierung des eigenen nationalen Stolzes oder der rassischen Hierarchie zum Tragen.

15　*Leipziger Tageblatt*, Nr. 227, Sonntag, 15. August 1886, S. 4617.

Völkerschauen in Österreich – Ungarn
Ashantees in Budapest und Wien, 1895-1897

Peter Plener

S eit Beginn der Weltausstellungen 1851 in London wurden außereuropäischen Kolonien eigene Ausstellungsbereiche eingeräumt, die im Zeitalter des Historismus jenen Exotismus befriedigen halfen, der „die Welt" bedeutete und die Warenwelt meinte. Völkerschauen im kommerziell einträglichen Stil – gerne auch naturwissenschaftlich verbrämt – waren nicht nur von der Pariser Weltausstellung 1889 (bei der es zum ersten Mal große Areale für die Zurschaustellung der Kolonien *und* ihrer EinwohnerInnen gab) angeregt, sondern sind im Kontext von William Codys sehr erfolgreicher Show *Buffalo Bill* zu sehen (die ihrerseits durch die amerikanischen Vaudevilletheater massiv beeinflusst war), die 1889/1890 durch Europa zog.

Zum bekanntesten Impressario dieses Gewerbes brachte es Carl Hagenbeck, der vermittels eines weltweit operierenden Netzes von Werbern, Impressarios und Schiffskapitänen zwischen 1875 und 1931, gemeinsam mit seiner Familie, gut 60 Völkerschauen organisierte. Insgesamt gab es in diesem Zeitraum einige hundert Schauen, die quer durch Europa zogen. Hagenbeck inszenierte seine Welt-Anschauungen mit Mensch, Tier, Requisiten und der Einübung als „authentisch" imaginierter Szenen u.a. in Prag, München, Hannover, Dresden, Hamburg, Berlin, Breslau, Frankfurt/M., Halle, Wien, Paris, Zürich, Koblenz, Leipzig, Mainz, Basel, Bergen, Göteborg, Kopenhagen, London, Mailand, Rotterdam, Straßburg, Stockholm.[1]

Die Aschantischauen im Budapester Állatkert (1896) und im Wiener Tiergarten am Praterschüttel (1896/97)[2] dienten neben der Befriedigung körperzentrierter Sensationslust auch der Abgrenzung des Eigenen in Konfrontation mit dem Exotischen: Der Umstand, dass etwas im Rahmen des „zivilisierten Diskurses" als anders bzw. exotisch eingestuft wird, bedeutet zwingend dessen vorangegangene Einordnung, Kartografierung, Separation vom Eigenen. Das Exotische wird fester Bestandteil eines Selbstbildes, dass seine Grenzen definiert und entlang derselben seine Befindlichkeit und sein Wesen absteckt. Man könnte vielleicht von einem „Vazieren an den eigenen Grenzen"

---

1   Für die Hagenbeck'schen Schauen cf. u.a. Thode-Arora (1989); Dittrich / Rieke-Müller (1998).

2   Cf. den diesbezüglich besten Beitrag: Michler (1999), S. 351-395. Michler zeigt sehr genau, wie sich Spektakel, Vergnügen und Sehsucht mit populärwissenschaftlichen Bildungsprogrammen und also der Möglichkeit wissenschaftlicher Verbrämung trafen. Weiteres, v.a. im Zusammenhang mit Peter Altenberg: Barker, A. (1991), S. 57-70; Barker, A. (1998), S. 110-125; Foster, I. (1993), S. 39-60.

sprechen, um zu verdeutlichen, dass es vom Eigenen her keine Grenzverletzung gibt, jedoch jedwede des Anderen umgehend geahndet wird.

Das Exotische lässt sich vereinnahmen und zum (als) Teil des Eigenen funktionalisieren, es ist Bestandteil moderner Selbstdefinition, stellt als solches keine Gefährdung, sondern eine Bereicherung *qua Aneignung* dar.

Das Fremde in Gestalt des schwarzen Mannes in weißen Zonen regt an, sein Anblick wird in den eigenen Erfahrungsschatz integriert und bereichert. Das Eigene in Gestalt des weißen Mannes in schwarzen Zonen wird wiederum Bestandteil der kolonialen Erfolgsgeschichte, der Abenteuerliteratur, der Forschungsberichte und des Anekdotenschatzes – gleichfalls Anregungen des Eigenen durch das Andere, das Exotische *per se*.

Budapest
1896, im Zuge der Millenniumsfeierlichkeiten zwischen Nationalbewusstsein, Traditionspflege, Metrobau und Festumzügen, Ausstellungen und architektonischen Neuerungen, wurde in Budapest eine Aschantischau gegeben, die alle Erwartungen übertraf – v.a. hinsichtlich des Publikumsinteresses. So berichtete denn auch beispielsweise die *Vasárnapi Ujság* unter dem Titel *Egy darab Afrika Budapesten* begeistert über die Sensation[3], 250 Aschantis aus Akkra im Állatkert [Tiergarten] bei deren täglichen Verrichtungen beobachten, genauer: „besichtigen" zu können.

Sie seien „aránylag – igen tiszták" [verhältnismäßig sauber] – und die Berichterstattung hebt als besonders erstaunlich hervor, dass bei „so vielen wilden Menschen" kein Gestank entstehe. Dies dürfte u.a. an den regelmäßigen öffentlichen Waschungen gelegen haben, zu denen die „Asantik" angehalten wurden: Diese der Allgemeinheit zugängliche Möglichkeit für eingehende Körperstudien der Aschantis (wie Bronzestatuen seien sie) sei ein „ästhetischer" Genuss [sic!] gewesen, der den „anthropologischen Gewinn" noch beträchtlich „erhöht" hätte.

Neben einer etwas unpräzisen – aber umso breiter ausgewalzten – Landeskunde (die Afrikaner kämen aus „Akkra, vagy Ankran, vagy Ga (azaz: hangyák városa) [übersetzbar etwa als: Stadt der Ameisen; Anm.]") werden derartige Bewertungen der hygienischen Umstände auch fester Bestandteil der Darstellungen in den Wiener Zeitungsberichten – und natürlich wird stets der anthropologische Zugewinn ins journaillistische Treffen geführt. In Budapest kommt noch die Besonderheit der Aufforderung an die *p.t.* LeserInnen zur Wertschätzung der Aschantis hinzu, da diese, wenn sie wieder zurückkehren sollten, erzählen würden, wie schön es in Budapest sei – somit

---

3   Vasárnapi (1896), S. 575 f.

würde eine entsprechende Toleranz gegtenüber diesen Anderen zum Werden und zur Entwicklung der Weltmetropole Budapest, sozusagen des Eigenen, beitragen.

Wien

1896 wurde in Wien zum ersten Mal die ethnologische Schau *Die afrikanische Goldküste und ihre Bewohner* gegeben (10.06.-19.10.1896, Kurztitel: *Aschanti*), mit bis zu 70 WestafrikanerInnen.[4] Anlässlich des Kaisergeburtstags (18. August), so die hochlöbliche Begründung (wenngleich sich fragen ließe, was das eine mit dem anderen nun zu tun habe) wurden sogar zusätzliche Aschantis aus Budapest nach Wien geholt und der Wiener Schau „eingegliedert". Aufgrund des großen Erfolges wurde 1897 noch eine Ausstellung mit 120 Aschantis veranstaltet: Sie waren *die* Sensation, kamen in allen Rubriken der Tageszeitungen vor, waren *das* Gespräch der Stadt – und sicherten einen ungeheuer erfolgreichen Kartenverkauf quer durch die Publikumsschichten.

Es besteht kaum ein Zweifel daran, daß viele Besucher nicht so sehr aus anthropologischem Interesse in die Ausstellung kamen, sondern vielmehr aus lüsterner Begierde, „nackte Wilde" zu sehen und sich unter sie zu mischen. Die Nähe der deutschen Völkerkunde zur sanften Pornographie ist in den pseudo-wissenschaftlichen Studien der Zeit wohldokumentiert[5], die „wissenschaftliche" Daten über Schädelgrößen und die Skelettentwicklung der verschiedenen Rassen mit Photographien nackter, häufig in erotischen Posen dargestellter Männer und Frauen vermischte.[6]

Die sexuelle Verfügbarkeit schwarzer Frauen und Virilität schwarzer Männer entspricht nicht nur den Klischees, sondern ergab sich auch ganz wesentlich aus einer Konvergenz von Projektionen und Disziplinartechniken, wie sie bereits in den Untersuchungen von Michel Foucault aufgezeigt werden. Prostituierte, Schwarze, teilweise Lesbierinnen (und in gewisser Weise wäre vor dem Hintergrund der begeisterten Rezeption Otto Wieningers hinzuzufügen: auch Juden), waren seitens der Wissenschaft lange und nachhaltig denselben medizinischen, semantischen und anthropometrischen Praktiken ausgesetzt.

---

4   Im selben Jahr fand in Berlin im Rahmen der Gewerbeausstellung eine Kolonialausstellung mit 104 „Eingeborenen" aus den deutschen Kolonien statt; cf. Arbeitsausschuß der Deutschen Kolonial-Ausstellung, s. z.B. Schweinitz/Beck/Imberg/ Meinecke (1897) oder auch: Simmel, G. (2000) S. 64-68.

5   Andrew Barker verweist an dieser Stelle in einer Fußnote auf: Stratz, C.H.: Naturgeschichte des Menschen. Stuttgart: Ebke 1904.

6   Barker, A. (1998) S. 110-125, hier S. 110.

Hinzu trat ein weiteres Bedürfnis, das aus einem postdarwinistischen Unbehagen gespeist wurde. Ohne an dieser Stelle weiter darauf eingehen zu können sei doch zumindest der Verdacht deponiert, dass bei aller kursorischen (und größtenteils via entstellendem Hörensagen erfolgten) Rezeption der Schriften Charles Darwins (die insofern Parallelen zu der Nietzsches aufweist) neben diversen Missverständnissen ein nicht sehr angenehmer Sachverhalt sehr deutlich wurde: Dass die Superiorität der menschlichen Spezies als nicht weiter aufrecht zu erhaltendes Gerücht endgültig *ad acta* zu legen war. Wenn der Verdacht eines diesbezüglich sich durchgesetzt habenden, stillschweigend angenommenen (weil gefürchteten) Wissens stimmen sollte, dann erfüllten die Völkerschauen (und mit ihnen zu guten Teilen der Exotismus in seinen primär ethnisch und nicht ästhetisch ausgeprägten Richtungen) noch einen weiteren Zweck. Denn auf diesem Wege war – gegen ein geringes Eintrittsgeld – jenes Superioritätsgefühl noch einmal wiederzugewinnen, ungeachtet aller Künstlichkeit der Inszenierungen und ihrer Kontexte.

Insgesamt bedarf der Konnex derart vertrackter Anthropologie mit einem auf unterschiedlichste Weisen bedingten Voyeurismus, gerade auch hinsichtlich einer Perspektivierung auf soziale Zusammenhänge und Auswirkungen, noch weitergehender Aufarbeitung – durchaus ausgehend von Sander Gilmans Ansatz. Wenn gilt: „Die Pathologie des Anderen enthüllt sich in ihrer Anatomie"[7], so handelt es sich um Aspekte von Zeichensetzung und Kodierung bzw. Dekodierung, Stigmatisierungen und Projektionen von Gesellschaften, mithin um die Frage nach deren Stellung und Machtzuwachs bzw. -verlust.

Bereits im Frühjahr 1897 machen erste Gerüchte von schwarzhäutigen Neugeborenen die Runde, die sich am deutlichsten in einer Karikatur der Satirezeitschrift *Kikeriki* fokussieren: Sie zeigt eine junge weiße Frau, die zwei dunkelhäutige Knaben in die Höhe hält; die Bildunterschrift lautet: „A Schand', die Bub'n."[8]

Übereinstimmungen und -blendungen des eigenen und Gruppenkörpers mit jenem des „primitiven Anderen" sind gang und gäbe, Grenzverletzung inklusive. Die roten und weißen Schwestern bei Theweleit weisen zahlreiche Entsprechungen – wenngleich keine 100%ige Vergleichbarkeit – zu den Rollen der schwarzen und weißen Frauen auf. Überdies kommen bei diesen wechselweisen Wirkungen der Verknüpfung von Reinheitsdiskursen und Ventilfunktion noch die schwarzen Männer hinzu, deren

---

7   S.a. Gilman (1992), S. 119-154, hier S. 147.
8   Kikeriki, 04.04.1897. Cf. zu Hinweisen auf die Zeitschrift Kikeriki sowie zur Koppelung von Tiergartenatmosphäre und dem Anderen in der als eigen empfundenen Umgebung auch: Honold (2001), S. 135-156, insb. S. 142f.

Rolle in diesen Zusammenhängen ebenfalls abgeklärt werden muss. Die ihnen zugeschriebene Virilität und das imaginierte sexuelle Erregungspotenzial statten sie mit – u.a. nur wenige Jahre später auch bei Otto Weininger ausgeführten – „weiblichen" Attribuierungen aus.

Der erwähnte *Kikeriki* war jedoch nicht das einzige Blatt, dass hinreichend Material für eine Aufarbeitung im Zeichen von Klaus Theweleits *Männerphantasien*[9] zu liefern geeignet scheint. Die *Humoristischen Blätter* brachten – nur ein Beispiel von vielen – eine Karikatur, die eine weiße Frau im Arm eines schwarzen Mannes zeigte, beide Richtung „Venedig in Wien" blickend. Bildunterschrift: „Wartet, Strohwitwer von ‚Venedig in Wien', wir revanchieren uns!"[10] Die Gerüchte schwirrten – und noch Jahrzehnte später wurden sie gerne neu aufgekocht:

Trotz aller künstlerischen Ambitionen mußte ich aber mit Betrübnis konstatieren, daß die „Aschanti" im Tiergarten eine stärkere Anziehungskraft ausübten als mein schönstes Programm. Die „Aschanti" waren in Wien populär! Arm und reich, Volk und Adel, alles strömte in den Tiergarten, um sich die schwarze Gesellschaft anzusehen. Man hatte ja schon oft genug Schwarze gezeigt, aber Wien hatte nie soviel Interesse für eine Völkerschau aufgebracht, wie für diese „Truppe"! Freilich erzählte man sich Schauergeschichten, von denen aber doch ein Teil der Wahrheit entsprach! Während sich die Herrenwelt für die „Aschanti-Weiberl" nicht zu interessieren schien, war ein Teil der Wienerinnen – gottlob nur ein kleiner Teil – geradezu toll nach den „schwarzen Gesellen", die mit Geld und Geschenken von der Damenwelt überhäuft wurden. Man erzählte viel von den galanten Abenteuern der schwarzen Kavaliere, von denen ja so vieles erfunden zu sein schien, aber einiges weiß ich aus positiver Quelle, nämlich von den Herren des Praterkommissariats. So hat man einmal eine Hofrätin in einer Seitenallee des Praters mit einem Neger in sehr verfänglicher Situation erwischt und die Ärmste mußte dem Wachorgan auf das Kommissariat folgen. Man behauptet auch, daß „Schwarz-weiß" im darauffolgenden Winter mancher Maid nachgewiesen worden sei! Aber gerade diese Aventuren machten die Wiener neugierig, und die Witzblätter sowie die Volkssänger trugen das ihrige dazu bei, diese unappetitlichen übelriechenden Negerdandys interessant zu machen. Offen gestehe ich, daß ich mich über diese schwarze Invasion sehr geärgert habe.[11]

---

9   Cf. Theweleit.
10   Humoristische Blätter, 18.04.1897.
11   Gabor Steiner in: Illustrierte Wochenpost, 05.12.1930, hier cit. nach: Rubey/Schönwald (1996) S. 69f. Steiner ließ u.a. 1895 „Venedig in Wien" und 1896/97 das Riesenrad errichten.

Die Ausstellung im „Wiener Tiergarten" am Praterschüttel (dem volkstümlichen Pendant zu den noblen Menagerien und Volten von Schönbrunn) unterhielt, wie sich zeigen lässt, neben den im Raum angelegten Assoziationen eine institutionelle Beziehung zum Zoo dadurch, dass die Aschantis auf der Basis von Erwartungshaltungen eine konstruierte Authentizität, ein vorgebliches Alltagsleben demonstrierten (d.h. zu bestimmten Zeiten Tänze aufführten und Rituale abhielten, sich nicht der Witterung entsprechend kleiden durften, etc.). Alexander Honolds Einschätzung ist ganz richtig:

> Anders als mit [...] zirkusähnlichen Extra-Vorführungen war die Nachfrage bald nicht mehr zu decken. Folgerichtig orientiert sich nun all das, was als Sitten und Gebräuche der jeweiligen Ethnien in Szene gesetzt wird, am ästhetischen Ideal des Spektakulären. Die Ashantee-Auftritte wurden zu lebenden Bildern ausgestaltet, boten choreographisch komponierte Pantomimen und ganze Abenteuergeschichten dar [...].[12]

Den wissenschaftlich-didaktischen Vorstellungen der Zeit entsprechend war mitunter auch die Berührung (zumeist gegen Bezahlung und insofern auch den Ansprüchen der Schausteller entgegenkommend) durchaus zulässig: ein Streichelzoo für Erwachsene. Dass die Frage von Nähe und Distanz ausschließlich seitens der weißen Aussteller und Besucher definiert wurde, somit entsprechende Konsequenzen für Fragen von Herrschaft und Macht anzusetzen sind, braucht wohl kaum näher ausgeführt zu werden.

Letztlich musste in den Völkerschauen der Zeit zumindest ansatzweise der Forderung entsprochen werden, ein breites und in Ruhe zu „studierendes" Anschauungsmaterial (ein *tableaux vivant*, an dem man auch noch teilhaben konnte!) dem großen Publikum vor Augen zu führen. Der dadurch evozierte zweideutige Charakter korrespondiert mit der veränderten Situation der Anthropologie.[13]

1910 wurde – anlässlich der „Internationalen Jagdausstellung" – in Wien wieder ein afrikanisches Dorf in den Prater versetzt, diesmal war es ein abessinisches. Peter Altenberg, der mit seinem Buch *Ashantee* 1897 aus der Position eines kritischen Konsumenten eine sehr differenzierte und genaue Darstellung sowohl der damaligen Schauen als auch der – im Geist der Zeit – vulgär-darwinistisch motivierten Besucher gegeben hatte, reagierte sofort hoch erfreut und schrieb auf die Fotografie eines abessinischen Mädchens:

---

12 Honold (2001), S. 135-156, S. 147.
13 Cf. dazu Michler (1999).

Katidja - - - 1910, im Abyssinierdorfe
Nâh-Badûh - - - 1896, im Ashanteedorfe.
Unterdessen ein Greis geworden - - -.
Aber die *Begeisterung* ist *geblieben*; wie
eh und je - - -. Peter Altenberg[14]

Bereits 1905 wusste Sigmund Freud um *Die infantile Sexualität* und die Verführ-
barkeit des Kindes unter einem Aspekt der potenziellen Veranlagung zur Prostitution,
darin durchaus auf einer (wenngleich nicht in reflexiv-semantischer Hinsicht) Ebene
mit Altenberg:

> Das Kind verhält sich hierin nicht anders als etwa das unkultivierte Durch-
> schnittsweib, bei dem die [...] polymorph perverse Veranlagung erhalten
> bleibt. Dieses kann [...] unter der Leitung eines geschickten Verführers [...]
> an allen Perversionen Geschmack finden und dieselben für seine Sexualbe-
> tätigung festhalten. Die nämliche polymorphe, also infantile, Anlage beutet
> dann die Dirne für ihre Berufstätigkeit aus und [...] es [wird] endgültig un-
> möglich, in der gleichmäßigen Anlage zu allen Perversionen nicht das allge-
> mein Menschliche und Ursprüngliche zu erkennen.[15]

1926 wird Freud dann im Zusammenhang mit der *Frage der Laienanalyse* für die
frühkindliche Sexualität hochgradig metaphorisch eingestehen, dass „doch auch das
Geschlechtsleben des erwachsenen Weibes ein *dark continent* für die Psychologie"[16]
sei. Dies liest sich wie ein Kommentar zu Altenbergs Seligkeit, einen solchen, von ihm
ausgemachten „dark continent" erforschen (die weißen Flecken seiner Landkarte
schwarz einfärben...) zu dürfen, dabei zwar nicht unbedingt *The white man's burden*
auf den Schultern, aber umso mehr in die Konflikte einer Wiener Gesellschaft ver-
strickt, deren Regeln es zu brechen galt: „Körperlich geht es mir entsetzlich, geradezu
unerträglich. Aber meine kleine schwarze Freundin bringt mich in Welten, wo es keine
Leiden gibt, sondern nur seeliges Genießen."[17] Und noch in einem *Brief aus Wien* soll
die auf den süßen Moment zu komprimierende Erinnerung mitschwingen: „I always
remember this magic first day, when Nabadû arrived from Buda-Pesth, quite a stranger
to me and leaned her head on my shoulder!"[18]

---

14   Cit. nach Bisanz (1987), S. 70.
15   Freud (1999a), S. 27-145, hier S. 92.
16   Freud (1999b), S. 207-296, hier S. 241 (Kursivierung im Original).
17   Peter Altenberg in einem Brief an Annie Holitscher v. 11.08.1896. Cit. nach: Kosler (1984)
S. 164.
18   Altenberg (1987), dort überschrieben: Ein Brief aus Wien. (An die Negerin Monambô.)
S. 254-255, hier S. 255.

Traum und Warenwelt

Es wäre die Frage zu stellen, inwieweit der Exotismus des Publikums in der Monarchie sich an Brechungen eines ‚Kolonialismus des Imaginären' entlang orientierte. Die nicht österreich-ungarisch kolonialisierte Welt glaubte man sehr gut zu kennen – die Panoramen und (praktisch zeitgleich stattfindenden) ersten Kinovorführungen in Österreich-Ungarn sicherten die Vorstellung ab, das Wichtigste sehen zu können bzw. bereits gesehen zu haben. Die Welt galt als erforscht, und den daran Unbeteiligten wurde ein entsprechendes Surrogat geliefert, wie etwa Theodor Herzl erkannte: „Im Prater sind jetzt mancherlei ‚wilde' Menschen und Tiere versammelt, von Unternehmern herbeigeholt für die Schaulustigen, die niemals in solche Fernen reisen könnten."[19] Der zu konsumierende An-Schein ersetzte quasi die Erscheinung.

Der Kontext der Moderne ist dabei ein nicht zu vernachlässigender Aspekt heutiger Betrachtungsweise. Die verunsicherten Verlierer der ablaufenden Prozesse der Ausdifferenzierung und Fragmentierung traditioneller Orientierungsmuster und Legitimationsgrundlagen. Während die alten Kodes verschwinden bzw. sich als untauglich erweisen, stellt der Historismus mit seinem *code-switching* eine schier überbordende – jedenfalls verwirrende – Fülle an möglichen neuen Assoziationsgraden in den öffentlichen Raum, deren Potenzial gerade in der unübersichtlichen Verschränkung und Neukonstruktion kollektiver Identitäten liegt.

Die Ausstellungsgestaltung funktioniert ähnlich: Durch die Spezifik der Anordnung und die dadurch ermöglichten Assoziationsgrade, zu denen der Betrachter jedoch nicht über die Introspektion gelangte, sondern durch spekulative Operationen, mithin durch Extrospektion, ergeben sich neue Perspektiven, die in scheinbarer Abkehr von bloß mimetischen Strukturen eine eigenständige Kontiguität ermöglichen, die letztlich als Kontinuität bzw. Einheitsraum einen neuen Zusammenhang ergibt: Völkerschauen bieten wie andere Bildwelten auch eine Möglichkeit der Komplexitätsreduktion und somit weitgehend eingängiges Identifikationspotenzial, das seinerseits stabilisierend bzw. stabilisiert wirkt. Diese Reduktion ist nicht nur in der Ermöglichung eindimensionaler Rezeptionsmechanismen und scheinbarer Simplifizierung effizient. Der Gefahr einer tiefgreifenden Verstörung der Konsumenten wird durch eine genaue Definition und Einteilung des Raums begegnet (Gitterzäune, Kassen, Absperrungen im weitesten Sinn), die es in doppelter Hinsicht ermöglicht, eingehende Gewissheiten hinsichtlich des imaginierten Eigenen und des inszenierten Fremden zu erlangen.

---

19 Herzl (1911), S. 152-166, hier S. 153.

Raumspezifika können im Zusammenhang mit einer Dialektik des Drinnen und Draußen[20] auch bewusst im Hinblick auf eine Funktionalisierung, einen zum Zwecke der Katalyse (der gezielten Steuerung[21]) einsetzenden Prozess beim Rezipienten, verwendet werden. Dies bedeutet beispielsweise, dass bei der Darstellung eines – den Fähigkeiten zur Aufnahme entgegenkommenden – Ortes die Orientierung, das Konstruieren bzw. Konstituieren (unter Berücksichtigung der zwangsläufig einsetzenden Verzerrungen bzw. eines ausschnitthaften Wahrnehmens) qua begründender Elemente so ermöglicht werden soll, dass im Idealfall eine konkrete Vorstellung einsetzt, derzufolge diese Gegebenheiten aus eigener Kraft heraus formatiert werden können, der spezifische Inhalt als abrufbar figuriert – und das auch bleibt. Für den Normalfall könnte gelten, dass eine Form der Sublimierung, wenn nicht Kompensation, erreicht werden soll.

Die zu besichtigenden Bilder aus Afrika sind nicht einfach Projektionen (oder authentische Reproduktionen), sondern an die Umstände der jeweils gegenwärtigen Betrachtung gebundene Zurichtungen, Teil genau kalkulierter Strategien. Die strukturierte bzw. formatierende Aufführung ermöglicht das problemlose Betrachten bei gleichzeitiger Wahrung des Abstands. Nach Adorno überlebt im Kontext einer Dialektik von Kunst und Natur das

> Bild von Natur [...] weil seine vollkommene Negation im Artefakt, welche dies Bild errettet, notwendig gegen das sich verblendet, was jenseits der bürgerlichen Gesellschaft, ihrer Arbeit und ihrer Ware wäre. Das Naturschöne bleibt Allegorie dieses Jenseitigen trotz seiner Vermittlung durch die gesellschaftliche Immanenz.[22]

Identifikationsbedürfnisse und Identitätssüchte, die Träume einer Gesellschaft werden vereinnahmt zum Zwecke des Kartenverkaufs. Profil gewinnen zu dürfen wird mithin eine Frage der richtigen Eintrittskarte, denn das „Originäre" ist natürlich seit jeher eine Konstruktion – wie gut diese gelingt, ist ein Thema für die Warenwelt. Die Ausstellungsanordnung hat die (konsumierende) Erfahrung als solche erst ermöglicht, indem sie die eigentlichen Kontexte ab- bzw. herauslöste und genau formatierte Dispositive einrichtete, wobei die Konsumation der Neuheiten in sich wiederholenden Formen erfolgen soll, um den Warencharakter entsprechend umzusetzen.

---

20 Für die Literatur cf.: Bachelard (1987).

21 Zu einem teilweise anders gedachten Aspekt der Verwendung des Begriffs „Katalyse" cf. Barthes (1988), insbes. 1441; NF 441, S. 112f.

22 Adorno (1989), S. 108.

Menschen-Zoos in der Schweiz[1]

Patrick Minder

Das Gebilde des Kolonialisierten in einem imperiumslosen Mutterland: der Fall Schweiz (1880–1939)

„Die Beziehungen zwischen der Schweiz und den Überseeterritorien haben das Interesse der Historiker nie wirklich zu erwecken vermocht. Die Antwort darauf liegt sicher zum Teil in der Tatsache, dass die Schweiz nie selbst Kolonien besaß. Die ehemaligen europäischen Kolonialmächte haben denn auch eine eigene historiographische Tradition zu diesem Thema".[2]

Dieses Zitat verdeutlicht ein bis heute noch von keinem einzigen Schweizer Autor oder Forscher in Frage gestelltes, jedoch von der gesamten Geschichtsschreibung akzeptiertes Postulat: die Schweiz hat keine Kolonien, da sie neutral ist, die Schweiz hat keine imperiale Berufung, da sie eine kleine Macht darstellt, die Schweiz hat keine imperialistischen Ambitionen, da sie seit jeher engste Beziehungen zur ganzen Welt pflegt.

Wie lassen sich da trotz derartiger, weitverbreiteter und als ausgemacht geltender Aussagen, die quantitative und qualitative Fülle schriftlicher Quellen und Bilder erklären, die dieselben Repräsentationen und Werte über den Schwarzen verbreiten, wie die von einer Kolonialmetropole aufrechterhaltenen? Unabhängig von der geographischen Lage der Schweiz, bleiben diese Repräsentationen mit erstaunlicher Kontinuität und ohne Unterbrechung während des ganzen 20. Jahrhunderts als Modeerscheinung bestehen. Wie ist des Weiteren zu verstehen, warum ein Land, das keine Kolonien besitzt, die Repräsentationen der Nachbarmächte übernimmt, sie verändert, sich sogar eigene zurechtbastelt, diese dann soweit im kollektiven Unterbewusstsein verankert, dass es während der Nationalausstellung in Genf 1896 zur Schau eines „Negerdorfes" kommen kann, ohne dabei auch nur die geringste Protestreaktion auszulösen? Berge und Palmen ergänzen sich vortrefflich, das Paradox schockiert in keiner Weise: „Die Schweiz, so sagt man, hat ja nicht wie die Großmächte, Kolonien. So haben denn auch wir 1896 unsere eigene ‚Kolonienschau'."[3]

---

1   Übersetzt von Ursula Gaillard-Merz, Fribourg, Schweiz.

2   David & Etemad (1994), S. 7.

3   G. Valette, Le Village suisse. Appel aux Suisses de l'étranger. (Das Schweizerdorf. Ruf an die Auslandschweizer), Genf, 1895, S. 6 zit. von Bernard Crettaz: „La civilisation de la vache' comme regard sur l'Exposition nationale de 1896", („Die ‚Zivilisation der Kuh', ein Blick auf die Nationalausstellung von 1896".) in Leïla el-Wakil et Vaisse (2000), S. 41.

Eine nicht-koloniale Schweiz: das Ende eines Mythos?

In diesem Rahmen eine endgültige Antwort auf diese Frage zu geben, wäre eine Anmaßung. Sinnvoller dagegen ist es, einige, die Diskussion dynamisierende Elemente hinzuzufügen und dabei die interessantesten Aspekte hervorzuheben für das, was eine neue Strömung in der Forschung konstituiert. Obwohl die Frage nach dem Kolonialismus hie und da spezialisierte Studien hervorgebracht hat, sind letztere nicht zahlreich. Über eine Zeitspanne von 70 Jahren ergeben sich seit den 1930er Jahren nicht mehr als ein Dutzend Werke und Texte. Diese Forschungen gehen oft von einer klassischen Analyse des Themas aus, wobei wirtschaftliche, soziale, (insbesondere demographische und migrationsbezogene) selten ideologische Aspekte behandelt werden, die dem helvetischen *Wirtschaftsimperialismus* zugrunde liegen und in denen das Wort Kolonialismus nicht einziges Mal vorkommt. Keine dieser Arbeiten überzeugt durch Innovation, weder in der Chronologie, der Datenverarbeitung als auch der benutzten Quellen und Medien.

Die Problematik des Schwarzenbildes ist in der Schweiz bisher also noch nie vertieft behandelt oder aufgegriffen worden. Dass es dieses Bild tatsächlich gibt, ist heute unübersehbar. Wegen der Komplexität seiner Beschaffenheit und seiner Ausdrucksweisen, muss eine Analyse auf verschiedenen Ebenen und im Lichte unterschiedlicher Dokumente erfolgen. Es geht darum den Aufbau dieses Bildes unter dem Gesichtspunkt seiner spezifischsten, strukturellsten und symbolischsten Einzigartigkeit zu beschreiben, um dann die hervorstechendsten Merkmale zu umreißen. So erscheint es in vielfältigen Formen wechselnder kaleidoskopischer Muster, einer Mischung aus Bildern und mentalen Darstellungen, die aus dem Schwarzen und dem Kolonialisierten zunächst nebeneinandergestellte, dann über- und ineinanderfließende Individuen machen und sie schließlich zu einer einzigen Person verschmelzen lassen.

Der Ursprung der ersten Kontakte zwischen der Schweiz und Schwarzafrika ist relativ gut bekannt, kommt in Schriften jedoch kaum über die Stufe der anekdotischen, episodenhaften Evokation hinaus. Der erste Schweizer, der im Rahmen einer seiner drei Reisen auf einem holländischen Schiff zwischen 1611 und 1620 den Fuß auf den afrikanischen Kontinent setzt, ist ein Basler Chirurg namens Samuel Braun. Ebenfalls als sicher gilt der Dienst mehrerer Schweizer Söldner in fremden Kolonialarmeen. Der Sklavenhandel hat, was indessen eher selten der Fall war, zur Entwicklung einiger Schweizer Privatunternehmen beigetragen. Die meisten und detailliertesten Berichte und Dokumente wurden seit dem 19. Jahrhundert vor allem von Wissenschaftlern, Reisenden und anderen Entdeckern von ihren ausgedehnten Afrikareisen mitgebracht. Hier muss erwähnt werden, dass für die Schweiz die direkte Konfrontation zwischen

Schwarz und Weiss lange vor der Schaffung und Organisation von modernen Kolonien stattfand. Auch die Berichte von Afrikanern, die als Vertreter einer sehr unbedeutenden Migrationsminderheit in die Schweiz kamen, sind seit langem bekannt. Ein Schwarzer aus dem Kongo namens Hercule-Emmanuel wird 1787 in der Kirche von Moudon (Kanton Waadt) getauft, was aber eine frühere Anwesenheit weiterer Afrikaner nicht ausschließt. Afrikaner haben in der Folge die Möglichkeit sich in der Schweiz, insbesondere bei religiösen oder Missionaren Kongregationen aufzuhalten, wie dies bei der Basler Mission der Fall ist. Die ersten Bilder und Repräsentationen kolonialen Typs von Afrikanern haben sich also im Umfeld dieser afrikanischen Emigranten[4] und auf Grundlage ihrer Kenntnisse des afrikanischen Kontinents herausgebildet. Sie vermögen jedoch die Mentalitäten nicht nachhaltig zu beeinflussen, da sie nur einen schwachen Widerhall in dem, was die Schweizer jener Zeit beschäftigt erzeugen, sind doch in ihren Augen die Frage der Neutralität und des nationalen Aufbaus der Schweiz – sie stellt sich nicht vor Mitte des 19. Jahrhunderts – prioritär. Obschon es momentan noch schwierig ist mit Genauigkeit zu überprüfen, was an diesen Zeugnissen aus erster Hand authentisch und was Erfindung ist, so bilden die oben genannten Berichte doch ein Fundament, auf dem, wie dünn es auch immer sein mag, die Gesamtheit der kolonialen Repräsentationen des Schwarzen befestigt ist.

Mit oder ohne Imperium: der Schwarze bleibt ein „Neger"

Wie ist also das Vorhandensein einer relativ großen Fülle von Quellen schweizerischen Ursprungs über die Kolonialisierten zu verstehen? Es ist erstaunlich wie sehr die nationale, kantonale oder regionale Presse, Berichte und Reisebücher von französisch- oder deutschsprachigen Autoren, die Werbung, sogar das Kino, die Plakate von Schweizer Filmen und sonstigen Medien ihren Beitrag zur Verbreitung einer stark konnotierten Sichtweise des Afrikaners leisten. Trotz seiner quantitativ minoritären Stellung in der Gesamtproduktion, unterscheidet sich der Bilder- und Repräsentationenkorpus der Schweizer Autoren qualitativ und in seiner Symbolik in nichts von demjenigen der großen Nachbarmetropolen. Was für ein Interesse hat nun die kolonielose und neutrale Schweiz am Instandhalten eines derartigen Bildes? Zu welchem Zeitpunkt ihrer Geschichte, warum und worin unterscheiden sich ihre mentalen Darstellungen von denjenigen der anderen europäischen Mächte? Könnte es sein, dass sie ihre eigenen Repräsentationsweisen des Kolonialisierten besitzt, die sich trotz augenscheinlicher Ähnlichkeit bezüglich ihrer Herkunft und ihres Zwecks als grundverschieden von denjenigen der Nachbarmetropolen, erweisen?

---

4   N.d.Ü.: Sinnergänzung: "afrikanische" fehlt im Original.

Die Produktion, die sich *a priori* durchsetzt kommt aus den Kolonialländern. Problemlos versorgen sie die Schweizer und deren Markt mit einer riesigen Bildermenge auf vielfältigen Medienträgern. Das Bild und die Repräsentation des Kolonialisierten in der Schweiz wird in sehr hohem Masse von diesem, von ausländischen Journalisten, Wissenschaftlern, Publizisten und Schriftstellern geschaffenen Material beeinflusst. Auch wenn die quasi Gesamtheit des Kinos und des Kinoplakates – trotz nennenswerter und zahlreicher Ausnahmen – im Ausland produziert werden, widerlegen die Produktion der Presse, der Werbung und die Berichte von Schweizer Autoren eine alleinige „außer-einheimische" Provenienz eindeutig.

Unabhängig von der sozialen Herkunft des Produzenten oder des Zielpublikums, gründen diese Bilder und Repräsentationen in eklatanter Weise und viel zahlreicher als bisher angenommen auf einem rassischen Fundament. Von großen Unternehmen als Geschenke für kleine Schweizer bestimmte Spiele sind mit Bildern illustriert, auf denen sich ein heldenhafter Kolonist – die Nationalfahne macht ihn leicht erkennbar (übrigens mehrmals abgebildet) – im Handgemenge mit sich kannibalisch verhaltenden und so aussehenden Schwarzen befindet.[5]

Um die Rollenbesetzung des Schwarz/Weiss Paares zu illustrieren, bedienen sich die Werbung und Werbeplakate schweizerischer Herkunft – sie stammen zum großen Teil aus der Produktion von Nahrungsindustrien und dem Verkauf von Konsumgütern – ohne zu zögern kolonialistischer Merkmale (vor allem auf servile, sklavische, paternalistische und Mitleid gründende Beziehungen). Eine chronologisch unterscheidbare Entwicklung in der Repräsentation des Kolonialisierten und seines Bildes ist schwer zu erkennen. Um die Kriegsjahre zeichnen sich Scharnier-Zeitperioden (sie können momentan noch nicht genauer beschrieben werden) ab, wo sich diese Bilder teilweise weiterentwickeln, aber unter Beibehaltung ihrer expliziten kolonialen Symbolik. Das Bild des unterwürfigen, infantilen, lächerlichen, bizarren, tierischen, bestialen Afrikaners bleibt sich *Grosso modo* um 1880 oder um 1950 gleich.

Irgendwelchen kolonialen Verwaltungen, allen voran aber der englischen, französischen oder der deutschen angehörende Missionare, Vertreter großer Gesellschaften, Händler, Ingenieure, Eisenbahn- und Staatsangestellte, Söldner und Legionäre, Ethnologen und Anthropologen; sie alle wollen ihren Landsleuten Afrikasouvenirs oder genaue Kenntnisse vermitteln und die Legitimität dazu aus Status und Erfahrung

---

5　Dies ist der Fall bei drei (heute unter dem Namen Nestlé vereint) von großen Schweizer Nahrungsmittelproduzenten hergestellten Familienspielen („archives Nestlé" et „musée de l'Alimentation" à Vevey).

schöpfen. Diese Bewegung setzt sich aus Autoren mit wissenschaftlicher oder literarischer Ausrichtung und Einzelpersonen zusammen und ist größer bisher angenommen, da die Zahl der individuellen Zeugnisse seit einigen Jahren in dem Masse, wie Archive geöffnet und private Fonds entdeckt werden, zunimmt. Opponenten des Kolonialregimes gibt es wenige darunter und seltener noch sind diejenigen, die die klassischen Bilder und zu dieser Zeit gängigen Repräsentationen in Frage stellen.

Die Schweizer, die in Afrika gearbeitet haben, verspüren das Bedürfnis sich um eine Afrikanität zu versammeln, die heute noch unzureichend erfasst ist. Ursprünglich handelt es sich nur um informelle, bereits vor 1918 attestierte Versammlungen. In der Folge entsteht 1928 eine Vereinigung, die die Zirkel ehemaliger Kolonisten von fünf Schweizer Städten, Tessin ausgenommen, versammelt und erst mit den Unabhängigkeitserklärungen verschwindet. Zahlreiche seit 1947 in der Revue *Tam Tam* vereinte und mit Photographien oder Klischees versehene Texte lassen erkennen, dass diese Zirkel dynamisch sind und über finanzielle Mittel verfügen. Obwohl es äußerst schwierig ist ihren konkreten Einfluss zu ermessen, steht fest, dass die Afrika-Veteranen mehr oder weniger dazu beitragen, die mit starken kolonialen Akzenten befrachteten Werte und Ideale in der Schweiz zu überliefern und zu verstärken. Obwohl sehr minoritär auf Landesebene, spielen sie zweifellos eine wichtigere Rolle als die ihnen von den Spezialisten bis heute zugedachte.

Das populärste Bild und Repräsentation des Kolonialisierten bleiben jedoch weiterhin ethnologische Spektakel, Völkerschauen und andere „Kuriositäten" gleichen Stils. Tourneen werden in der ganzen Schweiz veranstaltet. Die Nationalausstellung von 1896 auf der Plainpalais-Ebene in Genf, empfängt eigens ihr „Negerdorf", das im Herzen des eigentlichen Ausstellungsgeländes rekonstruiert und eingebunden in den Attraktionspark dem „Schweizerdorf" als Spiegelung seines ungleichen Selbsts gegenübersteht.[6] Das Programm des Nationalzirkus Knie von 1931 ist ebenfalls eine Völkerschau. Kurzum, diese kulturellen Aktivitäten, besser bekannt geworden dank einiger in den letzten zwanzig Jahren durchgeführten Arbeiten, machen bewusst, dass die Monstranz des Schwarzen seit Ende des 19. bis Mitte des 20. Jahrhunderts eine nicht mehr wegzuleugnende populäre Begeisterung erfährt.

Diese Spektakel machen Furore und sind für Schweizer aus allen sozialen Schichten, auch bescheidenen bestimmt, neugierige Exotismusamateure, die noch nie einen *wirklichen* Afrikaner gesehen haben. Sie erfassen letzteren aber nur als ein Bild; ein Bild

---

6 Einsicht zu diesem Thema geben auch die Arbeiten von Bernard Crettaz und weiterer Spezialisten, unter anderem Ethnologen.

dessen Konturen zwangsläufig entstellt sind, weil die der Schau zugrundeliegende Absicht, die Inszenierung, die Dekors, die Zusammensetzung der Individuen der Truppe oder diejenige des Dorfes eine durch und durch künstlich fabrizierte Wirklichkeit darstellt. Der Unterschied zwischen Schwarzem-Bild und Kolonialisiertem-Bild zerfließt bis zu einem nicht mehr Auseinander-halten können und der Fusion ihrer bisher eigenständigen Charakteristika. So kennt der helvetische Zuschauer vom Afrikaner nur den kolonialistisch entstellten „Spiegelungsreflex": der Afrikaner des „Negerdorfes" ist der Schwarze der Werbung, ist der Schwarze der Missionare, ist auch der Schwarze des Abenteuerberichts. Dieser Schwarze ist die Summe aller westlichen Repräsentationen. Der Schweizer teilt so ein großes Stück weit seine Sicht des Anderen mit derjenigen des metropoliten Europäers.[7] Den Anderen in eine Rolle hineinzudenken, die anders ist als die des Kolonialisierten, erscheint utopisch, absurd und aus jeglichem realen Zusammenhang gerissen.

Kolonien? Kein Bedarf! Kolonialisierte genügen vollauf

Damit ein Bild das Bewusstsein dauerhaft prägt, müssen die Kolonien weiterbestehen, müssen die Repräsentationen der Kolonialisierten geschaffen und mithilfe eines effizienten, sich verbreitenden kolonialistischen Diskurses permanent aufrechterhalten werden. Diese Frage für die Schweiz zu stellen, verdient eine ganz besondere Aufmerksamkeit, obwohl sie zunächst als fehl am Platz oder zumindest originell erscheinen mag. Geht man davon aus, dass der kolonialistische Diskurs die Summe eines politischen-, ethnologischen- und anthropologischen Diskurses in sich vereint, so müssen seine reale Existenz sowie eventuelle Auswirkungen geprüft werden. Offiziell ist der politische Diskurs in der Schweiz inexistent. Die helvetische Neutralität spielt aber sicherlich eine wichtige Rolle als Bremse, Regulator und Zensor und gibt dabei teilweise eine Antwort auf die Frage, warum dieses Land seinen Wunsch nach Expansion nie offen kundtut und kein eigenes Kolonialimperium realisiert. Inoffiziell hat der politische Diskurs jedoch Anhänger, die zwar trotz ihrer unmissverständlich kolonialen Schriften Randerscheinungen bleiben, was zur Folge hat, dass sie über die Stufe des skizzenhaften, utopischen, versponnenen Planens nie hinauskommen.[8]

---

7 Mythen und der Schweiz eigene moralische Werte, wie zum Beispiel die Neutralität, die Angst vor dem Fremden (Xenophobie und nicht Rassismus), die Isolation, die Ichbezogenheit, die humanitäre Berufung, die Gewissheit ein ausgesuchtes und von Gott erwähltes Volk zu sein, stehen in keinem Widerspruch zu dieser Sicht, s. Lempen (1985), S. 175; Reszler (1986), S. 143.

8 Zu Gründungsplänen eines 26. Schweizer Kantons finden sich zu verschiedenen Zeiten Anhänger: in Brasilien, in Argentinien oder in Algerien etablierte Kolonien im 19. Jahrhundert, der Kongo zurzeit der belgischen Machtübernahme oder der Anschluss von Monaco inmitten des Zweiten Weltkriegs gehören zu den bekanntesten Beispielen!

Die Annahme, dass es in der Schweiz keine kolonialen Ambitionen gibt ist falsch auch wenn dieser Wunsch nie in der Politik, der sich im Amt befindlichen Regierungen zum Ausdruck kommt.

Anders verhält es sich mit dem anthropologischen- und völkerkundlichen Diskurs. Ersterer, spezialisierter und institutionalisierter als der Zweite, tritt um die Wende des 20. Jahrhunderts mit den Gründungen von Universitätslehrstühlen oder Völkerkundemuseen auf den Plan.[9] Die Völkerkunde vereint Spezialisten und Individuen, gelehrte oder auch nicht, die versessen darauf sind in ihren Reisenotizen oder wissenschaftlichen Bulletins die Sitten und Gebräuche der besuchten Stämme zu erzählen. Letzterer Diskurs ist sicherlich derjenige, der die größte Begeisterung auslöst, die weiteste Verbreitung erfährt und auf das breiteste Publikum stößt.

Wie viel Einfluss und Tragweite soll man diesen Diskursen beimessen? Ohne Anspruch auf Vollständigkeit, zeichnen sich doch unmittelbar zwei Haupttendenzen ab. Die Erste ist wirtschaftlicher Natur: der Schwarze ist verkaufsträchtig. In Wirklichkeit übt die Werbung kein Exklusivrecht auf die Kolonialwaren – allen voran die Schokoladenindustrie, aber nicht nur –, aus sondern trägt wirksam dazu bei, ein bestimmtes Bild des Kolonialisierten in Umlauf zu bringen. Es ist gerade diese Wirtschafts-Strömung, verbunden mit einer demographischen Analyse, die die meisten Schweizer Historiker beschrieben und aus der sie unter anderem die Konzepte eines *diagonalverlaufenden* oder *sekundären* Imperialismus herausgeschält haben.[10] Sämtliche Aspekte dieser Tendenz bedürfen jedoch noch einer gründlicheren Analyse.

Die Missionen stellen eine zweite Tendenz dar, die man als ideologisch bezeichnen kann und deren Ziele rapide die einfachen humanitären oder theologischen Beweggründe übersteigen. Der Schwarze wird ein wichtiges Instrument für religiöse Schweizer Organisationen, die in Afrika eine Arena der Selbstbestätigung und konfessioneller Kämpfe finden. Religiöser Proselytismus und Selbstgerechtigkeit machen Kasse um den Kolonialisierten.

Der in seinem Kolonialisiertenbild gefangene Schwarze, versinnbildlicht als Zugpferd der Kirchen ohne Umschweife und unter weit weniger versteckten Aspekten als bei den bisherigen kolonialen Diskursen, die rassische Überlegenheit der Europäer, ohne dabei den Neutralitätsstatus des Landes in Frage zu stellen. Gustave Moynier als Mitbegründer und Präsident des internationalen Komitees des Roten Kreuzes und gleichzeitiger Generalkonsul des unabhängigen Staates Kongo in der Schweiz, dessen

---

9 Gloor (1986), S. 305-313.
10 Ruffieux, 1987, S. 666; Witschi (1987), S. 177.

Kolonisation nach „belgischer Art" er leidenschaftlich verteidigt[11], liefert ein weiteres Beispiel eines mythischen Selbstbildnisses der Schweiz, das eines humanitären, hilfsbereiten Landes, das sich über die Leiden anderer beugt, um die sich niemand so gut kümmert wie es. Die Auswirkungen dieser Sichtweise sind jedoch noch unzureichend bekannt.

Warum wird mit so großer Beharrlichkeit an einer kolonialen Weltanschauung festgehalten, die sich weder durch eine politische Notwendigkeit noch territorialen Besitz rechtfertigen lässt? Es erscheint verständlich, dass in dem Masse wie die Repräsentation des Kolonialisierten der Ausdruck einer starken kulturellen Differenz ist, die Schweiz, mehr als jede andere Nation, als alter europäischer Staat an ihrem westlichen, kulturellen Status festhält. Der Aufbau der nationalen Einigung wäre ohne jegliches Zutun von Mythen und Utopien auch nicht gelungen. Daraus lässt sich schließen, dass der helvetische Raum einmalig ist: im Zentrum der westlichen Welt allein auf sich gestellt, sucht auch die Schweiz ihren Weg im Anderswo, in der Ferne – was die Wirtschafts- und Finanzwelt übrigens sehr rasch begriffen hat – und verteidigt unerbittlich ein Glück, das ewig währen soll.[12] Somit ist der Kolonialisierte nur eine unter vielen Formen des Anderen, zwar mit einer Identität versehen, aber nicht in das identitäre Bewusstsein integriert. Der kolonialisierte Schwarze stellt das perfekte Gegenstück zum fleißigen und modernen Schweizer dar.

Eine weitere Deutungsmöglichkeit wäre: Das frisch an die Macht gekommene Bürgertum benutzt den Kolonialisierten als Volksbelustigung, der zu spottbilligem Preis und mit geringen Mitteln von dringend anstehenden, sozialen und politischen Problemen ablenken soll. Der Fall der Nationalausstellung von 1896 liefert eines der frappantesten Beispiele dieser Denkströmung. Der Liftführer der Jelmoligeschäfte, das Afrikaner-Sparkässchen der Kirchen, der Aperitifhalterboy der bürgerlichen Interieurs sind kolonialistisch getönte Beispiele, die die Geister noch eindeutiger, stärker und nachhaltiger zu prägen vermögen als die ethnographischen Spektakel.

11　Senarclens de (2000), S. 237-252.

12　Den Begriffen „Mythos" und „Nationaler Aufbau" liegt die Idee nahe, dass die Schweiz selbst auch Opfer einer Form von Abhängigkeit war: „Die Geschichte der Schweiz ist die eines fortwährenden Überlebenskampfes gegen Isolierung und Würgegriff, aber auch gegen innere Auflösung; Gefahren denen ein kleines Binnenland, ohne Zugang zum Meer, ohne wichtige Bodenschätze und ohne innere nationale Kohäsion ausgesetztist. Ohne jegliche selbstversorgerische Autonomie und ohne über eine unseren Nachbarn ebenbürtige Armee zu unserer Selbstverteidigung zu verfügen, haben wir in viel größerer Abhängigkeit als manch anderes Volk gelebt, in permanenter wirtschaftlicher, militärischer und psychologischer Unsicherheit", s. Lempen (1985), S. 39.

All dies verdeutlicht auf eindrückliche Weise, warum bereits vor 1939 der schwarze Missionar, der durch die Straßen von Basel oder Genf spaziert oder auch der Afrikaner, der in der Schweizer Armee als guter, adoptierter Patriot dient, mehr schockieren als die eigenen Repräsentationen wilder, kurzschössiger Kolonisierter, die barfüßig und mit durchstochenen Ohren die Vorzüglichkeit des neusten Schokoladenriegels zum Verkauf anpreisen. Der geschickte Aufbau exotischer, von der Schweiz während des gesamten 20. Jahrhunderts hervorgebrachter Bilder, solche kolonialen Fantasiegebilde, schaden dem Ruf ihrer Neutralität nie und öffnen das Tor zum Traum vom Imperium.

Die Rekurrenz mit der die Stereotypen des Kolonialisierten die Zeit überdauern, hat schließlich über die Vernunft gesiegt. Da sie den finanziellen und wirtschaftlichen Interessen des Landes diente, und sich durch Berichte von emigrierten Landsleuten bestätigt fand, hat in der Schweiz die Sicht des Kolonialisierten und der westlichen Welt – eine, im Bewusstsein aller verankerte kolonial verfälschte Sicht – den gleichen Ursprung und dieselbe Entwicklung durchlaufen, wie diejenige der imperialen Nachbarmächte, bis zum Zeitpunkt der Dekolonisation, wo sich die Bilder – zum Teil nur – mit dem Traum aufgelöst haben.

Kolonialausstellungen und ethnische Hierarchien im modernen Japan

Arnaud Nanta

Die Jahre zwischen 1851 und dem Zweiten Weltkrieg gelten als Blütezeit der Industrie- und Weltausstellungen. Sie boten den Nationalstaaten Gelegenheit, miteinander zu konkurrieren. Großmächte demonstrierten ihre nationale Stärke, indem sie zuerst ihre Kapazitäten im Bereich industrieller Produktion und dann ihre Kolonien und ihren Einfluss in der nicht-europäischen Welt präsentierten. Im 19. Jahrhundert waren die Phänomene des Nationalstaats und des Imperialismus in Westeuropa, Russland, den Vereinigten Staaten und Japan eng miteinander verbunden. Alle mächtigen Staaten waren ja auch Kolonialreiche. Japan selbst entging der westlichen Kolonialherrschaft nur knapp. Nach seinem Sieg über China im Jahr 1895 – einem Sieg, der durch den Englisch-Japanischen-Bündnisvertrag von 1902 und durch Russlands Niederlage im Jahr 1905 noch abgesichert wurde – gelang es dem Land jedoch, sich der Gruppe der Weltmächte anzuschließen.

Damit stellt sich die Frage nach Mustern imperialistischen Handelns, ganz besonders in Zusammenhang mit Anthropologie und Menschenschauen. Die Rolle dieser Schaustellungen in Westeuropa und den Vereinigten Staaten ist durchaus bekannt, aber Japan wurde in dieser Hinsicht wenig Aufmerksamkeit zuteil. In welcher Weise beteiligte sich Japan an internationalen Ausstellungen und in welchem Ausmaß stellte Japan indigene Völker aus seinen Kolonien zur Schau? In diesem Aufsatz wollen wir die Kolonialpavillons untersuchen, die für japanische Industrieausstellungen nach 1895 errichtet wurden, ganz besonders den Pavillon der Ausstellung in Osaka (1903). Unser Interesse gilt auch den als Organisatoren auftretenden Anthropologen und dem Widerstand gegen diese Ausstellungen. Abschließend wollen wir über allgemeinere Fragen in Zusammenhang mit diesem Aspekt der Kolonialgeschichte reflektieren.

Moderne Ausstellungen im Japan der Meiji-Zeit

Bereits in der zweiten Hälfte der Edo-Periode (1603-1868) und ganz besonders während der ersten Hälfte des 19. Jahrhunderts hatte man Regionalausstellungen zu pädagogischen oder kommerziellen Zwecken organisiert.[1] Nach der Meiji-Restauration (1868) wurden diese Ausstellungen mit dem Modell von

---

1 Dies bedeutet nicht, dass es vor 1877 keine Schaustellungen oder Ausstellungen dieser Art gegeben hätte. Zum Beispiel beschreibt Ishii Kendô derartige Ausstellungen für die Jahre 1872 und 1882 [Yoshimi (1992), S. 122].

Industrieausstellungen verschmolzen, wie es von den Großmächten nach der *Great Exhibition* in London 1851 entwickelt worden war.[2]

Die *Erste nationale Industrieausstellung* im Japan der Meiji-Zeit fand 1877 in Tokio statt, und zwar im Ueno-Park. Dort hatte auch das Ueno-Museum seinen Standort. Es war im Ausstellungsjahr 1877 eröffnet worden, hatte aber bereits 1871 an anderem Ort eine erste Ausstellung eingerichtet. Die Ausstellung dauerte 120 Tage. Etwa 16.000 Aussteller präsentierten ihre Produkte und etwa 450.000 Besucher kamen, um sie zu sehen. Von da an wurden regelmäßig Industrieausstellungen [*hakurankai*] organisiert, die mit einer Gestaltung, wie sie für moderne Nationalstaaten typisch war, allmählich eine neue Perspektive auf Japan und die Welt entstehen ließen. Die Industrieausstellung von 1877 wurde trotz des gerade wütenden Zweiten japanischen Bürgerkriegs[3] organisiert, was zeigt, wie hoch ihre staatspolitische Bedeutung eingeschätzt wurde. Der Grund für die Ausstellung war vor allem wirtschaftlicher Art, sie sollte die industrielle Entwicklung des Landes durch Austausch technischer Kenntnisse zwischen den Ausstellern und durch allgemeine Verbreitung von Wissen befördern. Diese Ausstellung und die beiden folgenden (1881 und 1890, wiederum in Tokio) waren streng nationale Veranstaltungen ohne jegliche ausländische Beteiligung. Ihr Ziel war es, zu einer Zeit, in der das Land benachteiligenden Verträgen[4] mit westlichen Mächten unterworfen war, eine robuste, eigenständige Entwicklung der japanischen Wirtschaft zu unterstützen.

Dieses charakteristische Ausstellungskonzept veränderte sich tiefgreifend nach der vierten Ausstellung dieser Art im Jahr 1895, die trotz des Ersten Japanisch-Chinesischen Kriegs (1894-1895) stattfand.[5] Dieser Krieg bestätigte Japans Platz unter den Weltmächten und machte Taiwan zu einer japanischen Kolonie. Bis dahin hatte diese Insel zu den Grenzposten des chinesischen Qing-Reichs gehört. Neben den Ureinwohnern lebten noch einige Chinesen aus Südchina auf der Insel. Bei der Ausstellung von 1895 im Okazaki-Park in Kyoto gab es auch einen für ausländische Aussteller vorgesehenen Pavillon für „Menschen-Exemplare" aus den Kolonialgebieten, und erstmals einen Taiwan-Pavillon, das heißt also einen Kolonialpavillon, der Kunst und

---

2 Aimone & Olmo (1993).

3 Die Satsuma-Rebellion (1877) war ein Konflikt zwischen der neuen Regierung und einigen aus der Regierung ausgetretenen Politikern unter Leitung von Saigô Takamori [Takahashi (2005)].

4 Diese Verträge beschränkten die nationale Souveränität Japans, indem sie japanische Zollrechte beschnitten und für Bürger westlicher Staaten einen extraterritorialen Status fixierten. Sie wurden zwischen 1894 und 1911 nach und nach abgeschafft, als die Westmächte, unter leichter Abänderung ihrer Rassenvorurteile, die Präsenz eines „verwestlichten" Japan akzeptierten.

5 Solche Ausstellungen lockten immer mehr Menschen an. Im Jahr 1895 wurden 1,137.000 Besucher gezählt.

Alltagsgegenstände der Inselbevölkerung vorstellte. Japanische Industrieausstellungen, deren Ziel ursprünglich die Unterstützung der Wirtschaftsentwicklung gewesen war, wurden nun zu Stätten der Macht, wo man nationale Stärke auf wirtschaftlichem, industriellem und kolonialem Gebiet demonstrieren wollte – und das zu einer Zeit, als Japans weltpolitische Ansprüche immer größer wurden. Anders ausgedrückt: als diese Ausstellungen das Kolonialreich zur Schau stellten, wurden sie zu echten Weltausstellungen.[6] Die Schaustellung fremdartiger Menschen, wie sie im Rahmen solcher Ausstellungen erfolgte, führte zu deren „Essentialisierung", also dazu, dass ihnen eine „Essenz" unveränderlicher, unterlegener Andersartigkeit zugeschrieben wurde, was sie zu einem echten Kontrapunkt zur modernen Zivilisation machte.[7]

Der Anthropologische Pavillon bei der Ausstellung in Osaka 1903

Dieser Trend des Kolonialreichs, sich selbst bei nationalen Industrieausstellungen zur Schau zu stellen, verstärkte sich bei der fünften derartigen Ausstellung noch, die vom 1. März bis 31. Juli 1903 in Osaka stattfand, und bei der die Besucher erstmals in Japan Gelegenheit hatten, „Eingeborene" und „exotische" Menschen zu bestaunen. All diese Menschen wurden in einem Anthropologischen Pavillon zur Schau gestellt [*Gakujutsu jinrui kan*]. Außerdem gab es noch einen Taiwan-Pavillon und den „Pavillon der Exemplare", der bei der Niederländischen Kolonialausstellung beträchtliche Aufmerksamkeit erregt hatte. Die Ausstellung in Osaka, die 133 Tage dauerte und etwa 4,350.000 Besucher anlockte, ist ein typisches Beispiel für Tendenzen, die bei allen imperialistischen Großmächten zu Beginn des 20. Jahrhunderts zu beobachten sind. Sie zeigt ganz deutlich, dass unter der Oberfläche konkreter sozio-historischer Unterschiede zwischen westeuropäischen Ländern und Japan alle großen modernen Mächte von derselben Logik und derselben Weltsicht geleitet wurden, was zum Einsatz ähnlicher Praktiken führte. Oder wurde diese Ausstellung vielleicht wie die „erzwungene" Verwestlichung Japans mit dem Ziel konzipiert, dem Westen zu zeigen, dass die Japaner keine Barbaren waren?

Die Koordinatoren des Anthropologischen Pavillons waren Anthropologen von der Kaiserlichen Universität Tokio[8], vor allem Tsuboi Shôgorô[9] (1863-1913), ein

---

6 Auch in Europa war nach der ersten Schaustellung indigener Bevölkerungsgruppen im Pariser Zoologischen Garten im Jahr 1878 eine ähnliche Verlagerung zu beobachten. Auf der Pariser Weltausstellung 1889 wurden erstmals Menschen aus Kolonialgebieten in „lebenden Bildern" zur Schau gestellt, um ihr sogenanntes „natürliches Alltagsleben" nachzustellen.

7 Matsuda (1996), S. 61.

8 Diese 1877 begründete Universität bildet gemeinsam mit der 1897 gegründeten Kaiserlichen Universität Kyoto das Zentrum des staatlichen Hochschulsystems.

9 Wie in Ostasien üblich, steht der Nachname hier vor dem Vornamen.

Gründungsmitglied und der Präsident der Tokioter Anthropologischen Gesellschaft. Diese akademische Gesellschaft, die erste ihrer Art in Japan, wurde im Jahr 1884 an der Universität gegründet.[10] Seit 1886 war sie der Austragungsort einer heftigen Kontroverse zwischen zwei Gruppen. Eine der beiden Gruppen wurde von Tsuboi geleitet und die andere von dem Vertreter der physischen Anthropologie Koganei Yoshikiyo (1858-1944). In Diskussion stand die rassische Natur der prähistorischen Bewohner des japanischen Archipels. Koganei meinte, dass die Ainu, ein nördliches Volk von Ureinwohnern, das von Japan nach der Eingliederung der Insel Ezo (Hokkaido) im Jahr 1869 systematisch unterworfen worden war, Nachfahren der „menschenfressenden Barbaren der Steinzeit" seien. Er hielt sie für eine „unterlegene Rasse", die sehr bald aussterben würde.[11] Er ging auch davon aus, dass das Volk der Ainu niemals in die japanische Nation integriert werden könne. Im Gegensatz dazu vertrat Tsuboi eine integrationsfreundliche Haltung. Er verteidigte den Wert eines offenen, rassisch durchmischten Japan, das auf einer historisch geprägten nationalen Vision beruhte. Da er seine assimilationsfreundliche Einstellung jedoch mit einer herablassenden Sichtweise von schützenswerter Andersartigkeit verband, unterstützte er während des Russisch-Japanischen Kriegs (1904-1905) imperialistisches Agieren. Jedenfalls spielte die japanische Anthropologie, trotz dieser großen Unterschiede zwischen den Forschern und trotz ihrer Kritik an den hierarchischen Kategorien der europäischen Anthropologie, eine bedeutende Rolle bei der Herausbildung der Haltung, die die breite Öffentlichkeit in Japan zu kolonisierten Bevölkerungsgruppen und nationalen Minderheiten einnahm.

Die Ausstellung des Jahres 1903 bot Gelegenheit für die Schaustellung von Andersartigkeit unter anthropologischer Perspektive. Viele verschiedene Volksgruppen wohnten „ganz in der Nähe der Stadt in Nachbauten ihrer heimatlichen Häuser und sollten Ihr Alltagsleben zeigen, die Werkzeuge, die sie üblicherweise verwenden, und ihre Bräuche", schrieb die Zeitung *Osaka shinbun* damals.[12] Folgende Personen wurden zur Schau gestellt: sieben Ainu aus Hokkaido, ein „roher Barbar" und zwei „gargekochte Barbaren"[13], zwei „Eingeborene" aus Taiwan, zwei Okinawesen[14], zwei Koreaner, zwei Malaysier, drei

---

10   Sie wurde also nur 25 Jahre nach ihrem 1859 von Paul Broca in Paris ins Leben gerufenen französischen Gegenstück gegründet. Siehe Blanckaert (2001).

11   Nanta (2003); Nanta (2006); Sakano (2005).

12   Matsuda (1996), S. 47.

13   Für Bevölkerungsgruppen, die früher unter chinesischer Oberhoheit gestanden hatten, übernahmen die Japaner die chinesische Begrifflichkeit, die entsprechend dem Grad der Assimilation an die chinesische Kultur zwischen noch völlig „rohen Barbaren" und bereits „gekochten Barbaren" unterschied.

14   Das Königreich Ryukyu wurde von Japan im Jahr 1879 annektiert und das Inselarchipel hieß von nun an Okinawa.

Chinesen, sieben Inder, ein Javanese, ein ottomanischer Türke, und ein Bewohner der Insel Sansibar – insgesamt also 31 Personen.[15] Fotografien all dieser Rassen wurden mit wissenschaftlichen Anmerkungen auf der vorderen Wand des Pavillons gezeigt. Nach dieser einleitenden Information konnten die Besucher in einem eigenen Bereich echte Beispiele dieser „Rassen" betrachten. Dort gab es jeweils ein Haus, das „deren üblichen Wohnstätten nachgebaut" war. Der ganze Pavillon war mit pädagogischer Absicht konzipiert worden, und das kam der Neugier der Besucher durchaus entgegen. Für diese war es eine einzigartige Gelegenheit, „Exemplare" all dieser Völker zu sehen – wenn auch in anthropologisch geprägter Perspektive.

Um ihre charakteristischen Merkmale zu zeigen, mussten alle zur Schau gestellten Individuen fixe Rollen verkörpern, die ihnen die Wissenschaftler zugewiesen hatten. Zum Beispiel mussten die Ureinwohner aus den taiwanesischen Bergen – die so genannten „rohen Barbaren" –, unter denen Kolonialtruppen entsetzliche Säuberungen durchgeführt hatten[16], in einem nachgebildeten Urwald stehen und so tun, als hantierten sie bei einem religiösen Ritual mit abgeschlagenen menschlichen Köpfen. Natürlich kann man sich das Erstaunen des Publikums vorstellen, aber wir müssen auch daran erinnern, dass die Insel Taiwan zu jener Zeit nur einen Randbereich des Reichs darstellte, vielleicht vergleichbar mit Schwarzafrika für europäische Mächte. Die Darbietung reduzierte die Vorstellung vom taiwanesischen Alltagsleben jedoch auf dieses eine Bild, dessen Verbreitung ja auch genau die Absicht der Ausstellung war.

Distanz und Wirkung der Differenz wurden in der Beziehung zwischen Ausstellern und Besuchern einerseits und zur Schau gestellten Individuen andererseits verstärkt – ganz so, wie es in Paris im Jahr 1889 der Fall gewesen war. (Tsuboi, der für die Organisation der Ausstellung verantwortlich war und an der naturwissenschaftlichen Fakultät der Kaiserlichen Universität Tokio unterrichtete, hatte während eines Studienaufenthalts in Europa im Jahr 1889 die Pariser Weltausstellung besucht). Er war der Ansicht, dass Kolonialpavillons „aus der Sicht anthropologischer Forschung von großem Nutzen" seien, ganz besonders die Nachbauten von „Dörfern, in denen man das Leben der Barbaren und der unentwickelten Rassen beobachten" könne.[17] Er nahm auch an, dass es die Ausstellung in Osaka „Anthropologen ermöglichen würde, vieles über körperliche und morphologische Unterschiede [zwischen den ausgestellten

---

15   Wir haben nur recht ungenaue Informationen über die ausgestellten Personen, da nicht alle Dokumente auf denselben Kategorien beruhen.

16   Ôe (1993).

17   Tsuboi berichtete im Bulletin der Tokioter Anthropologischen Gesellschaft (*Tôkyô jinrui gakkai hôkoku*) in einer besonderen Spalte („Neuigkeiten aus Paris") von seinen Eindrücken.

Rassen] zu lernen."[18] Die Ausstellung selbst wurde durch den intellektuellen Kontext legitimiert, den die wissenschaftliche Anthropologie mit ihren Rassenhierarchien bot. Diese waren von Forschern erstellt oder durch eine Kultur- und Rassenbestimmung inspiriert, die eine komplexe Realität auf einen „Typus" reduzierte. Anthropologisches Wissen stand im Zentrum der Ausstellung. Dieses Wissen legitimierte den Diskurs über „unterlegene Völker" und nutzte den Ausstellungskontext, um sich als eine Form des Kolonialwissens zu profilieren, – und das gerade zu einer Zeit, in der der moderne Imperialismus seinen Höhepunkt erreicht hatte.[19] Schließlich wurde die Ausstellung noch abgerundet durch ethnologische Objekte aus dem Anthropologischen Laboratorium, die man als die „alltäglichen Werkzeuge" der Ainu und der „rohen Barbaren" Taiwans präsentierte. Sie wurden gemeinsam mit einer von Tsuboi gezeichneten Landkarte, auf der die weltweite Verteilung der verschiedenen „Rassen" zu erkennen war[20], und mit 50 Figurenpaaren präsentiert, die Männer und Frauen verschiedener auf der Landkarte verzeichneter „Rassen" darstellten.[21] Zwar repräsentierten die meisten dieser Figuren nicht-europäische Völker, doch findet man unter ihnen auch Darstellungen von Engländern, Amerikanern und Japanern[22] – von Völkern also, die niemals damit einverstanden gewesen wären, an diesem Ort ausgestellt zu werden.

Auch bot die Ausstellung Gelegenheit, eine anthropologische Studie durchzuführen. Matsumura Akira[23] (1875-1936), der damals seine Abschlussarbeit an der Kaiserlichen Universität Tokio vorbereitete, schrieb einen Bericht für die Zeitschrift der Tokioter Anthropologischen Gesellschaft, in dem er seine Beobachtungen darlegte.[24] Ähnlich wie später Henri Vallois, der die Authentizität der zur Schau gestellten „Eingeborenen" bei der Pariser Kolonialausstellung des Jahres 1931 kritisierte[25], äußerte Matsumura Zweifel an der Qualität der nachgebauten Häuser. Er war aber dennoch davon überzeugt, dass die ausgestellten Individuen tatsächlich typische Vertreter ihrer „Rassen" waren. Aufgrund der für das frühe 20. Jahrhundert so typischen Reduktion der Vorstellung von Rasse auf eine angeborene, unveränderliche Wesenheit waren die Anthropologen der Ansicht, „dass ein Individuum ein typischer Vertreter – und nichts anderes

---

18   Tsuboi (1903), S. 164.
19   Matsuda (1996), S. 52.
20   Also eine Karte, wie sie genau zur selben Zeit auch von Joseph Deniker (1852-1918) gezeichnet wurde [Tsuboi (1903), S. 164].
21   Matsumura (1903b).
22   Tsuboi (1903), S. 165.
23   Matsumura war in den 1920er- und 1930er-Jahren Vorstand des Anthropologischen Laboratoriums.
24   Matsumura (1903a).
25   De L'Estoile (2001).

als ein typischer Vertreter – seiner „Rasse" ist.[26] Matsumura beschrieb zum Beispiel, wie er einen Mann aus Sansibar befragte, der sich selbst als Araber bezeichnete.

> „Dieser Mann von der afrikanischen Insel Sansibar schien mir ein seltener Typus zu sein. Als ich ihn fragte, woher er komme, antwortete er, er sei Araber. Sein Kraushaar, seine schokoladenbraune Haut, seine flache Nase, seine dicken Lippen und sein flaches, breites Gesicht waren aber unleugbare Beweise dafür, dass er einem negerähnlichen Typ angehörte. Als ich ihm die Namen einiger Stämme aufzählte, die in der Nähe von Sansibar leben, erkannte er die Suaheli. Daher nahm ich an, er müsse ein arabisch-suahelischer Mischtypus sein. Aufgrund seiner (im weitesten Sinn) negerähnlichen Morphologie kann man zudem annehmen, dass seine Ahnen erst seit wenigen Generationen Araber sind."[27]

Überzeugt, dass die Bevölkerung Sansibars einer „arabisch-negriden Mischrasse" angehöre, vermaß der Wissenschaftler noch die „maximale Breite und Länge des Schädels" und errechnete „einen Kephalindex von 76,5°". Er schloss daraus, „dass der Mann tatsächlich kein reinrassiger Neger war, sondern ein Pseudo-Neger."[28] Hier können wir ganz unmittelbar die diskursiven Mechanismen der modernen Anthropologie beobachten. Während sie behauptet, man könne die Herkunft eines Menschen aus der Form seines Schädels „exakt ermitteln", ergeht sie sich in selbstgefälligen Zirkelschlüssen. Der Historiker Inoue bemerkt dazu:

> „Niemand störte sich am Schicksal dieser zur Schau gestellten Menschen. Es gibt wohl kein System, das eine extremere Verachtung für die menschliche Seite von Nationen zeigt als der Imperialismus."[29]

Kritik an der Ausstellung von 1903

Die Ausstellung hatte allerdings unerwartete Auswirkungen und wurde von Außenstehenden kritisiert. Neben ihren rein wissenschaftlichen Zielen besaß sie auch einen Unterhaltungsaspekt, der jederzeit die Aufmerksamkeit von ihren primären Absichten ablenken konnte. Der Anthropologische Pavillon war zwar in erster Linie bestrebt, durch die Schaustellung von „Menschen-Exemplaren" in sorgsam abgegrenzten, fixen Bereichen Andersartigkeit innerhalb des von der Anthropologie

---

26   Affergan (1987).
27   Matsumura (1903a), S. 290.
28   Matsumura (1903a), S. 291.
29   Inoue (1968), S. 296.

bereitgestellten wissenschaftlichen Rahmens darzustellen. Aber der Pavillon war auch mit einer Bühne ausgestattet, wo jede Rasse Tanz- und Singdarbietungen geben konnte. Diese unterhaltsame Dimension präsentierte Andersartigkeit nicht als Gegenstand der Wissenschaft, sondern eher als etwas, was zu jener Art von Jahrmärkten gehörte, die das japanische Publikum seit der Edo-Zeit so sehr zu schätzen gelernt hatte.[30]

Die Aussteller hatten die Risiken dieses Unterhaltungsaspekts nicht bedacht. Zum Beispiel ergab sich für einzelne der zur Schau gestellten Individuen die Gelegenheit, mit Zuschauern ins Gespräch zu kommen. So berichtete der Häuptling des Ainu-Dorfs aus Tokachi von dieser Bühne aus in japanischer Sprache über die Religion und Erziehung [des Ainu-Volks, was unter den Besuchern beträchtliches Interesse erweckte]. Dies stellte in zweifacher Hinsicht eine Bedrohung für die Absichten der Kolonialherren dar. Erstens hatten die Behörden Hokkaidos als Gegenleistung für die Teilnahme der Ainu an der Industrieausstellung in Osaka eine Subvention in Aussicht gestellt, um Schulen für die indigenen Völker Hokkaidos zu schaffen.[31] Zweitens beurteilte die Bevölkerung des Mutterlands die geistigen Fähigkeiten dieser indigenen Völker nach ihrer Fähigkeit, eine „zivilisierte" Sprache – also zum Beispiel Japanisch – zu sprechen. Bei der Ausstellung von 1903 kann eher der Fall der Ainu als der der Chinesen oder Koreaner als exemplarisch gelten. Zunächst waren sie die einzige Gruppe, von der es hieß, sie sei ein (ehemaliges) „Eingeborenenvolk" [*dojin*]. Und dann waren sie am Ende des 19. Jahrhunderts, bevor sich das Forschungsinteresse nach dem Sieg über China (1895) Taiwan zuwandte, der bevorzugte Gegenstand japanischer anthropologischer Forschung.

Überdies war die Ausstellung durchaus nicht frei von Konflikten. Matsumura berichtete im April:

> „Neben dieser Liste [ausgestellter Personen] gab es noch zwei Koreanerinnen, doch aus irgendwelchen Gründen verließen sie heute die Ausstellung."[32]

Tatsache ist, dass nicht alle es akzeptierten, als Kuriositäten zur Schau gestellt zu werden, besonders dann nicht, wenn sie Bürger eines Staates waren, der ihre Interessen vertreten konnte. So kam es einen Monat vor der Ausstellung zu einem Eklat, als der Botschafter der Qing-Dynastie in Tokio in Erfahrung brachte, dass Chinesen

---

30 Ukigaya (2005).

31 Dieses Gesetz aus dem Jahr 1899 ähnelt den amerikanischen Dawes Acts (1887), in denen es um die nordamerikanischen Ureinwohner ging. Laut Gesetz konnte der Staat auch über das „überlassene" Land verfügen, vgl. Nanta (2006).

32 Matsumura (1903a), S. 290.

ausgestellt werden sollten, und sich beim japanischen Außenministerium darüber beschwerte. Die Chinesen wurden aus dem Ausstellungsprogramm gestrichen. Nach der Eröffnung der Ausstellung stellte sich das Problem erneut, als koreanische Besucher zu ihrer Verwunderung entdeckten, dass einige ihrer Landsleute zur Schau gestellt wurden. Sie beschwerten sich bei der Polizei von Osaka und drei Wochen später wurden die Koreaner aus der Ausstellung entfernt.

Im April übten dann die Bewohner von Okinawa – das Japan im Jahr 1879 annektiert hatte – in der Zeitung *Ryûkyû shinpô* harte Kritik, und diese wurde am 7. Mai in der japanischen Zeitung *Ôsaka Mainichi shinbun* wiederholt. Noch am selben Tag wurde die Schaustellung der Okinawesen beendet. Auch wenn es schwierig ist, die damals vorherrschende öffentliche Meinung einzuschätzen, so gab es in Japan doch von Anfang an auch eine deutliche Ablehnung der Schaustellung indigener Bevölkerungsgruppen. Können wir daraus aber schließen, dass dies ein Sieg anti-kolonialer Bestrebungen war? Die Situation war nicht so einfach, da die zur Schau Gestellten häufig die rassischen Vorurteile der Schausteller teilten und es unmöglich ist, diese Angelegenheit nur im Sinne einer Dichotomie zwischen Erster Welt und Dritter Welt zu analysieren. Außerdem stand hinter allen, denen es gelang, ihrer Stimme Gehör zu verschaffen, entweder ein Staat, der sich für sie einsetzen konnte, wie im Fall von China oder Korea, oder eine selbstbewusste politische Gruppe, wie im Fall von Okinawa. Alle anderen Individuen wurden ohne jegliche Rücksichtnahme bis zum Ende der Ausstellung zur Schau gestellt.

In Wirklichkeit stammten nicht alle ausgestellten Personen aus Kolonialgebieten, sondern gehörten eher Bevölkerungsgruppen an, die der moderne Nationalstaat verachtete. Rassen- und Zivilisationsvorurteile waren tatsächlich weit verbreitet und durchaus kein Monopol Europas oder Japans.[33] Der Inhalt der Klagen über die Ausstellung von 1903 zeigt nämlich, dass der Rassismus der von der Schaustellung Betroffenen noch heftiger war als der der Veranstalter. Letztere versteckten sich häufig hinter dem Objektivität vorschützenden wissenschaftlichen Diskurs der Anthropologie.

Chinesische Studenten – von denen es in Japan nach dem Sieg über China im Jahr 1895 viele gab, da das Land ein sehr erfolgreiches Entwicklungsmodell anbot – nahmen sich die Ausstellung in zweien ihrer Zeitschriften[34] vor. In aggressiver Weise kritisierten sie den Wunsch der Veranstalter, „vorsätzlich altmodische chinesische Bräuche

---

33   Dikötter (1992); Liauzu (1992).

34   Die eine war konstitutionalistisch, die andere revolutionistisch – so nannte man die beiden Gruppen chinesischer Modernisten, die sich über den zur Veränderung Chinas einzuschlagenden Weg uneins waren, vgl. Dikötter (1992); Sakamoto (1995).

zu zeigen, um [die Chinesen] als Barbaren dastehen zu lassen." Jedoch wurde weder der erkenntnistheoretische Rahmen noch die explizite Hierarchie, auf der die Menschenschau basierte, in Frage gestellt. Was ein Problem für die chinesischen Autoren darstellte, war allein der Umstand, sozusagen selbst zur Schau gestellt zu werden. Sie ließen nicht nur das System und seine Logik unhinterfragt, sondern legitimierten die Schaustellung der anderen Personen sogar noch. So erklärten die chinesischen Kritiker:

> „Indien und Ryûkyû [Okinawa] sind zwei Länder, die es gar nicht mehr gibt. Sie sind zu bloßen Sklaven Englands und Japans geworden. Korea ist heute ein Protektorat Russlands und Japans und nebenbei bemerkt ein früherer Untertan unseres Landes [China]. Die Leute von Java und Ezo [die Ainu von Hokkaido] und die rohen Barbaren aus Taiwan, gehören zu den niedrigsten Rassen der Welt und unterscheiden sich kaum von Schweinen oder Tieren des Waldes. Es ist richtig, dass wir uns heute in einer unterlegenen Lage befinden, aber müssen wir denn tatsächlich gemeinsam mit gerade diesen Rassen ausgestellt werden?"

Schließlich nahmen die Chinesen an, dass sie sich „nach Rasse und Kulturstufe nicht von Japanern oder Ariern unterschieden."[35]

Ähnliche Verachtung lässt sich in den Klagen der Koreaner und der Einwohner Okinawas erkennen. Im Leitartikel des *Ryûkyû shinpô* wurde wiederholt beteuert, dass die Bevölkerung Okinawas doch gewiss „japanischer Rasse" sei. Die Autoren verliehen ihrem Ärger darüber Ausdruck, gemeinsam mit „Wilden" wie den „rohen Barbaren aus Taiwan und den Ainu aus Hokkaido" oder aber Koreanern ausgestellt zu werden.[36] Iha Fuyû (1876-1947), ein Intellektueller aus Okinawa, der die Integration des früheren Königreichs Ryûkyû in den japanischen Staat befürwortete, erklärte 1907 unter Verwendung europäischer hierarchischer und evolutionistischer Kategorien, dass das Inselarchipel Okinawa immer eine Nation gewesen sei, während sich die Ainu nicht über den Zustand eines prä-politischen Volks hinaus entwickeln oder in der japanischen Nation assimiliert werden könnten.[37] Tatsächlich waren die Ureinwohner Taiwans und die Ainu von Hokkaido als „echte Eingeborenenvölker" auch die wahren Opfer der Ausstellung. Sie wurden systematisch isoliert und in krassen Kontrast zur Moderne gestellt. So lud ihr Bild alle dazu ein, die Überlegenheit der eigenen „Rasse" oder „Zivilisation" hervorzuheben. Im Gegensatz zum Fall der Okinawesen führte die Ausstellung

---

35   Sakamoto (1995), S. 78.
36   Kaiho (1992), S. 158-159.
37   Kaiho (1992), S. 160.

der Ainu also zu keinerlei Widerstand seitens der Bevölkerung Hokkaidos. Diese war bei der Modernisierungsbewegung trotz des aus dem Jahr 1899 stammenden Gesetzes zum Schutz der indigenen Bevölkerung Hokkaidos vergessen worden. Gerade diese Menschen durften keine Gelegenheit zurückweisen, ihre Lebensbedingungen irgendwie zu verbessern, und konnten sich nirgends über ihre Behandlung beklagen.

Nie richtete sich die Kritik also gegen die explizite Hierarchie, die durch die Völkerschau zum Ausdruck gebracht wurde, sondern eher gegen den Rang, der jeder einzelnen Gruppe durch die Schaustellung zugewiesen wurde. Der Umstand, dass Chinesen, Koreaner und Okinawesen die Ausstellung besuchten, ist sicherlich der beste Beweis dafür, dass sie mit deren Grundsätzen und der imperialistischen Weltanschauung, auf der sie beruhte, voll und ganz übereinstimmten – zumindest so lange sie selbst nicht ausgestellt wurden.

Die Haltung gegenüber Fremden und die moderne Identität
Wie die anderen großen Kolonialmächte veranstaltete Japan mehrere – angeblich erbauende – Schaustellungen indigener Völker. Die *World's Columbian Exposition* des Jahres 1893 bestätigte, dass Japan fürderhin auf gleicher Augenhöhe mit den anderen Großmächten stand.[38] Der Japanische Pavillon bei der *Louisiana Purchase Exposition* in St Louis (1904) hatte auch eine anthropologische Abteilung, in der ein Ainu-Dorf gezeigt wurde. Ein weiteres Mal wurden dort also Menschen zur Schau gestellt, die sich von den Japanern unterschieden. Diese Bewegung wirkte allerdings in beide Richtungen: zur selben Zeit verschärften die Nachrichten aus dem Russisch-Japanischen Krieg auch den westlichen Rassismus gegen das „asiatische" Japan. Die *Japan-British Exhibition* in London (1910) wiederum präsentierte in ihren Rekonstruktionen schwerpunktmäßig die Ainu und die taiwanesischen Ureinwohner.

Erst nach 1914 jedoch gab es bei japanischen Ausstellungen regelmäßig bis zum Zweiten Weltkrieg Kolonialpavillons.[39] Bei der Tokio-Taisho-Ausstellung (1914) gab es zusätzlich zum Taiwan-Pavillon einen Karafuto-Pavillon[40], einen Mandschurei-Pavillon, einen „Entwicklungspavillon" und einen Korea-Pavillon, es wurden also Menschen aus allen Teilen des japanischen Kolonialreichs – Korea war 1910 annektiert worden – und aus den Halb-Protektoraten wie der Mandschurei ausgestellt. Das Ziel all dieser

---

38   Bei dieser Ausstellung erhielt Japan ein ebenso großes Gelände zugewiesen wie Frankreich, Großbritannien, Belgien, Österreich und die Vereinigten Staaten.

39   Yoshimi (1992), S. 213-214; Yoshimi (2005).

40   Karafuto ist der japanische Name der Insel Sachalin. Zwischen 1905 und 1945 war sie von Japanern bewohnt.

Pavillons war es, „den Japanern im Mutterland die neuen Territorien vorzustellen"[41], also Kultur, Geografie und Reisemöglichkeiten zu präsentieren, aber auch die Bewohner dieser Gebiete zu zeigen. Bei der *Tokioter Friedensausstellung* ([Heiwa kinen Tôkyô hakurankai], 1922) gab es neuen Pavillons, die den Südseegebieten (*Nanyô*) und Sibirien gewidmet waren. Dort wurden die Bewohner von Mikronesien – über das Japan 1924 ein Völkerbund-Mandat erhalten sollte – und von Sibirien ethnografisch präsentiert. So spiegelten die Ausstellungen immer den Vormarsch der Armeen und die Ausdehnung des Reichs wider. Minderheiten aus den Kolonien und aus dem Mutterland wurden systematisch zur Schau gestellt.

Durch die Betonung der modernen Dichotomie von „Zivilisation" und „Wildheit" bestätigten die Völkerschauen im frühen 20. Jahrhundert also die Position Japans als bedeutendes Kolonialreich.[42] Dies kann jedoch nicht als spezielles Vorhaben der Veranstalter gesehen werden, denn diese Sichtweise rassischer und kultureller Hierarchien war damals weit verbreitet: in Europa ebenso wie in Japan, unter den Veranstaltern wie unter den zur Schau Gestellten. So ist es nicht möglich, in den ausgestellten Individuen – im Sinne einer dichotomischen Geschichtsschreibung, die die Welt in Imperialisten und Kolonisierte einteilt – nur Opfer zu sehen. Wenn Japan auch nach 1895 die Oberhand gewann, so sollte doch daran erinnert werden, dass der Grund für den Japanisch-Chinesischen Krieg von 1894/1895 in dem von beiden Staaten geteilten und von beiden Staaten bestrittenen Bestreben lag, die koreanische Halbinsel unter Kontrolle zu bekommen, und dass China damals ähnliche imperialistische Ziele verfolgte wie Japan.

Die objektifizierende Sichtweise der Anthropologie wurde von Tsuboi, dem Organisator der *Nationalen Industrieausstellung* in Osaka (1903) ganz klar demonstriert. In seinen Schriften betonte er ständig die Exotik und Andersartigkeit der jüngst dem japanischen Staat eingegliederten Minderheiten – der Okinawesen und Ainu also –, sowie die der benachbarten Völker. Er hielt Japans Lage inmitten „eines weiträumigen anthropologischen Museums", das nur darauf wartete, erforscht zu werden, für ideal. So nutzte der japanische Anthropologe seine privilegierte Position in Ostasien: man sperre ja niemanden in einen Zoo, aber, ja, erbauliche Rekonstruktionen ethnischer Einrichtungen sollten die wissenschaftliche Feldarbeit zu pädagogischen Zwecken

---

41　Yoshimi (1992).

42　Ausstellungen wurden auch zu einem Mittel, um in den 1930er-Jahren, als der Fünfzehnjährige Krieg (1931-1945) begann, die Aggression gegen China zu legitimieren. Nach 1932 standen Japan und seine Armee im Zentrum der Ausstellungen, die damals Gelegenheit für riesige Demonstrationen militärischer Macht boten.

begleiten. Zudem könnte es für manche der Leute – zum Beispiel für die Ainu – von Vorteil sein, ausgestellt zu werden, denn dadurch könne das Publikum sie kennenlernen. Die zur Schau gestellten Asiaten – darunter auch die Ainu – und die zur Schau gestellten Araber wurden jedenfalls nicht in derselben Weise betrachtet wie die Menschen aus Schwarzafrika. Im Gegensatz zu letzteren hielt man sie für zu „kultiviert", um sie mit Tieren zu vergleichen. Letztlich konstruierte der anthropologische Diskurs in Europa wie in Japan die moderne Identität des Beobachters durch einen fremdbezüglichen Prozess, der die Aufmerksamkeit ständig auf die Differenz lenkte.[43] In letzter Konsequenz lag das Problem nicht darin, Menschen zur Schau zu stellen, sondern eher in dem Bild, das dadurch von ihnen geschaffen wurde – genau das Bild, auf dem diese Menschenschauen beruhten. Gemäß der zu Zirkelschlüssen neigenden Logik der Anthropologie, zu deren Glanzleistungen solche Völkerschauen zählten, konnten moderne Nationen ihre Identität dadurch bestätigen, dass sie ihre Verschiedenheit von den „Barbaren" thematisierten, die im Laufe des Prozesses zu einem bloßen Gegenstand wissenschaftlichen Interesses wurden.

---

43   Taguieff (2001).

Imperiale Ausstellungen in Großbritannien

John MacKenzie

Die großen Ausstellungen, die ab den 1880er-Jahren allmählich immer mehr vom imperialen Thema dominiert waren, stellen höchst aufschlussreiche Beispiele für bewusste und unbewusste imperialistische Propaganda dar. Das Geheimnis ihres Erfolgs bestand darin, dass sie in bisher ungekanntem Maße Aspekte der Unterhaltung, der Volksbildung und der kommerziellen Präsentation miteinander verbanden. Seit dem Ende des 19. Jahrhunderts waren sie zu riesigen Jahrmärkten geworden, wo man auf einem weitläufigen Gelände Wissenschafts-, Industrie- und Naturgeschichtemuseen fand, anthropologische und traditionelle Darbietungen, Auswanderungsagenturen, Musikfestivals und Kunstgalerien sowie auch Erfindungen im Bereich des Transportwesens und der Medien. Für die damalige Zeit stellten sie wahre Wundergebilde dar und wurden in der Presse und Literatur auch ausgiebig beweihräuchert. Man sah in ihnen perfekte Modelle für eine „vernünftige Zerstreuung", die das Vergnügungs- und das Bildungsbedürfnis gleichermaßen befriedigt. Millionen von Menschen kamen, um all das zu genießen. Auch wenn sich die meisten Besucher bei diesen Ausstellungen in erster Linie amüsieren wollten, so konnte es doch nicht ausbleiben, dass zumindest ein Teil der imperialistischen Propaganda sich ihrem Denken einprägte.[1]

Jedoch waren diese Ausstellungen flüchtige Wundergebilde, gebaut für eine einzige Saison und am Ende wurden sie immer in ihre Einzelteile zerlegt und in alle vier Winde zerstreut. Gerade diese Kurzlebigkeit verstärkte jedoch den Wunsch, die Ausstellungen zu besuchen und sie in Broschüren, auf Programmzetteln und Fotografien zu verewigen. In den Texten und Bildern dieser Publikationen blieben die Ausstellungen auch nach Beendigung ihrer physischen Existenz zugänglich. Gerade während der Blütezeit der großen imperialen und kolonialen Ausstellungen – zwischen dem Ende der viktorianischen Epoche und dem Ersten Weltkrieg – und danach in der Zwischenkriegszeit wurden ja sehr viele Broschüren, Büchlein, Postkarten und Werbematerialien produziert.

Die Ausstellungen waren zunächst als internationale Industrieausstellungen konzipiert – wie in den Jahren 1851 und 1962 – und wurden allmählich zu einer Bühne für imperiale und koloniale Errungenschaften. Die imperiale Atmosphäre stellte sich mit Beginn der 1880er-Jahre ein, als ein neuer und aggressiver Imperialismus einsetzte.

---

1 Dieser Artikel ist eine überarbeitete Fassung des Kapitels „The Imperial Exhibitions" aus MacKenzie (1984).

Tatsächlich folgten die Ausstellungen zwischen 1851 und 1951 getreu dem Aufstieg und Fall des imperialen Selbstverständnisses in Großbritannien.

Um die Mitte des 19. Jahrhunderts folgten die Ausstellungen noch großteils der Anordnung, die von Prinz Albert und Lyon Playfair im Jahr 1851 für den Crystal Palace eingeführt worden war. Die ausgestellten Objekte wurden in drei Kategorien unterteilt: Rohstoffe, aus diesen gearbeitete handwerkliche Produkte und künstlerische Techniken zur Dekoration der Gegenstände.[2] Anfänglich war die geografische Herkunft nur eine Zusatzinformation. Im Jahr 1851 waren nur 520 von insgesamt 14.000 Exponaten kolonialen Ursprungs. Ab 1886 waren die Ausstellungen beinah zur Gänze dem britischen Empire gewidmet und je mehr sich dieses ausdehnte, desto größeres Gewicht erhielt Indien. Bei der Ausstellung von 1882 nahm die indische Abteilung vier Mal so viel Raum ein wie die etwa dreißig anderen britischen Kolonien zusammen. Die Ausstellungen spiegelten also das Wachstum des britischen Weltreichs wider und sorgten dafür, dass diese außenpolitischen Entwicklungen auf nationaler Ebene wahrgenommen und gewürdigt wurden.

In Glasgow wurde 1938 dem Kautschuk ein eigener Pavillon gewidmet. Dies war das einzige Kolonialprodukt, dem je eine solche Ehre zuteilwurde. Normalerweise wurde die Herrschaft über die natürliche Welt auf andere Weise illustriert. So gab es im Jahr 1851 erstmals ausgestopfte Tiere, die auch prompt das Interesse Königin Viktorias erregten. Später – etwa bei der *Greater Britain Exhibition* von 1899 und bei der *Coronation Exhibition* von 1911 – konnte man sogar lebendige Tiere sehen, die als Vertreter ihrer jeweiligen Regionen zwischen den Pavillons umhergingen. Doch was die Kontrolle des Europäers über die geschichtlichen Ereignisse seiner Zeit am besten zum Ausdruck brachte, waren die lebendigen anthropologischen „Exemplare" und die Dorfrekonstruktionen erst jüngst „befriedeter" Völker.

In den Dominions scheinen die Ausstellungen einen notwendigen Übergangsritus dargestellt zu haben. Sie wurden immer nach bedeutenden wirtschaftlichen Fortschritten organisiert. So gab es welche in Neuseeland (1865, 1906-1907, 1924-1926), in Kapstadt (1877), in Sydney (1879-1880), in Melbourne (1888), in Kimberley (1893), in Brisbane (1897) und in Johannesburg[3] (1936-1937). Britisch-Indien veranstaltete

---

2　Gibbs-Smith (1950).

3　Im offiziellen Katalog der von September 1936 bis Januar 1937 in Johannesburg abgehaltenen Empire Exhibition wurde vermerkt, dass bei dieser Ausstellung das Vereinigte Königreich, Kanada, Neuseeland, Australien, Nord- und Süd-Rhodesien, Ostafrika, das Protektorat Betschuanaland, Ceylon und Nyasaland in großem Stil dargestellt würden. Beinah alle Ausstellungen in den Dominien waren eher „imperial" als international. In Johannesburg scheint es praktisch keinerlei internationale Präsenz gegeben zu haben.

Ausstellungen in Kalkutta (1883-1884) und in Bombay (1910); und selbst Territorien von geringerer Größe wie Sierra Leone (1865), Jamaika (1891), Sansibar[4] (1905) und Tasmanien (1891-1892 und 1894-1895) schlossen sich an.

Wie groß die Wirkung dieser Ausstellungen war, kann man ermessen, wenn man die Besucherzahlen betrachtet. In den Jahren 1851 und 1862 hatten die Ausstellungen mehr als sechs Millionen Besucher. Mit 5,5 Millionen Besuchern erreichte die *Colonial and Indian Exhibition* von 1886 zwar nicht diese magische Schwelle, aber sie war ja auch nur ein Ereignis geringerer Reichweite, das nur halb so viel Fläche in Anspruch nahm wie die Ausstellungen von 1851 und 1862. Übrigens kamen zur Ausstellung von 1888 in Glasgow mehr Besucher, nämlich 5,7 Millionen. Auch die 1901 und 1907 in dieser Stadt veranstalteten Ausstellungen erzielten einen bemerkenswerten Erfolg. Die erste wurde von 11,5 Millionen und die zweite von 9,4 Millionen Menschen besucht. Natürlich sind in diesen Zahlen auch Mehrfacheintritte von Personen enthalten, die in der Nähe des Veranstaltungsortes wohnten. Diese Mehrfachbesuche wurden immer üblicher, je mehr sich die Ausstellungen zu Vergnügungsparks entwickelten. Der Höhepunkt wurde in Wembley mit mehr als 27 Millionen Besuchern erreicht, während die *Glasgow Empire Exhibition* des Jahres 1938, für die man 15 - 20 Millionen Besucher erwartet hatte, nur 12 Millionen Menschen anlockte. Dies könnte bedeuten, dass das öffentliche Interesse für das britische Empire und die Ausstellungen nachließ. Es könnte aber auch ein Ausdruck finanzieller Not und politischer Besorgnis gewesen sein.

Keine der britischen Ausstellungen erreichte jedoch den riesigen Erfolg, den die in Paris veranstalteten Ausstellungen erzielt hatten. Diese konnten ja mit dem Publikum des gesamten europäischen Kontinents rechnen. Im Jahr 1889 kamen 32 Millionen Besucher nach Paris, im Jahr 1900 48 Millionen. Die *Exposition internationale coloniale* im Jahr 1931 wurde von 33,5 Millionen Menschen besucht und im Jahr 1937 von 34 Millionen. Die britischen Ausstellungen lockten auch nicht so viele Besucher an, wie es die Ausstellungen in Chicago taten: dort empfing man 1893 27,5 Millionen Besucher und 1933/1934 48,7 Millionen. Die Zahlen zu den Industriemessen, die zwischen 1890 und dem Ersten Weltkrieg in der britischen Hauptstadt im Crystal Palace und auf den Ausstellungsgeländen White City und Olympia stattfanden, sind viel schwieriger in Erfahrung zu bringen. Da es sich hier aber um Veranstaltungen handelte, die praktisch jedes Jahr organisiert wurden und mehrere Monate lang besucht werden

---

4 Hier handelte es sich um eine Ausstellung von Produkten aus britischen, deutschen und portugiesischen Kolonien Ostafrikas, aus dem britischen Zentralafrika, aus Uganda, von den Komoren, von Madagaskar, La Réunion, Mauritius, aus dem italienischen Benadir, von den Seychellen und aus Sansibar selbst. Siehe dazu den offiziellen Ausstellungskatalog.

konnten, müssen diese Ausstellungen auf die Londoner Bevölkerung eine beträchtliche Wirkung ausgeübt haben.

Die Blütezeit der imperialen Ausstellungen, 1899-1911

Die *Greater Britain Exhibition* des Jahres 1899 stellte ein bemerkenswertes Ereignis dar. Wie die 150 Seiten starke Ausstellungsführer[5] zeigt, war dies wohl das ehrgeizigste Projekt Kiralfys. Die wichtigsten Gebäude waren der Imperial Court, der Queen's Court mit seiner orientalischen Fassade („ein wahrhaft königlicher Anblick"), der Queen's Palace (wo Überreste der East India Company gezeigt wurden), die Central Hall und das Empress Theatre, das man als das meistbesuchte Theater der Welt bezeichnete. Doch gab es dort auch eine „Straße der Nationen", eine „Kairoer Straße" – die bei späteren Ausstellungen oft nachgebaut wurde –, ein Großpanorama und ein Royal Bioscope, das wohl ein Vorläufer des Kinos war.

Noch spektakulärer aber war die Abteilung, die dem „wilden Südafrika" gewidmet war. Dort gab es sogar einen „Kaffern-Kraal": „eine packende Darstellung des Lebens in den wilden Gefilden des Schwarzen Kontinents". Kraniche und Riesenschildkröten stolzierten umher und aufgeteilt auf vier Dörfer lebten dort 174 Afrikaner (Zulu, Basuto, Matabele und Swasi). Die Zuseher konnten zahlreichen Aktivitäten beiwohnen, da

> „der südafrikanische Eingeborene, im Gegensatz zum Inder, ein ruheloser und tätiger Wilder ist. Man kann beobachten, wie er sich unablässig zu schaffen macht, um Korn zu mahlen, ein typisches Getränk der Eingeborenen zu brauen, Perlen aufzufädeln und vor allem, was insbesondere Angehörige des schönen Geschlechts interessieren wird, Kaffern-Armbänder herzustellen, die als glücksbringende Amulette gelten."

Es gab fünf Dolmetscher und Häuptlinge, und das Publikum erfuhr zu seiner Erleichterung, dass Woche für Woche durch eine Sonntagsmesse für das spirituelle Wohl der ausgestellten Individuen gesorgt wurde. Der südafrikanische Impresario Frank Fillis illustrierte diese menschliche Naturgeschichte mit einer Show, an der „Paviane und Buschmänner" teilnahmen, aber auch Zulu, ponyreitende Basuto, „glänzend gebaute" Swasi, Buren aus dem Transvaal, zwei malaysische Familien, einige „hübsche, kleine, wilde Tiere", kämpfende Elefanten und natürlich Miss Lillian Reiner, die beste Pistolenschützin Südafrikas.

---

5   Die folgenden Zitate sind diesem Official guide and libretto to the Greater Britain Exhibition (1899) entnommen.

Und als ob dies noch nicht genüge, konnte man auch einer szenischen Darstellung des Matabele-Kriegs von 1893 beiwohnen. In einem reich bebilderten Büchlein wurden die einzelnen Episoden dieser Darbietung aufgezählt: „Die Indaba von Lobengula", „Großer Kriegstanz", „Der Wurf der Lanzen", „Lobengulas Armee marschiert", „Die Hügel von Matopos", „Der Sprung von den Klippen", „Die britischen Truppen" und „Der letzte Kampf des Major Wilson". Ohne dem Publikum auch nur einen einzigen Augenblick Ruhe zu gönnen, ging das Schauspiel hierauf zur Revolte in Rhodesien (1896-1897) über. Diese wurde vor allem in dem Stück *Der Postwagen von Gwelo* thematisiert, in Szenen, die Titel trugen wie „Von feindlichen Matabele überfallen", „Die letzte Patrone", „Familie Campbell" oder „Wutschäumende Matabele".

Man mag denken, dass diese Darstellung des gefährlichen Lebens der weißen Pioniere der sonstigen Auswanderungspropaganda hätte entgegenwirken können. Die Impresarios scheinen jedoch der Meinung gewesen zu sein, dass sich die in diesen Szenen geschürten Ängste auflösen ließen, wenn es ihnen nur gelänge, die Themen Krieg, Revolte und Tod in ein unterhaltsames und sentimentales Schauspiel zu verpacken. Tatsächlich waren diese Vorführungen von bestürzender Aktualität und spiegelten gleichzeitig den machtvollen Einfluss des Sozialdarwinismus wider. Sie illustrieren die Funktion der imperialen Ausstellung bei der Zähmung von Völkern, die kaum drei Jahre zuvor noch gegen ihre jetzigen Kolonialherren gekämpft hatten und denen nun nichts anderes mehr übrig blieb, als traurig ihren einstigen Widerstand auf der Bühne darzustellen. Diese Vorführungen entsprachen ganz der spätviktorianischen Vorliebe für szenische Darbietungen, die – in Ausstellungen und auf der Theaterbühne – lebendige imperiale Ikonen entstehen ließen. Zu *General Gordons Tod in Khartum* gesellten sich nun auch *Major Wilsons letzter Kampf* und *Der Postwagen von Gwelo*. Wie wir sehen werden, bediente man sich dieser szenischen und visuellen Taxonomie von nun an in zahlreichen Ausstellungen.

Da Imre Kiralfy der Meinung war, dass die Ausstellungsflächen von Earl Court und Olympia zu klein für seine Aktivitäten seien, ließ er sich ab 1908 in White City nieder. Jahr für Jahr organisierte er dort Ausstellungen, in denen viel Imperiales mitschwang: dies waren die *Franco-British Exhibition* im Jahr 1908, die *Imperial International Exhibition* im Jahr 1909, die *Japan-British Exhibition* im Jahr 1910, die *Coronation Exhibition* im Jahr 1911, die *Latin-British Exhibition* im Jahr 1912 und die *Anglo-American Exhibition* im Jahr 1914. Im Jahr 1911 fanden in London sogar zwei imperiale Ausstellungen statt, die eine in White City, die andere – offiziellere – im Crystal Palace, und im selben Jahr wurde in Glasgow noch eine dritte veranstaltet. Kiralfys Stil war ganz eindeutig orientalisierend.[6] Das schwärmerische Interesse des ausgehenden 19. Jahrhunderts für den Orient schlug sich bereits in den 1860er-Jahren in der Ausstellungsarchitektur nieder und wurde in den 1890er-Jahren tonangebend. Viele Ausstellungen boten Kulissen, die bereits die historischen Monumentalfilme von Cecil B. De Milles vorwegnahmen. Das Epos der Ausstellung entstammte der unmittelbaren Gegenwart – einer Gegenwart, deren Wunder die Ausstellung an einem einzigen Ort versammeln wollte, geborgen in einer vergänglichen Architektur aus Holz und Gips. So fanden sich auf dem Ausstellungsgelände von White City die für Hollywoods Filmkulissen so typischen stuckverzierten Gebäude in orientalischem Stil. Diese Kulissen wurden, ebenso wie die Einrichtungen in Vergnügungsparks, mehrfach wiederverwendet. Wie der Orientalismus ganz allgemein, zeigten auch die Ausstellungen den Orient so, wie er eigentlich sein sollte. Hierbei spielten Pavillons und Objekte in „maurischem" Dekor eine große Rolle. Die Amerikaner und Briten nahmen sich da vermutlich ein Beispiel an den Franzosen.

Die Ausstellung im Crystal Palace von 1911 sollte

> „dem mitunter nachlässigen, häufig eher unaufmerksamen britischen Publikum die wahre Bedeutung unserer autonom regierten Dominions zeigen, um uns mit ihren Produkten, ihren ständig anwachsenden Ressourcen und unbegrenzten Möglichkeiten vertraut zu machen."[7]

Man baute die Parlamentsgebäude der einzelnen Dominions nach und verband sie untereinander mit einer kleinen Eisenbahn. Auf diese Weise konnte man das britische Weltreich in außerordentlicher geografischer Abfolge durchqueren. Die Rundreise, die man naheliegender Weise „All Red Tour"[8] nannte, begann in Neufundland, führte an einer Papierfabrik vorbei und erreichte dann über die Halbinsel Labrador Kanada, wo es Darstellungen von Getreidekulturen und Holzlagerplätzen gab. Sobald die Reisenden Kanada verlassen hatten, gelangten sie zu einer Zuckerrohrplantage in Jamaica, sie passierten ein Malaysisches Dorf, durchquerten den „mit frei laufenden Tieren bevölkerten" indischen Dschungel, fuhren an einem „mit herrlichen Einlegearbeiten aus Gold und Edelsteinen" geschmückten Hindu-Palast vorbei, erfreuten sich an einem

---

6 Obwohl er doch die Chicagoer Ausstellung von 1893 wegen ihres architektonischen Konservativismus kritisiert hatte, baute der amerikanische Architekt Louis Sullivan doch auch seinerseits ein Gebäude in deutlich orientalisierendem Stil, vgl. Allwood (1977), S. 84, 89 und 92.

7 *Festival of Empire, Imperial Exhibition, the Pageant of London, Crystal Palace, 1911*, London: Bemrose & Sons, S. 7.

8 Die englischen Territorien wurden auf den offiziellen britischen Weltkarten in roter Farbe dargestellt. „All red" steht also für eine Reise „innerhalb des Commonwealth".

„typischen indischen Basar" und als Krönung erklommen sie noch die Gipfel des Himalaya. Dann fuhr der Zug weiter in den Hafen von Sydney, wandte sich ostwärts, um das australische Gebirge der Blue Mountains zu überqueren, fuhr an einer Schafzüchterei, an Obstgärten, Weinbergen und anderen ländlichen Szenen vorbei, bevor er Neuseeland mit seinen heiß sprudelnden Geysiren, seinem „pittoresken Maori-Dorf", all der Wolle und all den Schafen erreichte. Die Reise endete in Südafrika, wo es Gold- und Diamantenminen sowie einen traditionellen „Eingeborenen-Kraal" zu sehen gab.

Die Idee einer *British Empire Exposition* wurde erstmals im Jahr 1902 von der British Empire League vorgebracht. Nach dem Sieg der Liberal Party bei den Wahlen des Jahres 1906 in Vergessenheit geraten, wurde diese Idee jedoch im Jahr 1913 von Lord Strathcona wieder aufgegriffen, der Imre Kiralfy beriet und so die kommerziellen und die politischen Aspekte der Ausstellung in Einklang brachte. Die Londoner Untergrundbahn hatte Wembley in den 1880er-Jahren erreicht. Aber erst die *Empire Exhibition* begründete den raschen Aufstieg dieses Stadtteils.[9] 1921 ermächtigte ein Parlamentsdekret die Regierung dazu, für das Ausstellungsprojekt zu bürgen und die Hälfte der 2,2 Millionen Pfund zur Verfügung zu stellen, die für die Umsetzung nötig waren.

So konnte die Ausstellung in Wembley 1924/1925 zur größten aller imperialen Ausstellungen werden, und zwar gemessen an der Ausstellungsfläche, an den Kosten, den Besucherzahlen und wahrscheinlich auch an ihrer Wirkung auf die Bevölkerung. Der offizielle Ausstellungsführer beschrieb das Hauptanliegen der Ausstellung folgendermaßen:

> „[Es geht darum,] dem britischen Weltreich durch Entwicklung und Nutzung seiner Rohstoffe neue Quellen des Wohlstands zugänglich zu machen. Den Handel innerhalb unseres Weltreichs zu befördern und für die Produkte aus den Dominions und dem Mutterland neue Weltmärkte zu erschließen. Dafür zu sorgen, dass die verschiedenen Rassen des britischen Weltreichs einander besser kennenlernen und dem britischen Volk die beinah unendlichen Möglichkeiten vor Augen zu führen, die die Dominien, die Kolonien und die britischen Überseegebiete in sich bergen."[10]

---

9   Hewlett (1979); Wembley History Society (1974); Walthew (1981).

10   Zusätzlich zum offiziellen Programm erhielt jeder Besucher nach Bezahlung des Eintrittspreises von 1 Shilling 6 Pence – Kinder bezahlten die Hälfte – einen kostenlosen Ausstellungsführer mit Übersichtsplan, aus dem dieses Zitat stammt. *The Times* vom 30. September 1924 berichtete, dass nicht weniger als 5,5 Millionen Exemplare dieses Führers verteilt wurden. Die Zeitung lobte, dass im Rahmen der Ausstellung eine große Zahl von nützlichen Dokumenten – Plakaten, Prospekten, Flugblättern und Postkarten – veröffentlicht worden sei. Zum selben Stichtag waren auch bereits zehn Millionen Sondermarken zur Ausstellung verkauft worden.

In Fortführung des Erfolgs von Wembley begann man im Jahr 1931, also mitten in der Rezession, mit der Planung einer Ausstellung in Glasgow für das Jahr 1938. Das explizite Ziel war, Arbeitsplätze zu schaffen und die Aktivitäten der krisengeschüttelten Industrie in den Kolonialgebieten im britischen Mutterland bekannter zu machen. Und doch blieb die Ausstellung in Gestaltung, Ton und Bezeichnung imperial. Gerade zu dem Zeitpunkt, an dem das Projekt für zehn Millionen Pfund umgesetzt werden sollte, brach eine neue weltweite Krise aus. Zwar waren einzelne Pavillons – wie bei der Ausstellung von 1924/1925 – noch immer bestrebt, lokale Baustile nachzuahmen. Dies war etwa bei den holländischen Giebeln des Südafrika-Hauses zu beobachten oder bei den Teakholzschnitzereien des Birma-Pavillons. Aber allgemein wurde die klassische Architektur, die seit der Ausstellung in Wembley an die Stelle des von Kiralfy so geschätzten orientalisierenden Stils getreten war, nun ihrerseits zugunsten des viel moderneren Stils der 1930er-Jahre aufgegeben.

Der offizielle Ausstellungsführer betonte, dass es sich um „die bedeutendste Ausstellung der Welt seit jener von Wembley 1924/1925" handle, was angesichts der Größe und des riesigen Erfolgs, den die Ausstellungen auf dem europäischen Festland und in Amerika erzielten, ein wenig übertrieben war. Eigens wies man im Ausstellungsführer auch auf die geringen Eintrittspreise hin:

> „Die Ausstellung wird von Großbritannien, den Dominions und beinah 40 Kolonien veranstaltet. In einem Park von 85 Hektar Größe und einem riesigen Stadion präsentiert sich das britische Empire der Welt. Obwohl die Ausstellung mehr als hundert Paläste und Pavillons umfasst, kann man nach Erlegen des Eintrittspreises in den Park – 1 Shilling für Erwachsene, 6 Pence für Kinder unter 14 Jahren – beinah alle Gebäude besuchen."[11]

Wie immer gab es die beliebtesten Ausstellungsattraktionen zu sehen, im Besonderen „die neuesten und außerordentlichsten Maschinen, die die menschliche Erfindungsgabe erschaffen kann", darunter etwa eine „Reise mit der Rakete", den *Brooklands Racer* – „die größte Scooter-Rennbahn der Welt" –, ein Stratosphärenflugzeug, eine „Reise zum Mond", die „Neue Sternenreise" und die „Fliegenden Flöhe". Aus dem reichhaltigen Angebot wurden das Zulu-Dorf und der Indische Tempel hervorgehoben. Am malerischsten war allerdings das *Clachan*, die Rekonstruktion eines schottischen Hochlandweilers. Die Ausstellung des Jahres 1938 reihte sich also mit ihrer

---

11   *With the Empire in Scotland*, a guide to the Empire Exhibition (1938). Der kostenlose Ausstellungsführer mit Übersichtsplan wurde beim Eintritt verteilt. Zu beachten ist, dass der Eintrittspreis um ein Drittel niedriger war als in Wembley.

Verbindung von Unterhaltung und Information, von wirtschaftlicher Propaganda und Völkerschau in die Tradition der klassischen Ausstellungen ein.

Die „Eingeborenen-Dörfer"

Ab den 1870er-Jahren stellten die „Eingeborenen-Dörfer" das beständigste Element der Ausstellungen dar. Sie verdienen besondere Aufmerksamkeit, weil die Bevölkerung des Mutterlands vorrangig durch diese Installationen mit den besiegten Völkern des Kolonialreichs in Kontakt gebracht wurde. Hier wurden Rassenstereotype illustriert, hier wurde dem populären Denken der Sozialdarwinismus eingebläut, hier kam die Kontrolle über die Welt in ihrer menschlich offensichtlichsten Form zum Ausdruck. Außerdem dürfte die große Zahl bis heute erhaltener Kataloge und Postkarten ein Hinweis darauf sein, dass diese Dörfer die Phantasie des Publikums sehr beschäftigten. Die alten Feinde, die Verkörperungen der einstigen „Barbarei", waren nun zur Schau gestellte Untertanen, die ihre Musik, ihre Tänze, ihren Sport, ihr Handwerk und ihre pittoresken Essgewohnheiten präsentierten. In den Ausstellungen wurden Vertreter afrikanischer und orientalischer Völker neben die Kostbarkeiten der Weltwirtschaft gestellt. Die Inszenierungen stellten in konzentrierter Form und im Zeitraffer dar, was sich in den Kolonialgebieten ereignete.

In den meisten Fällen wurden die lebenden Exponate in der Kulisse eines „urwüchsigen" Dorfs präsentiert, aber in den Ausstellungen gab es auch einige Beispiele für Rekonstruktionen anspruchsvollerer Architektur – meist befreit von ihren echten Bewohner. Eine der beliebtesten französischen Nachbauten, die erstmals 1889 in Paris zu sehen war und dann 1922 in Marseille und 1931 im Bois de Vincennes, war die Reproduktion des Tempels von Angkor Vat in natürlicher Größe. Der König von Annam machte seinen ersten Staatsbesuch in Frankreich anlässlich der Präsentation des Tempelnachbaus im Jahr 1922. Überraschend wurde 1926 in Philadelphia eine Replik des Tadsch Mahal errichtet. Allerdings betonten diese Nachbauten häufiger die architektonische Primitivität der Bauformen als ihre künstlerische Pracht.

Die Praxis, „Eingeborene" aus Übersee nach Europa kommen zu lassen, dürfte auf das Jahr 1867 zurückgehen. Damals wurden den Parisern exotische Produkte angeboten, und zwar angeblich von den Produzenten selbst. So präsentierte ein Mulatte „Kakao und Guave" und es gab sogar „Chinesen mit ihren Tee-Buden".[12] Die Nordafrika-Begeisterung der Franzosen erstreckte sich auch auf die tunesische und ägyptische Architektur. Bei der Ausstellung im Jahr 1889 gab es in Paris eine umfangreiche Kolonialabteilung mit mehreren „Eingeborenen-Dörfern" und einer „Kairoer Straße" mit

---

12 Allwood (1977), S. 45.

Bauchtanz und Kamelritt. Die Kairoer Straße tauchte 1893 in Chicago wieder auf, dann 1894 in Antwerpen und 1904 in Saint Louis. Sie signalisierte die bessere Zugänglichkeit Ägyptens nach Eröffnung des Sueskanals. Imre Kiralfy dürfte sie zwischen den Ausstellungen in Belgien und in den Vereinigten Staaten für seine Ausstellung im Jahr 1899 verwendet haben, sofern dieser außergewöhnliche Impresario nicht sogar eine eigene „Kairoer Straße" besessen hat.

Bei den britischen Ausstellungen erfüllten die „Eingeborenen-Dörfer" immer dieselbe Funktion: sie zeigten das Pittoreske, das Wilde, das Exotische als lebendigen Beweis des zivilisatorischen Fortschritts im Empire. Wie wir sahen, präsentierte die *Greater Britain Exhibition* von 1899 in ihrer südafrikanischen Abteilung erstaunliche Exponate, doch tauchten diese später nie mehr auf. Zweifellos machte der 1906 wieder aufflackernde Widerstand der Zulu ihre Schaustellung weniger reizvoll. Imre Kiralfy organisierte eine aufwändige historische Inszenierung, in deren Mittelpunkt ein Amazonen-Dorf stand, was die große Begeisterung des Publikums für diese „wilden Kriegsweiber" natürlich noch anfachte.

Die beiden am häufigsten gezeigten Dorfrekonstruktionen stammten jedoch aus dem französischen Kolonialreich. Es handelte sich um das Senegalesische Dorf und das Dahomey-Dorf. Beide sah man sehr häufig bei Ausstellungen. Offenbar war es den Franzosen gelungen, Wandertruppen von „Eingeborenen-Darstellern" zu etablieren. Diese unterhielten das Publikum ganz einfach dadurch, dass sie sie selbst waren und sich Aufgaben widmeten, die man für ihre alltäglichen Tätigkeiten hielt. Die Senegalesen traten bei der 1908 in Edinburgh organisierten *Scottish National Exhibition* auf. Dort präsentierten sie ihre Musik, ihr Handwerk und ihre Wettkämpfe; Im selben Jahr fand man sie – oder eher eine andere senegalesische Truppe – auch bei der *Franco-British Exhibition*. Im Jahr 1929 tauchten sie dann überraschend in Newcastle wieder auf, zugleich mit „Angehörigen des Fulbe-Stamms". Wenn die Senegalesen nicht bei Ausstellungen gezeigt wurden, stellte man sie auch in mondänen Badeorten aus. Das Dahomey-Dorf war auf der *Imperial International Exhibition* in White City von 1909 zu sehen. Völlig unpassender Weise stand es dort neben einem Lager zentralasiatischer Kalmücken, die erst vor kurzem ins russische Reich eingegliedert worden waren. Im Jahr 1911 konnte man in Glasgow eine mit „westafrikanischen Eingeborenen" bevölkerte „Kolonie am Äquator" besichtigen. Die genaue Herkunft der Darsteller wurde nicht genannt.

Zur Erinnerung an diese Ausstellungen wurden Broschüren und viele verschiedene Postkarten veröffentlicht. Der Führer für das Senegalesische Dorf bei der *Franco-British Exhibition* von 1908 wurde von Aimé Bouvier und Fleury Tournier verfasst. Die beiden gaben sich als Forschungsreisende aus, die mit der Genehmigung des dortigen Gouverneurs 150 Personen aus dem Senegal brachten, Menschen, die sie offenbar bei einer richtigen Treibjagd eingefangen hatten. Das Büchlein beschrieb die Gebäude und die Aktivitäten des Dorfs, darunter auch den Laden,

> „in dem Waren europäischer Händler, die bis in die entlegensten Dörfer West-afrikas vorgedrungen sind, [...] die Eingeborenen [...] durch ihre Pracht und ihre Wohlfeilheit zum Kauf verlocken."

Die Ernährungsgewohnheiten der Afrikaner, teilte man den Besuchern mit, „werden Sie vielleicht erheitern, aber gewiss nicht schockieren." Die Kraft der Kämpfer – „zwei riesige Neger, die Statuen aus Ebenholz gleichen, wenn sie sich auf den Angriff vor-bereiten" – stehe in deutlichem Gegensatz zur geringen Bildung der Afrikaner. Sogar unter den Völkern Westafrikas wurde eine Hierarchie postuliert: so seien die Wolof den Mandinka überlegen. All dies wurde mit Hilfe Herrn Victor Bambergers organi-siert, „der zudem auch Fotos von Indien und seinen Eingeborenen in den britischen Kolonien" präsentierte.

Solche „Eingeborenen-Dörfer" wurden unter großem Aufwand in Wembley und in kleinem Maßstab auch 1938 in Glasgow gezeigt. Nach dem Zweiten Weltkrieg entwi-ckelte sich jedoch eine neue Tradition. Die letzten Kolonialausstellungen waren klein, mobil und jeweils einem bestimmten Thema gewidmet. Manche machten Tourneen durch das ganze Land.

Die großen Ausstellungen stellen ein wertvolles Forschungsmaterial dar, weil sie uns durch die Presseartikel und durch die Besucherzahlen die seltene Gelegenheit bieten, die Reaktionen des Publikums zu erkennen. Viele Druckwerke aller Art, die sich wohl großer Verbreitung erfreuten, sind erhalten geblieben. Sie illustrieren die vorherrschen-den imperialistischen Ideen sowie auch die damals in der Öffentlichkeit verbreitete Ein-stellung zu „Rasse-Fragen". Keine dieser Vorstellungen scheint in der Zwischenkriegszeit verschwunden zu sein. Die Ausstellungen jener Periode legten weiterhin großes Gewicht auf die wirtschaftliche Rechtfertigung des britischen Empire und propagierten weiter-hin sozialdarwinistische Rassenkonzepte. Erst nach dem Zweiten Weltkrieg veränderte sich der Ton der Propaganda, selbst wenn er dadurch nur noch offener und offizieller propagandistisch wurde, weil die Regierungsagenturen das Publikum auf neue koloniale Entwicklungen vorbereiten wollten. Zu diesem Zeitpunkt war allerdings das Image des britischen Empire in der Öffentlichkeit bereits tief verwurzelt und an diesem Image än-derte sich auch während der ganzen Phase der Dekolonisierung nichts.

Kongolesen im „imperialen" Belgien

Jean-Pierre Jacquemin

Wenn man sich in Erinnerung ruft, welchen Platz die Kongolesen in den gesellschaftlichen Einstellungen und Vorstellungen der Belgier einnehmen, so denkt man unwillkürlich an jemanden, der immer nur eine Nebenrolle spielte und auf mysteriöse Weise verschwand. Man denkt an Coco, den kleinen *Boy*[1] *aus dem Comic-Album Tim im Kongo.* Nur wenige Exegeten dieses zweifelhaften Bestsellers ließen dieser Figur die gebührende Aufmerksamkeit zuteilwerden. Für eine gewisse Zeit beherrschte dieser Mini-Freitag als treues Faktotum und als willkommene komische Kontrastfigur das Geschehen. Er erschien sogar auf dem Umschlag des Comics neben dem „richtigen" Helden Tim. Aber dann erlebte er das Schicksal jeder Marionette: dreimal rundherum und ab! Nichts in der Erzählung deutete allerdings auf ein so plötzliches Verschwinden hin oder lieferte gar in irgendeiner Weise eine logische Rechtfertigung dafür. Man muss also zu dem Schluss gelangen, dass „der Mohr" ganz einfach seine Schuldigkeit getan hat…

Ein Hickhack der Ikonografie, eine Metapher, der man aus Prinzip alles in den Mund legt, was einem einfällt? Vielleicht. Aber welche Bilder von Kongolesen, welche Texte über Kongolesen wurden in Belgien in Umlauf gebracht? Da ist zunächst Massala, der angebliche König, Stanleys *Boy* oder Gefährte. Da ist in den 1920er-Jahren Stéphano Kaoze, „der erste zum Priester geweihte Schwarze", dessen Person und Schriften als Beweise für den Erfolg missionarischen Eifers gepriesen wurden. Da ist Panda Famana, der Agronom, der so sehr gerühmt wurde für seine fleißigen Talente, bevor man ihn verunglimpfte und verteufelte, weil er sich dem „finsteren Atavismus seiner Ahnen" zugewandt habe. Und da ist schließlich noch Patrice Lumumba, den man zunächst als liebenswürdige und angesehene Persönlichkeit darstellte, als jemand, den man sogar eines Besuchs im Mutterland für würdig hielt, bevor man ihn zum Abschuss freigab. Das Ergebnis ist also immer dasselbe. Es ist unausbleiblich, dass sich dieses ganze Inventar, so lückenhaft es auch sein mag, zu einer Anklage wandelt, sind doch all diese Fälle durchgehend von Absenz, Minorisierung und propagandistischer Karikierung geprägt.

Während so riesige Kolonialreiche wie Frankreich oder England nicht verhindern konnten, dass sich eine bedeutende Zahl ihrer überseeischen Untertanen auf mutterländischem Boden aufhielt, hatten die Menschen im belgischen Mutterland praktisch keine

---

1   Der eventuell übertrieben erscheinende Gebrauch von Anführungszeichen in diesem Text ist bewusst und absichtsvoll.

Gelegenheit zu dauerhaftem physischen – und noch weniger psychischen – Kontakt mit Vertretern der kongolesischen Bevölkerung, nicht in guten und nicht in schlechten Zeiten. Als ausschließliche – oder doch beinah ausschließliche – Vermittler fungierten Bilder und Texte. Die Wahrnehmung wurde in den Bereich der Phantasie verbannt.

Kurzer Auftritt

Gewiss gab es in Belgien, wie auch anderswo in Europa, anthropo-zoologische Jahrmarktsausstellungen. Es gab große Kolonialausstellungen, für die – auf Zeit und in sehr eingeschränkten Rahmen – „Menschenexemplare" importiert wurden, die die neugierigen Massen anlocken sollten. Ab 1885, dem Jahr, in dem Leopold II nach Verhandlungen in Berlin den Kongo als Privatbesitz vereinnahmte und das Recht erlangte, den angeblich unabhängigen Staat Kongo zu gründen, fand in Antwerpen eine internationale Ausstellung statt. Ihre besondere Attraktion war der Pavillon, in dem sich der bereits genannte, durch Stanley berühmt gewordene Massala in Begleitung einiger Männer, Frauen und Kinder seines Gefolges aufhielt. Das Foto, das an dieses Ereignis erinnert, weicht übrigens in irritierender Weise von der immer gleichen Inszenierung der Menschenzoos ab. Alle Figuren tragen Kleidung in westlichem Stil und werden einzeln genannt. Nur der Belgier, der in einer sehr gönnerhaften Pose im Hintergrund steht, bleibt anonym – um besser Distanz zu wahren? Doch befinden wir uns hier noch in der Epoche der frühen Kuriositäten. Das eingeschränkte Angebot förderte den Starkult und so wurde Massala auch im königlichen Schloss Laeken von Leopold II persönlich empfangen.

Neun Jahre später veränderte sich bei einer anderen Ausstellung in Antwerpen die Perspektive. Der Öffentlichkeit wurde mit großem Erfolg ein Kongolesisches Dorf präsentiert, wo 114 „Eingeborene" bestaunt und 30 Soldaten der *Force Publique*, der jungen nationalen Kolonialarmee, bejubelt werden konnten. Doch war es vor allem Tervuren, die zukünftige Stätte des berühmten Zentralafrika-Museums, wo im Jahr 1897 die beispielhafteste und spektakulärste Ausstellung stattfand. Sie wurde von 1,111.521 Menschen besucht, einer für die damalige Zeit unglaublichen Menge. Neben kongolesischen Produkten, die Profite in Gewerbe und Handel in Aussicht stellten, konnten die Belgier in dieser Ausstellung auch 260 Kongolesen bestaunen, darunter 90 Soldaten, 34 Ehefrauen und Kinder, 123 Dorfbewohner aus den Provinzen Bas-Congo und Équateur, „sowie zwei Zwerge vom Oberlauf des Aruwimi, einen Araber und seine bescheidene Sippschaft und einige *Boys* unterschiedlicher Herkunft", wie es in der Veranstaltungszeitschrift *Bruxelles-Exposition* hieß. In nachgebaute Dörfer gepfercht, spielten sie für die Besucher Episoden ihres Alltagslebens nach, sie kochten, tanzten, hielten

Rat, fischten, schwammen auf den nahegelegenen Teichen um die Wette, usw. Die Begeisterung des Publikums musste in Zaum gehalten werden. Auf Hinweisschildern war zu lesen: „Es ist verboten, die Schwarzen zu füttern, sie werden verpflegt." Die Zeitschrift *L'Étoile belge* sprach damals in vorwurfsvollem Ton von „den Zärtlichkeiten und Vertraulichkeiten der Weißen und vor allem der weißen Frauen!" gegenüber den eingepferchten und zur Schau gestellten Kongolesen.

Ein Skandal bremste jedoch diese zweifelhafte Begeisterung. Die Kälte eines verregneten Sommers ließ viele Kongolesen erkranken und 70 von ihnen starben an Lungenentzündung.[2] Die Bewohner des dem Ausstellungsgelände benachbarten Dorfs ließen nicht zu, dass die sterblichen Überreste „dieser Heiden" auf ihrem Friedhof beerdigt wurden. Die konservative Presse versuchte die Affäre zu ersticken, aber andere, dem Klerikalismus und der königlichen Kolonialpolitik feindselig gesinnte Zeitungen verbissen sich darin. In den ersten Jahren des 20. Jahrhunderts prangerte man die außerordentlich grausamen Bedingungen an, unter denen der „Rote Kautschuk" gewonnen wurde, aber noch vor diesen großen Kampagnen gegen Leopold II kam es infolge der ersten auf belgischem Boden verstorbenen Kongolesen bereits zu einer gewissen Ernüchterung. Dies erklärt auch, warum bei den offiziellen Ausstellungen von nun an meist keine „echten Eingeborenen" mehr importiert wurden, obwohl sich dies doch als so attraktiv erwiesen hatte. Später beschränkten sich die Ausstellungen vor allem darauf, einen gefahrlosen Zugang zu den Kolonien durch Bilder, Plakate, Bücher, Vorträge, Gegenstände und, sobald dies möglich war, auch Filme zu vermitteln. Erst bei der Brüsseler Weltausstellung im Jahr 1958 gab es wieder mehrere hundert Kongolesen zu sehen, deren Aufgabe es war, in verschiedenen symbolischen Szenen die Wohltaten des Kolonialismus darzustellen. Immer noch sorgsam überwacht, wiederum in Tervuren untergebracht, gelang es doch vielen von ihnen, mit verschiedenen Gruppen und Individuen in Belgien in Kontakt zu treten. Die belgische Bevölkerung hatte ja bis dahin – wegen einer Apartheid, die sich nicht offen zu deklarieren wagte – keine Gelegenheit zu einem solchen Kennenlernen gehabt. Wir wollen hier keine mechanische Kausalität herstellen, aber zwei Monate nach Beendigung der Weltausstellung wurde am 4. Januar 1959 in Léopoldville das Ende dessen eingeläutet, was lange Zeit dem umnebelten belgischen Bewusstsein als „schönste aller Kolonien" angepriesen wurde.

Es ist klar, dass man nicht allein das Phänomen der Kolonialausstellungen – und ihre Besonderheiten – für die oben erwähnte Minorisierung und relative Absenz der Kongolesen verantwortlich machen kann. Viele andere Faktoren waren hier im Spiel. Doch

---

2 Der 1999 gedrehte Film *Boma-Tervuren, le voyage* (52 Min.) des belgischen Regisseurs Francis Dujardin erinnert an diese Geschehnisse und an ihre exemplarischen Folgen.

sind bestimmte Tatsachen einfach nicht zu leugnen: während der Kolonialzeit waren in Belgien Kongolesen physisch kaum anwesend und im Bewusstsein der Belgier kaum präsent. Man war sehr weit entfernt von dem Marseille, das Claude McKay in *Banjo* schilderte, oder vom Paris der *bals nègres* und der Joséphine Baker.[3]

Verborgene Diaspora

Vom Ende des 19. Jahrhunderts bis zur Mitte des 20. Jahrhunderts – und sogar noch bis zur kongolesischen Unabhängigkeit – schienen die in Belgien lebenden Kongolesen Ausnahmegestalten zu sein: Seeleute, deren Verträge gelöst worden waren, nachdem sie einige Zeit lang zwischen Matadi und Antwerpen hin- und hergefahren waren; Hausangestellte, die ihre Dienstgeber bei deren endgültiger Rückkehr begleitet hatten (und damit in der etwas jenseitigen Welt der ehemaligen Kolonialbeamten zu Schatten eines Schattens wurden); Wanderhändler, die auf den Provinzmärkten *Karabouïa* verkauften, Lakritze und anderes finsteres Zuckerwerk – viele dieser Marktfahrer kamen aber wohl aus französischen Kolonien –; ehemalige Priesterseminaristen, die unstet umherzogen, nachdem sie ihre Soutane an den Nagel gehängt hatten, usw.

Wir wissen wenig von ihrer Geschichte und ihren Geschichten, und in der Literatur sind diese Menschen meist nur undeutliche Silhouetten.[4] Doch oft hörte man, dass die Behörden diese Art von Einwanderung sehr ungern sahen. Vor allem befürchtete man, dass Individuen, die an der Schwelle zur weißen Welt gelebt hatten und dann in den Kongo zurückkehrten, in der Lage seien, die dortige öffentliche Meinung negativ zu beeinflussen. Der Mythos der weißen Überlegenheit durfte nicht in Gefahr geraten...

Kinder, die einen weißen Vater und eine schwarze Mutter hatten – das Umgekehrte war damals nicht denkbar – bezeichnete man als Mulatten. Sie waren oft[5] in ihre väterlichen Familien integriert, sollten „gute Belgier" werden und auf diese Weise soweit wie möglich den „Makel" ihrer Herkunft vergessen machen. Doch in Flandern wie in Wallonien bezeugt ein umfangreicher und beunruhigender Fundus von Liedern, Witzen und Anekdoten auch, wie schwierig es für die damalige belgische Gesellschaft war,

---

3   Blanchard, Deroo, Manceron (2001).

4   Zana Aziza Étambaia, eine Kongolesin, die in Belgien studierte, schrieb ihre Abschlussarbeit über die Geschichte dieser verborgenen Diaspora [Étambaia (1989)]. Im Bereich der belgischen Literatur kann man nur „Gim" erwähnen, eine seltsame Novelle des naturalistischen Autors Camille Lemonier, veröffentlicht im Jahr 1900 in der Sammlung *C'était l'été.* (Paris: Ollendorf). Der junge Kongolese Gim, der als exotischer kleiner „Boy" nach Belgien kam und sich in dieser unverständlichen Welt verirrte, tötet sich aus Liebe zu seiner Herrin, dieser unerreichbaren weißen Göttin.

5   Doch die meisten blieben doch im Kongo oder wurden freiwillig oder unfreiwillig in Ordenswaisenhäuser gebracht, die man mit der Verwaltung dieses „Problems" betraut hatte.

ohne Hintergedanken eine andere Hautfarbe zu akzeptieren, zumal wenn man sie mit Primitivität assoziierte. Man sollte nicht vergessen, dass in den 1930er-Jahren ganz Europa von rassistischen Postulaten und Thesen geprägt war.

In Bezug auf das benachbarte Frankreich drängt sich eine weitere Beobachtung auf. Dort war die Erschütterung groß über die „Senegalesischen Schützen", die das Land so opfermütig verteidigt hatten. In dem zweimal – 1914 und 1940 – okkupierten Belgien lag die Sache anders. Im Ersten Weltkrieg kämpften die belgischen Kolonialtruppen im Wesentlichen an den Fronten des afrikanischen Kontinents. Sie wurden im Kamerun, in Rhodesien oder im Gebiet von Tanganjika gegen deutsche Kolonialtruppen eingesetzt. Auch der Abessinienfeldzug endete im Jahr 1941 durch einen Sieg, den drei Bataillone der belgischen Kolonialarmee über die italienischen Garnisonen von Asosa und Gambela erzielt hatten. Die belgische Kolonialarmee musste aber nicht auf den europäischen Schlachtfeldern kämpfen. Im belgischen Medien fanden die Helden und Märtyrer aus den Kolonien daher keine oder nur geringe Beachtung, es gab keine bewegte Anerkennung ihrer Leistungen, keine spöttische Popularität, die so doppeldeutig in der archetypischen Figur des tapferen Schützen in der Werbung für das französische Kakaopulver „Banania" sowie auch in vielen anderen zeitgenössischen und späteren Bildern zum Ausdruck kam. Der Beitrag, den die kongolesische Bevölkerung im Krieg an der Seite Belgiens zu leisten bereit war, war zwar bedeutend, aber seiner Natur nach doch zurückhaltend und blieb daher für die träge und seit Beginn der Kolonisation verblendete öffentliche Meinung in Belgien abstrakt, nicht zu fassen, geheimnisvoll.

Nicht alles lässt sich erklären, wenn man die Gründe für eine so umfassende Absenz oder für eine kollektive Blindheit verstehen will. Große Teile der Sozialgeschichte bleiben noch zu untersuchen, und genauere Forschungen könnten vielleicht die vorangegangenen Hypothesen entkräften. Aber wenn man die belgische Presse zwischen 1908 und 1960 untersucht, ihre Schlagzeilen und – im Falle der Wochenschriften – ihre Titelblätter, so muss man erkennen, dass der Kongo und die Kongolesen darin nur ganz am Rande, in Andeutungen, ja, beinah überhaupt nicht vorkamen. Nur wenn die Könige Albert I und später Baudouin I in den Kongo reisten, gab es eine Meldung auf der ersten Seite. Und nur die –allerdings sehr umfangreiche – Spezialpresse der Missionsbewegung schuf und pflegte in einer quälend-wiederkäuenden und litaneihaften Art den Mythos des Kongolesen als „großes Kind", als Kind, das versorgt, erzogen, reformiert werden muss. Gleichzeitig beweihräucherten sich koloniale Kreise und Wohlfahrtsausschüsse großer Unternehmen im Bereich des Bergbaus und der Landwirtschaft bis 1959 für ihre paternalistische Handlungsweise.

Einige wenige „angesehene Persönlichkeiten" – wie zu erwarten war Unternehmensleiter und Großhändler – und „entwickelte Eingeborene" – Angehörige des mittleren Management, damit betraut, Kommunikationskanäle innerhalb des Systems zu erschließen – unternahmen in den 1950er-Jahren in sehr großen Abständen Geschäftsreisen nach Belgien. Doch zu jener Zeit wurden nur ganz wenige junge Kongolesen für Universitätsstudien zugelassen. Und so manches Mal warf man den leitenden Kolonialbeamten vor, sich eigensinnig auf die Haltung „Keine Eliten, keine Scherereien!" zu versteifen. Noch vor wenigen Jahrzehnten, im Jahr 1960, galt sogar die Vorstellung von einem eigenständig denkenden kongolesischen Intellektuellen, der als vertrauenswürdiger Gesprächspartner fungieren könnte, als Phantasiegebilde oder gar als gefährliche Utopie. Und noch lange kennzeichnete Misstrauen die Wahrnehmung von Persönlichkeiten, von denen man annahm, dass sie trotz kultureller Anpassung noch immer von einem düsteren und nicht abzustreifenden Erbe – der „Bantu-Mentalität" – geprägt seien.

Neuer Dialog

Die Dekolonisierung des Denkens wird in der akademischen Welt stattfinden. Hier werden die Studierenden der beiden Völker sich kennen, sich respektieren und sich im positivsten Fall auch schätzen lernen. Seit Beginn der 1960er-Jahre knüpften viele junge Leute feste Freundschaften und viele vermochten sich von der Last des alten Unwissens zu befreien. Das allmähliche Anwachsen einer in Belgien lebenden und verwurzelten Minderheit von Kongolesen – heute 15.000 – 20.000 – trug natürlich zur Normalisierung und zur Verbesserung der Kenntnisse übereinander bei. Doch diese Öffnung im zwischenmenschlichen Bereich schließt das Weiterbestehen des alltäglichen Rassismus nicht aus. Während der heftigen Krisen, die Kongo und Zaire erschütterten, erstarkten wieder alte Vorurteile, und auch in Belgien gab es, wie in ganz Europa, nur unentschlossen bekämpfte Fremdenfeindlichkeit. Wenn Fußballspieler und Musiker in Belgien, wie anderswo auch, die Sympathie des breiten Publikums genießen, so ist ihre Gesamtsituation doch bei weitem nicht immer rosig und auch ihnen bleiben Verwaltungsschikanen und andere Übergriffe nicht unbedingt erspart.

Im Gegensatz zu landläufigen Erwartungen war der Kongo trotz seiner Vergangenheit als belgische Kolonie nicht zu einem Land geworden, das Gastarbeiter nach Belgien exportiert. Zu Beginn der 1960er-Jahre hatten Marokko und die Türkei diese Rolle inne.[6]

---

6   Eine meines Wissens nicht verifizierte These schreibt Mobutu selbst die Verantwortung dafür zu, eine privilegierte Übereinkunft bezüglich des Austauschs von Arbeitskräften zwischen den beiden Ländern verweigert zu haben. Er habe die Bedrohung durch eine zu große kongolesische Gemeinschaft im Ausland gefürchtet.

Die kongolesische Immigration nach Belgien dürfte also bisher keine bedeutsame wirtschaftliche Rolle gespielt haben und im Ganzen gesehen eher marginal gewesen sein. Die Entscheidungen wurden anderswo getroffen, in den Banken, den Aufsichtsräten oder den religiösen Kongregationen. Im Nachplappern der Propaganda, in der Informationskakophonie und im Verschweigen. Aber die Zeiten haben sich geändert. Wann werden sie reif sein für echte Dialoge, in denen die Schatten von Tim und Coco endlich zur Ruhe kommen?

Afrikaner in Amerika:
Afrika-Dörfer bei internationalen Ausstellungen in Amerika (1893-1901)

Robert Rydell

Für das Verständnis der Beteiligung von Afrikanern in der Rolle von „Eingeborenen-Darstellern" an internationalen Ausstellungen ist das Ausmaß, in dem sie die Bedingungen ihrer Mitarbeit beeinflussen konnten, von zentraler Bedeutung. Immerhin bestand die ursprüngliche Aufgabe dieser Ausstellungen ja in der Verbreitung rassistischer und imperialistischer Ideologien. Gewiss, die Ausstellungen waren Orte der Ausbeutung, aber sie waren auch Orte des Protests und der Zusammenarbeit – es gab da eine ganze Skala von Reaktionen, die auch die unterschiedlichen Reaktionen der indigenen Völker umfasste, die damals den westlichen imperialistischen Mächten untertan waren. Wenn die internationalen Ausstellungen auch Menschenzoos oder „Rassen-Käfige" waren, so darf man doch nicht vergessen, dass die als anthropologische Exemplare ausgestellten Individuen oder die Personen, die in den Darbietungen auftraten, ihrerseits das Publikum mit scharfem Auge beobachteten und sich bemühten, ihr eigenes Tun und das ihrer Zuseher in einen Sinnzusammenhang zu stellen.[1]

Es ist allgemein bekannt, dass die internationalen Ausstellungen als Agenten des westlichen Imperialismus fungierten. Beginnend mit der Ausstellung im Crystal Palace im Jahr 1851 bis in die ersten Jahrzehnte des 20. Jahrhunderts betrachteten die nationalstaatlichen Organisatoren diese Ereignisse als wesentliche Instrumente, um den Kolonialismus nach außen hin zu befördern und um die öffentliche Meinung im Mutterland für spezifische imperialistische Aktionen und Strategien zu gewinnen. Weniger bekannt ist, dass sich bei internationalen Ausstellungen, ganz besonders in der viktorianischen Epoche, auch eine Reihe imperialistisch bedingter Krankheiten verbreiteten, an erster Stelle Masern und Pocken. Bei den meisten amerikanischen Ausstellungen zwischen 1876 und 1909 wurden „Eingeborenen-Darsteller" ganz allgemein und besonders die „Eskimos" (Inuit) unter abscheulichen Bedingungen zur Schau gestellt. In Chicago mussten sie mitten im Sommer in Robbenfelle gehüllt auftreten. In Buffalo zwang man sie, in einem Tiergehege zu leben, bis ihr „Dorf" fertiggebaut war. In Seattle brachte man sie in einem kalten Zimmer unter, angeblich, um ihnen bei der Gewöhnung an die klimatischen Bedingungen der Region zu helfen. Infolgedessen wurden viele der Inuit krank. Bei jeder dieser Ausstellungen starben mehrere von ihnen an

---

1 Takaki (1979); Rydell (1984).

Masern. Die Pocken-Epidemie, die bei der Ausstellung des Jahres 1893 ausbrach, war noch schwerwiegender. Zumindest 3.000 Menschen fielen ihr zum Opfer.

Es ist auch deshalb wichtig, die internationalen Ausstellungen und andere Menschenzoos als Orte zu untersuchen, die die Verbreitung von Krankheiten begünstigten, weil es in letzter Zeit unter Forschern die Tendenz gibt, die Ausstellungen als bloße Theaterkulissen zu betrachten, in denen Schauspieler ein großes Publikum zerstreuten. Die Tatsachen sind ganz klar: wenn die Ausstellungen in gewisser Weise auch Theater waren, so unterschieden sie sich von solchen Vergnügungsstätten doch auch in mehreren wichtigen Punkten.[2]

Was die internationalen Ausstellungen unter anderem zu sehr speziellen Darstellungsformen machte, ist, dass an den „Schauspielern" – wenn man sie denn so nennen darf – abstoßende medizinische Eingriffe vorgenommen wurden. Dies vor allem dann, wenn es sich um „Eingeborene" handelte. Der Anthropologe Georges Cuvier hatte ja der Leiche Saartjie Baartmans die Genitalien entnommen, um sie untersuchen und im Musée de l'Homme archivieren zu können. Seinem Beispiel folgend, entnahm der amerikanische Anthropologe Ales Hrdlicka mehreren während der Ausstellung von Saint Louis im Jahr 1904 verstorbenen Filipinos die Gehirne, und schickte sie dann zum Zwecke der Untersuchung und Aufbewahrung an die Smithsonian Institution. Wenn dies Theater war, so war es ein Theater der Grausamkeit.[3]

Derartige Bedingungen der Schaustellung und der Darstellung betrafen auch die Afrikaner. Ähnlich wie Filipinos und Chinesen, die weite Reisen unternehmen mussten, um bei den Ausstellungen aufzutreten, starben auch manchmal Afrikaner bereits bei der Anreise. Erreichten sie aber den Ausstellungsort, mussten auch sie sich für angemessene Hygiene-Einrichtungen und für ordentliche Verpflegung einsetzen. Der berühmte *Midway Plaisance*[4] der Ausstellung von 1893 verfügte beispielsweise über keine öffentlichen Toiletten. Bei der *Pan-American Exhibition* in Buffalo 1901 hatte man den *Midway* mit einem Belag bedeckt, der einen widerlichen Geruch absonderte, wahrscheinlich, weil das dafür verwendete Material aus Hochofenschlacken hergestellt wurde. Bei dieser Ausstellung in Buffalo kam es nach dem Tod eines Säuglings zu einem entsetzlichen Zwischenfall. Man vergaß den Leichnam, der eigentlich ins Krankenhaus gebracht werden sollte, aus irgendeinem Grund im Transportfahrzeug. Als der Putztrupp das tote Baby fand, warf er es in den Mülleimer. Der Amtsarzt konnte sich

---

2   Über die Krankheitsgeschichte einer dieser Ausstellungen siehe Robert W. Rydell (1993a).
3   Rydell (1984), S. 164-166.
4   Der *Midway* war die Hauptstraße der Ausstellung, an der sich die Buden aneinander reihten.

seiner schließlich für die Autopsie versichern, was jedoch den schrecklichen Schmerz und das Leid der betroffenen Familie nicht auslöscht. Im Grunde wissen wir sehr wenig über konkrete Krankheitsszenarien bei diesen Ausstellungen, gewiss ist aber, dass sie sowohl für die Besucher wie auch für die zur Schau gestellten Angehörigen indigener Völker gesundheitliche Gefahren darstellten.[5]

Weitere Aspekte dieser Ausstellungsorte sollten daher untersucht werden. Zunächst einmal hatten die Menschen, die man dort auftreten ließ und/oder zur Schau stellte, bei der Lage und dem Bau ihrer „Dörfer" praktisch nichts mitzureden. Zweitens konnten sie den Verlauf ihrer Darbietung nicht oder kaum beeinflussen. So verpflichteten die bei den Ausstellungen von Chicago und Buffalo mit dem jeweiligen Inhaber der Afrika-Konzession abgeschlossenen Verträge die afrikanischen Darsteller dazu, „die rassischen Besonderheiten und die Bräuche [ihres Stamms] darzustellen". Drittens konnten die „Schauspieler" nach Ende der Aufführung ja nicht einfach nach Hause zurückkehren. Die in den Ausstellungsdörfern für die Darsteller vorgesehenen Behausungen waren für Besucher zugänglich. Diese betrachteten die in den Dörfern zur Schau gestellten Individuen aufmerksam, beobachteten sie eingehend und piekten sie auch bei Gelegenheit mit der Spitze ihres Spazierstocks. Viertens: zwar erhielten die meisten – wenn nicht alle – Ausführenden ein Honorar, aber manchmal wurde das Geld von den Veranstaltern „treuhänderisch" verwahrt. Bei bestimmten Gruppen von „Darstellern" – etwa den Indianern – kann man wohl davon ausgehen, dass ein Auftritt bei solchen Ausstellungen ihnen mehr Geld einbrachte als die Arbeit in ihren Reservaten. Es müsste nur noch bewiesen werden, dass das von den Organisatoren versprochene Geld ihnen auch tatsächlich ausgezahlt wurde. Zudem geht aus den Zahlungslisten des Schaustellers Xavier Pene deutlich hervor, dass die Darsteller bei ihm keinen fairen Tarif erhielten. Seine Konzession brachte ihm im Jahr 1893 etwa 90.000 Dollar ein. Er zahlte seinen „Schauspielern" jedoch nur ein Monatsgehalt von knapp 30 Dollar. Fünftens gibt es einige Hinweise darauf, dass es manchen „Darstellern" aus den „Dörfern" am *Midway* verboten war, die Ausstellungszone zu verlassen. Anders gesagt: nicht einmal in ihrer Freizeit konnten sie hingehen, wohin sie wollten. Schließlich darf man auch die gewalttätigen Zwischenfälle nicht vergessen, deren Opfer die „Eingeborenen" während der Ausstellungen wurden. Im Jahr 1904 zum Beispiel wurden Filipinos, die bei der *Saint Louis World's Fair* auftraten, von auf dem Ausstellungsgelände stationierten Polizisten und Soldaten attackiert, weil sie mit weißen Frauen ausgingen. Es ist noch nicht klar, ob auch Afrikaner Opfer solcher Hassausbrüche wurden.[6]

---

5 Leary & Shones (1998), S. 104.
6 Moses (1996).

Gewiss ist dagegen, dass die bei den amerikanischen Ausstellungen eingerichteten ethnologischen Dörfer als „Menschenzoos" betrachtet werden können, bei denen die „Darsteller" in einem „Rassen-Käfig" eingesperrt und häufig auch gegen ihren Willen zu bestimmten Handlungen oder Unterlassungen genötigt wurden. Gleichzeitig muss aber auch betont werden, dass diese Orte, auch wenn sie bestimmt Menschenzoos waren, doch in keiner Hinsicht eine „totale Institution" darstellten, die sich mit den von den Nazis während des Zweiten Weltkriegs eingerichteten Vernichtungslagern vergleichen ließe. Dies zeigt das Beispiel des Dahomey-Dorfs bei den Ausstellungen von 1893 und 1901.

1893 wurde das Dahomey-Dorf in Chicago in Anlehnung an die Kolonialdörfer gebaut, die für die Pariser Weltausstellung 1889 eingerichtet worden waren. Seine Ausgestaltung wurde aber beflügelt durch Artikel in der Boulevardpresse über Stanleys Suche nach Livingstone sowie durch Sir Richard Burtons Berichte über seine Begegnungen mit den wilden Dahomey-Amazonen. Die Ausstellungsorganisatoren erhielten zwei Bewerbungen um die Konzession für ein Afrikanisches Dorf und entschieden sich für jene von Xavier Pene, einem obskuren Unternehmer aus den französischen Kolonien, dem mehrere kleine Plantagen in Dahomey gehörten und der durch die Organisation von Afrika-Shows, deren Beliebtheit in Europa ständig anwuchs, zu Ruhm – und vielleicht auch zu Vermögen – gelangen wollte. Xavier Pene bot eine Konzession an, in der er vertraglich die „getreue" Reproduktion eines Dahomey-Dorfs mit zumindest 60 Bewohnern – darunter auch „ein König oder Häuptling" – zusicherte, wobei die Bewohner täglich religiöse Zeremonien und militärische Übungen durchführen würden. Es gelang Pene, 66 Afrikaner zu finden, die willens waren, nach Chicago zu fahren und sein Afrikanisches Dorf zu bevölkern. Dieses lag ganz am Ende des *Midway Plaisance*, dort, wo die Freiluft-Darbietungen anthropologischer Natur stattfanden. Auf diese Weise wollte man die Kluft zwischen „Wildheit" und „Zivilisation" betonen. Erstere wurde ganz am Rand der Ausstellungsfläche in einem umzäunten Gehege zur Schau gestellt, letztere wurde in den zentral gelegenen Hauptgebäuden der Ausstellung – der sogenannten „weißen Stadt" – gezeigt. Populäre Kommentare zur Ausstellung, die in der Presse und in bestimmten Romanen wiedergegeben wurden, zeigten ganz deutlich, dass es dem Afrikanischen Dorf gelungen war, die vorherrschenden Einstellungen der Weißen gegenüber Schwarzen noch zu verstärken. „Die Gewohnheiten dieser Leute sind abstoßend", behauptete der Autor eines Führers. „Sie fressen wie Tiere und weisen alle Merkmale der niedrigsten Stufen der Menschenfamilie auf:" Um dieses Bild von der Unzivilisiertheit noch zu betonen, forderte Pene seine Darsteller nachweislich dazu auf, während der Vorführung ihrer Tänze Bier zu trinken.[7]

---

7   Rydell (1999).

Die ideologischen Grundstrukturen des Dorfs, dem man bei der Ausstellung in Buffalo 1901 den Namen *Darkest Africa* [Dunkelstes Afrika] gegeben hatte, orientierten sich ganz deutlich an dem in Chicago gezeigten Dorf. Dies war kaum erstaunlich, hatte doch einmal mehr Pene die Lizenz für das Afrikanische Dorf erhalten. Pene hatte sich damals der Unterstützung des Buffalo Museum of Natural History [Naturgeschichtlichen Museums Buffalo] versichert und behauptete, von der Smithsonian Institution beauftragt zu sein, wofür es derzeit keinerlei Belege gibt. Kurz nach der Eröffnung der Ausstellung ließ Pene zwischen 70 und 98 Afrikaner nach Buffalo kommen. Diese wurden von der Presse wiederum feindselig behandelt. „Niemals habe ich etwas gesehen, was einen solchen Eindruck roher Wildheit macht", schrieb etwa ein Erzieher in der *New York Times*. Die Afrikaner wurden in einem Gehege neben der lizensierten Ausstellungsfläche für *Darkness And Dawn* [Dunkelheit und Dämmerung] untergebracht, ganz in der Nähe einer Parzelle, auf der ein kluger Schimpanse als Missing Link präsentiert wurde. Dies war eine weitere Demütigung für die Afrikaner, verwehrte man ihnen doch einmal mehr die Teilhabe an jenem Fortschritt, der in dieser Ausstellung gefeiert wurde.[8]

Wenn nun manche Wissenschaftler behaupten, es habe niemals Menschenzoos gegeben, so sind die Schaustellungen von Afrikanern bei diesen beiden Ausstellungen doch gewiss aussagekräftige Beispiele für dieses Phänomen. Allerdings ist die Zoo-Analogie zwar legitim, beschreibt das Phänomen aber nur unvollständig. Und zwar aus mehreren Gründen. Zunächst weist nichts darauf hin, dass die Afrikaner gegen ihren Willen in diese beiden Ausstellungen gebracht wurden. Dann waren sie, wenn sie in ihrer Handlungsfreiheit auch eingeschränkt waren, doch nicht völlig machtlos. Zum Beispiel riefen sie bei der Ausstellung von 1893 während ihrer täglichen Parade „ethnologischer Typen" auf dem *Midway* in ihrer eigenen Sprache: „Wir sind aus einem fernen Land in ein Gebiet gekommen, wo alle Menschen weiß sind! Wenn ihr zu uns kommt, werden wir euch mit Vergnügen eure weißen Kehlen durchschneiden!" Drittens müsste man die Beweggründe, die diese Afrikaner dazu veranlassten, in die Vereinigten Staaten zu kommen, viel genauer kennen. Einer der Darsteller, John Tevi, nutzte seine Ausstellungserfahrungen, um mithilfe seiner Familie eigene Afrika-Shows zu organisieren. Auch wenn heute viele Einzelheiten seines Lebens unbekannt sind, gibt uns Tevis Karriere Einblick in noch unbekannte Bereiche der amerikanischen Gesellschaft und in die komplexen Probleme, die die Schaustellungen von Afrikanern für die zur Schau gestellten Individuen mit sich brachten.[9]

---

8   Rydell (1984), S. 126-153.
9   Scott G. M. (1991), S. 297-298.

Wie Xavier Penes Leben ist auch John Tevis Leben geheimnisumwittert. Wir kennen weder sein genaues Geburtsdatum noch sein genaues Sterbedatum. Wir wissen auch nicht, wo er geboren wurde. Aber im Unterschied zu Pene, der beinah gar keine biografischen Spuren hinterließ, hat Tevi zumindest versucht, sein Leben zusammenzufassen, indem er eine kleine Schrift mit dem Titel *A Tour Around the World and the Adventures of Dahomey Village* verfasste.[10]

Wie sollen wir Tevis Leben und seine Teilnahme an der Ausstellungskultur der zu Ende gehenden viktorianischen Ära verstehen? Es gibt verschiedene – einander wohl teilweise überschneidende – Interpretationsmöglichkeiten für Tevis außerordentliches Leben. Zunächst gibt es Ähnlichkeiten zwischen ihm und Black Elk, einer religiösen Autorität der Sioux, der mit Buffalo Bill's Wild West Show nach Europa reiste. Black Elk erklärte unumwunden, dass er den Ursprung der Macht entdecken wollte, auf der die amerikanische – und damit die englischsprachige – Gesellschaft basierte. Der Wanderzirkus, dem er sich anschloss, bot ihm hierfür Gelegenheit. Es gibt gute Gründe für die Ansicht, dass Tevi die amerikanische Gesellschaft und die Welt genau kennenlernen wollte. Nur wenige Amerikaner oder Europäer konnten sich mit einem Leben brüsten, das sie von Afrikas Westküste mitten nach Europa und mehrfach quer durch die Vereinigten Staaten geführt hat. Weiters ist es gut möglich, dass Tevi, nachdem er sich selbst mit dem Westen vertraut gemacht hatte, dem weißen Publikum Afrika zeigen wollte. Vielleicht nahm er die didaktischen Ziele, die die Organisatoren internationaler Ausstellungen auf ihre Banner schrieben, wörtlich und wollte den Amerikanern Einblicke in afrikanische Kulturen verschaffen. Dies tat er mittels verschiedener Artefakte: Wurfmesser, Ritualmasken, Äxte und großartig geschnitzte Elefantenstoßzähne. Drittens war Tevi, ganz wie Xavier Pene, ein profitorientierter Unternehmer. Selbst wenn wir die von Tevi eingenommenen Summen nicht genau kennen, war sein „Geschäft" ganz gewiss äußerst gewinnträchtig. Viertens sah Tevi angesichts der in Französisch-Westafrika und im Kongo herrschenden Gewalt in seinen Afrika-Shows für sich und seine Familie wohl eine Möglichkeit, den Verwüstungen des Kriegs zu entkommen und sich neue Perspektiven zu erschließen. Fünftens erspähte Tevi wohl zwischen den Gitterstäben der Menschenzoos große Möglichkeiten, die in umso verlockendere Nähe rückten, je mehr die Fernreisen sein Ansehen und seinen Status in den Augen seiner Landsleute steigen ließen. Doch derzeit sind all diese Hypothesen nur Spekulationen.

---

10   Es sind nur wenige Exemplare dieses Texts erhalten. Ich danke Sonia Tevi und Kevin Smith für die Erlaubnis, ihn lesen zu dürfen. Ich danke ihnen auch für ihre diesbezüglichen Überlegungen. Ganz besonders dankbar bin ich Kevin Smith und dem von ihm geleiteten Team der Ausstellung *Through a Clouded Mirror: Africa at the Pan American Exposition, Buffalo 1901*, die 2001 vom Buffalo Museum of Science veranstaltet wurde, und bei der es um Penes und Tevis Afrika-Dörfer bei der Ausstellung in Buffalo 1901 ging.

Es gibt jedoch noch eine andere, beunruhigendere Erklärung für Tevis Beteiligung an den internationalen Ausstellungen und den Wild-West-Shows. Demnach wären Tevi und auch die anderen Teilnehmer an internationalen Ausstellungen Komplizen der von ihnen unterstützten imperialistischen Strategien gewesen. Diese Erklärung gesteht Tevi Aktivität und die Fähigkeit zu, in Abhängigkeit von seinen eigenen Interessen zu denken und zu handeln, sie zieht jedoch die Gerechtigkeit seiner Entscheidungen in Zweifel. Wir wissen durch die Beteiligung anderer „Eingeborenen-Truppen" an den internationalen Ausstellungen und allgemeiner durch die Geschichte des Imperialismus, dass die Zusammenarbeit mit den Kolonialbehörden zugleich eine Überlebensstrategie und ein Mittel war, interne Gegenspieler auszustechen. Bei den amerikanischen Ausstellungen der viktorianischen Epoche verließen sich die Anthropologen auf die aktive Kollaboration amerikanischer Ureinwohner, im Besonderen auf die von Antonio Apache, um ihnen bei der Rekrutierung von Darstellern für die Shows zu helfen, für deren wissenschaftliche Güte sie bürgten. Bei der Ausstellung in Saint Louis im Jahr 1904 engagierten die Ausstellungsorganisatoren Mitglieder des Philippine Constabulary – Polizei- und Militärkräfte, die die Vereinigten Staaten bei der Niederschlagung des Aufstands auf den Philippinen unterstützt hatten –, um die knapp tausend Filipinos unter Kontrolle zu halten, die im Filipino-Reservat der Ausstellung auftraten. Selbst in den Vereinigten Staaten gab es Schwarze – vor allem Booker T. Washington und seine Kommissare – die mit den Behörden auf nationaler und regionaler Ebene zusammenarbeiteten, um die Akzeptanz gesellschaftlicher Segregation zu befördern. Man kann sich also durchaus vorstellen, dass Tevi einfach ein Makler war, ein Vermittler, der afrikanische Individuen und kulturelle Artefakte an eine Ausstellungswelt lieferte, die auf einer ganz bestimmten Ideologie beruhte. Nämlich auf der Überzeugung, dass die Präsentation der sogenannten „Zivilisation" nur in Zusammenhang mit der Schaustellung sogenannter „Wildheit" Sinn ergab.[11]

Welches Bild sollen wir uns also von John Tevi machen? Die kleine Schrift, die er – oder jemand, der ihm nahestand – auf Basis von Notizen und Zeitungsartikeln verfasste, liefert uns einige wichtige Hinweise. Zunächst ist hier der Titel zu bedenken: *A Tour Around the World and the Adventures of Dahomey Village*. Mit diesem Titel ordnete sich Tevi ganz klar in die Tradition der Reiseberichte ein. Diese umfasst zahllose Werke von Reisenden, die Ende des 19. Jahrhunderts die verborgensten Winkel der Erde erforschten. Nach westlichen Normen ist Tevis kleine Schrift ein Werk von schlechtem Aufbau und ohne inneren Zusammenhang. Doch mag sie durchaus das synchrone Gefühl von Vergangenheit und Gegenwart widerspiegeln, das auch die in Elefantenstoßzähne

---

11 Rydell (1984).

geschnitzten Bild-Erzählungen vermitteln, die er in der Ausstellung von Buffalo zeigte. Das Heftchen enthält Informationen über Afrika und über den christlichen Glauben des Autors, es gibt eine chronologische Darstellung der Geschichte des Schwarzen Kontinents, Auskünfte über verschiedene Regionen Afrikas – die wahrscheinlich von jemand anderem verfasst wurden, vielleicht von Pene –, es werden die Namen von Afrikanern genannt, die bei der Ausstellung von 1901 auftraten, es wird über Tevis Reisen quer durch die Vereinigten Staaten berichtet, und erwähnt werden auch seine Auftritte bei internationalen Ausstellungen, in Museen und in Vergnügungsparks so- wie auch seine Teilnahme an *Buffalo Bill's Far West Show* und an *Pawnee Bill's Far East Show*, die im ersten Jahrzehnt des 20. Jahrhunderts eine Amerika-Tournee machte. Die kleine Schrift endet abrupt, mit einem Bericht über den Krieg, den die Engländer im Jahr 1876 gegen die Zulu führten. Es ist aber ganz offensichtlich, dass der Text erst spä- ter kompiliert wurde, vielleicht mit dem Gedanken, ihn bei den Wild-West-Spektakeln, an denen Tevi teilgenommen hatte, zu verkaufen.

Zugleich Lehrwerk, Reflexionsinstrument und persönliche Marketingmaßnahme, weist *A Tour Around the World* Merkmale auf, die die Behauptung rechtfertigen, dass man die Schaustellung Afrikanischer Dörfer am besten verstehen kann, wenn man sie in der Perspektive szenischer Darstellung und der Fähigkeit der Afrikaner betrach- tet, ihrem eigenen Tun Sinn zu verleihen. Obendrein gibt es unwiderlegbare Beweise dafür, dass Tevi und die von ihm engagierten Darsteller zu den weitestgereisten Afri- kanern jener Zeit gehörten. Im Text entdeckt man jedoch auch Hinweise, die es mir un- wahrscheinlich erscheinen lassen, dass diese Interpretation bereits eine erschöpfende Erklärung bietet. Zum Beispiel erfahren wir praktisch nichts über die – guten oder schlechten – Bedingungen, unter denen die Afrikaner zwischen ihrem Land und den Vereinigten Staaten transportiert wurden. Wir wissen beinah nichts über den Umgang mit den Afrikanern, die bei Ausstellungen oder Wild-West-Shows auftraten, und über- haupt nichts über die Reaktionen des Publikums auf diese Darbietungen. Zwischen den Zeilen zu lesen, ist immer ein heikles Unterfangen, aber das Schweigen des Textes zu diesen Fragen ist beunruhigend. Die Broschüre enthält auch einige Passagen, in de- nen Tevi die weiße Überlegenheit anzuerkennen scheint und das Christentum preist, was sehr vage die Hypothese bestätigen könnte, dass Tevi ein Komplize der auf Kosten der Afrikaner durchgeführten „zivilisatorischen Projekte" des amerikanischen und eu- ropäischen Imperialismus gewesen ist.

Wie sollen wir Tevi nun unter diesen Bedingungen verstehen? Ich glaube folgen- des: Tevi war zutiefst multikulturell, er war ein Auswanderer und ein Einwanderer, der zu einer Zeit lebte, in der es große Migrationsbewegungen von der östlichen in die westliche Hemisphäre gab. Mehr noch: zu einer Zeit, in der in Europa und in Amerika der moderne Nationalismus entstand, wechselte Tevi mit einem Schlag in die postmoderne Zukunft, indem er eine transnationale Identität annahm und zu einem Show-Veranstalter wurde, der meinte, er könne mit seinen Dorf-Rekonstruktionen eine proto-panafrikanische Identität darstellen. Es steht völlig außer Zweifel, dass er ausgezeichnet in der Lage war, Verträge auszuhandeln und auf seinen Reisen über Land und Meer in verschiedenen nationalen Kontexten zahlreiche Identitäten überzustreifen. Im Unterschied zu seinem Zeitgenossen, dem Afrikaner Ota Benga, der sich das Leben nahm, nachdem er sich in vielen amerikanischen Menschenzoos zur Schau gestellt hatte, hatte Tevi die Welt zu seiner Heimat gemacht und sich eine staatlich ungebundene Identität geschaffen. Gleichzeitig ermunterte er jedoch auch zwei seiner Söhne dazu, die französische Kolonialschule in Dakar zu besuchen. Dies ermöglichte es einen von ihnen, später das wichtige Amt des Finanzministers von Togo zu übernehmen. Um es in moderner akademischer Sprache auszudrücken: Tevi konstruierte sich eine fließende und hybride Identität, die vielleicht zugleich Ursache und Folge seines Eintauchens in die Welt jener Afrika-Shows war, die dem „dunklen Afrika" eine fiktive und gemeinsame Identität aufzuprägen versuchten.

War Tevi denn nun bei der Ausbeutung seiner afrikanischen Landsleute ein Komplize? In dem Maße, in dem er die Organisation von Xavier Penes Schaustellungen unterstützte, ist dies meiner Ansicht nach wohl nicht zu leugnen. Aber was war er, wenn er seine eigenen Schaustellungen organisierte oder sie in die Wild-West-Shows einfügte? Wurden diese beeindruckenden Darbietungen von einem Afrikaner organisiert, der Afrika nach europäischen Maßstäben „zivilisieren" wollte? Gibt es Hinweise darauf, dass Tevi die imperialistischen Botschaften, die in diesen Wild-West-Shows vermittelt wurden, billigte? Oder manipulierte er sein Publikum, indem er es mit imperialistischem Gepränge köderte, um auf diese Weise Geld für den Unterhalt seiner Familie und die Verbesserung der gesellschaftlichen Situation seiner Kinder zu verdienen? Joseph Conrad entdeckte in seiner Novelle *Herz der Finsternis*, wie komplex die von Imperialismus bestimmte Begegnung mit Afrika ist, und wir müssen uns auf dasselbe gefasst machen, wenn wir das Phänomen der Menschenzoos erforschen wollen. Sollen wir, wenn wir über Menschenzoos nachdenken, unser Augenmerk auf die Gitterstäbe des Käfigs richten oder auf die Zwischenräume?

Völkerschauen bei Kolonialausstellungen im liberalen und im faschistischen Italien

Guido Abbattista und Nicola Labanca

Wir wollen mit diesem Beitrag einen kurzen Überblick über das Phänomenon der sogenannten Menschen- oder Völkerschauen im Italien der liberalen und der faschistischen Ära geben.[1] Zu diesem Zwecke erscheinen uns zwei einleitende Bemerkungen methodischer Natur unerlässlich. Die erste ist, dass jene Phänomene, die man als Menschenzoos bezeichnet, einer umfassenderen Kategorie historischer Instrumentalisierungsformen angehören. Es handelt sich um eine öffentliche Instrumentalisierung. Sie „machten Gebrauch" von Angehörigen fremder Ethnien, deren Wesensart, Aussehen, Begabung oder Pathologie man eine Bewunderung oder Schrecken auslösende Andersartigkeit zuschrieb. Und diese öffentliche Indienstnahme vollzog sich im Rahmen von Darstellungen und Ritualen politischer Macht (Triumphzüge, königliche Zeremonien, Paraden und Umzüge), gesellschaftlicher Macht (Feste, Feiern, Schauspiele, Jahrmarktsspektakel) und kultureller Macht (Sammlungen, Kuriositätenschauen und Wunderkammern, sowie an Forschungseinrichtungen). Die zweite Anmerkung ist, dass mit Bezug auf die spezifischen Kontexte, Verfahrensweisen und Ziele des späten 19. und frühen 20. Jahrhunderts eine Untersuchung dieser Art von Veranstaltungen unserer Ansicht nach sehr vorsichtig mit allgemeinen Begriffen wie – wie Rassismus, Propaganda, Kolonialismus, Kommodifizierung, Reifikation, Ausbeutung oder dem zuletzt geprägten Begriff der Animalisierung –umgehen sollte. Gewiss waren solche Elemente in diesen soziokulturellen Ereignissen enthalten. Immerhin waren sie ja von selbstgefälligen Vorstellungen über Rassenhierarchie und westlicher Überlegenheit geprägt. Aber die Geschichtsforschung sollte sich nicht darauf beschränken, einzelne Episoden aufzulisten und zu beschreiben. Sie sollte allgemeine und gemeinsame Tendenzen aufzeigen, aber auch Besonderheiten im historischen Kontext herausarbeiten und sich dabei auf die Vieldeutigkeiten konzentrieren, die allgemeine Paradigmen eher problematisch machen.

Völkerschauen im liberalen Italien (1884-1914)

In der Zeit nach der Einigung Italiens gab es nur einige wenige Veranstaltungen, die an Völkerschauen erinnern, etwa die zu missionarischen Zwecken

---

1 Dieser Text ist das gemeinsame Werk beider Autoren. Guido Abbattista ist für das Unterkapitel über die Völkerschauen im liberalen Italien von 1884 bis 1914 verantwortlich und Nicola Labanca für das über Sichtbarkeit und Nicht-Sichtbarkeit von Afrikanern im faschistischen Italien.

erfolgte Vorführung amerikanischer Indianer vor kirchlichen Würdenträgern und sporadische Schaustellungen einzelner Afrikaner (Giovanni Mianis Akka oder Romolo Gessis Akka-Mädchen namens Saida).[2] Die erste richtige Völkerschau fand erst 1884 statt. Die *Esposizione Generale Italiana* (Allgemeine Italienische Ausstellung), die in diesem Jahr in Turin veranstaltet wurde, war die erste Großausstellung des jungen Nationalstaats und bot nicht nur Gelegenheit zur Präsentation der wirtschaftlichen, gesellschaftlichen und künstlerischen Leistungen der Nation, sondern auch zur Vorstellung des kolonialen Projekts, das Italien in Ostafrika, rund um die Bucht von Assab, verfolgte. Erstmals wurden, zusätzlich zu einer recht bescheidenen Ausstellung von Erzeugnissen aus Abessinien, auch Danakil oder „Assabesen" nach Italien gebracht. Diese erste italienische Völkerschau war in einem Afrikanischen Dorf untergebracht, wo man feierlichen Empfängen, Umzügen, Schaustellungen und Darbietungen beiwohnen konnte.[3] Bei genauerer Betrachtung wird deutlich, dass die öffentliche Neugier, die diese vorgeblichen schwarzen Fürsten erweckten, nicht unbedingt zur Akzeptanz der triumphalen Afrika-Illusionen einer erst in ihren Kinderschuhen steckenden Kolonialpolitik führte. Die sechs Personen aus Assab, die sich dort in dramatischer Weise von passiven „Exemplaren einer Menschenrasse" in unberechenbare und launische Schauspieler verwandelten, riefen keine rassistischen Urteile oder Verhaltensweisen hervor, sondern eher wohlwollende und paternalistische Formen von Humor. Es kam sogar zu humanitären Protesten.

Bei der *Esposizione Nazionale* in Palermo, *die* im Jahr 1891/1892 unmittelbar nach der Begründung der Kolonie Eritrea, stattfand, kam es offenbar zu einem Wandel. Die Schaustellung von Menschen aus Eritrea trug zur Popularität von Italiens neuem „zivilisatorischen Projekt" bei. Das große Dorf, das von „fünfundsechzig Eingeborenen, fünf Mauleseln und mehreren abessinischen Schafen" bevölkert war, sollte dem Publikum einen authentischen Einblick in afrikanisches Leben geben, es sollte auch Beispiele für verschiedene Menschentypen und Familiengruppen bieten, sowie Kunst, Handwerk, Musik, Tanz und Unterhaltung präsentieren.[4] Mit der Ausstellung wurde die explizite Absicht verfolgt, sich von jener in Turin zu unterscheiden, die als „böser und grotesker [...] afrikanischer Betrug" mit „einer Bande völlig kaputter Leute" kritisiert worden war. Ähnlich wie in Turin waren jedoch auch hier keine Anthropologen tätig. Die offizielle Ethnografie konzentrierte sich noch immer darauf, die unerwartete Vielfalt kultureller Gruppen in Italien zu analysieren und öffentlich zu dokumentieren.

---

2 Siehe Puccini (1999); Abbattista (2005).
3 Torino (1884a); Torino (1884b); Abbattista (2004).
4 Palermo (1892).

Beweismaterial, das man aufgrund seiner Ätiologie als ausgesprochen rassistisch qualifizieren könnte, gab es nur sehr eingeschränkt und marginal. Die Idee, eine Auswahl „unterschiedlicher" Menschen an einem abgegrenzten Ort einzusperren, zur Unterhaltung eines Publikums von weißen Europäern und „zivilisierten" Zuschauern, ist ganz gewiss bereits selbst symptomatisch für eine rassistisch veranlagte Mentalität, aber es gab damals neben den zahlreichen paternalistischen und philanthropischen Erklärungen nur sporadisch Äußerungen von offenem Rassismus.

Das Vierteljahrhundert zwischen 1890 und 1914 war für Völkerschauen in Italien eine Goldene Ära. Es gab verschiedene Veranstaltungen bei nationalen Ausstellungen und Messen, die zum Teil als Spektakel und Massenunterhaltung, zum Teil auch im Sinne einer Missionstätigkeit stattfanden. Ein Beispiel für Letzteres war die von Salesianer Patres organisierte Schaustellung während der *Esposizione Italo-Americana* (Genua, 1892), mit der der 400. Jahrestag der Entdeckung Amerikas durch Christoph Columbus gefeiert werden sollte.

Bei dieser Ausstellung wurde neben ethnologischen Objekten aus Feuerland und Patagonien auch der Nachbau eines Dorfs zur Schau gestellt. Dieses Dorf besaß eine kleine Kirche – so, als wäre dies ein natürlicher Teil des Dorfs – und es wurde von einer Gruppe südamerikanischer Ureinwohner bewohnt. Diese mit natürlicher Intelligenz ausgestatteten und gelehrigen „schönen Beispiele ihrer Rasse" durften dann als Demonstration des zivilisatorischen Wirkens der Missionare auch einer Audienz bei Papst Leo XIII beiwohnen, und zwar nicht als „Spektakel für die bloße Neugier anderer": „Diese Herabwürdigung zum Objekt", stellten die Organisatoren fest, „wäre unserer und Ihrer unwürdig." Geboten wurde das erbauliche Beispiel von „Wilden", die „bereits für das Licht des Glaubens gewonnen waren [...] und in denen das heiße Verlangen nach Wiedergeburt geweckt werden konnte."[5]

Am Ende des Jahrhunderts tauchten auch in Italien Unternehmer auf, die sich auf Ausstellungen, zirkusartige Darbietungen und Shows spezialisiert hatten und Europatourneen von Truppen „exotischer Künstler" organisierten. In ihren Aktivitäten überwog der kommerzielle Aspekt des zur Schau gestellten „Andersseins". Die zunehmende Kommodifizierung der Darsteller war gewiss ein wichtiger Aspekt, aber es wäre falsch, würde man die Freiwilligkeit der Teilnahme und das Feilschen um Entlohnung ignorieren, die die Beziehungen zwischen Unternehmern und Darstellern prägten. Die *Esposizione Nazionale*, die 1898 in Turin stattfand, förderte die Entwicklung dieser

---

5   *Illustrazione popolare, 1892*, S. 750.

Art ethnografischer Schau noch weiter.[6] Es gab dort eine Eritrea-Ausstellung und eine Ausstellung sakraler Kunst mit einer Missionsabteilung, wo Gegenstände aus Südamerika, China und Indien gezeigt wurden. Ganze Familien versammelten sich zum Gebet, lasen gemeinsam oder beschäftigten sich mit der Herstellung und dem Besticken von Kleidung. Es gab auch Afrikaner, aber in einer etwas weniger erbaulichen Darbietung, deren Stars sich in den Hauptstädten Europas bereits einen düsteren Ruf als Kindsmörder und Menschenfresser erworben hatten. Es handelte sich um das „Korps der Amazonen", der „wilden Weiber aus Dahomey". Die Truppe mit rund 50 Darstellern stand beim Schweizer Unternehmer Albert Urbach unter Vertrag. Im Turiner Parco del Valentino wurde ein echtes Dahomey-Dorf errichtet. Obwohl diese Ausstellung Gemeinsamkeiten mit der bereits bekannten Gattung exotischer Unterhaltung hatte, waren sich die Besucher der damaligen Zeit bewusst, dass es sich hier um eine echte Völkerschau – eine Schaustellung von „Fremden" – handelte. Die zahlreichen Menschen, die sich ängstlich dem Amazonendorf an den Ufern des Po näherten, konnten dort nicht nur Vorführungen wilder Tänze sehen, sondern auch Rituale, Zeremonien, landestypische Kleidung und angeblich typische Szenen aus dem Leben eines afrikanischen Volks.[7]

Das italienische Publikum gewöhnte sich durch eine der größten und aufsehenerregendsten Zirkusdarbietungen an diese Völkerschauen, nämlich durch *Buffalo Bill's Wild West Show*, die 1890 und 1906 durch Italien tourte. Gegen Ende des 19. Jahrhunderts wurde Italien – wie auch der Rest Europas – von vielen derartigen Wandertruppen bereist, ganz besonders von afrikanischen. Deren Attraktivität bestand in der aufrüttelnden „Fremdartigkeit" und Vielfalt ihrer oft mit animalisierenden Metaphern beschriebenen Darsteller. Die „bizarre und interessante" Truppe der sudanesischen Dinka kam unter der Leitung des Unternehmers Delle Piane im November 1895 nach Italien. Die 42 „spaßigen Neger", die bereits einen großen Teil Europas bereist hatten und unter anderem im Baseler Zoo präsentiert worden waren, traten nun in verschiedenen Theatern Mailands und Turins auf. Ihre Darbietungen und auch jene der „Liliputaner mit ihren handlichen, kleinen Pferden und Elefanten" waren immer echte Publikumsmagneten. Die Zuseher hofften, durch dieses „Stückchen Afrika auf der Bühne" ein „lebendiges Bild der Gewohnheiten und Bräuche" zu gewinnen, wie sie in einem Teil der Welt vorherrschten, der, „so entsetzlich er auch ist, doch immer moderner wird."[8] Genau diese Kombination von Belehrung und Unterhaltung verstand man unter dem

---

6   Torino (1898).
7   Amazzoni (1898).
8   *Corriere della Sera, 1895.*

Ausdruck „Völkerschau". Die Dinka waren übrigens beinah die einzige Schaustellung, in die auch italienische Wissenschaftler involviert waren. Cesare Lombroso (1835-1909), der berühmte Psychiater und Kriminologe, und Mario Carrara (1866-1937), Arzt und Anthropologe, führten eine detaillierte anthropologische und psychologische Verhaltensstudie durch. Zwischen Wildtier-Metaphern und Analogien zu Kriminellen schwankend, definierten die beiden Gelehrten die „Wilden" als „langsam" – ihre geistigen Fähigkeiten beschränkten sich auf die Erinnerungsfähigkeit – und als „primitiv" in ihren ästhetischen Geschmack. Ihre „außerordentliche Apathie" wurde eher als eine Frage des Charakters denn als Folge ihrer Gefangenschafft beschrieben:

> „Abgesehen von den kurzen Phasen der Schaustellung lagen sie den ganzen Tag auf ihrem Lager herum, wie Ochsen in einem Stall, jeder Bewegung abhold, sogar wenn sie dadurch, so wie bei unserer Studie, etwas verdienen würden."[9]

Eine weitere Völkerschau fand 1903 statt, als Togolesen- und Mandinka-Truppen in Turin auftraten. Diese beiden Truppen umfassten fünfzehn „Eingeborene" aus Togo und elf aus Sierra Leone, die bereits in Deutschland, in der Schweiz und in Russland aufgetreten waren. Im Oktober 1903 kamen „diese dunkelhäutigen Herren mit ihren Damen" mit der Eisenbahn nach Turin, wo „Zelte aufgebaut und Zweige auf die Straßen gelegt worden waren".[10]

Kommentare in Zeitschriften machen deutlich, dass die Ankunft der Fremden geteilte Reaktionen hervorrief. Während manche von dieser Art von Veranstaltung nicht allzu beeindruckt waren und auf ideologische und rassistische Implikationen hinwiesen, machten andere ganz offen rassistische Bemerkungen. Die italienische Tageszeitung *Corriere della Sera* schrieb in Bezug auf die Dinka, dass die zur Schau gestellten „Wilden" „einen Eindruck von einer Rasse" vermitteln,

> „die die Europäer angeblich zivilisieren wollen, von der sie aber, wenn sie ehrlicher wären, zugeben müssten, dass es ihnen lieber wäre, sie stürbe aus wie eine Affenrasse."[11]

Im Gegensatz dazu wurden diese Schwarzen in der satirischen Wochenschrift *La Luna* boshaft als Angehörige „einer unterlegenen Rasse" karikiert.[12] In manchen

---

9   Lombroso & Carrara (1896a); Lombroso & Carrara (1896b).
10   *Gazzetta del Popolo della Domenica,* 1903
11   *Corriere della Sera,* 1895.
12   *La Luna.* 1895.

Kommentaren fanden auch Grausamkeit und Brutalität Erwähnung, etwa in den Eintragungen eines Tagebuchs, das ein Turin-Besucher – und zwar kein gewöhnlicher Tourist, sondern ein Abgeordneter des italienischen Parlaments – im Jahr 1898 geführt hatte:

> „Wir besuchen die Ausstellung, um die Amazonen aus Dahomey zu sehen, die, gemeinsam mit einigen Kriegern ihrer Rasse, typische Tänze und Kampfspiele aufführen. Wie ein Rudel Affen oder Hunde, reisen diese Neger rund um die Welt, unter der Leitung eines deutschen Schaustellers, der grausam genug war, sie bis nach Sibirien zu bringen. Die Kälte und die unbekannten Sitten sogen das Leben aus diesen elenden Kreaturen, aber wenn sie sterben, sagt der Schausteller mit kaltem Lächeln: Sie werden uns frische schicken."[13]

Zu Beginn des 20. Jahrhunderts war es bereits üblich, dass es bei nationalen Ausstellungen Afrikanische Dörfer und „Eingeborene" gab. Im Jahr 1902 präsentierte die *Esposizione internazionale di arte decorative moderna* (Internationale Ausstellung moderner dekorativer Kunst) in Turin mehrere exotische Attraktionen, darunter auch ein „Dorf aus dem Sudan und aus dem Süd-Oran", das – wieder einmal dank Delle Piane – von „schwarzen Kreaturen" bevölkert war. Dieses „charakteristische Portrait von Sitten und Lebensraum" war jedoch nicht besonders erfolgreich. Die großen „schwarzen Festspiele", „der Triumph der schwarzen Rasse", mit Prozessionen, Schaukämpfen, maurischen Tänzen, Paraden und sudanesischen Banketten stieß nur auf geringe Begeisterung. Tatsächlich gab es Zeichen für eine „hartnäckige Skepsis des Publikums".[14]

Bei der Weltausstellung in Mailand (*Esposizione internazionale del Sempione*, 1906) gab es eine koloniale Schaustellung und eine Dorf-Rekonstruktion -eine „wunderbare, authentische Nachbildung eines afrikanischen Dorfs, bewohnt von etwa hundert Eingeborenen aus der Kolonie Eritrea". Bei dieser Freiluftdarbietung konnte man auf Elefanten reiten und in Wägelchen fahren, die von Zebras gezogen wurden, es gab Zirkusnummern mit exotischen Tieren, professionell gestaltet auf Initiative des großen Zoodirektors und Veranstalter von Völkerschauen, Carl Hagenbeck. Aber es gab noch viel mehr zu sehen. Auf weiten Flächen wurden afrikanische und orientalische Szenen nachgespielt, die voller Magie, Verführung und Mystizismus waren. Da gab es zum Beispiel „Kairo in Mailand" mit Wägelchen, Geschäften, Cafés, geheimnisvollen Zimmern und dem rasenden „Tanz der Derwische" oder das Nubische Dorf – „ein eindrucksvolles Schauspiel in seiner grausamen, bunten Schönheit", vollgestopft mit „schönen Exemplaren dieser Rasse: starkgliedrige, vierschrötige Männer und Frauen, manche von ihnen

---

13   Guiccioli (1973), S. 235-236.
14   *Gazzetta del Popolo*, 1902, S. 4.

so schwarz wie Ruß, andere von sehr hübscher Teerfarbe." Ein verfälschtes Bild von ethnischen Gruppen, Bräuchen, Sprachen und Handwerkskünsten; falsche Wohnhäuser und Werkstätten, gefälschte Alltagsszenen und verzerrte Schilderungen des Alltagslebens – beinah eine Vorahnung für „die heilige Utopie: die ideale und wirkliche Bruderschaft der Völker".[15]

Die große *Esposizione Internazionale*, die 1911 zur Feier des fünfzigjährigen Bestehens des Königreichs Italien in Turin stattfand, war nicht weniger eindrucksvoll. Dort gab es zwei Völkerschauen: ein Eritrea-Dorf und ein Somali-Dorf. Im Eritrea-Dorf, das zur großen Eritrea-Ausstellung gehörte, wohnten „Künstler und Arbeiter", Goldschmiede und Weber, die ihr „typisches und primitives Gewerbe" und ihre „interessanten neuen Arbeitsplätze" zeigten – industrielle Möglichkeiten, die eine Kolonie attraktiv machen sollten, die für viele kaum mehr war als eine unfruchtbare Gegend voller Steine und Dornen. Das Somali-Dorf sollte mit seinen 30 Bewohnern – „wundervollen Exemplaren der menschlichen Rasse" – eine „Ecke von Somalia" darstellen, ein Gebiet, das im Jahr 1903 zu einer italienischen Kolonie geworden war. Wiederum war die Absicht ganz klar; mit der Schaustellung der Vielfalt sollte nicht der Unterschied zwischen den Rassen betont, sondern Zustimmung zum Projekt des italienischen Kolonialismus gewonnen werden. Jedoch wurde das Kolonialismus-Thema auch dieses Mal von einer pompösen Exotik-Show begleitet. Ernest Pourtauborde, ein professioneller Veranstalter „intelligenter" Attraktionen, und Lucien Jusseaume, der berühmte Kulissenmaler der Pariser Oper, wurden damit betraut, das große „Orientfest" zu entwerfen, eine „Völkerschau in voller Aktion". Nachbauten von Gebäuden, die an Länder wie Algerien, Tunesien und Ägypten erinnerten, standen neben den Bereichen für Madagaskar, Senegal, Kongo, Dahomey und Niger. Daneben gab es Produkte aus Indochina, China und Japan. Beobachter gewannen den Eindruck, dass das Unterfangen ein großartiges Beispiel des Fortschritts in der „volkstümlichen Unterhaltung" war: „eine Reise in den Orient für nur eine halbe Lira."[16]

Das letzte wichtige Beispiel einer Völkerschau in Italien vor dem Ersten Weltkrieg war die *Esposizione internazionale* in Genua 1914. Der Krieg um Libyen war gerade mit der italienischen Besetzung der libyschen Landesteile Cyrenaika und Tripolitanien zu Ende gegangen. Daher präsentierte diese wahrhaft imperialistische Ausstellung auch kriegerische Slogans und Trophäen von Italiens Sieg über die Türken.[17] Die Eroberung Libyens wurde mit fotografischen, statistischen und archäologischen Dokumenten und

---

15   Milano (1906), S. 179-180.
16   Torino (1911), S. 246-251.
17   *Illustrazione Italiana*, 1914, S. 622; Genova (1914).

mit der Anwesenheit „lebender Soldaten" gefeiert, den *Zaptiè*, als „treue Soldaten von da unten". Diese libyschen Polizeikräfte sollten den Zivilisationsprozess eines Kolonialreichs symbolisieren, „das sich in dreißig Jahren in Schmerz, Geduld und Verborgenheit herausgebildet hat".

Sichtbarkeit und Unsichtbarkeit der Kolonialvölker unter dem Faschismus
Nach einem halben Jahrhundert als geeintes Land – eine Zeitspanne, die für andere europäische Länder wohl nicht allzu lang ist, die in Italien aber als bedeutend wahrgenommen wurde – war Italien immer noch eine liberale Macht, hatte jedoch ein anderes und bedeutsameres Selbstbild.[18] Wir haben bereits gesehen, wie im Jahr 1914, nur drei Jahre nach der Ausstellung anlässlich des fünfzigjährigen Jahrestags der Vereinigung, das liberale Italien erstmals ein gewisses Desinteresse an der Ausstellung von „Eingeborenen" erkennen ließ. Mit Ausnahme der Uniformen der *Zaptiè* und der *Askari* sah man bei der Ausstellung in Genua fast gar keine „Eingeborenen".[19] Dass dies auch während des Ersten Weltkriegs und bei den vielen Kolonialausstellungen nach Kriegsende so blieb, überrascht kaum. Zum Beispiel gab es allein im Jahr 1920 Kolonialausstellungen in Mailand, Padua, Triest und Neapel, was ein Zeichen für den wachsenden Einfluss expansionistischer Kreise nach dem Krieg ist. Aber um Afrikaner zu sehen, musste man eher nicht-koloniale Ausstellungen besuchen. Bei der Mailänder Messe des Jahres 1922 zum Beispiel, einem traditionellen Treffpunkt der Geschäftswelt in einer der wenigen echten Industriestädte des Landes, konnten die Italiener einen Kolonialpavillon bewundern, der von einem großen Trupp *Askari* bewacht wurde.

Die italienische Bevölkerung war jahrhundertelang fasziniert gewesen von exotischer Unterhaltung, und in dem halben Jahrhundert, das Italien als geeintes Land erlebt hatte, hatte auch eine im engeren Sinne kolonialistische Entwicklung eingesetzt. Nun reichte ein einziges Jahrzehnt – zwischen der Ausstellung anlässlich des fünfzigsten Jahrestags der Einigung und dem Aufkommen des Faschismus –, um Inhalt und Ton dieser Veranstaltungen tiefgreifend zu verändern. Die *Askari* waren ganz offensichtlich ebenso afrikanisch wie die „Hottentottische Venus", wie Saida oder die Akka, aber verglichen mit diesen waren sie verwestlicht bzw. legte man den Italienern nahe, dies zu glauben. Obwohl sie bewaffnet waren, war ihre Anwesenheit weniger beunruhigend als die der wilden Afrikaner früherer Zeiten, oder jener Afrikaner, die in „Eingeborenen-Dörfer" „deportiert" wurden. Tatsächlich war ihre Anwesenheit organisiert und reglementiert. Sie verkörperten Afrika unter der italienischen Herrschaft und waren daher nicht mehr wild und frei.

---

18   Labanca (2002b); Del Boca (1976-1984); Del Boca (1986-1988).
19   Bono (1992).

Die Gier nach Stärke und Macht, die das koloniale Italien repräsentierte und hervor-brachte, ist im extremen Nationalismus der faschistischen Bewegung erkennbar, die im Oktober 1922 an die Macht kam, und mit der Proklamation des Endes des liberalen Italien im Januar 1925 ein „freiheitsmörderisches" und reaktionäres Regime schuf.

Man darf keinen automatischen und sofortigen Wandel des Tons bei Kolonialausstel-lungen und der Schaustellung von „Eingeborenen" erwarten. In den frühen Jahren des Faschismus konnte man noch Kolonialausstellungen besuchen, die in eine andere Ära zu gehören schienen. Es ist nachvollziehbar, dass der Kolonialpavillon bei der vom Vatikan veranstalteten *Esposizione Universale Missionaria* (1925) nicht extrem faschistisch sein konnte, und es ist auch nicht überraschend, dass die kleinen Kolonialmessen, die weiter-hin in vielen italienischen Städten veranstaltet wurden, immer noch jenes des früheren, liberalen Italien ähnelten, auch darin, dass es dort keine Afrikaner zu sehen gab.

Das allgemeine Klima veränderte sich jedoch, nicht nur in den afrikanischen Ko-lonien, sondern auch in Italien selbst. In einem Artikel, der Ende 1925 – in diesem Jahr waren Kolonialausstellungen in Lausanne, Monza, Neapel und Fiume veranstal-tet worden – in einer Kolonialzeitung veröffentlicht wurde, wurde angemerkt, dass man, wenn man diese italienischen Ausstellungen mit Kolonialausstellungen anderer europäischer Kolonialmächte verglich, schmerzlich eingestehen müsse, dass „äußerst nützliche Lehren" aus der „professionellen Organisation der Ausstellungen in Frank-reich, Holland und Belgien" zu ziehen seien und dass Italien noch weit entfernt sei von der „geduldigen und perfekten Organisation, als deren unangefochtene Meister diese Staaten sich erwiesen haben."[20]

Und dennoch waren die Ausstellungen für ein Regime, das großen Wert auf Impe-rialismus und Afrikanismus legte, doch aus kulturellen und rein politischen Gründen zunehmend notwendig: es ging darum, „die Verunglimpfungskampagne unserer nati-onalen Defätisten" zu bekämpfen, die die Welt beinah davon überzeugt hätten, „dass unser Kolonialreich nicht mehr sei als eine große Schachtel heißen Sandes."[21] Die Kolo-nialabteilung der *Esposizione Internazionale Industriale ed Agricola*, die 1928 in Turin stattfand, machte deutlich, wie bemüht das Regime war, Afrika und die Kolonien ins Gespräch zu bringen. Es gab eine koloniale Schaustellung, die laut Zeitungsmeldun-gen „endlose Schlangen von Besuchern" anlockte[22] und im Ganzen vier Kolonialdörfer, eins pro Kolonie: Eritrea, Somalia, Libyen und nun auch Rhodos. Sie waren angeord-net rund um einen halbkreisförmigen Platz – eine klare römische Referenz –, von dem

---

20   Italia Coloniale (1925).
21   Italia Coloniale (1925).
22   Italia Coloniale (1928b).

ausgehend Wege zum unvermeidlichen *Tukul* führten, zu den Schlangenbeschwörern, den Dresseuren des „Kassala-Hunds" und den Haltern „kleiner somalischer Löwen". „Eingeborene" sollten die exotischen Gefilde beleben – die „besondere Fauna" wurde in der Cyrenaika-Abteilung dargestellt – und zeigen, wie sie Italiens Reichtum mehrten: so gab es libysche Teppichwerkstätten, Palmkorbflechter, eritreische Lederarbeiter, Goldschmiede, Maler, Schmiede, Perlmuttkünstler, usw.

Kurz, die Ausstellung von 1928 zielte darauf ab, „das Lokalkolorit so getreu wie nur möglich zu bewahren".[23] Bei genauerer Betrachtung hatten die Afrikanischen Dörfer jedoch viel vom alten, liberalen Italien und dessen billiger Exotik bewahrt. Die Entscheidung des zur Thronfolge bestimmten Prinz Umberto, unter den anwesenden Afrikanern den jungen Somali **Nur Mohamed** auszuwählen und ihn, wie die zeitgenössische Presse berichtete, „zu adoptieren", war eine zwischen Mildtätigkeit und Paternalismus schwankende Geste, die möglicherweise auch nicht allzu gut zu dem imperialen und militärischen Nimbus passte, den der Faschismus den italienischen Kolonien und den Italienern zu geben wünschte. Es herrschten jedoch schlechte Zeiten für das im liberalen Italien so geschätzte Lokalkolorit und auch für Prinz Umbertos aus- oder inländische Adoptionen. In den 1930er-Jahren ging es darum, das faschistische Regime zu stärken und zu festigen.

Dies zeigte sich in einem sehr signifikanten und zeittypischen Ereignis. Am 8. Juni 1930 nämlich wurde am Flughafen von Littorio ein „kolonialer Guerilla-Krieg" aufgeführt, um zu zeigen, wie effektiv die Luftwaffe in den Kolonien agierte.[24] Aufgrund dieser Formulierung würde man ja davon ausgehen, dass keine Afrikaner beteiligt waren. Um jedoch wirkungsvoll demonstrieren zu können, welch „moderne" Resultate die faschistische Luftwaffe bei der Bombardierung der libyschen oder somalischen Aufständischen und der jeweiligen Zivilbevölkerung erzielte – manchmal erfolgten diese Bombardements mit Gas –, hatte die sorgfältige und megalomane Organisation des Regimes „ein ganzes arabisches Dorf nachgebaut und ließ eine große Gruppe arabischer Reiter, die man extra aus Tripolitania gebracht hatte, an der Demonstration teilnehmen."

Der Faschismus achtete jedoch darauf, für seine koloniale Propaganda nicht nur auf Krieg und Waffen zu setzen. Ebenfalls im Jahr 1930 sorgte die Forschungsabteilung des Kolonialministeriums dafür, dass Italien an der Internationalen Missionsausstellung im Vatikan teilnahm.[25] Das Kolonialministerium lud afrikanische Würdenträger zur „erlauchten Hochzeit" Prinz Umbertos[26] und es organisierte, was noch bedeutsamer

---

23   Italia Coloniale (1928a).
24   Italia Coloniale (1930c).
25   Italia Coloniale (1930b).
26   Italia Coloniale (1930c).

war, auch die Teilnahme Italiens bei großen internationalen Kolonialausstellungen. Wir wissen nicht genau, in welcher Weise sich das liberale Italien an der Interalliierten Kolonialausstellung beteiligt hat, die im Jahr 1922 in Paris stattfand, aber wir wissen, welche Aufwände und Kosten das faschistische Regime auf sich nahm, um ein präsentables Bild seines Kolonialreichs zu vermitteln. Dies geschah zum Beispiel bei der internationalen Ausstellung in Antwerpen im Jahr 1930[27] und ganz besonders 1931 bei der Internationalen Kolonialausstellung in Paris.

Soweit wir bisher wissen, waren abgesehen von den „verwestlichten" *Askari* und den afrikanischen Würdenträgern keine „eingeborenen Personen" anwesend. Zumindest wurde ihre Anwesenheit nicht besonders befördert oder beworben. In der Öffentlichkeit gern gesehen waren hingegen Würdenträger aus den Kolonialgebieten – oder solche, die sich darum bewarben, zu Untertanen der faschistischen Behörden zu werden. Die Anwesenheit der *Askari*, die in der faschistischen Rhetorik als „treue Gefolgsleute" bezeichnet wurden, wurde ebenfalls forciert – und nicht in kleinen Gruppen, wie in *Italietta* (dem als unbedeutend betrachteten prä-faschistischen Italien), sondern in den Massen, die der Faschismus so liebte. Zum ersten Geburtstag des italienischen Kolonialreichs ließ man am 8. und 9. Mai 1937 in einer kolossalen Demonstration riesige Mengen Soldaten aus allen italienischen Kolonien durch Rom marschieren.[28] Die Kolonialpresse berichtete über das Ereignis mit dem Wortspiel „L'impero era sulla Via dell'impero" [Das Imperium schritt auf der Straße des Imperiums].[29] Diese Demonstration folgte nicht länger dem Vorbild von 1911 oder dem von Turin 1928; wenn überhaupt, so ähnelte sie der Veranstaltung am Flughafen von Littorio, aber in viel größerem Maßstab.

Es stellt sich jedoch weiterhin die Frage, warum im kolonialen Italien der faschistischen Ära immer weniger Afrikaner zu sehen waren, während das Regime doch immer mehr von seinen Kolonien sprach. In diesem imperialistischen – und zugleich „indigenophoben"– Kontext stellte die Nachricht, dass die Faschisten zur Feier der Eroberung des Reichs eine riesige Veranstaltung organisieren wollten – beeindruckender noch als die Veranstaltung, die 1937 in Rom stattgefunden hatte – natürlich eine Sensation dar. Die damit verbundene Ausstellung sollte in Neapel stattfinden. Sie sollte den bisherigen internationalen Ausstellungen an Großartigkeit nicht nachstehen und bleibende Attraktionen schaffen. Das faschistische Italien hatte endlich begriffen, dass es nicht andauernd von seinen Übersee-Gebieten sprechen und sich als Kolonialreich präsentieren konnte, ohne dies auch bildlich zu zeigen. Man zog sogar in Betracht, die

---

27 Italia Coloniale (1930a).
28 Italia Coloniale (1937).
29 Italia Coloniale (1937).

Ausstellung unter dem Titel *Triennale D'Oltremare* [Triennale der Überseegebiete] zu einer regelmäßigen Veranstaltung zu machen. Die Ausstellungsorganisatoren beabsichtigten, „das faschistische Reich wieder mit Cäsars Reich in Verbindung zu bringen" und waren bestrebt, der Welt „die männliche und kraftvolle Seite des faschistischen und imperialistischen Italien" zu zeigen.[30]

Wir wollen hier nicht im Detail die Planung und Umsetzung der neapolitanischen Triennale untersuchen.[31] Bedeutsam ist jedoch, dass die Veranstaltung durch die Anwesenheit von Afrikanern belebt werden sollte: „Eine Reihe von Dörfern wird die charakteristischsten Volksgruppen beherbergen", hieß es, und es gab sogar Pläne, eine „getreue Nachbildung einer Oase in der Sahara zu schaffen". Vor allem eines dieser Dörfer sollte in sich allein „das ganze ethnische Mosaik Äthiopiens" nachbilden.[32] Die Ausstellung sollte Hunderttausende, ja, vielleicht Millionen von Besuchern empfangen und die Großartigkeit und der „Aufbau" – oder das Raffinement – der Veranstaltung sollten ins Auge springen. Es sollte, wie die Presse schrieb, „die imperiale Stadt" werden. Und es ging nicht um irgendein Imperium, sondern um ein seit 1937 von Rassengesetzgebung regiertes Reich für ein Land, in dem es seit 1938 antisemitische Gesetze gab.

Der Gebrauch des Konditionals ist hier kein Zufall: nur ein Monat nach Eröffnung der Ausstellung erklärte Benito Mussolini Frankreich und Großbritannien den Krieg. Die Ausstellung brach mit all ihren Vorbereitungen zusammen. Und nicht nur die Ausstellung, sondern das ganze imperialistische Projekt, das echte afrikanische Projekt, für das so viel Blut vergossen worden war. Die Propaganda-Veranstaltung in Neapel, für die große Investitionen getätigt worden waren, wurde zu einem bedeutungslosen Überrest. Und all dies war nur ein Vorgeschmack auf das Ende des Regimes im Juli 1943 und Mussolinis Tod im April 1945.

Abschließend sei festgestellt, dass die Gelegenheiten, bei denen die Italiener in den 1920er- und 1930er-Jahren am meisten Untertanen aus den Kolonialgebieten zu sehen bekamen[33], die Ausstellungen von 1928, 1937 und 1940 waren. Wir könnten hier noch die weniger bedeutende, aber in ihrer Vorläuferfunktion interessante Ausstellung von 1930 hinzufügen. Dies sind nicht viele Veranstaltungen für ein Land mit einer ganz offen imperialistischen Politik. Alle diese Veranstaltungen hatten ganz besondere Merkmale und nicht alle von ihnen waren Großveranstaltungen: die Ausstellung von 1928 wurde in Turin, im äußersten Nord-Westen des Landes, abgehalten; die Ausstellung

---

30 Italia Coloniale (1939).
31 Dore (1992)
32 Italia Coloniale (1940).
33 Labanca (1992).

von 1937 war im Wesentlichen eine Militärparade; und die Veranstaltung von 1940 war angesichts der plötzlichen Kriegserklärung eine Fehlinvestition. Man könnte in diesen Veranstaltungen also ein Zeichen der Schwäche sehen.

Wir sollten jedoch nicht vergessen, dass der Faschismus beim Angriff auf Äthiopien den Italienern eine in Europa einzigartige Möglichkeit geboten hatte, eine große Anzahl von „Eingeborenen" zu sehen, nämlich eine halbe Million Soldaten und Heeresangestellte. Ähnliches gab es nur in Großbritannien 1899-1902 und in Frankreich 1954-1962. Dies könnte also als Demonstration von Stärke interpretiert werden. Hier stellt sich erneut die Frage nach Stärke oder Schwäche des italienischen Kolonialprojekts, diesmal in der Gestalt von Schaustellungen von Angehörigen der kolonisierten Völker. War all dies Stärke oder Schwäche? War es ein gemeinsames Charakteristikum der damaligen europäischen Kolonialmächte oder spiegelte es einen italienischen oder faschistischen Wesenszug wider? Vor einer endgültigen Antwort ist weitere Forschung nötig. Hierbei sollte betont werden, dass derartige Untersuchungen in Italien erst seit sehr kurzer Zeit durchgeführt werden.[34] Eine Fortführung der begonnenen Forschungsarbeit zu diesem Thema ist also erforderlich. Wir brauchen differenzierte Analysen, um den vielfältigen Dynamiken in den unterschiedlichen Kontexten gerecht zu werden: die einzelnen Ausstellungsprojekte unterschieden sich oft von einander, wurden sie doch aus so unterschiedlichen Motiven wie Neugier und Bewunderung, wissenschaftlichem Interesse, Fürsorge und Bildungsbemühungen organisiert – oder aber bloß zu Propagandazwecken.

Dadurch könnten wir die komplexen Prozesse besser verstehen, durch die sich die Einstellung moderner und republikanischer Italiener zu jenen „Eingeborenen" entwickelten, die sich nun auf den Straßen und Plätzen Italiens tummeln und die jetzt weder Kolonialuntertanen sind noch sich als „Eingeborene" definieren lassen. Man kann weder in Europa allgemein noch im besonderen Falle Italiens eine direkte und ununterbrochene Verbindung zwischen dem kolonialen Bild der Eingeborenen und dem postkolonialen Bild der Migranten herstellen. Die Wahrnehmung von „Eingeborenen" hat sich im Laufe der letzten Jahre, in denen viele Einwanderer durch das Land kamen und ein gewisser Anteil von Frauen und Männern aus Afrika, Asien, Lateinamerika und in jüngerer Zeit auch Osteuropa sich in Italien niederließ, offenbar drastisch verändert. Dies ist eine neue Erfahrung für Italien[35] und für viele Italiener. Man kann diese Erfahrung als ein weiteres – oder vielleicht als letztes – Kapitel in der langen Geschichte von Migration und Wahrnehmung nicht-europäischer Menschen im Land der „guten Italiener" sehen, die das Thema dieses Kapitels war.

34　Vgl. Labanca (1992); Abbattista (2004).
35　Vgl. Labanca (2002b).

Menschenschauen in Spanien: Kolonialismus und Massenkultur

Miranda Neus Moyano

In den Lokalnachrichten der in Barcelona erscheinenden Zeitungen vom 25. Juli 1897 wurde über die Ausstellung einer Gruppe von Aschanti aus dem heutigen Ghana auf einem Grundstück in der Ronda Universidad berichtet. Die heiß erwarteten Aschanti erreichten Spanien am 18. Juli in einem aus Marseille kommenden Schiff und es wurde angekündigt, dass sie bis 21. November ausgestellt werden sollten:

> „Die Aschanti. Ein schwarzes Volk, 150 Personen. Tag und Nacht geöffnet – Ronda de la Universidad 35 – Eintritt 1 Peseta, donnerstags Modenschau, Eintritt 2 Pesetas."

Das Spektakel war ein ungeheuer wichtiges Ereignis im städtischen Leben. Sowohl die Lokalpresse wie auch illustrierte Zeitschriften dokumentierten den Aufenthalt der Aschanti in Barcelona, Madrid und Valencia minutiös.[1] Doch abgesehen von der pittoresken Sensation, die dieser afrikanische Besuch – der erste in Barcelona – mit sich brachte, bietet uns diese Schaustellung – wie andere, zwischen 1887 und 1930 stattfindende Völkerschauen, Gelegenheit, das Bild kolonisierter, nicht-europäischer Völker zu analysieren, wie es in Spanien zu jener Zeit verbreitet wurde.

In Spanien gab es in unterschiedlichen Kontexten Menschenschauen: die Philippinen-Ausstellung (1887), die das Ministerium für Überseeterritorien im Parque del Retiro in Madrid veranstaltete; die oben erwähnte Aschanti-Ausstellung (1897) in Barcelona, Valencia und Madrid; und die Ausstellung von Inuit von der Halbinsel Labrador (1900) in den Jardines del Buen Retiro in Madrid und im Nuevo Retiro in Barcelona. Im frühen 20. Jahrhundert fand im Parque del Tibidabo eine Schaustellung von etwa hundert zu verschiedenen ethnischen Gruppen gehörenden Senegalesen statt (1913), und im Jahr 1925 gab es im selben Park eine weitere Ausstellung von Einwohnern Äquatorialguineas. Schließlich beherbergte die _Exposición Iberoamericana_ in Sevilla (1929) auch ein Dorf aus dem damaligen Spanisch-Guinea. Drei dieser Völkerschauen waren Privatinitiativen, die erst- und die letztgenannte wurden von der Zentralverwaltung

---

1 Für Barcelona: _La Ilustración Artística_, Nr. 815 (9. August 1897), S. 519, S. 522; _L'Esquella de la Torratxa_, Nr. 968 (30. Juli 1897), Nr. 969 (6. August 1897); Nr. 972 (27. August 1897); _La Vanguardia_ und _El Diario de Barcelona_ für die gesamte Dauer der Ausstellung. Für Madrid: _La Ilustración Española y Americana_, Nr. 35 (22. September 1897), S. 174, 184, und Foto; _Nuevo Mundo_, Nr. 195 (29. September 1897), o.S.; _Blanco y Negro. Revista Ilustrada_, Nr. 334 (25. September 1897); _El Heraldo_, _La Iberia_ und _Época_ (zwischen 15. September und 30. Oktober 1897).

organisiert. Dies führte auch zur unterschiedlichen Form und Zielsetzung der Ausstellungen. Unsere Untersuchung lässt ähnliche zeitgenössische Darbietungen – wie etwa *Buffalo Bill's Wild West Show*, die im Jahr 1889 in Barcelona gastierte, und die orientalischen und „maurischen" Dorfrekonstruktionen, die 1929 bei den Ausstellungen in Barcelona und Sevilla zu sehen waren – beiseite.

Die Ausstellungen

Völkerschauen waren ein Teil des visuellen Systems, das sich ab der Mitte des 19. Jahrhunderts entwickelt hatte und das durch die mächtigen Propagandamechanismen der Fotografie verstärkt wurde. Für viele stellten diese Schaustellungen eine Möglichkeit dar, „exotische" Völker kennenzulernen. Da diese Form szenischer Darbietungen in Europa und den USA jedoch bis in die 1930er-Jahre fortbestand, war nicht zu vermeiden, dass ihr verunglimpfender Charakter dauerhaft die westliche Phantasie prägte.

In Zusammenhang mit den Schaustellungen entstanden neue Formen visueller Kommunikation: Fotografien auf Visitenkarten, in touristischen Alben und auf Postkarten. In illustrierten Zeitschriften fanden sich bereits in den 1890er-Jahren Fotografien[2] und nur kurze Zeit später wurde auch das Kino in dieses visuelle System des 19. Jahrhunderts eingebunden. Einer der ersten Filme der Brüder Lumière dokumentiert eine Veranstaltung, wie sie für das späte 19. Jahrhundert typisch war: die Aschanti-Schau bei der Kolonialausstellung des Jahres 1897. Sie fand in Lyon statt, der Geburtsstätte des Kinematographen. Es handelte sich um eben jene Truppe, die kurz darauf nach Barcelona, Madrid und Valencia weiterreisen sollte.

Die erste spanische Ausstellung mit Völkerschau – die *Exhibición General de las Islas Filipinas* des Jahres 1887 – war eine Initiative der Zentralregierung in Madrid, die unter anderem vom Politiker, Historiker und Dichter Victor Balaguer gefördert wurde. Die wirtschaftlichen und menschlichen Ressourcen, die für eine solche Veranstaltung verfügbar waren, können nicht mit den Möglichkeiten privater Initiativen verglichen werden. Die Philippinen-Ausstellung lieferte den Nachbau eines „Eingeborenen-Dorfs", in Imitation der Indischen Dörfer, die man bei den Pariser Ausstellungen 1878 und ganz besonders bei der Kolonialausstellung in Amsterdam 1883 zu sehen bekommen hatte. An diesen Ausstellungen hatte sich auch Spanien beteiligt. Die vom Ministerium für Überseeterritorien veranstaltete Ausstellung wollte kein Spektakel von „Wilden" bieten, sondern sollte demonstrieren, dass manche „Eingeborene" aufgrund des

---

2   Riego (2001).

wohltätigen Einflusses des spanischen Protektorats „zivilisiert" werden und als Arbeitskräfte in Industrie und Gewerbe eingesetzt werden konnten. So gab es neben dem Igorot-Dorf weitere beliebte Darbietungen, die zeigten, wie europäisch oder traditionell gekleidete „Eingeborene" im Tabak- oder Textilhandel arbeiteten.

Vor der Ausstellung überlegte man, eine Gruppe von Filipinos nach Spanien zu bringen und sie dort mit verschiedenen Aufgaben zu betrauen: sie sollten als Parkwächter arbeiten, Waren verkaufen und sich am Bau der verschiedenen Gebäude aus Rohr und Abacá beteiligen. Bei der Ausstellung wurde ein Stück Land umzäunt, das das sogenannte Igorot-Lager beherbergen sollte. Dort wurde während der Ausstellung dann aber nur eine Gruppe von Filipinos als Demonstration der verschiedenen ethnischen Gruppen gezeigt, die die philippinischen Inseln bewohnten.

Um Raum für die verschiedenen Ausstellungsbereiche zu bieten, wurden im Parque del Retiro in Madrid Gebäude errichtet – sie existieren heute noch – und Parkflächen angelegt. Der Königliche Pavillon der früheren Bergbau-Ausstellung wurde zu diesem Zweck renoviert und bot Raum für die Präsentation der Sammlungen und Materialien, die man entweder direkt von den Philippinen bezogen oder aus privaten Sammlungen entlehnt hatte. Als Treibhaus für die Ausstellung exotischer Pflanzen erbaute man einen Palacio de Cristal, der dem für die *Great Exhibition* in London 1851 errichteten Glaspavillon nachempfunden war.

Neben diesem spanischen Crystal Palace wurde ein Gebiet für das Igorot-Lager umzäunt, eine Art Gehege, in dem die Hütten der „Eingeborenen", die die verschiedenen „Rassen" der philippinischen Inseln repräsentierten, stehen sollten. Auch ein Bach und ein künstlicher Teich wurden angelegt, auf denen die Filipinos ihre Paddelkunst unter Beweis stellen konnten, und eine Brücke aus Rohr, die den Teich überspannte und einen Zugang zu dem umzäunten Gelände gewährte. Alle Rohr-Gebäude wurden von den Filipinos errichtet, die man von den Inseln gebracht hatte und die eine Kolonie von insgesamt 55 Personen bildeten.

Ein schmaler Wasserlauf umgab die Fläche, auf der die (in Originalgröße nachgebauten) Hütten und ihre von den Philippinen stammenden Bewohner zur Schau gestellt und verschiedene Rituale öffentlich aufgeführt werden sollten. Zugänglich war dieser Platz über kleine Brücken. Er befand sich inmitten des für die Philippinen-Ausstellung bestimmten Gebiets, ganz in der Nähe des zentralen Gebäudes und des Palacio de Cristal. Das Lager war aber getrennt von jenen Gebäuden, in denen die wichtigsten Wirtschaftszweige der Inseln präsentiert werden sollten. Im Gebäude der philippinischen Tabakindustrie konnte man malaysische Frauen bei der Zigarrenproduktion beobachten, und im Gebäude der Tuchweberei demonstrierte eine Anzahl von Frauen, wie auf den philippinischen Inseln verschiedene Textilien hergestellt wurden. Angesichts dieses Kontrasts drängte sich natürlich ein Vergleich auf zwischen jenen Inselbewohnern, die akkulturiert werden konnten, die sich anders kleideten und überhaupt zivilisierter waren, und den „Wilden", die man halbnackt beim Ausführen von Ritualen und beim Tanzen beobachten konnte.

Im Unterschied zur Handelsmesse gab es im Lager keine Frauen, vielleicht weil die Ausstellung von praktisch nackten Frauen als unanständig galt. Die Fläche des Lagers war ja durch ein Geländer oder eine Palisade aus Rohr abgezäunt. Um diese Fläche zu erreichen, durchschritt der Besucher einen Eingang, der einen Pferdeschädel auf zwei Stangen zeigte.[3] Diese Darstellung machte deutlich, dass die Besucher nun einen nicht-christlichen Bereich betraten, der sich scharf abgrenzte von den übrigen, zivilisierteren Landsleuten, die man in den verschiedenen oben genannten Industriezweigen einsetzen konnte. Das umzäunte Gelände stellte das Dorf jener Inselbewohner dar, die sich der Zivilisation widersetzten. Hier betrat man das Land der „Wilden".

In der zeitgenössischen Presse wurden dieser Gruppe von „Wilden" alle Arten von Gräueltaten und unmoralischen Handlungsweisen – einschließlich Kannibalismus – unterstellt. Solche Leute musste man unter Beobachtung stellen und vom Rest ihrer Landsleute trennen. Angrenzend gab es im sogenannten Wildpark einige Tiere von den philippinischen Inseln zu sehen. Präsentiert wurden auch typische Rituale und Opfer, für die seitens der Veranstalter Tiere – im Wesentlichen Schweine und Hühner – bereitgestellt wurden. Niemals gezeigt wurde dagegen der typisch philippinische Brauch, Hundefleisch zu essen, ein Tabu der westlichen Zivilisation, das in der Philippinen-Ausstellung, die im Jahr 1904 in Louisiana stattfand, dennoch kommerziell ausgebeutet wurde. Außerdem wurden, wie bei anderen Menschenschauen jener Zeit, auch hier Alltagsaktivitäten im Freien und in den Hütten inszeniert.

Durch das Betreten eines umzäunten Geländes, das eine andere Zeit und einen anderen Ort verkörperte, erhielten die Besucher ganz gezielt das Gefühl, sie befänden sich in einer anderen Welt, in einer Welt, in der sie ihr Alltagsleben vergessen und stattdessen in eine unbekannte, „wilde" Kultur eintauchen könnten. Diese Inszenierung war von großer Bedeutung. Das zeigt zum Beispiel der Umstand, dass die Igorot auf zeitgenössischen Fotos normalerweise nicht gemeinsam mit Bürgern westlicher Staaten abgebildet wurden und dass die Bühnendekoration sorgfältig vorbereitet wurde. Dies geschah auch bei Portrait-Fotografien im Studio, wo ein gemalter Hintergrund

---

3   Flórez & Piquier (1887), S. 28.

den Dschungel darstellen sollte. Die Fotografen Laurent und Marqués de Berges stellten jeweils der Ausstellung gewidmete Alben zusammen, in denen dieses Gefühl der Abgeschiedenheit deutlich hervortritt.

Zehn Jahre später, im Jahr 1897, fand eine Aschanti-Ausstellung in Barcelona, Madrid und Valencia statt. Im Juli 1897 brachte man Aschanti auf einem Grundstück im Bezirk Ensanche in Barcelona unter. Der Raum war nicht groß für eine Ausstellung des geplanten Umfangs, wie ein Journalist in der Ausgabe Nr. 815 von *La Ilustración Artistica* betonte, doch befand er sich an sehr zentraler Lage, beinah an der Plaza de Cataluña, und nicht weit weg von damaligen Erholungs- und Zerstreuungsstätten. Bis 1890 befand sich auch das Großpanorama der Schlacht von Waterloo ganz in der Nähe. Mit der Erweiterung des Ensanche verschwanden diese Flächen oder wurden in die Außenbezirke der Stadt verlegt.

Einer der Nachteile des Veranstaltungsorts war, dass es dort keine Bäume, keinen unebenen Grund und keines jener dekorativen Landschaftsmerkmale gab, über die derartige Ausstellungen üblicherweise verfügten. Immerhin war die Kulisse ja, wie oben beschrieben, ein wichtiger Teil der Inszenierung. Dennoch scheint es den Organisatoren gelungen zu sein, das Beste aus dem Veranstaltungsort zu machen. Auf beiden Seiten der Fläche erstreckten sich zwei Reihen von Hütten, Schlafräume und Werkstätten, und in der Mitte, wo die Aschanti ihre Vorführungen gaben, hatte man vier Unterstände und die Küchen errichtet. Anders als bei der Philippinen-Ausstellung gab es in der Truppe in diesem Fall auch Frauen und vor allem Kinder. Eine Schule wurde gezeigt und die Aschanti präsentierten nicht nur ihre Alltagstätigkeiten, sondern verkauften auch mit Brandmalerei geschmückte Gegenstände und Schmuck. Es gab einen Schmied, der Pfeilspitzen herstellte, einen Tischler und einen Weber.

In Madrid hatte die Ausstellung einen anderen Charakter. Dort ließ sich eine Gruppe von etwa 50 Personen in den Jardines del Buen Retiro nieder, einer bewaldeten Fläche, auf der die Afrikaner ihre Unterstände und Hütten errichteten. Dieser Park wurde vom Unternehmer José Jimenez Laynez verwaltet, der das Land vom Gemeinderat gepachtet hatte. Es war ein Erholungsgelände, das Gelegenheit zu verschiedenen Aktivitäten und Spielen bot. Es gab kleine Freilufttheater, Cafés und andere Infrastruktur. Hinzu kamen nun noch die verschiedenen Vorführungen der Aschanti: Tänze und nachgestellte Schlachten, aber auch ihre Mittagsmahlzeit zwischen 12 und 13 Uhr. Solche Mahlzeiten wurden bei allen Menschenschauen, die wir dokumentieren konnten, als eigene Darbietungen vermarktet.

Von März bis April 1900 fand in den Jardines del Buen Retiro auch eine Ausstellung von Inuit statt, die auf ihrer Reise von London nach Paris dort Station machten. Die Gruppe umfasste sieben Familien von der Halbinsel Labrador, komplett mit Hunden, Schlitten und Paddelbooten. Die Hauptattraktion dieser Inuit-Ausstellung war die Präsentation ihres Alltagslebens: das Gerben von Tierhäuten, die Behandlung von Harpunen, die Herstellung der charakteristischen Elfenbeinobjekte. Engagiert vom amerikanischen Unternehmer R. Taver, kamen die Inuit, ausgestattet mit allen Materialien, die für ihre typische Lebensführung nötig waren, nach Spanien.[4] Von 3. bis 13. Mai waren sie auch in Barcelona, in einem Varieté-Theater namens Nuevo Retiro, das ebenfalls ganz in der Nähe der Plaza de Cataluña lag.

Zwischen März und August 1913 wurden im Tibidabo hundert Senegalesen ausgestellt. Der Tibidabo war ein bei Tagesausflüglern aus Barcelona beliebtes Erholungsgebiet mit verschiedenen, noch immer existierenden Attraktionen, Restaurants und Cafés. Er befand sich nicht im Zentrum von Barcelona, sondern auf einer höher gelegenen Fläche in der Nähe der Stadt. Man brachte die Senegalesen auf dem Gipfel des Berges unter. Rund um einen Halbkreis errichtete man einige Hütten, und auf diesem halbkreisförmigen Platz führten die zur Schau Gestellten ihre verschiedenen Alltagstätigkeiten vor. Sie fertigten auch verschiedene Produkte an, die dann zum Verkauf angeboten wurden. Zu den Hauptattraktionen zählten, wie stereoskopische Amateur-Fotografien belegen, wieder die Mahlzeiten.[5] Es gab auch Presseberichte, die sich mit Bildern der Fotoreporter Josep Maria Sagarra und Frederic Ballell in ihrer Präsentation deutlich weiterentwickelt hatten. Auf vielen dieser Fotos sind spontane Reaktionen von Besuchern zu sehen, was uns ermöglichen wird, die Reaktion es westlichen Publikums auf diese Art von Ausstellungen zu untersuchen.

Im Jahr 1925 zeigte die Tibidabo-Betriebsgesellschaft, veranlasst vom großen Erfolg der vorherigen Ausstellung, auf derselben Ausstellungsfläche, aber in einem anderen Teil des Parks, einen Fulbe-Stamm aus Äquatorialguinea, der beim französischen Schausteller Tavier unter Vertrag stand. Die letzte Ausstellung, die wir gegenwärtig ausfindig machen konnten, war die wieder in offiziellem Rahmen stattfindende *Exposición Iberoamericana* in Sevilla im Jahr 1929. Die Kolonien, die Spanien noch immer besaß, wurden dort von Truppen repräsentiert, die als typische Bewohner galten. Dabei hatte eine Gruppe von Ureinwohnern Guineas ihre Hütten auf einer Parkfläche in

---

4   Verde Casanova (1993), S. 88.
5   Stereoskopische Fotografie, *Eine Gruppe von Senegalesen, Barcelona, 1913*, © Centre Excursionista de Catalunya (Barcelona).

der Nähe des Spanisch-Guinea-Pavillons errichtet. Sie führten jeden Abend Tänze auf.[6] Es gibt auch Hinweise auf ein Maurisches Viertel – ganz deutlich eine Nachahmung der berühmten Rue de Caire [Kairoer Straße], die man bei der Pariser Weltausstellung 1889 bewundern konnte. Niemals aber stellten die nun unabhängig von Spanien vertretenen lateinamerikanischen Länder irgendwelche ihrer Einwohner aus.

Die Beteiligung der wissenschaftlichen Gemeinschaft

Am Ende des 19. Jahrhunderts begründete das naturwissenschaftliche Museum in Madrid [Museo Nacional de Ciencias Naturales] seine anthropologische Abteilung. Dabei stützte es sich auf die Kenntnisse seines Direktors Manuel Antón y Ferrándiz, der bei Quatrefages am Muséum d'Histoire Naturelle in Paris studiert hatte. In diesen frühen Jahren der Anthropologie waren Expeditionen selten und mit dem Sammeln von Objekten, Daten und Fotografien wurden oft Reisende betraut, die selbst keine Anthropologen waren. Aus diesem Grund erstellten Europas anthropologische Gesellschaften genaue Richtlinien für fotografische Aufnahmen.

Die Schaustellung ethnischer Gruppen bot ganz unleugbar Gelegenheit für solche Aktivitäten. Von Beginn an beteiligten sich die Spanische Gesellschaft für Naturgeschichte und das Naturwissenschaftliche Museum in Madrid an allen Ausstellungen, die in Madrid stattfanden. Um ihre Archive zu ergänzen, fotografierten sie und nahmen anthropologische Vermessungen vor. Sie sammelten auch Fotografien von den Philippinen oder anderen Orten und besuchten auch Ausstellungen in anderen europäischen Städten. Im Falle der Philippinen-Ausstellung des Jahres 1887, während derer drei Angehörige der zur Schau gestellten „Eingeborenen" starben, wurde vom Leichnam eines der Opfer ein Abguss gemacht. Es handelte sich um eine Frau von den Karolinen. Manuel Antón y Ferrándiz hatte hierüber eine Auseinandersetzung mit der Kirche, wie er in einem seiner Artikel in *El Globo* erklärte. Der Umstand, dass diese Frau katholisch war, spielte bei der negativen Reaktion der Kirche auf die wissenschaftliche Verwendung ihrer Leiche eine wichtige Rolle.[7]

Im Labor des Museums wurden auch Portrait-Fotos von Individuen aufgenommen, die bei der Aschanti-Ausstellung von 1897 zur Schau gestellt wurden, und auch von den Inuit im Jahr 1900. Ebenso kaufte man kommerzielle Fotografien, die in anderen zeitgenössischen Studios während der Ausstellung aufgenommen worden waren. In keinem Fall entsprachen die Fotografien den anthropologischen Standards jener Zeit,

---

6 Rodríguez Bernal (1994), S. 381.

7 Thode-Arora (2002b), S. 3. Hilke Thode-Arora erwähnt auch den Widerstand der Kirche gegen die Schaustellung getaufter Individuen als „Wilde". So etwa bei den Inuit aus Labrador, die in den 1880er-Jahren nach Europa kamen.

sondern orientierten sich stattdessen an einem Modell, das sich im 19. Jahrhundert vorrangig zur Illustration nationaler Typen herausgebildet hatte.

Die Kommentare der Anthropologen in den Anales de la Sociedad para la Historia Natural legen ebenfalls Zeugnis ab von den Besuchen, die sie diesen Ausstellungen abstatteten. Manuel Antón y Ferrándiz war auch – wahrscheinlich eingeladen von den Impresarios der Veranstaltung – bei einer Geburt anwesend, die während der Aschanti-Ausstellung 1897 stattfand. Im Jahr 1900 wurde in den Anales ein ausführlicher Bericht über Inuit-Bräuche veröffentlicht. Anlässlich der Ausstellung erwarb das Museum etwa 50 kunsthandwerkliche Objekte und Kleidungsstücke der Inuit, sowie auch eine Reihe von Fotografien. Doch die Fotografie verfolgte nicht nur das angeblich objektive Ziel, die menschlichen Rassen zu klassifizieren. Sie verbreitete auch ein Bild von diesen Nicht-Europäern, die sich so sehr von den Europäern zu unterscheiden schienen, ein Bild, das sich ins visuelle System des 19. Jahrhunderts einbrannte. Weit davon entfernt, objektiv zu sein, trug dieses Bild zur Schaffung eines Stereotyps bei, das nicht nur ins Konzept der evolutionistisch geprägten Anthropologie passte, sondern auch koloniale Interessen bediente, die die Unterlegenheit und Unfähigkeit der Kolonisierten demonstrieren wollten. Möglicherweise wirkt dieses Bild bis heute fort.

Die Beobachteten

Wenig wissen wir über die Individuen, die sich als Darsteller an diesen Völkerschauen in ganz Europa beteiligten. Im Falle der Philippinen-Ausstellung des Jahres 1887 wurden, wie gesagt, etwa 50 Personen rekrutiert, um die traditionellen Gebäude im Park zu bauen und um dort, wie in den frühesten Plänen angegeben wurde[8], als uniformierte Wachen zu arbeiten. In der Praxis sollten diese Individuen dann im Lager die Rollen von „Wilden" spielen, obwohl wir wissen, dass einige von ihnen Kolonialschulen besucht hatten. Ziel der Auswahl der Igorot im Lager war die Illustration verschiedener Filipino-Gemeinschaften. Jede Person repräsentierte eine der die Insel bewohnenden Hochlandethnien.

Wir wissen nicht viel darüber, wie sie ihre Entlohnung erhielten, obwohl vermerkt wurde, dass die „Wilden" 25 Pesetas pro Monat verdienten und die „Zivilisierten" 60 Pesetas.[9] Und auch zur staatlichen Verantwortung für den Tod der drei Menschen bei

---

8   Exposición Filipinas (1887).

9   Sánchez Gómez (2003), S. 63. Sánchez Gómez stellt auch einen Vergleich mit anderen Löhnen jener Zeit her. Die „weißen" Wächter des umzäunten Geländes erhielten monatlich 75 Pesetas und die Aufseher etwa 120 Pesetas. Sánchez Gómez' Buch ist die ausführlichste und bestdokumentierte Quelle zur Philippinen-Ausstellung.

der Ausstellung in Madrid gab es nie einen Kommentar. Die Igorot erhielten Nahrung und Tiere für die verschiedenen auf dem umzäunten Gelände stattfindenden Opfer und für ihre eigene Ernährung. Sie wurden auch medizinisch versorgt.

Wie bei ähnlichen Gelegenheiten in Europa, wurden die Igorot von einem Vermittler begleitet: Ismael Alzate, ein Mestizen, den wir auf vielen Fotografien jener Zeit sehen, immer in europäischem Stil gekleidet. Auf dem Foto, das Fernando Debas von einem Teil der Igorot-Gruppe und Ismael Alzate aufnahm, nimmt letzterer gegenüber der restlichen Gruppe eine deutlich distanzierte und dominierende Haltung ein. Dieses Bild zeigt eine Pose, wie sie auch andere Schausteller gegenüber ihren ethnischen Truppen auf europäischen Fotografien und Postkarten einnehmen. Der Kommentar des Anthropologen Manuel Antón y Ferrándiz auf der Rückseite dieses Fotos, das sich in den Archiven des Madrider Museo Nacional de Antropología befindet, sagt viel über diese Beziehung aus:

> „Philippinen-Ausstellung 1887. [...] Gruppe von Igorot aus Menguet-Tinguianes mit ihrem Schausteller Ismael Alzate, der danach von eben diesen Igorot auf den Philippinen getötet wurde."

Wir waren nicht in der Lage, den Wahrheitsgehalt dieses äußerst interessanten Kommentars zu überprüfen.

Die Filipinos wurden in Madrid lebhaft willkommen geheißen. Anlässlich der Eröffnung der Anlage präsentierte man sie der Königin und gelegentlich brachte man sie auch ins Theater. Es gab einige Klagen über ihr Essen, denen die Organisatoren Rechnung zu tragen versuchten. Obwohl wir keinen direkten Augenzeugenbericht der bei der Ausstellung zur Schau gestellten Filipinos besitzen, besitzen wir Kommentare ihrer Landsleute in den Zeitschriften, die diese in Spanien veröffentlichten. Die Philippinen waren eine sehr alte Kolonie, die sich damals in einer kritischen Phase ihrer Beziehung zum Kolonialherrn befand. Bekanntlich verlor Spanien die Kolonie wenige Jahre nach der Ausstellung an die USA. Aufgeklärte Geister wie José Rizals[10] oder Graciano López Jaena kritisierten offen die Verwendung ihrer Landsleute als „Wilde" – ein Ausdruck, der ihnen ursprünglich unbekannt war, weil er in der ersten Konzeption der Ausstellung, wie oben beschrieben, keinen Platz gefunden hatte. Ganz besonders kritisierten sie das Bild, das im spanischen Mutterland von den philippinischen Inseln gezeichnet wurde.[11]

10　José Rizal ist unter anderem der Autor des Romans *Noli me tangere*, in dem er das spanische Kolonialregime kritisiert.

11　Sánchez Gómez (2003), S. 224-264; López Jaena (1889), S. 245-246.

Der Fall des Aschanti-Dorfs war ein anderer. Zunächst wurden die Aschanti von einem privaten Geschäftsmann unter Vertrag genommen, nämlich von Ferdinand Gravier. Anders als die Filipinos scheinen sie einfach deshalb engagiert worden zu sein, weil sich die Gelegenheit dazu bot und sie als äußerst „exotisch" galten. Tatsächlich eroberten die Briten ja nach langem, hartem Kampf das Aschantireich, ein Umstand, der immer und immer wieder in den Presseberichten jener Zeit erwähnt wurde. Aufgrund der britischen Eroberung war es nun auch möglich, mit einer europäischen Macht über das Kommen der „Eingeborenen" zu verhandeln. Die Aschanti hatten bereits vor ihrer Reise nach Spanien als ideale Kandidaten für Schaustellungen gegolten – man denke nur an die beiden Schaustellungen in Paris 1887 und in Lyon 1897 –, und zwar wegen ihrer von zeitgenössischen Beobachtern als exotisch und auffällig wahrgenommenen Wesensart, sowohl in Tracht und Schmuck ihrer Häuptlinge als auch in ihren Zeremonien. Zudem boten afrikanische Völker immer Musik-, Tanz- und Kampfdarbietungen, die allesamt das Interesse des europäischen Publikums erregten. Dies war neben dem täglichen Spektakel der Mahlzeiten und der Herstellung kunsthandwerklicher Gegenstände die Hauptattraktion der Aschanti-Ausstellung.

Die Aschanti waren eins der ersten afrikanischen Völker, die in Europa zur Schau gestellt wurden. Es kann keinen Zweifel geben, dass sie aufgrund ihrer Hautfarbe auch unübersehbar als „Wilde" galten, ganz ähnlich wie die Filipinos. In beiden Fällen gab es in der zeitgenössischen Presse – neben anderen, noch herablassenderen Kommentaren – Berichte über ihre vorgebliche Rohheit und Rückständigkeit.[12] Zweifellos reizten aber auch die halbnackten Körper der Aschanti zum Besuch der Schaustellung. Manche Ausschnitte aus der Berichterstattung veranlassen uns dazu, über dieses Thema eingehender nachzudenken. *La España Cristiana* widmete am 9. Oktober 1897 der in Valencia im Teatro Pizarro stattfindenden Aschanti-Ausstellung einen Artikel. Die Zeitschrift kritisierte die unanständige Nacktheit der zur Schau Gestellten und die religiöse Übertretung, die die öffentliche Demonstration nicht-christlicher Kulte in einem konfessionellen Staat wie Spanien darstellte.[13]

---

12 Siehe *Blanco y Negro* (Madrid), 25 September 1897: „Manche Leute traten, um besser zu sehen, an das Geländer heran und fragten ihre Begleiter: Sind sie bissig? Durchaus nicht. Man kann sie anfassen und sie tun überhaupt nichts."

13 Siehe *La España Cristiana*, Nr. 340 (9. Oktober 1897), S. 2799: „Der Aschanti-Stamm, der Barcelona und Madrid beinah splitternackt heimsuchte, kam auch ins Teatro Pizarro in Valencia und schlug dort mit behördlicher Genehmigung seine Zelte auf, so dass nun alle seine Sitten und religiösen Zeremonien studieren können. Dies kündigte die Tagespresse in der Hauptstadt an und fügte noch hinzu, dass es ein erstaunliches und sehenswertes Schauspiel sei. Journalisten: können die religiösen Zeremonien eines dissidenten Kults denn öffentlich abgehalten werden, ohne die Gesetze unseres Landes zu brechen? Können Katholiken denn die Zeremonien eines

Über das Alltagsleben dieser „Eingeborenen" in den wichtigsten Städten Spaniens verfügen wir über eine beträchtliche Menge von Information. Die Presse berichtete nicht nur über die Ankunft der Aschanti, sondern behandelte auch ihren Aufenthalt als aktuelles Ereignis. Es scheint den Aschanti nicht erlaubt gewesen zu sein, ihr umzäuntes Gelände an der Ronda Universidad oder in den Jardines del Buen Retiro oder das Teatro Pizarro in Valencia allein zu verlassen, doch lud man sie zur Teilnahme an verschiedenen städtischen Ereignissen ein, etwa zur Geburtstagsfeier des Roten Kreuzes, dem Besuch eines Stierkampfs oder der Taufe des in Barcelona geborenen Aschanti-Babys in der Iglesia de Nostra Senyora de Betlem – wobei der Besuch dieser Festlichkeit durch die Gruppe ganz eindeutig ein weiteres Spektakel darstellte.

Der Schausteller Gravier agierte als echter Werbemanager, indem er beständig das Interesse des lokalen Publikums wach hielt. Die Besuche der Naturforscher bei der Ausstellung in Madrid wurden in der Presse angekündigt, ebenso wie jene der Königin und der Prinzessinnen, die einmal auch von M. Cavanne begleitet wurden, dem Kurator des Naturgeschichtlichen Museums in Bordeaux. Solche Berichte trugen zweifellos dazu bei, der Ausstellung eine kulturelle Bedeutung beizumessen und die tonangebenden Kreise in Madrid anzulocken. In Madrid lud man die Aschanti auch zu einer Veranstaltung in ein städtisches Theater ein. In all diesen Fällen wurde der Ausflug des Stammes in den Zeitungen bereits im Vorhinein ausführlich besprochen und die Presse berichtete ständig darüber, dass riesige Massen von Besuchern in die Ausstellung strömten.

Im frühen 20. Jahrhundert trafen Schaustellungen von Inuit, Senegalesen und Fulbe aus Äquatorial-Guinea auf ein ebenso großes Publikumsinteresse, doch nahmen die zur Schau gestellten Individuen in geringerem Maße an öffentlichen Festlichkeiten teil. Der Grund hierfür mochte sein, dass sie weit entfernt vom Stadtzentrum – etwa am Gipfel des Tibidabo – untergebracht waren. Vielleicht war die geringere Teilnahme am öffentlichen Leben der Stadt aber auch darauf zurückzuführen, dass sich die Beziehung zu den zur Schau gestellten Afrikanern, Ostasiaten oder Inuit verändert hatte.

---

dissidenten Kults besuchen, ohne gegen das Erste Gebot des göttlichen Gesetzes zu verstoßen? Es mag ja ein äußerst erstaunliches und sehenswertes Schauspiel sein, wenn sein Besuch Christen nur gestattet wäre. Ihr aber gebt dem Publikum durch die Ankündigung dieser Unanständigkeiten ein beschämendes Schauspiel, das eure Unwissenheit in ganz trivialen Dingen enthüllt und das tränenreich beklagt werden sollte. Was wir von den Behörden verlangen müssen, ist, Artikel II der geltenden Verfassung anzuwenden, und nicht schwarzen Aschanti zu erlauben, öffentlich ihre religiösen Zeremonien zu feiern."

Den Gästen aus Labrador, die sich im Jahr 1900 in den Madrider Jardines del Buen Retiro niederließen, wurde nämlich ein weniger festlicher Empfang zuteil als den Aschanti. In den Berichten der Spanischen Gesellschaft für Naturgeschichte [Sociedad Española de Historia Natural] und in den Zeitungsberichten wurde den Bräuchen dieses Volks größere Bedeutung beigemessen als ihren Körpermerkmalen.[14] Zugleich wurden sie aber ebenso trivial und stereotyp dargestellt wie andere ethnische Gruppen. Die Presse thematisierte – wie bei den Aschanti – vorrangig jene Aspekte, die als besonders „wilde" Züge wahrgenommen wurden. Zum Beispiel wurde berichtet, dass die Eskimos (Inuit) rohes Fleisch verzehrten oder dass die Hunde und die Menschen gemeinsame Mahlzeiten hielten. Noch immer war es vor allem diese „Unzivilisiertheit", die das Publikum anlockte. In keinem der erwähnten Fälle besitzen wir Informationen über die Entlohnung oder die Bedingungen, unter denen die zur Schau gestellten Individuen nach Europa reisten.

Wegen der Schwierigkeiten, die die 1913 im Tibidabo zur Schau gestellte Truppe von Senegalesen bei der Einreise an der spanischen Grenze hatte, musste der Organisator dieser Ausstellung, der bekannte Apotheker und Geschäftsmann Dr. Andreu, bei den Behörden intervenieren. Aus einem Brief, den er dem Polizeidirektor in Barcelona schickte, wissen wir, dass er die Gruppe über einen französischen Unternehmer für 150.000 Francs engagiert hatte. (Zweifellos war dies dieselbe Gruppe, die bereits an Ausstellungen in mehreren französischen Städten teilgenommen hatte.) Der Eintrittspreis für die Ausstellung war in dem 30-Céntimo-Fahrschein für die Standseilbahn auf den Tibidabo enthalten. Gewiss rechnete man mit starkem Besucherandrang, um die beträchtlichen Investitionen zu amortisieren. Wie immer bei solchen Gelegenheiten wurde über den Besuch der Senegalesen in vielen Reportagen in Lokalzeitungen und in Illustrierten berichtet. Die Senegalesen führten diverse Aktivitäten vor, die mit den verschiedenen ethnischen Gruppen, die sie vertraten, in Verbindung standen. Es wurde auch ein Baby geboren und in der Gruppe gab es einen Albino. Ein Zeichner verkaufte Postkarten, die die Beschriftung „Tibidabo 1913" und die Signatur „Abdulayé" trugen. Sie sind das Werk des Malers Abdulayé Samb und durch sie lässt sich diese Truppe mit jener identifizieren, die 1904, 1906 und 1911 auch in Nantes, Amiens und Le Mans gewesen war.[15]

---

14 Eine Werbebroschüre zur Ausstellung von 1900 wurde von R. Velasco Impresor veröffentlicht: *Los habitantes del Polo Àrtico en los jardines del Buen Retiro de Madrid. Primera exhibición en Europa de una aldea esquimal* [Die Bewohner des arktischen Pols in den Jardines del Buen Retiro in Madrid. Erste Ausstellung eines Eskimo-Dorfs in Europa].

15 Bergougniou (2001), S. 267.

Für die Eskimos (Inuit) und die Senegalesen stellte der Verkauf dieser Postkarten und anderer kunsthandwerklicher Gegenstände wahrscheinlich eine wesentliche Einnahmequelle dar. Im Gegensatz zu anderen zeitgenössischen Darbietungen ethnischer Gruppen – wie etwa *Buffalo Bill's Wild West Show* – boten diese beiden Truppen keine szenischen Aufführungen. Vielmehr stellte ihre Existenz an sich bereits ein Spektakel dar. Obwohl man einen Stundenplan für Besuche erstellte, standen die ausgestellten Individuen ständig unter Beobachtung und konnten nach den Schaustellungen auch nicht einfach nach Hause gehen.

Die Beobachter

Eine symbiotische Verbindung zwischen wissenschaftlicher Meinung und kolonialem Interesse bestimmte die Mechanismen, mittels derer das Bild anderer Kulturen in Spanien verbreitet wurde. Die Art und Weise, in der in der Tagespresse und in den illustrierten Zeitschriften über die regelmäßigen Besuche dieser Truppen in Städten wie Barcelona und Madrid berichtet wurde, gibt uns, neben den erhaltenen Fotografien – besonders den sorgsamen Aufnahmen von Amateurfotografen – eine Vorstellung von den rassistischen Unterstellungen, die das Bild dieser „Fremden" nach und nach verwandelten und formten.

Die Interpretation der erhaltenen Fotografien ist eine komplexe Aufgabe. Es gibt ja noch keine einheitliche Analysemethode. Dennoch wollen wir versuchen, die Bilder, die wir von den einzelnen Gruppen gefunden haben, zu kommentieren. Die Schaustellung der Filipinos unterschied sich von anderen Ausstellungen durch ihre offizielle Natur. Diese führte zu zahlreichen Kommentaren in der Presse und lockte Angehörige des Hofs und der Regierung an. Sie ist aber auch der Grund für die außerordentliche Qualität der Bilder, die vom offiziellen Fotografen der Königin, dem in Madrid lebenden Franzosen Jean Laurent, aufgenommen wurden. Aufgrund des frühen Zeitpunkts dieser Veranstaltung und ihres offiziellen Charakters ist es schwierig, ungestellte und spontane Bilder zu entdecken. Amateurfotos gibt es jedoch für die Aschanti- und Senegalesen-Ausstellungen in Barcelona und von den Inuit in Madrid. Sie ermöglichen einen direkteren Blick auf die Ereignisse und auf die Ikonografie der Pressefotografie, die sich in den Jahren zwischen den Ausstellungen natürlich auch weiterentwickelte.

Die offiziellen Fotos der Aschanti – also jene, die in allen illustrierten Zeitschriften veröffentlicht und vom damaligen Museum für Naturwissenschaften erworben wurden – waren das Werk des Barceloneser Fotografen Xatart. Der Umstand, dass diese Fotos für die 1897 in Barcelona und Madrid stattfindenden Ausstellungen sehr häufig in der Presse verwendet wurden, führt uns zu der Annahme, dass Xatart eine

Übereinkunft mit Gravier für die Ausstellungs-Werbung hatte. Eins der ersten Filmdokumente der Brüder Lumière zeigt die genannte Aschanti-Gruppe bei der Ausstellung in Lyon. Diese Filme wurden auch in Barcelona gezeigt, im berühmten Studio Napoleon auf den Ramblas, der Zentrale der Firma Lumière, und zwar genau zu jener Zeit, in der die Ausstellungen an der Ronda Universidad stattfanden. So waren die Aschanti infolge der mannigfaltigen Tätigkeiten, die sie demonstrierten, während ihres Aufenthalts in Barcelona nicht nur ständig szenisch aktiv, sie traten auch ständig in Filmen und in Einzelnummern auf, wie dem „geografischen Treffen" zwischen Vasco da Gama und einer Aschanti-Frau, das am 23. August 1897 im Jardín Español, einem Barceloneser Varieté-Theater, stattfand. Alles in allem wurde der Besuch der Aschanti als ein Spektakel behandelt, das die ganze Stadt in Bewegung brachte, wie es auch typisch war für Graviers Veranstaltungen in anderen europäischen Städten.

Zudem hatten die Mechanismen der Werbung sich in den Jahren zwischen der Philippinen-Ausstellung im Jahr 1887 und der Aschanti-Ausstellung im Jahr 1897 deutlich weiterentwickelt. Dies wurde auch in der Presse üppig illustriert, und zwar nicht mehr mit Holzschnitten, sondern mit der Wiedergabe von Fotos, die von meist anekdotischen oder spaßhaften Kommentaren begleitet waren, wie man sie in der Barceloneser Zeitschrift *L'Esquella de la Torratxa* oder in den Madrider Zeitschriften *Blanco y Negro* und *Nuevo Mundo* findet.

In Frankreich gab es seit dem späten 19. Jahrhundert eine große Menge von Postkarten mit Abbildungen von Schaustellungen ethnischer Gruppen. In Spanien verfügen wir über keine derartigen Mengen bildlicher Dokumente. Besonders bemerkenswert ist jedoch eine Sammlung stereoskopischer Ansichten auf Papier und Glas. Sowohl Positive als auch Negative sind erhalten. Sie zeigen die Aschanti und die Inuit im Madrider Retiro und die Senegalesen im Tibidabo in Barcelona. Es handelt sich um Fotografien begeisterter und vermutlich kulturinteressierter Amateure. Sie lichteten eine Aschanti-Familie vor ihrer Hütte ab, eine Inuit-Familie und Senegalesen, die im Tibidabo ihre Mahlzeit verzehren. Wie bei den Aschanti, waren auch die Mahlzeiten der Senegalesen in der Presse eigens angekündigte Spektakel, und dies galt auch für die Mahlzeit, die die Inuit gemeinsam mit ihren Hunden einnahmen. Wir erwähnten bereits, dass die Vorführung von Alltagstätigkeiten eine der Hauptattraktionen bildete, neben Tänzen, nachgestellten Schlachten usw. Ganz zweifellos waren diese öffentlichen Mahlzeiten für die zur Schau gestellten Personen besonders erniedrigend, nicht zuletzt deshalb, weil sie wie eine Tierfütterung beworben wurden. Im vorliegenden Fall fotografierte der Besucher eine Gruppe von Zusehern, die der Mahlzeit der Senegalesen beiwohnte. Die Besucher beobachteten die Szene von ganz nah, nahmen jedoch keinen Kontakt mit den Essenden auf.

Auf den bereits erwähnten Fotografien finden wir erstmals auch Europäer und „Eingeborene" nebeneinander. Die Europäer beobachteten das Geschehen, wobei die Beobachteten – wie auch bei anderen Gelegenheiten – nicht zurückstarrten, so, als agierten sie auf einer Bühne. Dies verdeutlicht die zirkushaften Qualitäten dieser Art von Veranstaltungen. Dieselbe Szene finden wir auf einer anderen stereoskopischen Fotografie, die die Inuit im Buen Retiro zeigt.[16] Da weder die Passepartouts noch die Platten signiert sind, nehmen wir an, dass auch hier ein Amateurfotograf am Werk war, einer der vielen, die die Ausstellung besuchten.[17] Hier finden wir eine krude Charakteristik der Beziehung zwischen den ausgestellten Individuen und dem spanischen Publikum. Eine Inuit-Frau und ein Inuit-Kind sitzen, traditionell gekleidet, vor ihren Paddelbooten und Zelten. Sie werden von der Zuschauermenge begafft. Das heißt, die Zuschauer begaffen die bloße Tatsache, dass es solche Menschen gibt.[18]

Die fotografisch festgehaltenen Szenen betonen die hierarchische Beziehung zwischen Beobachtern und Beobachteten. Die anderen beiden stereoskopischen Platten zu den Aschanti zeigen zwei Familien. Auf einer von ihnen hat die junge Frau ihre Brüste in einer Weise entblößt, die man auf den anderen Fotografien nur selten sieht, eine Pose, die für eine europäische Frau ungewöhnlich gewesen wäre und die dem Foto einen erotischen Charakter verleiht. Hatte der Fotograf das Mädchen gebeten, sich zu entblößen? Wurde eine solche Nacktheit irgendwie anders wahrgenommen als die einer weißen Frau? Der Blick des Fotografen zeigt hier ganz klar einen zentralen Aspekt der allgemeinen Einstellung des Publikums, nämlich die sexuelle Anziehungskraft, die von diesen Ethnien ausging. Bereits bei der Schaustellung der Filipinos, die nichts trugen als Lendenschurze und so ihre geschmeidigen, athletischen Körper zeigten, war dies unverhüllt zutage getreten.

Auch die Presseberichte während der Ausstellungen sagten viel aus über diese Beziehung, aus der sich die wissenschaftliche Autorität allmählich zurückzog. Bei den Schaustellungen der Filipinos und der Aschanti in Madrid fand der Blickwinkel des Wissenschaftlers – Manuel Antòn y Ferrándiz in *El Globo* und in den *Anales de la Sociedad de Historia Natural* – noch Berücksichtigung. Bei späteren Schaustellungen wurden die ausgestellten Völker nur mehr als Jahrmarktsattraktionen betrachtet. In der Presse wurde von ihren natürlichen Begabungen meist schlecht gesprochen. Dennoch erzielten all diese Ausstellungen beim Publikum einen außerordentlichen Erfolg, was

---

16   Sánchez Gómez (2005), S. 31-60.

17   Verde Casanova (1993), S. 96.

18   Stereoskopische Fotografie, *Die Inuit im Jardin del Buen Retiro, Madrid, 1900*, Patrimonio Nacional (Madrid).

sicherstellte, dass sie während ihrer gesamten Dauer in der Presse beinah ständig präsent waren. Bei der Aschanti-Ausstellung des Jahres 1897 gab es gelegentlich paternalistische Zeremonien und damit verbundene Kommentare. Aufgrund ihres großen Erfolgs lud man die Aschanti zu einigen gesellschaftlichen Ereignissen ein, wie etwa zum Treffen des Roten Kreuzes, an dem sie gemeinsam mit anderen Gruppen teilnahmen. Ihre angebliche Wildheit im Kampf mit den Briten wurde ebenso betont wie die Attraktivität ihrer Körper. Doch bei den Senegalesen in Tibidabo wurden die völkerkundlichen Kommentare über die Charakteristika der verschiedenen ethnischen Gruppen nach und nach immer häufiger, und diese Charakteristika verband man mit Werturteilen über die „Faulheit" oder „Unzulänglichkeit" der zur Schau gestellten Afrikaner.

Anders als bei anderen Schaustellungen jener Zeit – etwa der der Filipinos – gab es praktisch keine Schranken, die die Besucher vom Dorf trennten. Das Publikum konnte also ganz nah an die Hütten der „Eingeborenen" herankommen. Jedoch lässt sich nicht nur aus den Fotografien, sondern auch aus den Zeitungskommentaren ableiten, dass es eine deutliche Distanz zwischen Beobachtern und Beobachteten und zugleich einen völligen Mangel an Kontakt und Interaktion gab. All dies trug zur nachhaltigen Herausbildung von Stereotypen bei, die nichts zu tun hatten mit irgendeinem echten Interesse an anderen Völkern.

In diesem Aufsatz wurden nicht alle Menschen- und Völkerschauen aufgelistet, die in Spanien stattgefunden haben. Die Entwicklung der von uns besprochenen Ausstellungen illustriert jedoch in ausreichendem Maße das Bild, das von diesen „exotischen" Stämmen vermittelt wurde. Aufgrund der besonderen Rolle der Kirche unterscheidet sich Spanien vielleicht von anderen europäischen Ländern. In einigen wenigen Fällen ergriff sie Partei für getaufte Individuen, gewährte ihnen Schutz und verteidigte sie gegen Übergriffe durch die Wissenschaft. In anderen Fällen aber hatte die Kirche ganz zweifellos eine aktive Funktion bei den Ausstellungen selbst. Wenn sie nicht in irgend einer Form als Veranstalter fungierte – wie offenbar bei der Philippinen-Ausstellung –, so spielte sie doch insofern eine aktive Rolle, als sie die Existenz solcher Menschenschauen nicht grundsätzlich als unchristlich anprangerte, sondern sie nur aufgrund ihrer Unanständigkeit und der öffentlichen Schaustellung heidnischer Rituale für praktizierende Christen als ungeeignet erklärte.

Viele Fragen bleiben offen. Eine Untersuchung der *Exposición Iberoamericana* in Sevilla und anderer, bisher kaum identifizierter Ausstellungen, könnte weitere Einzelheiten über die Organisation von Veranstaltungen dieser Art bringen. Ganz ohne Zweifel hatten sich im Jahr 1925, als die zweite Ausstellung des Fulbe-Stamms im Tibidabo stattfand, in der spanischen Gesellschaft andere Interessen und eine andere Empfänglichkeit für Afrika und afrikanische Kunst entwickelt, wodurch die Beziehung zu nicht-europäischen Völkern durch weitere Variable bereichert wurde. Höchst unklar bleiben auch Motivation und persönliche Situation der zur Schau gestellten Individuen sowie die Identität der Auftragnehmer. Mit den uns vorliegenden Elementen können wir bereits die Unterscheidung zwischen offiziellen, von der öffentlichen Verwaltung organisierten Ausstellungen und ihren privaten Äquivalenten ziehen. Erstere waren ganz klar durch politische und koloniale Interessen bestimmt, letztere standen in Verbindung mit Freizeitaktivitäten und varietéartiger Zerstreuung und verzichteten rasch auf jegliche wissenschaftliche Rechtfertigung. Anthropologen und Museumskuratoren, die für kurze Zeit diese Ausstellungen legitimierten, zogen sich äußerst rasch zurück.

Fotografie und Massenmedien, die sich um 1887 herauszubilden begannen und um 1929 bereits etabliert waren, trugen zur Verfestigung von Stereotypen bei, die ihrerseits die Kluft zwischen „Zivilisation" und „Barbarei" in den Augen einer sich selbst als fortschrittlich begreifenden Gesellschaft noch vertieften. Wenn es auch stimmt, dass kulturelle Bilder irgendwo zwischen innerer psychischer Realität und äußerer Welt anzusiedeln sind[19], so trug das Medium der Völkerschau, das sich an ein Massenpublikum richtete, doch ganz zweifellos zur Verfestigung eines Bildes von Ungleichheit bei, von dem sich moderne Spanier kaum zu befreien versuchten.

---

19 Winnicott (1982).

Die Menschenzoos der Internationalen Kolonialausstellung in Paris, 1931

Herman Lebovics

Kann man Herrschaft deutlicher zum Ausdruck bringen, als die Besiegten tot im Museum und lebendig im Zoo zur Schau zu stellen? Die internationale Kolonialausstellung (Exposition coloniale internationale), die 1931 in Paris stattfand, ist ein herausragendes Beispiel für derartige Machtspiele. Ich möchte hier daher die These formulieren, dass diese Ausstellung, wie alle Kolonialausstellungen, einer jener Menschenzoos war, in dem die seltsamen „Tiere" der Kolonien – die seltsamen „Tiere" Frankreichs! – bestaunt werden konnten.

Die Exposition coloniale internationale wurde im Frühling 1931 in Paris eröffnet. In eleganter Lage auf einer Ausstellungsfläche von 110 Hektar rund um den Lac Daumesnil im Bois de Vincennes bot sie den Franzosen und den ausländischen Touristen einen Überblick über kulturelle und technische Errungenschaften aus der ganzen Welt: in eigenen Pavillons wurden alle französischen, holländischen, belgischen, dänischen, portugiesischen, italienischen und amerikanischen Kolonien und Überseeterritorien präsentiert. Ein großer Bereich war dem französischen Mutterland gewidmet. Hier pries man technologischen Fortschritt und die Erzeugung von Luxusgütern. Die imposante Fassade des Palasts der Kolonien – eines Gebäudes, das auch nach Ende der Ausstellung noch genutzt werden sollte – wurde vom Bildhauer Alfred Janniot gestaltet und führte die französische „Zivilisationsmission" figürlich vor Augen. (Es existiert noch heute, nunmehr unter dem Namen Palais de Porte Dorée.)

Von grundlegender Bedeutung ist, dass die Gestalter der Ausstellung die Firma Carl Hagenbeck damit beauftragten, für die afrikanische Fauna im naturalistischen Stil des Hamburger Zoos ein Aquarium und einen Zoo zu bauen. Warum waren Aquarium und Zoo so wichtig? Gewiss, die Kinder hatten dran ihre Freude. Und natürlich konnten sich die Franzosen auf diese Weise eine Vorstellung von der überseeischen Fauna machen. Aber vor allem ging es darum, die Besucher davon zu überzeugen, dass der Menschenzoo, den diese Kolonialausstellung darstellte, gar keiner war. Wenn man nämlich einen zoologischen Garten und große Aquarien für exotische Fische errichtet, ist ja klar, dass die Völker und die Pavillons, die man in der Ausstellung zu sehen bekommt, etwas ganz anderes sind als ein Menschenzoo. Wenn der Besucher dann auf traditionell gekleidete Bewohner der Kolonien traf, in einem der typischen kleinen Boote auf dem See spazieren fuhr, sich in Imbissstuben und Restaurants an exotischen Köstlichkeiten gütlich tat oder seine Kinder, wenn sie der Kultur müde geworden waren, mit Zirkusmanegen und anderen Zerstreuungen belohnte, ahnte er nicht, dass all das nur die Fortführung des Zoos mit anderen Mitteln war.

Wir, die wir in postkolonialer Zeit leben, unterschätzen oft die bisweilen herkulischen Anstrengungen, die von den Propagandisten des Imperialismus unternommen wurden, um die Bevölkerung an die Eroberung und Verwaltung eines Kolonialreichs zu binden und sie dazu zu bewegen, ihr Los als imperiales Volk zu akzeptieren. Die Führer expansionistischer Nationen entwickelten nicht nur einen xenophoben Nationalismus, sie verwandten auch größte Anstrengungen darauf, nationale Unterstützung für das Kolonialreich zu generieren.

Erreichte die Ausstellung, dies Trugbild eines tropischen Reichs, diese Kopie ohne Original, dank einiger neuer Ideen denn nun ihr Ziel, das Kolonialbewusstsein der Nation zu vertiefen? Andere Weltausstellungen hatten bereits Kolonialabteilungen präsentiert. Tatsächlich bediente sich der französische Staat seit mehr als 40 Jahren solcher Ausstellungen, um den Franzosen „Eingeborene" aus den Kolonien zu zeigen. Ein erstes „Eingeborenendorf" war bei der Weltausstellung von 1889 gebaut worden, um den Franzosen einen Eindruck von ihrem neuen Kolonialgebiet zu vermitteln, aber auch, um die „Eingeborenenbelegschaft" durch das Treiben im französischen Mutterland gehörig zu beeindrucken. Die Ausstellungen in Marseille (1906 und 1922) waren ganz und gar dem Kolonialismus gewidmet gewesen. Aber im Jahr 1931 waren die Darstellungsstrategien subtiler. Es gab bereits einen klassischen Stil der Kolonialausstellung.

Die Ausstellung bestand aus sorgfältig erbauten Pavillons, in denen man Kulturen präsentierte, die untereinander in keinerlei Verbindung standen. Die Pavillons waren an breiten Promenaden aneinandergereiht, ganz in der Nähe der Hauptstadt. Die Erfahrung der Dekolonisation ermöglicht es uns, die offenkundigen Verführungstechniken zu erkennen, mit deren Hilfe man das Publikum von der Vollendung des Reichs überzeugen wollte. Neu war an der Internationalen Kolonialausstellung in Paris 1931 allerdings, dass sie eine erweiterte Version eines jungen, imperialen Frankreichs und eine neue Definition dessen verbreitete, was es bedeutete, Franzose zu sein. Dies verdient eine genauere Analyse.

Die Pariser Surrealisten, die die Bilder der bürgerlichen Hegemonie nicht nur genau kannten, sondern auch sehr geschickt darin waren, sie aufzubrechen, stellten Ziel und Methoden der Kolonialausstellung auf ihre eigene Weise dar. „Besuchen Sie nicht die Kolonialausstellung", empfahl in dicken Lettern eine Flugschrift von Paul Éluard, André Breton, Louis Aragon und Yves Tanguy, um hier nur die berühmtesten unter den Autoren zu nennen. Diese Künstler riefen nicht nur deshalb zum Boykott der Ausstellung auf, weil sie gegen die Massaker und Ausbeutung protestieren wollten, denen die Kolonialbevölkerung unterworfen war, sondern vor allem deshalb, weil sie dem „hochstaplerischen Plan" eines „Großfrankreichs" („Grande France"), um den die Veranstaltung kreiste, eine Abfuhr erteilen wollten. So schrieben sie in ihrem Flugblatt: „Es geht darum, den Bürgern des Mutterlandes jenes Bewusstsein von Eigentum zu vermitteln, das sie benötigen, um ungerührt den Widerhall der fernen Gewehrsalven zu vernehmen. Es geht darum, der edlen Landschaft Frankreichs, die bereits vor dem Krieg erhöht wurde durch das Lied vom Bambusrohr, eine Perspektive von Minaretten und Pagoden einzuverleiben."

Die Ausstellung bot dem französischen Publikum auf existentieller und symbolischer Ebene das Gefühl, all diese Wunder rechtmäßig zu besitzen. Sie fand in Paris statt, der Hauptstadt des französischen Mutterlands, auf Initiative von Kolonialhelden und Kolonialgouverneuren. Die „Eingeborenendarsteller", die man verpflichtet hatte, vor Ort ihre traditionelle Tracht zu tragen, waren jene „Tiere", denen die Öffentlichkeit am meisten Aufmerksamkeit schenkte. Doch noch wichtiger war, dass die Ausstellung die Vision einer „Plus grande France" erstehen ließ, die Vision einer Einheit von Mutterland und Kolonien, indem sie autochthone Kulturen aus den Kolonialgebieten in die Hochkultur des europäischen Frankreichs einfügte.

Die Exposition coloniale internationale wurde am 6. Mai 1931 eröffnet. Bevor wir uns den Pavillons zuwenden, sollten wir zwei Seiten dieser Ausstellung unterscheiden. Der Ausstellungsführer, das an den Ausstellungsständen Dargebotene und die Fotografien ließen das Kolonialreich in romantischem Gewande erscheinen, als Fabel, als Wunder, als Kuriosität. Andere Darstellungen Frankreichs und seiner Kolonien stellten jedoch eher den Nutzen und den Vorteil in den Vordergrund, den sowohl die Franzosen im Mutterland wie auch jene in Übersee aus der Kolonisierung zögen. Ich denke, dass die Überzeugungskraft des Spektakels vor allem in dieser Dialektik von wunderbarem Schein lag, in diesem Wechsel zwischen Märchenhaftem und Nützlichem in den einzelnen Pavillons und Ständen. Höchst erstaunliche Konstruktionen bestätigten in den Augen der Besucher die Wahrhaftigkeit der Kurven und Statistiken, und zwar gerade deshalb, weil abstrakte Daten über die Errungenschaften des Kolonialismus so stark von den bildhaften Darstellungen abwichen. Man setzte Phantasiegebilde neben Tatsachen und das eine machte das andere wahrscheinlich.

Die Ausstellung als Märchen und Lehrstück

Es geht weniger darum, zwischen ästhetischer Phantasie und Fakten zu trennen, als zwischen zwei Aspekten der Simulation zu unterscheiden: wir wollen den ersten die „märchenhafte" Ausstellung nennen und den zweiten die „lehrreiche" Ausstellung. Wenn wir die Ausstellungsfläche durch das Kolonialtor betreten und dem vom Führer empfohlenen Weg folgen, ziehen wir eine große Schleife um den See. Die „märchenhafte" Ausstellung beginnt im Madagaskar-Pavillon, der eine Nachbildung des mit Bukranien (Ochsenschädelornamenten) geschmückten Turms darstellt. Im Inneren des Pavillons begrüßen uns Abbildungen der menschlichen Bevölkerungsgruppen Madagaskars. Aber wir haben keine Zeit, den ganzen Pavillon zu besichtigen und gehen mit Bedauern weiter. Ein Stückchen weiter gelangen wir zu den großen Pavillons, die den protestantischen und katholischen Missionswerken gewidmet sind. Der protestantische Pavillon bewahrt in seiner Ausgestaltung die Schlichtheit, die man in Frankreich mit dem reformierten Christentum verbindet. Das katholische Gebäude ist majestätischer und stärker verziert. Die geflieste Fassade ist mit Blumen, Figuren und Symbolen geschmückt, die die Vielgestaltigkeit und die Universalität des Glaubens verherrlichen. Im Inneren spannt sich über dem Besucher ein blauer Himmel voller goldener Sterne. Ein Jesus von westlichem Typus, der zeigt, in welcher „Rasse" das wahre Christentum zu den Menschen kam, wird auf einer riesigen Scheibe hinter dem Altar dargestellt.

Dann rät uns der Führer, den Guinea- und den Französisch-Indien-Pavillon, den Somalia-Pavillon und den Pavillon der französischen Besitzungen im Pazifik zu besuchen, und ganz besonders den Tahiti-Pavillon. Bei dieser Insel tritt das Märchenhafte in den Vordergrund. Nachdem wir rituell auf die Profit versprechenden Nahrungsmittel – Vanille – und die natürlichen Ressourcen – Phosphate und Perlen – aufmerksam gemacht wurden, tauchen wir ganz in die Welt Pierre Lotis und Paul Gauguins ein. Wir reisen weiter nach Neukaledonien, zu den Neuen Hebriden, nach Martinique, Réunion und Guadeloupe. Im Neukaledonien-Pavillon erblickte André Maurois auf den Wänden „braun-weiße Malereien, die primitiv und somit modern" waren; und die Frauen schienen direkt einem Gemälde von Gauguin entstiegen: „Gauguins Frauen gibt es wirklich; ich habe sie im neukaledonischen Pavillon gesehen."[1]

Wenn Kuratoren in Frankreich und vor allem in den Vereinigten Staaten heute davon sprechen, intellektuelle und künstlerische Traditionen zu bewahren, so müssen sie unglücklicherweise diese voyeuristische Unterwerfung von Frauen aus den Tropen, diese klassisch gewordene koloniale Pornographie ins westliche Erbe einbringen. Aber nach

---

1 Maurois (1931), S. 13.

diesen wollüstigen Darstellungen des Lebens auf tropischen Inseln kommen wir nun zur „geheiligten" Schönheit der Indochina-Pavillons, die sich über sechs Hektar erstrecken. Diese Pavillons werden beherrscht von der Tempelanlage von Angkor Vat, einem Kleinod der Khmer-Architektur. Die Form dieses quadratischen Gebäudes von 70 m Seitenlänge vermittelt uns ganz unmittelbar die Dimension dessen, was die französische Kolonisierung erreicht hat. Die fünf Türme der Anlage sind 45 Meter hoch – der mittlere sogar 55 Meter – und ruhen auf Sockeln von geschnittenem und behauenem Stein. Sind sie nicht, fragt sich der Ausstellungsführer, „ein Abbild der fünf Länder der indochinesischen Union, wie sie heute durch uns vereint und in ihrem Bestand gefestigt sind?"

Pierre Guesde, der französische Oberstatthalter, und Henri Gourdon, der technische Direktor der Abteilung, wollten eine bestimmte Seite Indochinas zeigen: „Um Besucher anzulocken und zu fesseln, war es unerlässlich, alle Verführungskünste des Pittoresken und die unwiderstehliche Magie der Kunst zu entfalten." Damit die Besucher einen Eindruck von Schönheit mit sich nach Hause nehmen, rät ihnen André Demaison, „bei Sonnenuntergang wiederzukommen und zu beobachten, wie die Sonne hinter den fünf Türmen verschwindet."[2]

Französisch-Westafrika, ein Gebiet, das neunmal größer war als das des französischen Mutterlands, wurde durch einen großartigen Palast aus rotem Ton dargestellt. Er war mit einem 45 Meter hohen Turm geschmückt, von dem der Führer sagte, er sei auf sudanesische Art erbaut worden. Sobald die Besucher die vier Hektar große Palastzone verlassen hatten, konnten sie das vielfältige und farbige Leben Schwarzafrikas kosten. Sie konnten junge Frauen beim Teppichweben beobachten, einer neuen Kunst, die ihnen die weißen Schwestern beigebracht hatten. Und nicht weit von dort gab es ein „Fetischdorf", dessen zweihundert „Eingeborene" vor den Augen der Besucher ihre alltäglichen Arbeiten ausführten. Tatsächlich waren die „Eingeborenendörfer" als Zoo im Zoo notwendiger Bestandteil jeder Großausstellung. Sie bezeugten, dass die Ausstellung, in ihrer Gesamtheit betrachtet, mehr war als ein Menschenzoo.

Direkt hinter dem marokkanischen Pavillon, in einem ruhigen Hof, entdecken wir nun ein kleines, einseitig offenes Gebäude, in dem Reihen von Sitzbänken vor einer schwarzen Tafel stehen. Wie Schulkinder auf den Bänken sitzend, beobachten wir je nach Tageszeit senegalesische Schützen, arabische Händler oder andere „Eingeborene", die man nach Frankreich gebracht hat, um bei der Veranstaltung von Vincennes aufzutreten und die von nun an in all ihren Streitigkeiten mit der Kompliziertheit des

---

2 Robert de Beauplan, „Les Palais de l'Indochine", *L'Illustration* (24. Mai 1931), S. 109.

Schriftfranzösisch vereint sind. In dem Gebäude, das der Jagd in Afrika gewidmet ist, werden in Dioramen Dschungelszenen nachgestellt, in denen ein paar verirrte Gegenstände an das Leben des Entdeckers Émile Louis Bruno Bruneau de Laborie erinnern, der im Jahr zuvor von einem Löwen getötet worden war. Man fragt sich ja, ob die Botschaft der Ausstellung nicht litt unter dieser Erwähnung der Gefahr, der Menschen im tiefsten Afrika durch echte Tiere ausgesetzt sind – besonders in den Augen jener, die vom Plan der „Plus grande France" noch nicht restlos überzeugt waren.

Sieben Länder beschlossen, die Einladung Frankreichs anzunehmen und ihre eigenen Pavillons im Bois de Vincennes zu errichten: Belgien, Brasilien, Dänemark, Amerika, Italien, die Niederlande und Portugal. Es gab also das, was der Historiker Charles-Robert Ageron eine „Heilige Kolonialallianz" genannt hat. Wie in der Zeit nach den napoleonischen Kriegen, als der Zar jene europäischen Regierungen, - die sich durch den Aufstieg des Nationalismus bedroht fühlten, dazu aufrief, sich seinem Feldzug gegen die Revolution anzuschließen, wollte der Kolonialminister Albert Sarraut die imperialistischen Nationen vereinen, um dem jungen Nationalismus und dem Bolschewismus Einhalt zu gebieten. Die Bolschewiken hatten den Kolonialismus von Anfang an verurteilt und die Unterstützung, die die Komintern während der Zwischenkriegszeit kolonialen Befreiungsbewegungen angedeihen ließ, stellte für die Kolonisatoren eine weitere Quelle der Beunruhigung dar. Im Jahr vor der Eröffnung der Ausstellung verliehen der nationalistische Aufstand in Yên Bái und der sich daraus ergebende kommunistische Bauernaufstand in Nord-Vietnam dem Widerstand gegen die französische Herrschaft neuen Schwung. Dass es bei der Pariser Ausstellung auch Pavillons anderer Nationen gab, weckte daher die Hoffnung, dass der weltweite Kommunismus durch eine neue internationale Brüderschaft der imperialistischen Länder eingedämmt und zu Fall gebracht werden könnte. Zudem waren die imperialistischen Länder durch die Bande eines allumfassenden Rassismus geeint. Sehen wir uns die Darstellung der Vereinigten Staaten genauer an.

Die Vereinigten Staaten hatten den Versailler Vertrag nicht unterzeichnet, obwohl Frankreich ein stärkeres amerikanisches Engagement für die europäische Sicherheit gewünscht hatte. Doch sie nahmen an der Feier der europäischen Kolonialreiche teil. Das Aussehen ihres Pavillons war verräterisch. Sie hatten sich nämlich dazu entschlossen, eine Nachbildung von Mount Vernon zu errichten, des Landsitzes von George Washington, dem ersten Präsidenten der Vereinigten Staaten. Vielleicht um den Umstand zu leugnen, dass Washington den ersten siegreichen antikolonialen Aufstand in der Neuen Welt angeführt hatte, beherbergten die Flügel des Landsitzes Mount Vernon und der angrenzenden Gebäude Ausstellungsstände über Alaska, Panama, die

Philippinen, Samoa, die Jungferninseln, Hawaii und Puerto Rico. Aber weder die Darstellungen schwarzer Sklaven noch ihre kleinen Hütten erschienen im Pariser Vernon des Jahres 1931. Man hatte die Menschen aus dem amerikanischen Leben entfernt und unsichtbar gemacht.

Falls Sie annehmen sollten, dass die „märchenhafte" Ausstellung den Verständnisgewinn durch die „lehrreiche" Ausstellung schmälern könnte, wäre noch ein letzter Halt beim Pavillon des französischen Mutterlands angebracht. Die traditionellen Luxus-Produkte, die das französische Handwerk berühmt gemacht haben, werden dort neben den Errungenschaften der modernen Industrietechnologie ausgestellt: land- und forstwirtschaftliches Werkzeug, Luftfahrtausrüstung, elektrische Materialien. Um den politischen Gehalt dieser Darstellungen abzuschätzen, sollten wir weniger auf die Bilder an sich als auf die Kontexte und die Zusammenstellung der Bilder achten. Wenn man antike asiatische Tempel und primitive afrikanische Hütten neben die exakt eingestellten Blätter elektrischer Turbinen stellt, so kann man auf diese Weise das Publikum mit dem Gegensatz zwischen der Dauerhaftigkeit früherer Zeiten und der modernen Dynamik vertraut machen und ihm prächtige, aber zurückgebliebene Kulturen präsentieren, die nun ihren Weg in die Zukunft unter der Schutzherrschaft des französischen Mutterlands gehen wollen. Das Nebeneinander von tropischen Alltagsszenen und europäischer Zivilisation im Bois de Vincennes inszenierte die Wohltaten der kapitalistischen Modernisierung in einem mit seinen Kolonien geeinten Großfrankreich.

Eine in der Zeitschrift *Illustration* veröffentlichte Fotografie, die bei der Maschinenausstellung in der Halle des französischen Mutterlands aufgenommen wurde, vermittelt wahrscheinlich besser als alles andere die Vision einer „Plus Grande France". Drei Personen stehen im Vordergrund des Bildes, wenn nicht eingeschüchtert, so doch zumindest kleiner gemacht durch die Anwesenheit riesiger Maschinen. Eine der Figuren ist wohl ein Mann – er trägt einem schwarzen Anzug, ein weißes Hemd und einem Hut –, die beiden anderen Figuren sind Frauen in dunklen Houppelandes und mit traditionellen, weißen Spitzenhauben. Es handelt sich um bäuerliche Bewohner einer fernen Provinz des französischen Mutterlandes. Sie entstammen einer echten Tradition mit eigener Mundart, Tracht und Kultur und sind nach Paris gekommen, um die Wunder der Technik zu bestaunen, die ihre im weitesten Sinne verstandene französische Kultur vollbracht hat. Genau dieses Schicksal sah „Großfrankreich" für seine Einwohner aus tropischen Gebieten vor: man bewahrte ihre lokalen Bräuche, während man ihnen mit einer unter Pariser Kontrolle stehenden kapitalistischen Technologie beisprang: man hüllte sie ein, überschwemmte sie – und stellte sie zur Schau.

Seit 1931 wurden wir geschickter darin, die visuell wirksamen Techniken politischer Herrschaft zu durchschauen. Es mag uns also schwierig erscheinen, uns die machtvolle Wirkung vorzustellen, die von dieser besonderen Ansammlung ausging: all diese exotischen Tempel, Moscheen, „primitiven" Hütten, seltsam gekleideten, tanzenden und bizarre Zeremonien vollziehenden Fremden, paradierenden Kolonialsoldaten und technischen Wunderdinge ganz in der Nähe der Hauptstadt. Die französische Regierung hatte so viel wie nie zuvor investiert, um dem Volk das einzupflanzen, was Robert W. Rydell „eine dauerhafte imperiale Vision" nannte. Unter Bezugnahme auf die Eröffnungsrede Paul Reynauds nannte Raoul Girardet die Pariser Kolonialausstellung von 1931 „eine Apotheose". „Niemals in unserer nationalen Geschichte, jedenfalls nie seit Beginn der 3. Republik (1871) hatten sich so viele Stimmen so kraftvoll und selbstbewusst erhoben, um die Größe der Expansion Frankreichs in Übersee zu feiern."[3]

Kann man den Erfolg einer solchen Veranstaltung ermessen? Und was verstünde man dabei unter „Erfolg"? Sicher ist, dass die Ausstellung ein kaufmännischer Erfolg war. In nicht einmal sechs Monaten und mitten in der Depression der frühen 1930er-Jahre und trotz des trüben und bedeckten Wetters während der ersten Monate verkaufte man mehr Eintrittskarten als bei der Pariser Weltausstellung von 1889, nämlich 33,5 Millionen statt 32,3 Millionen. Die Internationale Kolonialausstellung des Jahres 1931 generierte dank der Einkünfte aus Eintrittsgeldern, Subskriptionen und dem sehr beliebten Zoo einen Gewinn von 30–35 Millionen Francs, eine Summe, die heute in etwa 45 Millionen Euro entspricht.[4]

Léopold Senghor, der zu jener Zeit die Idee der Négritude zu entwickeln begann, erinnert sich, dass er und seine studentischen Freunde die Ausstellung schlicht als kolonialistisches Fest betrachteten und sie nicht besuchten. Sie folgten hierbei wohl dem Beispiel der Surrealisten. Senghor war ja mit einigen von ihnen bekannt und hatte wahrscheinlich auch das Flugblatt zu Gesicht bekommen, das zum Boykott der Ausstellung aufrief. Man muss in der Ausstellung wohl eine Zeremonie imperialistischer Selbstbestätigung sehen und einen Ritus, der die französischen Besucher in die neue Spektakelgesellschaft einführte.

---

3   Girardet (1968), S. 1085-1086.

4   Bei dieser Berechnung wurde ein Kaufkraftvergleich vorgenommen: 1931 kostete ein Kilogramm Brot beim Bäcker 2,15 Francs (s.h. http://fr.wikipedia.org/wiki/Évolution_du_pouvoir_d'achat_du_franc_français) Für 2012 wird bei der Berechnung ein Kilogrammpreis von 2,75 € zugrunde gelegt. Die 35 Millionen Francs Gewinn, geteilt durch den damaligen Preis, ergibt die Anzahl der 1 kg-Brote. Diese multipliziert mit 2,75 Euro ergeben einen Gesamtwert von über 44,7 Millionen Euro Gewinn.

Nach 1931 veranstaltete Frankreich – im Unterschied zu Italien, Portugal oder Belgien – abgesehen von einigen bescheidenen Beteiligungen von Kolonien an Ausstellungen zu anderen Themen keine weitere Kolonialausstellung mehr. Seit Beginn der 1930er-Jahre weigerten sich die Völker der Kolonien zusehends, sich wie Löwen oder Affen in einem „naturalistischen" Zoo ausstellen zu lassen. Der Veranstaltungstypus erlosch im Herbst 1931 im Bois de Vincennes. Die Menschenzoo-Ausstellungen, deren Funktion es auch gewesen war, die Weißen im Glauben zu wiegen, dass sie vor den unterworfenen Völkern sicher seien, hatten ihre Wirksamkeit eingebüßt.

Der Einsatz der Elektrizität bei der Exposition coloniale internationale von 1931 war wundervoll und spektakulär, sowohl bei der Inszenierung von Lichteffekten wie auch bei der Beleuchtung der antiken Tempel und der Ritualgegenstände. Wenn die Bündel farbigen Lichts die Dunkelheit auf dem Totem-Brunnen vertrieben, wo die sakrale Kunst anderer Kulturen vermischt und getauft wurde, oder die Tempelanlage von Angkor Vat erstrahlen ließen, war man Zeuge, wie sich unabhängige alte Kulturen zu reinen Ornamenten der europäischen Zivilisation wandelten. Der Finsternis entrissen und erleuchtet von der elektrischen Energie, die im französischen Mutterland erzeugt wurde, fanden sich die nicht-europäischen Identitäten von der europäischen Identität umhüllt. So begreift man besser, welchen Preis sie für den Ruhm zahlen mussten, ein Teil „Großfrankreichs" zu sein. Ganz offensichtlich wünschten die Ausstellungsorganisatoren ebenso wie die Regierungspolitiker, dass die Simulationen des Bois de Vincennes für die Völker des Kolonialreichs zur Wirklichkeit würden: zu einer Wirklichkeit, deren Zentrum das französische Mutterland sein sollte.

Nachwort

Menschenzoos in der Diskussion

Charles Forsdick

In den vorangegangenen Kapiteln, die eine zwar eklektische, aber doch kohärente Perspektive vermittelten, gelang es den Autoren dieses Bandes in überzeugender Weise, jenes Phänomen, das die Herausgeber mit unleugbarer, aber durchaus gerechtfertigter Provokation „Menschenzoo" nannten, zu identifizieren, zu definieren, theoretisch zu fassen und historisch zu verorten. In den hier versammelten Untersuchungen wird die Schaustellung bestimmter Menschengruppen zum Zwecke der Unterhaltung und vermeintlichen Bildung anhand zahlreicher Beispiele aus Asien, Europa und Nordamerika erforscht und die historische Entwicklung von Menschenschauen dieser Art skizziert. Die Autoren rekonstruieren die Vorgeschichte dieser Form von Ausstellungen und identifizieren den Zeitpunkt und die Umstände ihrer Entstehung. Sie erkunden den Kontext, in dem sich dieser Ausstellungstypus stabilisierte und analysieren die Prozesse seines Verfalls und die Formen, in denen er bis in die Gegenwart überdauert hat. Dieser Band – und das ganze Projekt, zu dessen Entwicklung dieses Buch beiträgt – basiert auf der grundlegenden Forschungsarbeit zu Freak-Shows[1] und anderen Menschenschauen[2], die in Europa und Nordamerika seit den späten 1870er-Jahren durchgeführt wurde. Das Buch *Menschenzoos* verbindet Einzelstudien, die sich auf ganz unterschiedliche Elemente konzentrieren, und lässt so einen inneren Zusammenhang zwischen Phänomenen erkennen, die oft als in verschiedenen geografischen und kulturellen Kontexten angesiedelt – und infolgedessen zusammenhanglos – gesehen wurden. Genau aus diesem Grunde leistet dieser Band einen wichtigen Beitrag zur Erforschung von Exotismus und Rassismus aus postkolonialer Perspektive und ganz besonders zur Erforschung der Rolle, die diese Phänomene in der Herausbildung jener „Ausstellungsordnung"[3] spielten, die eine ideologische Rechtfertigung des Kolonialismus lieferte.

Diese Aufsatzsammlung illustriert – ganz besonders im einleitenden Kapitel von Rosemary Garland-Thomson –, wie Menschenzoos mit früheren Traditionen in der Schaustellung des Andersartigen und Fremdartigen zusammenhängen. Zugleich lässt die Sammlung die Differenzierung und Periodisierung des Phänomens erkennen. An die Stelle der lüsternen Anziehungskraft, die verschiedene Formen einer in Szene gesetzten „Fremdartigkeit" auf das Publikum ausübten, trat im Laufe des 19. Jahrhunderts

---

1   Bogdan (1988); Garland-Thomson (1996); Adams R. (2001); Mitchell (2002).
2   Altick (1978); Schneider (1982); Thode-Arora (1989); Lindfors (1999a).
3   Mitchell (1992).

allmählich ein spezielleres und rassistisch aufgeladenes Interesse für die Schaustellung nicht-westlicher Völker. Wie die Herausgeber in ihrer Einleitung verdeutlichen – und einzelne Aufsätze bestätigen – verfestigten und verstärkten sich diese (nicht notwendigerweise auf einen kurzen historischen Zeitraum beschränkten) Prozesse der Schaustellung im Zeitalter des Kolonialismus. Das Phänomen des Menschenzoos trat in einer Periode besonders deutlich in Erscheinung, die zwischen dem Beginn des Wettlaufs um Afrika und dem Beginn des Ersten Weltkriegs anzusiedeln ist. Mit dem Medium des Menschenzoos wurden damals evolutionistische Theorien und damit in Verbindung stehende sozialdarwinistische Konzepte in populärer Form inszeniert.

Diese Blütezeit kann jedoch nicht ohne eine sorgfältige Berücksichtigung der Vorgeschichte dieses Phänomens und seiner komplexen und noch immer andauernden Nachwirkungen verstanden werden. Menschenzoos sind Formen der Populärkultur, die gerade aufgrund ihrer Kurzlebigkeit exemplarisch sind. Es ist eins der vorrangigen Anliegen dieses Bandes, aufzuzeigen, in welcher Form solche Ausstellungen die kollektive Vorstellung vom Selbst und vom Anderen dauerhaft prägten. Dieser Prozess fand vorrangig in westlichen Kulturen statt, ist aber – wie Arnaud Nanta in seinem Beitrag illustriert – auch in nicht-westlichen Kontexten wie Japan von Bedeutung. Immer wichtiger für diese Mechanismen wurden die mit rassischer und häufig rassistischer Bedeutung aufgeladenen Diskurse der Wissenschaft und der Anthropologie. Der Menschenzoo wandelte sich von einer rein kommerziellen Form der Unterhaltung zu einem Veranstaltungstyp, der auch die offizielle Kolonialpropaganda bediente und ihre kulturellen Sichtweisen verbreitete. Das Phänomen des Menschenzoos trat also mit der Wissenschaft, der öffentlichen Inszenierung und der kolonialen Macht in eine Beziehung wechselseitiger Abhängigkeit, die jener ähnelt, die Edward Said in seinem Buch *Orientalismus* (1981) aufgezeigt und diskutiert hat. Die Formen, unter denen diese Beziehung jeweils auftritt, sind oft schwer erkennbar. Zentral für die Kritik an Untersuchungen der kolonialen Diskurse bleibt ein Bewusstsein der diesem Untersuchungsbereich immer noch anhaftenden Unklarheit, ob – um hier Saids Beispiel aufzugreifen – die „orientalistischen" Tendenzen in der westlichen Wissenskonstruktion den sie umgebenden kolonialen Kontext widerspiegelten oder ob solche Tendenzen stattdessen auf einen in komplexerer Weise generativen Prozess hindeuten, in dem Ideologie, Epistemologie und Umwelt in einer sich wechselseitig gestaltenden und bewahrenden Beziehung standen. In ersterem Falle, dem einer passiven Widerspiegelung des Kontexts, kann man im Identifizieren von Beispielen solcher Tendenzen eine Ermutigung für Forscher sehen, illustrative Listen zusammenzustellen. Im Falle einer komplexeren wechselseitigen Abhängigkeit ermöglicht die Untersuchung materieller

Phänomene wie des Menschenzoos aber eine direkte Auseinandersetzung mit den Wechselwirkungen von Epistemologie, Ideologie und kultureller Form. Hier geht es um die Frage, wie Rassismus und Kolonialismus – an bestimmten Orten, zu bestimmten Zeitpunkten – funktionierten und auf welche Weise sie in kulturellen Formen verbreitet und dauerhaft verankert wurden.

Während dieser Band das Phänomen des Menschenzoos in einen historischen, geografischen, kulturellen und ideologischen Kontext stellt, ist es, wie diese Beobachtungen bereits nahelegen, das Ziel dieses Nachworts, in abstrakterer Weise über die Forschungsarbeit zum Phänomen des Menschenzoos zu reflektieren. Hier sollen die Entstehungsbedingungen dieses Forschungsprojekts untersucht und die Auswirkungen der Forschungsarbeiten beurteilt werden, die in seinem Rahmen geleistet wurden. Es handelt sich um interdisziplinäre Forschung, vorrangig im Bereich der Kolonialgeschichte und der postkolonialen Studien. Im Bestreben, die Veröffentlichung der französisch- und englischsprachigen Versionen dieses Buchs – und die konsolidierte Forschungsarbeit, die davon inspiriert wurde – einzuordnen, verfolgen meine Bemerkungen ein zweifaches Ziel. Einerseits präsentiert dieses Nachwort die länderspezifischen Bedingungen, unter denen sich der Begriff des „Menschenzoos" herausbildete. Hierbei erkunden wir im Besonderen die Kolonialgeschichte und das postkoloniale Bewusstsein im heutigen Frankreich. Andererseits untersuchen wir, inwiefern diese Veröffentlichung über ihren unmittelbaren Entstehungskontext hinausweist. Hier geht es um die Debatten zur kolonialen Vergangenheit und ihrer Beziehung zur postkolonialen Gegenwart.

Die 2002 erschienene, französische Erstausgabe des vorliegenden Bands – *Zoos humains: de la Venus hottentote aux reality shows* – traf auf eine in vorhersagbarer Weise durchmischte Kritik. Der Erfolg des Buchs lässt sich daraus erkennen, dass es 2004 als Paperback veröffentlicht und beinah sofort ins Italienische übersetzt wurde. Während eine Reihe von Historikern die Bemühungen der Herausgeber würdigten, dieses abgekapselte Element der französischen Kolonialgeschichte aus seiner Isolation und Verborgenheit zu befreien, sahen andere sowohl in der nachdrücklich postkolonialen Ausrichtung des Menschenzoo-Projekts einen Skandal als auch in der Art und Weise, in der darin das betrieben wurde, was Claude Liauzu, der Hauptkritiker des Projekts, als „Barnum-Geschichte" bezeichnete. Er meinte damit eine übermäßige Betonung und metonymische Erhöhung eines von Sensationsgier lebenden Aspekts der Kolonialgeschichte, der nun in der Kolonialforschung eine weit übersteigerte Rolle spiele. Um diese Reaktion zu verstehen, müssen wir das Buch zunächst in den breiteren Kontext verschiedener Reflexionen und häufig bitterer Debatten über die Kolonialgeschichte und die postkoloniale Erinnerungskultur stellen, die um das Jahr 2000 in Frankreich geführt wurden.[4] So ist es von Bedeutung, dass *Zoos humains* 71 Jahre nach der Kolonialausstellung des Jahres 1931 erschien.[5] Obwohl dieses wichtige Ereignis der Zwischenkriegszeit die Haltung der Franzosen und Französinnen gegenüber den kolonisierten Völkern – und in gewissem Ausmaß auch die Haltung der Kolonialvölker gegenüber Frankreich – unzweifelhaft prägte, fand sein 70. Jahrestag kaum irgendwo Erwähnung. Die Kolonialausstellung wurde in der zwischen 1982 und 1993 von Pierre Nora herausgegebenen Reihe Lieux de mémoire[6] präsentiert. Charles-Robert Agerons Kapitel über dieses Ereignis ist in dieser Darstellung der Geschichte der französischen Nation die einzige Konzession des Herausgebers an eine Diskussion der Rolle des französischen Kolonialismus. Agerons Interesse richtet sich jedoch auf statistisches Material. Er versucht, die Zahl der französischen Ausstellungsbesucher zu ermitteln, und untersucht Diskrepanzen zwischen der von den Organisatoren beabsichtigten und der tatsächlichen Wirkung solcher Veranstaltungen auf die Haltung der Öffentlichkeit gegenüber den kolonialen Bestrebungen. Die Ausstellung war ja explizit zur Unterstützung dieser Bestrebungen organisiert worden. Kaum überliefert sind die Erfahrungen der aus den Kolonien stammenden Individuen, die nach Frankreich gebracht wurden, um bei dieser Veranstaltung aufzutreten und dort für Lokalkolorit zu sorgen. Wir erfahren auch nichts über die Kanaken, die für den Menschenzoo rekrutiert wurden, den man auf einem Gelände neben der Hauptausstellung präsentierte.[7]

Die Ausstellung von 1931 besaß Bedeutung für das Leben der französischen Nation. Dies lässt sich aus den beeindruckenden Besucherzahlen ebenso ersehen wie aus den Spuren, die davon zurückblieben. Wir verfügen über zahlreiche Artefakte der Populärkultur und ein imposantes Museumsgebäude an der Porte Dorée legt ebenfalls Zeugnis ab von dieser Ausstellung. Wenn ein derartiges Ereignis dennoch der Erinnerung der französischen Öffentlichkeit in der postkolonialen Periode entfällt, könnte man darin ein auffälliges Beispiel einer „zum Schweigen gebrachten Vergangenheit" sehen[8], eines Vorgangs, der sich in Frankreich ganz allgemein in Bezug auf die koloniale Dimension der nationalen Geschichte vollzogen hat. In diesem Kontext könnte man damit argumentieren, dass die traumatischen Folgen des algerischen Unabhängigkeitskriegs für

---

4   Aldrich (2005).
5   Lemaire, Blanchard & Bancel (2001).
6   Dieses Werk wurde auszugsweise in deutscher Sprache veröffentlicht: Pierre Nora & Étienne François (2005), *Erinnerungsorte Frankreichs*. München: C. H. Beck. Allerdings ist das hier angesprochene Kapitel nicht in der deutschen Ausgabe enthalten.
7   Dæninckx (1998); Dauphiné (1998).
8   Trouillot (1995).

Frankreich – und das endgültige Aus für das Kolonialreich, auf das die Beendigung dieses Konflikts im Jahr 1962 hindeutete – zur Verleugnung der Kolonialzeit führte. Dieser Prozess wurde nicht zuletzt durch das verschleiert, was Henry Rousso das „Vichy-Syndrom" nannte. Damit in Zusammenhang steht ein spürbarer Widerstand gegen das Aufspüren irgendwelcher Spuren dieser Vergangenheit in der Gegenwart. Die Wissenschaftler der Forschungsgruppe ACHAC (Association Connaissance de l'Histoire de l'Afrique Contemporaine) wollen diese Situation hinterfragen. Veröffentlichungen von Mitgliedern dieser Forschergruppe skizzieren eine multidisziplinäre Forschungsagenda. Zum Beispiel untersuchten sie die Widersprüche zwischen Republikanismus und Kolonialismus[9], die tiefen Spaltungen des modernen, postkolonialen Frankreich[10], und die Art und Weise, in der das Versäumnis, eine Diskussion über das Kolonialreich überzuführen in ein Verständnis der nationalen Identität – die ja, wie es heißt, auf den „Verlust" von Saint-Domingue im Jahr 1804 zurückgeht – einen kolonialen Bruch in der französischen Gesellschaft erzeugte.[11]

Einer der wichtigsten Beiträge der Forschungsgruppe ACHAC zur laufenden Debatte war ihr Bestreben, Annahmen und Logik der postkolonialen Kritik in Frankreich einzuführen. Dabei geriet sie in Konflikt mit der in intellektuellen Kreisen verbreiteten Ansicht, dass Frankreich eine Sonderrolle einzuräumen und Reflexionen der postkolonialen Kritik als in nicht wünschenswerter Weise „angelsächsisch" zurückzuweisen seien. Die ACHAC-Forschungsgruppe wollte auf die blinden Flecke des französischen Republikanismus im Bereich der Ethnizität und der Kolonialgeschichte hinweisen. Tatsächlich hatten Bücher wie Zoos humains den Weg geebnet für die rasche Auseinandersetzung mit dem Postkolonialismus, die in Frankreich im positiven wie im negativen Sinne nach dem Jahr 2005 erfolgte. Am 23. Februar dieses Jahres beschloss das französische Parlament ein Gesetz, das die Würdigung der „positiven Rolle" der französischen Kolonialpolitik in den Überseegebieten im Schulunterricht verlangte. Im November desselben Jahres kam es zu schweren Unruhen in den Pariser Vororten. Die bisweilen feindseligen Reaktionen der Kritiker auf Zoos humains ließen nicht nur die „kolonialen Brüche" erkennen, die die französische Gesellschaft des frühen 21. Jahrhunderts allgemein strukturieren und fragmentieren, sie ließen auch ganz spezifisch solche Verwerfungen auf dem Gebiet der derzeitigen französischen Kolonialgeschichtsschreibung erkennen.

---

9   Bancel, Blanchard & Vergès (2003).
10   Blanchard, Bancel & Lemaire (2005).
11   Blanchard, Bancel & Lemaire (2005).

Ein großer Teil der interessanten Forschungsarbeit über das französische Kolonialreich wird derzeit von Wissenschaftlern außerhalb Frankreichs geleistet. Zu nennen sind hier etwa Robert Aldrich, Alice Conklin, Laurent Dubois, Jim House, Eric Jennings, Herman Lebovics, Gregory Mann und Todd Shepard. Dies verleitete einzelne Kommentatoren dazu, eine „Paxtonifizierung" dieses Forschungsfelds zu diagnostizieren, in Anspielung an den amerikanischen Historiker Robert Paxton, dessen Untersuchungen die Sichtweise des Vichy-Regimes in den 1970er-Jahren zutiefst erschütterten. Hier besteht jedoch die Gefahr, dass eine solche Überspitzung die reiche Tradition der Kolonialgeschichtsschreibung in Frankreich übersieht. Dort wurde die wissenschaftliche Kompetenz bahnbrechender Forscher wie Charles-Robert Ageron, Charles- André Julien und Pierre Vidal-Naquet nun ergänzt durch Arbeiten jüngerer Historiker zu verschiedenen geografischen Räumen. Zu nennen sind hier Yves Benot, Marcel Dorigny, Laure Pitti und Emmanuelle Saada. Die Reaktionen der Kritik auf *Zoos humains* – auf die sich die Herausgeber in ihrer Einleitung beziehen – lassen aber dennoch erkennen, wie heiß umkämpft das Territorium ist, das man in jeder spezifisch „französischen" Geschichte der kolonialen Expansion Frankreichs in Überseegebiete erkennen kann. Die Arbeit der Forschungsgruppe ACHAC in diesem Bereich ist geprägt von einer offen postkolonialen Einstellung, ohne sich immer des Fachvokabulars oder der spezifischen Referenzen zu bedienen, mit denen postkoloniale Kritik oft verbunden ist. Die Historiker sind anhaltend bestrebt, Verbindungen zwischen geschichtlichen Perioden herzustellen, um Spuren der kolonialen Vergangenheit in der postkolonialen Gegenwart aufzudecken. Im französischen Kontext beruht ihre Arbeit auf zwei zentralen Annahmen. Die erste dieser Annahmen ist, dass die schmeichelhafte Vorstellung, die Verträge von Evian (1962) besiegelten einen klaren Bruch mit der Kolonialvergangenheit, eine Täuschung darstellt. In den zunehmend sichtbar werdenden und sich als immer problematischer erweisenden postkolonialen Strukturen des heutigen Frankreich ist diese Selbsttäuschung nicht länger aufrecht zu erhalten.[12] Die zweite Annahme ist, dass trotz ernsthaftester Bemühungen der Historiografie der französischen Republik, zwischen der innenpolitischen Situation und dem Geschehen in Übersee zu unterscheiden anerkannt werden muss, dass der Kolonialismus ein integraler und konstitutiver Bestandteil der republikanischen Identität in Frankreich war – ja, es in gewissem Ausmaß immer noch ist – und keine abweichende Phase, die nun leichten Herzens als historisch abgetan werden kann.[13] Beide Annahmen legen nahe, dass das heutige Frankreich – ebenso wie andere frühere Kolonialmächte – als postkolonial charakterisiert werden kann, d.h. als Land, das das erkennen lässt, was Chris Bongie die „intimate (dis)

---

12   Siehe Bancel (2007).
13   Bancel, Blanchard & Verges (2003); Wilder (2005).

connection of the colonial and the postcolonial"[14] [die „intime, zugleich verbindende und trennende Beziehung zwischen dem Kolonialen und dem Postkolonialen"] nannte.

Diese Betonung nationaler Traditionen der Geschichtsschreibung mag altmodisch erscheinen, nicht zuletzt in einer Zeit, in der – durch Übersetzungen, elektronische Kommunikation und der allgemeinen Mobilität im universitären Bereich – Historiker vielleicht mehr „reisen" denn je zuvor, mit dem Ergebnis, dass die Bereiche historischer Untersuchung selbst zunehmend komparativ, transnational und sogar globalisiert werden. Die anfänglichen Reaktionen und die fortgesetzte feindselige Ablehnung, auf die das Menschenzoo-Projekt in Frankreich stieß, lassen jedoch den noch immer bestehenden Bedarf erkennen, die spezifischen Umstände der Geschichtsschreibung zu identifizieren und zu untersuchen – Umstände, die sich in hohem Maße in den Kontroversen rund um den vorliegenden Band widerspiegelten. Wie ich oben bereits erwähnte, kam die Kritik an *Zoos humains* aus einem sehr breiten Spektrum, beginnend mit der politisch engagierten Historiografie von Gelehrten wie Claude Liauzu, bis hin zu jüngeren revisionistischen Sichtweisen der Kolonialgeschichte, wonach die Untersuchung von Phänomenen wie den Menschenzoos eine Form von Sühne für das Kolonialreich darstelle und einen Wunsch nach flagellantischer postkolonialer Reue[15] oder sogar nach Selbstbestrafung[16] erkennen ließe.

Die Identifizierung und Untersuchung der spezifischen Produktions- und Rezeptionsbedingungen von Geschichtserzählungen lassen die Art und Weise erkennen, in der die Geschichtsschreibung und das intellektuelle Klima, das diese bestimmt, in einem breiteren Kontext soziokultureller und politischer Bedingungen verwurzelt und mit den darin angesiedelten ideologischen Debatten in Verbindung gebracht werden müssen. Nur eine Berücksichtigung dieser Bedingungen und Debatten ermöglicht ein Verständnis des Kontexts, in dem die erste Auflage von *Zoos humains* erschien. Der soziale Aufruhr, der ganz Frankreich im Herbst 2005 erschütterte, konzentrierte sich auf die Frustration junger Franzosen mit Immigrationshintergrund in den großen städtischen Ballungsräumen des Landes. Verschiedene Fragen in Zusammenhang mit Rasse, Rassismus, moderner französischer Identität und noch immer bestehenden sozialen Ungleichheiten traten so ins Bewusstsein breiterer Bevölkerungsschichten.[17] Die Vorgeschichte dieser Fragen wird zum Teil im vorliegenden Band erforscht. Viele Jahre lang hatte die politische Elite Frankreichs den britischen und nordamerikanischen

---

14   Bongie (1998), S. 12.
15   Lefeuvre (2006).
16   Bruckner (2006).
17   Cole (2007).

„Multikulturalismus" oder „Kommunitarismus" als nicht vereinbar mit den universellen Werten der französischen Republik zurückgewiesen. Nun sah sie sich mit den explosiven Äußerungen dessen konfrontiert, was Laurent Dubois provokativ die „république métisée" [die „Mischlingsrepublik"] nannte: eine postkoloniale und multi-ethnische Gesellschaft, die noch immer weitgehend ignorierte strukturelle Ungleichheiten birgt. Um diese Ungleichheiten zu beseitigen, werden beträchtliche Veränderungen und Umwälzungen erforderlich sein. Die von führenden Intellektuellen wie Achille Mbembe hergestellte Verbindung zwischen den sozialen Bewegungen des Novembers 2005 und den unbearbeiteten Nachwirkungen des Kolonialismus, muss in Beziehung zu einigen zentralen Ereignissen gedeutet werden. Sie alle fanden nach 1999 statt, also nach dem Jahr, in dem das französische Parlament endlich offiziell anerkannte, dass der Algerienkonflikt ein echter Krieg gewesen war.[18]

Vor dem Hintergrund spezifischer Ereignisse wie diesen wurde eine Reihe von Interessensgruppen, die in deutlicher und oft miteinander konkurrierender Weise Anteil an der Darstellung der Kolonialvergangenheit haben, immer prominenter: die *Harkis* – Algerier, die die Franzosen gegen die algerische Front de Libération Nationale unterstützt hatten – verlangten eine Anerkennung ihrer unbedankt gebliebenen historischen Rolle. Überlebende *tirailleurs sénégalais* [„Senegalesische Schützen"] – eine Bezeichnung für Infanteristen aus den Kolonialgebieten – drängten auf Entschädigung für ihre Beteiligung an zwei Weltkriegen. Man belohnte sie zunächst symbolisch durch die Errichtung von Denkmälern, später, nach dem Erfolg von Rachid Boucharebs Film *Indigènes* (2006), auch materiell mit der Anerkennung ihrer Pensionsansprüche. Die *Pieds Noirs* – Nachkommen französischer Siedler in Algerien, die 1962 nach Frankreich übersiedeln mussten – wurden immer militanter, und man traute ihnen zu, eine der wichtigsten Lobbys hinter dem bereits angesprochenen Art. 4 des Gesetzes vom 23. Februar 2005 gewesen zu sein. Im Jahr 2005 tauchte eine weitere Gruppe auf, die sich provokativ *Indigènes de la République* [„Eingeborene der Republik"] nannte, und die behauptete, dass die französischen Minderheiten unter sozialen Ungleichheiten litten, die sich aus dem Fortbestand der Rassenhierarchien des Kolonialismus ergäben.

Wie es in Frankreich nach der Revolution von 1789 häufig der Fall gewesen war, wurde nationale Identität im Museum zugleich dargestellt und hinterfragt. Einerseits gab man vor, die Implikation des postkolonialen Zustands anzuerkennen, kehrte aber andererseits doch gelegentlich zu kolonialen Praktiken der Kategorisierung und

---

18 Ebenso bemerkenswert ist die wachsende Anerkennung der historischen Rolle des Menschenzoos in der Populärkultur, wie sie in einem Film wie Regis Warniers *Man to Man* (2005) zutage tritt.

Präsentation anderer Kulturen und anderer Völker zurück. Eines von Jacques Chiracs großen Projekten, das Musée des arts premiers am Quai Branly sah sich mit der Kritik konfrontiert, nicht-europäische Kulturen zu exotisieren, die koloniale Provenienz vieler seiner Artefakte zu verschweigen und weiterhin in dualistischer Weise zwischen westlicher – im speziellen französischer – Kunst und der Kunst nicht-europäischer Herkunft zu unterscheiden.[19] Ebenfalls zentral für diese Debatten über die geeigneten Mittel zur Präsentation kolonialistischer Spuren in Frankreich – in weitestem Sinne – war das Musée permanent des colonies [Permanentes Museum der Kolonien] an der Porte Dorée, das kurz als Ort für das spätere Musée du quai Branly in Betracht gezogen worden war, später aber in die Cité Nationale de l'Histoire de l'Immigration umgewandelt wurde. Die Kontroversen rund um die Gründung dieses Museums und die Auswahl seiner Inhalte wurden von Mary Stevens[20] untersucht. Sie analysierte die verwirrenden Implikationen, die entstehen, wenn eine dem Studium der Einwanderung gewidmete Institution in einem Gebäude untergebracht wird, das ursprünglich für die Verbreitung kolonialer Propaganda bestimmt war und architektonisch auch in dieser Weise chiffriert ist.

Das Forschungsprojekt zum Phänomen der Menschenzoos ist in diesem unmittelbaren Kontext des heutigen Frankreich verankert – und auch im Kontext laufender Debatten darüber, wie man in der postkolonialen Gegenwart die Spuren der kolonialen Vergangenheit in angemessener Weise präsentieren kann. Im Lichte dieser breiter gefassten Umstände sind die Reaktionen auf das Buch nicht länger – oder zumindest nicht ausschließlich – ein akademischer Krach über historische Auslegungen, sondern spiegeln stattdessen im Kleinen die Kontroversen und Konflikte wider, die die Einstellung des späten 20. und des frühen 21. Jahrhunderts zu Fragen des Kolonialismus, der Ethnizität und der Nachwirkungen des Imperialismus im gegenwärtigen Frankreich und in anderen europäischen Ländern prägten. Der vorliegende Band gehört zu einem kleinen Textkörper, der in der Sichtweise einiger seiner Kritiker so etwas ist wie ein Trojanisches Pferd, das fremdes Gedankengut nach Frankreich einschmuggelte – Gedankengut, das verdächtigerweise als „le postcolonialisme" bezeichnet wird.[21]

Postkoloniales Denken ist ein klares Beispiel für das, was Edward Said eine *traveling theory* [Wandertheorie] nannte, d.h. es entstand als loses Gebilde antikolonialistischer und dekonstruktivistischer Schriften in französischer Sprache. Diese überquerten den Atlantik und verankerten sich im wissenschaftlichen Denken Nordamerikas. Hier

---

19 Price (2007).
20 Stevens (2008).
21 Bancel & Blanchard (2006).

formierten sie sich zu einem kritischen Phänomen, das man nun Postkolonialismus nennt. Debatten über die Aufnahme oder die Zurückweisung postkolonialen Denkens in Frankreich drehen sich ironischer Weise oft um ursprünglich von französischen Wissenschaftlern entwickelte Denkansätze, die nun – beispielsweise durch Arbeiten von Jean-Marc Moura, Edward Said oder Homi K. Bhabha und Stuart Hall – wieder in Frankreich rezipiert werden. Das Risiko bei einem solchen sich selbst bestätigenden Ansatz ist ein zweifaches. Einerseits besteht die Gefahr, dass die Grundlagen einer wissenschaftlichen Arbeit nicht anerkannt werden, die sich als loses postkoloniales Projekt definiert und die keinen Bedarf sieht, sich verpflichtend an die kanonischen Referenzen des Postkolonialismus zu binden. Andererseits fällt es vielen Franzosen auch schwer, wissenschaftliche Projekte zu akzeptieren, bei denen englisch- und französischsprachige Wissenschaftler nicht getrennt sind durch ihre unterschiedlichen intellektuellen Praktiken, sondern eine an den internationalen Rahmen angepasste Forschungspraxis erarbeiten, in der die kreative Synergie ihrer mannigfaltigen Ansätze zutage tritt. Bereits in seiner ursprünglichen französischen Version illustrierte *Zoos humains* diese beiden Aspekte. Der Band stellte eine abgeschwächte Reflexion über Exotik und Ethnizität dar und verzichtete dabei weitgehend auf die postkoloniale Kritik des anglophonen Sprachraums. Die englischsprachige Version des Bandes ist ein eindringliches Beispiel dafür, dass die Übersetzung von Texten und Ideen im Bereich des Postkolonialismus ein multidirektionaler Prozess ist, und nicht einfach eine Übertragung englischsprachigen Materials in andere Sprachen. Und schließlich gemahnt die wahrhaft internationale Mischung der Autoren dieser Aufsatzsammlung – die in der englischsprachigen Version des Sammelwerks noch erweitert wurde – an die Fortschritte, die eine internationale Zusammenarbeit über die Grenzen wissenschaftlicher Traditionen hinweg ermöglichen kann.

In unserem Nachwort wollen wir uns nun der Frage zuwenden, in welcher Beziehung die Untersuchung von Menschenzoos zu weiter gefassten Veränderungen in der human- und sozialwissenschaftlichen Forschung steht. Das Verständnis des französischen Kontexts des Bandes ist zwar von grundlegender Bedeutung, aber das Erscheinen einer englischsprachigen Ausgabe stellte die Diskussion um dieses Phänomen in den ihm angemessenen internationalen Kontext. Die englischsprachige Ausgabe enthält eine bedeutende Anzahl von Beiträgen der 2002 erschienenen Sammlung, wird aber ergänzt durch einige speziell für die englischsprachige Ausgabe verfasste Kapitel sowie durch einige zuvor bereits an anderer Stelle erschienene Aufsätze. Der Begriff „Menschenzoo" fand seit der ursprünglichen Publikation der Sammlung Eingang in die Debatte. Er bekam eine rhetorische Bedeutung und wird nun von Aktivisten und

Journalisten für die Beschreibung einer umfangreichen Skala von Phänomenen verwendet, die sich zwischen dem Umgang mit illegalen Immigranten in den USA und der Umwandlung langhalsiger Padaung-Frauen in thailändische Touristenattraktionen ansiedeln. Diese Internationalisierung ist durchaus angemessen, denn die Schaustellung von Menschen ist ein von Natur aus transnationales Phänomen. Der Transport der zur Schau gestellten Personen ist für dieses Phänomen ebenso zentral wie seine Eingliederung in internationale Kreisläufe. Diese Kreisläufe stützen die Entwicklung des Konsumkapitalismus, in dessen Rahmen sich populärkulturelle Formen verbreiten. Das Phänomen der Menschenzoos zeigt sich in einer ganzen Palette unterschiedlicher kultureller Kontexte und entsteht jeweils in unterschiedlicher Ausprägung und mit unterschiedlichen Folgen. Die in diesem Band gesammelten Aufsätze liefern ein Vokabular und einen begrifflichen Apparat für die Diskussion eines solchen wahrhaft internationalen Phänomens, das seine Blütezeit während der intensivsten Periode kolonialer Expansion in der Moderne erlebte.

Noch wichtiger ist vielleicht aber, dass uns dieser Band wertvolles Material liefert, um über ein entscheidendes Stadium in dem Prozess nachdenken zu können, der die Einwohner fremder Länder einfach zu „exotischen Fremden" machte. Unter Umgehung der Gefahren der Präskription und der damit oft verbundenen lähmenden taxonomischen Ängstlichkeit bilden die Herausgeber den komplexen Bereich der Ausstellungen ab, die als Menschenzoos bezeichnet werden können, und bieten dabei eine klare diachrone Perspektive, die die zunehmende Beliebtheit dieses Phänomens im späten 19. und frühen 20. Jahrhundert erkennen lässt. Zugleich präsentieren die Herausgeber des Bandes aber auch genealogische Beziehungen und verwandte Formen der Schaustellung, die den explizit mit rassischer Bedeutung aufgeladenen Menschenzoo prägten, ohne unbedingt seine Praktiken zu übernehmen. Auch alternative Medien wie das Kino, die Fotografie und das Museum finden Beachtung. Diese übernahmen die Schaustellungslogik des Menschenzoos, führten sie fort oder stellten sie in Frage.

Vor der Veröffentlichung dieser Aufsatzsammlung wurde der Begriff „Menschenzoo" in den meisten Fällen – und ganz besonders in Studien zu menschlichem Verhalten – als Kurzformel für eine anthropologische Methode verstanden, die die Ähnlichkeiten zwischen Tieren und Menschen in den Vordergrund stellte. Desmond Morris zum Beispiel verwendete den Ausdruck als Titel seiner 1969 erschienenen revolutionären Untersuchung über Soziobiologie *The Human Zoo* [dt.: *Der Menschen-Zoo*].[22] Morris' Buch – eine Fortsetzung seines 1967 erschienenen Werks *The Naked Ape* [dt.: *Der nackte Affe*][23] –

---

22   Morris D. (1969).
23   Morris D. (1968).

stellte Analogien zwischen Stadt und Zoo her. Verwendungen wie diese entsprechen mit ihrem implizit demokratischen und auf globale Anwendbarkeit gerichteten Anspruch ganz perfekt der natürlichen Überheblichkeit menschlichen Fortschritts. Sie erinnern uns daran, dass das anthropozentrische Weltverständnis uns möglicherweise blind macht für noch ungeklärte Zusammenhänge zwischen Menschen und anderen Tieren. Zugleich jedoch läuft diese Art der Beobachtung Gefahr, in eine Ahistorizität zu kippen, die die frühere pseudo-wissenschaftliche Gleichsetzung von Mensch und Tier ignoriert. Diese Gleichsetzung bezog sich nicht auf alle Menschen, wohl aber auf ganz bestimmte ethnische Gruppen, und dies zu sehr spezifischen ideologischen Zwecken.

Die Diskussion um Animalisierung ist zentral für manche Arten des kolonialen Diskurses, die Edward Said in seinem Buch *Orientalismus* identifizierte und auch für manche Praktiken, die bei der Konstruktion und Kontrolle von Differenz zum Einsatz kommen und die Gayatri Spivak als „Othering"– als Herstellen eines „Anderen", das die eigene „Normalität" bestätigt – bezeichnete. Terry Eagleton parodiert solch kritische Ansätze, weil er in ihnen die Gefahr einer intellektuellen Sackgasse sieht.

„Die schlechte Nachricht ist, dass die Andersartigkeit nicht zu den fruchtbarsten intellektuellen Themen gehört. Sobald man nämlich einmal festgestellt hat, dass die Anderen typischerweise als faul, dreckig, dumm, hinterlistig, feminin, passiv, rebellisch, sexuell gierig, kindisch, rätselhaft und in anderer Weise widersprüchlich beschrieben werden, weiß man nicht, was man jetzt noch tun könnte, außer vielleicht in den Texten nach weiteren Beispielen hierfür zu suchen."[24]

Eageltons Kritik mag ja für manche bereits erwähnte selbstbezügliche Formen der Untersuchung des Kolonialdiskurses, in denen Wissenschaftler Texte nach einer Reihe bereits identifizierter Stereotype durchkämmen, Relevanz besitzen. Sie hat jedoch nichts zu tun mit dem sensiblen Interesse, das die Autoren dieses Bandes den historisch basierten Wirkmechanismen von Schaustellung und Exotisierung entgegenbringen. Die rasche Ausbreitung und Entwicklung postkolonialer Studien in der englischsprachigen Wissenschaft beförderte eine Entwicklung, die das zuweilen eng gefasste Interesse für den Kolonialdiskurs in den 1980er-Jahren hinführte zu einer aktiven und nuancierten Auseinandersetzung mit den komplexen Strukturen postkolonialer Literatur und Kultur in den 1990er-Jahren. Die Verlagerung des Interesses vom (früheren) Kolonisator hin zum (früheren) Kolonisierten trug einem zentralen Aspekt der postkolonialen Kritik Rechnung. Er spiegelte sich auch in vielen anderen Wissenschaftspraktiken der Human- und Sozialwissenschaften wider. Im Besonderen

---

24 Eagleton (2002).

wurde hegemoniale Kanonik und archivalische Autorität abgelehnt, um stattdessen den Stimmen der Unterdrückten oder den Geschichten „von unten" Gehör zu verschaffen. Das einem solchen Unterfangen innewohnende Risiko besteht darin, dass die Arbeit an gegenständlich darstellbaren Geschichten und Ausstellungspraktiken und die Arbeit an den Stereotypen, Hierarchien und Taxonomien, die diese untermauern, nicht notwendigerweise zu jenem Punkt der Entwicklung und der Anerkennung gebracht wurde, den sie verdiente. Diese Tendenz wird besonders deutlich in postkolonialen Einstellungen zum Exotismus. Dieser wird üblicherweise als ein ganz unmittelbarer Prozess der Übersetzung und Domestizierung präsentiert, in dem Handeln verleugnet und die Essenz verfestigt wird.

Der Eintrag zu diesem Konzept in das Werk *Key Concepts in Post-Colonial Studies* (1998), dessen Autoren Bill Ashcroft, Gareth Griffiths und Helen Tiffin sind – drei prominente und wirklich bahnbrechende Kritiker im Bereich des Postkolonialismus – kann diese mangelnde theoretische Bearbeitung von Fragen der Exotisierung und Schaustellung vielleicht illustrieren. Durch das Zitieren eines Artikels von Renata Wasserman (1984) scheint das Glossar eine global geltende und weitgehend ahistorische Ausstellungsordnung zu postulieren, durch die der Exotismus geregelt wird. „Exoten in den Metropolen waren ein bedeutsamer Teil imperialistischer Schaustellungen von Macht und kolonialem Reichtum."[25] Natürlich hat die Forschung auf diesem Gebiet in den letzten Jahren[26] – und ganz besonders seit der Veröffentlichung von *Zoos humains* – beträchtliche Fortschritte erzielt, nicht zuletzt auch durch Veröffentlichungen von Autoren des vorliegenden Bandes.[27] Die Bezeichnungen, die in Eagletons obigem Zitat genannt wurden, könnten einer ganzen Reihe von Beschreibungen von Menschenzoos entnommen worden sein, nicht zuletzt weil das Phänomen auf einer Inszenierung des „Andersseins" im Lichte populärer und wissenschaftlicher Stereotype beruht. Der Menschenzoo stand in Verbindung mit einer absichtsvollen Unterdrückung kultureller Hybridisierung und Mobilität – Prozesse, die durch den Kolonialismus ausgelöst wurden und die es, wie Anthropologen wie James Clifford uns in Erinnerung rufen, zweifellos in allen wandlungsfähigen Kulturen gibt. Zentral für das Phänomen des Menschenzoos

---

25   Ashcroft, Griffiths, Tiffin (1998), S. 95.

26   Im Jahr 2001 gab General Paul Aussaresses den systematischen Einsatz von Folter in Algerien zu. Im selben Jahr wurde in dem nach der französischen Parlamentsabgeordneten Christiane Taubira-Delannon benanntes Gesetz anerkannt, dass der transatlantische Sklavenhandel ein Verbrechen gegen die Menschlichkeit gewesen war, und Bertrand Delanoe, der damalige Bürgermeister von Paris, eröffnete eine Gedenkstätte für die Opfer des Massakers bei der friedlichen Protestkundgebung der algerischen FLN in Paris am 17. Oktober 1961.

27   ZB. Maddra (2006) und Poignant (2004).

ist die „Verweigerung von Gleichzeitigkeit"[28], womit nicht-westliche Kulturen auf untere Ränge einer Zivilisationshierarchie verbannt werden. Weit davon entfernt jedoch, einen taxonomischen Katalog bereits bekannter, stereotyper Charakterzüge zu identifizieren und zu rekonstruieren, deckt der Band auf, wie solche Kategorien entstehen, wie sie allgemeine Verbindlichkeit erlangen, konsolidiert werden und als solche dann auch mit bestimmten ethnischen Gruppen in Verbindung gebracht werden, wobei die Hierarchien zwischen diesen Grumpen sich häufig verschieben. Im Kern vermessen die Autoren die Distanz zwischen dem Allgemeinen und dem Besonderen. Sie zeigen, wie das, was zunächst als universelle Liste von Ausstellungspraktiken und kulturellen Annahmen erscheint, die vornehmlich mit dem Höhepunkt der kolonialen Moderne und infolgedessen oft mit deutlicher Rivalität zwischen den Kolonialmächten verbunden ist, nur in Zusammenhang mit den unterschiedlichen Konstellationen von kulturellen, historischen und ideologischen Umständen ganz verstanden werden kann, in denen diese Praktiken und Vorstellungen entstehen. Die Inszenierung der Differenz wird auf ihren unmittelbaren Kontext abgestimmt und daran angepasst.

Insofern kann man in dem Buch *Menschenzoos* sogar einen Beitrag zu einer bestimmten materialistischen Kritik des Postkolonialismus sehen, die von so unterschiedlichen Wissenschaftlern wie Frederick Cooper und Benita Parry ausgearbeitet wurde. Sie richtet sich gegen jene, die Kolonialismus nur in Bezug auf Hybridität oder interkulturellen Kontakt interpretieren wollen, und die dabei die tatsächlichen Hegemonien, von denen Systeme kolonialer Kontrolle abhängen, und die sehr reale Gewalt, die diese stützen, herunterspielen. So wiederholte Parry Edward Saids Aufforderung, das „Gewicht der Geschichte" anzuerkennen, und prangerte einen Untersuchungsbereich an, in dem

> „ein omnipräsenter Machtwille den Vorrang erhält vor berechneten Zwängen, ‚diskursive Gewalt' größeres Gewicht hat als die Praktiken eines gewalttätigen Systems, und die im Wesentlichen antagonistische koloniale Begegnung neu konfiguriert wird als eine Begegnung des Dialogs, der Komplizenschaft und der Transkulturation."[29]

In den Beispielen, die in diesem Buch besprochen werden, gibt es zwar Aspekte von „Dialog, Komplizenschaft und Transkulturation', nicht zuletzt dann, wenn die indigenen Völker den strategisch nutzbaren Essentialismus akzeptierten, den die Menschenzoos bereitstellten, um die speziellen Ansprüche der von ihnen repräsentierten ethnischen

---

28 Fabian (1983).
29 Parry (2004), S. 4.

Gruppen zu artikulieren. Aber ein guter Teil des vorliegenden Bandes handelt von der praktischen und strukturellen Rolle des populären Rassismus in der Rechtfertigung und Fortführung des Kolonialismus und von anderen Formen der Unterjochung, der Dominanz und der Verweigerung von Menschenrechten. Obwohl das Buch *Menschenzoos* ein bedeutender Beitrag zum Bereich der „gegenständlichen" Untersuchungen ist, betont es doch, dass jede „erkenntnistheoretische" oder „diskursive" Gewalt auf tatsächlichen, konkreten Formen von Zwang und Kontrolle beruht. Entsprechend liefert die Aufsatzsammlung eine weitere Erkundung der von Edward Said in seinem Buch *Orientalismus* ausgeführten Grundthese postkolonialer Kritik, laut der die Entstehung volkstümlicher Stereotype sich nicht nur auf Wissensordnungen, sondern auch auf gelebte Machtbeziehungen gründen. In den sorgfältigen Fallstudien dieses Bandes werden die Leser vor den Gefahren gewarnt, die in einem Ansatz liegen, der das sehr reale Trauma des kolonialen Kontakts auf die Betrachtung von Diskursen oder Epistemen reduziert.

Der Menschenzoo ist ein Schlüsselbeispiel dafür, wie kolonialer Kontakt im Mutterland selbst inszeniert wurde. Dies betraf bisweilen auch Prozesse des internen Kolonialismus. Dieses Beispiel lässt die Machtungleichgewichte, auf denen kolonialer Kontakt beruht, und die für kolonialen Kontakt zentrale körperliche Kontrolle über die Kolonisierten erkennen. Zugleich erinnern die Autoren dieses Bands ihre Leser wiederholt daran, dass die Stimmen und Erfahrungen der zur Schau gestellten Individuen schwer zu fassen sind, weil sie systematisch aus dem Archivmaterial ausgeschlossen und in zeitgenössischen kulturellen Artefakten in die Nische des „Exotischen" verwiesen wurden. Wissenschaftlerinnen wie Elizabeth Edwards und Roslyn Poignant legten besonderes Gewicht auf die der Fotografie innewohnende Möglichkeit, diesem Mangel zu begegnen. Die Amateurfotografien, die offiziellen Postkarten und die Visitenkarten enthielten oft beunruhigende Spuren aus dem Leben der zur Schau gestellten Individuen: Blicke, die ein Anstarren erwidern. Vielleicht erregte Didier Daeninckx' Roman Reise eines Menschenfressers nach Paris[30] genau aus diesem Grunde eine so nachhaltige kritische Aufmerksamkeit. Der fiktionale Text versucht, aus der Perspektive des einst ausgestellten und beobachteten Erzählers Gocéné die Erfahrung, in einem Menschenzoo – in diesem Fall im Kanaken-Dorf am Rande der oben erwähnten Kolonialausstellung von 1931 – zu leben, in eine Erzählung zu fassen. Daeninckx' Figuren werden von den Veranstaltern betrogen, zur Vorführung einer inszenierten – im buchstäblichen Sinne ausgeschlachteten – Version von neukaledonischer Kultur gezwungen, und dann doppelt animalisiert, als die Hälfte der Truppe gegen Krokodile – aus

---

30 Daeninckx (1998).

Hagenbecks Besitz – ausgetauscht und auf Tournee nach Deutschland geschickt wird. Diesen Figuren wird eine Gleichzeitigkeit zu den Ausstellungsbesuchern verweigert. Sie werden beobachtet, überwacht und ständiger Kontrolle unterworfen. Der Roman zeigt, wie die einem Autor fiktionaler Literatur zugestandene dichterische Freiheit das Erzählen von Geschichte in einer für konventionelle Geschichtsschreiber oft unmöglichen Weise ermöglicht. Aufgrund dieser dichterischen Freiheit kann das Ausmaß von Zensur beeinflusst werden, tabuisierte Themen können erkundet werden und dort, wo das Archiv keine verschwiegenen Details der Vergangenheit preisgibt, darf spekuliert werden.

Daeninckx' Erzählung hat daher Implikationen, die sich sowohl auf die Vergangenheit als auch auf die Gegenwart beziehen. Den Hintergrund seiner Geschichte bildet ein antikoloniales Denken, das sich in der Zwischenkriegszeit bei den Kolonisierten und bei einigen politischen Aktivisten in Frankreich herausbildete. Für beide Gruppen spiegelten die entmenschlichenden Mechanismen des Menschenzoos im Kleinen die umfassenderen Systeme der kolonialen Macht wider. Indem er die Ausstellung von 1931 in den zeitgenössischen Rahmen des Unabhängigkeitskampfs stellte, der in den 1980er-Jahren in Neukaledonien/Kanaky stattfand, zwingt uns Daeninckx' Werk jedoch auch dazu, über Fragen der Nachwirkungen des Kolonialismus in unserem Denken und in unserer Geschichtssicht nachzudenken. Daeninckx trug wesentlich dazu bei, die Debatten über die koloniale Vergangenheit des heutigen Frankreich auf eine breitere Basis zu stellen. In seinem Buch Karteileichen[31] – einem ebenfalls in den 1980er-Jahren spielenden Krimi – untersuchte er Verbindungen zwischen der Okkupation und den Massakern von Nordafrikanern in Frankreich im Jahr 1961. Dabei hob er die Rassifizierung der Gesellschaft hervor, auf der beide beruhten. Daeninckx' zeigt in seiner Arbeit die wechselseitige Durchdringung kolonialer Vergangenheit und postkolonialer Gegenwart, und untersucht und problematisiert diese Beziehung. Sein Roman Reise eines Menschenfressers nach Paris lässt die Ambiguitäten der Vorsilbe „post-" in „postkolonial" ganz explizit werden und demaskiert dabei die chronologische Reduktion, die in diesem Hinweis auf eine „Zeit danach" liegt, als ein bestenfalls verfrühtes Freudensignal und eine schlimmstenfalls absichtliche Vernebelung.

Im Jahr 1931 wurde die Popularität des Kanaken-Dorfs bei der Kolonialausstellung rasch von einem öffentlichen Unbehagen über solch unverschleierte Schaustellungen kolonialer Macht verfinstert. Aber dies war nicht das Ende des Menschenzoos. Einerseits stellte, wie Eric Deroo in diesem Band aufzeigt, die Kinematografie einen wirksamen Nachfolger für den Menschenzoo bereit, indem sie eine Übertragung seiner

---

31 Daeninckx (1984).

Ausstellungslogik auf die Leinwand ermöglichte und die Rekrutierung von Darstellern überflüssig machte. Dies geschah gerade in einer Zeit, als die Untertanen des französischen Kolonialreichs nach dem Ersten Weltkrieg eine immer prominentere Rolle als Arbeitskräfte und Intellektuelle spielten.[32] Andererseits kehrte das Phänomen nach einer relativ langen Periode der Abwesenheit unerwartet zurück. Nach einem letzten Kongo-Dorf im traditionellen Sinn bei der Weltausstellung in Brüssel 1958 gibt es seit den 1980er-Jahren zahlreiche postkoloniale Menschenzoos, die in den Medien viel Aufmerksamkeit erregten und unvermeidliche Kontroversen auslösten. Wie ihre kolonialen Vorgänger sind diese modernen Äußerungsformen recht international. In jüngster Zeit gab es welche in Belgien (Yvoir, 2002), in Frankreich (Nantes, 1994), in Deutschland (Augsburger Zoo, 2005) und in den USA (Woodland Park Zoo, Seattle, 2007). Diese zeitgenössischen Formen bedienen sich oft des Alibis des Naturschutzes und rechtfertigen sich mit einem harmlosen „kulturellen Bewusstsein", mit interkultureller Solidarität oder ebensolcher Philanthropie. Die zur Schau gestellten schwarzafrikanischen Völker – es gibt bei diesen Phänomenen der letzten Jahrzehnte keine Berichte von Mitgliedern ethnischer Gruppen von anderen Kontinenten – werden oft als „kulturelle Vermittler" präsentiert, als Elemente einer seit den 1980er-Jahren zutage tretenden und wachsenden zoologischen Betonung der „kulturellen Resonanz" von Ausstellungsgegenständen. Nicht zuletzt im Lichte der laufenden Debatten über die Schnittpunkte von Postkolonialismus und Ökokritik gibt es eine große pädagogische Nachfrage nach neuen Ausstellungen, die Wahrnehmungen fremder Landschaften als „frei von Menschen" in Frage stellen. Aber Umfragen[33] im Afrika-Dorf im Augsburger Zoo 2005 legen nahe, dass der andauernde Gebrauch menschlicher Subjekte als exotisierte Zoo-Attraktionen in der Praxis eine rückwärts gerichtete oder sogar negative Auswirkung auf die Wahrnehmung von Menschen aus anderen kulturellen und ethnischen Gruppen hat. In Augsburg brachten Besucher Afrikaner regelmäßig mit wilden Tieren und Natur in Verbindung und ließen dadurch erkennen, wie die Integration von Menschen in den Kontext eines Tierparks weiterhin Teil eines Rassifizierungsprozesses ist. Einige Leute, die gegen das Afrika-Dorf im Augsburger Zoo Protest erhoben, erwähnten als einen Vorgänger sogar die koloniale Völkerschau der Zwischenkriegszeit in Deutschland.

Bei allen oben aufgelisteten Fällen der jüngeren Vergangenheit verwendete man Menschen, um mit ihrer Hilfe vorgeblich authentische, auf ihren Wesenskern verdichtete Versionen ihrer eigenen Herkunftskulturen zu inszenieren, Versionen, die

---

32 Miller (1998).
33 Glick-Schiller, Dea & Höhne (2005).

im Widerspruch stehen zu der mit postmoderner, postkolonialer Mobilität einhergehenden Globalisierung kultureller Identitäten. Die verwendeten Rahmen waren eindeutig zoologisch, und nicht anthropologisch, und führten die koloniale Logik weiter, die Comics wie Hergés' *Tim im Kongo* – das in diesem Band von Jacquemin diskutiert wird – im Kleinen widerspiegeln. Demnach sind Menschen, die auf dem üblicherweise als undifferenziert gesehenen afrikanischen Kontinent leben, so etwas wie Fauna, Teil einer exotischen Kulisse. Daher gibt es, obwohl sich die Kritik in jedem dieser Fälle vor allem auf den Veranstaltungsort konzentrierte, Verbindungen zwischen den Ausstellungspraktiken dieser in postkolonialer Zeit stattfindenden Veranstaltungen und jenen, die im Hauptteil dieser Aufsatzsammlung behandelt wurden. Angesichts des Interesses der historischen Forschung für das Phänomen des Menschenzoos im 19. und frühen 20. Jahrhundert, wird die Genese dieser zeitgenössischen Wandlungen des Menschenzoos recht deutlich. Obwohl die jüngsten Schaustellungen nicht-westlicher Völker im Kontext von Zoos oder Wildparks mit dem Genre des Reality-TV verglichen werden können, dessen anthropozoomorphe Dimension Kritikern nicht entgangen ist[34], bleibt der Vergleich doch unvollkommen. Der Menschenzoo unserer Tage kann auch nicht durch Analogie zu anthropologischen Spektakeln wegerklärt werden, in denen Freiwillige aus der weißen Mehrheitsbevölkerung – bei Veranstaltungen, die Züge darstellender Kunst haben – auf Zeit Zoo-Gehege in London (August 2003) und in Adelaide (Januar 2007) bewohnten. Nicht-westliche Menschen in unmittelbarer Nähe von Tieren zu präsentieren, lässt notwendigerweise an die in diesem Band erforschten Ausstellungsordnungen denken und orientiert sich an Annahmen zur kulturellen und zivilisatorischen Überlegenheit/Unterlegenheit, die viele historische Beispiele des Menschenzoos illustrierten. Ich skizziere hier natürlich keine geradlinigen Kontinuitäten und behaupte auch nicht, dass ein wissenschaftlicher und populärer Rassismus, der im späten 19. Jahrhundert ganz offensichtlich war, mehr als drei Viertel eines Jahrhunderts sublimiert gewesen und nun unverändert wieder aufgetaucht wäre. Jede derartige verschmelzende Historiografie der Bequemlichkeit, die ähnliche Phänomene – trotz ihrer sehr unterschiedlichen Entstehungskontexte – miteinander verbindet, würde illustrieren, was Frederick Cooper als die besondere Geschicklichkeit des postkolonialen Kritikers beim „Überspringen des Vermächtnisses" charakterisierte.[35] Das Projekt, auf dem dieser Band beruht, signalisiert stattdessen eine andere postkoloniale Wissenschaftspraxis, die von größerer Genauigkeit und tieferem Forschungswillen geprägt ist, als jene, gegen die sich Cooper wendet. Immer ist sie bestrebt, die Verbindung zwischen kolonialer Vergangenheit und postkolonialer Gegenwart zu erkunden.

---

34 Razac (2002).
35 Cooper (2005), S 17-18.

Allgemeine Bibliographie

Allgemeine Bibliographie

Abbattis ta G. & Labanca N. (2008), „Living Ethnological and Colonial Exhibitions in Liberal and Fascist Italy". In: Blanchard P., Bancel N., Boët sch G., Der oo G., Lemaire S. & For sdick C. (Hg.), *Human Zoos: Science and Spectacle in the Age of Colonial Empires*. Liverpool: Liverpool University Press.

Abbattis ta G. & Minuti R. (Hg.) (2006), *Le Problème de l'altérité dans la culture européenne. Anthropologie, politique et religion aux XVIIIe et XIXe siècles*. Neapel: Bibliopolis.

Abbattis ta G. (2003), „La rappresentazione dell'altro". In: Levra U. & Roccia R. (Hg.), *Le esposizioni torinesi, 1805-1911. Specchio del progresso e macchina del consenso*. Turin: Archivio Storico della Città di Torino.

Abbattis ta G. (2004), „Torino 1884: Africani in mostra". *Contemporanea, Nr. 3*, 369-410.

Abbattis ta G. (2005), „Gli interessi antropologici di Carlo Marchesetti". In: G. Bandelli & E. Mont agnari Kokel j (Hg.), *Carlo Marchesetti e i Castellieri 1903-2003*. Atti del Convegno internazionale di Studi (Castello di Duino, 14.-15.11.2003), Triest: Editreg.

Abbattis ta G. (2006), „Africains en exposition (Italie XIXe siècle) entre racialisme, spectacularité et humanitarisme". In: Abbattis ta G. & Minuti R. (Hg.), *Le Problème de l'altérité dans la culture européenne. Anthropologie, politique et religion aux XVIIIe et XIXe siècles*. Neapel: Bibliopolis.

Abbott C. (1977), „Norfolk in the New Century: The Jamestown Exposition and Urban Boosterism". *Virginia Magazine of History and Biography, Nr. 85*.

Abbott C. (1981), *The Great Extravaganza: Portland and the Lewis and Clark Exposition*. Portland: Oregon Historical Society.

Abel L. (1888), „Les Hottentots". *La Science illustrée*.

About N. (2001), *Proposition de loi autorisant la restitution par la France de la dépouille mortelle de Saartjie Baartman, dite „Vénus hottentote", à l'Afrique du Sud*, Text Nr. 114 (2001-2002), im Senat eingebracht am 4. Dezember 2001.

Acciaiuoli M. (1998), *Exposições do Estado Novo, 1934-1940*. Lissabon: Livros Horizonte.

Ackernecht E. H. (1956), „P. M. A. Dumoutier et la collection phrénologique du Musée de l'homme". *Bulletins et Mémoires de la Société d'Anthropologie de Paris, Nr. 2*.

Adam M. (1984), „Racisme et catégories du genre humain". *L'Homme, Nr. 34.2*.

Adams B. (1997), „A Stupendous Mirror of Departed Empires: The Barnum Hippodromes and Circuses, 1874-1891". *American Literary History, Nr. 26.4*.

Adams B. (1997), *Barnum: The Greatest Showman and the Making of US Popular Culture*. Minneapolis: University of Minnesota Press.

Adams D. W. (1995), *Education for Extinction: American Indians and the Boarding School Experience, 1875-1928*. Lawrence: University Press of Kansas.

Adams J. A. (1991), *The American Amusement Park Industry: A History of Technology and Thrills*, Boston: Twayne Publishers.

Adams J. A. (1996), „The American Dream Actualized: The Glistening ‚White City' and the Lurking Shadows of the World's Columbian Exposition". In: D. J. Ber tuca (Hg.), *The World's Columbian Exhibition: A Centennial Bibliographic Guide*. Westport, CT: Greenwood Press.

Adams R. (2001), *Sideshow USA: Freaks and the American Cultural Imagination*. Chicago: University of Chicago Press.

Adib-Moghadd am A. (2010), *A Metahistory of the clash of civilizations*. New York: Columbia University Press.

Adler H. G. (1960), *Theresienstadt 1941-1945: Das Antlitz einer Zwangsgemeinschft*. Tübingen: J. C. B. Mohr (Paul Siebeck).

Adorno T. W. (1989), *Ästhetische Theorie*. Hg. v. Gretel Adorno u. Rolf Tiedemann. Frankfurt/M.: Suhrkamp.

Affer gan F. (1987), *Exotisme et altérité*. Paris: PUF.

Agamben G. (1998), *Homo Sacer, Sovereign Power and Bare Life*. Stanford, CA: Stanford University Press.

Agee W. K., Ault P. H & Emery E. (1989), *Introduction aux communications de mass.*, Brüssel: De Boeck-Wesmael.

Ageor ges S. (2006), *Sur les traces des expositions universelles*. Paris: Parigramme.

Ager on C.-R. (1984), „L'Exposition coloniale de 1931: mythe républicain ou mythe impérial". In: P. Nora (Hg.), *Les Lieux de mémoire. La République*. Bd. 1, Paris: Gallimard.

Aguirre R. (2005), *Informal Empire*. Minneapolis: University of Minnesota Press.

Ahls tr om G. (1996), *Technological Development and Industrial Exhibitions, 1850-1914: Sweden in an International Perspective*. Lund: Lund University Press.

Ahmed A. (2009), „Die Sichtbarkeit ist eine Falle – Arabische Präsenzen, Völkerschauen und die Frage der gesellschaftlich Anderen in Deutschland (1896/1927)". In: J. Brunner & S. Lavi (Hg.), *Juden und Muslime in Deutschland. Recht, Religion, Identität*. Göttingen: Wallstein-Verlag.

Aimone L. & Olmo C. (1990), *Li esposizioni universali, 1851-1900: il progresso in scena*. Turin: Umberto Allemandi.

Aimone L. & Olmo C. (1993), *Les expositions universelles: 1851-1900*. Paris: Belin.

Akazawa T. (Hg.) (1995), *The „Other" Visualized*. Tokyo: University of Tokyo Press.

Akoun A. (1991), *Afrique noire, Amérique, Océanie: mythes et croyances du monde*. Paris: Brepols.

Alberdingk T hijm J. A. (1883), „De waereldtentoonstelling de 1883". *De Gids, Bd. III*.

Aldrich R. (2005), *Vestiges of the Colonial Empire in France: Monuments, Museums and Colonial Memories*. Basingstoke: Palgrave Macmillan.

Alexander E. (1990), *The Venus Hottentot*. Charlottesville: University Press of Virginia.

Allan T. (1988), „Glasgow's Great Exhibitions". *World's Fair, Nr. 8.4.*

Alleg aert P. (2009), *De exotische mens. Andere culturen als amusement* [Publicatie bij de gelijknamige tentoonstelling in Teylers Museum te Haarlem]. Tielt: Uitg. Lannoo.

All oula M. (1986), *The Colonial Harem*. Übersetzt von M. und W. Godzich, Minneapolis: University of Minnesota Press.

All wood J. (1977), *The Great Exhibitions*. London: Studio Vista.

Alphand A. (1892), *L'Exposition Universelle Internationale de 1889 à Paris*. Paris: Ministère du Commerce et de l'Industrie.

Altenber g P. (1987), Gesammelte Werke in fünf Bänden. Bd. 1: Expeditionen in den Alltag. Gesammelte Skizzen 1895-1898. Hg. v. Werner J. Schweiger. Wien, Frankfurt/M.: Löcker, Fischer.

Altick R. D. (1978), *The Shows of London. A Panoramic History of Exhibitions, 1699-1862.* Cambridge/Mass. & London: Belknap Press of Harvard University Press.

Altick R. D. (1989), „An Uncommon Curiosity: In Search of the Shows of London". In: R. D. Altick (Hg.), *Writers, Readers, and Occasions: Selected Essays on Victorian Literature and Life.* Columbus: Ohio State University Press.

Amazzoni (1898), *Corpo delle Amazzoni, donne selvagge del Dahomey.* Turin: ed. Albert Urbach / L. Wolf.

Amenda L. (2005), „Kostenlose Völkerschau. Asiatische und afrikanische Seeleute als ‚exotische' Attraktionen des Hamburger Hafens, 1900-1930". *Internationale wissenschaftliche Korrespondenz zur Geschichte der deutschen Arbeiterbewegung, Nr. 41.*

Amero R. W. (1990), „The Making of the Panama-California Exposition, 1909-1915". *Journal of San Diego History, Nr. 36.1.*

Ames E. (1997), „Intermissions at the Völkerschau. Traveling Between Performances". In: Interdisciplinary German Studies Conference (Hg.), *Issues of performance in politics and the arts. (= Proceedings of the Third Annual Interdisciplinary German Studies Conference at Berkeley, Bd. 3)*, Berkeley, Cal.: Berkeley Academic Press, S. 117-127.

Ames E. (2003), „The Sound of Evolution". *Modernism/Modernity, Nr. 10.2.*

Ames E. (2006), „Seeing the Imaginary: On the Popular Reception of Wild West Shows in Germany, 1885-1910". In: Kort P. & Hollein M. (Hg.), *I like America. Fiktionen des Wilden Westens.* Frankfurt a. M.: Prestel.

Ames E. (2008), „Seeing the Imaginary: On the Popular Reception of Wild West Shows in Germany, 1885-1910". In: Blanchard P., Bancel N., Boëtsch G., Deroo G., Lemaire S. & Forsdick C. (Hg.), *Human Zoos: Science and Spectacle in the Age of Colonial Empires.* Liverpool: Liverpool University Press, S. 205-219.

Amiet-Keller M. (1974), *Die Kolonisation im Urteil schweizerischer Staatstheoretiker, Wirtschaftstheoretiker und Historiker (1815-1914).* Bern: Peter Lang.

Ammon O. (1898), „Histoire d'une idée. L'anthropologie". *Revue internationale de Sociologie, Nr. 6.*

Amselle J.-L. & M'Bokolo E. (Hg.) (1985), *Au cœur de l'ethnie: ethnies, tribalisme et État en Afrique.* Paris: La Découverte.

Anderson E. (1981), *Streetwise: Race, Class and Change in an Urban Community.* Chicago: University of Chicago Press.

Andrews P. (1988), „The First American Olympics". *American Heritage, Nr. 39.4.*

Anhalt U. (2007), *Tiere und Menschen als Exoten. Exotisierende Sichtweisen auf das „Andere" in der Gründungs- und Entwicklungsphase der Zoos.* http://edok01.tib.uni-hannover.de/edoks/e01dh07/524261350.pdf (abgefragt am 17. März 2012).

Annales (1889), „Pita, le Canaque à l'Exposition". *Annales de l'Extrême-Orient et de l'Afrique, Nr. 3.*

Anonyme (1894), „Le quartier Congolais". *Le Bulletin de l'Exposition. Revue des produits divers de l'Industrie, du Commerce et de l'Agriculture les plus remarqués à l'Exposition Universelle d'Anvers.*

Anthias F. (1992), „Connecting Race and Ethnic Phenomena". *Sociology, Nr. 26.4.*

Anthony R. (1927), „L'anthropologie, sa définition, son programme, ce que doit être son enseignement". *Bulletins et Mémoires de la Société d'Anthropologie de Paris.*

Anthr opol ogical Pavilion (2005), „Engeki jinruikan jôen o jitsugen sasetai kai' [Gesellschaft für die Organisation der Darbietungen im Anthropologischen Pavilion]. *Jinruikan: fûin sareta tobira* [Der Anthropologische Pavilion: Das versiegelte Tor]. Tokio: Artworks shuppan.

Anthr opol ogie (1889), *La Société, l'Ecole et le laboratoire d'anthropologie de Paris à l'exposition universelle de 1889*. Paris: Imprimerie nationale.

Ant on J. (2000), „L'incroyable destin controversé du vieux ‚Negro de Banyoles'", *Courrier International*.

Appelb aum S. (1980), *The Chicago World's Fair of 1893*. New York: Dover Publications.

Apter A. (1995), „Reading the ‚Africa Exhibit'", *American Anthropologist, Nr. 97.3*.

Ara go F. (1987), *Le Daguerréotype. Rapport fait à l'Académie des Sciences de Paris en 1839*. Paris: L'Échoppe.

Ar chives fédérales   suisses (2000), *Expos, idées, intérêts, irritations*. Bern: Archives fédérales suisses.

Arlett az G., Barilier   E., Crett az B., Kreis G., Levy R., Pauchard P., Pavill on O., Reszler A., Toppi S. & Zimmermann W. (Hg.) (1991), *Les Suisses dans le miroir. Les expositions nationales suisses. De Zurich 1883 à l'ex-future expo tessinoise de 1998, en passant par Genève 1896, Berne 1914, Zurich 1939, Lausanne 1964 et l'échec de CH-91*. Lausanne: Payot.

Armand D. (1862), „Aperçu sur les variétés de races humaines observées de 1842 à 1862, dans les diverses campagnes de l'armée française". *Bulletins et Mémoires de la Société d'Anthropologie de Paris, Nr. 3*.

Armstr ong M. (1993), „‚A Jumble of Foreignness': The Sublime Musayums of Nineteenth-Century Fairs and Expositions". *Cultural Critique, Nr. 23*.

Armstr ong P. (2002) „The postcolonial animal". *Society & Animals, 10*.

Arn aut K. (2005), „‚Our Baka brothers obviously do not speak French': Siting and scaling physical/discursive ‘movements' in post-colonial Belgium". *Language & Communication, Bd. 25, Nr. 3*.

Arn aut K . (2009), „De menselijke zoo na Abu Graib: volkerenshows in tijden van reality-tv". In: P. Alleg aer t (Hg.), *De exotische mens. Andere culturen als amusement*. Tielt: Uitg. Lannoo.

Arn aut K. (2011), „Les héritages: que reste-t-il de ces exhibitions?" In: Blanchard   P., Boët sch G. & Snoep N. (Hg.), *Exhibitions. L'invention du sauvage*. Arles: Actes Sud.

Arnoldi   M. (2008), „From the diorama to the dialogic: a century of exhibiting Africa at the Smithsonian Museum of Natural History". In: Blanchard   P., Bancel N., Boët sch G., Der oo G., Lemaire S. & For sdick C. (Hg.), *Human Zoos: Science and Spectacle in the Age of Colonial Empires*. Liverpool: Liverpool University Press, S. 307-327.

Arnoldi   M. J. & Hardin K. (1996), „Efficacy and Objects". In: M. J. Arnoldi , C. Gear y & K. Hardin (Hg.), *African Material Culture*. Bloomington: Indiana University Press.

Arnoldi   M. J. (1997), „Herbert Ward's ‚Ethnograpic Sculptures' of Africans". In: A. Hender son & A. Kae ppler (Hg.), *Exhibiting Dilemmas: Issues of Representation at the Smithsonian*. Washington: Smithsonian Institution Press.

Arnoldi   M. J., Kre amer C. M. & Mason M. (2001), „Reflections on ‚African Voices' at the Smithsonian's National Museum of Natural History". *African Arts, Nr. 34.2*.

Ar taud A. (1931), „Le théâtre balinais à l'Exposition coloniale". *Nouvelle Revue Française, Nr. 217*, Paris: Gallimard.

Ash M. G. (Hg.) (2008), *Mensch, Tier und Zoo. Der Tiergarten Schönbrunn im internationalen Vergleich vom 18. Jahrhundert bis heute.* Wien: Böhlau.

Ashcroft B., Griffiths G. & Tiffin H. (1998), *Key Concepts in Post-Colonial stadies.* London: Routledge.

Assayag J. (1999), *L'Inde fabuleuse. Le charme discret de l'exotisme français (XVIIe-XXe siècles).* Paris: Editions Kimé.

Atgier E. (1909), „Les Touaregs à Paris". *Bulletins et Mémoires de la Société d'Anthropologie de Paris, 5. Série, Nr. 10.3.*

Atgier P. (1910), „Un nègre blanc. Etude d'albinisme comparé dans la race noire et la race blanche". *Bulletins et Mémoires de la Société d'Anthropologie de Paris, VI, Band 1.*

Atterbury P. (1994), „The Court of a Master: Pugin's Design of the Medieval Court at the Great Exhibition in 1851 Inspired the Gothic Revival". *Perspectives on Architecture, Nr. 1.3.*

Aubagnac G. (2002), „En 1878, les ‚sauvages' entrent au musée de l'Armée". In: Bancel N., Blanchard P., Boëtsch G., Deroo É. & Lemaire S. (Hg.), *Zoos humains. De la Vénus hottentote aux reality shows.* Paris: La Découverte.

Aubert M. & Séguin J.-C. (Hg.) (1996), *La Production cinématographique des Frères Lumière.* Paris: Bibliothèque du film/Mémoires du cinéma.

Auerbach J. (1999), *The Great Exhibition of 1851: A Nation on Display.* New Haven: Yale University Press.

August T. G. (1979), „Nineteenth-Century Exoticism in France: the Formation of French Colonial Attitudes". *Historicus, Nr. 1.*

August T. G. (1980), „Paris 1937: The Apotheosis of the Popular Front". *Contemporary French Civilization, Nr. 5.1.*

August T. G. (1980/1982), „The Colonial Exhibition in France: Education or Reinforcement?" *Proceedings of the Sixth and Seventh Annual Meetings of the French Colonial Historical Society.*

August T. G. (1985), *The Selling of the Empire: British and French Imperialist Propaganda, 1890-1940.* Westport, CT: Greenwood Press.

August T. G. (1992), „The West Indies Play Wembley". *New West Indian Guide, Nr. 3-4.*

August T. G. (1993), „Art and Empire Wembley, 1924". *History Today, Nr. 43.*

Baartman (2002), „Loi relative à la restitution par la France de la dépouille mortelle de Saartjie Baartman à l'Afrique du Sud (Nr. 2002-323 du 6 mars 2002)". *Journal officiel, Nr. 56,* 7. März 2002.

Bacha M. (Hg.) (2005), *Les expositions universelles à Paris de 1855 à 1937.* Paris: Action artistique de la Ville de Paris.

Bachelard G. (1987) *Poetik des Raumes.* Übers. v. Kurt Leonhard. Frankfurt/M.: Fischer (Fischer Wissenschaft; FTB 7396).

Bachofen J. J. (1967), *Myth, Religion and Mother right. Selected writings.* Princeton: Princeton University Press.

Bachollet R., debost J.-B., Lelieur A.-C. & Peyriere M.-C. (1994), *Négripub, l'image du Noir dans la publicité.* Paris: Somogy.

Badenberg N. (2004a), „Mohrenwäschen, Völkerschauen: Der Konsum des Schwarzen um 1900". *Amsterdamer Beiträge zur neueren Germanistik, 56,* 163-184.

Badenber g N. (2004b), „Zwischen Kairo und Alt-Berlin. Sommer 1896: Die deutschen Kolonien als Ware und Werbung auf der Gewerbe-Ausstellung in Treptow". In: A. Honold (Hg.), *Mit Deutschland um die Welt. Eine Kulturgeschichte des Fremden in der Kolonialzeit.* Stuttgart: Metzler, S. 190-200.

Badenber g N. (2004c), „Südsee-Insulaner als Kunsttrophäen. Mai 1914: Nolde in Neuguinea, Pechstein in Palau". In: A. Honold (Hg.), *Mit Deutschland um die Welt. Eine Kulturgeschichte des Fremden in der Kolonialzeit.* Stuttgart: Metzler, S. 438-449.

Badger R. (1993 [1979]), *The Great American Fair: The World's Columbian Exposition and American Culture.* Chicago: Nelson Hall.

Badou G. (2000a), *L'Enigme de la Vénus Hottentote.* Paris: J.-C. Lattès.

Badou G. (2000b), „Sur les traces de la Vénus Hottentote". *Gradhiva*, Nr. 27.

Baillette F. (1997), „Racisme et nationalismes sportifs". *Quasimodo, Nr. 3-4.*

Baker K. A. (1989), „The 1939 San Francisco World's Fair: Vintage Images of a Fifty-Year-Old Miracle". *Architectural Digest, Nr. 46.*

Bal M. (1996), *Double Exposures. The Subject of Cultural Analysis.* London: Routledge.

Bald assari A. (1994), *Picasso photographe, 1901-1906.* Paris: Réunion des musées nationaux.

Bald assari A. (2002), „*Corpus ethnicum*: Picasso et la photographie coloniale". In: Bancel N., Blanchard P., Boët sch G., Der oo É. & Lemaire S. (Hg.), *Zoos humains. De la Vénus hottentote aux reality shows.* Paris: La Découverte.

Bambridge T. (2002), „Les premiers *Polynésiens* en Europe et l'imaginaire occidental". In: Bancel N., Blan chard P., Boët sch G., Der oo É. & Lemaire S. (Hg.), *Zoos humains. De la Vénus hottentote aux reality shows.* Paris: La Découverte.

Bancel N. & Bl anchard P. (2000), „Les représentations du corps des tirailleurs sénégalais". *Africultures.*

Bancel N. & Gayman J.-M. (2002), *Du guerrier à l'athlète. Éléments d'histoire des pratiques corporelles.* Paris: PUF.

Bancel N. & Sir ost O. (2002), „Le corps de l'Autre: une nouvelle économie du regard". In: Bancel N., Blanchard P., Boët sch G., Der oo É. & Lemaire S. (Hg.), *Zoos humains. De la Vénus hottentote aux reality shows.* Paris: La Découverte.

Bancel N. (1995), „De l'indigène à l'Africain". In: Blanchard , Blanchoin , Bancel , Boët sch & Gerbe au (Hg.), *L'Autre et Nous.* Paris: Achac / Syros.

Bancel N. (Hg.) (2007), *Retours sur la question coloniale.* Paris: Culture Sud.

Bancel N., Bencharif L. & Blan chard P. (Hg.) (2007), *Lyon, Capitale des outre-mers.* Paris: La Découverte.

Bancel N. & Bla nchard P. (2006), „Mémoire coloniale: résistances à l'emergence d'un débat". In: P. Bl anchard & N. Bancel (Hg.), *Culture post-coloniale, 1961-2006: traces et mémoires coloniales en France.* Paris: Autrement, S. 22-41.

Bancel N., Blanchard P. & Delab arre F. (Hg.) (1998), *Images d'Empire. Trente ans de photographies officielles sur l'Afrique française (1930-1960).* Paris: La Documentation française et de La Martinière.

Bancel N., Blanchard P. & Ger vere au L. (Hg.) (1993), *Images et colonies. Iconographie et propagande coloniale sur l'Afrique française de 1880 à 1962.* Paris: MHC / BDIC.

Bancel N., Blanchard P. & Ger vere au L. (Hg.) (1993), *Images et Colonies.* Paris: Achac / BDIC.

Bancel N., Blanchard P. & Lemaire S. (2000), „Ces zoos humains de la République coloniale". *Le Monde diplomatique, August 2000,* http://www.monde-diplomatique.fr/2000/08/ BANCEL/14145 (abgefragt am 17. März 2012). Unter dem Titel „Le spectacle ordinaire des zoos humains" erneut abgedruckt in der Sondernummer *Polémiques sur l'histoire coloniale* der Zeitschrift *Manière de voir, Nr. 58, Juli 2001.*

Bancel N., Blan chard P., Boët sch G., Der oo É. & Lemaire S. (Hg.) (2002), *Zoos humains. De la Vénus hottentote aux reality shows.* Paris: La Découverte.

Bancel N., Blan chard P. & F. Ver gès (2003), *La République coloniale: essai sur une utopie.* Paris: Armand Colin.

Bancel N., Blanchard P., Boët sch G., Der oo É. & Lemaire S. (Hg.) (2004), *Zoos humains: Au temps des exhibitions humaines.* Paris: La Découverte, „Poche/Sciences humaines et sociales".

Bancel N., For sdick C. & Minder P. (2011), „L'effacement des exhibitions ethniques". In: Blanchard P., Boët sch G. & Snoep N., *Exhibitions. L'invention du sauvage.* Arles: Actes Sud.

Bant a M. & Hinsle y M. (1986), *From Site to Sight: Anthropology, Photography and the Power of Imagery.* Cambridge: Peabody Museum Press.

Bant on M. (1983), *Racial and Ethnic Competition.* Cambridge: Cambridge University Press.

Bant on M. (1987), „La Classification des races en Europe et en Amérique du Nord: 1700-1850". *Revue internationale des sciences sociales, Nr. 39.1.*

Bara tay E. & Hardouin-F ugier E. (1998), *Zoos. Histoire des jardins zoologiques en Occident (XVIe-XXe siècle).* Paris: Éditions La Découverte.

Bara tay E. (1997), „Un instrument symbolique de la domestication, le jardin zoologique aux XIXe-XXe siècles". *Cahiers d'histoire, Nr. 42.3-4.*

Bara tay E. (1999), „Les représentations de La Nature, l'exemple des zoos". *Raison présente, Sciences et politiques de La Nature, Nr. 132.*

Bara tay E. (2002), „Le frisson sauvage: les zoos comme mise en scène de la curiosité". In: Bancel N., Blan chard P., Boët sch G., Der oo É. & Lemaire S. (Hg.), *Zoos humains. De la Vénus hottentote aux reality shows.* Paris: La Découverte.

Bara tay E. (2004), „Le frisson sauvage: les zoos comme mise en scène de la curiosité". In: N. Bancel , P. Blanchard , G. Boët sch, E. Der oo & S. Lemaire (Hg.), *Zoos humains. Au temps des exhibitions humaines.* Paris: La Découverte, „Poche/Sciences humaines et sociales".

Bara valle R. (1974), „Die Steiermark auf der Wiener Weltausstellung 1873". *Blätter für Heimatkunde, Nr. 48.1.*

Barbier M.-C. (2003), „Le rapatriement de la Vénus hottentotte". *Revue Alizés, 24.* http://laboratoires.univ-reunion.fr/oracle/documents/371.html (abgefragt am 17. März 2012).

Baridon L. & Guédr on M. (1999), *Corps et arts. Physionomies et physiologies dans les arts visuels.* Paris: L'Harmattan.

Barkan R. (1961), „De Kipling à Jean Rouch, de ‚La Croisière noire' à ‚Come back, Africa': vers un cinéma universel". *Cinéma 61, Nr. 54.*

Barker A. (1991) „Unforgettable People from Paradise!" Peter Altenberg and the Ashanti visit to Vienna of 1896-7. *Research in African Literatures 22/2.*

Barker A.(1998) Ashantee. Die „Paradieses-Menschen". In: Ders.: Telegrammstil der Seele. Peter Altenberg – eine Biographie. Wien, Köln, Weimar: Böhlau (Literatur und Leben 53).

Barker B. (1994), „Imre Kiralfy's Patriotic Spectacles: Columbus, and the Discovery of America (1892-1893) and America (1893)". *Dance* Chronicle, *Nr. 17.2.*

Barlet O . & Blanchard P . (2005), „Les ,zoos humains' sont-ils de retour?" *Le Monde.*

Barletti   E. (1992), „Fotografia e Missioni in Bolivia. L'album di Padre Giannecchini". *AFT. Archivio Fotografico toscano, Nr. 16.*

Barnum P. T. (1855), *The Life of P. T. Barnum, Written by himself.* New York: Redfield.

Barnum P. T. (1872), *Struggles and Triumphs.* Buffalo: Warren / Johnson (Neudruck 1930, New York: Macmillan Company).

Barr ows S. (1990), *Miroirs déformants. Réflexions sur la foule à la fin du XIXe siècle*, übersetzt von Suzanne Le Foll, Paris: Aubier.

Barr y R. (1901), *The Grandeurs of the Exposition: Pan-American Exposition, 1901.* Buffalo, NY: Robert Allen Reid.

Bar th V. (2002), *Identity and Universality – A commemoration of 150 Years of Universal Exhibitions.* Paris: BIE.

Bar th V. (Hg.) (2007a), *Innovation and Education at International Exhibitions 1851-2010.* Paris: BIE.

Bar th V. (2007b), *Mensh versus Welt. Die Pariser Weltausstellung von 1867*, Darmstad: Wissenschaftliche Buchgesellschaft.

Bar th V. (2007c), „Displaying Normalisation - The Paris Universal Exhibition of 1867". *Journal of Historical Sociology, Nr. 20.*

Bar th V. (2008), „The micro-history of a world event: intention, perception and imagination at the Exposition universelle de 1867". *Museum & society, Bd. 6, Nr. 1.* http://www2.le.ac. uk/departments/museumstudies/museumsociety/documents/volumes/barth.pdf (abgefragt am 17.03.2012).

Bar th V. (2011), „Les expositions universelles ou un siècle de construction du monde". In: Blanchard   P., Boët sch G. & Snoep N. (Hg.), *Exhibitions. L'invention du sauvage.* Arles: Actes Sud.

Bar the Ch. & Cout ancier B. (1995), „Au Jardin d'Acclimatation: représentation de l'autre (1877-1890)". In: Blanchard , Blanchoin , Bancel , Boët sch & Gerbe au (Hg.), *L'Autre et Nous.* Paris: Achac / Syros.

Bar the Ch. (1992), „Les Omaha de Bonaparte". In: B. Cout ancier (Hg.), *Peaux-Rouges. Autour de la collection du prince Roland Bonaparte.* Thonon-les-Bains: L'Albaron/Photothèque du Musée de l'Homme.

Bar the Ch. (2003), „Les éléments de l'observation, des daguerréotypes pour l'anthropologie". In: Q. Bajac & D. Planchon de Font -Réaulx (Hg.), *Le daguerréotype français, un objet photographique.* Paris: Réunion des musées nationaux.

Bar the Ch. (2004), „Des modèles et des normes, allers-retours entre photographie sculptures ethnographiques". In: E. Papet (Hg.), *Charles Cordier, 1827-1905, l'autre et l'ailleurs.* Paris: La Martinière.

Bar thes R. (1970), *Der Eiffelturm.* München: Verlag Rogner & Bernhard.

Bar thes R. (1983), *Selected Writings.* London: Editions Susan Sontag / Fontana.

Bar thes R. (1988), Das semiologische Abenteuer. Übers. v. Dieter Hornig. Frankfurt/M.: Suhrkamp.

Baschet E. (1987), *La France au-delà des mers. Histoire d'un siècle, 1843-1944.* Paris: L'Illustration.

Bast on G. A.-R. (1790), *Narration d'Omaï.* Paris: Rouen.

Bates R. S. (1965), *Scientific Societies in the US*. Cambridge: MIT Press.

Bateson G. (1972), „A theory of play and fantasy". In: *Steps to an ecology of mind*. New York: Balantine Books.

Bathia C. (1993), „L'Afrique noire à Rouen: Exposition nationale et coloniale de Rouen de 1896". *Plein Sud, Nr. 3*.

Baudrillard   J. (1987), „Au-delà du vrai et du faux ou le malin génie de l'image". *Cahiers internationaux de sociologie, Nr. 82*.

Baumgar t W. (1982), *Imperialism: the Idea and Reality of British and French Colonial Expansion*. Oxford: Oxford University Press.

Bayerdörfer   H-P. (Hg.) (2003), *Exotica: Konsum und Inszenierung des Fremden im 19. Jahrhundert*. Münster: LIT-Verlag.

Beaglehole   J. C. (1955), *The Journals of Captain Cook on his Voyages of Discovery, Bd. 1. The Voyage of the Endeavour*. The Hakluyt Society, London: Cambrigde University Press.

Beard P. & Turle G. (1992), *The Art of the Maasai*. New York: A. A. Knopf.

Beaugé G. & Clément J.-F. (Hg.) (1995), *L'image dans le monde arabe*. Paris: CNRS éditions / Iremam.

Beaugé G. (1995), „Type d'image et images du type". In: Bla nchard , Blanchoin , Bancel , Boët sch & Gerbe au (Hg.), *L'Autre et Nous*. Paris: Achac / Syros.

Beaureg ard (1922), „Ministère des colonies". *L'Exposition coloniale de Marseille*. Marseille: Commissariat général de l'exposition.

Beauvoir J.-M. (1977), *Los shelk'nam. Indígenas de la Tierra del Fuego. Sus tradiciones, costumbres y lengua, 1915*. Punta Arenas: Editorial Atelí.

Beaver P. (1970), *The Crystal Palace 1851-1936: A Portrait of Victorian Enterprise*. London: Hugh Evelyn.

Beern aer t M. (1885), „Speech by M. Beernaert, Belgian Minister of Agriculture, Industry and Public Works, to the 1885 exhibition in Antwerp". In: *L'Exposition d'Anvers illustrée*.

Behrend t R. (1931), *Die Schweiz und der Imperialismus. Die Volkswirtschaft des hochkapitalistischen Kleinstaates im Zeitalter des politischen und ökonomischen Nationalismus*. Zürich / Leipzig / Stuttgart: Rascher und Cie Verlag.

Bein I. & Pokoyski R. (2004), *Völkerschauen*. http://www.geschichte-projekte-hannover.de/kolonialismus/afrikabild_voelkerschauen.html (abgefragt am 17. März 2012).

Bell W. S. (Hg.) (1967), *A Cabinet of Curiosities*. Charlottesville: University Press of Virginia.

Bell uati M. (1991), *Immagini di immigrazione giornalistica sui rapporti interetnici*. Turin: Università degli Studi di Torino.

Benali A. (1998), *Le Cinéma colonial au Maghreb*. Paris: Les Éditions du Cerf.

Benedict B. (1981), „World's Fairs and Anthropology". *World's Fair, Nr. 1.4*.

Benedict B. (Hg.) (1983), *The Anthropology of World's Fairs, San Francisco's Panama Pacific International Exposition of 1915*. Berkeley, CA: Scolar Press.

Benedict B. (1985a), „America at the First World's Fair". *World's Fair, Nr. 5.4*.

Benedict B. (1985b), „The American Exhibition of 1887: How Buffalo Bill Captured London". *World's Fair, Nr. 5.2*.

Benedict B. (1991), „International Exhibitions and national Identity". *Anthropology Today, Nr. 7.3*.

Benedict B. (1994), „Rituals of Representation: Ethnic Stereotypes and Colonized People at World's Fairs". In: R. W. Rydell & N. Gwinn (Hg.), *Fair Representations: World's Fairs and the Modern World*. Amsterdam: VU University Press.

Benjamin W. (1983), „Paris, die Haupstadt des 19. Jahrhunderts". In: *Das Passagen-Werk, Bd. 1*. Frankfurt a. M.: Suhrkamp.

Bennett T. (1988), „The Exhibitionary Complex". *New Formations, Nr. 4.*

Bennett T. (1996), *Early Japanese Images*. Rutland, VT: Charles E. Tuttle.

Benninghoff-Lühl S. (1984), „Die Ausstellung der Kolonisierten: Völkerschauen von 1874-1932". In: V. Harms (Hg.), *Andenken an den Kolonialismus*. Tübingen: Institut der Universität Tübingen.

Benninghoff-Lühl S. (1985), „Carl Hagenbecks Völkerschauen". In: B. Meyer (Hg.), *Kennen Sie Eimsbüttel? Neue Erzählungen und Photographien*. Hamburg: VSA-Verlag.

Benoist J. & Bonniol J.-L. (1994), „Hérédités plurielles. Représentations populaires et conceptions savantes du métissage". *Ethnologie française, Nr. 24.*

Bensa A. (1988), „Colonialisme, racisme et ethnologie en Nouvelle-Calédonie". *Ethnologie française, Nr. 2.*

Berger J. (1977 [1972]), *Ways of Seeing*. London: British Broadcasting Corporation / Harmondsworth: Penguin Books.

Bergougniou J.-M. (1997), „Le Village noir à l'exposition d'Angers en 1906". *Archives d'Anjou, Nr. 1.*

Bergougniou J.-M. (1999a), „Le Village noir à l'exposition de Toulouse en 1908". *Gavroche, Nr. 107.*

Bergougniou J.-M. (1999b), „Le Village sénégalais à l'exposition internationale d'Amiens en 1906". *Les antiquaires de Picardie*, 652, 175-208.

Bergougniou J.-M. (2001) „L'exposition de Chicago 1893. Des Noirs dans la ville blanche". *Gavroche, Nr. 115.*

Bergougniou J.-M., Clignet R. & David P. (2001), *Villages noirs et visiteurs africains et malgaches en France et en Europe*. Paris: Karthala.

Berkeley art center (1982), *Ethnic Notions, Black Images in the White Mind and Exhibition of Afro-American Stereotype and Caricature*. Berkeley, CA: Berkeley Art Center.

Berkhofer R. F. Jr. (1978), *The White Man's Indian: Images of the American Indian from Columbus to the Present*. New York: Random House.

Bernardini J.-M. (1997), *Le darwinisme social en France (1859-1918). Fascination et rejet d'une idéologie*. Paris: CNRS édition.

Bert P. (1882), *La Première année nouvelle d'enseignement scientifique, sciences naturelles et physique: l'homme, les animaux, les végétaux, les pierres, les trois états des corps*. Paris: Colin.

Bertho-Lavenir C. (1989), „Innovation technique et société du spectacle: le théâtrophone à l'Exposition de 1889". *Le Mouvement social, Nr. 149.*

Bertillon A. (1865), *Traité sur les races humaines*. Paris: Masson.

Bertillon A. (1882), *Les Races sauvages*. Paris: Masson.

Bertrand R. (1999), „Le zoo des traditions. Les spécificités de l'État colonial moderne à travers les expositions et les musées coloniaux aux Pays-Bas entre 1880 et 1935". *Inventions et héritages de la gouvernementalité coloniale moderne*, journée d'études du CERI.

Besser S. (2004), „Schauspiele der Scham. Juli 1896: Peter Altenberg gesellt sich im Wiener Tiergarten zu den Aschanti". In: A. Honold (Hg.), *Mit Deutschland um die Welt. Eine Kulturgeschichte des Fremden in der Kolonialzeit*. Stuttgart: Metzler.

Bett s J. R. (1959), „P. T. Barnum and the Popularization of Natural History". *Journal of the History of Ideas, Nr. 20.*

Bhabha H. (1983), „The Other Question: the stereotype and Colonial Discourse". *Screen, Nr. 24.6.*

Biblio thèque Nation ale (1995), *L'Africaine ou les derniers feux du grand opéra. Les dossiers du Musée d'Orsay.* Paris: Bibliothèque Nationale.

Biddiss M.-D. (1966), „Gobineau and the Origins of European Racism". *Race, Nr. 7.3.*

Bieler R. (1918), „Die deutsche Kolonialausstellung in Dresden". *Das Größere Deutschland, Nr. 5.*

Bigham M. R. (2000), *Savagery in the Shadows of Civility: Africans on the Midway*, unveröffentlichte M. A. Thesis. Wilmington: University of North Carolina.

Binet E. (1900), „Observations sur les Dahoméens". *Bulletins de la Société d'Anthropologie de Paris, 5. Série, Nr. 1.*

Birx J. H. (1992), „Ota Benga: The Pygmy in the Zoo". *Library Journal, Nr. 117.13.*

Bisanz H. (1987) Mein äußerstes Ideal. Altenbergs Photosammlung von geliebten Frauen, Freunden und Orten. Wien, München: Brandstätter.

Bishop C. (2006) „The social turn: collaboration and its discontents" *Artforum (Februar).*

Bla chere J.-C. (1981), *Le Modèle nègre. Aspects littéraires du mythe primitiviste au XXe siècle.* Dakar, Abidjan und Lomé: NEA.

Blanchard P. & Blanchoin S. (1995), „Les ‚races' dans l'imaginaire colonial français". In: Blanchard , Blanchoin , Bancel , Boët sch & Gerbe au (Hg.), *L'Autre et Nous.* Paris: Achac / Syros.

Blanchard P. & Bancel N. (1998a), „L'invention de l'indigène". *Passerelles, Nr. 16.*

Blanchard P. & Bancel N. (1998b), *De l'indigène à l'immigré.* Paris: Gallimard / Découverte.

Blanchard P. & Bancel N. (2000), „De l'indigène à l'immigré. Images, messages et réalités (1). Le retour du colonial (2)". *Hommes et Migrations, Nr. 1228.*

Blanchard P. & Boët sch G. (Hg.) (2005), *Marseille, Porte sud.* Paris: La Découverte; Marseille: Jeanne Laffitte.

Blanchard P. & Chatelier A. (Hg.) (1993), *Images et Colonies. Nature, discours et influence de l'iconographie coloniale liée à la propagande coloniale et à la représentation des Africains en France, de 1920 aux Indépendances.* Paris: Achac / Syros.

Blanchard P. & Der oo É. (2000a), „Sauvage ou assimilé?" *Africultures, Nr. 25.*

Blanchard P. & Der oo É. (2000b), „Du sauvage au bon noir. Le sens de l'image dans six représentations du tirailleur sénégalais". *Quasimodo, Nr. 6.*

Blanchard P. & Der oo É. (Hg.) (2004), *Le Paris Asie.* Paris: La Découverte.

Blanchard P. & Lemaire S. (Hg.) (2003), *Culture coloniale (1871-1931). La France conquise par son Empire.* Paris: Autrement.

Blanchard P. & Lemaire S. (Hg.) (2004), *Culture impériale (1931-1961). Les colonies au cœur de la République.* Paris: Autrement.

Blanchard P. (2000a), „L'invention du corps du colonisé à l'heure de l'apogée colonial". In: G. Boët sch & D. Che vé (Hg.), *Le corps dans tous ses états.* Paris: CNRS éditions.

Blanchard P. (2000b), „Le zoo humain, une longue tradition française". *Hommes et Migrations, Nr. 1228.*

Blanchard P. (2001), „Les représentations de l'indigène dans les affiches de propagande coloniale: entre concept républicain, fiction phobique et discours racialisant". *Hermès, Nr. 30,* CNRS.

Blanchard P. (2002), „Les zoos humains aujourd'hui". In: N. Bancel, P. Blanchard , G. Boët sch, É. Der oo & S. Lemaire (Hg.), *Zoos humains. De la Vénus hottentote aux* reality shows. Paris: La Découverte.

Blanchard P . (Hg.) (2006), *Sud-Ouest, Porte des outre-mers.* Toulouse: Milan.

Blanchard P. (2011), „Les expositions coloniales ou l'invention des ‚indigènes'". Blanchard P., Boët sch G. & Snoep N., *Exhibitions. L'invention du sauvage.* Arles: Actes Sud.

Blanchard P., Bancel N. & Lemaire S. (2001), „Des zoos humains aux apothéoses coloniales". *Africultures, Nr. 43.*

Blanchard P., Bancel N. & Lemaire S. (2005), *La fracture coloniale: la société française au prisme de l'héritage colonial.* Paris: La Découverte.

Blanchard P., Bancel N., Boët sch G., Der oo G., Lemaire S. & For sdick C. (Hg.) (2008), *Human Zoos: Science and Spectacle in the Age of Colonial Empires.* Liverpool: Liverpool University Press.

Blanchard P., Blanchoin S., Bancel N., Boët sch G. & Gerbe au H. (Hg.) (1995), *L'Autre et Nous.* Paris: Achac / Syros.

Blanchard P., Boët sch G. (1994), „La France sous Pétain et l'Afrique, images et propagande coloniale", *Canadian Journal of African Studies, Nr. 28*, 1-32.

Blanchard P., Boët sch G. & Snoep N. (2011), *Exhibitions. L'invention du sauvage.* Arles: Actes Sud.

Blanchard P ., Der oo É. & Mancer on G. (2001), *Le Paris Noir.* Paris: Hazan.

Blanchard P., Der oo É., El Yazami D., Fournié P. & Mancer on G. (2003), *Le Paris arabe.* Paris: La Découverte.

Blanchard P., Lemaire S. & Bancel N. (Hg.) (2008), *Culture coloniale en France. De la Révolution française à nos jours.* Paris: CNRS Editions & Editions Autrement.

Blanchard P., Bancel N., Boët sch G., Der oo É. & Lemaire S. (Hg.) (2011), *Zoos humains et exhibitions coloniales: 150 ans d'inventions de l'Autre.* Paris: La Découverte.

Blanchard R. (1886), „Sur le tablier et la stéatopygie des femmes boschimans". *Bulletins de la Société d'Anthropologie de Paris, 3. Série, Nr. 3.*

Blanchard R. (1909), „À propos des nègres pies". *La Nature, Nr. 38.1.*

Blanckaer t, A. Ducr os, J.-J. Hublin (Hg.) (1989), *Histoire de l'Anthropologie: Hommes, Idées, Moments.* Sondernummer, *Bulletins et Mémoires de la Société d'Anthropologie de Paris, neue Serie, Bd. I, Nr. 3-4.*

Blanckaer t C. (1988), „On the Origin of French Ethnology: Wiliam Edwards and the Doctrine of Race". In: G. W. St ocking (Hg.), *Bones, Bodies, Behavior: Essays on Biological Anthropology, History of Anthropology.* Madison: University of Wisconsin Press.

Blanckaer t C. (1993), „La Science de l'homme entre humanité et inhumanité". In: C. Blanckaer t (Hg.), *Des Sciences contre l'homme.* 2 Bände, Paris: Autrement.

Blanckaer t C. (1994), „Des sauvages en pays civilisé. L'anthropologie des criminels (1850-1900)". In: L. Mucchielli (Hg.), *Histoire de la criminologie française.* Paris: L'Harmattan.

Blanckaer t C. (1995a), „Le premesse dell'antropologia ‚culturale' in Francia. Il dibattio su ‚Questionnaire de Sociologie et d'Ethnographie' di Charles Letrourneau (1882-1883)". In: S. Puccini (Hg.), *Alle origini della Ricerca sul Campo. Questionar, guide e istruzioni di viaggio dal XVIII al XX secolo*, Sondernummer, *La Ricerca Folklorica, Nr. 32.*

Blanckaer t C. (1995b), „L'esclavage des Noirs et l'ethnographie américaine: le point de vue de Paul Broca en 1858". In: C. Blanckaer t, J.-L. Fisher & R. Rey (Hg.), *Nature, Histoire Société Essais en hommage à Jacques Roger.* Paris: Klincksieck.

Blanckaer t C. (Hg.) (1996), *Le Terrain des sciences humaines. Instructions et enquêtes (XVIIIe– XXe siècles).* Paris: L'Harmattan.

Blanckaer t C. (Hg.) (2001), *Les politiques de l'anthropologie. Discours et pratiques en France (1860-1940).* Paris: L'Harmattan.

Blanckaer t C. (2001), „Des métis monstrueux: Hybridité, mixophobie et patriotisme de Buffon à Paul Broca". In: *Constructing race in France.*

Blanckaer t C. (2002), „Spectacles ethniques et culture de masse au temps des colonies". *Revue d'Histoire des Sciences humaines, Nr. 7,* 223-232.

Blanckaer t C. (2005), „Fondements disciplinaires de l'anthropologie française au XIXe siècle". *Politix, Nr. 29.*

Blanckaer t C. (2009), *De la race à l'évolution: Paul Broca et l'anthropologie française, 1850-1900.* Paris: Harmattan.

Bleuler G. & Doolin J. (1979), „The Columbian Exposition, Chicago, 1893". *American Philatelist, Nr. 93.11.*

Blier Pres t on S. (2002), „Les Amazones à la rencontre de l'Occident". N. Bancel, P. Blanchard , G. Boët sch, É. Der oo & S. Lemaire (Hg.), *Zoos humains. De la Vénus hottentote aux reality shows.* Paris: La Découverte.

Blier Pres t on S. (2008), „Meeting the Amazons". In: Blanchard P., Bancel N., Boët sch G., Der oo G., Lemaire S. & For sdick C. (Hg.), *Human Zoos: Science and Spectacle in the Age of Colonial Empires.* Liverpool: Liverpool University Press.

Bl och A. (1902), „Quelques remarques sur l'anthropologie des Hindous exhibés au Jardin d'Acclimatation". *Bulletins de la Société d'Anthropologie de Paris, 5. Série, Nr. 3.*

Bl och A. (1909), „Observations sur les nains du Jardin d'Acclimatation, nains déjà décrits et avec les pygmées". *Bulletins et Mémoires de la Société d'Anthropologie de Paris, 5. Série, Nr. 10.*

Bl oember gen M. (2006), *Colonial spectacles: the Netherlands and the Dutch East Indies at the world exhibitions, 1880-1931.* Singapour: Singapore University Press.

Bl ohm H., Ipell ie A. & Lutz H. (2005), *The Diary of Abraham Ulrikab.* Ottawa: University of Ottawa Press.

Bl oom M. E. (2003), *Wax works. A cultural obsession.* Minneapolis: University of Minnesota Press.

Bl oom P. (2002), „La subversion des hiérarchies du savoir dans *Les Statues meurent aussi".* In: N. Bancel, P. Blanchard , G. Boët sch, É. Der oo & S. Lemaire (Hg.), *Zoos humains. De la Vénus hottentote aux* reality shows. Paris: La Découverte.

Bl oom P. (2008), „Humanitarian Visions and Colonial Imperatives: Felix-Louis Regnault, Albert Kahn, and Henri Bergson as Semiophore-Men". In: Bl oom P., *French Colonial Documentary Mythologies of Humanitarianism.* Minneapolis: University of Minnesota Press.

Bl ot M. (1908), „Les Gallas au Jardin d'Acclimatation". *La Nature, Nr. 36.2.*

Bl ume E. (2006), „Joseph Beuys. I Like America and America likes Me". In: P. Kor t & M. Hollein (Hg.), *I like America. Fiktionen des Wilden Westens.* Frankfurt a. M.: Prestel.

Bl ume H. (1999), „Ota Benga and Barnum Perplex". In: B. Lindfor s (Hg.), *Africans on Stage: Studies in Ethnological Show Business.* Bloomington: Indiana University Press.

Blu menbach J.-F. (1775), *De generis humani varietate nativa. Dissertation.* 1. Auflage, Göttingen: Friedrich Andreas Rosenbusch.

Bl umenbach J.-F. (1790-1800), *Decas collectionis suae craniorum diversarum gentium illustrata.* Göttingen: J. Dietrich.

Bl umin S. M. (1989), *The Emergence of the Middle-Class, Social Experience in the City, 1760-1900.* Cambridge: Cambridge University Press.

Bl unt W. (1976), *The Ark in the Park. The Zoo in the Nineteenth Century.* London: Hamish Hamilton.

Boas F. (1911), *The Mind of Primitive Man.* New York: The Macmillan Company.

Boas, F (o. J.), *The Professional Correspondence of Franz Boas (1878-1943),* Hamburg & Wilmington [Microfilm].

Bock H.-M. & Lenssen C. (Hg.) (1991), *Joe May. Regisseur und Produzent.* München: edition text + kritik.

Bocquill on C. (1986), *De l'Exposition coloniale au Musée de la France d'Outre-Mer: la mise en scène du colonial dans la société française.* Mémoire de maitrise, Paris VII.

Bode C. (1981), *Struggles and Triumphs: or Forty Years' Recollections of P. T. Barnum.* New York: Penguin.

Boët sch G. & Ard agna Y. (2002), „Zoos humains: le ‚sauvage‘ et l'anthropologue". In: N. Bancel, P. Blanchard , G. Boët sch, É. Der oo & S. Lemaire (Hg.), *Zoos humains. De la Vénus hottentote aux reality shows.* Paris: La Découverte.

Boët sch G. & Che vé D. (Hg.) (2000), *Le Corps dans tous ses états.* Paris: CNRS éditions.

Boët sch G. & Ferrié J.-N (1997), „Le regard anthropologique". In: P. Blanchard & N. Bancel (Hg.), *Images d'Empire.* Paris: La Martinière / La Documentation française.

Boët sch G. & Ferrié J.-N. (1989), „Le paradigme berbère, approche de la logique classificatoire des anthropologues français du XIXe siècle". *Bulletins et Mémoires de la Société d'Anthropologie de Paris, neue Serie, Nr. 1.3-4.*

Boët sch G. & Ferrié J.-N. (1993), „L'impossible objet de la raciologie. Prologue à une anthropologie physique du nord de l'Afrique". *Cahiers d'études africaines, Nr. 129.*

Boët sch G. & Ferrié J.-N. (2003), „Du Maure à la Mauresque: les métamorphoses d'un stéréotype dans les représentations savantes et vulgaires" In: G. Boët sch, Z. Samandi & C. Villain-G andossi (Hg.), *Individu, famille et société en Méditerranée entre construction d'un savoir anthropologique et stéréotypes,* Tunis: CERES, *„Série sociologie". Nr. 26.*

Boët sch G. & Font on M. (1994), „L'ethnographie criminelle: Lombroso aux colonies". In: L. Mucchielli (Hg.), *Histoire de la criminologie française.* Paris: L'Harmattan.

Boët sch G. & Savarèse E. (1999), „Le corps de l'africaine: érotisation et inversion". *Cahiers d'études africaines, Nr. 153.*

Boët sch G. & Savarèse E. (2000), „Photographies anthropologiques et politique des races sur les usages de la photographie à Madagascar, 1896-1905". *Journal des Anthropologues, Nr. 80-81.*

Boët sch G. & Vilain-G andossi C. (Hg.) (2001), *Stéréotypes dans les relations Nord/Sud.* Paris: Hermès, *Nr. 30.*

Boët sch G. (2003), „Sciences, savants et colonies". In: P. Blanchard & S. Lemaire (Hg.), *Culture coloniale.* Paris: Autrement.

Boët sch G. (2006), „Arabes/Berbères, l'incontournable raciologie du XIXe siècle". In: H. Cla udot-Hawad (Hg.), *Berbères ou Arabes: Le tango des spécialistes.* Paris: Editions Non Lieu.

Boët sch G. (2011), „Des cabinets de curiosités à la passion pour le ‚sauvage'". In: Blanchard P., Boët sch G. & Snoep N. (Hg.), *Exhibitions. L'invention du sauvage*. Arles: Actes Sud.

Boët sch G., Chapuis-L ucciani N. & Che vé D. (Hg.) (2006), *Représentations du corps: Le biologique et le vécu: Normes et normalité*. Nancy: PUN.

Boët sch G., Cla udot -Hawad H. & Ferrié J.-N. (2002), „Des Touaregs "sauvages" aux Egyptiens "urbains": les gradations de l'émotion exotique". In: N. Bancel, P. Blanchard , G. Boët sch, É. Der oo & S. Lemaire (Hg.), *Zoos humains. De la Vénus hottentote aux reality shows*. Paris: La Découverte.

Boët sch G., Her vé Ch. & Rozenber g J. J. (2007), *Corps normalisé, corps stigmatisé, corps racialisé*. Paris: De Boeck.

Boët sch G., Villain-G andossi C. (2001), „Stéréotypes dans les relations Nord-Sud", *Hermès, Nr. 30*.

Bogd an R. (1986), „Exhibition of Mentally Retarded People for Amusement and Profit, 1850-1940". *American Journal of Mental Deficiency, Nr. 91*.

Bogd an R. (1988), *Freak Show. Presenting Human Oddities for Amusement and Profit*. Chicago: University of Chicago Press.

Bogd an R. (1993), „In Defense of Freak Show". *Disability, Handicap and Society, Nr. 8.1*.

Bogd an R. (1994), „Le commerce des monstres". *Actes de la Recherche en Sciences Sociales, Bd. 4*.

Bogd an R. (1996), „The Social Construction of Freaks". In: R. Garland- Thomson (Hg.), *Freakery: Cultural Spectacles of the Extraordinary, 1886-1931*. New York: New York University Press.

Bogd an R. (2002), „La mise en spectacle de l'exotique". In: N. Bancel, P. Blanchard , G. Boët sch, É. Der oo & S. Lemaire (Hg.), *Zoos humains. De la Vénus hottentote aux reality shows*. Paris: La Découverte.

Bogd an R. (2008), „When the exotic becomes a show". In: Blanchard P., Bancel N., Boët sch G., Der oo G., Lemaire S. & For sdick C. (Hg.), *Human Zoos: Science and Spectacle in the Age of Colonial Empires*. Liverpool: Liverpool University Press.

Boime A. (1990), *The Art of Exclusion: Representing Blacks in the Nineteenth Century*. Washington: Smithsonian Institution Press.

Bol otin N. & Laing C. (1992), *The Chicago World's Fair of 1893: The World's Columbian Exposition*. Washington, DC: Preservation Press.

Bom pas G. C. (1885), *Life of Frank Buckland*. London: Smith, Elder and Co.

Bonapar te R (1890), „Les Somalis au Jardin d'Acclimatation". *La Nature, Nr. 18.2*.

Bonapar te R. (1884), *Les Habitants de Suriname. Notes recueillies à l'Exposition coloniale d'Amsterdam en 1883*. Paris: Le Jardin d'Acclimatation.

Bondeson J. (1997), *A Cabinet of Medical Curiosities*. New York: Norton.

Bondeson J. (2000), *The Two-headed Boy and Other Medical Marvels*. New York: Cornell University Press.

Bongie C. (1998), *Islands and Exiles: The Creole Identities of Post/Colonial Literature*. Stanford, CA: Stanford University Press.

Bonn afont D. (1863), „Notice sur les trois chefs touaregs qui sont venus à Paris". *Bulletins de la société d'Anthropologie de Paris, 2. Série, Nr. 4*.

Bonneuil S. (1999), „Le Muséum national d'Histoire naturelle et expansion coloniale de la troisième République (1870-1914)". *Revue française d'histoire d'outre-mer, Bd. LXXXVI, Nr. 322-323*.

Bonniol J.-L. (1990), „La couleur des hommes comme principe d'organisation sociale". *Ethnologie française, Nr. 4.*

Bonniol J.-L. (1992), „La race, inanité biologique mais réalité symbolique efficace". *Mots. Les langages du politique, Nr. 33.*

Bono S. (1992), „Esposizioni coloniali italiane. Ipotesi e contributo per un censimento". In: N. Labanca (Hg.), *L'Africa in vetrina. Storie di musei e di esposizioni coloniali in Italia.* Treviso: Pagus.

Bordier A. (1877a), „Rapport de la commission nommée par la société d'Anthropologie pour étudier les Esquimaux du Jardin d'Acclimatation et Observations à propos du procès-verbal". *Bulletins de la Société d'Anthropologie de Paris, 2. Série, Nr. 12.*

Bordier A. (1877b), „Les Esquimaux du Jardin d'Acclimatation (rapport lu dans la séance du 22 novembre 1877)". *Mémoires de la Société d'Anthropologie de Paris, 2. Série, Nr. 1.*

Bordier A. (1878a), „Les Gauchos au Jardin d'Acclimatation". *La Revue Scientifique, 2. Série, Nr. 8.1.*

Bordier A. (1878b), „Les Gauchos au Jardin d'Acclimatation". *La Nature, Nr. 6.2.*

Bordier A. (1878c), „Les sciences anthropologiques à l'exposition universelle". *La Nature, Nr. 6.2.*

Bordier A. (1881), „Calotte cérébrale d'un Esquimau du Labrador". *Bulletins de la Société d'Anthropologie de Paris, 3. Série, Nr. 6.*

Bordier A. (1884), *La Colonisation scientifique et les colonies françaises.* Paris: Reinwald.

Bott ari M. (1984), *Genova 1892 e le celebrazioni colombiane.* Genf: F. Pirella.

Boucher P. (1992), *Cannibal Encounters: Europeans and Island Caribs, 1492-1763.* Baltimore & London: Johns Hopkins University Press.

Boudin J.-C.-M. (1860-1863), „Du non cosmopolitisme des races humaines". *MSAP, Band I.*

Boudin J.-C.-M. (1864), „Sur le prétendu acclimatement du Nègre blanc {sic} et du Nègre aux Antilles". *Bulletins de la Société d'Anthropologie de Paris*, Band II.

Boue G. (o. J.), *Les Squares et les jardins de Paris. Le bois de Boulogne.* Paris: Le Jardin d'Acclimatation.

Bouin P. & Chan ut C.-P. (1980), *Histoire française des foires et des expositions universelles.* Paris: Editions Baudoin.

Bourdieu P. (1965), *La Distinction. Critique sociale du jugement.* Paris: Éditions de Minuit.

Bour guet M.-N. (1993), "La collecte du monde: voyage et histoire naturelle (fin XVIIe–début XIXe siècle)". In: C. Blanckaer t *et al.* (Hg.), *Le Muséum au premier siècle de son histoire.* Paris: MNHN.

Bourlard-C ollin S. *et al.* (1983), *L'Orient des Provençaux. Les Expositions coloniales.* Marseille: Vieille Charité.

Bouteiller   M. (1956), „La Société des observateurs de l'homme, ancêtre de la Société d'anthropologie de Paris". *Bulletins et Mémoires de la Société d'Anthropologie de Paris, Nr. 7.*

Bower sox J. (2005), „Neuer Lebensraum in unseren Kolonien. Die Berliner Kolonialausstellung von 1933". In: U. van der Heyden & J. Zeller   (Hg.), „.... *Macht und Anteil an der Weltherrschaft.*" *Berlin und der deutsche* Kolonialismus. Münster: Unrast-Verlag.

Bra ce C.-L. (1982), „The Roots of Race Concept in American Physical Anthropology". In: F. Spencer (Hg.), *A History of American Physical Anthropology, 1930-1980.* New York: Academic Press.

Bradford   P. V. & Bl ume H. (1992a), *Ota Benga: The Pygmy in the Zoo.* New York: St Martin's Press.

Brändle   R. (1992), „Die Wilden bleiben noch ein paar Tage ausgestellt". *Die WochenZeitung, Nr. 23.*

Brändle R. (1995), *Wildfremd, hautnah. Völkerschauen und Schauplätze Zürich 1880-1960: Bilder und Geschichten.* Zürich: Rotpunktverlag.

Brändle R. (2002), „La monstration de l'Autre en Suisse: plaidoyer pour des micro-études". In: N. Bancel, P. Blanchard , G. Boët sch, É. Der oo & S. Lemaire (Hg.), *Zoos humains. De la Vénus hottentote aux reality shows.* Paris: La Découverte.

Brändle R. (2009), *Nayo Bruce. Geschichte einer afrikanischen Familie in Europa.* Zürich: Chronos Verlag.

Brantlinger   P. (2003), *Dark Vanishings: Discourse on the Extinction of Primitive Races, 1800-1930.* Ithaca, NY: Cornell University Press.

Bra uman A. & Demanet S. (1985), *Le parc Léopold, 1850-1950. Le zoo, la cité scientifique et la ville.* Brüssel: Archives d'architecture moderne.

Bra un J. E. (1975), *The North American Indian Exhibits at the 1876 and 1893 World Expositions: The Influence of Scientific Thought on Popular Attitudes*, M. A. Thesis. Washington, DC: George Washington University.

Bra un M. (2009). Y. Le Fur (Hg.), *Musée du quai Branly, la collection.* Paris: Flammarion / Musée du quai Branly.

Bra vo M. (1996), „Ethnological Encounters". In: N. Jardine, J. A. Secord & E. C. Spar y (Hg.), *Cultures of Natural History.* Cambridge: Cambridge University Press.

Breckenridge   C. A. (1989), „The Aesthetics and Politics of Colonial Collecting: India at World Fairs". *Comparative Studies in Society and History, Nr. 31/2.*

Brehm A. E. (o. J.), *L'Homme et les animaux.* Paris: J. B. Baillière.

Breitb ar t E. (1997), *A World on Display. Photographs from the St Louis World's Fair, 1904.* Albuquerque: University of New Mexico Press.

Bréon E. (Hg.) (1989), *Coloniales, 1920-1940.* Billancourt: MMBB.

Bre wer J. (1998), „Histories, Exhibitions and Collections: The Invention of National Heritage in Britain 1770-1820". In: E. Hellm uth & R. St auber (Hg.), *Nationalismus vor dem Nationalismus.* Hamburg: F. Meiner.

Bridges W. (1974), *Gathering of Animals: An Unconventional History of the New York Zoological Society.* New York: Harper and Row.

Briggs A. (1965), „The Crystal Palace and the Men of 1851". In: A. Briggs (Hg.), *Victorian People.* Harmondsworth: Penguin.

Br oca P. (1865), *Instructions générales sur l'anthropologie.* Paris: Masson.

Br oca P. (1879), *Instructions générales pour les recherches anthropologiques à faire sur le vivant.* Paris: Masson.

Br ongniar t C. (o. J.), *Histoire naturelle populaire. L'homme et les animaux.* Paris: Marpon & Flammarion.

Br own J. K. (1994), *Contesting Images: Photography and the World's Columbian Exposition.* Tucson: University of Arizona Press.

Br own R. D. (1976), *Modernization: The Transformation of American Life, 1600-1865.* New York: Hill & Wang.

Br ownwell S. (Hg.) (2009), *The 1904 Anthropology Days and Olympic Games: Sport, Race, and American Imperialism.* Lincoln: University of Nebraska Press.

Br uckner P . (2006), *La tyrannie de la pénitence.* Paris: Grasset.

Bucher B. (1977), *La Sauvage aux seins pendants*. Paris: Herman.

Buffon G. L. Le Cler c de (1785), *Herrn von Buffons allgemeine Naturgeschichte. Sechster Band*. Troppau: gedruckt bei Joseph Georg Traßler und im Verlag der Kompagnie.

Buffon G. L. Le Cler c de (1792/1749), *Histoire naturelle de l'homme*. Paris: Plassan.

Bujok E. (2003), „Der Aufzug der ‚Königin Amerika' in Stuttgart: Das ‚Mannliche unnd Ritterliche Thurnier unnd Ringrennen' zu Fastnacht 1599". *Tribus, Nr. 52*.

Bujok E. (2004), *Neue Welten in europäischen Sammlungen. Africana und Americana in Kunstkammern bis 1670*. Berlin: Reimer.

Bullard A. & Dauphiné J. (2002), „Les Canaques au miroir de l'Occident". In: N. Bancel, P. Blanchard , G. Boët sch, É. Der oo & S. Lemaire (Hg.), *Zoos humains. De la Vénus hottentote aux reality shows*. Paris: La Découverte.

Bullard A. (1997), „Self-Representation in the Arms of Defeat: Fatal Nostalgia and the Surviving Comrades". *Cultural Anthropology, Nr. 12.2*.

Bullard A. (1998), „The French Idea of Subjectivity and the Kanak of New Caledonia: Recuperating the Category of Affect". *History and Anthropology, Nr. 10.4*.

Bullard A. (2000), „Paris 1871 / New Caledonia 1878: Human Rights and the Managerial State". In: L. Hunt, M. Young & J. Wasser str om (Hg.), *Human Rights and Revolutions*. Lanham & Oxford: Rowman Littlefield.

Bur g D. F. (1976), *Chicago's White City of 1893*. Lexington: University Press of Kentucky.

Bur gess G. (1910), „The Wild Men of Paris". *The Architectural Record, Nr. 28.5*.

Bur guière A. & Revel J. (2000), *Histoire de la France, Choix culturels et mémoires*. Paris: Le Seuil.

Burris J. P. Jr. (1998), *Religion and Anthropology at Nineteenth-Century International Expositions: From the Great Exhibition to the World's Parliament of Religions, 1851-1893*, Dissertation. Santa Barbara: University of California.

Busset M. & Chris t ofis T. (2008), *Un ‚village africain' au Comptoir suisse de Lausanne en 1925. Les aléas d'un ‚zoo humain' dans un pays sans colonie*. Lausanne: Université de Lausanne.

Cald well Ch. (1830), *Thoughts on the Original Unity of the Human Race*. New York: E. Bliss.

Callsen K. (2004), „Kulturkontakt als Völkerschau. Die Indianer-Besichtigung während der Eröffnung der Northern Pacific Railroad im Jahre 1883". In: K. Callsen , C. Berkemeier & I. Pr obst (Hg.), *Begegnungen und Verhandlungen. Möglichkeiten eines Kulturwandels durch Reise*. Münster: LIT.-Verlag.

Camper P. (1791), *Dissertation sur les variétés naturelles qui caractérisent la physionomie des hommes des divers climats et des differens âges*. Paris / Den Haag: HJ Jansen.

Cann adine D. (2001), *Ornamentalism. How the British Saw Their Empire*. New York: Oxford University Press.

Cannizz o J. (1989), *Into the Heart of Africa*. Ontario: Royal Ontario Museum.

Capit an Dr. (1882), „Sur les procédés qu'emploient les Galibis pour la fabrication de la poterie". *Bulletins de la Société d'Anthropologie de Paris, 3. Série, Nr. 5*.

Carlson L. (1989), „Giant Patagonians and Hairy Ainu: Anthropology Days at the 1904 St. Louis Olympics". *Journal of American Culture, Nr. 12.3*.

Car ol A. (1995), *Histoire de l'eugénisme en France. Les médecins et la procréation, XIXe-XXe siècle*. Paris: Seuil.

Carp anin-Marimout ou J.-C. & Raca ul t J.-M. (Hg.) (1992), *Métissages*. Band I, Paris: L'Harmattan.

Carring t on G. (1871), *Colonial Adventures and Experiences by a University Man*. London: Bell and Daldy.

Car t ailha c E. (1890), „Un projet d'exposition anthropologique dressé en 167 et en partie réalisé en 1889". *L'anthropologie, Band I*.

Cassell F. A. & Cassell M. E. (1983), „The White City in Peril: Leadership and the World's Columbian Exposition". *Chicago History, Nr. 12.3*.

Castelli E. (1998), *Immagini & Colonie*. Montone: Tamburo Parlante.

Castelli E., Laurenzi D. (2000), *Permanenze e metamorfosi dell'immaginario coloniale*. Perugia: Edizioni Scientifiche italiane.

Casteln au F. de (1851), *Renseignements sur l'Afrique Centrale et sur une nation d'hommes à queue qui s'y trouverait, d'après le rapport des nègres du Soudan, esclaves à Bahia*. Paris: P. Bertand.

Castill o G. (1995), „Peoples at an Exhibition: Soviet Architecture and the National Question". *South Atlantic Quarterly, Nr. 94.3*.

Cawel ti J. G. (1968), „America on Display: The World's Fairs of 1876, 1893, 1933". In: F. C. Jaher (Hg.), *The Age of Industrialism in America: Essays in Social Structure and Cultural Values*. New York / London: Free Press / Collier-Macmillan.

Çelik Z. & Kinne y L. (1990), „Ethnography and Exhibitionism at the Expositions universelles". *Assemblage, Nr. 13*.

Çelik Z. (1992), *Displaying the Orient*. Berkeley: University of California Press.

Çelik Z., Favr o D. & Inger soll R. (Hg.) (1994), *Streets: Critical Perspectives on Public Space*. Berkeley: University of California Press.

Centlivres   P. (1982), *Des instructions aux collections: la production ethnographique de l'image de l'Orient*, Coll. „Passions". Neuchâtel: Musée d'Ethnographie.

Cerreti C. (1995), *Colonie africane e cultura italiana fra Ottocento e Novecento. Le esplorazioni e la geografia*. Rom: Centro d'informazione e stampa universitaria.

Chaigne au Y., Chauzy M. & Guerzier o F. (1931), „Les groupes sanguins des indigènes de race noire". *Archives de l'Institut de Pasteur de Tunis, Nr. 20.4*.

Chaille au L. (1990), „La Revue orientale et américaine (1858-1879): ethnographie, orientalisme et américanisme au XIXe siècle". *L'Ethnographie, Nr. 36.1*.

Chala ye S. (1997), „Du dangereux indigène au cannibale sympathique, les images du théâtre à l'époque coloniale". *Africultures, Nr. 3*.

Chala ye S. (1998), *Du Noir au nègre, l'image du Noir au théâtre de Marguerite de Navarre à Jean Genet (1550-1960)*. Paris: L'Harmattan.

Chala ye S. (2001a), „Imaginaire colonial: fantasme et nostalgie". *Africultures, Nr. 43*.

Chala ye S. (2001b), *Nègres et images*. Paris: L'Harmattan.

Chala ye S. (2002), „Théâtre et cabarets: le ‚nègre' spectacle". In: N. Bancel, P. Blanchard , G. Boët sch, É. Der oo & S. Lemaire (Hg.), *Zoos humains. De la Vénus hottentote aux reality shows*. Paris: La Découverte.

Chala ye S. (2011), „Cirques, scènes et café-théâtre ou le mélange des genres (1850-1930)". In: Blanchard   P., Boët sch G. & Snoep N., *Exhibitions. L'invention du sauvage*. Arles: Actes Sud.

Champion C. (1990), „Fortunio, un rêve romantique indien dans le Paris d'Haussmann". „Rêver l'Inde". *Corps Ecrit, Nr. 34*.

Champion C. (1991), „L'Inde dans la fiction populaire française". In: D. Lombard (Hg.), *Rêver l'Asie. Exotisme et littérature coloniale aux Indes, en Indochine et en Insulinde*. Paris: EHESS.

Chandler A. & Nathan M. R. (1993), *The Fantastic Fair: The Story of the California Midwinter International Exposition, Golden Gate Park, San Francisco, 1894*. St. Paul: Pogo Press.

Chandler A. (1986a), „Fanfare for the New Empire: The Paris Exposition Universelle of 1855". *World's Fair, Nr. 6.2*.

Chandler A. (1986b), „The Paris Exposition Universelle of 1878: Heroism in Defeat". *World's Fair, Nr. 6.4*.

Chandler A. (1987), „Revolution: The Paris Exposition Universelle of 1889". *World's Fair, Nr. 7.1*.

Chandler A. (1990), „Empire of the Republic: The Exposition coloniale internationale de Paris, 1931". *Contemporary French* Civilization, *Nr. 14.1*.

Chantre E. (1884), „Observations anthropométriques sur cinq Zoulous de passage à Lyon". *Bulletins de la société d'Anthropologie de Lyon, Nr. 3*.

Chapman A. (1986), *Los Selk'nam. La vida de los Onas*. Buenos Aires: Emecé Editores.

Chapman A., Bar the C. & Revol P. (1995), *Cap Horn, 1882-1883. Rencontre avec les indiens Yahgan*. Paris: La Martinière / MNHN / Photothèque du Musée de l'Homme.

Chappey J.-L. (2002), *La Société des Observateurs de l'homme (1799-1804). Des anthropologues au temps de Bonaparte*. Paris: Société des études robespierristes.

Chardonnens A. (2002), *Expo.02 racontée à mon fils*, Fribourg: Editions Faim de siècle.

Charles J.-C. (1980), *Le Corps noir*. Paris: Hachette.

Cha se-Riboud B. (2003), *Hottentot Venus*. New York: Doubleday.

Chiappelli F. (Hg.) (1976), *First Images of America. The Impact of the New World on the Old*, 2 Bände. Berkeley: University of California Press.

Chiarelli B., Chio zzi P. & Chiarelli C. (1996), *Etnie. La scuola antropologica fiorentina e la fotografia*. Florenz: Alinari.

Chiarelli C. (2001), „Cinegiornali di argomento africano nell'Archivio dell'Istituto Luce". *AFT, L'immagine dell'Africa indipendente*, http://www.aft.it/convegni/htm/p-africa.htm.

Chica go (1894), *Midway Types, A Book of Illustrated Lessons about the People of the Midway Plaisance World's Fair*. Chicago: Chicago Engraving Company.

Chikappu M. (2001), *Ainu moshiri no kaze* [Der Wind aus dem Land der Ainu]. Tokio: NHK shuppan.

Chmiele wski I. (1994), „Völkerschau im Unterricht. Schulwandbild und Kolonialismus". *Schriftenreihe des Nordwestdeutschen Schulmuseums Bohlenbergerfeld, Nr. 1*, Zetel: o.V.

Cho ay F. (1965), *L'Urbanisme, utopies et réalités. Une anthologie*. Paris: Seuil.

Chris t out M.-F. (1990), „Rêver l'Inde à travers la danse. De la fascination exotique à la connaissance". „Rêver l'Inde". *Corps Ecrit, Nr. 34*.

Chud zinski (1881), „Sur les trois encéphales des Esquimaux morts de la variole, du 13 au 16 janvier 1881, dans le service de M. Andrieux, à l'hopital Saint-Louis". *Bulletins de la Société d'Anthropologie de Paris, 3. Série, Nr. 4*.

Clair C. (1968), *Human Curiosities*. New York: Abelard-Schuman.

Clark T. B. (1940), *Omai, First Polynesian Ambassador to England*. London: Colt Press.

Cla sen W. (1968), *Expositions, Exhibits, Industrial and Trade Fairs*. New York: Praeger.

Clement A.J. (1967), *The Kalahari and Its Lost City*. Cape Town: Longmans.

Cle ve I. (1996), *Geschmack, Kunst und Konsum: Kulturpolitik als Wirtschaftspolitik in Frankreich und in Württemberg (1801-1845)*. Göttingen: Vandenhoeck & Ruprecht.

Clifford   J. (1986), „On Ethnographic Allegory". In: J. Clifford   & G. E. Mar cus, *Writing Culture: The Poetics and Politics of Ethnography*. Berkeley: University of California Press.

Clifford   J. (1988), *The Predicament of Culture*. Cambridge / London: Harvard University Press.

Clifford   J. (1989), „Les autres: au-delà des paradigmes de préservation". *Cahiers du Musée national d'art moderne, Nr. 28.*

Clifford   J. (1996), *Malaise dans la culture: l'ethnographie, la littérature et l'art au XXe siècle*, übersetzt von M.-A. Sichère, Paris: École nationale supérieure des Beaux-Arts.

Cl oyd E. L. (1972), *James Barnett, Lord Monboddo*. Oxford: Clarendon   Press.

Cockburn J. A. (1907), „The Franco-British Exhibition". *Journal of the Society of Arts, Bd. 56, Nr. 29.*

Cockx A. & Lemmens J. (1958), *Les Expositions universelles et internationales en Belgique de 1885 à 1958*. Brüssel: Editorial Office.

Cohen W. B. (1974), „Litterature and Race: Nineteenth-Century French Fiction, Blacks and Africa, 1800-1880". *Race and Class, Nr. 16.2.*

Cohen W. B. (1980), *Français et Africains. Les Noirs dans le regard des Blancs 1530-1880.* Paris: Gallimard; Bloomington: Indiana University Press.

Cole D. (1985), *Captured Heritage: The Scramble for Northwest Coast Artifacts.* Norman: University of Oklahoma Press.

Cole J. (2007), „Understanding the French Riots of 2005: What Historical Context for the ‚Crise des banlieues'". *Francophone Postcolonial Studies, 5.2,* 69-100.

Coleman W. (1964), *Georges Cuvier, Zoologist, A Study of the History of Evolution Theory,* M. A. Thesis. Cambridge: Harvard University Press.

collectif   (1994), *Barbares et Sauvages. Images et reflets dans la culture occidentale.* Caen: Presses universitaires de Caen.

Collectif   (2006), *Le Douanier Rousseau. La jungle à Paris.* Paris: RMN.

Collier J. & Collier   M. (1986), *Visual Anthropology. Photography as a Research Method.* Albuquerque: University of New Mexico Press.

Collignon   R. (1896a), „Présentation d'indigènes de Madagascar et du Soudan". *Bulletins de la Société d'Anthropologie de Paris, 4. Série, Nr. 7.*

Collignon   R. (1896b), „Visite de l'exposition ethnographique du Sénégal et de Madagascar au Champ-de-Mars". *Bulletins de la Société d'Anthropologie de Paris, 4. Série, Nr. 7.*

Coll omb G. (1992), *Kaliña. Des Amérindiens à Paris. Photographies du prince Roland Bonaparte.* Paris: Éditions Créaphis.

Coll omb G. (1995), „Les Kaliña et le droit de regard de l'Occident". In: Blanchard , Blanchoin , Bancel , Boët sch & Gerbe au (Hg.), *L'Autre et Nous.* Paris: Achac / Syros.

Coll omb G. (1997), „La Question amérindienne en Guyane. Formation d'un espace politique". In: M. Abélès & H. P. Jeudy (Hg.), *Anthropologie du politique.* Paris: Armand Colin.

Coll omb G. (2004), „Les Kali'na de Guyane et le ‚droit de regard' de l'Occident". In: N. Bancel, P. Blanchard , G. Boët sch, E. Der oo et S. Lemaire (Hg.), *Zoos humains. Au temps des exhibitions humaines.* Paris: La Découverte, „Poche/Sciences humaines et sociales".

Comalad a Negr e A. (1988), „La Exposición Universal y las peticiones a la reina". *Historia y vida, Nr. 21.242.*

Comar P. (2007), *Une leçon d'anatomie. Figures du corps à l'école de Beaux-Arts. Paris:* Editions des Beaux-arts de Paris.

Comas J. (1951), „Les mythes raciaux". In: J. Comas (Hg.), *La Question raciale devant la science. Les Mythes raciaux*. Paris: Unesco.

Condilla c A. (1984), *Traité des sensations*. Paris: Fayard.

Conducre E. (1858), „La photographie au Muséum d'histoire naturelle". *La Lumière, Nr. 8.16.*

Conekin B. E. (1999), *The Autobiography of a Nation: The 1951 Festival of Britain. Representing Britain in the Post-War Era*, Dissertation. Michigan: University of Michigan.

Congo (1996), „Soixante-trois Neuchâtelois au service de sa majesté Léopold II, Roi-Souverain de l'Etat indépendant du Congo (1885-1908)". *Musée Neuchâtelois, Nr. 1.*

Conklin A. (1997), *A Mission to Civilize. The Republican Idea of Empire in France and West Africa, 1895-1930.* Stanford: Stanford University Press.

Conoll y J. (1855), *The Ethnological Exhibitions of London.* London: John Churchill.

Conquer good D. (1991), „Rethinking ethnography: towards a critical cultural politics". *Communication monographs, Nr. 58.*

Contrera s J. & Terrades I. (1984), „L'exhibició d'aixantis a Barcelona, l'any 1897". *L'Avenç, Nr. 72.*

Cook & Omai: *the cult of the South Seas* (2001), Ausstellungskatalog. Canberra: National Library of Australia.

Cook J. W. (1996), „Of Men, Missing Links, and Nondescripts: The Strange Career of P. T. Barnum's ‚What is It?' Exhibition". In: R. Garland- Thomson (Hg.), *Freakery: Cultural Spectacles of the Extraordinary, 1886-1931.* New York: New York University Press.

Coombes A. (1994), *Reinventing Africa: Material Culture and Popular Imagination in Late Victorian and Edwardian England.* New Haven: Yale University Press.

Coombes A. E. (1987), „The Franco-British Exhibition: Packaging Empire in Edwardian England". In: J. Beckett & D. Cherr y (Hg.), *The Edwardian* Era. Oxford: Phaidon and Barbican Art Gallery.

Cooper F. (2005), *Colonialism in Question: Theory, Knowledge, History.* Berkeley: University of California Press.

Copans J. & Jamin J. (1978), *Aux origines de l'anthropologie française. Les mémoires de la Société des Observateurs de l'Homme en l'an VIII.* Paris: Le Sycomore.

Coquer y-Vidr ovit ch C. (1991), „L'apogée: l'Exposition coloniale internationale". In: C.-R. Ager on & C. Coquer y-Vidr ovit ch (Hg.), *Histoire de la France coloniale.* Paris: A. Colin.

Coquer y-Vidr ovit ch C. (2003), „Le postulat de la supériorité blanche et de l'infériorité noire". In: M. Ferr o (Hg.), *Le Livre noir du colonialisme. XVIe-XXIe siècle: de l'extermination à la repentance.* Paris: Robert Laffont.

Corbe y R. (1988), „Alterity: the Colonial Nude". *Critique of Anthropology, Nr. 13.3.*

Corbe y R. (1989), *Wildheid en beschaving. De Europese verbeelding van Afrika.* Baarn: Ambo.

Corbe y R. (1990), „Der Missionar, die Heiden und das Photo. Eine methodologische Anmerkung zur Interpretation von Missionarsphotographien". *Zeitschrift für Kulturaustausch, Nr. 40,* 460-465.

Corbe y R. (1993), „Ethnographic Showcases, 1870-1930". *Cultural Anthropology, Nr. 8.3.*

Corbe y R. (1997), „Inventaire et Surveillance, l'appropriation de la nature à travers l'histoire naturelle". In: C. Blanckaer t et al. (Hg.), *Le Muséum au premier siècle de son histoire.* Paris: L'Harmattan.

Corbey R. (2004 [2002]), „Vitrines ethnographiques: le récit et le regard". In: N. Bancel , P. Blanchard , G. Boët sch, E. Der oo & S. Lemaire (Hg.), *Zoos humains. Au temps des exhibitions humaines.* Paris: La Découverte.

Cornelis S. (2000), „Le musée du Congo Belge, vitrine de l'action coloniale (1910-1930)". In: D. Taffin (éd.), *Du musée colonial au musée des cultures du monde.* Paris: Maisonneuve & Larose.

Cornick M. (2004), „'Putting the Seal on the Entente': The Franco-British Exhibition, London, May-October 1908". *Franco-British Studies, Nr. 35.*

Corra (1882), „Extrait d'une notice publiée sur les Fuégiens". *Bulletin de la société Zoologique d'Acclimatation, 3. Série, Nr. 9.*

Corrales E. M. (2002), *La imagen del magrebi en España. Una perspectiva histórica siglos XVI-XX.* Barcelona: Edicions Bellaterra.

Cor tino vis I. E. (1977), „China at the St. Louis World's Fair". *Missouri Historical Review, Nr. 72.*

Coslin P. & Winnykamen F. (1981), „Contribution à l'étude de la genèse des stéréotypes: attribution d'actes positifs ou négatifs en fonction de l'appartenance ethnique". *Psychologie française, Nr. 26.1.*

Coudere au H. (1877), „Sur la composition du lait chez la femme esquimau". *Bulletins de la Société d'Anthropologie de Paris, 2. Série, Nr. 12.*

Coudere au H. (1892), „Les Caraïbes. À propos des individus exhibés au Jardin d'Acclimatation". *La Nature, Nr. 20.1.*

Coup W. C. (1901), *Sawdust and Spangles.* Chicago: Herbert S. Stone and Co.

Cour celles D. (Hg.) (1997), *Littérature et Exotisme XVIe–XVIIIe siècle.* Paris: École nationale de Chartres.

Cousin B. (1993), „Histoire et iconographie: état des lieux". *Xoana, Nr. 1.*

Cout ancier B. & Bar the C. (1995), „Au jardin d'Acclimatation: représentation de l'autre (1877-1890)". In: Blan chard , Blanchoin , Bancel , Boët sch & Gerbe au (Hg.), *L'Autre et Nous.* Paris: Achac / Syros.

Cout ancier B. & Bar the C. (2002), „'Exhibition' et médiatisation de l'Autre: le Jardin zoologique d'Acclimatation (1877-1890)". In: N. Bancel, P. Blanchard , G. Boët sch, É. Der oo & S. Lemaire (Hg.), *Zoos humains. De la Vénus hottentote aux reality shows.* Paris: La Découverte.

Cout ancier B. (1992) „'Jaune' et ses compagnons". In: B. Cout ancier (Hg.), *Peaux-Rouges, Autour de la collection du prince Roland Bonaparte.* Thonon-les-Bain: L'Albaron/Photothèque du Musée de l'Homme.

Couttenier M. (2005), *Congo tentoongesteld. Een geschiedenis van de Belgische antropologie en het museum van Tervuren (1882-1925).* Leuven: Koninklijk Museum voor Midden-Afrika / Acco.

Couttenier M. (2010), *Als muren spreken. Het museum van Tervuren 1910-2010 / Si les murs pouvaient parler. Le Musée de Tervuren 1910-2010.* Tervuren: Koninklijk Museum voor Midden-Afrika / Musée royal de l'Afrique centrale.

Crais C. & Scull y P. (2008), *Sara Baartman and the Hottentot Venus: A Ghost Story and a Biography.* Princeton: Princeton University Press.

Cramb A. (2008), „Edinburgh Zoo visitors see human penguin performance". *Telegraph.*

Crampsey R. A. (1988), *The Empire Exhibition of 1938: The Last Durbar*. Edinburgh: Mainstream.

Crettaz B. & Detraz C. (Hg.) (1983), „Suisse, mon beau village. Regards sur l'exposition nationale de 1896". *Musée d'ethnographie de Genève, Archives d'Etat, Nr. 240.*

Crettaz B. & Michaelis-Germanier J. (1983), „Une Suisse miniature ou les grandeurs de la petitesse". *Extrait du Bulletin annuel du Musée d'ethnographie de Genève, Nr. 25-26.*

Crettaz B. (1987), „Un si joli village. Essai sur un mythe helvétique". In: B. Crettaz *et al.* (Hg.), *Peuples inanimés, avez-vous donc une âme?* Lausanne: Université de Lausanne.

Crettaz B. (1997), „'Ah Dieu! Que la Suisse est jolie!'" *Conférences „Jardins 97",* Lausanne: EPFL.

Cross W. E. (1991), *Shades of Black. Diversity in African-American Identity.* Philadelphia: Temple University Press.

Cuisenier J. (1983), „Droits de la personne sur son image". *Ethnologie française, 13.2.*

Cunliffe M. (1951), „America at the Great Exhibition of 1851". *American* Quarterly, *Nr. 3.2.*

Cunningham R.-A. (1887), „Lettre du 25 novembre 1885". *Galton Papers (Manuskript 227/6).* London: University College.

Curtin P.-D. (1964), *The Image of Africa. British Idea and Action, 1780-1850.* Madison, University of Wisconsin Press.

Cusker J. P. (1990), *The World of Tomorrow: The 1939 New York World's Fair,* Dissertation. Rutgers: State University of New Jersey.

Cuvier G. de (1812), *Recherches sur les ossements fossiles de quadrupèdes, où l'on rétablit les caractères de plusieurs espèces d'animaux que les révolutions du globe paroissent avoir détruites.* 4 Bände, Paris: Deterville.

Cuvier G. (1817), „Extrait des observations faites sur le cadavre d'une femme connue à Paris et à Londres sous le nom de Vénus Hottentote". *Mémoires du Muséum d'histoire naturelle, Bd. III,* 259-274.

Dabydeen D. (1987), *Hogarth's Blacks. Images of Blacks in Eighteenth-Century English Art.* Athens: University of Georgia Press.

Dacomo S. (1997), „L'immagine di Torino nelle guide delle esposizioni industriali (1884-1898-1911)". *Risorgimento, Nr. 49.1-2.*

Dæninckx D. (1984), *Meurtres pour mémoire.* Paris: Éditions Gallimard. Deutsch: *Karteileichen,* übers. von Marie Luise Knott. Berlin: Rotbuch, 1987.

Dæninckx D. (1998), *Cannibale.* Lagrasse: Verdier. Deutsch: *Reise eines Menschenfressers nach Paris,* übers. von Barbara Heber-Schärer. Berlin: Wagenbach, 2001.

Dally E. (1882), „Observations sur les Galibis". *Bulletins de la société d'Anthropologie de Paris, 3. Série, Nr. 5.*

d'Almeida-Topor H. (1984), *Les Amazones: Une Armée de Femmes dans l'Afrique Précoloniale.* Paris: Editions Rochevignes.

Dalzell R. F. (1960), *American Participation in the Great Exhibition of 1851.* Amherst: Amherst College Press.

Dampier W. (1697), *A New Voyage Round the World.* London: Adam and Charles Black.

Dardaud G. (1985), *Une Girafe pour le roi.* Paris: Dumerchez.

Darnell R. (1977), „History of Anthropology in Historical Perspective". *Annual Review of Anthropology, 4.*

Darne y V. G. (1982), *Women and World's Fairs: American International Expositions, 1876-1904*, Dissertation. Atlanta: Emory University.

Dar win C. (1839), *Journal of Researches into the Natural History and Geology of the Various Countries Visited by H. M. S. Beagle under the Command of Captain FitzRoy, R. N., from 1832 to 1836*. London: John Murray.

Dast on L. & Park K. (1998), *Wonders and the Order of Nature, 1150-1750*. New York: Zone Books.

Daudin H. (1926), *Les Classes zoologiques et l'idée de série animale en France à l'époque de Lamarck et de Cuvier 1790-1830*. Paris: Alcan.

Dauphiné J. (1995), „Les Canaques et l'Exposition coloniale de 1931". In: Blanchard , Blanchoin , Bancel , Boët sch & Gerbe au (Hg.), *L'Autre et Nous*. Paris: Achac / Syros.

Dauphiné J. (1998), *Canaques de la Nouvelle-Calédonie à Paris en 1931. De la case au Zoo*. Paris: L'Harmattan.

David P. & Andra ul t J.-M. (1995), „Le Village noir à l'exposition de Nantes en 1904 en histoire et en images". *Annales de Bretagne et des Pays de l'Ouest/ABPO, Nr. 4*.

David P. (1998a), „Le Village noir à l'exposition d'Orléans de 1905". *Bulletin de la société archéologique et historique de l'Orléanais, neue Serie, Nr. 15.119*.

David P. (1998b), „Les Villages Noirs aux expositions de Brest de 1901, 1913 et 1928 en histoire et en images". *Cahier de l'Iroise*.

David P. (2001), „Villages, sujets et visiteurs coloniaux à l'exposition universelle de Paris, 1889". In: P. S. Diop & H. J. Lüsebrink (Hg.), *Littératures et sociétés africaines. Regards comparatistes et perspectives interculturelles*. Tübingen: Narr.

David P. (o. J.), *Cinquante-cinq ans d'exhibitions zoo-ethnologiques au Jardin d'acclimatation*. http://www.jardindacclimatation.fr/download_pdf.php (abgefragt am 18. März 2012).

David T. & Etemad B. (1994), *Introduction. La Suisse sur la ligne bleue de l'Outre-mer*. In: Histoire et société contemporaines, *Les Annuelles n° 5*, Lausanne.

David T. & Etemad B. (2005), *La Suisse et l'esclavage des noirs*. Genf: Antipodes.

Davido v J. F. (1998), *Women's Camera Work, Self/Body/Other in American Visual Culture*. Durham, NC: Duke University Press.

Davis J. M. (2002), *The Circus Age: Culture and Society under the American Big Top*. Chapell Hill: University of North Carolina Press.

Davison G. (1988), „Festivals of Nationhood: The International Exhibitions". In: S. L. Goldber g & F. B. Smith (Hg.), *Australian Cultural History*. Cambridge: Cambridge University Press.

De Gr oof R. & Ela ut G. (2010), *Europe in Brussels, Du district fédéral du monde à la capitale européenne 1900-2010*. Brüssel / Tielt: Archives de l'État en Belgique, Lannoo.

De l'Est oile B. (2001), „Des races non pas inférieures mais différentes: de l'Exposition coloniale au Musée de l'Homme". In: C. Bl anckaer t (Hg.), *Politiques de l'anthropologie: pratiques et applications en France* (1860-1940). Paris: L'Harmattan.

De l'Est oile B. (2003), „From the colonial exhibition to the Museum of Man. An alternative genealogy of French anthropology". *Social Anthropology*.

De l'Est oile B. (2005), „Musée des origines ou musée post-colonial: que faire de l'histoire?" In: *Histoire de l'art et musées*. Paris: École du Louvre.

De l'Est oile B. (2007), *Le goût des autres. De l'Exposition coloniale aux Arts premiers*. Paris: Flammarion.

De la Casinière N. (1994), „Les Ivoiriens du Safari Parc, nourris, logés mais pas payés". *Libération.*

De MarÉ E. S. (1972), *London 1851: The Year of the Great Exhibition.* London: Folio Society.

De Negr oni F. (1992), *Afrique fantasmes.* Paris: Plon.

Debr oka M. (1929), *Les Tigres parfumés. Aventures au pays des Maharajahs.* Paris: Les Éditions de France.

Debr unner H. W. (1979), *Presence and Prestige, Africans in Europe. A history of Africans in Europe before 1918.* Basel: Basler Afrika Bibliographien.

Debr unner H. W. (1991), *Schweizer im kolonialen Afrika.* Basel: Basler Afrika Bibliographien.

Debusmann R. & Riesz J. (1995), *Kolonialausstellungen – Begegnungen mit Afrika?* Frankfurt: IKO.

Décoret -Ahiha A. (2004), *Les Danses exotiques en France: 1880–1940.* Paris: Publications du CND.

Dehon, É. (1945), *La nouvelle politique coloniale de la France.* Paris: Flammarion.

Del Boca A. (1976-1984), *Gli italiani in Africa orientale,* 4 Bände. Rom / Bari: Laterza.

Del Boca A. (1986-1988), *Gli italiani in Libia.* Rom / Bari: Laterza.

Del Boca A. (1992), *L'Africa nella coscienza degli italiani. Miti, memorie, errori, sconfitte.* Rom / Bari: Laterza.

Del Rio G. & Vel ot J.-P. (1996), „L'Exposition coloniale, Paris, 1931". *Mwà Véé, Nr. 13.*

Delan ay M. (1901), „Some Indian Portraits". *Everybody's Magazine, Nr. 4.*

Delane y M. (2007), *Buffalo Bill's Wild West Warriors: A Photographic History by Gertrude Käsebier.* New York: Smithsonian/Harper Collins.

Delanoë N. (1982), *L'Entaille rouge: terres indiennes et démocratie américaine, 1776-1980.* Paris: François Maspero.

Delapor te G. (1985), „L'Exposition universelle de 1855 à Paris: confrontations de cultures et prises de conscience". *L'Ecrit-voir, Nr. 6.*

Del gado L., Lozano D. & Chiarelli C. (2002), „Les zoos humains en Espagne et en Italie: entre spectacle et entreprise missionnaire". In: N. Bancel, P. Blanchar d, G. Boët sch, É. Der oo & S. Lemaire (Hg.), *Zoos humains. De la Vénus hottentote aux reality shows.* Paris: La Découverte.

Del on M. (1977), „Corps sauvages, Corps étranges". *Dix-huitième Siècle, Nr. 9.*

Del oria V. Jr. (1981), „The Indians". In: *Buffalo Bill and the Wild West.* New York: Brooklyn Museum.

Dels ahut F. (2008), „The 1904 St Louis Anthropological Games". In: Blanchard P., Bancel N., Boët sch G., Der oo G., Lemaire S. & For sdick C. (Hg.), *Human Zoos: Science and Spectacle in the Age of Colonial Empires.* Liverpool: Liverpool University Press, S. 294-306.

Demaison A. (1931), *Paris 1931. Exposition coloniale internationale. Guide officiel.* Paris: Mayeux.

Demallie R. J. (1984), *The Sixth Grandfather: Black Elk's Teachings Given to John G. Neihardt.* Lincoln: University of Nebraska Press.

Demel W. (1997), *Come i cinesi divennero gialli. Alle origini delle teorie razziali.* Mailand: Vita e Pensiero.

Demeulen aere-Douyère C. (2006), „Avant les expositions coloniales. Les colonies dans les expositions industrielles et universelles du XIXe siècle". In: *Archives Municipales de Marseille, Désirs d'ailleurs: les expositions coloniales de Marseille 1906 et 1922.* Marseille: Éditions Alors hors du temps.

Demeulen aere-Douyère C. (Hg.) (2010), *Exotiques expositions... Les expositions universelles et les cultures extra-européennes. France, 1855-1937.* Paris: Somogy/Archives nationales.

Demoor F. & Jacquemin J.-P. (2000), *Notre Congo / Onze Kongo (la propagande coloniale belge: fragments pour une étude critique)*. Brüssel: CEC.

Deniker J. & Collignon R. (1897), „Les indigènes de Madagascar exposés au Champ-de-Mars". *L'Anthropologie, Nr. 7.*

Deniker J. & L. Lal oy (1890), „Les Races exotiques à l'Exposition universelle de 1889". *L'Anthropologie, Band I, Nr. 3.*

Deniker J. (1880), „Quelques observations et mensurations sur les Nubiens qui ont été exposés à Genève en août 1880". *Bulletins de la Société d'Anthropologie de Paris, 1880, 2. Série, Nr. 12.*

Deniker J. (1883a), „Étude sur les Kalmouks". *Revue d'Anthropologie, 2. Série, Nr. 6.*

Deniker J. (1883b), „Sur les Araucaniens du Jardin d'Acclimatation". *Bulletins de la Société d'Anthropologie, 3. Série, Nr. 3.*

Deniker J. (1883c), „Sur les Kalmouks du Jardin d'Acclimatation". *Bulletins de la Société d'Anthropologie, 3. Série, Nr. 3.*

Deniker J. (1886), „Quelques observations sur les Boshimans". *Bulletins de la Société d'Anthropologie, 3. Série, Nr. 9.*

Deniker J. (1889), „Les Hottentots au Jardin d'Acclimatation". *Revue d'Anthropologie, Nr. 4.*

Deniker J. (1891), „La caravane égyptienne au Jardin d'Acclimatation de Paris". *La Nature, Nr. 19.2.*

Deniker J. (1896), „Les indigènes de Madagascar exposés au Champ-de-Mars". *Bulletins de la Société d'Anthropologie de Paris, 4. Série, Nr. 7.*

Deniker J. (1907), „Les Touaregs à l'exposition coloniale". *La Nature, Nr. 35.2.*

Denis D. (1997), „La Revanche des dominés". *Quasimodo, Nr. 3/4.*

Dennett A.-S. (1997), *Weird and Wonderful, The Dime Museum in America.* New York: New York University Press.

Der oo E. & Fournié P. (2011), „De la carte postale au cinématographe: l'invention du réel". In: Blanchard P., Boët sch G. & Snoep N. (Hg.), *Exhibitions. L'invention du sauvage.* Arles: Actes Sud.

Der oo É. & Lemaire S. (2006), *L'Illusion coloniale.* Paris: Tallandier.

Der oo É. (2002), „Le cinéma gardien du zoo". In: N. Bancel, P. Blanchard , G. Boët sch, É. Der oo & S. Lemaire (Hg.), *Zoos humains. De la Vénus hottentote aux reality shows.* Paris: La Découverte.

Der oo E., Der oo G. & de Tailla c M.-C. (1992), *Aux Colonies.* Paris: Presses de la Cité.

Descola P. (1992), „Le sauvage, un mythe épuisé". *Sciences et Avenir, Nr. 90.*

Destutt de T ra cy A.-L.-C. (1970), *Eléments d'idéologie.* Paris: Librairie Philosophique J. Vrin.

Devnich G. E. (1993), „California Midwinter International Exposition of 1894". *American Philatelist, Nr. 107.10.*

Dewitte P. (2001), *Les mouvements nègres en France.* Paris: L'Harmattan.

Dias N. (1991), *Le musée d'ethnographie du Trocadéro, 1879-1908: anthropologie et muséologie en France.* Paris: Presse du CNRS.

Dias N. (1994), „Photographier et mesurer, les portraits anthropologiques". *Romantisme, Nr. 84.*

Dias N. (1997), „Images et savoir anthropologique au XIXe siècle". *Gradhiva, Nr. 2.*

Dias N. (1998), „The Visibility of difference". In: S. Macdon ald (Hg.), *The Politics of Display. Museums, Science, Culture.* London: Routledge.

Dias N. (2004), *La Mesure des sens. Les anthropologues et le corps humains au XIXe siècle.* Paris: Seuil.

Dicka son O. P. (1995), *Le mythe du sauvage.* Paris: Editions du Félin.

Didi-Hubermann G. (1986), „La photographie scientifique et pseudo-scientifique". In: J. C. Lemagny & A. Rouillé (Hg.), *Histoire de la photographie.* Paris: Bordas.

Didi-Hubermann G. (1999), „Wax Flesh, Vicious Circles". In: M. von Düring , G. Didi-Huberman & M. Poggesi , *Encyclopaedia Anatomica, Museo La Specula Florence.* Köln: Taschen.

Dikötter F. (1992), *The Discourse of Race in Modern China.* Stanford: Stanford University Press.

Dittrich L. & Rieke-Müller A. (1998), *Carl Hagenbeck (1844-1913). Tierhandel und Schaustellungen im deutschen Kaiserreich.* Frankfurt / Berlin: Peter Lang.

Dixon R. M. W. & Blake B.-J. (1979-1983), *Handbook of Australian languages, Band 1* (1979), *Band 3* (1983). Amsterdam: John Benjamins.

Donald J. & Ali R. (Hg.) (1992), *Race, Culture and Identity.* London: Sage Publications.

Dore G. (1992), „Ideologia coloniale e senso comune etnografico nella mostra delle terre italiane d'Oltremare". In: N. Labanca (Hg.), *L'Africa in vetrina. Storie di musei e di esposizioni coloniali in Italia.* Treviso: Pagus.

Dores tal P. (2006), „Repräsentationen des ‚Exotischen' - ‚Gezähmte Wilde' und ‚Völkerschauen' in Deutschland". *AK / Analyse & Kritik, Nr. 504.*

Dornel L. (2004), *La France hostile. Socio-histoire de la xénophobie, 1870-1914.* Paris: Hachette littératures.

Dörner K. (1984), *Bürger und Irre. Zur Sozialgeschichte und Wissenschaftssoziologie der Psychiatrie,* Frankfurt: Europäische Verlagsanstalt.

Dougla s B. (1999), *Across the Great Divide.* New York: Harcourt.

Dournes J. (1982), „L'Exposition coloniale: un cinquantenaire qui donne à penser". *Esprit, Nr. 62.2.*

Douwes dekker (Hg.) Pseud. Mul t atuli (1876), *Max Havelaar.* Rotterdam: Hoeven.

Dozon J.-P. (2003), *Frères et sujets. La France et l'Afrique en perspective.* Paris: Flammarion.

Dreesb ach A. & Zedelmaier H. (Hg.) (2003), *Gleich hinterm Hofbräuhaus waschechte Amazonen. Exotik in München um 1900.* München: Dölling und Galitz.

Dreesb ach A. (2005), *Gezähmte Wilde. Die Zurschaustellung ‚exotischer' Menschen in Deutschland 1870-1940,* Frankfurt a. M.: Campus Verlag.

Driver F. (2001), *Geography Militant. Cultures of Exploration and Empire.* Oxford: Blackwell.

Du Chaill u P.-B. (1861), *Explorations and Adventures in Equatorial Africa.* London: Murray.

Du Couret L. (1854), *Voyage au pays des Niam-Niams.* Paris: Martinon.

Duchet M. (1971), *Anthropologie et Histoire au siècle des Lumières.* Paris: Maspero.

Ducl os F. (1991), „La Société de géographie: sa bibliothèque et ses collections photographiques". *L'Ethnographie, Nr. 109.*

Ducr os A. (1992), „La notion de race en anthropologie physique: évolution et conservatisme". *Mots, Nr. 33.*

Dufour P. (1999), „Le baroud d'honneur des Amazones du Dahomey". *Historia, Nr. 636.*

Dujardin L. (2007), *Ethnics and Trade: Photography and the Colonial Exhibitions in Amsterdam, Antwerp and Brussels.* Amsterdam: Editions Rijksmuseum & Manfred and Hanna Heiting Fund, Bd. 2.

Dumesnil A. (1906), „Une caravane hindoue au Jardin d'Acclimatation". *La Nature, Nr. 34.2.*

Dunstan D. (Hg.) (1996), *Victorian Icon: The Royal Exhibition Building, Melbourne*. Kew / Victoria: Exhibition Trustees.

Dupasquier B. (1988), „A la recherche de l'identité perdue — La Suisse et son image à L'Exposition Nationale (Genève-1896)". Mémoire de licence, Genf: Université de Genève.

Dupertuis C. W. & Tanner J.-M. (1950), „The Pose of the Subject for Photogrammetric Anthropometry with Especial Reference to Somatotype". *American Journal of Physical Anthropology, Nr. 8*.

Durand G. (1962), „Les catégories de l'irrationnel, prélude à l'anthropologie". *Esprit, Nr. 1*.

Durand G. (1993), *Les Structures anthropologiques de l'imaginaire. Introduction à l'archétypologie générale*. Paris: Dunod.

Durant A. & Durant J. (1957), *A Pictorial History of the Americana Circus*. New York: A. S. Barnes.

Durbach N. (2008), „London, capital of exotic exhibitions from 1830 to 1860". In: Blanchard P., Bancel N., Boëtsch G., Deroo G., Lemaire S. & Forsdick C. (Hg.), *Human Zoos: Science and Spectacle in the Age of Colonial Empires*. Liverpool: Liverpool University Press.

Dürbeck G. (2006), „Samoa als inszeniertes Paradies: Völkerausstellungen um 1900 und die Tradition der populären Südseeliteratur". In: C. Grewe (Hg.), *Die Schau des Fremden. Ausstellungskonzepte zwischen Kunst, Kommerz und Wissenschaft. Transatlantische historische Studien, Nr. 26*, Stuttgart: Steiner.

Duval M. (o. J.), *Précis d'anatomie artistique*. Paris: Quantin.

Duvernay-Bolens J. (1995), „L'Homme zoologique. Race et racisme chez les naturalistes de la première moitié du XIXe siècle". *L'Homme, Nr. 133*.

Duveyrier H. (1864), *Les Touaregs du Nord*. Paris: Challamel.

Dybwad G. L. & Bliss J. V. (1997), *Chicago Day at the World's Columbian Exposition: Illustrated with Candid Photographs*. Albuquerque: The Book Stops Here.

Eagleton T. (2002), *Figures of Dissent: Reviewing Fish*. London: Spivak, Zizek and Others.

Eden C.-H. (1872), *My Wife and I. Queensland*. London: Longmans/Green & Co.

Edwards E. (1988), „Representation and Reality: Science and the Visual Image". in: H. Morphy & E. Edwards (Hg.), *Australia in Oxford*. Oxford: University of Oxford/Pitt Rivers Museum.

Edwards E. (1990), „Photographic Types: The Pursuit of Method". *Visual Anthropology, Nr. 3*.

Edwards E. (Hg.) (1992), *Anthropology and Photography 1860-1920*. London / New Haven: Yale University Press.

Edwards E. (1995), *Picturing Paradise: Colonial Photographs of Samoa (1875-1925)*. Daytona Beach: Daytona Beach Community College.

Edwards E. (2001), *Raw Histories, Photographs, Anthropology and Museums*. Oxford: Berg.

Edwards E. (2002), „La photographie ou la construction de l'image de l'Autre". In: N. Bancel, P. Blanchard , G. Boëtsch, É. Deroo & S. Lemaire (Hg.), *Zoos humains. De la Vénus hottentote aux reality shows*. Paris: La Découverte.

Edwards P. & J. Walwin (1983), *Black Personalities in the Era of the Slave Trade*. London: Macmillan.

Edwards W. (1829), *Des caractères physiologiques des races humaines considérées dans leurs rapports avec l'histoire, lettre à Amédée Thierry*. Paris: Compère Jeune.

Eglit N. N. (1965), *Columbiana: The Medallic History of Christopher Columbus and the Columbian Exposition of 1893.* Chicago: Privatveröffentlichung.

Eissenber ger G. (1993), *Leider fehlt es gar sehr an Feuerländer-Schädeln. Lateinamerikanische Völkerschauen in Deutschland während der zweiten Hälfte des 19. Jahrhunderts,* Berlin, Magisterarbeit, Freie Universität Berlin: o.V.

Eissenber ger G. (1994), „Die Wilden sind unter uns. Völkerschauen während des 19. und 20. Jahrhunderts in Deutschland". *Info-Blatt der Gesellschaft für Ethnographie e.V., Nr. 9.*

Eissenber ger G. (1995), „Menschliche Exoten in zoologischen Gärten: Völkerschauen im 19. und 20. Jahrhundert". *KultuRRevolution, Nr. 33.*

Eissenber ger G. (1996), *Entführt, verspottet und gestorben. Lateinamerikanische Völkerschauen in deutschen Zoos.* Frankfurt: IKO, Verlag für Interkulturelle Kommunikation.

Elia s N (1978), *La dynamique de l'Occident.* Paris: Fayard.

Elia s N. & Scot son J. (1997), *Les logiques de l'exclusion.* Paris: Fayard.

Ellingson   T. (2001), *The Myth of the Noble Savage.* Los Angeles / Berkeley: University of California Press.

Elr oye M. G. (1990), *Facing History, the Black Image in American Art, 1710-1940.* Washington: Bredford Art Publishers.

El -Wakil L. & Vaisse P. (2000), *Genève 1896. Regards sur une exposition nationale.* Genf: Editions Georg.

Emin T. (2002), „Monstres et phénomènes de foire: les numéros d'attraction de Coney Island et les eugénistes de Long Island (1910-1935)". In: N. Bancel, P. Blanchard , G. Boët sch, É. Der oo & S. Lemaire (Hg.), *Zoos humains. De la Vénus hottentote aux reality shows.* Paris: La Découverte.

Equiano O. (1789), *The Interesting Narrative of the Life of Olaudah Equiano, or Gustavus Vassa, the African.* London: im Eigenverlag erschienen.

Erber -Gr oiss M., Heinisch S., Ehal t H. C. & Konrad H. (Hg.) (1992), *Kult und Kultur des Ausstellens: Beiträge zur Praxis, Theorie und Didaktik des Museums.* Wien: WUV-Verlag.

Erikson E. (1965), „The Concept of Identity in Race Relations. Notes and Queries". *Dædalus, Nr. 95.1.*

Erlmann V. (1999), „'Spectatorial Lust': The African Choir in England, 1891-1893". In: B. Lindfor s (Hg.), *Africans on Stage: Studies in Ethnological Show Business.* Bloomington: Indiana University Press.

Ernes t R. (1998), *Les mondes coloniaux dans les expositions universelles à Paris (1855-1900). Le cas de l'empire Français,* Mémoire de maîtrise. Paris: Université de Paris X-Nanterre.

Et ambala Z. A. (1993), „In het land van de Banoko: de geschiedenis van de Kongolese / Zaïre-se aanwezigheid in België van 1885 tot heden". *Steunpunt Migranten-Cahiers.* Leuven: Hoger Instituut voor de Arbeid.

Eta mbala Z. A. (2008), *De teloorgang van een modelkolonie. Belgisch Kongo 1958-1960.* Leuven: Voorburg, Acco.

Evans R., K. Saunder s & Cr onin K. (1975), *Race Relations in colonial Queensland. A history of exclusion, exploitation and extermination.* St Lucia: University of Queensland Press.

Ewald D. & Peter C. (1992), *San Francisco Invites the World: The Panama-Pacific Exposition of 1915.* San Francisco: Chronicle Books.

Étambaia Z. A. (1989), *Présences congolaises en Belgique, 1885-1940: exhibition, éducation, émancipation, paternalisme.* Louvain: KUL.

Exposición Filipin as (1887), *Catálogo de la Exposición General de las Islas Filipinas (1887).* Madrid: Establecimiento Tipográfico de Ricardo Fé.

Exposition (1867a), „Conclusion, Exposition Universelle de 1867". In: *Matériaux pour l'histoire primitive de l'homme.* Bd. III.

Exposition (1867b), *L'Exposition universelle de 1867 illustrée.* Paris: Dentu et Petit.

Exposition (1878), „Rapports sur l'Exposition Universelle de 1878". *L'Angleterre et les Indes anglaises, Nr. 18,* Paris: Librairie scientifique, industrielle et agricole, Maison Eugène Lacroix.

Exposition (1889a), „Paris and its Exposition". *Pallmall Gazette, Nr. 49.*

Exposition (1889b), *L'Exposition Universelle Internationale de 1889 à Paris. Catalogue Général Officiel. Exposition Rétrospective du Travail et des Sciences Anthropologiques,* Abteilung 1, Anthropologie & Ethnographie, Lille: Imprimerie L. Danel.

Exposition (1889c), *Sommaire sur le Village Canaque.* Paris: Lanier.

Exposition (1930), „Comment l'Armée et la Marine participent à l'Exposition". *Bulletin d'Information, Nr. 8.*

Ezra E. (1995), „The Colonial Look: Exhibiting Empire in the 1930's". *Contemporary French Civilization, Nr. 19.1.*

Ezra E. (2000), *The Colonial unconscious. Race and Culture in Interwar France.* Ithaca / London: Conell University Press.

Fabian J. (1983), *Time and the Other. How Anthropology Makes its Object.* New York: Columbia University Press.

Facchini F. (1995), *Antropologia. Evoluzione, Uomo, ambiente.* Turin: Utet.

Fal guières P. (1992), „Fondation du théâtre ou Méthode de l'Exposition universelle. Les Inscriptions de Samuel Quicchelberg (1565)". *Les Cahiers du musée national d'Art moderne, Nr. 40.*

Fal guières P. (2003), *La chambre des merveilles.* Paris: Bayard.

Fal guières P. (2006a), „Extases de la matière. Note sur la physique des maniéristes". In: H. Brunon et alii. (Hg.), *Les Éléments et les métamorphoses de la nature. Imaginaire et symbolique des arts dans la culture européenne du XVIe au XVIIIe siècle.* Paris / Bordeaux: William Blake & Co.

Fal guières P. (2006b), „Poétique de la machine". In: P. Morel (Hg.), *L'Art de la Renaissance entre science et magie.* Paris / Rom: Villa Médicis.

Fanon F. (1952), *Black Skin, White Masks.* New York: Grove Weidenfeld.

Fanoudh- Siefer L. (1980), *Le Mythe du nègre et de l'Afrique noire dans la littérature française de 1800 à la deuxième guerre mondiale.* Dakar: NEA.

Fansa M. (2005), „Das Somali-Dorf in Oldenburg 1905 – eine vergessene Kolonialgeschichte?" *Schriftenreihe des Landesmuseums für Natur und Mensch, Nr. 35.* Oldenburg: Isensee.

Farini G. A. (1973 [1886]), *Through the Kalahari Desert: A Narrative of a Journey with Gun, Camera and Note-Book to Lake N'Gami and Back.* Cape Town: G. Striuk Ltd.

Farnum A. L. (1992), *Pawnee Bill's Historic Wild West: A Photo Documentary of the 1900-1905 Show Tours.* West Chester: Schiffer Publishing.

Fauvelle J.-L. (1885) „De la fréquence des crimes et délits chez les inférieurs". *L'Homme, Band II.*

Fauvelle- Aymar F.-X. (1999), „Les Khoisan dans la littérature anthropologique du XIXe siècle: réseaux scientifiques et constructions des savoirs au siècle de Darwin et de Barnum". *Bulletins et Mémoires de la Société d'Anthropologie de Paris, Bd. 11, Nr. 3-4,* 425-471.

Fauvelle- Aymar F.-X. (2002a), „Les Khoisan: entre science et spectacle". In: N. Bancel, P. Blanchard , G. Boët sch, É. Der oo & S. Lemaire (Hg.), *Zoos humains. De la Vénus hottentote aux reality shows.* Paris: La Découverte.

Fauvelle- Aymar F.-X. (2002b), *L'invention du Hottentot. Histoire du regard occidental sur le Khoisan, XVe-XIXe siècles.* Paris: Publications de la Sorbonne.

Fauvelle- Aymar F.-X. (2003), „Les tribulations de la Vénus hottentote". *L'Histoire, Nr. 273,* 79-84.

Fauvelle- Aymar F.-X. (2004), „Les Khoisan: entre science et spectacle". In: Bancel N., Blanchard P., Boët sch G., Der oo É. & Lemaire S. (Hg.) (2004), *Zoos humains: Au temps des exhibitions humaines.* Paris: La Découverte, „Poche/Sciences humaines et sociales", S. 111-117.

Favr od C.-A. (1989), *Étranges Étrangers. Photographie et exotisme, 1850-1910.* Paris: Centre national de la photographie.

Feest Ch. F. (1993), „Buffalo Bill et l'image des Indiens en Europe". In: H. Lomosit s & P. Harb augh, *Lakol Wokiksuye, la mémoire visuelle des Lakotas.* Nimes: Les Indiennes de Nîmes / Mistral.

Fell ows G. A. & Freeman A. (1936), *This Way to the Big Show.* New York: Halcyon House.

Ferdin and M. (2004), *Völkerschauen in Hamburg im Spiegel der Lokalpresse während des Kaiserreiches (1875-1917).* Hamburg, Magisterarbeit, Universität Hamburg: o.V.

Fer guson E. S. (1965), „Technical Museums and International Exhibitions". *Technology and Culture, Nr. 6.1.*

Feuchtw ang S. (1973), „The Colonial Formation of British Social Anthropology". In: A. Talal (Hg.), *Anthropology and the Colonial Encounter.* London: Ithaca Press.

Fiedermutz -Laun A. (2004), „Adolphe Bastian, Robert Hartmann et Rudolf Virchow: médecins et fondateurs de l'ethnologie et de l'anthropologie allemande". In: C. Tra utmann-Waller (Hg.), *Quand Berlin pensait les peuples. Anthropologie, ethnologie et psychologie (1850-1890).* Paris: CNRS éditions.

Fiedler L. (1978), *Freaks: Myths and Images of the Secret Self.* New York: Simon & Schuster.

Fiedler M. (2005), *Zwischen Abenteuer, Wissenschaft und Kolonialismus. Der deutsche Afrikadiskurs im 18. und 19. Jahrhundert.* Köln: Böhlau.

Finch-Ha tt on H. (1885), *Advance Australia: An Account of Eight Years' Wandering and Amusement in Queensland, New South Wales, and Victoria.* London: Allen & Co.

Findling J. E. & Pelle K. D. (1990), *Historical Dictionary of World's fairs and Expositions 1851-1988.* Westport, CT: Greenwood Press.

Findling J. E. (1994), *Chicago's Great World's Fairs.* Manchester: Manchester University Press.

Fischer -Lichte E. (2004) Theatralität als kulturelles Modell, in: Erika Fischer-Lichte, Christian Horn u. a. (Hg.): Theatralität als Modell in den Kulturwissenschaften, Tübingen und Basel: A. Francke.

Fischer -Lischer E. (1999), *Das eigene und das fremde Theater.* Tübingen: Francke Verlag.

Fisher D. C. (1999), „Westliche Hegemonie und Russische Ambivalenz: Das Zarenreich auf der ‚Centennial Exposition' in Philadelphia 1876", *Comparativ, Nr. 5/6.*

Fisher G.-A. (1885), *Das Masai-Land. Bericht über die im Auftrage der Geographischen Gesellschaft Hamburg ausgeführte Reise von Pangani bis zum Naivasha-See.* Hamburg: Friedericksen.

Fisher J.-L. (1983), *Races imagées et imaginaires.* Paris: Maspero.

Fitz gerald W . G. (1897), „Side-Shows", *Strand Magazine, Teil 2, April,* 405-416.

Flament L. (1885), „Le Congo à Anvers". *Science et Nature, Nr. 88.*

Flemming J. (1909), *Völkerschau Äthiopien.* Hamburg: o. V.

Flemming J. (1910), *Völkerschau Oglala – Sioux-Indianer.* Hamburg: o. V.

Flint R. W. (1977), „The Evolution of the Circus in Nineteenth-Century America". In: M. Matla w (Hg.), *American Popular Entertainment. Papers & Proceedings of Conference on the History of American Popular Entertainment.* Westport, CT: Greenwood Press.

Flint R. W. (1983), „The Circus is the World's Largest, Grandest, Best Amusement Institution". *Quarterly Journal, Library of Congress, Nr. 40.*

Fl orez A. & Piquier R. (1887), *Crónica de la Exposición de Filipinas.* Madrid: Manuel Ginés Hernández.

Foa E. (1891), „Dahomiens et Egbas". *La Nature, Nr. 19.2.*

Foner P. S. (1976), „Black Participation in the Centennial of 1876". *Negro History Bulletin, Nr. 39.2.*

Fontette F . de (Hg.) (1992), *Le Racisme.* Paris: Presses universitaires de France.

Forbin V. (1909), „Nègre blanc". *La Nature, Nr. 37.2.*

Fores t P.-G. & Schr oeder -Gudehus B. (1991), „L'Internationalisme et les expositions universelles dans les années trente". In: R. Robin (Hg.), *Masses et cultures de masse dans les années trente.* Paris: Les Éditions Ouvrières.

Forg ey E. (1994), „Die grosse Negertrommel der kolonilalen Werbung. Die Deutsche Afrika–Schau 1935–1943". *Werkstatt Geschichte, Nr. 9.3,* 25-33.

Fossel G. (1994), „Une Grande exposition à Strasbourg en 1941". *Revue d'Alsace, Nr. 1.*

Foster A. (1988), *Behold the Man. The Male Nude in Photography.* Edinburgh: Stills Gallery.

Foster I. (1993), Altenberg's African Spectacle. *Ashantee* in context. In: Robertson, Ritchie / Timms, Edward (Hg.): *Theatre and Performance in Austria. From Mozart to Jelinek.* Edinburgh: Edinburgh University Press.

Fouca ul t M. (1961), *Folie et déraison. Histoire de la folie à l'âge classique.* Paris: Plon.

Fouca ul t M. (1978), *Surveiller et punir.* Paris: Gallimard.

Fournié P. & Ger vere au L. (2000), *Regards sur le monde. Trésors photographiques du Quai d'Orsay. 1960-1914.* Paris: Somogy.

Fox A. M. (1987), *Symbol and Show: The Pan-American Exposition of 1901.* Buffalo: Meyer Enterprises.

Fox C. (1979), *Old-time Circus Cuts. A Pictorial Archive of 202 illustrations.* Mineola, NY: Dover Publications.

Fox C., Por ter R. & Wokler R. (Hg.) (1995), *Inventing Human Science. Eighteenth-Century Domains.* Berkeley: University of California Press.

Fox P. (1989), „The Imperial Schema: Ethnography, Photography and Collecting". *Photofile, Nr. 4.*

Fra zier E.-F. (1957), *Race and Culture. Contacts in the Modern World.* New York: A. Knopf.

Fra zier -Soye (1931), *Quand l'Inde française était à Paris. Les plus beaux souvenirs de l'Inde française à l'Exposition coloniale et internationale.* Paris: Frazier-Soye.

Fredrickson G. (1971), *The Black Image in the White Mind. Character and Destiny, 1817-1914.* Middletown: University of New England Press.

Fretz E. (1996), „P. T. Barnum's Theatrical Selfhood and the Nineteenth-Century Culture of Exhibition". In: R. Garland- Thomson (Hg.), *Freakery: Cultural Spectacles of the Extraordinary, 1886-1931.* New York: New York University Press.

Freud S. (1921), *Massenpsychologie und Ich-Analyse.* Erstveröffentlichung: Leipzig, Wien und Zürich: Internationaler Psychoanalytischer Verlag, 1921. — *Gesammelte Werke, Bd. 13,* S. 71-161.

Freud S. (1999a) Drei Abhandlungen zur Sexualtheorie. In: Ders.: Gesammelte Werke. Bd. V: Werke aus den Jahren 1904-1905. Frankfurt/M.: Fischer.

Freud S. (1999b) Die Frage der Laienanalyse. Unterredungen mit einem Unparteiischen. In: Ders.: Gesammelte Werke. Bd. XIV: Werke aus den Jahren 1925-1931. Frankfurt/M.: Fischer.

Friederici A. (2008), *Castan's Panopticum. Ein Medium wird besichtigt. Monografie in einzelnen Themenheften.* Berlin: K. R. Schütze.

Friemer t C. (1984), *Die gläserne Arche: Kristallpalast London 1851 und 1854.* München: Prestel.

Frischlin M. J. (1602), *Beschreibung deß Fürstlichen Apparatus, Königlichen Auffzugs / Heroischen Ingressus und herrlicher Pomp und Solennitet: Mit welcher / auff gnädige Verordnung Deß durchleuchtigen Hochgebornen Fürsten und Herrn / Herrn Friderichen / Hertzogen zu Würtcnberg und Teck [...].* Frankfurt: J. Brathering.

Fr oide vaux Y. (2002), „Nature et artifice: Village suisse et Village nègre à l'Exposition nationale de Genève, 1896". *Revue historique neuchâteloise, Nr. 1-2.*

Frye Jacobson M. (1998), *Whitness of a Different Color.* Cambridge: Harvard University Press.

Fuhrmann W. (2010), „Patriotism, Spectacle, and Reverie. Colonialism in Early Cinema". In: V. M. Langbehn (Hg.), *German Colonialism, Visual Culture, and Modern Memory.* New York / London: Routledge.

Fulber t-Dumonteil J.-C. (1886), *Une visite aux Cynghalais du Jardin d'Acclimatation.* Paris: Imprimerie Dubuisson.

Fulber t-Dumonteil J.-C. (1887), *Les Achantis de l'Afrique équatoriale.* Paris: Imprimerie Dubuisson.

Fulber t-Dumonteil J.-C. (1889), „Les Lapons du Jardin d'Acclimatation". *Le Magasin Pittoresque, 2. Série, Nr. 7.*

Fusco C. (1994) „The other history of intercultural performance" *The Drama Review, 38.*

Fusco C. (1995), *English Is Broken Here: Notes on Cultural Fusion in the Americas.* New York: The New Press.

G. B. (1877), „Les Nubiens au Jardin d'acclimatation". *Journal des voyages et des aventures de terre et de mer, Band 1.*

Gaillard M. (2003), *Paris. Les expositions universelles de 1855 à 1939.* Paris: Les Presses franciliennes.

Gala I. (1980), *Des sauvages au Jardin. Les exhibitions ethnographiques du Jardin d'Acclimatation de 1877 à 1912.* Paris: Bibliothèque du musée des Arts et Traditions populaires.

Galaal M. H. I. (1962), „Germany and the first Somali technical trainee". *The Somali News.*

Garland- Thomson R. (1996), *Freakery: Cultural Spectacles of the Extraordinary, 1886-1931.* New York: New York University Press.

Garland- Thomson R. (2002), „Du prodige à l'erreur: les monstres de l'Antiquité à nos jours". In: N. Bancel, P. Blanchard , G. Boët sch, É. Der oo & S. Lemaire (Hg.), *Zoos humains. De la Vénus hottentote aux reality shows*. Paris: La Découverte.

Garland- Thomson R. (Hg.) (1997), *Extraordinary Bodies: figuring physical disability in American culture and literature*. New York: Columbia University Press.

Garnier M. (1879), *La Nouvelle-Calédonie a l'Exposition de 1878*. Paris: Delagrave.

Garret son M. S. (1967), *I Cacciatori di bisonti*. Mailand: Editions Longanesi & Co.

Garrigues E. (2001), „Les Villages Noirs en France et en Europe ou le zoo Humain". *L'Ethnographie, Nr. 2, neue Serie*.

Gates H. L. (1987), *Figures in Black*. New York: Oxford University Press.

Gautier T. (1852), *Caprices et Zigzags*. Paris: Victor Lecou.

Gear y C.-M. & Webb V. (1998), *Delivering Views. Distant Cultures in Early Postcards*. Washington & London: Smithsonian Institution Press.

Gear y C.-M. (1986), „Photographs as Materials for African History: Some Methodological Considerations". *History in Africa, Nr. 3.13*.

Gear y C.-M. (1990), „Impression of the African Past: Interpreting Ethnographic Photographs From Cameroon". *Visual Anthropology, Nr. 3*.

Gelernter D. H. (1995), *1939: The Lost World of the Fair*. New York: Free Press.

Genova (1914), *Esposizione internazionale di marina, igiene marinara, mostra coloniale italiana e mostra italo-americana Genova 1914: catalogo ufficiale*. Genua: G. B. Marsano.

Geoffr oy Saint -Hilaire A. (1871), „Le Jardin d'Acclimatation". *La Revue scientifique, 2. Série, Nr. 1.16*.

Géo-Fournier G. (1934), „L es ,femmes à plateaux'". *La Nature, Nr. 2928*.

Geppert A. C. T. (1997), *The Empire Revisited: Kulturelle Fremdheit und nationale Identität in den britischen Kolonialausstellungen, 1886-1925*, M. A. Thesis. Göttingen: Georg-August-Universität.

Geppert A. C. T. (2001), „Exponierte Identitäten? Imperiale Ausstellungen, ihre Besucher und die Frage der Wahrnehmung, 1876-1937". in: U. von Hir schha usen & J. Leonhard (Hg.), *Nation-building und nationale Identitäten im 19. Jahrhundert: West- und Osteuropa im Vergleich*. Göttingen: Wallstein.

Geppert A. C. T. (2001), „True Copies: Time and Space Travels at British Imperial Exhibitions, 1880-1930". In: H. Ber ghoff , C. Har vie, B. Kor te & R. Schneider (Hg.), *The Making of Modern Tourism: The Cultural History of the British Experience, 1600-2000*. London: Macmillan.

Geppert A. C. T. (2010), *Fleeting Cities: Imperial Expositions in Fin-de-Siècle Europe*. Basingstoke / New York: Palgrave Macmillan.

Gere F. (1980), „Imaginaire raciste, la mesure de l'homme". *Cahiers du cinéma, Nr. 315*.

Gibbs-Smith C.-H. (1950), *The Great Exhibition of 1854*. London: o. V.

Gidle y M. (1992), *Representing Others. White Views of Indigenous Peoples*. Exeter: University of Exeter Press.

Gieseke S. (2006), „Afrikanische Völkerschauen in Köln und ihre öffentliche Wahrnehmung". In: M. Bechha us-Ger st (Hg.), *Koloniale und postkoloniale Konstruktionen von Afrika und Menschen afrikanischer Herkunft in der deutschen Alltagskultur*. Frankfurt: Peter Lang.

Gifford G. E. (1980), „Magdeleine of Martinique". *International Journal of Dermatology, Bd. 19*.

Gilber t J. (1991), *Perfect Cities: Chicago's Utopias of 1893*. Chicago: Chicago University Press.

Gilber t J. (1993), „Fixing the Image, Photography at the World's Columbian Exposition". In: N. Harris, W. De Wit, J. Gilber t & R. W. Rydell (Hg.), *Grand Illusions: Chicago's World's Fair of 1893*. Chicago: Chicago Historical Society.

Gilber t J. (1994), „World's Fairs as Historical Events". In: R. W. Rydell & N. Gwinn (Hg.), *Fair Representations: World's Fairs and the Modern World*. Amsterdam: VU University Press.

Gilber t J. (2009), *Whose Fair? Experience, Memory, and the History of the Great St. Louis Exposition*. Chicago: University of Chicago Press.

Gilman S. L. (1982), *On Blackness without Blacks: Essays on the Image of the Blacks in Germany*. Boston, Mass.: G.K. Hall.

Gilman S. L. (1986), „Black bodies, White bodies. Toward an Iconography of Female Sexuality in Late Nineteenth-Century Art, Medecine and Literature". In: H. L. Gates (Hg.), ‚Race‘ *Writing, and difference*. Chicago: Chicago University Press.

Gilman S. (1992) Hottentottin und Prostituierte. Zu einer Ikonographie der sexualisierten Frau. In: *Rasse, Sexualität und Seuche. Stereotype aus der Innenwelt der westlichen Kultur*. Reinbek: Rowohlt.

Gilr oy P. (1991), ‚*There Ain't No Black in the Union Jack'*: *The Cultural politics of Race and Nation*. Chicago: University of Chicago Press.

Girard de Rialle J. (1877a), „Les Esquimaux du Jardin d'Acclimatation". *La Nature, Nr. 2.2.*

Girard de Rialle J. (1877b), „Les Nubiens du Jardin d'Acclimatation". *La Nature, Nr. 2.1*, 198-203.

Girard de Rialle J. (1877c), „Les Nubiens du Jardin d'Acclimatation". *La Revue Scientifique, Nr. 7.7.*

Girard de Rialle J. (1878), „Les Lapons au Jardin d'Acclimatation". *La Nature, Nr. 6.2.*

Girard de Rialle J. (1882), „Les Galibis du Jardin d'Acclimatation". *La Nature, Nr. 10.2.*

Girard de Rial le J. (1883a), „Les Araucaniens au Jardin d'Acclimatation de Paris". *La Nature, Nr. 11.1.*

Girard de Rialle J. (1883b), „Les Cinghalais au Jardin d'Acclimatation". *La Nature, Nr. 11.2.*

Girard de Rialle J. (1883c), „Les Kalmouks au Jardin d'Acclimatation". *La Nature, Nr. 11.2.*

Girard de Rialle J. (1884), „Les Peaux Rouges au Jardin d'Acclimatation". *La Nature, Nr. 12.2.*

Girard de Riall e J. (1890), „Histoire rétrospective du travail et des sciences anthropologiques". In: E. Monod (Hg.), *L'exposition universelle de 1889*. Paris: Dentu.

Girard R. (1998), *La Violence et le Sacré*. Paris: Hachette Poche.

Girardet R. (1968), „L'apothéose de La Plus Grande France: l'idée coloniale devant l'opinion française (1935-1936)", *Revue française de sciences politiques, Nr. 18*, 1085-1086.

Gira ud M. (1988), „Ethnologie et racisme: le cas des études afro-américaines". *Ethnologie française, Nr. 3.*

Glick -Schiller N., Dea D. & Höhne M. (2005), *African culture and the zoo in the 21st century: the ‚African Village' in the Augsburg Zoo and its wider implications*. Halle: Max Planck Institute for Social Anthropology.

Glio zzi G. (2000), *Adam et le nouveau monde. La naissance de l'anthropologie comme idéologie coloniale: des généalogies bibliques aux théories raciales (1500-1700)*. Lecques: Théétète / Le Champ social éditions.

Gl oor P.-A. (1986), „L'anthropologie en Suisse romande. Une esquisse historique". *Anthropologischer Anzeiger, Société suisse d'anthropologie, Nr. 44.*

Godle y M. R. (1978), „China's World's Fair of 1910: Lessons from a Forgotten Event". *Modern Asian Studies, Nr. 12.3.*

Godr on A. (1872), *De l'espèce et des races dans les êtres organisés et spécialement de l'unité de l'espèce humaine.* Paris: Baillière.

Goglia L. (1989), *Colonialismo e fotografia. Il caso italiano.* Messina: Sicania.

Gøksyr M. (1990), „'One certainly expected a great deal more from the savages': The Anthropology Days in St. Louis, 1904, and Their Aftermath". *International Journal of the History of Sport, Nr. 7.2.*

Goldber g D. T. (Hg.) (1990), *Anatomy of Racism.* Minneapolis: University of Minnesota Press.

Goldie F. (1963), *Lost City of the Kalahari: The Farini Story and Reports on Other Expeditions.* Cape Town: Balkema.

Goldmann S. (1985), „Wilde in Europa". In: T. Theye, *Wir und die Wilden. Einblicke in eine kannibalische Beziehung.* Hamburg: Rowohlt.

Goldmann S. (1987), „Zur Rezeption der Völkerausstellungen um 1900". In: Institut für Auslandsbeziehungen , *Exotische Welten, europäische Phantasien.* Stuttgart: Ausstellungskatalog.

Goldmann S. (1993), „Zwischen Panoptikum und Zoo. Exoten in Völkerschauen um 1900". In: M. Lorbeer & B. Wild (Hg.), *Menschenfresser, Negerküsse ... das Bild vom Fremden im deutschen Alltag.* Berlin: Elefanten Press.

Gomaine J.-P. (1981), „L'Héritage colonial: souvenirs d'une exposition". *Etudes.*

Goodall J. R. (2002), *Performance and Evolution in the Age of Darwin.* London: Routledge.

Goodhe ar t A. (1992), „The Machine of the Myth". *Design Quarterly, Nr. 155.*

Gosden C. & Knowles C. (2001), *Collecting Colonialism, Material Culture and Colonial Change.* Oxford: Berg.

Gött sch-El ten S. (2000), „... ‚unverrückt und ungestillt nach dem Norden...' Zur Popularisierung von Bildern über den Norden im 19. Jahrhundert". In: O. Bockhorn [...] (Hg.), *Volkskultur und Moderne. Europäische Ethnologie zur Jahrtausendwende.* Wien: Selbstverlag des Instituts für Europäische Ethnologie.

Gött sch-El ten S. (2001a), „Imaginierte Welten – Bildersucht im 19. Jahrhundert". In: S. Becker (Hg.), *Volkskundliche Tableaus.* Münster: Waxmann.

Gött sch-El ten S. (2001b), „Populäre Bilder vom Norden im 19. und 20. Jahrhundert". In: A. Engel -Bra unschmid t, G. Fouquet, W. Von Hinden & I. Schmidt (Hg.), *Ultima Thule. Bilder des Nordens von der Antike bis zur Gegenwart.* Frankfurt: Lang.

Gouaffo A. (2005), „‚Das Geld liegt doch auf der Strasse, man muss es nur aufzuheben wissen'. Du discours social impérial et des zoos humains à la lumière de l'exposition des Camerounais par Carl Hagenbeck (juillet-septembre 1886)". In: S. Michels (Hg.), *La politique de la mémoire coloniale en Allemagne et au Cameroun.* Münster: LIT-Verlag.

Gouaffo A. (2007), *Wissens- und Kulturtransfer im kolonialen Kontext. Das Beispiel Kamerun – Deutschland (1884-1919).* Würzburg: Königshausen & Neumann.

Gouda F. (1995), *Dutch Culture Overseas. Colonial practice in the Netherlands Indies, 1900-1942.* Amsterdam: Amsterdam University Press.

Gould S. J. (1981), *The Mismeasure of Man.* New York: Norton.

Gould S. J. (1982), „The Hottentot Venus". *Natural History, Nr. 91.1.*

Gould S. J. (1985a) *The Flamingo's Smile. Reflections in Natural History.* New York / London: W. W. Norton & Comp.

Gould S. J. (1985b). „The Hottentot Venus". In: Gould S. J., *The Flamingo's Smile.* New York / London: W. W. Norton & Comp.

Gould S. J. (2002), *Der falsch vermessene Mensch.* Frankfurt a. M.: Suhrkamp.

Gratiolet L. P. (1854), *Mémoires sur les plis cérébraux de l'homme et des primates.* Paris: Bertrand.

Green Ch. & Morris F. (2006), *Le Douanier Rousseau, jungles à Paris.* Paris: Réunion des musées nationaux.

Green J. (1983), „In Dahomey in London in 1903". *The Black Perspective in Music, Nr. 11.1.*

Green J. (1999), „A Strange Revelation in Humankind: Six Congo Pygmies in Britain, 1905-1907". In: B. Lindfor s (Hg.), *Africans on Stage: Studies in Ethnological Show Business.* Bloomington: Indiana University Press.

Green R. (1988), „The Indian in Popular American Culture". In: W. E. Washburn , *History of Indian-White Relations.* Washington: Smithsonian Institution.

Greene V. (1978), „Old Ethnic Stereotypes and the New Ethnic Studies". *Ethnicity, Nr. 4.*

Greenhal gh P. (1985), „Art, Politics and Society at the Franco-British Exhibition of 1908". *Art History, Nr. 4.*

Greenhal gh P. (1988), *Ephemeral vistas: the Expositions universelles, grêât exhibitions and world's fairs, 1851-1939, Studies in imperialism.* Manchester: Manchester University Press.

Gregor y B. E. (1988), *The Spectacle Plays and Exhibitions of Imre Kiralfy, 1887-1914.* Dissertation, Manchester: University of Manchester.

Gregor y B. E. (1991), „Staging British India". In: J. S. Bratt on, R. A. Cave, B. E. Gregor y, H. J. Holder & M. Pickering (Hg.), *Acts of Supremacy: The British Empire and the Stage, 1790-1930.* Manchester: Manchester University Press.

Gre we C. (Hg.) (2006), *Die Schau des Fremden. Ausstellungskonzepte zwischen Kunst, Kommerz und Wissenschaft.* Stuttgart: Steiner.

Griffet J. (1998), „La formation par l'image: regard sur la sensibilité d'une époque". *Sociétés. Revue des sciences humaines et sociales, Nr. 60,* De Boeck.

Griffiths A. (2002), *Wondrous Difference. Cinema, Anthropology and turn-of-the-Century visual culture.* New York: Columbia University Press.

Grinds taff B. K. (1999), „Creating Identity: Exhibiting the Philippines at the 1904 Louisiana Purchase Exposition". *National Identities, Nr. 1.3.*

Griso tti M. (1960), *Le esposizioni universali da Londra 1851 a Bruxelles 1958.* New York: Redfield.

Groene veld A. (1990), *Fotografie in Suriname, 1839-1939.* Amsterdam: Fragment Uitgeverij.

Gro sz E. (1996), „Intolerable Ambiguity: Freaks as/at the Limit". In: R. Garland- Thomson (Hg.), *Freakery: Cultural Spectacles of the Extraordinary, 1886-1931.* New York: New York University Press.

Gr ünder H. (2003), „Indianer, Afrikaner und Südseebewohner in Europa. Zur Vorgeschichte der Völkerschauen und Kolonialausstellungen". *Jahrbuch für europäische Überseegeschichte, Nr. 3.*

Guérando J.-M. de (1978 [1800]), „Considérations sur les diverses méthodes à suivre dans l'observation des peuples sauvages". In: J. Copans & J. Jamin (Hg.), *Aux origines de l'anthropologie française. Les mémoires de la Société des Observateurs de l'Homme en l'an VIII.* Paris: Le Sycomore.

Guerci A. (2007), *Dall'antropologia all'antropopoiesi. Breve saggio sulle rappresentazioni e costruzioni della variabilità umana.* Mailand: Lucisano.

Guerci A. (2008), „La couleur de la peau en anthropobiologie: de la variabilité humaine aux discriminations sociales". In: J.-P. Albert, B. Andrieu, P. Blanchard, G. Boëtsch, D. Cheve (Hg.), *Coloris corpus.* Paris: CNRS Editions.

Guiccioli A. (1973), *Diario di un conservatore.* Mailand: Edizioni del Borghese.

Guillaumin C. (1972), *L'idéologie raciste. Genèse et langage actuel.* Paris / Den Haag: Mouton.

Guillaumin C. (1975), „Les ambiguïtés de la notion de race". In: L. Poliakov (Hg.), *Hommes et Bêtes. Entretiens sur le racisme.* Paris / Den Haag: Mouton / EHESS.

Guiral P. & Temine E. (Hg.) (1977), *L'Idée de race dans la pensée politique française contemporaine.* Paris: Editions du CNRS.

Gusdorf G. (1972), *Dieu, la nature, l'homme au siècle des Lumières (Les Sciences humaines et la pensée occidentale, V).* Paris: Payot.

Gusinde M. (1982), „Los indios de Tierra del Fuego, Los Selk'nam". *Centro Argentino de Etnología Americana, Nr. 2.*

Guttmann A. (1984), *The Games Must Go On: Avery Brundage and the Olympic Movement.* New York: Columbia University Press.

Guyotat R. (2000), „Zoos humains". *Le Monde.*

Haberland W. (1987), „Nine Bella Collas in Germany". In: Ch. F. Feest (Hg.), *Indians and Europe: An Interdisciplinary Collection of Essays.* Aachen: Herodot, Rader-Verlag.

Haberland W. (1988a), „Adrian Jacobsen on Pine Ridge Reservation, 1910". *European Review of Native American Studies, Nr. 1.1.*

Haberland W. (1988b), „'Diese Indianer sind falsch': Neun Bella Coola im Deutschen Reich 1885/1886". *Archiv für Völkerkunde, Nr. 42.*

Hagenbeck C. (1909), *Von Tieren und Menschen.* Berlin: Vita Deutsches Verlagshaus.

Hagenbeck C. (1926-1929), *Carl Hagenbeck's illustrierte Tier- und Menschenwelt.* Leipzig: Haberlandt.

Hagenbeck C. (1951), *Cages sans barreaux, Roi des zoos.* Paris: Nouvelles Éditions de Paris.

Hagenbeck, C. (1967 [1908]), *Von Tieren und Menschen.* Leipzig: Paul List Verlag.

Hagenbeck, C. (1929), Von Menschen und Tieren, Leipzig, Paul List Verlag.

Hagenbeck J. (1917), *John Hagenbecks abenteuerliche Flucht aus Ceylon. Meine Ausweisung aus Ceylon und Flucht nach Europa.* Dresden: Verlag Deutsche Buchwerkstätten.

Hagenbeck J. G. (1932), *Mit Indiens Fahrendem Volk.* Berlin: o. V.

Halberstam J. (1998), *Female Masculinity.* Durham: Duke University Press.

Hale D.-S. (1998), *Races on Display, French Representations of the Colonial Native, 1886-1931,* unveröffentlichte Dissertation. Waltham / Boston: Brandeis University.

Hale D.-S. (2002) „L'indigène' mis en scène en France: entre exposition et exhibition (1880-1931)". In: N. Bancel, P. Blanchard, G. Boëtsch, É. Deroo & S. Lemaire (Hg.), *Zoos humains. De la Vénus hottentote aux reality shows. Paris:* La Découverte.

Halen P. & Riesz J. (Hg.) (1993), *Images de l'Afrique et du Congo-Zaïre dans les lettres belges de langue française et alentour.* Brüssel: Textyles.

Hall S. (1990), „The Whites of their Eyes. Racist Ideologies and the Media". In: M. Alvarado & J. O. Thompson (Hg.), *The Media Reader.* London: BFI Publishing.

Haller M. (1984), *Eugenics: Hereditarian Attitudes in American Thought.* New Brunswick / New Jersey: Rutgers University Press.

Hal ttunen K. (1982), *Confidence Men and Painted Women. A Study of Middle-Class Culture in America, 1830-1870.* New Haven: Yale University Press.

Hammond M. (1980), „Anthropology as a weapon of social combat in late-nineteenth-century France". *Journal of the History of the Behavioral Sciences, Nr. 16.*

Hamy E.-T. (1883), „Les Peaux-Rouges, indiens Omahas". *Science et Nature, 1.*

Hamy E.-T. (1886), „Note ethnographique sur les Bosjesmans". *Bulletins de la Société d'Anthropologie, 3. Série, Nr. 9.*

Hamy E.-T. (1887), *Les Études ethnographiques et archéologiques sur l'Exposition Coloniale et Indienne de Londres.* London: o. V.

Hamy E.-T. (1907) „L'album des habitants du nouveau monde d'Antoine Jacquard, graveur poitevin du commencement du XVIIe siècle". *Journal de la Société des Americanistes de Paris, Nr. 4.2.*

Handelman D. (2001), „Anthropology of play". In: N. J. Smelse r, J. Wright , P. B. Bal tes (Hg.), *International Encyclopedia of the Social & Behavioral Sciences.* Amsterdam: Smelser and Baltes editors.

Happel J. (2007), „Nomadenbilder um 1900. Das Beispiel der Basler Völkerschauen". *Basler Zeitschrift für Geschichte und Altertumskunde, Nr. 107.*

Harris N. (1973), *Humbug: The Art of P. T. Barnum.* Boston: Little Brown.

Harris N. (1975), „All the World a Melting Pot? Japan at American Fairs, 1876-1904". In: A. Iriye (Hg.), *Mutual Images: Essays in American-Japanese Relations.* Cambridge: Harvard University Press.

Harris N., De Wit W., Gilb ert J. & Rydell R. W. (Hg.) (1993), *Grand Illusions: Chicago's World's Fair of 1893.* Chicago: Chicago Historical Society.

Har tmann R. (1879), *Die Völker Afrikas. Internationale wissenschaftliche Bibliothek, Bd. 38.* Leipzig: Brockhaus.

Har tmann R. (1880), *Les Peuples de l'Afrique.* Paris: Baillière.

Har t og F. (2001 [1980]), *Le Miroir d'Hérodote. Essai sur la représentation de l'autre.* Paris: Gallimard.

Har tzman M. (2005), *American Sideshow: An Encyclopedia of History's Most Wondrous and Curiously Strange Performers.* New York: Penguin.

Har vey B. (1988), „'Struggles and Triumphs' Revisited: Charleston's West Indian Exposition and the Development of Urban Progressivism". *Proceedings of the South Carolina Historical Association.*

Har vey P. (1996), „Multiculturalism Without Responsibility – The Contemporary Universal Exhibition". *Critical Quarterly, Nr. 38.3.*

Hatt M. (1992), „Making a Man of Him: Masculinity and the Black Body in Mid-Nineteenth Century American Sculpture". *The Oxford Art Journal, Nr. 15.1.*

Hawkes wor th J. (1773), *An account of the voyages undertaken by Order of His Present Majesty for making Discoveries in the Southern Hemisphere, and successively performed by Commodore Byron, Captain Wallis, Captain Carteret and Captain Cook. The Dolphin, the Swallow and the Endeavour.* London: W. Strahan & T. Cadell.

Hear ting E. (1990), *Sitting Bull, Häuptling der Hunkpapa-Sioux.* Augsburg.

Heber t G. (1912), *L'Éducation physique virile et morale par la méthode naturelle.* Paris: Vuibert.

Heenes V. (2003), *Antike in Bildern. Illustrationen in antiquarischen Werken des 16. Und 17. Jahrhunderts.* Ruhpolding: Franz Philipp Rutzen Verlag.

Heeres J. E (1899), *The Part Borne by the Dutch in the Discovery of Australia, Nicolas Witsen's (account of 1705).* London: Luzac.

Hemlow J. (1958), *The History of Fanny Burney.* Oxford: Oxford University Press.

Henniss ant S. (1994), „The Best Specimens in all our Colonial Domain: New Caledonian Melanesians in Europe, 1931-1932". *The Journal of Pacific History, Nr. 29.*

Herber t J. D. (1998), *Paris 1937: Worlds on Exhibition.* Ithaca / New York: Cornell University Press.

Herisson R. (1910), „Les Touaregs". *Sciences et Voyages, Nr. 94.*

Herre F. (1998), *Jahrhundertwende 1900: Untergangsstimmung und Fortschrittsglauben.* Stuttgart: Deutsche Verlagsanstalt.

Her vé G. (1884), „L'anthropologie anatomique". *L'Homme, Band I.*

Her vé G. (1906), „Noirs et Blancs. Le croisement des races aux Etats-Unis et la théorie de la miscégénation". *Revue de l'École d'Anthropologie de Paris, Band XVI.*

Her vé G. (1910), „À la recherche d'un manuscrit. Les instructions anthropologiques de G. Cuvier pour le voyage du *Géographe* et du *Naturaliste* aux terres australes". *Revue de l'École d'anthropologie de Paris, Bd. XX* [Présentation et publication du mémoire de G. Cuvier: *Note instructive sur les recherches à faire relativement aux différences anatomiques des diverses races d'hommes*].

Her vé G. (1912), „Société d'Anthropologie de Paris. Enquête sur le croisement ethnique". *Revue de l'École d'Anthropologie de Paris, Band XXII.*

Herzl T. (1911), Der Menschengarten [1897]. Feuilletons. Berlin: Singer.

Hevey D. (1992), *The Creatures That Time Forgot, Photography and Disability Imagery.* New York: Routledge.

Hewlett G. (1979), *A History of Wembley,* Brent: o. V.

Hewlett G. (1987), „The Landscaping of Wembley Park at the Exhibition", *Wembley History Society Journal, Nr. 6.*

Hill T. & Hill R. Sr. (1994) *Creation's journey: Native American objects and beliefs.* New-York: National Museum of the American Indian / Smithsonian Institution.

Hil t K. (2010), *Die Berliner Kolonialausstellung von 1896.* http://www.planet-wissen.de/politik_geschichte/preussen/deutsche_kolonien/portraet_1896.jsp (abgefragt am 17. März 2012).

Hinsle y C. M. (1981), *Savages and Scientists: The Smithsonian Institution and the Development of American Anthropology.* Washington: Smithsonian Institution Press.

Hinsle y C. M. (1991), „The World as Marketplace, Commodification of the Exotic at the World's Columbian Exposition, Chicago, 1893". In: I. Karp & S. D. Lavine (Hg.), *Exhibiting Cultures. The Poetics and Politics of Museum Display.* Washington / London: Smithsonian Institution Press.

Hir sch F. (2003), „Getting Know ‚The People of the USSR': Ethnographic Exhibits as Soviet Virtual Tourism, 1923-1934". *Slavic Review, Nr. 112.4.*

Hir schfield C. (1957), America on Exhibition: The New York Crystal Palace, *American Quarterly, Nr. 9.2.*

Hoage R. & Deiss W. (Hg.) (1996), *New Worlds, New Animals. From Menagerie to Zoological Park in the Nineteenth Century.* London: Johns Hopkins University Press.

Hoberman J. M. (1999), „L'universalisme olympique et la question de l'Apartheid". *X-Alta*, 1, *La tentation du bonheur sportif.*

Hobson J. (2005), *Venus in the Dark: Blackness and Beauty in Popular Culture.* New York: Routledge.

Hodeir C. & Pierre M. (1991), *L'Exposition coloniale.* Brüssel: Complexe.

Hodeir C. (1987), „La France d'Outre-mer". In: B. Lemoine & P. Rivoirard (Hg.), *Paris 1937, Cinquantenaire de l'Exposition internationale des arts et techniques de la vie moderne.* Paris: Institut français d'architecture / Paris Musées.

Hoffenber g H. P. (2001), *An Empire on Display: English, Indian, and Australian Exhibitions from the Crystal Palace to the Great War.* California: University of California Press.

Hoffenber g P. H. (1993), *To Create a Commonwealth: Empire and Nation at English, Australian and Indian Exhibitions, 1851-1914*, Dissertation. Berkeley: University of California.

Holl weg B. (1999), „Recollecting the Past: Erinnerungs(schau)spiele in den Texten zur ‚World's Columbian Exposition' in Chicago 1893". Comparativ, *Nr. 5/6.*

Holmes R. (2007), *African Queen: the Real Life of the Hottentote Venus.* London: Random House.

Holmes W. H. (1902), „Classification and Arrangement of the Exhibits of an Anthropology Museum". *Journal of the Anthropological Institute, Nr. 32.*

Holmes W. H. (1924), „Herbert Ward's Achievements in the Field of Art". *Art and Archeology, Nr. 18.3.*

Holtman J. (1968), *Freak Show Man: The Autobiography of Harry Lewiston.* Los Angeles, CA: Holloway House.

Honold A. (Hg.) (1999), *Das Fremde: Reiseerfahrungen, Schreibformen und kulturelles Wissen.* Bern: Peter Lang Verlag.

Honold A. (2004a), *Mit Deutschland um die Welt. Eine Kulturgeschichte des Fremden in der Kolonialzeit.* Stuttgart: Metzler.

Honold A. (2004b), „Ausstellung des Fremden – Menschen- und Völkerschau um 1900. Zwischen Anpassung und Verfremdung. Der Exot und sein Publikum". In: S. Conrad & J. Osterhammel (Hg.), *Das Kaiserreich transnational. Deutschland in der Welt 1871-1914.* Göttingen: Vandenhoeck & Ruprecht.

Honold A. (2004c), „Der Exot und sein Publikum. Völkerschau in der Kolonialzeit". In: F. Becker (Hg.), *Rassenmischehen – Mischlinge – Rassentrennung.* Stuttgart: Steiner.

Honold A. (2001) Peter Altenbergs *Ashantee.* Eine impressionistische cross-over-Phantasie im Kontext der exotistischen Völkerschauen. In: Eicher, Thomas (Hg.): Grenzüberschreitungen um 1900. Österreichische Literatur im Übergang. Oberhausen: Athena (Übergänge – Grenzfälle 3).

Honour H (1989), *L'Image du Noir dans l'art occidental. De la Révolution américaine à la Première Guerre mondiale.* Paris: Gallimard.

Hopf A. & Hopf A. (Hg.) (1979), *Exotische Völkerschau.* München: Heyne.

Höpp G. (Hg.) (1996), *Fremde Erfahrungen. Asiaten und Afrikaner in Deutschland, Österreich und in der Schweiz bis 1945.* Berlin: Das Arabische Buch.

Horkheimer M. & Adorno T. W. (1973), *Dialectic of Enlightenment.* London: Allen Lane.

Hornber ger F. (2005), *Carny Folk. The World's Weirdest Sideshow Acts.* New York: Citadel Press.

Hott a-Lister A. (1999), *The Japan-British Exhibition of 1910: Gateway to the Island Empire of the East* (Meiji Series, 8). Richmond: Japan Library.

Hough W. (1924), „An Appreciation of the Scientific Value of the Herbert Ward African Collection". In: *The Herbert Ward African Collection.* Washington: United States National Museum.

Houzé E. & Jacques V. (1884), „Communications sur les Australiens du Musée du Nord, Séance du 28 mai 1884". *Bulletin de la Société d'Anthropologie de Bruxelles, Nr. 3-4.*

Hovela cque A. (1882), *Les début de l'humanité. L'homme primitif contemporain.* Paris: Doin / Marpon / Flammarion.

Huard C.-L. (1889), *Le Livre d'or illustré de l'exposition universelle de 1889.* Paris: Boulanger.

Huguet Dr J. (1902), „Sur les Touareg". *Bulletins de la Société D'anthropologie de Paris, 5. Série, Nr. 3.*

Hulme P. (1990), „The spontaneous hand of nature, savagery, colonialism and the Enlightenment". In: P. Hulme & L. Jord ano va (Hg.), *The Enlightenment and its Shadows.* London: Routledge.

Hunter S. K. (1996), *Footsteps at the American World's Fairs: The International Exhibitions of Chicago, New York & Philadelphia, 1853-1965, Revisited in 1993.* Glasgow: Exhibition Study Group.

Hunting t on E. (1919), *The Red Man's Continent. A Chronicle of Aboriginal America.* New Haven, CT: Yale University Press.

Huxle y J. (1931), *Africa View.* London: Chatto & Windus.

Impey O. & MacGregor A. (Hg.) (2001), *The Origins of Museums. The Cabinet of Curiosities in Sixteenth and Seventeenth Century Europe.* New York: Ursus Press.

Impey O. & MacGregor A. (Hg.) (1985), *The Origins of Museums. The Cabinet of Curiosities in Sixteenth and Seventeenth Century Europe.* Oxford: Clarendon Press.

Ingold T. (1990), „An Anthropologist Looks at Biology". *Man, Nr. 25.*

Inoue K. (1968), *Nihon teikokushugi no keisei* [*Die Entstehung des Japanischen Imperialismus*]. Tokio: Iwanami shoten.

Isaa c B. (2004), *The Invention of Racism in Classical Antiquity.* Princeton/Oxford: Princeton University Press.

Isay R. (1937), *Panorama des expositions universelles.* Paris: Gallimard.

It alia col oniale (1925), „Le mostre coloniali di Losanna, Monza, Napoli e Fiume". *L'Italia coloniale, Nr. 2.10.*

Italia col oniale (1928a), „La mostra coloniale di Torino". *L'Italia coloniale, Nr. 5.7.*

Italia col oniale (1928b), „La chiusura della mostra coloniale di Torino". *L'Italia coloniale, Nr. 5.11.*

Italia col onial e (1930a), „I cavalieri zuarini ricevuti dal ministro delle colonie". *L'Italia coloniale, Nr. 7.7.*

Italia col oniale (1930b), „La mostra missionaria in Vaticano". *L'Italia coloniale, Nr. 7.11.*

Italia col oniale (1930c), „Le colonie alle nozze auguste". *L'Italia coloniale, Nr. 7.2.*

Italia col oniale (1930d), „Tripoli-Anversa". *L'Italia coloniale, Nr. 7.2.*

It alia col oniale (1937), „L'impero sulla via cara ai cesari trionfatori". *L'Italia coloniale, Nr. 14.5.*

It alia col oniale (1939), „L'intensa preparazione per la Mostra triennale delle terre italiane d'Oltremare". *L'Italia coloniale, Nr. 16.4.*

Italia coloniale (1940), „Il sovrano ha inaugurato a Napoli la Mostra triennale delle terrei italiane d'oltremare, superba rassegna delle imponenti realizzazioni del Regime". *L'Italia coloniale, Nr. 17.5.*

Jacknis I. (1991), „Northwest Coast Indian Culture and the World's Columbian Exposition". In: D. H. Thomas (Hg.), *Columbian Consequences. The Spanish Borderlands in Pan-American Perspective.* Washington, Smithsonian Institution.

Jacknis I. (1994), „Franz Boas and Photography". *Studies in Visual Communication, Nr. 10.1.*

Jacob A. (1991), „Civilisation/sauvagerie. Le Sauvage américain et l'idée de civilisation". *Anthropologie et Sociétés, Nr. 15.1.*

Jacobsen J. A. (1884), *Captain Jacobsen's Reise an der Nordwestküste Amerikas 1881 – 1883 zum Zwecke ethnologischer Sammlungen und Erkundigungen nebst Beschreibung persönlicher Erlebnisse. Für den deutschen Leserkreis bearbeitet von A. Woldt.* Leipzig: Max Spohr.

Jacobsen J. A. (1896), *Reise in die Inselwelt des Banda-Meeres. Bearbeitet von Paul Roland.* Berlin: Mitscher & Röstel.

Jacobson M. F. (1998), *Whiteness of a Different Color.* Cambridge, Mass.: Harvard University Press.

Jacquemin J.-P. (Hg.) (1985), *Zaïre 1885-1985, Cent ans de regards belges.* Brüssel: CEC.

Jacquemin J.-P. (1991), *Racisme, continent obscur. Clichés, stéréotypes, phantasmes à propos des Noirs dans le royaume de Belgique.* Brüssel: CEC / Le Noir du Blanc.

Jacquemin J.-P. (2002), „Les Congolais dans la Belgique ‚impériale'". In: N. Bancel, P. Blanchard, G. Boët sch, É. Der oo & S. Lemaire (Hg.), *Zoos humains. De la Vénus hottentote aux reality shows.* Paris: La Découverte.

Jacques V. (1894-1895), „Les Congolais de l'Exposition universelle d'Anvers. Communication faite à la Société d'Anthropologie de Bruxelles". *Bulletin de la Société d'Anthropologie de Bruxelles, Nr. 13.*

Jacques V. (1898), *Carnet d'observation ethnologiques.* Brüssel.

Jacquin Ph. (1992), „Buffalo Bill: de la Prairie au Champ de Mars". In: V. Wiesinger (Hg.), *Sur le Sentier de la Découverte: Rencontres franco-indiennes du XVIe au XXe siècle. (Crossing Paths: French-Indian Encounters, XVIth to XXth century*: French/English). Paris: RMN / Musée National de la Coopération franco-américaine.

Jacquinot H. (1846), „Zoologie. Considérations générales sur l'anthropologie suivies d'observations sur les races humaines de l'Amérique méridionale et de l'Océanie". In: *Voyage au pôle sud et dans l'Océanie sur les corvettes l'Astrolabe et la Zéli.* Paris: Gide.

Jahn, H. H. (1974), *Werke und Tagebücher,* Bd. 2, Hamburg.

Jahoda G. (1961), *White Man: A Study of the Attitudes of Africans to Europeans in Ghana before Independence.* New York: Oxford University Press, London.

Jalaber t L. (1931), „L'Exposition coloniale internationale". *Étude, revue catholique générale,* Paris.

Jamin J. (1989a), „Le musée d'ethnographie en 1930: l'ethnologie comme science et comme politique". In: *La Muséologie selon G.H. Rivière.* Paris: Dunod.

Jamin J. (1989b), „Le savant et le politique: Paul Rivet (1876-1958)". In: C. Blanckaer t, A. Ducr os, J.-J. Hublin (Hg.), *Histoire de l'Anthropologie: Hommes, Idées, Moments.* Sondernummer, *Bulletins et Mémoires de la Société d'Anthropologie de Paris, neue Serie, Bd. I, Nr. 3-4.*

Janvier L. J. (1884), *L'Egalité des races.* Paris: Rougier et Cie.

Jauffret L.-F. & Leblond A.-S. (1978), „Le Chinois Tchong-A-Sam (1800)". In: Copans & Jamin, *Aux origines de l'anthropologie française*. Paris: Le Sycomore, S. 115-124.

Jay R. (1986), *Learned Pigs and Fireproof Women*. New York: Villard Books.

Jay R. (2005), *Extraordinary Exhibitions: The Wonderful Remains of an Enormous Head*. New York: Quantuck Lane.

Jehel P.-J. (1995), *Photographie et anthropologie en France au XIXe siècle*, mémoire de DEA, Esthétique, sciences et technologie des arts, Université Paris VIII-Saint-Denis.

Jenkins D. (1994), „Object Lessons and Ethnographic Displays: Museums, Exhibitions and the Making of American Anthropology". *Comparative Studies in Society and History, Nr. 36*.

Jeunesse A. (1868), *Le bois de Boulogne*. Paris: Philippart.

Joeden-Forgey E. von (2004), „Die ‚Deutsche Afrika-Schau' und der NS-Staat". In: P. Martin & C. Alonso (Hg.), *Zwischen Charleston und Stechschritt. Schwarze im Nationalsozialismus*. Hamburg & München: Dölling und Galitz Verlag.

Joeden-Forgey E. von (2005), „Race Power in Postcolonial Germany: The German Africa Show and the National Socialist State 1935-1940". In: E. Ames (Hg.), *Germany's colonial pasts*. Lincoln [u.a.]: University of Nebraska Press, S. 167-187.

Johnson N. (1994), „Briton, Boer and Black in Savage South Africa". In: S. Pearce (Hg.), *Museums and the Appropriation of Culture*. London: Athlone Press.

Johnson R., Secreto J. & Varndell T. (1995), *Freaks, Geeks & Strange Girls: Sideshow Banners of the Great American Midway*. Honolulu: Hardy Marks.

Johnston E. (1999), „'Polynesien in der Plaisance': Das samoanische Dorf und das Theater der Südseeinseln auf der Weltausstellung in Chicago 1893". *Comparativ, Nr. 5/6*.

Jones P. (1989), „Ideas linking Aborigines and Fuegians, from Cook to the Kulturkreis school". *Australian Aboriginal Studies, Nr. 2*.

Jordan P.-L. (1992), *Premier contact - Premier regard. Images en manœuvres*. Marseille: Musée de Marseille.

Jordon W. (1968), *White Over Black*. Chapel Hill: University of North Carolina.

Jouanna A. (1976), *L'Idée de race en France au XVIe et au début du XVIIe siècle (1498-1614)*. Lille: Atelier de reproduction des thèses, 3 Bände.

Journal Officiel Illustré de l'Exposition Nationale Suisse. Genève 1896 (1896), Zürich: Hug Frères relieurs.

Joutard P. (1984), „Marseille: porte de l'Orient". *L'Histoire, Nr. 69*.

Juillerat P. (1881), „Les Fuégiens du Jardin d'Acclimatation". *La Nature, Nr. 9.2*.

Kahnweiler D.-H. (1946), *Juan Gris, sa vie, son œuvre, ses écrits*. Paris: Gallimard.

Kaiho Y. (1992), *Kindai hoppô shi: Ainu minzoku to josei to [Eine moderne Geschichte der Nördlichen Territorien: Über das Volk der Ainu und die Frauen]*. Tokio: San'ichi shobô.

Kaiser W. (1999), „Vive la France! Vive la République? The Cultural Construction of French Identity at the World Exhibitions in Paris, 1855-1900". *National Identities, Nr. 1-3*.

Karp I. & Lavine S. D. (Hg.) (1991), *Exhibiting Cultures: The Poetics and Politics of Museum Display*. Washington: Smithsonian Institution Press.

Karp I., Kreamer C. M. & Lavine S. D. (Hg.) (1992), *Museums and Communities: The Politics of Public Culture*. Washington: Smithsonian Institution Press.

Kasson J. (1978), *Amusing the Millions: Coney Island at the Turn of the Century.* New York: Hill and Wang.

Kasson J. S. (2000), *Buffalo Bill's Wild West: Celebrity, Memory and Popular History.* New York: Hill & Wang.

Keil L. B. (Hg.) (2005), *Heinrich Hart: Mongolenhorden im Zoologischen Garten. Berliner Briefe.* Berlin: Aufbau-Taschenbuch-Verlag.

Kendall L., Mathe B. & Miller T. R. (1997), *Drawing Shadows to Stone. The Photography of the Jesup North Pacific Expedition, 1897-1902.* Seattle: American Museum of Natural History and University Washington Press.

Keste ven G. R. (1984), *1851: Britain Shows the World.* London: Chatto & Windus.

Kihls ted t F. T. (1984), „The Crystal Palace". *Scientific American, Nr. 251.4.*

Kilani M. (1994), *L'Invention de l'autre.* Lausanne: Payot.

Kimoni I. (o. J.), *Une image du Noir et de sa culture, Esquisse de l'évolution de l'idée du Noir dans les Lettres françaises du début du siècle à l'entre-deux-guerres.* Neuchâtel: Messeiller.

Kinchin P. (2001/1988), *Glasgow's Great Exhibtions: 1888, 1901, 1911, 1938, 1988.* Wendlebury: White Cockade Publishing.

Kiner A. (2001), „Les zoos humains. La grande foire aux colonies". In: *Sciences et Avenir.*

King E. (1996), „The Great Exhibition in Hyde Park and Its Publications". *Journal of the Royal Society of Arts, Nr. 144.5475.*

Kint J. (2001), *Expo 58 als belichaming van een humanistisch modernisme.* Rotterdam: 010 uitgeverij.

Kiralfy I. (1909), „My Reminiscences". *Strand Magazine,* London: Mander and Mitcheson Collection.

Kirb y P. R. (1949), „The Hottentot Venus". *Africana Notes and News, Nr. 6.3.*

Kirb y P. R. (1953), „More about the Hottentot Venus". *Africana Notes and News, Nr. 10.4.*

Kirb y P. R. (1954), „The Hottentot Venus of the Musée de l'Homme, Paris". *South African Journal of Science, Nr. 50.12.*

Kir schnick S. (2005), „Koloniale Szenarien in Zirkus, Panoptikum und Lunapark". In: U. van der Heyden & J. Zeller (Hg.), *„... Macht und Anteil an der Weltherrschaft." Berlin und der deutsche Kolonialismus.* Münster: Unrast-Verlag.

Kir shenbla tt -Gimblett B . (1998), „The ethnographic burlesque". *The Drama Review, Nr. 42.*

Kisling V. N. (2001), „Ancient Collections and Menageries". In: Kisling V. N. (Hg.), *Zoo and Aquarium History: Ancient Animal Collections to Zoological Gardens.* Boca Raton: CRC Press.

Ki-Zerbo J. (1980), „Théories relatives aux races et histoire de l'Afrique". In: *Histoire générale de l'Afrique. Méthodologie et histoire africaine.* Paris: UNESCO.

Klein G. (2005) „Körper und Theatralität", in: Erika Fischer-Lichte/Christian Horn u. a.: (Hg.): *Diskurse des Theatralen,* Tübingen und Basel: A. Franke Verlag, 2005.

Klingner F. E. (1938), *Geologischer Bau und Mineralschätze der deutschen Kolonien. Zugleich Führer durch die Kolonial-Ausstellung der Preußischen Geologischen Landesanstalt.* Berlin: Preußische Geologische Landesanstalt.

Knaebel N. (2004), *Step Right Up: Stories of Carnivals, Sideshows, and the Circus.* New York: Carroll and Graf.

Knight D. R. (1978), *The Exhibitions, Great White City, Shepherds Bush, London: 70ᵗʰ Anniversary, 1908-1978*. New Barnet: privat veröffentlicht.

Knox R. (1850), *The Races of Men, A Fragment*. London: Henry Renshaw.

Kocks K. (2004), *Indianer im Kaiserreich: Völkerschauen und Wild West Shows zwischen 1880 und 1914*. Gerolzhofen: Oettermann.

Kosler H. (Hg.) (1984): Peter Altenberg. Leben und Werk in Texten und Bildern. Frankfurt/M.: Fischer (FTB 5628).

Kössler R. & Lewerenz S. (2006), „Die Deutsche Afrika-Schau (1935-1940). Rassismus, Kolonialrevisionismus und postkoloniale Auseinandersetzungen im nationalsozialisti-schen Deutschland". *Sociologus. Zeitschrift für empirische Ethnosoziologie und Ethno-psychologie, Nr. 56*.

Kopyt off I. (1986), „The Cultural Biography of Things, Commoditization as Process". In: A. Appadurai (Hg.), *The Social Life of Things, Commodities in Cultural Perspective*. Cam-bridge: Cambridge University Press.

Kornicki P. F. (1994), „Public Display and Changing Values: Early Meiji Exhibitions and Their Precursors". *Monumenta Nipponica, Nr. 49.2*.

Kor t P. & Hollein M. (Hg.) (2006), *I like America. Fiktionen des Wilden Westens*. Frankfurt a. M.: Prestel.

Kramer P. (1999), „Making Concessions: Race and Empire Revisited at the Philippine Expo-sition, St. Louis, 1901-1905". *Radical History Review, Nr. 73*.

Kre amer C. M. (1997), „African Voices". *Museum News*.

Krehbeil H. E. (1893), „Folk-Music in Chicago, vol. II: Cannibal Songs of the Indians". *New York Tribune*.

Kreis K. M. (2002), „Indians Playing, Indians Praying: Native Americans in Wild West Shows and Catholic Missions". In: C. G. Call oway, G. Gemünden & S. Zant op (Hg.), *Germans and Indians: Fantasies, Encounters, Projections*. Lincoln: University of Nebraska Press.

Kremer -Marietti   A. (1984), „L'anthropologie physique et morale en France et ses implications idéologiques". In: B. Rupp-Eisenreich (Hg.), *Histoires de l'anthropologie XVIᵉ-XIXᵉ siècles*. Paris: Klincksieck.

Krickeber g W. (1929), *Die Völkerschau in Bildern*. Dresden: o.V.

Kr uska D. G. (1985), *Sierra Nevada Big Trees: History of the Exhibitions, 1850-1903*. Los Angeles: Dawson's Book Shop.

Kuenheim H. von (2007), *Carl Hagenbeck*, Hamburg: Ellert & Richter.

Kuklick H. (1993), *The Savage Within. The Social History of Britisch Anthropology, 1885-1945*. Cambridge: Cambridge University Press.

Kumor G. A. (1986), „'Doing Good Work for the University of Washington': The Alaska-Yukon-Pacific Exposition, 1906-1909". *Portage*.

Kunhard t P. B. (1995), *P. T. Barnum: America's Greatest Showman*. New York: Knopf.

Kusamit su T. (1980), „Great Exhibitions before 1851". *History Workshop* Journal, *Nr. 9*.

L'Art de l'exposition: *Une documentation sur trente exposition exemplaires du XXᵉ siècle* (1998). Paris: Éditions du Regard.

Labanca N. (1992), *L'Africa in vetrina. Storie di musei e di esposizioni coloniali in Italia*. Treviso: Pagus Edizioni.

Labanca N. (2002a), *Oltremare. Storia dell'espansione coloniale italiana*. Bologna: il Mulino.

Labanca N. (2002b), „Le passé colonial et le présent de l'immigration dans l'Italie contemporaine". *Migrations société, Bd. 14, Nr. 81*-82, 97-106.

Labr ousse P. (1993), „Les Indes sauvages ou les chimères de la transgression amoureuse: l'Insulinde dans la fiction française (1712-1939)". In: D. Lombard (Hg.), *Rêver l'Asie. Exotisme et littérature coloniale aux Indes, en Indochine et en Insulinde*. Paris: Editions de l'EHESS.

Labr ousse P. (2000), „Les races de l'Archipel ou le scientisme in partibus (France XIXe siècle)". *Archipel, Nr. 4.*

Labr ousse P. (2002), „L'Insulinde en images et dans les Expositions universelles: pendant ce temps les Javanaises...". In: N. Bancel, P. Blanchard , G. Boët sch, É. Der oo & S. Lemaire (Hg.), *Zoos humains. De la Vénus hottentote aux reality shows*. Paris: La Découverte.

Lacla u E. & Mouffe C. (1985), *Hegemony and Socialist Strategy: Towards a Radical Democratic Politics*. New York / London: Verso Press.

Ladière P. (1988), „La sociobiologie et le racisme". *Ethnologie Française, Nr. 18.2.*

Laibe Lt. (1911a), „Les Touaregs". *La Nature, Nr. 1995.*

Laibe Lt. (1911b), „La race targui". *La Nature, Nr. 2012.*

Laissus Y. & Petter J.-J. (1993), *Les Animaux du Muséum, 1793-1993.* Paris: Imprimerie nationale.

Lal oy L. (1900), „L'Extrême-Orient à l'Exposition universelle". *La Nature, Nr. 28.2.*

Lal vani S. (1996), *Photography, Vision, & the Production of Modern Bodies*. New York: State University of New York Press.

L'âme au Corps. Arts et Sciences, 1793-1993 (1993), Ausstellungskatalog. Paris: MNHN.

Landes D. S. (1983), *Revolution in Time, Clocks and the Making of the Modern World*. Cambridge: Belknap Press of Harvard University Press.

Lane D. (1989), *Manners and Custom of Modern Egyptians*. London / Den Haag: East-West Publications.

Langane y A. (2002), „Collections humaines et sciences inhumaines: échantillons et reliques". In: N. Bancel, P. Blanc hard , G. Boët sch, É. Der oo & S. Lemaire (Hg.), *Zoos humains. De la Vénus hottentote aux reality shows*. Paris: La Découverte.

Langane y A., Van Blijenbur gh N.-H. & Sanchez -Masas A. (1992), *Tous parents, tous différents*. Bayonne / Paris: Chabaud / Musée de l'Homme.

Langdon -Davies J. (1968), *The Great Exhibition 1851: A Collection of Documents*. London: J. Cape.

Laqueur T. (1990), *Making Sex, Body and Gender from the Greeks to Freud*. Cambridge: Cambridge University Press.

Latt as A. (1987), „Savagery and Civilisation, Towards a genealogy of racism". *Social Analysis, Nr. 21.*

Lawrence W. (1819), *Lectures on Physiology, Zoology and the Natural History of Man*. London: J. Callow.

Le Bon G. (1879), „Sur les Nubiens du Jardin d'Acclimatation". *Bulletins de la Société d'Anthropologie, 3. Série, Nr. 2.*

Le Bon G. (1881), „Sur les applications de la photographie à l'anthropologie à propos de la photographie des Fuégiens du Jardin d'Acclimatation". *Bulletins de la Société d'Anthropologie, 3. Série, Nr. 2.*

Le Bret on D. (2001), *Anthropologie du corps et modernité.* Paris: PUF, „collection Quadriges".

Le Fur Y. (1989), *Esthétiques des cires anatomiques de Gaetano Giulio Zumbo (1656-1701) à Pierre Spitzner (1834-1896),* Dissertation. Paris: Université de Paris I.

Le Fur Y. (1991), „Aspects esthétiques des cires anatomiques". In: *Actes du 5ᵉ Colloque des Conservateurs des Musées d'Histoires des Sciences Médicales, 5.-8. September 1990.* Barcelona.

Le Men S. (1994), *Seurat et Chéret: Le peintre, le cirque et l'affiche.* Paris: Editions CNRS.

Lempen B. (1985), *Un modèle en crise: la Suisse.* Lausanne, Payot.

Le Normand-R omain A., A. Roqueber t, J. Durand-Re vill on & Seren a D. (1994), *La Sculpture ethnographique. De la Vénus Hottentote à la Tehura de Gauguin.* Paris: Réunion des Musées Nationaux.

Leapman M. (2001), *The World for a shillling. How the great Exhibition of 1851 shaped a nation.* London: Headline Book Publishing.

Lear y T. & Shones E. (1998), *Images of America: Buffalo's Pan-American Exposition.* Charleston: Arcadia Publishing.

Lebovics H. (1989), „Donner à voir l'empire colonial: l'Exposition coloniale internationale de Paris en 1931". *Cahiers de Gradhiva, Nr. 7.*

Lebovics H. (1995), *La Vraie France: Les enjeux de l'identité culturelle, 1900-1945.* Paris: Belin.

Lebovics H. (2002), „Les Zoos de l'Exposition coloniale internationale de Paris en 1931". In: N. Bancel, P. Blanchard , G. Boët sch, É. Der oo & S. Lemaire (Hg.), *Zoos humains. De la Vénus hottentote aux reality shows.* Paris: La Découverte, S. 369-376.

Lebovics H. (2004), „Les Zoos de l'Exposition coloniale internationale de Paris en 1931". In: Bancel N., Blan chard P., Boët sch G., Der oo É. & Lemaire S. (Hg.) (2004), *Zoos humains: Au temps des exhibitions humaines.* Paris: La Découverte, „Poche/Sciences humaines et sociales".

Lederbogen J. (1986), „Fotografie als Völkerschau". *Fotogeschichte, Beiträge zur Geschichte und Ästhetik der Photographie, Heft VI, Nr. 22,* Berlin.

Lefeuvre D . (2006), *Pour en finir avec la repentance coloniale.* Paris: Flammarion.

Legrand O. (2000), *L'École d'anthropologie de Paris 1875-1906. Histoire politique d'une institution scientifique,* unveröffentlichte DEA-Dissertation. Paris: EHESS.

Lehmann A. (1953), „Schaustellungen im Leipziger Zoo". In: K. M. Schneider (Hg.), *Vom Leipziger Zoo. Aus der Entwicklung einer Volksbildungsstätte.* Leipzig: Geest & Portig.

Lehmann A. (1955), „Zeitgenössische Bilder der ersten Völkerschauen". In: *Von fremden Völkern und Kulturen. Beiträge zur Völkerkunde.* Düsseldorf: Droste Verlag.

Leiris M. (1996), „'La crise nègre' dans le monde occidentale (1967)". In: M. Leiris (Hg.), *Miroir de l'Afrique.* Paris: Gallimard.

Lejeune D. (1998), *Les Sociétés de géographie en France.* Paris: Albin Michel.

Lemaire S, Abbattis ta G., Labanca N. & Thode-Ar ora H. (2011), „Les villages itinérants ou la démocratisation du sauvage". In: Blanchard P., Boët sch G. & Snoep N. (Hg.), *Exhibitions. L'invention du sauvage.* Arles: Actes Sud.

Lemaire S. & Blanchard P. (2002), „Montrer, mesurer, distraire. Du zoo humain aux expositions coloniales (1870-1931)". In: S. Moussa (Hg.), *La Construction de la notion de race dans la littérature et les sciences humaines (XVIIIᵉ et XIXᵉ siècles).* Paris: L'Harmattan.

Lemaire S. & Blanchard P. (2003), „Exhibitions, expositions, médiatisations et colonies". In: P. Blanchard & S. Lemaire (Hg.), *Culture coloniale*. Paris: Autrement.

Lemaire S. (2000), *L'Agence économique des colonies. Instrument de propagande ou creuset de l'idéologie coloniale en France (1870-1960)?* Florenz: Institut Universitaire Européen de Florence.

Lemaire S. (2002a), „Gustave d'Eichtal, ou les ambiguïtés d'une ethnologie saint-simonienne: du racialisme ambiant à l'utopie d'un métissage universel". In: P. Régnier (Hg.), *Etudes saint-simoniennes*. Lyon: Presses universitaires de Lyon.

Lemaire S. (2002b), „Le ‚sauvage' domestiqué par la propagande coloniale". In: N. Bancel, P. Blanchard, G. Boët sch, É. Der oo & S. Lemaire (Hg.), *Zoos humains. De la Vénus hottentote aux reality shows*. Paris: La Découverte.

Lemaire S., Blan chard P. & Bancel N. (1999), „L'Afrique noire inventée: de la Première Guerre mondiale aux indépendances". *Historiens et Géographes, Nr. 367*, Sondernummer *Afrique Subsaharienne*.

Lemaire S., Blanchard P. & Bancel N. (2001), „1931: tous à l'expo". *Le Monde Diplomatique*.

Lemaire S., Blanchard P., Bancel N., Boët sch G. & Der oo É. (Hg.) (2004), *Zoo humani. Dalla Venere Ottentotta ai reality show*. Übersetzt von S. De Petris, Verona: Ombre Corte.

Léon P. (1955), „La première exposition universelle de Paris, 1855". *La revue des deux mondes*, Paris.

Leon ard M. C. (1991), „The Musical Spectacle Comes to the Fair". *World's* Fair, *Nr. 11.3.*

Leon ard Y. (1999), „Le Portugal et ses "sentinelles de pierre": L'Exposition du monde portugais 1940". *Vingtième Siècle, Nr. 62.*

Lepr ohon P. (1945), *L'exotisme au cinéma. Les chasseurs d'images à la conquête du monde*. Paris: Éditions J. Susse.

Lepr un S. (1986), *Le Théâtre des colonies: Scénographie, acteurs et discours de l'imaginaire dans les expositions, 1855-1937*. Paris: L'Harmattan.

Lepr un S. (1987), *Le Théâtre des colonies*. Paris: L'Harmattan.

Lepr un S. (1989), „Paysages de la France extérieure. La mise en scène des colonies à l'Exposition du centenaire". *Le Mouvement social*.

Lepr un S. (1990), „Exotisme et couleur". *Ethnologie française, Nr. 4.*

Ler oy-Jay I. (1997), *La Griffe et la dent*. Paris: Réunion des musées nationaux.

Lescr oar t M. (2003), „Les zoos humains". *Sciences et Vie Junior, Nr. 161.*

Lestring ant F. (1991), *L'Atelier du cosmographe ou l'image du monde à la Renaissance*. Paris: Albin Michel.

Lestring ant F. (1995), „L'entrée du Tupinamba dans la mythologie classique". *Études interethniques, Nr. 10.*

Lestring ant F. (1997), „L'Exotisme en France à la Renaissance. De Rabelais à Léry". In: D. Cour celles (Hg.), *Littérature et Exotisme XVIe–XVIIIe siècle*. Paris: École nationale de Chartres.

Let ourne au C. (1880a), „Rapport sur les Nubiens du Jardin d'Acclimatation". *Bulletins de la Société d'Anthropologie de Paris, 3. Série, Nr. 3.*

Let ourne au C. (1880b), *La sociologie d'après l'ethnographie*. Paris: Reinwald.

Leutemann H. (1887), *Lebensbeschreibung des Thierhändlers Carl Hagenbeck*, Hamburg: Selbstverlag Carl Hagenbeck.

Levine L. W. (1988), *Highbrow/Lowbrow, The Emergence of Cultural Hierarchy in America.* Cambridge: Harvard University Press.

Levinson A. (1933), *Les Visages de la danse.* Paris: Grasset.

Levi-Stra uss C. (1955), *Tristes tropiques.* Paris: Plon.

Levi-Stra uss C. (1999 [1952]), *Race et Histoire.* Paris: Collection Folio-Essais, Plon.

Levitt -Pasturel D. (1992), „Critical Response to Japan at the Paris 1878 Exposition Universelle". *Gazette des beaux-arts, Nr. 119.*

Levra U. & Roccia R. (Hg.) (2003), *Le esposizioni torinesi, 1805-1911. Specchio del progresso e macchina del consenso.* Turin: Archivio Storico della Città di Torino.

Lewerentz A. (2004), „Les premières années de la société berlinoise d'anthropologie, d'ethnologie et de préhistoire et son intégration dans le paysage scientifique berlinois". In: C. Tra utmann- Waller (Hg.), *Quand Berlin pensait les peuples. Anthropologie, ethnologie et psychologie (1850-1890).* Paris: CNRS éditions.

Lewerenz S. (2007), „Völkerschauen und die Konstituierung rassifizierter Körper". In: T. Junge & I. Schmincke (Hg.), *Marginalisierte Körper. Beiträge zur Soziologie und Geschichte des anderen Körpers.* Münster: Unrast-Verlag.

Lewis R. (1983), „Everything Under One Roof: World's Fairs and Department Stores in Paris and Chicago". *Chicago History, Nr. 12.3.*

Liauzu C. (1992), *Race et Civilisation. L'Autre dans la culture occidentale.* Paris: Syros.

Lindfor s B. (1979), *A Zulu View of Victorian London.* Pasadena: California Institute of Technology, *Munger Africana Library Notes, Nr. 48.*

Lindfor s B. (1983a), „Circus Africans". *Journal of American Culture, Nr. 6.2.*

Lindfor s B. (1983b), „The Hottentot Venus and other African attractions in nineteenth-century England". *Australasian Drama Studies, Nr. 1.2.*

Lindfor s B. (1985), „Courting the Hottentot Venus". *Africa. Rivista trimestriale di Studi e documentazione dell'Istituto Italo-africano,* Rom, *Nr. 40.*

Lindfor s B. (1996), „Hottentot, Bushman, Kaffir: Taxonomic Tendencies in Nineteenth-Century Racial Iconography". *Nordic Journal of African Studies, Nr. 5.2.*

Lindfor s B. (Hg.) (1999a), *Africans on Stage, Studies in Ethnological Show Business.* Bloomington: Indiana University Press.

Lindfor s B. (1999b), „Charles Dickens and the Zulus". In: B. Lindfor s (Hg.), *Africans on Stage: Studies in Ethnological Show Business.* Bloomington: Indiana University Press.

Lindfor s B. (2002), „Le Docteur Kahn et les Niam-Niams". In: N. Bancel, P. Blanchard , G. Boët sch, É. Der oo & S. Lemaire (Hg.), *Zoos humains. De la Vénus hottentote aux reality shows.* Paris: La Découverte.

Linds ay D. & Washing t on E. S. (1952), *A Portrait of Britain Between the Exhibitions, 1851-1951.* Oxford: Clarendon Press.

Linn aeus C. von (1758), *Systema Naturae.* Editio decima, Laur: Salvius.

Liot ard P. (2002), „Des zoos humains aux stades: le spectacle des corps". In: N. Bancel, P. Blanchard , G. Boët sch, É. Der oo & S. Lemaire (Hg.), *Zoos humains. De la Vénus hottentote aux reality shows.* Paris: La Découverte.

LoBagola B. K. (1930), *LoBagola: An African Savage's Own Story.* New York: Knopf.

Lock M. (1993), „The Concept of Race: an Ideological Construct". *Transcultural Psychiatric Research Review, Nr. 30.*

Locke J. (1965 [1690]), *Two Treatises of Government.* New York: Peter Laslett/American New Library.

Lombard D. (Hg.) (1991), *Rêver l'Asie. Exotisme et littérature coloniale aux Indes, en Indochine et en Insulinde.* Paris: EHESS.

Lombard D. (1992), „Le Kampong javanais à l'Exposition universelle de Paris en 1889". *Archipel, Nr. 43.*

Lombroso C. & Carrara M. (1896a), „Contributo all'antropologia dei Dinka". *Giornale della R. Accademia di Medicina di Torino, Bd. II, Nr. 59.4.* Turin: Bocca.

Lombroso C. & Carrara M. (1896b), „Contributo all'antropologia dei Dinka". *Archivio di Psichiatria, Scienze Penali ed Antropologia criminale, Nr. 17-4.* Turin: Bocca.

López Jaena G. (1889), „Filipinas en la Exposición Universal de Barcelona". In: *Ateneo Barcelonés. Conferencias públicas relativas a la Exposición Universal de Barcelona.* Barcelona: Tipo-litografía de Busquets y Vidal.

Lorian A. (1968), „Variétés: les expositions de l'industrie française à Paris 1798-1806". *Revue de l'Institut Napoléon, Nr. 108.*

Lorimer J. (1973), *The Ex: A Picture History of the Canadian National Exhibition.* Toronto: James Lewis & Samuel.

Lott E. (1992), „Love and Theft: The Racial Unconscious of Blackface Minstrels". *Representations, Nr. 39.*

Lott E. (1993), *Love and Theft: Blackface Minstrelsy and the American Working Class.* New York: Oxford University Press.

Louis A. (1888), „Les Hottentots". *La Science illustrée, Nr. 10.*

Lovejoy O. (1964), *The Great Chain of Beings.* Cambridge: Harvard University Press.

Luce H. (1941), „The American Century", *Life, 17. Februar 1941.*

Luckhurst K. W. (1951), *The Story of Exhibitions.* London / New York: Studio Publications.

Lüderwaldt A. (1992), „... den Warenproben Lokalfarbe zu verleihen ...: 1890-1990. 100 Jahre, Handels- und Kolonialausstellung in Bremen". *TenDenZen, Nr. 1.*

Lumholtz c. (1889), „Chez les Cannibales". *Le Tour du Monde, Nr. 25.*

Luschka H. von (1864), „Die Anatomie des menschlichen Beckens". In: H. von Luschka, *Die Anatomie des Menschen in Rücksicht auf die Bedürfnisse der praktischen Heilkunde, Bd. 2.* Tübingen: H. Laupp.

Lüsebrink H.-J. (1995), „La Grande Nation et ses provinces. De la fonction créatrice d'identité des expositions coloniales, à l'exemple de la France". In: *Kolonialausstellungen. Begegnungen mit Afrika?* Frankfurt: IKO/Verlag für Interkulturelle Kommunikation.

Lüsebrink H.-J. (2002), „De l'Exhibition à la prise de parole". In: N. Bancel, P. Blanchard, G. Boëtsch, É. Deroo & S. Lemaire (Hg.), *Zoos humains. De la Vénus hottentote aux reality shows.* Paris: La Découverte.

Lutz H. (2007), *Abraham Ulrikab im Zoo. Tagebuch eines Inuk, 1880/1881.* Wesel: VdL-Verlag.

Mabire J.-C. (2000), *L'Exposition universelle de 1900.* Paris / Montréal: L'Harmattan.

MacAloon J. (1981), *This Great Symbol: Pierre de Coubertin and the Origins of the Modern Olympic Games.* Chicago: The University of Chicago Press.

Macintyre M. & MacKenzie M. (1992), „Focal Length as an Analogue of Cultural Distance". In: E. Edwards (Hg.), *Anthropology and Photography, 1860-1920*. New Haven / London: Yale University Press.

Mack J. (1991), *Emil Torday and the Art of the Congo 1900-1909*. Seattle: University of Washington Press.

MacKenzie J. (1984), *Propaganda and Empire: The Manipulation of British Public Opinion, 1880-1960*. Manchester: Manchester University Press.

MacKenzie J. (Hg.) (1986), *Imperialism and popular culture*. Manchester: Manchester University Press.

MacKenzie J. (2002), „Les expositions impériales en Grande-Bretagne". In: N. Bancel, P. Blanchard , G. Boët sch, É. Der oo & S. Lemaire (Hg.), *Zoos humains. De la Vénus hottentote aux reality shows*. Paris: La Découverte.

MacKenzie J. (2008), „The Imperial Exhibitions of Great Britain". In: Blanchard P., Bancel N., Boët sch G., Der oo G., Lemaire S. & For sdick C. (Hg.), *Human Zoos: Science and Spectacle in the Age of Colonial Empires*. Liverpool: Liverpool University Press.

Maddra S. A. (2006), *Hostiles? The Lakota Ghost Dance and Buffalo Bill's Wild West*. Oklahoma: University of Oklahoma Press.

Maddra S. (2008), „American Indians in Buffalo Bill's Wild West". In: Blanchard P., Bancel N., Boët sch G., Der oo G., Lemaire S. & For sdick C. (Hg.), *Human Zoos: Science and Spectacle in the Age of Colonial Empires*. Liverpool: Liverpool University Press, S. 134-141.

Madieu G. (1916), *Le cinéma colonisateur*. Alger: o. V.

Maffesoli M. (1985), *La Connaissance ordinaire. Précis de sociologie compréhensive*. Paris: Méridien Klincksieck.

Maffesoli M. (1988), *Le Temps des tribus. Déclin de l'individualisme dans les sociétés de masse*. Paris: Méridien Klincksieck.

Magnaghi R. M. (1983-1984), „America views her Indians at the 1904 World Fair in St. Louis". *Gateway Heritage, Nr. 4-3*.

Maguet F. (2006), „Des Indiens de papier. Entre réception royale et réception populaire". *Gradhiva, Nr. 3*.

Maha ux-pelletier M. (1963), *L'Œuvre civilisatrice des puissances européennes vue à travers les expositions coloniales internationales et nationales en France de 1906 à 1931*, Rapport pour le Diplôme. Paris: Institut National des Techniques de la Documentation, Conservatoire National des Arts et Métiers.

Mal cho w H. L. (1993), „Frankenstein's monster and images of race in nineteenth-century Britain". *Past and Present, Nr. 159*.

Mancer on G. (2002), „Les "sauvages" et les droits de l'homme: un paradoxe républicain". In: N. Bancel, P. Blanchard , G. Boët sch, É. Der oo & S. Lemaire (Hg.), *Zoos humains. De la Vénus hottentote aux reality shows*. Paris: La Découverte.

Mancer on G. (2003), *Marianne et les colonies*. Paris: La Découverte.

Mandell R. D. (1967), *Paris 1900: The Great World's Fair*. Toronto: University of Toronto Press.

Manouvrier L. (1881), „Sur les Fuégiens du Jardin d'Acclimatation". *Bulletins de la Société d'Anthropologie de Paris, 3. Série, Nr. 4*.

Manouvrier   L. (1882), „Sur les Galibis du Jardin d'Acclimatation". *Bulletins de la Société d'Anthropologie de Paris, 3. Série, Nr. 5.*

Manouvrier   L. (1883a), „Rapport sur les Araucans du Jardin d'acclimatation". *Bulletins de la Société d'Anthropologie de Paris, 3. Série, Nr. 6.*

Manouvrier   L. (1883b), „Rapport sur les Cinghalais du Jardin d'Acclimatation". *Bulletins de la Société d'Anthropologie de Paris, 3. Série, Nr. 6.*

Manouvrier   L. (1885), „Sur les Peaux Rouges du Jardin d'Acclimatation". *Bulletins de la Société d'Anthropologie, 3. Série, Nr. 8.*

Maresca   S. (1998), „Les apparences de la vérité ou les rêves d'objectivité du portrait photographique". *Terrain, Nr. 30.*

Maria ud A. (1989), *Des Canaques à Paris à l'occasion de l'Exposition coloniale,* unveröffentlichte Dissertation. Nizza: Université de Nice.

Marin   J. (1994), „Dimension historique de l'ethnocentrisme européen dans le processus de la domination coloniale et post-coloniale de l'Amérique". In: J. Bl omar t & B. Kre wer (Hg.), *Perspectives de l'interculturel.* Paris: L'Harmattan.

Mar ongiu Buon aiuti G. (1982), *Politica e religioni nel colonialismo italiano 1882-1941.* Mailand: Giuffré.

Marseille, les Expositions coloniales 1906-1922: *Vieille Charité, Novembre 1982-Février 1983,* (1982). Marseille: Centrale d'Achat, d'Impression et d'Edition C.B.R.

Mar tial R. (1934), *La Race française.* Paris: Mercure de France.

Mar tial R. (1942), *Les Métis.* Paris: Flammarion.

Mar tin H. (1878), „Allocution sur ‚la science de l'homme'". *Bulletins de la Société d'Anthropologie de Paris, 3. Série, Nr. 1.*

Mar tin P . & Moncond 'Huy D. (2004), *Curiosité et cabinets de curiosités.* Neuilly: Atlande.

Mar tink us-Zemp A. (1975), *Le Blanc et le Noir. Essai d'une description de la vision du Noir par le Blanc dans la littérature française de l'entre-deux-guerres.* Paris: Nizet.

Maschietti   G., Muti M. & Passerin d'Entre ves P. (1988), *Serragli e menagerie in Piemonte nell'ottocento sotto la real casa Savoia.* Turin: Umberto Allemandi.

Mason P . & Báez Allende   C. (2005), „In heavy chains like Bengal tigers. Native peoples of tierra del fuego on show in London in 1889". *Jahrbuch für Geschichte Lateinamerikas, Nr. 42.*

Mason P . (1998), *Infelicities, Representations of the Exotic.* Baltimore: Johns Hopkins University Press.

Mason P . (2002a), „En tránsito: los fueguinos, sus imágenes en Europa, y los pocos que regresaron". In: C. Odone & P. Mason (Hg.), *Culturas de Patagonia: 12 miradas,* Ediciones Cuerpos Pintados, Santiago de Chile, S. 315-372.

Mason P . (2002b), „Une troupe d'Onas exhibée au musée du Nord: reconstruction d'un dossier perdu de la police des étrangers de Bruxelles". In: N. Bancel, P. Blanchard , G. Boët sch, É. Der oo & S. Lemaire (Hg.), *Zoos humains. De la Vénus hottentote aux reality shows.* Paris: La Découverte, S. 245-252.

Mason P . & S. Gr unziw ski (1998), *Infelicities, Representations of the Exotic.* Baltimore: Johns Hopkins Univiersity Press.

Massa A. (1974), „Black Woman in the White City". *Journal of American Studies, Nr. 8.*

Mathieu C. (2007), *Les expositions universelles à Paris: architectures réelles ou utopiques*. Paris / Mailand: Musée d'Orsay / 5 Continents.

Mathur S. (1998), *Exhibits of Empire: Visual Displays of Colonial India*. Dissertation. New York: New School for Social Research.

Matsuda K. (1996), „Pabilion gakujutsu jinruikan" [Der anthropologische Pavillon], *Nihon gakuhô* [Japan-Bulletin], *Nr. 15*.

Matsumura A. (1903a), „Ôsaka no jinruikan" [Der anthropologische Pavillon in Ôsaka], *Tôkyô Jinrui gakkai zasshi* [*Zeitschrift der Anthropologischen Gesellschaft Tokio*], *Nr. 205.4*.

Matsumura A. (1903b), s.t. [Bericht über die Ausstellung von 1903], *Tôkyô jinrui gakkai zasshi* [*Zeitschrift der Anthropologischen Gesellschaft Tokio*], *Nr. 205.4*.

Mattie E. (1998), *World's Fairs*. New York: Princeton Architectural Press.

Mattioli A. (1996), „Völkerschauen". *Neue Wege. Beiträge zu Christentum und Sozialismus, Nr. 90*.

maurois A. (1931), *Sur le vif, L'exposition coloniale*. Paris: Degorce.

Maxwell A. (2000), *Colonial Photography and Exhibitions. Representations of the Native and the Making of European Identities*. Leicester: Leicester University Press.

Maxwell A. (2002), „Montrer l'autre: Franz Boas et des sœurs Gerhard". N. Bancel, P. Blanchard , G. Boëtsch, É. Deroo & S. Lemaire (Hg.), *Zoos humains. De la Vénus hottentote aux reality shows*. Paris: La Découverte.

May K. H. (1993) „German Stereotypes of Native Americans in Context of Karl May and Indianertümelei". In: N. Clerici (Hg.), *Victorian Brand Indian Brand: The White Shadow on the Native Image*. Turin: Il Segnalibro.

McArthur C. (1986), „The Dialectic of National Identity: The Glasgow Empire Exhibition of 1938". In: T. Bennett , C. Mercer & J. Woolla cott (Hg.), *Popular Culture and Social Relations*. Milton Keynes: Open University Press.

McCarthy C. (2007), *Exhibiting Maori. A history of colonial cultures of display*. Oxford: Berg.

McClintock A (1994), *Imperial Leather. Race, Gender and Sexuality in the Colonial Contest*. London: Routledge.

McConachie B. A. (1993), „Museum Theater and the Problem of Respectability for Mid-Century Urban Americans". In: *The American Stage, Social and Economic Issues from the Colonial Period to the Present*. New York: Cambridge University Press.

McCormick E. H. (1977), *Omai, Pacific Envoy*. Auckland: Auckland University Press; Oxford: Oxford University Press.

McCull ough E. (1957), *Good Old Coney Island*. New York: Charles Scribner's Sons.

McCull ough E. (1976), *World's Fair Midways*. New York: Arno Press.

McLaren A. (1981), „Prehistory of the Social Sciences. Phrenology in France". *Comparative Studies in Society and History, Nr. 23*, 3-22.

McMurtr y L. (2005), *The Colonel and Little Missie: Buffalo Bill, Annie Oakley, & the Beginnings of Superstardom in America*. New York: Simon & Schuster.

McNamara Brooks A. (1974), „Congress of Wonders, The Rise and Fall of the Dime Museum". *Esquire, Nr. 20*.

Meer-Walter S. (2003), „Der Rassismus als inszeniertes Spektakel. Menschen als Exponate – Völkerschauen im 19. Jahrhundert". *Geschichte lernen, Bd. 16, Nr. 93*.

Meier A. & Rudwick E. M. (1966), „Negro Protest at the Chicago World's Fair, 1933-1934". *Illinois State Historical Society Journal, Nr. 59.2.*

Meigs J. A. (1857), *Catalogue of human crania in the collection of the academy of natural sciences of Philadelphia, based upon the third edition of Dr Morton's ‚Catalogue of Skulls'.* Philadelphia: Lippincott & Co.

Meinecke G. H. & Hell gre we R. (Hg.) (1897), *Amtlicher Bericht über die ‚Deutsche Kolonial-Ausstellung'.* Berlin: Reimer.

Meller H. (1995), „Philantrophy and Public Enterprise: International Exhibitions and the Modern Town Planning Movement, 1889-1913". *Planning Perspectives, Nr. 10.3.*

Mer genthaler V. (2005), *Völkerschau – Kannibalismus – Fremdenlegion. Zur Ästhetik der Transgression (1897-1936).* Tübingen: Niemeyer.

Meriel P . de (1902), „Les Hindous du Jardin d'Acclimatation". *La Nature, Nr. 30.2.*

Meunier C. (1992), *Ring noir, Quand Apollinaire, Cendrars, Picabia découvraient les boxeurs nègres.* Paris: Plon.

Meynier G. (1993), „Volonté de propagande ou inconscient affiché: Images et imaginaire coloniaux français dans l'entre-deux-guerres". In: P. Blanchard & A. Chatelier (Hg.), *Images et Colonies.* Paris: Syros / Achac.

Michler W. Darwinismus und Literatur. Naturwissenschaftliche und literarische Intelligenz in Österreich 1859-1914. Wien, Köln, Weimar: Böhlau 1999 (Literaturgeschichte in Studien und Quellen 2).

Milano (1906), *L'Esposizione illustrata di Milano 1906. Giornale Ufficiale del Comitato Esecutivo.* Mailand: Sonzogno.

Miles R. (1980), „Class, Race and Ethnicity: A Critique of Cox's Theory". *Racial and Ethnic Studies, Nr. 8.3.*

Miller C. L. (1995), „Hallucinations of France and Africa in the Colonial Exhibition of 1931 and Ousmane Socé's *Mirages de Paris".* Paragraph, Nr. 18.1.*

Miller C. L. (1998), *Nationalists and Nomads: Essays on Francophone African Literature and Culture.* Chicago: University of Chicago Press.

Miller D. T. (1987), „The Columbian Exposition of 1893 and the American National Character". *Journal of American Culture, Nr. 10.2.*

Minder P. (2002), „La construction du colonisé dans une métropole sans Empire: le cas de la Suisse (1880-1939)". In: N. Bancel, P. Blanchard , G. Boët sch, É. Der oo & S. Lemaire (Hg.), *Zoos humains. De la Vénus hottentote aux reality shows.* Paris: La Découverte.

Minder P. (2005a), „Le corps monstrueux à la foire. Nains d'ailleurs, nains de chez nous". In: G. Boët sch (Hg.), *Le Corps de l'Alpin: perceptions, représentations, modifications.* Marseille: Editions des Hautes-Alpes.

Minder P. (2005b), „Menschen-Zoos. Im Zeitalter der Völkerschauen" Text online, *URL: http:// www.tacite.ch/doc/Histoire%20%28site%29/Recherches%20academiques/Articles%20 parus/Uebersetzung_2005.pdf.* <nicht mehr online verfügbar>.

Minder P. (2006b), „Comment les images coloniales ont influencé la Suisse. Esquisse pour une analyse historique de la représentation des Africains dans l'iconographie helvétique (1880-1939)". *Corps, Nr. 1.*

Minder P. (2006b), *Histoire et anthropologie du corps.* Fribourg: Editions Alizés.

Minder P. (2008), „Human Zoos in Switzerland". In: Blanchard P., Bancel N., Boëtsch G., Deroo G., Lemaire S. & Forsdick C. (Hg.), *Human Zoos: Science and Spectacle in the Age of Colonial Empires.* Liverpool: Liverpool University Press.

Minder P. (2011), *La Suisse coloniale. Les représentations de l'Afrique et des Africains en Suisse au temps des colonies (1880-1939).* Bern: Peter Lang.

Minder P. (2003), „Regards suisses sur l'Afrique et les Africains au temps des colonies et des ‚zoos humains'", *Cartable de Clio, Nr. 3.* Lausanne: Editions LEP Loisirs et pédagogie.

Mitchell M. (1979), *Monsters of a Gilded Age.* Toronto: Gage.

Mitchell M. (2002), *Monsters. Human Freaks in America's Gilded Age.* Toronto: ECW.

Mitchell S. (2003), „Exhibiting Monstrosity: Chang and Eng, the ‚original' Siamese twins". Endeavour, *Bd. XXVII, Nr. 4.*

Mitchell T. (1988), *Colonising Egypt.* Cambridge: Cambridge University Press.

Mitchell T. (1989), „The World as Exhibition". *Comparative Studies in Society and History, Nr. 31.2.*

Mitchell T. (1992), „Orientalism and Exhibitionary Order". In: Dirks N. B. (Hg.), *Colonialism and Culture.* Ann Arbor: University of Michigan Press, S. 289ff.

Möhle H. (2006), *Zwischen Völkerschau und Kolonialinstitut – AfrikanerInnen im kolonialen Hamburg.* Hamburg [...]: o.V.

Momigliano A. (1983), „L'Histoire ancienne et l'antiquaire". In: *Problèmes d'historiographie ancienne et moderne.* Paris: Gallimard.

Momigliano A. (1992), *Les Fondations du savoir historique.* Paris: Les Belles Lettres.

Moncelon M. (1885), „Présentation d'un Canaque Néo-Calédonien". *Bulletins de la Société d'Anthropologie de Paris, 3. Série, Nr. 8.*

Monestier M. (2007), *Les monstres. Histoire encyclopédique des phénomènes humains, des origines à nos jours,* Paris: Le Cherche-midi.

Monod E. (1890), *Exposition universelle de 1889, grand ouvrage illustré.* Paris: Editions Dentu.

Montagu A. (1971), *The Elephant Man.* New York: Outerbridge/Dienstfrey.

Montaut A. (1990), „Le rêve du philologue au XIXe siècle, flexions et origine". „Rêver l'Inde". *Corps écrit, Nr. 34.*

Morel P. (Hg.) (2006), *L'art de la renaissance entre science et magie.* Paris: Somogy.

Morris B. (1992), „Frontier Colonialism as a Culture of Terror". *Journal of Australian Studies, Nr. 35.*

Morris D. (1968), *Der nackte Affe.* München: Droemer-Knaur.

Morris D. (1969), *Der Menschen-Zoo.* München: Droemer-Knaur.

Mortillet G. de (1877), „Exposition Universelle de 1878. Palais du Trocadéro". *La Nature, Nr. 6.2.*

Mortillet G. de (1878), „Ouverture de l'exposition des sciences anthropologiques". *Bulletins de la Société d'Anthropologie de Paris, 3. Série, Nr. 1.*

Morton P. (2000), *Hybrid Modernities. Architecture and Representation at the 1931 Colonial Exposition, Paris.* Boston: MIT Press.

Morton S. (1844), *Crania Aegyptiaca, or Observations on Egyptian Ethnography, derived from Anatomy, History and the Monuments.* Philadelphia: J. Pennington.

Moses L. G. (1991), „Indians on the Midway: Wild West Shows and the Indian Bureau at World's Fairs, 1893-1904". *South Dakota History, Nr. 21.*

Moses L. G. (1996), *Wild West Shows and the Images of American Indians, 1883-1933*. Albuquerque: University of New Mexico Press.

Moura J.-M. (1998), *La Littérature des lointains. Histoire de l'exotisme européen du XXᵉ siècle*. Paris: Champion.

Mouralis B. (1999), *République et colonies*. Paris / Dakar: Présence africaine.

Moussa S. (Hg.) (2002), *La Construction de la notion de race dans la littérature et les sciences humaines (XVIIIᵉ et XIXᵉ siècles)*. Paris: L'Harmattan.

Mucchielli L. (1996), „Autour des „Instruction sur les Boschimans" d'Henri Thulié. Méthodes, enjeux et conflits de l'anthropologie française à la fin du XIXᵉ siècle". In: C. Blanckaer t (Hg.) (1996), *Le Terrain des Sciences humaines, Instructions et Enquêtes (XVIIIᵉ-XXᵉ s.)*. Paris: L'Harmattan.

Mueller R. (1986), „Javanese Influence on Debussy's Fantaisie and Beyond". *19ᵗʰ Century Music, Nr. 10.2.*

Mulvaney D. J. (1989), *Encounters in Place. Outsiders and Aboriginal Australians 1606-1985*. St Lucia: University of Queensland Press.

Musée Impérial d'histoire naturelle (1860), *Instructions pour les voyageurs et les employés dans les colonies sur les manières de recueillir, de conserver et d'envoyer les objets d'histoire naturelle*. Paris: Martinet.

Myer s R. H. & Peattie M. R. (Hg.) (1984), *The Japanese Colonial Empire (1895-1945)*. Princeton: Princeton University Press.

Nadailla c M. de (1889), „Les sciences anthropologiques à l'Exposition Universelle de 1889". *La Nature, Nr. 17.2.*

Nadailla c M. de (1891), „Les Peaux-rouges". *La Nature, Nr. 19.1.*

Nagel K.-J. (1992), „'Multikulturelle Gesellschaft' und staatliche Interventionspolitik in der Stadt Barcelona zwischen den Weltausstellungen von 1888 und 1929". *Archiv für Sozialgeschichte, Nr. 32.*

Nagel S. (2009), „Kapitel 8: Völkerschauen". In: S. Nagel, *Schaubuden. Geschichte und Erscheinungsformen*. Münster: http://www.schaubuden.de/ (abgefragt am 17. März 2012).

Namer G. (1981), „Les Imaginaires dans l'Exposition de 1937". *Cahiers internationaux de sociologie, Nr. 28.*

Nant a A. (2003), „Koropokgrus, Aïnous, Japonais, aux origines du peuplement de l'archipel. Débat chez les anthropologues, 1884-1913". *Ebisu, études japonaises, 30*. Tokio: Maison franco-japonaise.

Nant a A. (2006), „L'altérité aïnoue dans le Japon moderne". *Annales HSS, Nr. 61.1.*

Nant a A. (2008), „Colonial Expositions and Ethnic Hierarchies in Modern Japan". In: Blanchard P., Bancel N., Boët sch G., Der oo G., Lemaire S. & For sdick C. (Hg.), *Human Zoos: Science and Spectacle in the Age of Colonial Empires*. Liverpool: Liverpool University Press.

Nant a A. (2010), „Torii Ryûzô: discours et terrains d'un anthropologue et archéologue japonais du début du XXᵉ siècle". *Bulletins et Mémoires de la Société d'Anthropologie de Paris, Nr. 22*, 24-37.

Naranjo J. (Hg.) (2006), *Fotografía, antropología y colonialismo (1845-2006)*. Barcelona: Gustavo Gili.

Nation al Anthr opol ogical Ar chives (o. J.), *Records of the Anthropology Department*. Washington: Smithsonian Institution.

Navailles J.-P. (1996), *Londres victorien. Un monde cloisonné.* Seyssel: Epoques Champ Vallons.

Ndiaye F. (Hg.) (1994), *Secrets d'initiés: masques d'Afriques noire dans les collections du Musée de L'Homme,* Ausstellungskatalog. Paris: Editions Sépia.

Neder veen Pieter se J. J. & Parekh B. (1995), *The Decolonization of Imagination. Culture, Knowledge and Power.* London: Zed Books.

Neder veen Pieter se J. J. (1992), *White on Black. Images of Africa and Blacks in Western Popular Culture.* New Haven / London: Yale University Press.

Nesteb y J.-R. (1982), *Black Images in American Films, 1896-1954: The Interplay Between Civil Rights and Film Culture.* Washington: University Press of America.

Nett o P. (2005), „Reclaiming the body of the 'Hottentot': The vision and visuality of the body speaking with vengeance". *European Journal of Women's Studies, Nr. 12.*

Nickell J. (2005), *Secrets of the Sideshows.* Lexington: University Press of Kentucky.

Niemeyer G. H. W. (1972), *Hagenbeck. Geschichte und Geschichten.* Hamburg: o. V.

Norindir P. (1995), „Representing Indochina: The French Colonial Fantasmatic and the Exposition Coloniale de Paris". *French Cultural Studies, Nr. 6.1.*

Nor ton P. F. (1965), „World's Fairs in the 1930s". *Journal of the Society of Architectural Historians, Nr. 24.1.*

Novico w J. (1897), *L'Avenir de la race blanche. Critique du pessimisme contemporain.* Paris: Alcan.

O'Neil J. (1996), *The Authority of Experiences: Sensationist Theory in the French Enlightenment.* University Park, Penn: The Pennsylvania State University Press.

Ôe S. (Hg.) (1993), *Kindai Nihon to shokuminchi* [*Das moderne Japan und seine Kolonien*]. Tokio: Iwanami shoten, 8 Bände.

Oestereich C. (2000), „Umstrittene Selbstdarstellung: Der deutsche Beitrag zur Weltausstellung in Brüssel 1958". *Vierteljahrshefte für Zeitgeschichte, Nr. 48.1.*

Olivier (1931), *Exposition coloniale de Paris 1931, rapport général présenté par le gouverneur Olivier.* Paris: Imprimerie Nationale.

Olivier E. (1882), „L'étude scientifique de la Tunisie". *Revue des sciences pures et appliquées, Nr. 21.*

Olm C. & Simone L. (1993), *Les Expositions universelles, 1851-1900.* Paris: Belin.

Ortiz R. D. (1992), „Aboriginal People and Imperialism in the Western Hemisphere". *Monthly Review, Nr. 4.*

Or tner S. (1984), „Theory in Anthropology since the Sixties". *Comparative Studies in Society and History, Nr. 16.1.*

Or y P. (1982), *Les expositions universelles de Paris.* Paris: Ramsay.

Or y P. (1983), „Plus dure sera la chute: les pavillons françaises aux expositions internationales de 1939". *Relations Internationales, Nr. 33.*

Or y P. (1989), *L'Expo universelle, 1889. La mémoire des siècles.* Brüsssel: Complexe.

Osborne M. A. (1994), *Nature, the Exotic, and the Science of French Colonialism.* Bloomington: Indiana University Press.

Oschinsky L. (1959), „A Reappraisal of Recent Serological, Genetic and Morphological Research on Taxonomy of the Races of Africa and Asia". *Anthropologica, Nr. 1.*

Ottmann V. (Hg., 1922): *John Hagenbeck, Fünfundzwanzig Jahre Ceylon.*

Paesons N. (1999), „'Clicko', Franz Taaibosch, South African Bushman Entertainer in England, France, Cuba, and the United States, 1908-1940". In: B. Lindfor s (Hg.), *Africans on Stage: Studies in Ethnological Show Business.* Bloomington: Indiana University Press.

Pagden A. (1982), *The Fall of Natural Man. The American Indian and the Origins of comparative Ethnology*. Cambridge / London: Cambridge University Press.

Pajot S. (2003), *De la femme à barbe à l'homme-canon. Phénomènes de cirque et de baraque foraine*. Le Château d'Olonne: Editions d'Orbestier.

Palà S. (Hg.) (1981), *Documents Exposition Coloniale, Paris, 1931*. Paris: Imprimerie du Service Technique des Bibliothèques de la Ville de Paris.

Palermo (1892), *Esposizione Nazionale in Palermo 1891-92. Guida della Mostra Eritrea*. Palermo: Città di Castello.

Palma S. (1999), *L'Italia coloniale*. Rom: Editori Riuniti.

Papet E. (2001), *A fleur de peau: le moulage sur nature au XIXe siècle*. Paris: Réunion des Musées Nationaux.

Pare A. (1982), *On Monsters and Marvels*. Chicago: University of Chicago Press.

Parez o N. (2005), *Anthropology Days, Fabricating and Testing Racial Strength and Endurance at the 1904 Louisiana Purchase Exposition*, Third Annual Meeting of the Cultural Studies Association, Tucson: University of Arizona.

Parris J. & Shaw A. G. L. (1980), „The Melbourne International Exhibition 1880-1881". *Victorian Historical Journal, Nr. 4.27-30*.

Parr y B. (2004), *Postcolonial Studies: A Materialist Critique*. London: Routledge.

Par sons Q. N. (1988), „Frantz and Klikko. The Wild Dancing Bushman: A Case Study in Khoisan Stereotyping". *Botswana Notes and records, Nr. 20*.

Pastern ak B. (1986), „Safe Conduct". In: *The Voice of Prose. Bd. 1*. New York: Grove Press.

Paudra t J.-L. (1991), „Arrivée des arts africains en Occident". In: W. Rubin (Hg.), *Le primitivisme de l'art du XXe siècle: les histoires modernes devant l'art tribal*. Paris: Flammarion.

Paust B. (1996), *Studien zur barocken Menagerie in deutschsprachigen Raum*. Worms: Wernesche Verlagsgesellschaft.

Peabody S. & St ovall T. (Hg.) (2003) *The Color of Liberty. Histories of Race in France*. Durham / London: Duke University Press.

Peacock S. (1995), *The Great Farini: The High-Wire Life of William Hunt*. Toronto: Viking.

Peacock S. (1999), „Africa meets the Great Farini". In: B. Lindfor s (Hg.), *Africans on Stage. Studies in Ethnological Show Business*. Bloomington: Indiana University Press.

Peacock S. (2008), „Africa meets the Great Farini". In: Blanchard P., Bancel N., Boët sch G., Der oo G., Lemaire S. & For sdick C. (Hg.), *Human Zoos: Science and Spectacle in the Age of Colonial Empires*. Liverpool: Liverpool University Press, S. 174-194.

Peavy L. & Smith U. (2008), *Full-Court Quest. The Girls from Fort Shaw Indian School Basketball Champions of the World*. Norman: University of Oklahoma Press.

Peer S. L. (1998), *France on Display: Peasants, Provincials, and Folklore in the 1937 World's Fair*. Albany: State University of New York Press.

Pegler M. & Rimmer G. (1999), *Buffalo Bill's Wild West*. Leeds: Royal Armouries Museum.

Péharpré S. (1992), „Les Indiens des Salons parisiens". In: Wiesinger V. (Hg.), *Sur le Sentier de la Découverte: Rencontres franco-indiennes du XVIe au XXe siècle. (Crossing Paths: French-Indian Encounters, 16th to 20th century: French/English)*. Paris: RMN / Musée National de la Coopération franco-américaine.

Pel c O. & Gretz schel M. (1998), *Hagenbeck. Tiere, Menschen, Illusionen*. Hamburg: Springer.

Pel c O. (2003), „Die Völkerschauen der Hagenbecks". In: K-H. Ziesso w (Hg.), *Zur Schau gestellt. Ritual und Spektakel im ländlichen Raum.* Cloppenburg: o.V.

Penel J.-D. (1982), *Homo Caudatus, l'homme à queue d'Afrique Centrale, un avatar de l'imaginaire occidental.* Paris: SELAF.

Penny H. G. (2006), „Illustriertes Amerika. Der Wilde Westen in deutschen Zeitschriften 1825-1890". In: P. Kor t & M. Hollein (Hg.), *I like America. Fiktionen des Wilden Westens.* Frankfurt a. M.: Prestel.

Perier J.-A.-N. (1865), „Essai sur les croisement ethniques. Troisième mémoire". *Mémoires de l'École d'Anthropologie de Paris, Band II.*

Perkins M. & Tonkin W. E. (1994), *Postcards of the British Empire Exhibition, Wembley, 1924 & 1925.* Chippenham / Wiltshire: Anthony Rowe.

Pernick M. (1996), *The Black Story. Eugenics and the Death of ,Defective' Babies in American Medicine and Motion Pictures Since 1915.* New York: Oxford University Press.

Piaul t M.-H. (2000), *Anthropologie et cinéma.* Paris: Nathan.

Picard L. (2000), *Dr. Johnson's London. Life in London 1740-1770.* London: Phoenix Press.

Pickering M. (1991), „Mock Blacks and Racial Mockery: The ,Nigger' Minstrel and British Imperialism". In: J. S. Bra tt on (Hg.), *Acts of Supremacy.* Manchester: Manchester University Press.

Pickering M. (2001), *Stereotyping: The Politics of Representation.* Houndmills: Palgrave Macmillan.

Picone Petr usa M., Pessolano M. R. & Bianco A. (1988), *Le grandi esposizioni in Italia, 1861-1911: la competizione culturale con l'Europa e la ricerca dello stile nazionale.* Neapel: Liguori Editore.

Picque B. (1993), *De l'acclimatement à l'acclimatation. Étude du discours hygiéniste sur la colonisation dans la seconde moitié du XIXe siècle,* unveröffentlichte M. A. Thesis. Paris: Université de Paris I.

Pingeo t A. (1988), *1878: la 1ère exposition universelle de la république.* Paris: Éditions de la Réunion des Musées Nationaux.

Pingeo t A. (Hg.) (1990), *Le corps en morceaux.* Paris: Musée d'Orsay / RMN.

Pinne y C. (1992), „The Parallel Histories of Anthropology and Photography". In: E. Edwards (Hg.), *Anthropology and Photography, 1860-1920.* New Haven / London: Yale University Press.

Pinot de Villechenon F. (1992), *Les expositions universelles, pour quoi faire?* Paris: PUF, coll. „Que sais-je?".

Pir otte J. (Hg.) (1982), *Stéréotypes nationaux et préjugés raciaux aux XIXe et XXe siècles.* Louvain-la-Neuve: Université de Louvain.

Pit on N. (2002), „Entre science et spectacle: des Aborigènes sur la scène des Folies Bergère". In: N. Bancel, P. Blanchard , G. Boët sch, É. Der oo & S. Lemaire (Hg.), *Zoos humains. De la Vénus hottentote aux reality shows.* Paris: La Découverte.

Pizzorni Itié F. (1992), „Roland Bonaparte (1858-1924)". In: B. Cout ancier, *Peaux-Rouges, Autour de la collection du prince Roland Bonaparte.* Thonon-les-Bains: L'Albaron / Photothèque du Musée de l'Homme.

Pl uchon P. (1984), *Nègres et Juifs au XVIIIe siècle: le racisme au siècle des lumières.* Paris: Tallendier.

Pl uvin age G. (Hg.) (2008), *Expo 58. Entre utopie et réalité.* Brüssel: Archives de la Ville de Bruxelles / Archives de l'État en Belgique / Éditions Racine.

Poignant R. (1980), *Observers of Man*. London: Royal Anthropological Institute.

Poignant R. (1990), „Surveying the Field of View". In: E. Edwards (Hg.), *Anthropology and Photography 1860-1920*. New Haven, London: Yale University Press, The Royal Anthropological Institute.

Poignant R. (1993), „Captives Aboriginal lives". In: K. Darian- Smith (Hg.), *Working papers in Australian Studies, Nr. 85, 86, 87.*

Poignant R. (1997), „À la recherche de Tambo". *The Olive Pink Society Bulletin, Nr. 1 und Nr. 2*, Australien.

Poignant R. (2002), „Les Aborigènes: ‚sauvages professionnels' et vies captives". In: N. Bancel, P. Blanchard , G. Boëtsch, É. Deroo & S. Lemaire (Hg.), *Zoos humains. De la Vénus hottentote aux reality shows*. Paris: La Découverte.

Poignant R. (2004), *Professional savages, captive lives and Western spectacle*. New Haven: Yale university press.

Poliakov L. (1975), „Le Fantasme des êtres hybrides et la hiérarchie des races aux XVIIIe et XIXe siècles". In: L. Poliakov (Hg.), *Hommes et bêtes. Entretiens sur le racisme*. Paris / Den Haag: Mouton.

Pomian K. (1987), *Collectionneurs, amateurs et curieux. Paris, Venise: XVIe-XVIIIe siècle*. Paris: Gallimard.

Poole D. (1997), *Vision, Race und Modernity. A Visual Economy of the Andean Image World*. Princeton: Princeton University Press.

Post R. C. (1983), „Reflections of American Science and Technology at the New York Crystal Palace Exhibition of 1853". *Journal of American Studies, Nr. 17.3.*

Pothorn H. (1966), *Die bunte Völkerschau. Ein modernes Bildungsbuch für die Jugend*. München: Südwest-Verlag.

Pouillon F. (1993), „Simplification ethnique en Afrique du Nord, Maures, Arabes et Berbères (XVIIIe-XXe siècles)". *Cahiers d'études africaines, Nr. 129.*

Pred A. R. (1991), „Spectacular Articulations of Modernity: The Stockholm Exhibition of 1897". *Geografiska Annaler. Series B, Human Geography, Nr. 73.1.*

Price S. (1989), *Primitive Art in Civilized Places*. Chicago: University of Chicago Press.

Price S. (2007), *Paris Primitive: Jacques Chirac's Museum on the Quai Branly*. Chicago: University of Chicago Press.

Prochaska D. (1989), „L'Algérie imaginaire. Jalons pour une histoire de l'iconographie coloniale". *Gradhiva, Nr. 7.*

Puccini S. (1999), *Andare Lontano. Viaggi ed etnografia nel secondo Ottocento*. Rom: Carocci.

Purcell L. E. (1976), „The Centennial Exposition, 1876". *Palimpsest, Nr. 57.3.*

Putman F. W. (1893), *World's Columbian Exposition Scrapbooks, Bd. 2*. Harvard: Harvard University Archives.

Putnam F. W. (1994), *Portrait Types of the Midway Plaisance: Chicago World's Columbian Exposition 1893*. St. Louis: Thompson.

Pützstück L. (1997), „Exotenzauber vor Stadtmauer und Haustür. Völkerschauen im Kölner Zoo 1878-1932". *Zeitschrift des Kölner Zoos, Bd. 40, Nr. 4.*

Py C. & Vidart C. (1985), „Les musées d'anatomie sur les champs de foire". *Actes de la recherche en sciences sociales, Bd. 60.*

Pyenson L. (1993), *Civilizing Mission. Exact Sciences and French Overseas Expansion, 1830-1940*. Baltimore / London: The Johns Hopkins University Press.

Quasimodo (2000), *Fictions de l'étranger*. Montpellier: Quasimodo & Fils.

Quatref ages A. de (1867), *Rapport sur les progrès de l'anthropologie*. Paris: Imprimerie nationale.

Queenslander (1880), „Nevernever to Queenslander". In: *The Way We Civilise, The Queenslander, 8. Mai*.

Quison C. A. (1991), *Ethnographic Knowledge and the Display of Philippine Igorots in the Louisiana Purchase Exposition, 1904*, unveröffentlichte M. A. Thesis. Stony Brook / New York: University Stony Brook.

Quizon C. A. (1991), *Ethnographic Knowledge and the Display of Philippine Igorots in the Louisiana Purchase Exposition, 1904*. M. A. Thesis. New York: State University of New York / Stony Brook.

Qureshi S. (2004), „Displaying Sara Baartman, the ‚Hottentot Venus'", *History of Science, Nr. 42*.

Rabot C. (1889), „Les Lapons au Jardin d'Acclimatation". *La Nature, Nr. 17.1*.

Raiche S. J. (1972), „The World's Fair and the New St. Louis, 1896-1904". *Missouri Historical Review, Nr. 67.1*.

Rancière J. & Vauday P. (1988), „Going to the Expo: The Worker, His Wife and Machines". In: A. Rifkin & R. Thomas (Hg.), *Voices of the People: The Social Life of ‚La Sociale' at the End of the Second Empire*. London: Routledge & Kegan Paul.

Randazzo A. (2006), *Roma predona. Il colonialismo italiano in Africa, 1870-1943*. Mailand: Kaos.

Rankin E. (1989), „Further Sculptures by Mary Steinbank and a 1936 Document on Selection for the Empire Exhibition". *South African Journal of Cultural History, Nr. 3.4*.

Rapopor t M. (2009), „Le goût et l'esprit de l'Exposition: les Spielmann et les Kiralfy". *Synergies Royaume-Uni et Irlande, Nr. 2*.

Rasmussen A. & Schr oeder -Gudehus B. (1992), *Les fastes du progrès. Le guide des Expositions universelles, 1851-1992*. Paris: Flammarion.

Rasmussen A. (1989), „Les congrès internationaux liés aux Expositions universelles de Paris (1867-1900)". *Mil neuf cent, Cahier de Georges Sorel, Nr. 7*.

Raspe R. E. (1948), *Singular Travels, Campaigns and Adventures of Baron Munchausen*. London: o. V.

Rauch A. (1989), „Parer, paraître, apparaître. Histoires de la présence corporelle". *Ethnologie française, Nr. 2*.

Raymond P. (1893), „Les Paï-Pi-Bri au Jardin d'Acclimatation". *La Nature, Nr. 20.2*.

Razac O. (2000), *Histoire politique du barbelé*. Paris: La Fabrique Editions.

Razac O. (2002), *L'écran et le zoo: spectacles et domestication des expositions coloniales à Loft Story*. Paris: Denoël.

Rebérioux M. (1979), „Approches de l'histoire des expositions universelles à Paris du Second Empire à 1900". *Bulletin du Centre d'histoire économique et sociale de la région lyonnaise, Nr. 1*.

Red Shir t O. (1887), *The Sheffield & Rotherham Independent, 5. Mai 1887*.

Reddin P. (1999), *Wild West Shows*. Urbana / Chicago: University of Chicago Press.

Reed C. R. (1988), „A Reinterpretation of Black Strategies for Change at the Chicago World's Fair". *Illinois Historical Journal, Nr. 81.1*.

Reed C. R. (2000), *‚All the World Is Here!' The Black Presence at White City*. Bloomington: Indiana University Press.

Regnault F. (1893), „Les Dahoméens au Champ-de-Mars de Paris". *La Nature, Nr. 21.1.*

Regnault F. (1895), „Exposition ethnographique de l'Afrique Occidentale au Champ-de-Mars, à Paris, Sénégal et Soudan français". *La Nature, Nr. 24.2.*

Reichart E. (2006), *Health, „race" and empire: popular-scientific spectacles and national identity in imperial Germany. 1871-1914.* New York: State University of New York at Stony Brook.

Reimer D. (1897), „Deutschland und seine Kolonien im Jahre 1896 (1897)". *Amtlicher Bericht über die erste Deutsche Kolonialausstellung.* Berlin: Arbeitsausschuß der Deutschen Kolonialausstellung.

Reinhardt R. (1973), *Treasure Island: San Francisco's Exposition Years.* San Francisco: Scrimshaw Press.

Reinhardt R. (1981a), „She Never Saw the Streets of Cairo". *World's Fair, Nr. 1.2.*

Reinhardt R. (1981b), „The World from Chicago 1893: Ballyhoo". *World's Fair, Nr. 1.1.*

Reinhardt R. (1987), „Ezekiel's Wheel and the Wild Man of Borneo". *World's Fair, Nr. 7.4.*

Reiss B. (2001), *The Showman and the Slave: Race, Death, and Memory in Barnum's America.* Cambridge: Harvard University Press.

Reiss B. (2002), „P. T. Barnum, Joice Heth et les débuts des spectacles raciaux". In: N. Bancel, P. Blanchard , G. Boët sch, É. Deroo & S. Lemaire (Hg.), *Zoos humains. De la Vénus hottentote aux reality shows.* Paris: La Découverte.

Rembold E. (1999), „Negotiating Scottish Identity: The Glasgow History Exhibition 1911". *National Identities, Nr. 1.3.*

Renda M. (2001), *Taking Haiti: Military Occupation and the Culture of U.S. Imperialism 1915-1940.* Chapel Hill: University of North Carolina Press.

Renieu (1928), *Histoire des théâtres de Bruxelles.* Paris: Ducharte & Van Buggenhoudt.

Renou K. & Yoldjougl ou G. (Hg.) (1987), *Les expositions universelles: histoire d'un siècle, 1843-1944.* Paris: Livre de Paris.

Reszler A. (1986), *Mythes et identité de la Suisse.* Genf: Georg Éditeur.

Reuleaux F. (1900), „Ausstellungswesen 1851-1899". In: H. Kraemer (Hg.), *Das 19. Jahrhundert in Wort und Bild: Politische und Kultur-Geschichte.* Berlin: Deutsches Verlagshaus Bong.

Reutlingen H. von (1912), *Fürsten- und Völkerschau im Spiegel der Weltgeschichte.* Zschopau: o.V.

Revel E. (1942), *Leconte de Lisle animalier et le goût de la zoologie au XIXe siècle.* Marseille: Imprimerie du Sémaphore.

Revol P. (1996), „Observations sur les Fuégiens: du Jardin d'acclimatation à la Terre de Feu". In: C. Blanckaert (Hg.), *Le Terrain des Sciences humaines, Instructions et Enquêtes (XVIIIe-XXe s.).* Paris: L'Harmattan.

Reynaud-Paligot C. (2006), *La République raciale, 1860-1930.* Paris: PUF.

Reynaud-Paligot C. (2007), *Races racisme et antiracisme dans les années 1930.* Paris: PUF.

Reynolds D. (1995), *Walt Whitman's America.* New York: Knopf.

Riach D. C. (1973), „Blacks and Blackface on the Irish Stage, 1830-1860". *Journal of American Studies, Nr. 7.3.*

Richards Th. (1990), *The Commodity Culture of Victorian England: Advertising and Spectacle, 1851-1916*. Chicago: University of Chicago Press.

Richer t Ph. (2002), *Proposition de loi autorisant la restitution par la France de la dépouille mortelle de Saartjie Baartman, dite "Vénus hottentote", à l'Afrique du sud*, Bericht Nr. 177 (2001-2002) von Philippe Richert, erstellt im Namen der Kommission für kulturelle Angelegenheiten, eingebracht am 23. Januar 2002. http://www.senat.fr/rap/l01-177/l01-1773.html (abgefragt am 17.03.2012).

Richmond (1978), „Migration, Ethnicity and Race Relations". *Ethnic and Racial Studies, Nr. 1.1.*

Riego B. (2001), *La construcción social de la realidad a través de la fotografía y el grabado informativo en la España del siglo XIXe*. Santander: Universidad de Cantabria.

Rinhar t F. & Rinhar t M. (1976), *America's Centennial Celebration (Philadelphia 1876)*. Winter Haven: Manta Books.

Ritv o H. (1990), *The Animal Estate. The English and Other Creatures in the Victorian Age.* London: Penguin Books.

Riviale P. (1995), „L'ethnographie, de l'indigène au musée". In: I. Poutrin (Hg.), *Le XIXe siècle. Science, politique et tradition.* Paris: Berger-Levrault.

Rober t -Baudar t A. (1990), *L'art d'Afrique noire à l'exposition coloniale internationale de Paris 1931*, Mémoire de DEA. Paris: Université de Paris I.

Robinson H. (1881), *The Zulu Spy: Giving an Authentic History. Farini's Genuine Zulus, One of the Many Leading Features of the Barnum and London Circus.* New York: New York Popular Publishing Co.

Robinson J. (2003), „Johannesburg's 1936 Empire Exhibition: Interaction, Segregation and Modernity in a South African City". *Journal of Southern African Studies, Bd. 29, Nr. 3.*

Rodriguez Bern al E. (1994), *Historia de la Exposición Ibero-Americana de Sevilla de 1929.* Sevilla: Servicio de Publicaciones del Ayuntamiento de Sevilla.

Roland B. (1884), *Les Habitants du Suriname à Amsterdam.* Paris: A. Quantin.

Romano P. (1947), „Buffalo Bill a Roma". *Strenna dei Romanisti.*

Rony F. T. (1992), „Those Who Squat and Those Who Sit: The Iconography of Race in the 1895 Films of Félix-Louis Regnault". *Camera Obscura, Nr. 28.*

Roqueber t A. (1994), „La sculpture ethnographique au XIXe siècle, objet de mission ou œuvre de musée?" In: Le Normand-R omain A., A. Roqueber t, J. Duran d-Revill on & Seren a D. (Hg.), *La Sculpture ethnographique. De la Vénus Hottentote à la Tehura de Gauguin.* Paris: Réunion des Musées Nationaux.

Rosa F. (1996), „Le mouvement ‚anthropologique' et ses représentants français (1884-1912)". *Archives européennes de sociologie, Band XXXVII, Nr. 2.*

Rosa J. G. & May R. (1989), *Buffalo Bill and his Wild West: A Pictorial Biography.* Lawrence: University Press of Kansas.

Roschitz K. (1989), *Wiener Weltausstellung 1873.* Wien: J & V.

Rosell o M. (1998), *Declining the Stereotype.* Hanover: University Press of New England.

Ross K. (1995), *Fast Cars, Clean Bodies.* Boston: MIT Press.

Rothfels N. (1994), *Bring 'em back alive. Carl Hagenbeck and exotic animal and people trades in Germany, (1848-1914)*, Dissertation. Michigan: UMI.

Rothfels N. (1996), „Aztecs, Aborigines, and Ape-People: Science and Freaks in Germany, 1850-1900". In: R. Garland- Thomson (Hg.), *Freakery: Cultural Spectacles of the Extraordinary, 1886-1931*. New York: New York University Press.

Rothfels N. (2008), „Kapitel 9: Die Revolution des Herrn Hagenbeck". In: Ash M. G. (Hg.), *Mensch, Tier und Zoo. Der Tiergarten Schönbrunn im internationalen Vergleich vom 18. Jahrhundert bis heute*. Wien: Böhlau.

Rothman D. (1971), *The Discovery of the Asylum, Social Order and Disorder in the New Republic*. Boston: Little Brown.

Rouillé A. (1985), „La photographie française à l'Exposition Universelle de 1855". *Le Mouvement social, Nr. 131*.

Rouillé A. (1991), „La photographie entre controverse et utopie". In: S. Micha ud, J.-Y. Mollier & N. Savy (Hg.), *Usages de l'image au XIXᵉ siècle*. Paris: Créaphis.

Rousselet L. (1874), *L'Inde des Rajahs.* Paris: Hachette.

Rousselet L. (1890), *L'Exposition universelle de 1889.* Paris: Hachette et Cie.

Rowe C. S. (1931), „Rowe's Diary". *Cummins & Campbell's Monthly Magazine*, April-Juni, Townsville.

Royer C. (1873), „Sur un homme velu né en Russie, et sur son fils, âgé de trois ans et demi". *Bulletins de la Société d'Anthropologie de Paris, 2. Série, Nr. 8*.

Rubens L. (1994), „Re-presenting the Nation: The Golden Gate International Exposition". In: R. W. Rydell & N. Gwinn (Hg.), *Fair Representations: World's Fairs and the Modern World*. Amsterdam: VU University Press.

Ruffieux R. (2004), *La Suisse des radicaux.* S. 666 in Georges Andrey [et alii]: Nouvelle Histoire de la Suisse et des Suisses. Lausanne, éd. Payot, 1005p.

Rubey N. & Schönw ald P. (1996), *Venedig in Wien. Theater und Vergnügungsstadt der Jahrhundertwende*. Wien: Ueberreuter.

Rubin W. (Hg.) (1991), *Le primitivisme de l'art du XXᵉ siècle: les histoires modernes devant l'art tribal*. Paris: Flammarion.

Rudwick E. M. & Meier A. (1965), „Black man in the "White City": Negroes and the Columbia Exposition, 1893". *Phylon, Nr. 26*.

Ruscio A. (1996), *Le Credo de l'homme blanc.* Brüssel: Complexe.

Ruscio A. (2002), „Du village à l'exposition: les Français à la rencontre des ,Indochinois'". In: N. Bancel, P. Blanchard , G. Boët sch, É. Der oo & S. Lemaire (Hg.), *Zoos humains. De la Vénus hottentote aux reality shows*. Paris: La Découverte.

Russel D. (1970), *The Wild West: A History of the Wild West Shows*. Fort Worth: Amon Carter Museum of Western Art.

Russell D. (1973 [1960]), *The Lives and Legends of Buffalo Bill*. Norman: University of Oklahoma Press.

Ryckel ynck X. (1987), „L'Expo de 1937". *Gavroche, Nr. 35*.

Rydell R. W. & Gwinn N. E. (Hg.) (1994), *Fair Representations: World's Fairs and the Modern World*. Amsterdam: VU University Press.

Rydell R. W. (1978), „The World's Columbian Exposition of 1893: Racist Underpinnings of a Utopian Artifact". *Journal of American Culture, Nr. 1.2*.

Rydell R. W. (1983), „Visions of Empire: International Expositions in Portland and Seattle, 1905-1909". *Pacific Historical Review, Nr. 52.1.*

Rydell R. W. (1984/1974),   *All the World's a Fair. Visions of Empire at American International Expositions 1876-1916.* Chicago: University of Chicago Press.

Rydell R. W. (1985), „The Culture of Imperial Abundance: World's Fairs in the Making of American Culture". In: S. J. Br onner (Hg.), *Consuming Visions: Accumulation and the Display of Goods in America, 1880-1920.* New York: Norton.

Rydell R. W. (1989), „The 1939 San Francisco Golden Gate International Exposition and the Empire of the West". In: R. Kr oes (Hg.), *The American West, as Seen by Europeans and Americans.* Amsterdam: Free University Press.

Rydell R. W. (1993a), „A Cultural Frankenstein? The Chicago World's Columbian Exposition of 1893". In: N. Harris, W. De Wit, J. Gilber t & R. W. Rydell (Hg.), *Grand Illusions, Chicago's World's Fair for 1893.* Chicago: Chicago Historical Society, S. 142-170.

Rydell R. W. (1993b), *World of Fairs: Century of Progress Expositions.* Chicago: University of Chicago Press.

Rydell R. W. (1999), „Darkest Africa. African Shows at America's World's Fairs, 1893-1940". In: B. Lindfor s (Hg.), *Africans on Stage, Studies in Ethnological Show Business.* Bloomington: Indiana University Press.

Rydell R. W. (2002), „Africains en Amérique: les villages africains dans les expositions internationales américaines (1893-1901)". In: N. Bancel, P. Blanchar d, G. Boët sch, É. Der oo & S. Lemaire (Hg.), *Zoos humains. De la Vénus hottentote aux reality shows.* Paris: La Découverte.

Rydell R. W., Findling J. E. & Pelle K. D. (2000), *Fair America: World's Fairs in the United States.* Washington, DC: Smithsonian Institution Press.

Ryhiner N. E. (1995), *Die afrikanische Nacht. Skandal im Basler Zoo. Roman.* Basel: GGS–Verlag.

Said E. (2000), *Culture et impérialisme.* Paris: Fayard / Le Monde diplomatique.

Saint -Hilaire G. de & Cuvier F. (1824), *Histoire naturelle des mammifères avec des figures originales, coloriées, dessinées d'après des animaux vivants.* Paris: Belin.

Sakamot o H. (1995), „Chûgoku minzokushugi no shinwa" [„Der Mythos des chinesischen Nationalismus"], *Shisô, Nr. 849.3.*

Sakano T. (2005), *Teikoku Nippon to jinruigakusha* [Das japanische Kaiserreich und die Anthropologen]. Tokio: Keisô shobô.

Sal tarino S. (1895), *Fahrend Volk: Abnormitäten, Kuriositäten und interessante Vertreter der wandernden Künstlerwelt.* Leipzig: Weber.

San Francisco Hist or y Associa tion (1994), ,Centennial Journey' 1894-1994: California Midwinter International Exposition, 1894, Golden Gate Park, San Francisco.* San Francisco: San Francisco History Association.

Sánchez Gómez L. (2003), *Un imperio en la vitrina. El colonialismo español en el Pacífico y la exposición de Filipinas de 1887.* Madrid: Consejo Superior de Investigaciones Científicas.

Sánchez Gómez L. (2005), „Exhibiciones etnológicas vivas en España. Espectáculo y representación fotográfica". In: *Maneras de mirar. Lecturas antropológicas de la fotografía.* Madrid: CSIC.

Sand weiss E. (1991), „Around the World in a Day: International Participation in the World's Columbian Exposition". *Illinois Historical Journal, Nr. 84.*

Sanger „Lord" G. (1908), *Seventy Years a Showman.* London: C. Arthur Pearson.

Sap (1877a), „Séance du 15 juillet". *Bulletins de la Société d'Anthropologie de Paris, 2. Série, Nr. 12.*

Sap (1877b), „Séance du 18 octobre". *Bulletins de la société d'Anthropologie de Paris, 2. Série, Nr. 12.*

Sap (1895), „Séance du 18 juillet". *Bulletins de la société d'Anthropologie de Paris, 4. Série, Nr. 6.*

Saunder s M. (1978), „End of an Empire? Palace of Engineering, 1924 British Empire Exhibition, Wembley". *Concrete Quarterly, Nr. 24-5.*

Saxon A.-H. (1980), *P. T. Barnum: The Legend and The Man.* New York: Columbia University Press.

Schaeffer R. H. (1980), *The Outdoor Sculpture of the Panama-Pacific International Exposition: A Study in Iconography*, M. A. Thesis. Michigan: Michigan State University.

Scheer M. (2009), „Völkerschau im Gefangenenlager. Anthropologische ‚Feind'-Bilder zwischen popularisierter Wissenschaft und Kriegspropaganda 1914-1918". In: R. Johler , F. Raphael , C. Schla ger & P. Schmoll (Hg.), *Zwischen Krieg und Frieden. Die Konstruktion des Feindes. Eine deutsch-französische Tagung.* Tübingen: TVV.

Scheid J. (2005), *Quand faire, c'est croire. Les rites sacrificiels des Romains.* Paris: Aubier.

Scherer J.-C. (1992), „The Photographic Document: Photographs as Primary Data in Anthropological Inquiry". In: E. Edwards (Hg.), *Anthropology and Photography, 1860-1920.* New Haven / London: Yale University Press.

Scherer J.-C. (1990), „Historical Photographs as Anthropological Documents: A Retrospect". *Visual Anthropology, Nr. 3.2-3.*

Schiebinger L. (1993), *Nature's Body. Gender in the Making of Modern Science.* Boston: Beacon Press.

Schildkr out E. & Keim C. (Hg.) (1998), *The Scramble for Art in Central Africa.* Cambridge: Cambridge University Press.

Schiller F. (1979), *Paul Broca. Founder of French Anthropology, Explorer of the Brain.* Berkley / Los Angeles / London: University of California Press.

Schilling E. (1988), *Ethnologie und Kolonialpropaganda. Das Beispiel der Berliner Kolonialausstellung von 1896.* Magisterarbeit, Hamburg: Universität Hamburg, o.V.

Schmidt N. (2000), *Abolitionnistes de l'esclavage et réformateurs des colonies, 1820-1851. Analyse et documents.* Paris: Karthala.

Schmidt -Gr oss C. (1999), „Tropenzauber um die Ecke. Völkerschauen bei Hagenbeck". In: H. Möhle (Hg.), *Branntwein, Bibeln und Bananen. Der deutsche Kolonialismus in Afrika – eine Spurensuche in Hamburg.* Hamburg: Libertäre Assoziation.

Schmidt -Linsenhoff V. (1986), *Plakate, 1880-1914. Inventarkatalog der Plakatsammlung des Historischen Museums Frankfurt.* Frankfurt: Historisches Museum Frankfurt.

Schnee H. (1920), „Duala". In: H. Schnee (Hg.), *Deutsches Koloniallexikon, Bd. 1.* Leipzig: Quelle & Meyer.

Schneer J. (1999), *London 1900. The Imperial Metropolis.* New Haven, CT: Yale University Press.

Schneider W. (2011), „Jardin d'acclimatation, zoos et naturalisation". In: Blanchard P., Boët sch G. & Snoep N., *Exhibitions. L'invention du sauvage.* Arles: Actes Sud.

Schneider W. H. (1977), „Race and empire, the rise of popular ethnography in the late nineteenth century". *Journal of Popular Culture, Nr. 11.1.*

Schneider W. H. (1981), „Colonies at the 1900 World's Fair". *History Today, Nr. 31.*

Schneider W. H. (1982), *An Empire for the Masses, the French Popular Image of Africa, 1870–1900.* Westport, CT / London: Greenwood Press.

Schneider W. H. (1990), *Quality and Quantity. The Quest for Biological Regeneration in Twentieth-Century France.* Cambridge: Cambridge University Press.

Schneider W. H. (2002), „Les expositions ethnographiques du Jardin zoologique d'Acclimatation". In: N. Bancel, P. Blanc hard , G. Boët sch, É. Der oo & S. Lemaire (Hg.), *Zoos humains. De la Vénus hottentote aux reality shows.* Paris: La Découverte.

Schnitter   D. (1996), „Zur ersten Deutschen Kolonialausstellung". In: E. Cr ome, K. Ohms & H. Köhler , *Die verhinderte Weltausstellung. Beiträge zur Berliner Gewerbeausstellung 1896.* Berlin: Berliner Debatte Wissenschaftsverlag.

Schnitter   D. (1998), „Zur ersten Deutschen Kolonialausstellung im Rahmen der Berliner Gewerbeausstellung 1896". In: H. Kaeselitz   (Hg.), *Die verhinderte Weltausstellung. Beiträge zur Gewerbeausstellung 1896.* Berlin: Debatte-Verlag.

Schœl cher V. (1840), *Abolition de l'esclavage. Examen critique du préjugé contre la couleur des Africains et des sang-mêlés.* Paris: Pagnerre.

Schöfer t A. (2010), „Das Grösste Projekt des Reichkolonialbundes: Die Kolonialausstellunng Dresden 1939". *Internetmagazin des Traditionsverbands ehem. Schutz- und Überseetruppen e.V., Nr. 7,* Überarbeitung.

Schöning J. (1997), „Unternehmensgegenstand: Exotik. Der Produzent John Hagenbeck". In: H.-M. Bock, W. Jacobsen & J. Schöning (Hg.), *Triviale Tropen. Exotische Reise- und Abenteuerfilme aus Deutschland 1919 – 1939.* München: edition text et kritik.

Schr oeder -Gudehus B. & Rasmussen A. (1992), *Les Fastes du progrès: le guide des expositions universelles, 1851-1992.* Paris: Flammarion.

Schw ar tz V. (1998), *Spectacular Realities, Early Mass Culture in Fin-de-Siècle Paris.* Berkeley: University of California Press.

Schw arz W. M. (2001), *Anthropologische Spektakel. Zur Schaustellung ‚exotischer' Menschen, Wien 1870-1910.* Wien: Turia und Kant.

Schweinitz , Graf v./ Beck, C. v. / Imberg, F. / Meinecke , G.] (Hg.) (1897): Deutschland und seine Kolonien im Jahre 1896. Amtlicher Bericht über die erste deutsche Kolonial-Ausstellung. Berlin: Meinecke.

Scobe y D. (1994), „What Shall We Do with Our Walls? The Philadelphia Centennial and the Meaning of Household Design". In: R. W. Rydell & Nancy Gwinn (Hg.), *Fair Representations: World's Fairs and the Modern World.* Amsterdam: VU University Press.

Sco tt D. (1980), „The Popular Lecture and the Creation of a Public in Mid-Nineteenth Century America". *Journal of American History, Nr. 66.*

Sco tt G. M. (1991), *Village Performance: Villages at the Chicago World's Columbian Exposition, 1893.* New York: New York University.

Sear s C. (1997), *Africa in the American Mind, 1870-1955: A Study in Mythology, Ideology and the Reconstruction of Race.* Berkeley: University of California.

Sekula A. (1986), „The Body and the Archive". In: *October, Bd. 39,* (Winter 1986), 3-64.

Sekula A. (1989), „The Body and the Archive". In: R. Bol t on (Hg.), *The Contests of Meaning, Critical Histories of Photography.* Cambridge, MA: MIT Press.

Sell H. B. & Weybright C. (1955), *Buffalo Bill and the Wild West*. New York: Oxford University Press.

Seller s C. (1980), *Mr. Peale's Museum: Charles Wilson Peale and the First Popular Museum in Natural Science and Art*. New York: Norton.

Seltzer M. (1992), *Bodies and Machines*. New York: Routledge.

Senarclens de J. (2000), *Gustave Moynier. Le Bâtisseur*. Genève, éd. Slatkine, 237 à 252.

Sennett R. (1974), *The Fall of Public Man*. Cambridge: Cambridge University Press.

Serres E.-R.-A. (1845) „Observations sur l'application de la photographie à l'étude des races humaines". *Comptes-rendus hebdomadaires de l'Académie des Sciences*.

Servan-Schreiber C. (2002), „L'Inde et Ceylan dans les expositions coloniales et universelles (1851-1931)". In: N. Bancel, P. Blanchard , G. Boët sch, É. Der oo & S. Lemaire (Hg.), *Zoos humains. De la Vénus hottentote aux reality shows*. Paris: La Découverte.

Sexton G. (1855), „Anatomical View of the Question of Men with Tails". In: *Men With Tails, Remarks on the Niam-Niams of Central Africa*. London: W. J. Golbourn.

Sharpley-Whiting D. T. (1999), *Black Venus: Sexualized Savages, Primal Fears, and Primitive Narratives in French*. Durham, NC: Duke University Press.

Shephard B. (1986), „Showbiz Imperialism: The Case of Peter Lobengula". In: J. M. MacKenzie (Hg.), *Imperialism and Popular Culture*. Manchester: Manchester University Press.

Sherman D. & Rogoff I. (Hg.) (1994), *Museum Culture: Histories, Discourses, Spectacles*. London: Routledge.

Shohat E. & Stam R. (1994), *Unthinking Eurocentrism, Multiculturalism and the Media*. London / New York: Routledge.

Shyllon F. (1977), *Black People in Britain, 1555-1833*. London: Oxford University Press.

Sibeud E. (2002), *Une Science impériale pour l'Afrique: La construction des savoirs africanistes en France, 1878-1930*. Paris: Éditions de l'EHESS.

Siepi J. (1937), *Petite histoire du jardin zoologique de Marseille*. Marseille Imprimerie Municipale.

Simmel G. (1981), „Essai sur la sociologie des sens". In: *Sociologie et épistémologie*. Paris: PUF.

Simmel G. (2000), Berliner Gewerbe-Ausstellung. In: Frisby, David (Hg.): Georg Simmel in Wien. Texte und Kontexte aus dem Wien der Jahrhundertwende. Wien: WUV (Edition Parabasen).

Singleton M. (2004), *Critique de l'ethnocentrisme. Du missionnaire anthropophage à l'anthropologue post-développementiste*. Paris: Parangon.

Sloan M. & Gla sier F. W. (2002), *Wild, Weird and Wonderful: The American Circus 1901-1927*. New York: Quantuck Lane Press.

Smalls J. (2003), „Race as Spectacle in Late 19th century French Art and Popular Culture". *French Historical Studies, Nr. 26.2*.

Smith K. (2004-2005) (Kurator), „Through a Clouded Mirror: Africa at the Pan-American Exposition". *Buffalo Museum of Science*.

Snoep N. (2006), „La production et la transformation d'un objet ethnographique africain. Le cas de la collecte des *minkisi* à la fin du XIXᵉ siècle". In: M. Coquet , B. Derl on & M. Jeudy-Ballini (Hg.), *Les cultures à l'œuvre*. Paris: Biro Editions.

Snoep N. (2008), „Restes et traces. L'Exposition coloniale internationale de Vincennes en 1931". In: L. Ble vis, H. Lafont -Couturier, N. J. Snoep & C. Zal c (Hg.), *1931. Les étrangers au temps de l'Exposition coloniale*. Paris: Gallimard / CNHI.

Snoep N. (2008). Y. Le Fur (Hg.), *Musée du quai Branly. La Collection*. Paris: Flammarion.

Snoep N. (2011), „Le spectacle de la fascination (XIXe-XXe siècles)". In: Blanchard P., Boët sch G. & Snoep N. (Hg.), *Exhibitions. L'invention du sauvage*. Arles: Actes Sud.

Sode-Madsen H. (1993), „The Danish Jews and Theresienstadt, 1940-1945". *Leo Baeck Institute Year Book, Nr. 38*.

Sokol owsky A. (1928), *Carl Hagenbeck und sein Werk*. Leipzig: Haberland.

Sont ag S. (1993), *On Photography*. New York: Dell.

Spedini G. (1997), *Antropologia evoluzionistica*. Padua: Piccin Editions.

Spencer F. (1992), „Some Notes on the Attempt to Apply Photography to Anthropometry during the Second Half of the Nineteenth Century". In: E. Edwards (Hg.), *Anthropology and Photography 1860-1920*. New Haven / London: Yale University Press.

Spiller G. (1911), „Le problème de l'égalité des races humaines". *Mémoires sur le contact des races communiqués au 1er Congrès universel des races tenu à l'Université de Londres du 26 au 29 juillet 1911*. London: King & Son.

Spoerri W. (1959), *Späthellenistische Berichte über Welt, Kultur und Götter*. Basel: F. Reinhardt.

St. Louis (1904), „A novel athletic contest". *World's Fair Bulletin, Nr. 5.11*.

St. Louis (1904), „Interracial meet arranged at fair". *St. Louis Republic*, 11 August.

St. Louis (1904), „Pigmies indulge in mud fight". *St. Louis Republic*, 13 August.

St aehelin B. (1993), *Völkerschauen im Zoologischen Garten Basel, 1879–1935*. Basel: Basler Afrika Bibliographien.

St afford B. M. (1997), *Body criticism: imaging the Unseen in Enlightenment art and medicine*. Cambridge: MIT Press.

St ahls P. F. Jr. (1984), *A Century of World's Fairs in Old New Orleans, 1884-1984*. Baton Rouge: VAAPR.

St ant on W. (1960), *The Leopard's Spots: Scientific Attitudes Toward Race in America, 1815-1859*. Chicago: University of Chicago Press.

St arr P. (1982), *The Social Transformation of American Medicine*. New York: Basic Books.

Ste arns R. (1995), *Photography and Beyond in Japan: Space Time and Memory*. Tokio: Hara Museum of Contemporary Art and Harrby N. Abrams.

Steen I. D. (1959), *The New York Crystal Palace Exhibition*, M. A. Thesis. New York: New York University.

Steiger R. & Taureg M. (1984), „Körperphantasien auf Reisen. Anmerkungen zum ethnographischen Akt". In: G. Bar cher and M. Köhler (Hg.), *Das Aktfoto. Ansichten vom Körper im fotografischen Zeitalter. Ästhetik, Geschichte, Ideologie*. München: Bucher.

Steins M. (1972), *Das Bild des Schwarzen in der Europäischen Kolonialliteratur*. Frankfurt a. M.: Thesen Verlag.

Stencell A. W. (2002), *Seeing is Believing. America's Sideshows*. Toronto: ECW Press.

Step an N. (1982), *The Idea of Race in Science: Great Britain 1800-1960*. London: Macmillan Press.

Ste vens M. (2008), *Re-membering the Nation: the Project for the ‚Cité nationale de l'histoire de l'immigration'*, unveröffentlichte Dissertation. London: University College London.

Ste war t S. (1984), *On Longing, Narratives of the Miniature, the Gigantic, the Souvenir, the Collection.* Baltimore: Johns Hopkins University Press.

St ocking G. W. (1968 [1982]), *Race, Culture and Evolution. Essays in the History of Anthropology.* Chicago: University of Chicago Press.

St ocking G. W. (1984), „Qu'est-ce qui est en jeu dans un nom: La Société d'ethnographie et l'historiographie de l''anthropologie' en France". In: B. Rupp-Eisenreich (Hg.), *Histoires de l'anthropologie (XVIᵉ-XIXᵉ siècles).* Paris: Klincksieck.

St ocking G. W. (1987), *Victorian Anthropology.* New York: Free Press.

St okl und B. (1993), „International Exhibitions and the New Museum Concept in the Latter Half of the Nineteenth Century". *Ethnologia Scandinavica: A Journal for Nordic Ethnology, Nr. 23.*

St okl und B. (1994), „The Role of the International Exhibitions in the Construction of National Cultures in the 19th Century". *Ethnologia Europaea, Nr. 24.*

St oler A. L. (1995), *Race and the Education of Desire.* Durham, NC: Duke University Press.

St one D. A. (1984), *The Disabled State.* Philadelphia: Temple University Press.

Str other Z. (1999), „Display of the Body Hottentot". In: B. Lindfor s (Hg.), *Africans on Stage: Studies in Ethnological Show Business.* Bloomington, Indiana University Press.

Stumpf C. (1886), „Lieder der Bellakula-Indianer". *Vierteljahresschrift für Musikwissenschaft, 2.*

Sturani E. (2001), „Das Fremde im Bild. Überlegungen zur Lektüre kolonialer Postkarten". *Fotogeschichte, Nr. 79.*

Subir os P. (2007), *Apartheid. The South African Mirror.* Barcelona: CCCB.

Sulliv an J. E. (1905), „Spalding's Official Athletic Almanac for 1905". *Special Olympic Number.* New York: o. V.

Szabo S.-R. (2006), *Rausch und Rummel. Attraktionen auf Jahrmärkten und in Vergnügungsparks – eine soziologische Kulturgeschichte.* Bielefeld: Transcript-Verlag.

Tagg J. (1988), *The Burden of Representation.* London: Macmillan.

Taguieff P.-A. (1988), *La Force du préjugé. Essai sur le racisme et ses doubles.* Paris: La Découverte.

Taguieff P.-A. (1991a), „L'introduction de l'eugénisme en France: du mot à l'idée". *Mots, Langages du politique. Nr. 26.*

Taguieff P.-A. (1991b), „Doctrines de la race et hantise du métissage. Fragments d'une histoire de la mixiophobie savante". *Nouvelle revue d'ethnopsychiatrie, Nr. 17.*

Taguieff P.-A. (1994), „Eugénisme ou décadence: L'exception française". *Ethnologie française, Nr. 24.1.*

Taguieff P.-A. (1997), „Catégoriser les inassimilables: immigrés, métis, juif: La sélection ethno-raciale selon le docteur Martial". *Recherches sociologiques, Nr. 141,* 57-83.

Taguieff P.-A. (1998), *La Couleur et le sang. Doctrines racistes à la française.* Paris: Editions Mille et une nuits.

Taguieff P.-A. (2001), „La confluence des fatalismes: emprise globalitaire, dérives identitaires". *Les Temps modernes, 613,* 131-157.

Taguieff P.-A. (2002), *La Couleur et le sang. Doctrines racistes à la française.* Turin: Mille et une nuits.

Taillebois E. (1882), „Les Caraïbes à Paris". *La Science populaire, September,* 129ff.

Takaha shi T. (2005), *Yasukuni mondai* [Die Frage des Yasukuni-Schreins]. Tô: Chikuma shobô. Französische Übersetzung: *Morts pour l'Empereur. La question du Yasukuni.* Paris: Les Belles Lettres, 2012.

Takaki R. (1979), *Iron Cages: Race and Culture in Nineteenth Century America.* New York: A. A. Knopf.

Taquet P. (2006), *Georges Cuvier. Naissance d'un génie.* Paris: Éditions Odile Jacob.

Taussig M. (1992), „Culture of Terror. Space of Death". In: N. B. Dirks (Hg.), *Colonialism and Culture.* Michigan: University of Michigan Press, S. 118-143.

Tayl or D. (1998), „Guillermo Gómez-Peña and Coco Fusco's. Couple in the cage". *The Drama Review.*

Tayl or F. F. (1984), „The Resurrection of Jamaica: The International Exhibition of 1891". *Revista/ Review Interamericana, Nr. 14.1-4,* 122-132.

Tayl or F. W. (o. J.), *Scrapbooks.* Los Angeles: Department of Special Collections, UCLA press.

Tayl or J. & K. Kot cher (2002), *James Taylor's Shocked and Amazed: On and Off the Midway.* Guilford, Conn.: Lyons Press.

Tayl or J. G. (1981), „An Eskimo Abroad. His Diary and Death". *Canadian Geographic, Oktober-November 1981.*

Tayl or P. M. (1988), „Anthropology and the "Racial Doctrine" in Italy Before 1940". *Antropologia Contemporanea, 11.1-2,* 45-58.

Tenkotte P. A. (1987), „Kaleidoscopes of the World: International Exhibitions and the Concept of Culture-Place, 1851-1915". *American Studies, Nr. 28.1,* 5-29.

Terrier A. (1907), „Le Journal des Voyages à l'Exposition coloniale, les éléphants de l'Inde". *Journal des voyages, Nr. 540,* 3.

Terrier A. (1909), „L 'oasis en fête". *Journal des Voyages, Nr. 656,* 22.

Terrier A. (1909), „Les distractions de l'Oasis". *Journal des Voyages, Nr. 660,* 135.

Terrier A. (1909), „Les Guerriers de l'Oasis Saharienne". *Journal des Voyages, Nr. 667,* 253-254.

Terr y J. & Urla J. (1995), *Deviant bodies.* Bloomington: Indiana University Press.

Testar t A. (1981), „Pour une typologie des chasseurs-cueilleurs". *Anthropologie et sociétés, 5.2,* 177-221.

Theweleit K. (1986), Männerphantasien. 2 Bde. Basel, Frankfurt/M.: Stroemfeld, Roter Stern.

Thevet A. (1997/1557), *Les singularitez de la France antarctique, autrement nommée Amérique, et de plusieurs terres et isles découvertes de nostre tems.* Paris: Magellane.

Theye T. (Hg.) (1985), *Wir und die Wilden. Einblicke in einer kannabalische Beziehung.* Reinbek: o. V.

Theye T. (1989), *Der geraubte Schatten, Die Photographie als Ethnographisches Dokument.* München: Münchner Stadtmuseum.

Thinius C. H. (1975), *Damals in St. Pauli. Lust und Freude in der Vorstadt.* Hamburg: Christians.

Thode-Ar ora H. (1987), „Der Mythos verfestigt sich – ein ‚edler Wilder' aus Tahiti in London". In: I. Heermann (Hg.), *Mythos Tahiti. Südsee-Traum und Realität.* Stuttgart: Reimer, S. 30-41.

Thode-Ar ora H. (1989), *Für fünfzig Pfennig um die Welt, Die Hagenbeckschen Völkerschauen.* New York / Frankfurt: Campus Verlag.

Thode-Arora H. (1991), „Das Eskimo-Tagebuch von 1880. Eine Völkerschau aus der Sicht eines Teilnehmers". *Kea. Zeitschrift für Kulturwissenschaften, 2*, 87-115

Thode-Arora H. (1992), „Die Familie Umlauff und ihre Firmen. Ethnographica-Händler in Hamburg". *Mitteilungen aus dem Museum für Völkerkunde Hamburg, 22*, 143-158.

Thode-Arora H. (1993), „Die Hagenbeckschen Völkerschauen. Indianer Nordamerikas in Europa". *Indianer Nordamerikas. Kunst und Mythos*, Mainz: Ausstellungskatalog der Internationalen Tage Ingelheim, S. 80-87.

Thode-Arora H. (1996), „'Charakteristische Gestalten des Volkslebens'. Die Hagenbeckschen Südasien-, Orient- und Afrikavölkerschauen". In: G. Höpp (Hg.), *Fremde Erfahrungen. Asiaten und Afrikaner in Deutschland, Österreich und der Schweiz bis 1945*. Berlin: Das Arabische Buch.

Thode-Arora H. (1997), „Herbeigeholte Ferne. Völkerschauen als Vorläufer exotisierender Abenteuerfilme". In: H.-M. Bock, W. Jacobsen & J. Schöning (Hg.), *Triviale Tropen. Exotische Reise- und Abenteuerfilme aus Deutschland 1919 – 1939*. München: edition text + kritik.

Thode-Arora H. (2002a), „Abraham's Diary. A European Ethnic Show from an Inuk Participant's Viewpoint". *Journal of the Society for the Anthropology of Europe, 2.2*, 2-17.

Thode-Arora H. (2002b), „Hagenbeck et les tournées européennes: l'élaboration du zoo humain". In: N. Bancel, P. Blanchard , G. Boëtsch, É. Deroo & S. Lemaire (Hg.), *Zoos humains. De la Vénus hottentote aux reality shows*. Paris: La Découverte, S. 81-89.

Thode-Arora H. (2002c), „'Blutrünstige Kannibalen' und ‚wilde Weiber'. Extrembeispiele für Klischees in der Völkerschau-Werbung". In: *Schwarzweißheiten. Vom Umgang mit fremden Menschen, Sonderausstellung, Landesmuseum für Natur und Mensch, Bd. 28*, S. 90-95.

Thode-Arora H. (2002d), „Indianer und Inuit in Europa: Völkerschauen", in Eva König (Hrsg.), Indianer 1858 – 1928: Photographische Reisen von Alaska bis Feuerland, Heidelberg.

Thode-Arora H. (2004), „Hagenbeck et les tournées européennes: l'élaboration du zoo humain". In: N. Bancel , P. Blanchard , G. Boëtsch, E. Deroo & S. Lemaire (Hg.), *Zoos humains. Au temps des exhibitions humaines*. Paris: La Découverte, „Poche/Sciences humaines et sociales".

Thomas K. (1983), *Man and the Natural World*. New York: Pantheon Books.

Thomas N. (1997), „Indigenous présences and national narratives in Austtalasian Museums". Text vorgetragen bei den Rencontres du Laboratoire de Sciences sociale de l'ENS.

Thomas N. (1998), *Hors du temps. Histoire et évolutionnisme dans le discours anthropologique*. Paris: Belin.

Thomson A. (1987), *Barbary and Enlightenment: European attitudes towards the Maghreb in the 18th century*. Leiden & Köln: E. J. Brill.

Thomson J. M. (Hg.) (1998), *Farewell Colonialism: The New Zealand International Exhibition Christchurch, 1906-1907*. Palmerston North: Dunmore Press.

Thomson R. G. (Hg.) (1996), *Freakery, Cultural Spectacles of the Extraordinary Body*. New York: New York University Press.

Thorp R. W. (1957), *Spirit Gun of the West: The Story of Doc W. F. Carver*. Glendale, CA: Arthur H. Clark.

Thuillier G. (1977), „Un Anarchiste positivise: Georges Vacher de Lapouge". In: P. Guiral & É. Temime (Hg.), *L'Idée de race dans la pensée politique française contemporaine*. Paris: CNRS éditions, S. 48-65.

Thuram L. (2010), *Mes étoiles noires. De Lucy à Barack Obama*. Paris: Editions Philippe Rey.

Tissandier G. (1889a), „Les Cosaques du Kouban au Jardin d'Acclimatation". *La Nature, 17.1*, S. 97-98.

Tissandier G. (1889b), „La rue du Caire à l'exposition universelle". *La Nature, 17.1*, 839.

Todor ov T. (1982), *La Conquête de l'Amérique. La question de l'autre*. Paris: Seuil.

Todor ov T. (1989), *Nous et les autres. La réflexion française sur la diversité humaine*. Paris: Seuil.

Toffin G. (2006), *Ethnologie. La quête de l'autre*. Paris: L'Acropole.

Toole- StotT R. (1971), *Circus and Allied Arts. A World Bibliography 1500-1957*. Derby: Harpus.

Topinard P. (1872), *Étude sur les races indigènes de l'Australie*. Paris: A. Hennuyer.

Topinard P. (1878), „Essai de classification des races humaines actuelles". *Revue d'Anthropologie, 1. Série, Nr. 4*, 499-509.

Topinard P. (1881), „Discussion sur les Fuégiens". *Bulletins de la Société d'Anthropologie de Paris, 2. Série, Nr. 3*, 774-789.

Topinard P. (1883), „Les Cinghalais au Jardin d'Acclimatation". *Revue d'Anthropologie, 2. Série, Nr. 6*, 195-199.

Topinard P. (1885), „Présentation de trois Australiens vivants". *Bulletins de la Société d'Anthropologie, 3. Série, Nr. 8*, 683-698.

Topinard P. (1886), „Présentation de quatre Boshimans vivants". *Bulletins de la Société d'Anthropologie, 3. Série, Nr. 9*, 530-567.

Topinard P. (1887), „Les Boshimans à Paris". *La Nature, 16.1*, 125-126.

Topinard P. (1888a), „Les Hottentots au Jardin d'Acclimatation". *La Nature, 16.2*, 167-170.

Topinard P. (1888b), „Les races humaines". *La Nature, 16.2*, 341-343.

Topinard P. (1889), „La stéatopygie des Hottentots du Jardin d'Acclimatation". *Revue d'Anthropologie, 3. Série, Nr. 4*, 194-199.

Torino (1884a), *Torino e l'Esposizione Italiana del 1884. Cronaca illustrata della Esposizione Nazionale-Industriale ed Artistica del 1884*. Turin / Mailand: Roux e Favale e F.lli Treves.

Torino (1884b), *L'Esposizione Italiana del 1884 in Torino illustrata*. Mailand: Sonzogno.

Torino (1898), *1898. L'Esposizione Nazionale*. Turin: Roux & Frassati.

Torino (1911), *L'Esposizione di Torino 1911. Giornale ufficiale illustrato*, Turin.

Tort P. (Hg.) (1996), *Dictionnaire du darwinisme et de l'évolution*. Paris: PUF.

Tozer L. (1952), „A Century of Progress, 1833-1933: Technology's Triumph over Man". *American Quarterly, Nr. 4.1*, 78-81.

Trapp F. A. (1974), „The London International Exhibition of Art and Industry, 1874". *Connoisseur, Nr. 187.754*, 274-277.

Tra utmann- Waller C. (Hg.) (2004), *Quand Berlin pensait les peuples. Anthropologie, ethnologie et psychologie (1850-1890)*. Paris: CNRS éditions.

Treichler H. P. (1985), *La Suisse au tournant du siècle. Souvenirs du bon vieux temps*. Zürich: Sélection du Reader's Digest.

Trenner t R. A. (1987), „Fairs, Expositions, and the Changing Image of Southwestern Indians, 1876-1904". *New Mexico Historical Review, 62.2*, 127-150.

Tr ocmé H. (1994), „1900: Les Américains à l'Exposition universelle de Paris". *Revue française d'études américaines, Nr. 59.*

Tr ouill ot M.-R. (1995), *Silencing the Past: Power and the Production of History.* Boston: Neacon Press.

Tr outman J. W. & Parez o N. J. (1998), „'The Overlord of the Savage World': Anthropology and the Press at the 1904 Louisiana Purchase Exposition". *Museum Anthropology, 22.2,* 17-34.

Tr uettner W. H. (1986), „Science and Sentiment: Indian Images at the Turn of the Century". In: Ch. C. Eldredge, J. Schimmel & W. H. Tr uettner, *Art in New Mexico, 1900-1945: Paths to Taos and Santa Fe.* New York: Abbeville Press Publishers, S. 17-41.

Truz zi M. (1979), „Circus and Side Shows". In: M. Matla w (Hg.), *American Popular Entertainment.* Westport, CT: Greenwood Press, S. 175-185.

Tsuboi S. (1903), „Jinruikan to jinshu chizu' ['Der Anthropologische Pavilion und die Karte der Verteilung der Menschenrassen], *Tôyô gakugei zasshi [Zeitschrift orientalischer Künste],* Nr. 261 (4), 163-166.

Turner V . (1987), *The antropology of performance.* New York: PAJ Publications.

Turpin J. (1982), „Ireland's Progress: The Dublin Exhibition of 1907". *Ire-Ireland, Nr. 17.1,* 31-38.

Twit chell J. B. (1990), *Carnival Culture. The Trashing of Taste in America.* New York, Columbia University Press, pp. 57-65.

Tyler J.S. (1847), *The Bosjesmans: A Lecture on the Mental, Moral, and Physical Attributes of the Bush Men.* Leeds: C.A. Wilson.

Tyson E. (1699), *Orang Outang sive homo sylvestris, or the Anatomy of a Pygmie compared with that of a Monkey, an Ape and a Man.* London: Th. Bennet & D. Brown.

Ujfal vy C.-E. (1883), *Les Kalmouques.* Paris: Jardin zoologique d'Acclimatation.

Ukigaya S. (2005), „Les expositions hygiénistes, les modèles anatomiques et les marionnettes réaliste". *Ebisu, 34,* 3-37.

Ulmann J. (1987), *La Nature et l'éducation. L'idée de nature dans l'éducation physique et l'éducation morale.* Paris: Klincksieck.

Ulrikab A. (2005), *The diary of Abraham Ulrikab. [text and context].* Ottawa: University of Ottawa Press.

Vacher de Lapouge G. (1888), „De l'inégalité parmi les hommes". *Revue d'Anthropologie,* 15. Januar, 9-38.

Valensi L. (1977), „Nègre/Négro: recherches dans les dictionnaires français et anglais au XIXe siècle". In: P. Guiral & É. Temime (Hg.), *L'Idée de race dans la pensée politique française contemporaine.* Paris: CNRS éditions, S. 157-170.

Vall ois H.-V. (1932), „Exposition Coloniale de Paris et les Congrès", *L'Anthropologie, Bd. 42,* 55-70.

Vall ois H.-V. (1944), *Les Races humaines.* Paris: PUF.

Van Den Ber ghe P.-L. (1970), *Race and Ethnicity: Essays in Comparative Sociology.* New York: Basic Books.

van der Heyden U. (2003), „Afrikaner in der Reichs(kolonial)hauptstadt. Die Kolonialausstellung im Treptower Park 1896 sowie die Transvaal-Ausstellung auf dem Kurfürstendamm 1897". In: M. Bechha us-Ger st & R. Klein- Arend t (Hg.), *Die (koloniale) Begegnung. AfrikanerInnen in Deutschland 1880-1945, Deutsche in Afrika 1880-1918.* Frankfurt: Lang.

Van Geer tr uyen G. (1991), „Démons sans merveilles, peuples sans histoire. Comment l'Occident a perçu les Africains à travers les siècles". In: *Racisme, continent obscur. Clichés, stéréotypes, phantasmes à propos des Noirs dans le Royaume de Belgique.* Brüssel: CEC-Texstyles, S. 19-44.

van Kessel I. (2005), *Zwarte Hollanders: Afrikaanse soldaten in Nederlands-Indië.* Amsterdam: Kit Publishers.

va n St one J. W. (1993), „The Ainu Group at the Louisiana Purchase Exposition, 1904". *Arctic Anthropology, Nr. 30.2*, 77-91.

Van Warmel o J. (Hg.) (1977), *Anthropology of Southern Africa in Periodicals to 1950.* Johannesburg: Witwatersrand University Press.

Van Woerkens M. (1995), *Le Voyageur étranglé. L'Inde des Thugs, le colonialisme et l'imaginaire.* Paris: Albin Michel.

Van Wyk Smith A. (1992), „The Most Wretched of the Human Race. The Iconography of the Khoikhoin (Hottentots), 1500-1800". *History and Anthropology, 5.3-4*, 285-330.

Var gaftig N. (2010), „Les expositions coloniales sous Salazar et Mussolini (1930-1940)". *Vingtième Siècle. Revue d'Histoire, Nr. 108.*

Varigny de C. (1987), „Magiciens de l'Inde". In: *Les Grands dossiers de l'Illustration, L'Inde, histoire d'un siècle, 1843-1944.* Paris: Sefag/Le livre de Paris, S. 82-83.

Varigny H. de (1890), „La Tunisie à l'exposition universelle de 1889". *La Nature, 11.1*, 365-366.

Var tafig N. (2010), „Les expositions coloniales sous Salazar et Mussolini (1930-1940)". *Vingtième siècle, Nr. 108.*

Vasárn api U. (30.8.1896), 35. szám [Nummer], 43. évfolyam [Jahrgang].

Vasseur E. (2001), *L'Exposition universelle de 1867: apothéose du Second Empire et de la génération de 1830.* Thèse de l'Ecole Nationale des chartes, Paris.

Vasseur E. (2005), „Pourquoi organiser des Expositions universelles: Le „succès" de l'Exposition universelle de 1887". In: *Histoire, économique et société: époque moderne et contemporaine.* Paris: Armand Colin.

Vaughan C. A. (1996), „Ogling Igorot: The Politics and Commerce of Exhibiting Cultural Otherness, 1898-1913". In: R. Garland- Thomson (Hg.), *Freakery: Cultural Spectacles of the Extraordinary, 1886-1931.* New York: New York University Press, S. 219-233.

Vell ut J.-L., Cornelis S., de Lame D., de Viller s G., Et ambala Z., Lagae J. & Marechal P. (2005), *La mémoire du Congo. Le temps colonial.* Tervuren, Gand: Musée royal de l'Afrique centrale / Éditions Snoeck.

Venturino D. (2003), „Race et histoire. Le paradigme nobiliaire de la distinction sociale au début du XVIIIe siècle". In: S. Mouss a (Hg.), *L'Idée de ‚race' dans les sciences humaines et la littérature (XVIIIe et XIXe siècles).* Paris: L'Harmattan, S. 19-38.

Ver coutter J., J. Leclant , F. M. Jr Snowden & J. Desanges (1976), *L'image du noir dans l'art occidental. Des pharaons à la chute de l'empire romain.* Paris: Gallimard.

Verde Casano va A. (1993) „Fotografía y antropología: Inuit en Madrid, 1900". *Anales del Museo de América, 1*, 85-98.

Verdone M. (1952), „Il cinema e Buffalo Bill a Roma". *Strenna dei Romanisti.*

Ver ger -Fèvre M.-N. (1985), „Présentation des objets de Côte d'Ivoire dans les expositions universelles et coloniales de 1878 à 1937". *L'Ecrit-voir, Nr. 6.*

Ver gès F. (2002), „Des îles à rêver?" In: Bancel N., P. Blanchard , G. Boët sch, É. Der oo & S. Lemaire (Hg.), *Zoos humains. De la Vénus hottentote aux reality shows*. Paris: La Découverte, S. 406-409.

Verha gen M. (1995), „The Poster in *Fin-de-Siècle* Paris: That Mobile and Degenerate Art". In: L. Charne y & V. Schw ar tz (Hg.), *Cinema and the Invention of Modern Life*. Berkeley / London: University of California Press.

Verne au R. (1890), *Les Races humaines*. Paris: Baillière.

Verne au R. (1916), „Le centième anniversaire de la mort de Sarah Baartman". *L'Anthropologie*, 27, 177-179.

Verniquet D. (1802), *Exposition d'un projet sur le Muséum d'histoire naturelle et sur une ménagerie*. Paris: Huzard.

Ver schuur G. (1893), „Voyage aux trois Guyanes". *Le Tour du monde*, 66, 1-80.

Ver sha ve P. & C. Guillerme (1925), *Au Village noir. Organisation de Villages exotiques. F. Tournier*. Paris: A. Tournon.

Ver vaeck S. (1968), *Inventaire des archives du Ministère de la justice, Administration de la sûreté publique (police des étrangers), dossier généraux*. Brüssel: Archives générales du royaume, Nr. 834, Troupes d'étrangers exhibés en public (1888-1904), réf. 106C.

Viaene V., Van Reybr ouck D. & Ceuppens B. (Hg.) (2009), *Congo in België. Koloniale cultuur in de metropool*. Leuven: Universitaire Pers Leuven.

Viatte G. (2002), *Le Palais des colonies. Histoire du musée des arts d'Afrique et d'Océanie*. Paris: Réunion des Musées Nationaux.

Vint s L. (1984), *Kongo, Made in Belgium; beeld van een kolonie in film en propaganda*. Leuven: Kritak.

Vir cho w R. (1886), „Bushmänner". *Verhandlungen der Berliner Gesellschaft für Anthropologie, Ethnologie und Urgeschichte*, Anhang zur *Zeitschrift für Ethnologie*, 18, 221-239.

Vogel S. (1988), *Art/Artifact. African Art in Anthropology Collections*. New York: Center for African Art.

Vostral S. L. (1993), „Imperialism on Display: The Philippine Exhibition at the 1904 World's Fair". *Gateway Heritage*, Nr. 13.4, 18-31.

Walker I. (1997), „Phantom Africa, Photography between Surrealism and Ethnography". *Cahiers d'études africaines*, 147, 635-655.

Wal the w K. (1981), „The British Empire Exhibition". *History Today*, 31, 34-39.

Wal vin J. (1973), *Black and White. The Negro and English Society, 1555-1945*. London: Allen Lane the Penguin Press.

Warnier A. (1867), „Exposition de l'Algérie". In: *L'Exposition universelle de 1867 illustrée*. Paris: Dentu et Petit, S. 182-186.

Warren L. S. (2005), *Buffalo Bill's America: William Cody and the Wild West Show*. New York: Knopf.

War telle J.-C. (2004), „La Société d'anthropologie de Paris de 1880 à 1914". *Revue d'histoire des sciences humaines*, 10, 125-70.

Wastia u B. (2000), *Exit Congo: Essai sur la ‚vie sociale' des chefs d'œuvre du Musée de Tervuren*, Ausstellungskatalog. Tervuren: Musée royal de l'Afrique Centrale.

Webb V.-L. (1992), „Fact and Fiction. Nineteenth-Century Photographs of the Zulu". *African Arts*, *25.1*, S. 50-59.

Weinber ger -Thomas C. (1988), *L'Inde et l'imaginaire, Purusartha.* Paris: Editions de l'Ecole des Hautes Etudes en Sciences Sociales.

Welbourne J. (1987), *Design Theory and Exhibition Practice in Britain, 1924-1938: The Articulation and Representation of Modernist Design Theory between the Empire Exhibitions*, Dissertation. Colchester: University of Essex.

Wendt R. (2003), „La Exposicion general de las Islas Filipinas in Madrid 1887. Zu Intentionen und Nachwirkungen einer Kolonialausstellung". *Jahrbuch für europäische Überseegeschichte, Nr. 3,* 89-114.

Wer th L. (1931), „Un Vieux noir dansait". *Le Monde,* 29. August, S. 6-7.

White - R. (1994), „Frederick Jackson Turner and Buffalo Bill". In: J. R. Gr ossman (Hg.), *Frontier in American Culture.* Berkeley: University of California Press, S. 7-65.

White C. (1799), *An Account of the Regular Gradations in Man and in Different Animals and Vegetables.* London: Charles Dilly.

Whitehe ad P. J. P. (1989), „Earliest Extant Painting of Greenlanders". In: C. F. Feest (Hg.), *Indians and Europe. An Interdisciplinary Collection of Essays.* Aachen: Alano Verlag / Edition Herodot.

Wemble y Hist or y Society (1974), *The British Empire Exhibition*, Wembley: o. V.

Wichmann B. (1992), „Original Menschenfresser. Völkerschauen …". *Kantstein, Nr. 5,* 18-19.

Wiebe R. (1967), *The Search for Order 1877-1920.* New York: Hill & Wang.

Wiesinger V. (1992), *Les Sauvages à Paris au XIXe siècle. Sur les sentiers de la découverte, rencontres franco-indiennes du XVe au XXe siècles.* Paris: RMN/Musée national de la Coopération franco-américaine.

Wilder G. (2005), *The French Imperial Nation-State: Negritude and Colonial Humanism between the Two World Wars.* Chicago: University of Chicago Press.

Wildmann S. (1989), „Great, Greater, Greatest? Anglo-French Rivalry at the Great Exhibitions of 1851, 1855 and 1862". *RSA Journal, Nr. 137.5398,* 660-664.

Williams E. A. (1994), *The Physical and the Moral. Anthropology, Physiology and Philosophical Medecine in France 1750-1850.* Cambridge: Cambridge University Press.

Willis D. (Hg.) (2010), *Black Venus 2010: They Called Her ‚Hottentot'.* Philadelphia: PA. Temple University Press.

Willis T. (2007), *Von Zulu-Kaffern und Kalmücken-Horden: die Völkerausstellungen um 1900.* Berlin: o.V.

Wilson D. (1993), *Signs and Portents, Monstrous Births from the Middle Ages to the Enlightenment.* London: Routledge.

Winjg aarde H. (1998), *De rotonde der Surinamers. De Internationale Koloniale en Uitvoerhandel Tentoonstelling te Amsterdam in 1883*, unveröffentlichte Thesis. Heerlen: Open Universiteit Nederland.

Winnico tt D. W. (1982) *Realidad y juego.* Barcelona: Gedisa.

Wit schi B. (1987), *Schweizer auf imperialistischen Pfaden. Die schweizerischen Handelsbeziehungen mit der Levante 1848-1914.* Stuttgart: Steiner-Verlag.

Wol gast E. (1991), „Ein Mecklenburger auf der Londoner Weltausstellung 1862". *Mecklenburgische Jahrbücher, Nr. 108*, 119-127.

Wol ter S. (2005), *Die Vermarktung des Fremden. Exotismus und die Anfänge des Massenkonsums*. Frankfurt: Campus-Verlag.

Woodham J. (1989), „Images of Africa and Design at the British Empire Exhibitions between the Wars". *Journal of Design History, Nr. 2*, 15-33.

Woody H. (1998), „International Postcards. Their History, Production, and Distribution (c. 1895-1915)". In: C. Gear y & V. Webb (Hg.), *Delivering Views. Distant Cultures in Early Postcards*. Washington: Smithsonian Institution Press, S. 13-45.

Worden G. (2002), *The Mutter Museum of the College of Physicians of Philadelphia*. Philadelphia: Blast Books.

Wright T. (Hg.) (1904), *The Correspondence of William Cowper*. London: Hodder and Stoughton.

Wulff H.-J. (2003), „Abenteuerfilm, Kolonialismus, die Spektakularisierung des Fremden: Eine erste Bibliographie". *Medienwissenschaft / Hamburg: Berichte und Papiere 44, 2003: Abenteuer*.   http://www1.uni-hamburg.de/Medien/berichte/arbeiten/0044_03.html (abgefragt am 17. März 2012).

Wulff H.-J. (o. J.), „Völkerschau". In: *Lexikon der Filmbegriffe*. Mainz: Bender Verlag. http://www.bender-verlag.de/lexikon/lexikon.php?begriff=V%F6lkerschau (abgefragt am 17. März 2012).

Wynant s M. (1997), *Des Ducs de Brabant aux villages congolais. Tervuren et l'Exposition coloniale 1897*. Teruven: Musée Royal de l'Afrique Centrale.

Wyss B. (2010), *Bilder von der Globalisierung. Die Weltausstellung von Paris, 1889*. Berlin: Insel Verlag.

Yee J. (2000), *Clichés de la femme exotique: un regard sur la littérature coloniale française entre 1871 et 1914*. Paris: L'Harmattan.

Yengo yan A. (1994), „Culture, Ideology and World's Fairs: Colonizer and Colonized in Comparative Perspectives". In: R. W. Rydell & N. Gwinn (Hg.), *Fair Representations: World's Fairs and the Modern World*. Amsterdam: VU University Press, S. 62-83.

Yoshimi S. (1992), *Hakurankai no seijigaku [Die Politik der Ausstellungen]*. Tokio: Chûô kôron sha.

Yoshimi S. (2005), *Banpaku gensô: sengo seiji no jubaku [Wie das Trugbild der Weltausstellungen die Nachkriegspolitik faszinierte]*. Tokio: Chikuma shobô.

Z Dr (1887), „Les Achantis au Jardin d'Acclimatation". *La Nature, 10.2*, 249-250.

Z Dr. (1886), „Les Cynghalais au Jardin d'Acclimatation de Paris". *La Nature, 14.1*, 231-234.

Zabor owski S. (1893), „Visite aux Dahoméens du Champ-de-Mars". *Bulletins de la société d'Anthropologie de Paris, 4. Série, Nr. 4*, 327-338.

Zanella I. C. (2004), *Kolonialismus in Bildern. Bilder als herrschaftssicherndes Instrument mit Beispielen aus den Welt- und Kolonialausstellungen*. Frankfurt: Peter Lang.

Zant op S. (1997), *Colonial Fantasies: Conquest, Family, and Nation in Precolonial Germany, 1770-1870*. Durham, NC: Duke University Press.

Zant op S. (1999), Kolonialphantasien im vorkolonialen Deutschland 1770 – 1870, Berlin.

Zant op S. (2002), „Close Encounters: Deutsche and Indianer". In: C. G. Call oway, G. Gemünden and S. Zant op (Hg.), *Germans and Indians: Fantasies, Encounters, Projections*. Lincoln: University of Nebraska Press.

Zedelmaier H. (2006), „Das ‚exotisch' Fremde. Die ‚Wilden' in der Fotografie um 1900. Völkerschau, Geschichtsunterricht". *Praxis Geschichte, Bd. 19, Nr. 1*, 38-42.

Zedelmaier H. (2007), „Das Geschäft mit dem Fremden. Völkerschauen im Kaiserreich". In: N. Freytag & D. Petzold (Hg.), *Das ‚lange' 19. Jahrhundert. Alte Fragen und neue Perspektiven*. München: Utz, S. 183-200.

Zedelmaier H. (2009), „Südseeschauen im Deutschen Reich. Die Völkerschauen". In: *Tagungsband Samoa-Konferenz Berlin*.

Zegas J. B. (1976), „North American Indian Exhibit at the Centennial Exposition". *Curator, Nr. 19.2*, 162-173.

Zeller J. (2002), „Die ‚koloniale Wissens- und Willensbildung der Jugend' fördern. Die ‚Kolonialschau' in der Pankower Oberrealschule". In: U. van der Heyden (Hg.), *Kolonialmetropole Berlin. Eine Spurensuche*. Berlin: Berlin Edition, S. 252-255.

Zeltner F. de (1903), „Les Achantis". *La Nature, 31.2*, 71-74.

Zerilli F. M. (1995a), „Il debattito sul meticciato. Biologico e sociale nell'anthropologia francese del primo novecento". *Archivio per l'Anthropologia e la Etnologia, 85*, 237-273.

Zerrilli F.-M. (1995b), „Il Questionnaire sur les métis della Société d'Anthropologie de Paris (1908)". In: S. Puccini (Hg.), *Alle origini della Ricerca sul Campo. Questionar, guide e istruzioni di viaggio dal XVIII al XX secolo, La Ricerca Folklorica, Nr. 32*.

Ziegan U. (1992), *‚... in so prächtigen Exemplaren! Völkerschauen in Hannover 1878-1932*. Hannover: LIT-Verlag.

Zimmerman W. F. A. (1864), *L'Homme. Problèmes et merveilles de la nature humaine, physique et intellectuelle*. Brüssel: Muquardt; Paris: Schultz & Thuillié.

Zimmerman W. F. A. (1865-1871), *Der Mensch, die Räthsel und Wunder seiner Natur. Ursprung und Urgeschichte seines Geschlechts, sowie dessen Entwickelung vom Naturzustande zur Zivilisation, nach den neuesten Forschungen der Naturwissenschaft und Geschichte populär dargestellt von Dr. W. F. A. Zimmerman*. Berlin: G. Hempel.

Zimmermann P. (1993), *Die gesellschaftliche Konstruktion des Fremden am Beispiel der hagenbeckschen Völkerschauen*, Projektarbeit. Hamburg: Hochschule für Wirtschaft und Politik.

Zoo (1993), *Zoo. Mémoires d'éléphant. Le zoo de Genève à Saint-Jean entre 1935 et 1940*. Genf: Maison de quartier Saint-Jean.

Autorenübersicht

ABBATTISTA, GUIDO, ist Professor für Neuere Geschichte an der Universität von Triest und Direktor der Doctoral School der Geisteswissenschaften. Er ist ein Spezialist in der Geschichte der Historiographie des 18. Jahrhunderts und des politischen Denkens mit besonderem Bezug auf das Problem der Kolonien und Imperien.

AMES, ERIC, ist assoziierter Professor an der University of Washington in Seattle, wo er Deutsch und Filmwissenschaft unterrichtet.

ARDAGNA, YANN, ist Assistenz-Ingenieur in der biologischen Anthropologie an der Medizinischen Fakultät von Marseille. Es ist Mitglied der UMR 6578 und GDR 2322 Anthropologie der Darstellungen des Körpers (CNRS Marseille) und verantwortlich für die Image-Bibliothek der UMR.

BANCEL, NICOLAS, ist Historiker und Experte für die Geschichte der Kolonisierung, postkoloniale Themen und körperliche Praktiken. Er ist Professor an der Universität Straßburg und derzeit entsandt an die Universität Lausanne.

BLANCHARD, PASCAL, ist Historiker und Spezialist für „koloniale Tatsachen" sowie die Einwanderung aus Übersee in Frankreich. Er ist Forscher am Laboratorium Kommunikation und Politik (CNRS) und ist wissenschaftlicher Co-Leiter der Ausstellung „Die Erfindung des Wilden" im Musée du Quai Branly (Paris).

BOËTSCH, GILLES, ist Anthropologe und Forschungsdirektor des Centre national de la recherche scientifique (CNRS). Er leitet das UMI 3189 (CNRS / UCAD / Univ Bamako / CNRST) mit Sitz in Dakar, Senegal.

BOGDAN, ROBERT, ist ausgezeichneter emeritierter Professor der Soziologie und für Behinderungsstudien an der Universität Syracuse, USA.

CORBEY, RAYMOND, ist Professor der Wissenschaftsphilosophie und Ethnologie an der Schule der Geisteswissenschaften der Universität Tilburg sowie der Fakultät der Archäologie der Universität Leiden, Niederlande. Neben verschiedenartigen Aspekten der menschlichen Entwicklung, konzentriert sich seine Forschung auf koloniale und postkoloniale westliche Darstellungen und Praktiken nichtwestlicher Gesellschaften.

DEROO, ÉRIC, ist Regisseur und Spezialist für koloniale Geschichte, von deren Truppen und Bildern, Autor zahlreicher Bücher und Filme zu diesen Themen. Er ist auch assoziierter Forscher am UMR 7268 des CNRS, dort in der Abteilung biokulturelle Anthropologie, Marseille.

DURBACH, NADJA, ist assoziierte Professorin am Lehrstuhl für Europäische Geschichte der Universität Utah, Salt Lake City, USA. Forschungsschwerpunkte sind Kolonialismus und Imperialismus sowie der Geschlechtervergleich und Sexualität.

EDWARDS, ELIZABETH, ist Forschungsprofessorin für Fotografische Geschichte und Direktorin des Fotografischen Geschichtsforschungszentrums der De Montfort Universität, Großbritannien. Sie ist spezialisiert auf die soziale und materielle Umsetzung von Fotografie besonders in interkulturellen Umfeldern.

FORSDICK, CHARLES, ist James-Barrow-Professor für Französisch an der Universität Liverpool, Großbritannien, und Leiter der Schule der Kulturen, Sprachen und Länderkunde. Er ist Spezialist in den Bereichen Reiseliteratur, Sklaverei, postkoloniale Literatur sowie französische Kolonialgeschichte.

GARLAND-THOMSON, ROSEMARIE, ist Professorin für Frauen-, Geschlechts-, und Sexualitätsstudien an Universität Emory in Atlanta, Georgia. Ihre Studienschwerpunkte sind feministische Theorie, amerikanische Literatur und Behinderungsstudien.

GOUAFFO, ALBERT, ist Professor für deutsche Literatur, Landeskunde sowie Komparatistik am Département de Langues Etrangères Appliquées (LEA) der Universität Dschang, Kamerun.

JACQUEMIN, JEAN-PIERRE, ist Kultur-Journalist mit einem Abschluss in romanischer Philosophie (UCL und University Lovanium, Kinshasa, Kongo). Er ist spezialisiert auf Afrika und auf belgische Kolonialdarstellungen.

LABANCA, NICOLAS, ist assoziierter Professor für Zeitgeschichte an der Universität von Siena, Italien.

LEBOVICS, HERMAN, ist ausgezeichneter Professor an der State University of New York, Abteilung für Geschichte, an der Universität Stony Brook, USA.

LEMAIRE, SANDRINE, ist Dozentin in den Vorbereitungsklassen für die „Grandes Écoles" (franz. Eliteuniversitäten) am Gymnasium Jean Jaurès in Reims, Frankreich. Sie promovierte in Geschichte am Europäischen Akademischen Institut von Florenz und ist Autorin bzw. Co-Autorin mehrerer Werke zu den Themen Kolonialismus und Menschenzoos.

LINDFORS, BERNTH, ist emeritierter Professor für englische und afrikanische Literaturen an der Universität von Texas in Austin, USA.

MACKENZIE, JOHN, ist emeritierter Professor an der Universität Lancaster. Er erhielt Ehrenprofessuren von Universitäten Aberdeen, St. Andrews und Edinburgh zudem ist er Mitglied der Königlichen Gesellschaft Edinburghs, Großbritannien.

MASON, PETER, ist ein unabhängiger Forscher. Er ist auch Berater der Ausstellung „Patagonien: Bilder vom Ende Welt" im Musée du Quai Branly, Paris (2012).

MINDER, PATRICK, ist Doktor der Sozialwissenschaften (Geschichte) und Professor an der Hochschule St-Michel in Fribourg, Schweiz, sowie Dozent und Forscher an der Universität Friburg.

MOYANO, NEUS, ist Konservatorin des Zentrums der Gegenwartskulturen in Barcelona. Sie war Professorin an der Autonomen Universität von Barcelona, wo sie auch Philosophie und Literatur studiert hatte.

NANTA, ARNAUD, ist Forscher am CNRS und Historiker der Wissenschaften und der Ideen des modernen und zeitgenössischen Japan. Er ist eingebunden in das Forschungszentrum über Japan (EHESS / CNRS).

PLENER, PETER, ist seit 2008 Abteilungsleiter im Pressedienst des österreichischen Bundeskanzleramts. Er hat Germanistik und Geschichte studiert und hatte über viele Jahre Gastdozenturen an den Universitäten Wien und Budapest inne.

POIGNANT, ROSLYN, ist Schriftstellerin und Ehrenforschungsmitglied des University College London.

PRESTON BLIER, SUZANNE, lehrt an der Harvard Universität, Cambridge, USA. Sie bekleidet die Allen-Whitehill-Clowes-Professur der schönen Künste sowie die Professur der afrikanischen und afrikanisch-amerikanischen Studien.

REISS, BEJAMIN, ist Professor und Direktor für Graduate Studies in Englisch an der Universität Emory, Atlanta, USA.

RYDELL, ROBERT W., hält die Michael-P.-Malone-Professur für Geschichte an der Montana State Universität, USA. Er hat ausführlich über die Geschichte der Weltausstellungen und veröffentlicht.

SCHMIDT-GROSS, CAROLINE, hat die Deutsche Journalistenschule in München besucht und einen MA in Ethnologie. Sie war Co-Direktorin am „Department of Media and Communication" an der „Royal University of Phnom Penh" im Auftrag des DAAD. Sie leitet die Agentur für Journalismus „Text und Training" und zudem die Pressestelle des Filmfestes Hamburg.

SCHNEIDER, WILLIAM H., ist ein Spezialist in der Geschichte der Wissenschaft und Medizin und Professor für Geschichte an der Universität von Indiana, USA.

SERVAN-SCHREIBER, CATHERINE, ist Forschungsmitglied am Studienzentrum Asien und Süd-Asien (CNRS / EHESS) in Paris, und unterrichtet mittelalterliche indischen Literaturen am Institut INALCO.

THODE-ARORA, HILKE, ist Ethnologin und übte zahlreiche wissenschaftliche Tätigkeiten an mehreren Museen und Institutionen aus. Sie veröffentlichte umfangreich zum Thema Völkerschauen. Seit 2010 ist sie Fritz-Thyssen-Stipendiatin am Staatlichen Museum für Völkerkunde München mit einem Forschungsprojekt über Völkerschauen aus Samoa.

Der Name des Verlages Les Éditions du Crieur Public heißt in die deutsche Sprache übersetzt „der Verlag des öffentlichen Ausrufers". Der öffentliche Ausrufer ist ein Vorläufer des heutigen Journalisten. Er war schon im alten Griechenland auf den Straßen zu finden, mit der Glocke in der Hand zog er die Menge an und verkündete die Neuigkeiten.

Der Verlag hat es sich zur Aufgabe gemacht sowohl die Werke bedeutender französischsprachiger Wissenschaftler, Journalisten oder Kritiker aus den Geistes-, Sozial- und Humanwissenschaften ausfindig zu machen und in deutscher Sprache zu verlegen als auch die Schaffung neuer Werke anzuregen und zu ermöglichen.

Durch die Veröffentlichung der Ideen, Erkenntnisse und Meinungen dieser französischsprachigen Intellektuellen soll ein kleiner Beitrag zum Gedankenaustausch zwischen Deutschland und Frankreich geleistet werden. Die dort geführten Debatten und Auseinandersetzungen sollen auch hierzulande ihre Fortsetzung finden können.

Gegründet wurde das Unternehmen 2010 in Hamburg von der Journalistin Yasmine Azzi-Kohlhepp, der im Rahmen ihrer Lehrtätigkeit an der Universität Hamburg auffiel, dass es zu bestimmten Themen Lücken im deutschen Buchsortiment gibt, und ihrem Mann Dr. Kay H. Kohlhepp, einem auf Medien spezialisierten Unternehmensberater.

Weitere Informationen finden sich unter:

www.crieur-public.com

Das Mysterium Marias

von Luce Irigaray

Die Gestalt der Maria ist in der christlichen Theologie nahezu abwesend, obgleich sie neben Jesus die Mit-Erlöserin der Welt ist. Diese Abwesenheit Marias in den Texten kontrastiert mit ihrer Allgegenwärtigkeit in der Kunst und widerspricht dem Eifer, mit dem das christliche Volk nicht aufhört, sich an sie zu wenden. Ich habe versucht, mich dem Mysterium, das Maria darstellt, und der Rolle, die sie in der Inkarnation des Göttlichen für die Menschheit spielt, zu nähern. Wie kann man nicht von der Tatsache berührt werden, dass die Virginität Marias nicht nur eine natürliche sein kann, sondern vor allem eine Virginität des Atems, der Seele sein muss, die sie dazu befähigt, ein anderes Ereignis des Göttlichen zur Welt zu bringen?

In diesem Licht habe ich die so reiche Ikonographie der Verkündigung interpretiert, insbesondere das Erwecken und das Teilen des Atems, zu dem der Engel Maria einlädt. DasSchweigen, das Unsichtbare und das Berühren, so wesentlich für die Gestalt Marias, werden nicht als Zeichen einer bloßen Passivität oder Unterwerfung unter einen beliebigen Herrn interpretiert, sondern als Elemente einer weiblichen Präsenz, die imstande ist, in sich das aufzunehmen und zur Welt zu bringen, was noch nicht geschehen ist, sei es auf der menschlichen oder auf der göttlichen Ebene.

Dank der Betonung des Atems und der natürlichen wie spirituellen Qualitäten der Frau erscheint Maria als eine Gestalt der Weisheit, gleich denen, die wir in anderen Kulturen finden, eine mögliche Vermittlerin zwischen verschiedenen Traditionen. Maria offenbart sich also als eine gewissermaßen verhüllte Manifestierung der göttlichen Kraft, dessen Trägerin und Verantwortliche eine Frau ist.

Die Französin Luce Irigaray forscht als Direktorin der Philosophischen Abteilung am Centre National de la Recherche Scientifique, Paris. Irigaray ist in einer Vielzahl von Disziplinen ausgebildet: Philosophie, Linguistik, Literatur, Psychologie und Psychoanalyse. Seit Speculum. Spiegel des anderen Geschlechts (dt. 1980, Suhrkamp Verlag) widmet sie sich auf konstruktive Weise einer Kultur zweier Subjekte, dem männlichen und dem weiblichen, als Träger unterschiedlicher Werte, die jedoch von äquivalenter Bedeutung für die Ausarbeitung von Relationalität und Zivilität sind, sowohl im privaten Bereich als auch auf der Ebene einer weltweiten menschlichen Gemeinschaft. In Deutsch erschienen sind u. a. *Genealogie der Geschlechter* (1989), *Ethik der sexuellen Differenz* (1991), *Die Zeit der Differenz* (1991), *Welt teilen* (2010). Im Werk von Luce Irigaray ist die spirituelle Dimension äußerst präsent. Die Gestalt Marias erscheint darin vor allem im Kontext der Verkündigung.

www.crieur-public.com